भाषा, समय एवं संवाद

संपादन

शैलेन्द्र कुमार सिंह
अरिमर्दन कुमार त्रिपाठी
अभय नारायण सिंह

Today & Tomorrow's Printers and Publishers
4436/7, Ansari Road, Daryaganj, New Delhi - 110 002
Ph : 23242621; 23241021; Fax 23242621;
E-mail: ttpp@vsnl.net, ttppindia@gmail.com
Web : ttpp.in

ISBN 81-7019-568-4 (India)
ISBN 1-55528-422-1 (USA)

Published by
Today and Tomorrow's Printers and Publishers
4436/7, Ansari Road, Daryaganj,
New Delhi - 110 002 (India)
Ph : 23242621; 23241021; Fax 23242621;

प्रो. उदयनारायण सिंह

प्रो. उदयनारायण सिंह 'संकटग्रस्त भाषा केंद्र', विश्व-भारती, शांतिनिकेतन के अध्यक्ष एवं रवीन्द्र भवन के वरिष्ठ प्रोफेसर रहे हैं। इससे पूर्व वे विश्व-भारती, शांतिनिकेतन के प्रथम

प्रतिकुलपति थे। तत्पूर्व सन् 2000 से 2009 तक भारत सरकार के 'मानव संसाधन विकास मंत्रालय' के भाषाई एकक - 'भारतीय भाषा संस्थान', मैसूर के निदेशक थे, जिससे पहले उन्होंने हैदराबाद विश्वविद्यालय में सेंटर फॉर एप्लाइड लिंग्विस्टिक्स एण्ड ट्रांसलेशन स्टडीज (CALTS) की स्थापना की और छात्र कल्याण के अधिष्ठाता भी रहे। वहीं उन्होंने स्टडी इंडिया प्रोग्राम और दूरस्थ भाषा केंद्र की भी स्थापना कर उनका सफल संचालन किया। देश के विभिन्न विश्वविद्यालयों जैसे- दिल्ली विश्वविद्यालय, हैदराबाद विश्वविद्यालय, दक्षिण गुजरात विश्वविद्यालय, सूरत, महाराजा सायाजीराव विश्वविद्यालय, बड़ौदा आदि में एक नियमित एवं लोकप्रिय शिक्षक के रूप में अध्यापन के साथ विश्व के अनेक प्रतिष्ठित विश्वविद्यालयों में अध्यापन किया है। भारतीय भाषा संस्थान, मैसूर में उन्होंने भारत सरकार के लिए राष्ट्रीय अनुवाद मिशन (NTM) का निर्माण किया और राष्ट्रीय परीक्षण सेवा (NTS) एवं LDC-IL आदि योजनाओं की भी सफलतापूर्वक शुरूआत की। 'नचिकेता' के नाम से मैथिली के प्रमुख सर्जक और 'मिथिला दर्शन' पत्रिका के सफल संपादक होने के साथ बंगाली, हिंदी में अनेक महत्त्वपूर्ण शोध एवं अनुवाद प्रकाशित हैं। इन्होंने करीब 51 पुस्तकों की रचना की हैं, जिनमें से स्वलिखित (23), संपादित (20) एवं अनुदित (8) हैं। इसके साथ विदेशों में भाषाविज्ञान के माध्यम से अनेक अंतरानुशासनिक बहसों का अकादमिक नेतृत्व किया और दुनिया भरमें 17 देशों में व्याख्यान दिया है और देश-विदेश में अनेक सम्मान प्राप्त किए हैं।

भूमिका

भाषा, समाज एवं संवाद को समझने एवं परखने के लिए समय हमेशा से एक प्रस्थान बिंदु रहा है। इसका विशेषण भिन्न हो सकता है, लेकिन क्रिया में सातत्य रहा है, जो एक चिह्नित सत्य का आग्रही रहा है, क्योंकि सत्य की सार्वभौमिकता को प्राय: स्थान और काल के दर्पण में ही परखा गया है। इतिहास अनेक ऐसी घटनाओं में विजेता के साथ ही रहा है, न कि उसके किसी सार्वभौम के प्रति सत्याग्रही। इस क्रम में समाज की संज्ञानिक सरणी अपने समय के अधीन रही है और उनकी निर्णय-प्रक्रिया इन्हीं सरणियों के पथ से अग्रसर होती है। फ्रेंच साहित्यकार विक्टर ह्यूगो की प्रसिद्ध उक्ति है कि 'विश्व की सभी सेनाओं से मजबूत एक सामयिक विचार होता है।' यदि वर्तमान समय के आलोक में उस एक विचार को खोजा जाए, तो निश्चित रूप से वह वैकल्पिक उभरती व्यवस्था ही होगी। आज प्राय: पश्चिमी समाज वैकल्पिक पश्चिम के इर्द-गिर्द ही घूमता नजर आ रहा है। वहीं दूसरी ओर स्थानीय नीतियों से लेकर विदेश नीति तक एवं घर के रसोई से लेकर खेत-खलिहान तक का सफर समावेशी भूमंडलीकरण का ही हमसफर है। यही कारण है कि आज संपूर्ण मानवता का चेहरा बदला है, जिसका श्रेय कतिपय सभी को जाता है। आज स्वतंत्र चेतना पश्चिमी एजेंडे की गुलामी में जीने के लिए विवश नहीं है। आज यह भी कितना रोचक है कि समावेशी भूमंडलीकरण के दौर में भारत कल की महान शक्तियों को अपनी ओर आकर्षित कर रहा है। भारत मुखर हुआ है। भारत अब अन्य से संवाद करने की स्थिति में है। आज इसे मेडिसन ग्राउंड में जाकर अपनी भाषा के माध्यम से अमेरिका से कंधे से कंधे मिलाकर चलने की बात कहने में सफलता मिली है। चीन जैसा अपेक्षाकृत अमुखरित व्यवस्था भूमंडलीकरण का नया ध्वजवाहक बन रहा है और यहाँ इसकी सबसे शक्तिशाली प्रतिस्पर्धा भारत जैसे बहुभाषिक एवं बहुसांस्कृतिक आबादी वाले देश से ही है।

समाज में जो घटित होता है, उसकी परिधि समय बनाता है और इस परिधि को भाषा अपने में रूपाकार कर लेती है या यूँ कहें कि भाषा इसका प्रमुख दस्तावेज होती है। इसलिए यह किसी समाज और उसके समय को समझने के लिए एक अनिवार्य माध्यम होती है। यह समय की ही देन है कि आज न तो उन्नीसवीं सदी की औपनिवेशिक शक्ति हमें विवश कर सकती और न तो बीसवीं सदी का सुपर पावर। भारत को एक सबल भाषा चाहिए जिसके माध्यम से वह वैश्विक अपील कर सके। किसी भी भाषा का विकास वैश्विक स्तर पर तभी संभव है, जब वह किसी शक्तिशाली देश की भाषा बन जाय। आज का दौर तो तकनीकी का है, जिसके माध्यम से सुदूर क्षेत्रों की भाषा एवं संस्कृतियाँ अपने चौखट से बाहर आ सकतीं हैं और सहज रूप से

आम के लिए सुलभ हो सकती हैं। इस पूरे प्रकरण में इन्टरनेट के माध्यम से न सिर्फ भूमंडलीकरण को अनिवार्य करने का कार्य किया है बल्कि भाषा एवं इनके कथ्य को अनेक स्तरों पर प्रभावित भी करने का कार्य किया है। ऐसे समय में इस बात की आवश्यकता महसूस हुई कि इन्हीं परिधियों के मध्य उन प्रश्नों को संबोधित किया जाय, जो वर्तमान समय, संवाद की प्रक्रिया एवं खुद भाषा को प्रभावित कर रहे हों। इस क्रम में दो पाठों 'भाषा, समय एवं संवाद का सच' एवं 'भारत का भाषाई भू-परिदृश्य : सामयिक एवं सापेक्षिक सच' के द्वारा इस बहस को आगे बढ़ाया गया है। इसी क्रम में आगे परमान सिंह द्वारा लिखित आलेख 'भारत का भाषाई यथार्थ : संकटग्रस्त भाषाएँ एवं उनका दस्तावेजीकरण' के माध्यम से देश की संकटग्रस्त भाषाओं एवं उनके संरक्षण के पक्षों को संबोधित किया गया है। इसी पक्ष को गोविन्द स्वरूप गुप्त द्वारा इतिहास एवं भूगोल के दायरों में 'भारतीय भाषाएँ : भूगोल और इतिहास का सच' के माध्यम से देखा गया है। चूँकि यह पुस्तक बहुभाषिक एवं अंतरानुशासनिक विद्वान प्रो. उदयनारायण सिंह के सक्रिय अकादमिक जीवन के पूर्ण होने के सम्मान स्वरूप सामने आ रही है, इसलिए यह वाजिब था कि उनके अकादमिक जीवन को भी टटोला जाए और इस क्रम में राम लोचन ठाकुर का परिचयात्मक, अरुण कुमार सिंह का उनके नाटकों पर केंद्रित, अरुणाभ सौरभ का उनके मैथिली लेखन एवं नव गोपाल राय का बांग्ला में उनके लेखन पर केंद्रित आलेख हैं। अगले खंड में 'अनुवाद स्वराज भी है, साम्राज्य भी और उपनिवेश भी' के बहाने हिंदी के सुपरिचित लेखक विजय बहादुर सिंह द्वारा अनुवाद और समय के संघर्ष को देखा गया है, साथ ही उनका प्रश्न भी है कि "किसी तरह सौ-पचास साल लड़-भिड़ कर जब राजनीतिक तौर पर किंचित आजाद हुए हैं, और अपनी एक लोकतांत्रिक व्यवस्था भी है, चेतना के स्तर पर हम अभी भी उस जातीय या राष्ट्रीय स्व तक नहीं पहुँच पाए हैं?" आगे 'अनुवाद, परंपरा एवं सिद्धांत: भूत, वर्तमान एवं भविष्य' देवशंकर नवीन ने अज्ञेय की ही तरह ध्यान दिलाया है कि कोई मूल रचना-कर्म भी दरअसल एक तरह का अनुवाद होता है, इसलिए कोई शिल्पी, चित्रकार, फिल्मकार या रंगकर्मी आदि सभी एक तरह के अनुवादक ही होते हैं। इसी क्रम में सुबोध कुमार ने 'भाषा, समय और अनुवाद' के साथ एवं अरविंद रावत ने पूर्वोत्तर भारत में अनुवाद की परंपरा के माध्यम से अनुवाद की बहस को विस्तार दिया है। अगले खंड में गणपत तेली ने 'हिंदी-उर्दू का अंतर्कलह और औपनिवेशिक शासन' के द्वारा तत्कालीन समय में भाषा केंद्रित सत्ताई कुटिलताओं को प्रस्तुत किया है। तत्पश्चात् आलोचक वीरेंद्र यादव ने 'विरोध अँग्रेजी का नहीं अँग्रेजी वर्चस्व का' सत्ताई मानसिकता पर सवाल उठाया है और वे आगाह करते हैं कि 'भारत के बौद्धिक समाज का

अभिजन अँग्रेजीदाँ वर्ग तक सिमट कर रह जाना भारत की देशज ज्ञान संपदा और भाषाई समृद्धि पर एक बहुत बड़ा ग्रहण है।' आगे के आलेख "भारतीय अँग्रेजी की विकास-प्रक्रिया एवं वर्तमान रूप" में बबलू राय ने भारतीय भाषाओं के दबाव से कैसे अँग्रेजी स्थानीय भाषा बन रही है, इस पक्ष पर भाषावैज्ञानिक प्रमाण प्रस्तुत किया है। अगले आलेख 'भाषा पर खतरे' में हिंदी के प्रसिद्ध आलोचक शंभुनाथ ने भाषा और समय के संघर्ष की ओर ध्यान दिलाते हुए बताया है कि "यह सिर्फ भाषाओं का खतरे में होना नहीं है, यह रचनाकार (आथर) की मृत्यु नहीं है, यह एक व्यापक साँस्कृतिक मूर्च्छा है।" इसके बाद भाषाविद अली आर० फतेही ने 'श्रमिक वर्ग विस्थापन और लोक भाषाएँ' के माध्यम से लोक-भाषाओं एवं विस्थापन के संदर्भों को सप्रमाण विश्लेषित किया है। इसी क्रम में 'लुप्तप्राय भाषा राजी : वर्तमान चुनौतियाँ' के माध्यम से भाषाविद कविता रस्तोगी ने राजी भाषा के संदर्भों को प्रस्तुत किया है। अगले खंड में प्रसिद्ध पत्रकार राहुल देव ने हमेशा की तरह 'पत्रकारिता की भाषा' पर अपने सजग विचार एवं अनुभव रखे हैं। इसके बाद भाषाविद कृष्ण कुमार गोस्वामी ने 'शैलीविज्ञान : भाषाविज्ञान की अनुप्रायोगिक विधा' के माध्यम से शैलीविज्ञान को सरल शब्दों में पाठकों के समक्ष प्रस्तुत किया है। इसी क्रम में भाषाविद ठाकुर दास ने 'जनसंचारी हिंदी' के माध्यम से जनसंचार माध्यम में हिंदी के रूप को विश्लेषित किया है। तत्पश्चात् दिनेश कुमार चौबे ने "हिंदी भाषा और विज्ञापन का अंतःसंबंध: बदलते परिप्रेक्ष्य", दिलीप कुमार सिंह ने "राजभाषा के क्रियान्वयन में तकनीक की भूमिका", शिव कुमार सिंह एवं डिम्पल राजपूत ने "विदेशी भाषा के रूप में हिंदी-शिक्षण में भारतीय संस्कृति का महत्त्व" तथा गुर्रमकोंडा नीरजा ने "टीवी विज्ञापनों की भाषिक प्रयुक्ति" के माध्यम से हिंदी के प्रयोजनमूलक पक्षों को विश्लेषित किया है। अगले खंड "भाषा, साहित्य एवं संस्कृति' में गोपाल प्रधान ने "पूर्वोत्तर की भाषाएँ और हिंदी", वीरेंद्र परमार ने "पूर्वोत्तर का लोक – साहित्य", अभय नारायण सिंह ने "कहानी, स्त्री और समय" बी०के०ललिताम्बा ने "संस्कृति-समरसता और भारतीय साहित्य : कन्नड़ के विशेष संदर्भ में", ओमप्रकाश शुक्ल ने "हिंदी-गुजराती का अंतर्संबंध' तथा ऋषभ देव शर्मा ने "नागार्जुन की कविता में रंग : समाजभाषिक विश्लेषण" के माध्यम से अंतर-सांस्कृतिक एवं अंतरभाषिक संदर्भों में भाषाओं एवं उनके समाजों को सामने लाया है। तत्पश्चात् के खंड "भूमंडलीकरण एवं प्रौद्योगिकी' में कविता वाचक्नवी ने "भाषा-प्रौद्योगिकी एवं भाषा-प्रकार्यों के अधुनातन हिंदी-संदर्भ", अनिल ठाकुर "पुनरुक्ति क्रिया और अनुवाद", अर्चना देवी ने "हिंदी एवं संस्कृत टैगिंग के कुछ संदर्भ', करुणानिधि ने "हिंदी में नामवाची एवं मिश्र क्रिया के कुछ संदर्भ' और अंत में प्रितेंद्र कुमार

मालाकार ने "हिंदी पाठ का भाव-विश्लेषण" शीर्षक पाठों के माध्यम से भाषा को तकनीकी के संदर्भों में विश्लेषित किया है। इसके बाद पूरक के सामग्री है। इस प्रकार इस पुस्तक को इंद्रधनुषी कलेवर देने का प्रयास किया गया है, ताकि अधिकाधिक सामयिक बहसों से टकराया जा सके। इस क्रम में संपादक के रूप में सभी विद्वान लेखकों एवं युवा शोधार्थियों को लेख भेजने एवं इसके माध्यम से इस पुस्तक को बहसतलब एवं बहुआयामी बनाने के लिए हम उनके प्रति कृतज्ञता ज्ञापित करते हैं। इसके साथ ही दो अनुवादकों सुजीत कुमार वत्स एवं मीनाक्षी पाल के प्रति भी आभार व्यक्त करते हैं। इसी क्रम में टंकड़ में सहयोग के लिए हम प्रियंका शुक्ला एवं मोहिनी त्रिपाठी के प्रति भी आभारी हैं। इस क्रम में बिना 'टुडे एवं टुमारो प्रकाशन' के आभार के यह काम पूरा नहीं हो सकता, अत: समय से प्रकाशन के लिए अन्तर्मन से प्रकाशक के प्रति आभार!

अँग्रेजी साहित्यकार टी. एस. इलियट ने चेताया था कि हमारा भूत एव वर्तमान हमारे भविष्य में निहित होता है। इसलिए आज यह हम पर निर्भर करता है कि हमें कैसा भविष्य चाहिए और जाहिर है बिना वर्तमान को संतुष्ट किए एक बेहतर भविष्य की उम्मीद बेईमानी होगी। यह पुस्तक इस उम्मीद में ही सामने लाने का प्रयास किया जा रहा है कि भाषा, साहित्य के साथ आम पाठकों को वर्तमान से परिचित कराया जा सके, उम्मीद है कि यह 'भाषा, समय एवं संवाद' शीर्षक पुस्तक अपने उद्देश्य में सफल हो।

2 जनवरी, 2017

शैलेन्द्र कुमार सिंह
अरिमर्दन कुमार त्रिपाठी
अभय नारायण सिंह

विषय-सूची

भूमिका - शैलेन्द्र कुमार सिंह, अरिमर्दन कुमार त्रिपाठी एवं अभय नारायण सिंह

खंड (क) : भारत, भाषा एवं समय

1. भाषा, समय एवं संवाद का सच - शैलेन्द्र कुमार सिंह एवं अरिमर्दन कुमार त्रिपाठी.......... 1
2. भारत का भाषाई भू-परिदृश्य : सामयिक एवं सापेक्षिक सच - अरिमर्दन कुमार त्रिपाठी एवं शैलेन्द्र कुमार सिंह..........20
3. भारत का भाषाई यथार्थ : संकटग्रस्त भाषाएँ एवं उनका दस्तावेजीकरण - परमान सिंह..........44
4. भारतीय भाषाएँ : भूगोल और इतिहास का सच - गोविन्द स्वरूप गुप्त..........56

खंड (ख) : उदयनारायण सिंह : व्यक्तित्व एवं कृतित्व

5. उदयनारायण सिंह 'नचिकेता' - राम लोचन ठाकुर..........75
6. उदयनारायण सिंह 'नचिकेता' की नाट्य-प्रवृत्ति - अरुण कुमार सिंह..........80
7. कविता में वाजिब हस्तक्षेप का कवि : उदयनारायण सिंह - अरुणाभ सौरभ.....90
8. उदयनारायण सिंह का लेखन : बांग्ला-साहित्य का नव पथ - नव गोपाल राय...99

खंड (ग) : समय, संयोग एवं अनुवाद

9. अनुवाद स्वराज भी है, साम्राज्य भी और उपनिवेश भी - विजय बहादुर सिंह..103
10. अनुवाद, परंपरा एवं सिद्धांत: भूत, वर्तमान एवं भविष्य - देवशंकर नवीन.....108
11. भाषा, समय और अनुवाद - सुबोध कुमार..........128
12. पूर्वोत्तर भारत में अनुवाद की परंपरा - अरविंद रावत..........134

खंड (घ) : समय, सत्ता एवं वर्चस्व

13. हिंदी-उर्दू का अंतर्कलह और औपनिवेशिक शासन - गणपत तेली..........145

14. विरोध अँग्रेजी का नहीं अँग्रेजी वर्चस्व का - वीरेंद्र यादव....................158
15. भारतीय अँग्रेजी की विकास-प्रक्रिया एवं वर्तमान रूप - बबलू राय............162
16. भाषा पर खतरे – शंभुनाथ..171
17. श्रमिक वर्ग विस्थापन और लोक भाषाएँ - अली आर॰ फतेही...............180
18. लुप्तप्राय भाषा राजी : वर्तमान चुनौतियाँ - कविता रस्तोगी....................192

खंड (ङ) : प्रयुक्ति, प्रयोजन एवं शिक्षण

19. पत्रकारिता की भाषा – राहुल देव...199
20. शैलीविज्ञानः भाषाविज्ञान की अनुप्रायोगिक विधा - कृष्ण कुमार गोस्वामी.....205
21. जनसंचारी हिंदी - ठाकुर दास...226
22. हिंदी भाषा और विज्ञापन का अंतःसंबंध : बदलते परिप्रेक्ष्य - दिनेश कुमार चौबे...233
23. राजभाषा के क्रियान्वयन में तकनीक की भूमिका - दिलीप कुमार सिंह.........241
24. विदेशी भाषा के रूप में हिंदी-शिक्षण में भारतीय संस्कृति का महत्त्व- शिव कुमार सिंह एवं डिम्पल राजपूत...250
25. टीवी विज्ञापनों की भाषिक प्रयुक्ति - गुर्रमकोंडा नीरजा.........................259

खंड (च) : भाषा, साहित्य एवं संस्कृति

26. पूर्वोत्तर की भाषाएँ और हिंदी - गोपाल प्रधान...................................267
27. पूर्वोत्तर का लोक –साहित्य वीरेंद्र परमार...273
28. कहानी, स्त्री और समय - अभय नारायण सिंह.....................................300
29. संस्कृति-समरसता और भारतीय साहित्य : कन्नड़ के विशेष संदर्भ में- बी॰के॰ललिताम्बा...307
30. हिंदी-गुजराती का अंतर्संबंध - ओमप्रकाश शुक्ल................................312
31. नागार्जुन की कविता में रंग: समाजभाषिक विश्लेषण - ऋषभ देव शर्मा.......318

खंड (छ) : भूमंडलीकरणएवं प्रौद्योगिकी

32. भाषा-प्रौद्योगिकी एवं भाषा-प्रकार्यों के अधुनातन हिंदी-संदर्भ - कविता वाचक्नवी.....327

33. पुनरुक्ति क्रिया और अनुवाद - अनिल ठाकुर.....333

34. हिंदी एवं संस्कृत टैगिंग के कुछ संदर्भ- अर्चना देवी.....342

35. हिंदी में नामवाची एवं मिश्र क्रिया के कुछ संदर्भ– करुणानिधि.....353

36. हिंदी पाठ का भाव-विश्लेषण - प्रितेंद्र कुमार मालाकार.....369

खंड (ज) : वाद एवं संवाद

37. पूरक-सामग्री

- उदयनारायण सिंह : भाषाई सच से साक्षात्कार.....373
- उदयनारायण सिंह : अकादमिक योगदान.....382

मनुज बली होत नहीं, समय होत बलवान : भाषा, समय एवं संवाद का सच

- शैलेन्द्र कुमार सिंह एवं अरिमर्दन कुमार त्रिपाठी

परिचय

भाषाविज्ञान का अपना सत्यापित एवं स्थापित सच यह भी है कि इसमें किसी भाषा को इसके संरचनात्मक विविधताओं से पहचाना जा सकता है, वहीं दूसरी ओर भाषा की सबल एवं संवेदनात्मक सच्चाई भी वास्तविकताओं से सरोकार कराने में छिपी होती है, जो न तो लोक एवं लोक-भाषा से इतर है और न ही अतिरिक्त। इन सबके केंद्र में लोक की अपनी सैद्धांतिकी होती है, जो समय के अनुभवों और जीवन-संदर्भों से अनुप्राणित होती रही है। उसने भी समय को परखा है। यहाँ हमें अपने लोक एवं भाषा को परखने के लिए यह समझना होगा कि

"मनुज बली होत नहीं, समय होत बलवान,
भिलन लूटी गोपिका, वही अर्जुन वहीं बाना"

मतलब यह कि विपरीत समय ने ही अर्जुन जैसे योद्धा को भी नि:सहाय स्थिति में लाया था। ऐसे में हमें इस सत्य को स्वीकार करना होगा कि समय ही मनुष्य को बलवान और निर्बल बनाता है। तो क्या हमें यह स्वीकार करना होगा कि ग्रीक, लैटिन एवं संस्कृत जैसी प्रभावशाली भाषाएँ अपने प्रतिकूल समय के कारण सिमट गईं? तो क्या यह परम सत्य है कि समय ही भाषा को प्रभावशाली एवं अप्रभावशाली बनाता है? इसीलिए भाषा, समय और संवाद के विमर्श की शुरुआत समय की शक्ति, संयोग एवं सदुपयोग से करना उचितहोगा। क्योंकि भाषा को जीवंत बनाने वाला ही अगर समय के समक्ष बौना है, तो भाषा के सामर्थ्य, संयोग, संभावना एवं सदुपयोग को समय से इतरसमझने का प्रयास अकादमिक नहीं होगा। भाषा की परिस्थिति एवं पारिस्थितिकी को सुनिश्चित, रेखांकित, पारिभाषित एवं प्रायोजित करने वाला दरअसल दूसरा कोई और नहीं, बल्कि समय ही है। स्पष्ट है कि समय ही किसी भी भाषा के लिए अनुकूल एवं प्रतिकूल परिस्थितियाँ सृजित करता है। भाषाई संवाद भी अपना रुख, आकार एवं प्रभाव समय के अनुसार ही ग्रहण करता है। अर्थात् यह भी कहा जा सकता है कि भाषाई संवाद का भी अपना मौसम होता है। समय के विपरीत कोई भी भाषा एवं संवाद अपना

परिचय

शैलेन्द्र कुमार सिंह

लेखक समाजभाषाविज्ञान विज्ञान के मर्मज्ञ हैं और संप्रति पूर्वोत्तर पर्वतीय विश्वविद्यालय, शिलांग के भाषाविज्ञान में प्रोफेसर एवं फिलहाल प्रमुख हैं। संपर्क: **tosksinghnehu@gmail.com**

अरिमर्दन कुमार त्रिपाठी

लेखक भाषा-प्रौद्योगिकी में प्रशिक्षित हैं और मशीनी-अनुवाद पर शोध किए हैं। संप्रति शांतिनिकेतन के संकटग्रस्त भाषाई अध्ययन केंद्र में कार्यरत हैं। संपर्क: **arimardankt@gmail.com**

प्रभाव कायम रखने में कभी भी सफल नहीं हुआ है और न तो भविष्य में ऐसी कोई संभावना दिखती है, क्योंकि भाषा को जीवंत करने वाला एवं संवाद को निर्मित करने वाला ही अगर समय की गति रुझान एवं संवेदना से संचालित होता है, तो भला उस पर आश्रित रहने वाले को समय को चुनौती देने में सफलता कैसे मिल सकती है? यही कारण है कि समयानुकूल भाषा एवं संवाद ही गरिमामयी होता है। तो क्या भाषा, समय एवं संवाद एक दूसरे के पूरक हैं? इस प्रश्न का सपाट उत्तर देना किसी के लिए किसी भी दृष्टि से संभव नहीं दिखता है। किंतु इतना तो सर्वथा सच है कि भाषा एवं समय के संवाद को एक दूसरे से इतर नहीं रखा जा सकता है। भाषा को अपने अस्तित्व में बने रहने के लिए समय एवं स्थान (स्पेस) चाहिए, तो वहीं दूसरी ओर समय एवं संवाद को भी अपना अस्तित्व दर्शाने के लिए भाषा जैसी संवाहिका चाहिए, जिसे इस चित्र के माध्यम से समझा जा सकता है-

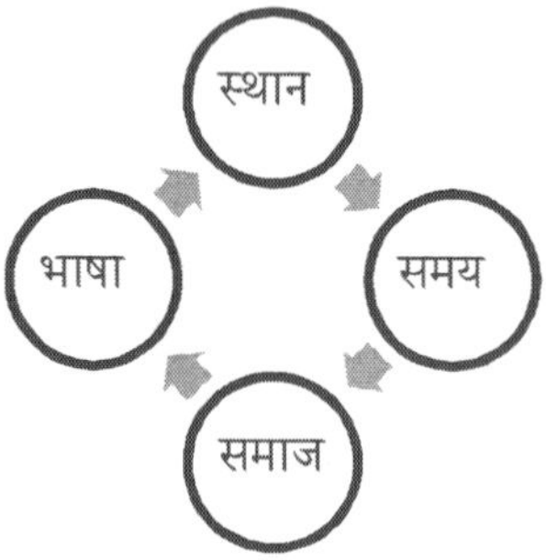

भाषा, समय एवं संवाद : सैद्धांतिक पक्ष

इसकी शुरुआत इन प्रश्नों से की जा सकती है कि क्या समय एक भाषिक अभिव्यक्ति है? क्या समय की अवधारणा एक सार्वभौम सच है, जिसकी उपस्थिति प्रत्येक भाषा में अपनी भाषिक संस्कारों के अनुरूप विद्यमान होती है? क्या समय ही भाषा को भौगोलिक अभिव्यक्ति प्रदान करता है? क्या यह भी सच है कि भाषा समय को प्रतिनिधित्व करने का संरचनात्मक एवं अवधारणात्मक रूप प्रदान करती है? क्या भाषा ही समय की इकाई, श्रेणी एवं पैमाना को निर्धारित करती है? क्या समय की अवधारणा भाषाओं में निर्धारित होती है या समसामयिक? क्या समय ही भाषा को राजनीतिक अर्थ एवं रुतबा प्रदान करता है? क्या यह समयानुसार सामाजिक जुनून का रूप ग्रहण करता है? क्या भाषा की जटिलता एवं सरलता समय की सच्चाई है? क्या समय ही किसी भाषा के सामाजिक एवं सांस्कृतिक विशेषताओं को परिभाषित एवं रेखांकित करता है? क्या समय भाषाई दृश्यता एवं उपस्थिति को समझने में सबसे महत्त्वपूर्ण उपक्रम एवं घटक है? क्या समय भाषिक निरंतरता का प्रतिनिधित्व करता है,

या सिर्फ परिवर्तन का? क्या समय ही भाषा को अतीत, वर्तमान एवं भविष्य में मौजूद होने एवं न होने का सबूत दे सकता है? क्या समय और भाषा की जुगलबंदी ने ही अतीत से वर्तमान तक मनुष्य को सभ्यता-निर्माण करने का अवसर दिया है? क्या हमारे वर्तमान की सामयिक पहचान संभव है? क्या भविष्य की परिकल्पना भी व्यर्थ होती? क्या यह इक्कीसवीं सदी के वर्तमान का सच है कि भूमंडलीकरण के माध्यम से ही पूरी दुनिया को एक सर्वमान्य भूमंडलीकृत भाषा प्रदान किया है? क्या संवाद समय-सापेक्ष होता है? क्या भाषाई संवाद समय से परे होता है या सदैव समकालीन? क्या यह सभी महज भाषाई मुहावरे हैं? इन प्रश्नों का सार्थक उत्तर तीन परस्पर सैद्धांतिक दृष्टियों से करना उचित होगा-

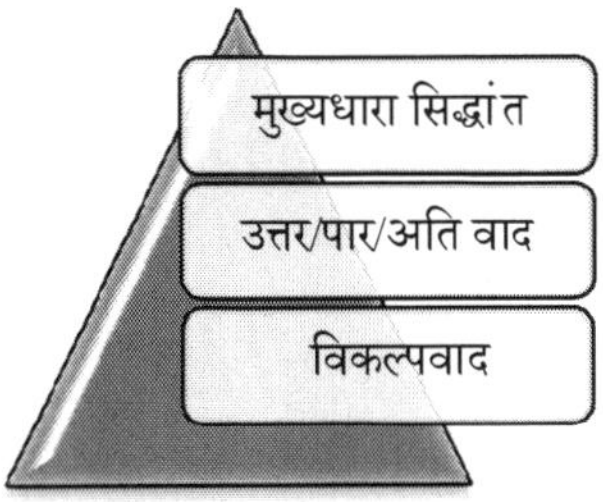

(क) मुख्य धारा सिद्धांत

भाषा में समय के विविध घटकों, प्रतिमानों, रूपों, छवियों, प्रतिनिधियों एवं संबंधों का भाषावैज्ञानिक अध्ययन होता है। समय को भाषिक अभिव्यक्तियों के माध्यम से इंगित किया जा सकता है। इसके अनुसार भाषा एक सामाजिक यथार्थ है, जो किसी समय में उपस्थित थी, है एवं रहेगी। घटनाओं एवं क्रियाओं के कब, कहाँ, कैसे, क्यों, किसलिए, किसके बीच होने का सबूत सिर्फ समय ही दे सकता है और उसे संप्रेषित करने का एक मात्र साधन हमारी भाषा है। यह भी सच है कि समय न होता तो शायद मनुष्य भी न होता, मनुष्य न होता तो शायद भाषा न होती एवं शायद भाषा न होती, तो मनुष्य को समय की संकल्पना की आवश्यकता ही नहीं होती। अर्थात् यह कहा जा सकता है कि समय को अपनी उपस्थिति दर्ज करने के लिए मनुष्य की उपस्थिति चाहिए, मनुष्य को अपनी उपस्थिति दर्ज करने के लिए समय चाहिए, और फिर दोनों को अपनी उपस्थिति को साकार करने के लिए भाषा की जरूरत है। भाषा की उपस्थिति मानव-जाति की उपस्थिति से इतर असंभव है एवं ठीक वैसे ही जैसे समय की शून्यता की उपस्थिति में मनुष्य एवं भाषा दोनों की उपस्थिति दरअसल अनुपस्थिति ही है। हमारी क्रियाएँ ही समय की उपस्थिति एवं समय की निरंतरता को सुनिश्चित करती है। क्रिया के

जिस रूप से उसके होने के समय का पता चलता है, उसे (समय) काल कहते हैं। इसे बताने की जरूरत नहीं कि कोई क्रिया ऐसी नहीं होती, जिसका समय न हो। दरअसल, प्रत्येक क्रिया का कोई-न-कोई समय अवश्य होता है एवं क्रिया के रूप परिवर्तन से ही (समय) काल का पता चलता है,जैसे- राधा नाच रही है। (वर्तमान काल),राधा नाची थी। (भूत काल) एवं राधा नाचेगी। (भविष्य काल)

विश्व की तमाम भाषाओं में समय को दर्शाने के लिए अपने शब्द एवं अपनी क्षमता है, जैसे हिंदी में : पल, क्षण, घड़ी, घंटा, सेकेंड, पहर, माह, साल एवं सदी आदि। विश्व के अधिकांश भाषाओं में तीन काल पाए जाते है- भूत, वर्तमान एवं भविष्यत। कुछ भाषाओं में दो विशिष्ट काल की संकल्पना है- भूत-अभूत, भविष्यत-अभविष्यत। यहाँ यह भी बताने की जरूरत है कि कुछ भाषाएँ काल रहित हैं जैसे-चीनी एवं बर्मी। वहीं दूसरी ओर आस्ट्रेलिया की भाषा कलाव, लाजव में 6 काल पाए जाते हैं- रेमोट पास्ट, रिसेंट पास्ट, टुडे पास्ट, द टुडे, नियर फ्युचर एवं रिमोट फ्युचर। कुछ भाषाओं में समय को रेखांकित करने की सूक्ष्म बारीकियाँ हैं जैसे- हिंदी में सिर्फ भूतकाल के छः प्रकार हैं- सामान्य भूतकाल, आसन्न भूतकाल, पूर्ण भूतकाल, अपूर्ण भूतकाल, संदिग्ध भूतकाल, हेतु-हेतुमद भूतकाल। वहीं दूसरी ओर विश्व की अधिकांश भाषाओं में व्याकरणिक प्रक्रियाओं से क्रिया के समय को दर्शाया जाता है-

प्रत्यय जोड़कर- वॉक > वॉक्ड

स्वर परिवर्तन- सिट > सैट

पुनरुक्ति के माध्यम से- रैन > रैन > रैन

सरल शब्द को यौगिग में परिवर्तित कर- एसटेरडे, टूडे, फोर्टनाइट

क्रिया-विशेषण के माध्यम से- कल, आज, परसों

सत्य तो यही है कि समयानुसार मनुष्य भाषा का उपयोग संप्रेषण के लिए करता है और भाषा के माध्यम से समय की संरचनाओं को निश्चित स्वरूप प्रदान करता है, जैसे-

उसने एक घंटे/ में/ एक चिट्ठी लिखी।

उसने एक घंटे/ तक/ एक ही चिट्ठी लिखी।

उसने एक चिट्ठी लिखने /के लिए/ एक घंटे का समय लिया है।

भाषा एवं समय के अंतर्संबंधों को इन चार मापदंडों पर बेहतर ढंग से समझा जा सकता है-

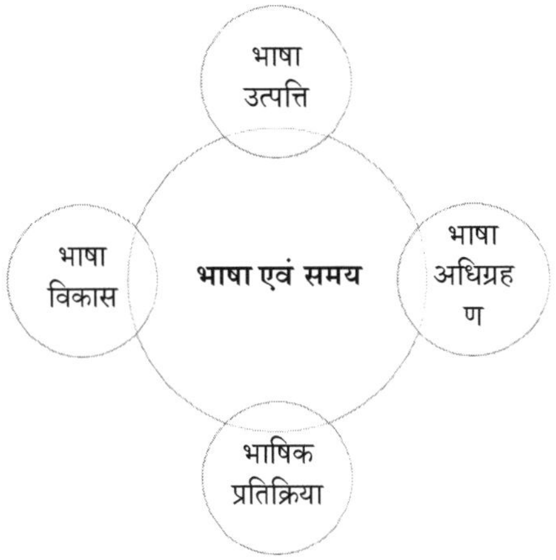

भाषा उत्पत्ति

भाषा की उत्पत्ति कब, कैसे, कहाँ, किसके लिए, किसके द्वारा हुई? का क्या कोई निश्चित समय है? मानव-जाति का विकास एवं भाषा-विकास का अध्ययन आज भी एक पहेली बनी हुई है, क्योंकि अभी तक कोई प्रत्यक्ष प्रमाण नहीं मिल पाया है। इन्हीं कारणों से कुछ भाषाविदों ने इसे गहन अध्ययन का विषय मनाने से इनकार कर दिया। 1866 में 'लिंग्विस्टिक सोसाइटी ऑफ पेरिस' ने भविष्य में भाषा की उत्पत्ति से संबंधित सभी विवादों पर प्रतिबंध लगा दिया एवं अपनी पत्रिकाओं में इससे जुड़े आलेखों के प्रकाशन पर भी। बहरहाल यह सवाल अभी भी है कि पहली उत्पत्ति किसकी हुई-'मनुष्य' की या 'भाषा' की? भाषा की उत्पत्ति एवं जीव के रूप में मनुष्य की उत्पत्ति के संबंध में कुछ विद्वानों का मानना है कि दोनों में गहरा संबंध है इतना तो निश्चित है कि मानव जाति के विकास के साथ ही भाषा का भी विकास हुआ होगा। कैलिफोर्निया विश्वविद्यालय के एक भाषावैज्ञानिक ने माना है कि मानव जाति में मौखिक भाषा की परंपरा करीब एक लाख वर्ष पूर्व विकसित हुई होगी। ध्वनियों के विकास के आधार पर कुछ विद्वानों ने यह माना है कि भाषा का विकास अफ्रीका में ही हुआ होगा, जिसकी शुरुआत होमोसैपियंस ने करीब 350,000-150,000 वर्ष पूर्व किया होगा। 1861 में मैक्समूलर ने भाषा की उत्पत्ति से जुड़े कई महत्त्वपूर्ण सिद्धांतों को प्रतिपादित किया। विकासवादी भाषाविज्ञान के अनुसार परिवर्तन प्रकृति का नियम है और भाषा भी अछूता नहीं रह सकता है।

भाषा-विकास

भाषा का विकास कोई औचक घटना नहीं है, बल्कि यह क्रमिक एवं समयानुसार होता है। यही कारण है कि किसी विशेष समुदाय की भाषाविशेष परिस्थिति में समय के साथ विश्व-भाषा बन जाती है। याद दिलाना आवश्यक हो जाता है कि आज की विश्व-भाषा अँग्रेजी को आज की स्थिति में पहुँचने में करीब आठ सौ वर्षों का समय लगा है। प्रत्येक भाषा के उदय, अवसान एवं ठहराव की अपनी कहानी होती है, जो समय से बँधी होती है। भाषा को वृहत से वृहत्तर एवं वृहत्तम आकार लेने में विभिन्न समाज एवं राजनीतिक प्रक्रियाओं से गुजरना होता है, जिसमें उसे महीनों, सालों एवं शताब्दियाँ भी लग जाती हैं।

पुनर्जागरण के दौर में यूरोप में 'भाषा' गंभीर विमर्श का मुद्दा बनी थी। कई ऐसे उदाहरण हैं कि उक्त दौर में ही अँग्रेजी की संप्रेषण क्षमता पर विद्वानों ने चर्चा शुरू की थी। उक्त दौर में कई ऐसे लेखक एवं विद्वान थे, जो यह मानते थे कि गंभीर एवं वैज्ञानिक लेखन के लिए ग्रीक एवं लैटिन की तुलना में अभी अँग्रेजी उपयुक्त भाषा नहीं है। उस दौर में अँग्रेजी के विद्वानों ने लैटिन की तरह अँग्रेजी को सटीक भाषा बनाने के लिए अथक प्रयास करने लगे। किसी भी भाषा को सटीक बनाने के लिए शब्दों का प्रयाप्त भंडार चाहिए। धीरे-धीरे अँग्रेजी को बेहतर बनाने की जरूरत समझी जाने लगी, ताकि लैटिन की तरह अँग्रेजी भी अपनी सम्मानजनक स्थिति प्राप्त कर एवं राष्ट्रीय अस्मिता के साथ-साथ यह उभरते सांस्कृतिक पहचान के मुद्दों से भी जुड़ जाए। इस दिशा में मुख्यतः तीन प्रयास किए गए-

1. **शब्द विस्तार:-** एक अनुमान के अनुसारसन् 1530 के बीच लगभग 1700, 000 नए शब्द शामिल किए गए।
2. **अर्थ विस्तार:-** उपलब्ध शब्दों की महत्ता की वृद्धि के लिए अर्थ-विस्तारण किया गया।
3. **वाक्य विस्तार:-** लैटिन की तर्ज पर ही वाक्य गढ़ने की नई नींव डाली गई, जो मुख्यत: नकल की श्रेणी में ही रखा जा सकता है।

सोलहवीं सदी के अंत में यह माने जाने लगा कि ग्रीक एवं लैटिन की तरह ही अँग्रेजी में साहित्यिक भाषा बनने की क्षमता है और नई उभरती भाषा के रूप में इसमें सभी पारंपरिक गुण विद्यमान है। उसी दौर में यह मान लिया गया कि स्पेंसर एवं शेक्सपियर जैसे लेखकों के उदय से अँग्रेजी अपनी महानता प्राप्त कर ली है।

कुछ विद्वानों के अनुसार भाषा-विकास की कहानी को वर्तमान की वैश्विक भाषाई पारिस्थितिकी के रुझानों से समझा जा सकता है। वर्तमान में मौखिक भाषाओं की संख्या करीब 6, 500 से 10, 000 के बीच है और करीब उतनी ही संकेत भाषा। क्राउस (1992:5) के अनुसार यूरोप एवं मध्यपूर्व में कुल भाषाओं की संख्या 275 है, जो कुल का लगभग 4% है। यह भी राय है कि यूरोप की 225 भाषाओं में करीब 94 भाषाएँ संकटग्रस्त है। उत्तर, दक्षिण, मध्य अमेरिका में करीब 1000 भाषाएँ हैं, जो 15% है। शेष 81% एशिया एवं अफ्रीका में पायी जाती है। जिसमें एशिया में 30%, अफ्रीका में 30% एवं पैसिफिक में 20%। क्राउस के अनुसार विश्व की आधी भाषाएँ लगभग 3,490 नौ देशों में पायी जाती हैं। इन प्रत्येक 9 देशों में 200 से अधिक भाषाएँ पायी जाती हैं और हर 13 देशों में 100 भाषाएँ पायी जाती हैं। चौकाने वाली बात यह है कि विश्व के कुल देशों की संख्या के अनुपात में इन22 देशों का औसत महज 10% है, परंतु इन10% देशों में 75% भाषाएँ बोली जाती है। वर्तमान में मातृभाषियों की जनसंख्या की दृष्टि से 10 महत्त्वपूर्ण भाषाएँ अग्रलिखित हैं, जिनके अपने भाषियों की संख्या 100 मिलियन से अधिक है- मंदारिन, हिंदी, स्पेनिश, अँग्रेजी, बंगाली, पुर्तगाली, अरबी, रूसी, जापानी एवं जर्मन। विश्व की आधी से अधिक जनसंख्या की मातृभाषा इन्हीं 10 भाषाओं में है। वर्तमान में विश्व में करीब 60 ऐसी भाषाएँ हैं, जिनके बोलने वालों की संख्या 10 मिलियन से ऊपर है, जिनकी कुल जनसंख्या करीब 4 अरब की होगी। अभी करीब 300 ऐसी भाषाएँ हैं, जिनके बोलने बालों की संख्या 1 मिलियन के करीब है। यह स्थिति वर्तमान की है, जबकि गत सदियों में विश्व की भाषिक पारिस्थितिकी वर्तमान से भिन्न थी। भविष्य की भाषिक परिस्थितियां भूत एवं वर्तमान दोनों से भिन्न हो सकतीं हैं। अर्थात् भाषा को किसी साँचे में डालकर सदैव के लिए एक समान नहीं रखा जा सकता है। यह एक सार्वभौम सच है कि भाषा समय के साथ बदलेगी जैसे इसका भाषिक समाज बदल रहा है और भविष्य में भी बदलेगा। यह समय की देन है कि भूमंडलीकरण के इस दौर में भाषिक विविधता खतरे में है।

भाषा-अधिग्रहण

भाषा-अधिग्रहण की प्रक्रिया बच्चे के जन्म के साथ ही प्रारंभ हो जाती है। यद्यपि कोई भी नवजात अपने साथ भाषा लेकर नहीं आता है। जन्म के साथ नवजात को अपने आस-पास की ध्वनियों की जानकारी मिल जाती है। वह अपने नज़दीकियों की ध्वनियों को सुनता और उसी अनुसार अपनी प्रतिक्रिया व्यक्त करते हुए भाषा अधिगृहित करता है। लेकिन यह कोई

औचक घटना नहीं है, बल्कि भाषावैज्ञानिक शोध के अनुसार मनुष्य में भाषिक क्षमता की वृद्धि समयानुसार चरणबद्ध तरीके से होती है, जैसे-

- **0-3 माह** : परिचित एवं अपरिचित ध्वनियों की पहचान, अपनी अतिआवश्यक आवश्यकताओं को बताने के लिए, अर्थहीन ध्वनियों का उच्चारण हेतु।
- **4-6 माह** : बलपूर्वक कही बातों एवं आदेशों की पहचान, ध्वनियों के उच्चारण का भरपूर प्रयास।
- **7-12 माह**: अपने आस-पास वस्तुओं एवं सरल शब्दों की पहचान, प्रथम शब्द का उच्चारण, करीब 5-20 शब्दों का ज्ञान।
- **1-3 वर्ष**: सरल प्रश्नों का उत्तर एवं आज्ञात्मक शब्दों एवं वाक्यों की पहचान, इस चरण में करीब 100 शब्दों की जानकारी।
- **3-5 वर्ष**: अपने भावों एवं विचारों को अभिव्यक्त करने की पूर्ण क्षमता का विकास, भाषिक समझ एवं अभिव्यक्ति की क्षमता॥

स्पष्ट है कि समय ही मनुष्य को भाषा के लायक बनाता है एवं साथ-साथ अनुकूल एवं प्रतिकूल स्थिति, परिस्थिति एवं पारिस्थितिकी को भी सृजित करता है। भाषावैज्ञानिक शोध यह सिद्ध कर चुका है कि यदि उपर्युक्त समय में किसी भी नवजात को भाषा-अधिग्रहण की स्थिति, परिस्थिति एवं पारिस्थितिकी से वंचित कर पालित-पोषित किया गया, तो वह नि:संदेह भाषिक संस्कारों से वंचित रह जाएगा एवं उक्त समय के बाद भाषिक संस्कार सृजित करने के संपूर्ण प्रयास व्यर्थ सिद्ध होगें। समय ही मनुष्य को भाषा के लायक तैयार करता है, क्योंकि जन्म के साथ किसी भी नवजात में भाषा-प्रयोग की शारीरिक क्षमता नहीं होती है एवं समय ही किसी भाषा को मनुष्य के प्रयोग के लायक बनाता है।

भाषिक प्रतिक्रिया

भाषा अपने संपूर्ण संस्कार में संप्रेषण का माध्यम है। वक्ता एवं श्रोता के बीच संप्रेषण जितनी सहज एवं स्वाभाविक प्रक्रिया समझी जाती है, दरअसल उतनी ही वह नियोजित, प्रायोजित एवं संभावित होती है। अर्थात् भाषा भी शून्यता में संवाद एवं संप्रेषण स्थापित नहीं करती, बल्कि इसको अपनी संप्रेषणात्मक उपस्थिति दर्ज कराने के लिए समय की आवश्यकता होती है, भले ही वह पूर्ण निर्धारित न हो।

(ख) उत्तरवादी सिद्धांत

अतिवादी सिद्धांत भाषा, समय एवं संवाद सेसंबंधित विमर्श को अति संवेदनशील मानते हुए सशक्त वैज्ञानिकता से इतर समझने का प्रयास करता है। इसके अनुसार इतिहास न तो सदैव अखंड होता है और न ही विशिष्ट। अतः समय की वैज्ञानिक अवधारणा अपने आप में संदेह के घेरे में होती है। यदि समय के साथ भाषा आ एवं जा सकती है, तो भला भाषा के मुद्दे स्थायी कैसे हो सकते हैं? भाषाई आकार, पहचान, वास्तविकता, सत्ता, स्वीकार्यता, सामर्थ्य, संबोधन, संघर्ष जैसे मुद्दों को भाषा का सहचरमानते हुए नए विमर्श की माँग करते हैं, क्योंकि इन मुद्दों को वैज्ञानिकता की प्रविधियों से नहीं समझा जा सकता है। उत्तरवाद को दरअसल किसी प्रश्न का उत्तर खोजने में रुचि नहीं है, बल्कि प्रश्न को बरकरार रखने में।

भाषा, समय और आकार

प्रत्येक भाषा के विकास की कहानी उसके इतिहास में छिपी होती है। अगर भाषा वर्तमान में साकार है, तो यह भी सच है कि भूत में भी किसी न किसी आकार में अवश्य उपस्थित रही होगी। समयानुसार भाषा निरंतर आकार और अर्थ दोनों ग्रहण करती है। भाषाई आकार और अर्थ की उपस्थिति जो वर्तमान में ही सहज विद्यमान रहती है, उसमें सिर्फ वर्तमान का ही विशेषाधिकार नहीं होता, बल्कि भूत का भी योगदान होता है। यह भी सच है कि विशेष संदर्भ में भाषा की ऐतिहासिक पृष्ठभूमि उसकी व्यापकता निर्धारित करती है। उदाहरण के रूप में वर्तमान में भारत में संस्कृत की सांदर्भिक व्यापकता उसकी ऐतिहासिक पृष्ठभूमि के कारण ही मुखरित रहती है। यद्यपि अर्थ एवं शब्द सदैव संदर्भपरक होता है, फिर भी अर्थ प्रदान करने का हक सिर्फ वर्तमान को नहीं है, क्योंकि अर्थ एवं शब्द-निर्माण की प्रक्रिया ऐतिहासिक भी है। दूसरा तात्पर्य यह भी है कि अर्थ-निर्माण की प्रक्रिया भविष्य में भी जारी रहेगी। इन्हीं करणों से आधुनिक भाषाविज्ञान के जनक सस्यूर ने भाषा-अध्ययन के लिए तात्कालिक एवं भूतकालिक दोनों प्रतिमानों को समान रूप से महत्त्वपूर्ण माना है। मसलन, भाषा के समग्र को समझने के लिए वर्तमान एवं भूत दोनों की आवश्यकता होती है एवं उसी कड़ी में भविष्य सदैव आकांक्षित होता है। सामाजिक, राजनीतिक, आर्थिक परिस्थितियाँ भाषा को आकार प्रदान करती है या निश्चित आकार ग्रहण करने में सुअवसर प्रदान करती है। विश्व में ऐसी भी भाषाएँ हैं, जिन्हें अपनी ऐतिहासिक पृष्ठभूमि से शक्ति प्राप्त हुई है। उदाहरण के लिए हिब्रू जो मृतप्राय हो चुकी थी, अपनी पृष्ठभूमि के कारण राष्ट्रीय अस्मिता एवं चेतना से जुड़कर पुनः व्यावहारिक राष्ट्रभाषा बन गई। मसलन् ऐतिहासिक पृष्ठभूमि से भाषा की धरातली मज़बूती

प्रभावकारी होती है एवं भाषा को वृहतर आकार ग्रहण करने में मदद मिलती है और अधिक सजीवता भी मिलती है। मूल्य वृद्धि के आसार बढ़ जाते हैं एवं कार्यक्षमता में बढ़ोत्तरी होती है। सच्चे अर्थों में भाषा में भाषी के माध्यम से जीने की शक्ति होती है, लेकिन उसके जीवंत होने की परिकल्पना तभी तक की जा सकती है। जब तक वह प्रयोग में है और उसके बोलने वाले जीवित हैं। यही कारण है कि सामाजिक परिवर्तन भाषा के पारिस्थितिक मूल्य में निश्चित परिवर्तन लाते हैं। भाषा, समय एवं संवाद को समझने का बेहतर तरीका यही है।

भाषा, वास्तविकता एवं पहचान

भाषा-परिवर्तन एक निरंतर प्रक्रिया है। यह एक समाजभाषावैज्ञानिक वास्तविकता भी है। वहीं दूसरी ओर 'भाषाई विविधता' सामाजिक विविधता के कारण ही फलित होता है। एक ओर भाषाई विविधता जहाँ विकल्प प्रदान करती है, वहीं सामाजिक एवं भाषाई अनिवार्यता भी सिद्ध करती है। सामाजिक, राजनीतिक, आर्थिक और सांस्कृतिक आकार के बिना भाषा निरर्थक हो जाती है। सामाजिक एवं राजनीतिक प्रश्रय के अभाव में भाषा का उत्थान संभव नहीं है। जनसंख्या का आकार भाषा को सर्वाधिक धरातल मज़बूती प्रदान करने में सहायक सिद्ध होती है। कभी भी भाषा की आर्थिक शक्ति भी उसके रुझान को सुनिश्चित करती है। भाषा का उतार-चढ़ाव परिस्थिति एवं समय के अनुरूप होता एवं कोई भी भाषा हर समय में एक जैसी नहीं रहती है। अगर समयानुसार भाषाई संरचना, उच्चारण एवं प्रयोग में परिवर्तन संभव है, तो उसके बाह्य यथार्थ में परिवर्तन भी सहज घटनाक्रमों का प्रतिफल मानना चाहिए। दुनिया की किसी भी भाषा का अतीत देखा जाए, तो वह एक-सा नहीं मिलता है, उसमें समय-समय पर बदलाव हुए हैं। वर्तमान की केंद्रीय सरकार संस्कृत को पुनः स्थापित करना चाहती है, क्योंकि यह भारत वर्ष में ज्ञान, सम्मान, धर्म, जिज्ञासा की धरोहर रही है। दुनिया में जिस किसी भाषा का विस्तार हुआ है तो उसका पतन भी हुआ है। इस तरह से देखा जाए, तो समयानुसार उत्थान एवं पतन मूल रूप से भाषा के जीवन-चक्र का हिस्सा है। जिसे मानव जाति के इतिहास में समाज-व्यवस्था के अभिन्न अंग के रूप में देखा जा सकता है। यह कोई नई बहस नहीं है, परंतु वैकल्पिक समाज भाषाविज्ञान के तहत पुनर्विचार की आवश्यकता है, क्योंकि इक्कीसवीं सदी में एक अप्रत्याशित भाषाई परिस्थिति पनप रही है। नतीजतन अतीत की भाषिक घटनाओं के माध्यम से भविष्य की संभावनाओं को तलाशा जा सकता है।

इक्कीसवीं सदी में सामाजिक औपनिवेशिक, तकनीकी, जनसांख्यिकी परिवर्तनों को महज नाटकीय घटना समझकर नजरअंदाज करना बौद्धिक आलस्य माना जा सकता है।

भाषाविज्ञान में अगले बड़े विचारों की श्रेणी में 'नवभाषिक लोक-व्यवस्था' की संकल्पना को अग्रसर करना उचित होगा। 'नवभाषिक लोक-व्यवस्था' के उद्भव को वैकल्पिक समाजभाषाविज्ञान के माध्यम से अकादमिक सार्थकता प्रदान की जा सकती है। व्यावहारिक अर्थ में भाषा के बिना भाषिकलोक-व्यवस्था का निर्माण हो नहीं सकता और समाज के बिना भाषा का। मसलन् यह सच्चाई है कि भाषिक लोक-व्यवस्था जितनी भाषिक यथार्थ है, उतनी ही सामाजिक। स्पष्ट है कि भाषिक लोक-व्यवस्था की परिकल्पना में भाषिक एवं सामाजिक घटकों की उतनी ही हिस्सेदारी है, जितनी आर्थिक एवं राजनीतिक की। अर्थात् अपने मूल में भाषिक लोक-व्यवस्था एक समग्र संकल्पना है। इस विषय पर व्यापक वैचारिक सहमति बनाने की आवश्यकता है एवं निम्न बिंदुओं पर पहुँचा जा सकता है-

(क) विशेष समय में भाषा व्यक्ति एवं समाज को अवसरानुकूल संगठित करने का सबसे महत्त्वपूर्ण साधन है। भाषा समुदाय का गठन करती है एवं समयानुसर सभ्यता का॥ सभ्यताओं का निर्माण, उदय एवं पतन भी काल-सापेक्ष होता है। उदाहरण के लिए सुमेर (2500 ईसा पूर्व), इजिप्ट (3500 ईसा पूर्व), बेबीलोन (1750 ईसा पूर्व), असीरिया (1400 ईसा पूर्व), रोम (1 ईसा पूर्व– 337 ई०)।

(ख) भाषिक लोक-व्यवस्था सामाजिक नेटवर्क को सुनिश्चित करती है, जिसमें समसामयिक जनसांख्यिकी की भूमिका महत्त्वपूर्ण हो जाती है।

(ग) भाषिक लोक-व्यवस्था विशाल आकार ले सकती है, लेकिन इसका मतलब यह कदापि नहीं कि यह विश्वव्यापी हो या पूरे विश्व में किसी एक वर्चस्ववादी भाषा की उपस्थिति की भविष्यवाणी की जा रही है।

(घ) भाषिक लोक-व्यवस्था भाषिक विविधतता की उपस्थिति को नकारती नहीं है, बल्कि ऐसी व्यवस्था की ओर इशारा करती है, जिसमें विश्वस्तरीय पहचान होते हुए भी विविधता है।

(ङ) ऐतिहासिक, सामाजिक एवं राजनीतिक प्रक्रियाओं एवं घटनाओं के आधार पर यह कहा जा सकता है कि वर्तमान की भाषिक परिस्थिति भविष्य में समान नहीं रहेगी। भविष्य की भाषिक वास्तविकता में वर्तमान की भाषिक वास्तविकता का सहयोग हो सकता है, परंतु परिस्थितियाँ भिन्न हो सकती हैं। समयानुसर भाषा में स्थिरता, नवीनता या पारंपरिकता आती है। भाषाई बदलाव को राजनीतिक, आर्थिक एवं सत्तायी

मापदंडों पर समझने का प्रयास समाजभाषाविज्ञान के द्वारा सार्थक तौर पर किया जा चुका है। भाषाई संकुलन, संतुलन एवं संकुचन नए बदलावों के कारण ही जन्म लेता है

समय एवं सत्ता

सत्ता-परिवर्तन के साथ भाषिक लोक-व्यवस्था में बड़ा बदलाव आना सहज और स्वाभाविक है। एक दौर था जब 'सूरज कभी नहीं डूबता है' जैसा मुहावरा पश्चिमी उपनिवेशवाद के परम शौर्य का पर्याय बन चुका था एवं भाषाई श्रेष्ठता सत्ताई पराक्रम का उदाहरण माना जाता था। यह मुहावरा स्पेनिश साम्राज्य एवं ब्रिटिश के लिए गढ़े गए थे। निम्नलिखित चित्र में ब्रिटिश उपनिवेशवाद (1922-38) की स्थिति कुछ इस प्रकार है-

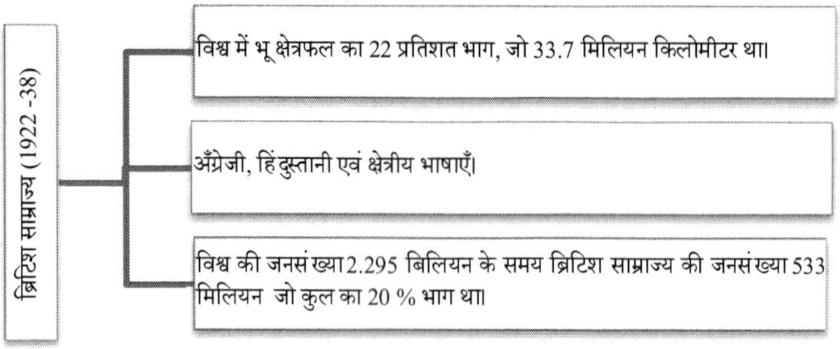

आज अँग्रेजी का प्रचार-प्रसार औपनिवेशिक दौर से कई गुना सिर्फ अधिक ही नहीं है, बल्कि विश्व स्तर पर समावेशी भाषा बन चुकी है। उन्नीसवीं सदी में ब्रिटिश साम्राज्य ने अँग्रेजी को एक वैश्विक स्थिति प्रदान की। बीसवीं सदी में अमेरिकी सत्ता ने अँग्रेजी को विश्व भाषा बना दी। समयानुक्रम छोटी भाषाएँ बड़ी हो जाती एवं बड़ी भाषाएँ छोटी, जैसे- आज से 5000 वर्ष पूर्व भारोपीय एक छोटी-सी भाषा रही होगी, जो वर्तमान में संपूर्ण विश्व में पायी जाती है एवं पूरे विश्व में 50% से अधिक लोगों की भाषा है। वहीं दूसरी ओर 1700 वर्षों तक यूरोप की महान भाषा ग्रीक पुनः एक छोटी सी भाषा बनकर सिमट गई। इतिहास साक्षी है कि समय के अनुसार सत्ता, साम्राज्य एवं सभ्यता फैलती एवं सिकुड़ती एवं उन्हीं के साथ भाषा एवं भाषी, जैसे-

समय	**साम्राज्य**	**जनसंख्या** (मि॰ में)	**विश्व जनसंख्या** (मि॰ में)	**प्रतिशत**
1 ई॰	हान	65	230	27%

1700 ई०	मुगल	150	600	25%
150 ई०	रोमन	65	250	26%
1930 ई०	ब्रिटिश	460	2000	23%
1300 ई०	मंगोल/यु आन साम्राज्य	110	440	25%
पाँचवीं ईसा पूर्व	अचामेनिंद साम्राज्य	49.4	112.4	44.0%
750 -1600 ई०	तांग साम्राज्य	80	230	.35%
दूसरी सदी ईसा पूर्व	मौर्य साम्राज्य	50	150	33.3%
दूसरी सदी	रोम साम्राज्य	80	223	35.9%
सातवींसदी	सासानिड साम्राज्य, परसिया	78	210	37.1%
सातवींसदी	उमय्याद खालीफत	62	210	29.5%

समय एवं स्वीकार्यता

समयानुकूल परिस्थिति से भाषा को स्वीकार्यता मिलती है एवं स्वीकार्यता से समग्रता। इक्कीसवीं सदी में अँग्रेजी विश्व की सबसे स्वीकार्य भाषा बनने में सफलता हासिल की है, जिसका कारण कोई एक नहीं बल्कि कई हैं। इसके साथ ही स्वीकार्यता भाषिक लोक-व्यवस्था को मूर्त रूप प्रदान करती है एवं विभिन्न संदर्भों में भाषा की प्राथमिकता सुनिश्चित करती है। स्वीकार्यता सहज एवं असहज दोनों परिस्थितियों में प्रभावी हो सकती है। असहज स्वीकार्यता से भाषिक संघर्ष की स्थिति भी उत्पन्न होती है। कई बार स्वीकार्यता के अभिलक्षणों में इतनी गिरावट आ जाती है कि भाषा आम के लिए आम जीवन में अस्वीकार हो जाती है, जो किसी भी भाषा के लिए कुसमय का द्योतक होता है। उक्त स्थिति में भाषा विलुप्त होने के कगार पर पहुँच जाती है। विश्व की कई भाषाओं के साथ ऐसी स्थिति उत्पन्न हुई है। यहाँ यह भी जानना आवश्यक है कि समयानुसार सामाजिक स्वीकार्यता संरचनात्मक स्वीकार्यता को भी स्वीकृति प्रदान करती है। समय के बदलाव के साथ भाषिक संरचना में बदलाव भी सहज और स्वाभाविक है। समय भाषा की स्वीकार्यता को भी सुनिश्चित करता है। विश्व की कई भाषाएँ जो आमतौर पर स्वीकार्य थी, समय के बदलाव के साथ अस्वीकार्य होती चली गईं। उर्दू कभी हिंदू लेखकों के लिए भी स्वीकार्य भाषा थी, लेकिन बाद में हिंदुओं के लिए स्वीकार्य भाषा नहीं रही। हिंदी के कथा सम्राट प्रेमचंद ने अपनी रचना की शुरूआत उर्दू से की थी।

समय, संवाद और संबोधन

समयानुसार संवाद भी अपना रुख बदलता है। भाषा की वास्तविकता सामान्य रूप से यह है कि यह व्यवस्था से इतर कभी भी सहज नहीं होती है। कभी भाषाई संपर्क भाषाई मुठभेड़ की

जगह लेता है, जो इतिहासकारों का भी विषय रहा है। भाषिक लोक-व्यवस्था भाषा-प्रयोग के स्थानीय एवं सामयिक अनिवार्यता एवं विभिन्न घटकों को भी रेखांकित करता है आज हम इन प्रश्नों के उत्तर खोजने के लिए विवश हैं-

1. आज हम कैसी भाषिक दुनिया में रह रहे हैं?
2. दुनिया की भाषाई व्यवस्था कैसे बदल गई है?
3. कल की भाषिक दुनिया कैसी थी?
4. भविष्य में भाषिक दुनिया कैसी होगी?
5. भविष्य में भाषिक दुनिया कैसी होनी चाहिए?

इन सवालों का सार्थक उत्तर इस प्रकार से है-

1. हम आज असाधारण भाषाई स्थिति में रह रहे हैं।
2. भाषिक दुनिया काफी बदल गई है।
3. पूर्व की भाषिक व्यवस्था वर्तमान भाषिक व्यवस्था से बिल्कुल भिन्न है।
4. भविष्य में भाषिक दुनिया और भी अधिक रहने के योग्य हो जायेगी।
5. भाषाई दुनिया में जितना भी संभव हो सके, उसे समावेशी होना चाहिए।

इक्कीसवीं सदी नई भाषिक सच्चाई और भविष्य की ओर इशारा करती है। क्या इन्हीं सवालों में नवभाषिक लोक-व्यवस्था के गठन का रहस्य छिपा है? क्या यह उत्तर और अधिक प्रत्यक्ष भागीदारी की तलाश करता है? नवभाषिक लोक-व्यवस्था नई उभरती भाषिकलोक-व्यवस्था की भाषाई छवि प्रदान करती है। आखिर प्रश्न यह है कि आज की भाषिक वास्तविकता क्या है और कहाँ है?

भाषा की नींव मनुष्य के सरल तथा उदार विचारों से पड़ती है, जो बाद में चलकर सामाजिक, धार्मिक और राजनीतिक व्यवस्था की हिस्सा बनती है। आरंभिक दौर में यह कभी भी अस्मिताई सरोकारों ने नहीं जुड़ी होगी। निश्चित तौर पर कहा जा सकता है कि समयानुसार ही भाषाएँ समग्रता प्राप्त करती हैं। राजनीतिक, सामाजिक, धार्मिक घटकें भाषाओं को समग्रता प्रदान करती हैं। विश्व का भाषिक गठन कोई औचक घटना नहीं है और न तो संभव है। भाषा का भौगोलिक वितरण समयानुकूल होता है। इस सोच को न्यूनतम आशावादी माना जा रहा है।

भाषा, समयचक्र एवं संघर्ष

बीते कल की भाषिक व्यवस्था को समयानुक्रम में किया जा सकता है। समय भाषाई अतीत का आईना है और इसको सभ्यताओं, साम्राज्यों, राष्ट्रों, राज्यों एवं औपनिवेशिक शक्तियों के उत्थान, पतन एवं संघर्ष के आधार पर समझा जा सकता है। कई बार साम्राज्यों, सभ्यताओं, राष्ट्रों एवं राज्यों के टकराहट एवं प्रतिस्पर्धा से नई भाषिक व्यवस्था जन्म लेती है। फारसी, यूनानी, लैटिन, अरबी और तुर्किस भाषाएँ सैन्य कार्यवाई के माध्यम से फैली हैं। 499-479 ईसा पूर्व के बीच 20 वर्षों तक चलने वाला यूनानी-फारसी युद्ध भाषिक व्यवस्था के निर्माण में निर्णायक भूमिका निभाया था। फारस की करारी हार ने पश्चिमी भाषाओं के लिए एक स्थिर नींव तैयार की। 331 ईसा पूर्व में संपन्न युद्ध में फारस की शर्मनाक हार हुई, जो सिकंदर की एक बेहतर जीत थी, जिसके कारण वह फारस का अधिपति बना और महान राजा कहलाया। सिकंदर युग के दौरान यूनानी राज्य में ग्रीक प्रशासनिक भाषा बनकर उभरी। ग्रीक विश्व में सबसे लंबी अवधि के लिए आधिकारिक दर्जा प्राप्त करने वाली एक मात्र भाषा है। यह बिना किसी रुकावट के सिकंदर महान के समय से पंद्रहवीं सदी के मध्य तक करीब 1700 से अधिक वर्षों के लिए उपयोग में रही। ग्रीक भाषा के अतिरिक्त विश्व में किसी भी अन्य भाषा को ऐसा विशेषाधिकार नहीं मिला है। यूनानी भाषा ग्रीक ने अतीत से आज तक अपना संपूर्ण समय चक्र लगभग पूर्ण कर लिया है। शुरुआत में यह मूलतः यूनान में ही प्रयोग में थी, फिर यह सारे पूर्वी भूमध्य सागर के आस-पास के राज्यों की भाषा बनी, जो कई शताब्दियों तक बनी रही। फिर यह नए सिरे से उभरी। 3000 वर्ष पूर्व, जहाँ इसकी उत्पत्ति हुई और वहाँ की आधिकारिक भाषा बनी। अर्थात् यहाँ यह बताना जरूरी है कि लंबे समय में किसी भाषा का क्या होगा यह कोई कह नहीं सकता, इसकी जानकारी तो समय ही देगा। जेनसन का कहना यथोचित ही है कि 400 ईसा पूर्व में यदि कोई पूर्वानुमान लगाता कि 100 साल बाद ग्रीक आधे विश्व की आधिकारिक भाषा बन जाएगी, तो इसे एक विचित्र विचार माना जाता। यह महज समय का ही चक्र है कि ग्रीक जैसी महान भाषा जहाँ से चली थी, वहीं जा कर सीमित हो गई। लेकिन ऐसी भविष्यवाणी किसी ने नहीं की, क्योंकि ऐसी भविष्यवाणी शायद मनुष्य के वश में नहीं है। किसे पता था कि यूरोप में सिकंदर जैसा चक्रवर्ती सम्राट अवतरित होगा, जिसके कारण ग्रीक विश्व-भाषा बनेगी। 2013 तक किसी ने भविष्यवाणी नहीं की थी कि बीसवीं सदी तक तीसरी दुनिया का अगुवाई करने वाला देश 2014 में एक शासक के कारण अपनी नई छवि में अवतरित होगा एवं जिसके तेज से हिंदी जैसी भाषा दुनिया की सबसे

शक्तिशाली देशों में गूँजेगी। वहीं दूसरी ओर एक महान सभ्यता की राष्ट्रभाषा राष्ट्रीय सीमाओं से इतर विश्व-भाषा बनने की तैयारी में है।

(ग) पारवादी सिद्धांत

जिस तरह समय के साथ भाषा परिवर्तनशील है, लगभग उसी तरह संवाद भी समय के साथ करवट लेता है। इसमें कोई अचरज नहीं कि समय के साथ भाषावैज्ञानिक संवाद निर्मित एवं परिवर्तित हुए। क्या कारण है कि विश्व-युद्ध के पहले यूरोपिय भाषावैज्ञानिक सिद्धांत पूरे विश्व में लोकप्रिय रहा, परंतु 1950 के बाद अमेरिकी भाषावैज्ञानिक दृष्टियाँ लोकप्रिय हो गई? क्या कारण है कि उत्तर-संरचनावाद, उत्तर-औपनिवेशवाद एवं उत्तर-आधुनिकतावाद जैसे फैशनयुक्त सिद्धांतों ने संरचनावाद, औपनिवेशवाद एवं आधुनिकतावाद जैसे आधारभूत सिद्धांतों को अपने प्रश्नों से बौना बना दिया? क्या आज पश्चिम के सभी मुखर सिद्धांतों ने अपना धार एवं पैनापन खो दिया है? इन्हीं कारणों से शायद पेनीकाक ने ठीक ही कहा है कि हमारा उदेश्य 'पोस्ट' के इतर कुछ पाने के लिए 'पोस्ट' के पार जाना है, अतः अतिक्रमण के अलावा और कोई विकल्प दरअसल विद्यमान भी नहीं है। परंतु इसका मतलब यह भी नहीं कि 'पोस्ट' से मिले सभी सैद्धांतिक लाभों को तिरस्कृत कर दें। नए सिद्धांतकारों का मानना है कि ट्रांस के अलावा अब कोई और विकल्प दरअसल शेष रहा ही नहीं है। भले ही पोस्ट से संबंधित सिद्धांतों का योगदान स्मरणीय रहा हो, परंतु बिडंबना है कि तमाम उत्तरवादों को अपने पूर्ववर्ती वादों से अभी तक छुटकारा नहीं मिल पाया है, अंत: ये सभी विरोधाभास के शिकार होते चले गए एवं विरोधाभास उनकी नियति बन गई। ज्ञातव्य हो कि उत्तरवाद एवं पारवाद सभी उपसर्गों की ही उपज है। पारवाद भी उसी श्रेणी का अतिक्रमणवाद है, जिसकी उपयोगिता कुछ खास किश्म के यूरोपीय भाषावैज्ञानिकों को समझ में आई है।

(घ) वैकल्पिक

इक्कीसवीं सदी में भाषा के भविष्य से जुड़े संवाद की शुरुआत वैकल्पिक सिद्धांत के तहत करना हमारी बाध्यता है। आने वाले समय में नवभाषिक लोक-व्यवस्था का मिजाज एवं तेवर इतना भिन्न होगा कि भाषा एवं भाषी की नई स्थिति, परिस्थिति एवं परिस्थितिकी एक सर्वथा नए इतिहास की रचना करेगी, जिसकी कल्पना पश्चिमी भाषाविदों ने अभी तक नहीं की है। उभरते समाजभाषावैज्ञानिक यथार्थ का विश्लेषण करने में वर्तमान का समाजभाषावैज्ञानिक सिद्धांत एवं पैमाना प्रयाप्त नहीं है। अतः वैकल्पिक समाजभाषाविज्ञान ही इक्कीसवीं सदी की भाषिक पारिस्थितिकी को समझने में सार्थक सिद्ध हो सकता है। प्रश्न यह है कि इक्कीसवीं

सदी में कौन-सी ऐसी स्थिति सृजित होगी, जिसकी कल्पना और उम्मीद भाषाविदों ने अभी तक नहीं की है? निश्चित तौर पर भविष्य में निम्नलिखित मुद्दे होगें : भाषिक विविधता, भाषा एवं तकनीकी, भाषा जनसांख्यिकी, समावेशी भूमंडलीकरण एवंवैकल्पिक पश्चिम।

एक तरफ इक्कीसवीं सदी में भाषा एवं तकनीकी, भाषा जनसांख्यिकी, समावेशी भूमंडलीकरण एवंवैकल्पिक पश्चिम जैसे मुद्दों को लेकर भाषावैज्ञानिकों में जितना उत्साह एवं उमंग रहेगा, वहीं दूसरी तरफ भाषिक विविधता एवं धरोहर जैसे संवेदनशील मुद्दों को लेकर बेचैनी होगी, क्योंकि भाषिक विविधता का सीधा सरोकार सांस्कृतिक एवं जैविक विविधताओं से है। क्या इक्कीसवीं सदी में भाषाओं की संख्या उतनी ही रहेगी, जितनी एथ्नोलॉग (6,912 भाषाएँ) ने बताया है? यह सच है कि आज भाषिक, सांस्कृतिक एवं जैविक विविधताएँ तेजी से विलुप्त हो रही हैं। एक अनुमान के अनुसार2050 तक पूरे विश्व में भाषाओं कि संख्या आधी रह जाएगी। यह भी अनुमान है कि संकटग्रस्त पक्षियों से चार गुना एवं संकटग्रस्त स्तनपाइयों से दुगुने दर से भाषाएँ विलुप्त हो रही हैं। क्राउस ने तो यहाँ तक कहा है कि 2100 तक विश्व की 90% भाषाएँ मृतप्राय हो जाएँगी। भाषावैज्ञानिकों के अनुसार वर्तमान में सिर्फ 5 से 10% भाषाएँ ही सुरक्षित हैं एवं वर्तमान में 20 से 40% तक भाषाएँ मृतप्राय हो चुकी हैं। स्पष्ट है कि वर्तमान की भाषाई विविधता भूत से सर्वथा भिन्न है एवं सिमट चुकी है एवं भविष्य में और भी भयावह होगी। ऐसी ही चिंताएँ जैविक विविधता को लेकर है। अनुमान के अनुसार 5000 प्रजातियाँ प्रतिवर्ष विलुप्त हो रही हैं। निराशावादियों के अनुसार तो यह आँकड़ा करीब 150000 तक संभव है। अगर यह सच है कि जीवों की प्रजातियाँ 30 मिलयन हैं, तो प्रथम के अनुसार विलुप्त होने का दर प्रति वर्ष 0.017 है एवं दूसरे के अनुसार लगभग 0.5% है। जैविक-विविधता पर अपनी किताब में मेन फ़ौलर एंड मूने (1990) ने कहा है कि खाद्य-सामग्री, संसाधन एवं खान-पान संबंधी विविधताओं में अप्रत्याशित गिरावट आई है। उन्होंने अपने आंकड़े में यह जानकारी दी है कि अमेरिका में 80 वर्ष पूर्व 75 क़िस्मों की व्यावसायिक सब्जियां उपलब्ध थीं, जिसमें से आज 97 % विलुप्त हो चुकी हैं। उसी तरह 1804 से 1904 के बीच अमेरिका में सेब के करीब 7098 प्रजातियाँ उपलब्ध थीं, जिनमें से करीब 86.9 % लुप्त हो चुकीहैं। यह स्थिति तो सिर्फ अमेरिका की है अन्य जगहों की स्थिति और भी भयावह हो सकती है।

निश्चित है कि भविष्य में जनसांख्यिकी परिवर्तन से नई भाषिक व्यवस्था सृजित होगी। आने वाले समय में अगर हमारी भाषिक दुनिया अलग होगी, तो उसमें सबसे बड़ा योगदान

जनसंख्या का होगा, क्योंकि समाज से इतर भाषा की कोई स्वतंत्र सत्ता हो नहीं सकती है। खासकर यह जानने के लिए कि वर्तमान की उभर रही नई लोकभाषिक व्यवस्था कैसी है? भविष्य में कैसी होगी? एवं 'पुरानी भाषिक लोक-व्यवस्था' नई भाषिक व्यवस्था से कैसे, क्यों, किसलिए और कब से भिन्न है? 1960 में विश्व की जनसंख्या 3 अरब थी। अब तक के मानवीय इतिहास में इतने कम समय में 5 अरब की बढ़ोत्तरी कभी नहीं देखी गई। क्षेत्रीय विविधता भी भरपूर देखने को मिलेगी। अनुमान के अनुसार 2050 तक अफ्रीका की जनसंख्या में दोगुनी बढ़ोत्तरी होगी, वहीं दूसरी ओर यूरोप की जनसंख्या मेंभारी गिरावट होगी। अनुमान के अनुसार 2045 तक अमेरिका में हिस्पानिक्स, एशियाई, अफ्रीकियों की जनसंख्या एक तिहाई से बढ़कर कुल आबादी की आधी हो जाएगी। अपने नृजातीय देश से इतर अन्य देशों में काम करने वालों की संख्या में 25% की वृद्धि हुई है और अनुमान है कि 2020 तक 50% की वृद्धि हो सकती है। अगर यही गति कायम रही, तो 2045 तक नाइजीरिया की जनसंख्या अमेरिका से अधिक हो सकती है। संयुक्त राष्ट्र संघके अनुमान के अनुसार 2025 में विश्व की जनसंख्या 8 अरबहो जाएगी। मानवीय इतिहास में पहले ऐसा कभी नहीं हुआ है, अतः नए भविष्य के प्रति हमारी जिज्ञासा एवं सुगबुगाहट सर्वथा जायज है जिसके अध्ययन के लिए वैकल्पिक सिद्धांतों की आवश्यकता होगी।

भारत, भाषा, समय और संवाद

वह भी एक दौर था, जब भारत भाषाविज्ञान के क्षेत्र में अग्रणी था। आत्मविश्वास के साथ कहा जा सकता है कि भाषाविज्ञान की प्राचीन भारतीय परंपरा किसी से भी एवं किसी भी स्तर पर दोयम दर्जे का नहीं रही है। सच तो यह है कि भाषाविज्ञान में पहले पड़ाव की शुरुआत भारत से हुई थी, जिसका श्रेय अष्टाध्यायी के रचयिता पाणिनी को जाता है। यह दौर 500 ईसा पूर्व का था, जब भारतीय सभ्यता बौद्धिक, सामरिक, सामाजिक दृष्टियों से अपने इतिहास के सर्वोत्तम दौर में थी। दूसरा दौर 1786 में माना जाना चाहिए, जिसका श्रेय सर विलियम जोंस को जाता है, जिन्होंने संस्कृत, ग्रीक, लैटिन एवं अन्य प्राचीन भाषाओं के बीच आनुवांशिक संबंध स्थापित करतेहुए ऐतिहासिक भाषाविज्ञान की नींव रखी। वे मूलतः भारतीय तो नहीं थे, परंतु उनका कर्मक्षेत्र भारत ही रहा है। तीसरे पड़ाव का सीधा एवं एक मात्र संबंध आधुनिक भाषाविज्ञान की स्थापना से है, जिसके जनक सस्यूर माने जाते हैं, जिनका सीधा संबंध भारत से नहीं रहा है, परंतु अध्ययन क्षेत्र की सीमा संस्कृत से सीधे जुड़ती है क्योंकि उनकी पी-एच०डी० कार्य संस्कृत में अधिकरण कारक पर था। उन्होंने कई वर्षों तक बहुत से

विश्वविद्यालय में संस्कृत का अध्यापन-कार्य किया। चौथा पड़ाव 1957 का है, जिसके सूत्रधार अमेरिकी भाषाविद् नोम चामस्की हैं, जिनका संबंध भले ही प्रत्यक्ष रूप से भारतीय भाषाविज्ञान से न रहा हो, परंतु अप्रत्यक्ष रूप से भारतीय भाषाविदों से प्रभावित होने का सूत्र खोजा गया है, जिससे कतिपय इनकार नहीं किया जा सकता है। निश्चित तौर पर कहा जा सकता है कि विभिन्न समय में भाषाविज्ञान के क्षेत्र में भारत का योगदान अप्रतिम रहा है।

एक ओर जहाँ भारत के भाषाविज्ञान के क्षेत्र में प्रथम पड़ाव का संस्थापक रहा है, तो दूसरे के लिए कर्मभूमि एवं तीसरे के लिए आकर्षण केंद्र। यह भी कड़वा सच है कि हम अपनी विरासत सही ढंग से संभाल नहीं पाए। दुर्भाग्य तो इतना तक है कि समय के साथ हमारा संस्कार एवं सिद्धांत विस्मृत होता चला गया और पश्चिमी मॉडल का नकलची बनना हमारी नियति एवं फैशन बन गया। आज हम अच्छे दिन आने वाले हैं की डगर पर हैं, तो अभी भी भारत में भाषाविदों की ऐसी भी टोली है, जो बंगाली भाषा के वाक्य 'अमार माथा धोरेछे' जैसे वाक्यों की व्याकरणिक कोटि तलाशने में अपनी तन्मयता सिद्ध करने में लगे हैं। यह समय हमारे लिए चिंतित होने का भी है, क्योंकि नई पीढ़ी की कमान अभी भी सही एवं सुरक्षित हाथों में नहीं आई है। इंतजार करना होगा अच्छे दिन का। यही तो खेल है समय का।

निष्कर्ष

1980 के दशक में भारत में कुछ विशिष्ट नवजवान भाषावैज्ञानिकों का उदय हुआ, जिनमें उदयनारायण सिंह अपनी बहुमुखी प्रतिभा के कारण स्वतः सर्वप्रथम आते हैं, जिनका योगदान अनुवाद, समाजभाषाविज्ञान, साहित्य, कोशविज्ञान एवं कई अन्य क्षेत्रों में स्मरणीय रहा है। भारतीय भाषाविज्ञान की न तो ऐतिहासक शाख बची और न तो जुझारू टीम ही बन पायी - अगर कहीं कुछ किसी रूप में बची है तो वह भी कुछ विशेष रुचि वाले लोगों की, जिसमें पार जाकर सोचने की शक्ति नहीं है। अगर इक्कीसवीं सदी वैकल्पिक पश्चिम का है, तो हमारे लिए यही उचित समय है विकल्प ढूंढने का। इस विकल्प की तैयारी भारतीय भाषाओं में भी होनी चाहिए। उदयनारायण सिंह जी ने यह कार्य भारतीय भाषाओं- हिंदी, बंगाली एवं मैथिली में बेहतर ढंग से किया है। भारतीय भाषाविज्ञान में उदयनारायण सिंह जैसे विद्वानों की जरूरत है, जो विकल्प दे सके, अन्यथा डर तो इतनी भयावह है कि कहीं समय के साथ भाषाविज्ञान विषय ही भारत से विलुप्त ना हो जाए। हमें बचना होगा और बचाना भी होगा। अभी भी विकल्प है, अपनी स्मृति को जागृत करने का।

भारत का भाषाई भू-परिदृश्य : सामयिक एवं सापेक्षिक सच

- अरिमर्दन कुमार त्रिपाठी
शैलेन्द्र कुमार सिंह

Columbus reported to his king and queen that the world was round…. I confined, I think the world is flat."[1]

-Thomas L. Friedman

परिचय

'भाषाई भू-परिदृश्य' (Linguistic Landscape) समाजभाषाविज्ञान के अंतर्गत अध्ययन की विषय-वस्तु है, जो समाज में निहित अनेक विविधताओं को समझने का आधार उपलब्ध कराता है। इसमें सार्वजनिक प्रचार-प्रसार एवं व्यावसायिक विस्तार के उद्देश्य से उपयोग में लाए जाने वाले साइन-बोर्ड, पोस्टर एवं दीवाल पेंटिंग आदि में प्रयुक्त भाषाई रूप और प्रसंगों का अध्ययन किया जाता है। इसका महत्त्व किसी बहुभाषिक परिवेश के अध्ययन में अधिक बढ़ जाता है, क्योंकि साइन-बोर्ड एवं पोस्टर आदि की भाषा में नियोक्ता द्वारा इस बात का प्रयास किया जाता है कि यह अधिकाधिक आकर्षक एवं सर्वाधिक लोकप्रिय बनाया जाय।

परिचय

अरिमर्दन कुमार त्रिपाठी
लेखक भाषा-प्रौद्योगिकी में प्रशिक्षित हैं और मशीनी-अनुवाद पर शोध किए हैं। संप्रति शांतिनिकेतन के संकटग्रस्त भाषाई अध्ययन केंद्र में कार्यरत हैं। संपर्क: **arimardankt@gmail.com**

शैलेन्द्र कुमार सिंह
लेखक समाजभाषाविज्ञान विज्ञान के मर्मज्ञ हैं और संप्रति पूर्वोत्तर पर्वतीय विश्वविद्यालय, शिलांग के भाषाविज्ञान में प्रोफेसर एवं फिलहाल प्रमुख हैं। संपर्क: **tosksinghnehu@gmail.com**

सैद्धांतिक पक्ष

लैंडरी एवं बोरहीस (1997) ने भाषिक भू-परिदृश्य को परिभाषित किया है कि 'किसी क्षेत्र

[1] Friedman, Thomas L. (2007) The world in Flat; Picador, New Yark. Page-5

विशेष के सार्वजनिक एवं व्यावसायिक संकेतों में भाषाओं का दृश्यमान होना।'[2] जाहिर है कि भाषाओं के मुखरित एवं सुसुप्तावस्था के पीछे अनेक समाजशास्त्रीय एवं अर्थशास्त्रीय कारक सक्रिय होते हैं। यद्यपि इन उपस्थितियों में रचनात्मकता का भी योगदान होता है, जिससे भाषाई अंतर्वस्तु एवं उसके चित्रांकनको आवश्यकतानुसार उकेरा जाता है। हालाँकि कई बार किसी चित्र या कार्टून के जरिए भी यह काम होता है, लेकिन समग्रता में इन पूरी प्रक्रियाओं में भाषा केंद्र में होती है और इस संदर्भ हेतु प्रयोग के कारण हुए भाषाई बदलाव इस क्षेत्र के अध्ययन का क्षेत्र होता है। इसमें भाषा बाह्य एवं आंतरिक दोनों स्तरों पर प्रभावित होती है और कई बार भाषाविज्ञान की चिरपरिचित मान्यताओं का अतिक्रमण भी करती है। अपनी पूरी उपस्थिति में 'भाषाई भू-परिदृश्य' एक अंतरानुशासनिक अध्ययन का विषय क्षेत्र है, अत: यह भाषाविज्ञान के साथ-साथ मनोविज्ञान, भूगोल, इतिहास, समाजशास्त्र एवं जनसंचार आदि विषयों से भी सहबद्ध होता है। इसको अग्रांकित चित्र से भी समझा जा सकता है-

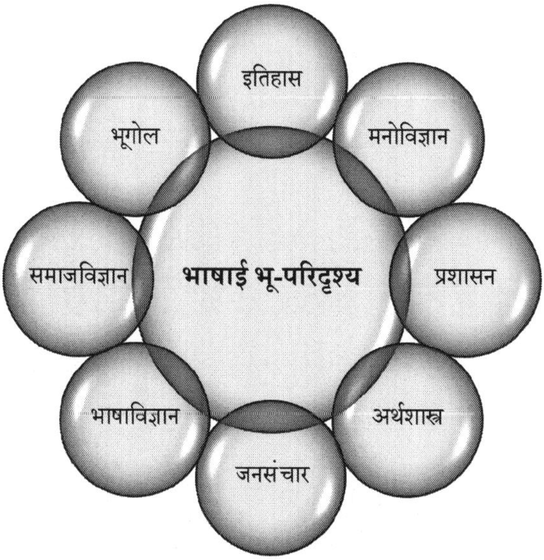

---

[2] Landry, Rodrigue and Bourhis, Richard Y. (1997) Linguistic Landscape and Ethnolinguistic Vitality: An Empirical Study in Journal of Language and Social Psychology, March 1997 16: Page-23.

समाज में मनुष्य का होना और सामान्य तरीके जीवन की धारा का प्रवाहित होते रहने के पीछे एक लंबे इतिहास से लेकर वर्तमान की व्यापक उपस्थिति और भविष्य के प्रति उसके रुझान पर निर्भर करता है, जिसमें न सिर्फ भाषा बल्कि भाषाई उपस्थिति के अधिकतम प्रसंग समाहित रहते हैं। उदयनारायण सिंह (2002) ने भाषिक भू-परिदृश्य की पृष्ठभूमि में 'खुरदुरापन' और 'विषमता' को मुख्य गुण[3] बताया है। इसकी स्थापना के क्रम में वे बताते हैं कि 'व्यक्ति और उसके परिवेश में मनुष्य के शरीर का रंग, ऊंचाई, ठुड्डी की संरचना, आँख की पुतलियों का रंग, नाक का आकार और बालों का रंग आदि की विविधताओं की अवहेलना नहीं की जा सकती।'

वर्तमान सूचना के युग में प्रचारमाध्यमों की महत्ता बढ़ी है और भूमंडलीकृत समाज को व्यावसायिक गतिविधियों से जोड़ने के लिए अनेक माध्यमों का उपयोग तेजी से हो रहा है। एक चरण के बाद स्थानीय प्रस्तुतियों में विभिन्न उत्पादों एवं प्रतिष्ठानों के प्रचार हेतु साइनबोर्ड, पोस्टर एवं अन्य विज्ञापन के तरीकों का उपयोग प्रभावी रूप से किया जाता है। साथ ही इनका उपयोग सरकारी योजनाओं, नीतियों एवं उपक्रमों के बारे में लोगों को बताने के लिए किया जाता है। समानांतर रूप से किसी लोकतांत्रिक प्रणाली में जनता द्वारा आयोजित विभिन्न गतिविधियों के लिए भी विभिन्न प्रकार के पोस्टर, बैनर एवं हैंडबिल आदि का उपयोग होता है। किसी बहुभाषिक परिवेश के हिसाब से उक्त सभी प्रचार साधनों हेतु लिखे जाने वाले संदेशों के भाषा-चयन के पीछे अनेक कारण सक्रिय होते हैं, जिनमें समाजविज्ञान से लेकर मनोविज्ञान तक तो इतिहास से लेकर भविष्य की आहटों को भी सँजोना पड़ता है।

प्रचार-सामग्री हेतु प्रयुक्त माध्यमों में भाषाई प्रयोग की योजना के पीछे सबसे पहले यह तय किया जाता है कि उस माध्यम का लक्षित समूह कौन है। प्रभावी आबादी का क्षेत्र, भाषा, धर्म, सामूहिक आकांक्षा के मध्य संबंधित उत्पाद, प्रतिष्ठान एवं अभियान के उद्देश्य के साथ ताल-मेल कर आकर्षक भाषा में अपनी बात प्रभावी रूप में रखने की मुख्य चिंता होती है।प्रचार के माध्यमों के अनुसार भाषिक प्रयोगों को भी आकार दिया जाता है। इस प्रयोग-क्षेत्र में भी व्यापक बदलाव आ रहे हैं और ऑडियो-विजुअल माध्यम इसका नवीनतम प्रसंग है।

भूमंडलीकरण एवं भाषिक विविधता

---

[3]Itagi, N. H. and Singh, Shailendra Kumar eds. (2002) Linguistic Landscaping in India, CIIL, Mysore. Page- 7

भारतीय विविधता के राजनीतिक, धार्मिक, सांस्कृतिक, भौगोलिक एवं भाषाई आयाम हैं। यह अनायास नहीं है कि देश की संवैधानिक व्यवस्था इसे 'राज्यों के संघ' के रूप में निरूपित करती है। यह कवायद भारतीय विविधता को वैधता एवं स्थानीयता को स्वायत्तता देने के उद्देश्य से ही है। उस पर से लोकतांत्रिक शासन व्यवस्था को अंगीकार करना भी विविधता को पोषित करने के उपक्रम के रूप देखा जाना चाहिए। लेकिन आज इन सबके ऊपर अर्थव्यवस्थाई दबाव हावी है। उदार अर्थव्यवस्था, भूमंडलीकरण का दबाव और आम जनमानस के भौतिकवादी विकास के सपनों ने पूरी स्थानीयता को एक वैश्विक केंद्रीयता के हवाले कर दिया है। यह वैश्विकता अपने मूल में निर्मम है। यह लोगों तक पहुँचने के लिए रोज अपने लक्ष्य तय करती है और उसे पाने के लिए जो तरीके अपनाती है, उसमें कितनी भाषाएँ, संस्कृतियाँ और स्थानीय जीवन-पद्धति तबाह हो चुकी हैं और आगे भी यह प्रक्रिया जारी है। सुनंदा सेन द्वारा व्याख्यायित इस सच को देखें- "भूमंडलीकरण के प्रभाव स्वरूप एक तरफ कुछ चुनिंदा समूहों को समृद्धि के अपार अवसर मिल रहे हैं, तो दूसरी ओर बहुसंख्यक ऐसी आबादी जो कठिनाई से अपना जीवन बसर कर रही है, के दुर्दशा के लिए भी जिम्मेदार है।"[4] अब यह समझने में किसे दिक्कत होगी कि भूमंडलीकरण से लाभ पाने वाला तबका कौन है और उसकी भाषा क्या होगी और इससे वंचित समूह और उसकी भाषा क्या होगी।

भाषाई भू-परिदृश्य का विश्लेषण

समतल होते विश्व की भाषा क्या है? भूमंडलीकरण के सबसे प्रभावी वाहक इंटरनेट की भाषा क्या है और उस अंतरराष्ट्रीय एवं राष्ट्रीय पूँजी की भाषा क्या है, जिसे भारत जैसे बहुसंख्यक उपभोक्ता वाले देश के केंद्रीय एवं राज्यों की सरकारों में अपने यहाँ लाने की होड़ लगी है? इन सबके साथ भारतीय संदर्भ को परखने के लिए देश के विभिन्न महानगरों में से अहमदाबाद, बैंगलुरू, चेन्नई, दिल्ली, कोलकाता एवं मुंबई के भाषाई भूपरिदृश्य को विश्लेषण करने का प्रयास किया गया है, जहाँ सार्वजनिक उपस्थिति के सरकारी-गैरसरकारी बोर्ड, होर्डिंग, वेबसाईट आदि की भाषाओं को आधार बनाया गया है, इसके लिए प्रमुखता से राज्य की वेबसाईट, बस स्टेशन, रेलवे स्टेशन, हवाई अड्डा, बाजार, शैक्षिक संस्थान, अस्पताल एवं जन-आंदोलन को विश्लेष्य सामग्री के आधार पर स्वीकार किया गया है। इस पूरे प्रकरण में सूचनीय है कि यह अध्ययन वेब पर उपलब्ध सूचकों द्वारा किया गया है, इसके अंतर्गत विश्लेष्य शहरों के अभिप्रेत अनुषंगों जैसे- बस स्टेशन, रेलवे स्टेशन, हवाई अड्डा, बाजार,

---

[4]Sen, Sunanda (2009) Globlisation and Development; National Book Trust, Delhi. Page-83

शैक्षिक संस्थान, आंदोलन एवं अस्पताल के उपलब्ध 30 प्रतिनिधि चित्रों को लिया गया है। इसके साथ शहरों से संबंधित राज्य की वेबसाईट का8 नवंबर, 2015 को लिया गया प्रतिरूप है। इसके साथ ही संबद्ध महानगर से पंजीकृत पत्र-पत्रिकाओं के माध्यम से वहाँ की भाषाई उपस्थिति को समझने का प्रयास किया गया है। इसका स्रोत ‘भारत के समाचार-पत्रों के पंजीयक का कार्यालय[5], भारत सरकार’से लिया गया है। अब क्रमश: उद्दिष्ट महानगरों के विभिन्न प्रसंगों के अनुसार निम्नलिखित रूप में दिया जा रहा है-

1. अहमदाबाद

गुजरात देश का एक व्यावसायिक राज्य है। इसकी सीमाएँ राजस्थान, महाराष्ट्र, मध्यप्रदेश के साथ अरब सागर से जुड़ती हैं। गुजरात की एक सीमा अंतरराष्ट्रीय परिक्षेत्र के रूप में पाकिस्तान से जुड़ती है, जहाँ सीमा पार प्राय: सिंधी बोली जाती है। गुजरात प्रांत अपने व्यावसायिक गतिविधियों के लिए जाना जाता रहा है। समुद्र के किनारे बसे होने के कारण अनेक खनिज, रासायनिक उत्पादों का यह प्रमुख केंद्र रहा है। इसी कारण में इतिहास में संपन्न अंतरराष्ट्रीय आयात-निर्यात का भी एक मुख्य स्थान रहा है। यह गुजराती भाषी राज्य है देश के उद्योग प्रमुख राज्य होने के कारण विविध क्षेत्रों में देश के दूसरे हिस्सों से विस्थापित आबादी भी बहुतायत मात्रा में है।

[5]http://rni.nic.in/

यह सहज स्वाभाविक है कि वेबसाइट की भाषा स्थानीय हो, लेकिन उक्त चित्र में देखा जा सकता है कि एक गुजराती भाषी राज्य की आधिकारिक वेबसाइट की भाषा अँग्रेजी है। हालाँकि अपने स्वरूप में यह वेबसाइट द्विभाषिक अर्थात् अँग्रेजी और गुजराती में है, लेकिन इसकी स्वाभाविक उपलबद्धता अँग्रेजी में है और गुजराती न सिर्फ द्वितीयक है, बल्कि कई संदर्भों में उपेक्षित भी है।

'अहमदाबाद' गुजरात राज्य का सबसे बड़ा और देश का एक प्रमुख व्यावसायिक एवं औद्योगिक महानगर है। यहाँ वस्त्र और आभूषण आदि उद्योग प्रमुख हैं। यहाँ की मूल आबादी के साथ अनेक उद्योगों एवं व्यवसाय से संबंधित रह रहे प्रदेश से बाहर के लोगों की संख्या भी यहाँ की कुल आबादी का एक बड़ा हिस्सा है।

यहाँ देखा जा सकता है कि रेलवे स्टेशन पर लगे बोर्ड में त्रिभाषा सूत्र लागू है, लेकिन वहीं केंद्रीय संस्थान के रूप में भारतीय प्रबंध संस्थान के बोर्ड में राज्य की स्थानीय भाषा अर्थात् गुजराती नहीं है। उसके बाद किसी जनांदोलन में प्रयुक्त बैनर में गुजराती का प्रमुखता से प्रयोग किया गया है और इसके बाद बाजार में लगे उक्त बोर्ड को देखा जा सकता है, जो अपनी सुविधा और स्वीकार्यता के अनुरूप किसी राजकीय नियमों से मुक्तदृश्यमान है।

किसी व्यावसायिक महानगर में प्रकाशित हो रहे समाचार पत्र-पत्रिकाओं के माध्यम से वहाँ की स्थानीय भाषाई स्वीकार्यता को व्यापकता में देखा जा सकता है-

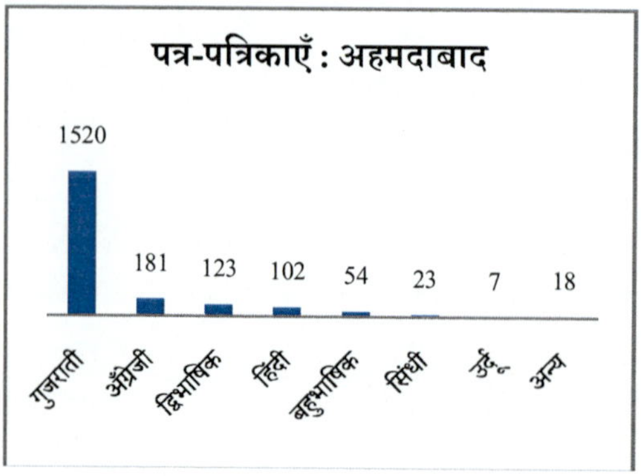

इसके बाद दैनिक समाचार-पत्रों को भी नीचे के चित्र में देखा जा सकता है, यथा-

दैनिक : अहमदाबाद

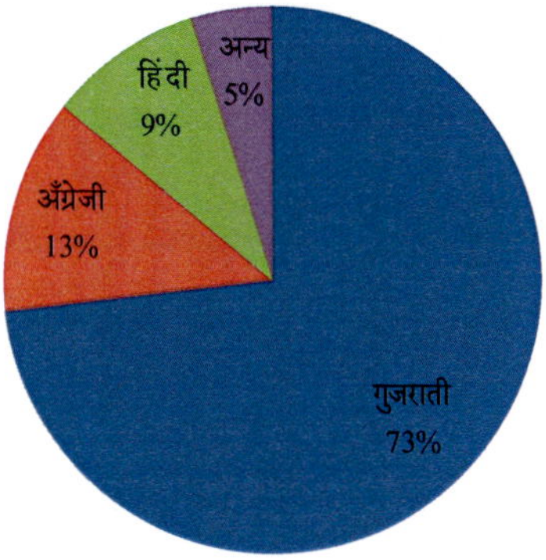

ध्यातव्य है कि गुजराती समाचार-पत्रों की एक प्रमुख माध्यम है। यहाँ यह समझना आवश्यक है कि महानगर में विस्थापित आबादी का अधिकांश भाग अल्प-शिक्षित या अशिक्षित है, जो मजदूरी और छोटे-मोटे व्यवसाय से गुजर-बसर करता है, जिसमें से सामान्य तबके को हिंदी-भाषी उपस्थिति के रूप में देखा जा सकता है। अँग्रेजी को यहाँ भी अपने उच्च-वर्गीय पहचान या विस्थापित तबके के प्रतिशत के रूप में स्वीकारा जा सकता है।

2. बैंगलुरू

यह महानगर कन्नड़ भाषी राज्य कर्नाटक की राजधानी है। इसके आस-पास तेलुगु भाषी आंध्रप्रदेश एवं तमिल भाषी चेन्नई के क्षेत्र हैं। हालाँकि ये सब मिलाकर द्रविड़ भाषी परिक्षेत्र ही हैं। यह देश की तीसरी सबसे अधिक आबादी वाले शहर है। शहर की प्रसिद्धि सूचना-

प्रौद्योगिकीय क्षेत्र की बहुराष्ट्रीय एवं राष्ट्रीय कंपनियों की व्याप्ति के लिए है। एक महानगर के रूप में बैंगलुरू तेजी से एक प्रमुख वित्तीय केंद्र के रूप में भी उभरता जा रहा है। यहाँ की जलवायु भारतीय अन्य महानगरों की तुलना में बेहतर है राज्य की वेबसाइट के मुख्य पृष्ठ को यहाँ देखा जा सकता है-

गौरतलब है कि प्रमुख रूप से अँग्रेजी का प्रभाव है और कन्नड़ में इसे देखने के लिए वैकल्पिक तरीके का उपयोग करना पड़ता है।

अपने सूचना-प्रौद्योगिकी के कारण बंगलुरु स्वाभाविक रूप से अँग्रेजी की शरण स्थली के रूप में कार्य करता है। इसके विभिन्न संदर्भों को निम्न तश्वीर के माध्यम से देखा जा सकता है-

बैंगलुरू

उक्त तश्वीर में देखा जा सकता है कि किसी आम रैली में जिन बैनरों का उपयोग किया जा रहा है, उसमें अँग्रेजी भी समानान्तर रूप से मुखरित है। बंगलुरु के भाषाई भू-परिदृश्य को समझने के लिए निम्न तश्वीर को देखा जा सकता है-

बैंगलुरू में एफ॰एम॰ रेडियो का प्रचार

यहाँ बाजार के चरित्र को उपर्युक्त चित्र में बेहतर तरीके से देखा जा सकता है। यह रेडियो के एक चैनल के प्रचार के लिए लगाया गया है। बैंगलुरू शहर की मिश्रित भाषाई एवं सूचना-प्रौद्योगिकीय पृष्ठभूमि की प्रवासी बाहुल्य आबादी और स्थानीयता को सँजोते हुए एक ही पोस्टर से सबको साधने की कोशिश की गई है। कन्नड़ मूल भाषी परिक्षेत्र में हिंदी फिल्मों के कलाकारों की तश्वीर देने के पीछे हिंदी फिल्मों के स्थापित बाजार को अपने पक्ष में करने की है। इसके बाद जो लिखित पंक्तियों में 'सिक्कापट्टे कन्नड़ा, स्वल्पा हिंदी, टोटल बैंगलुरू' का आशय यह है कि 'ढेर सारा कन्नड़, थोड़ी-सी हिंदी एवं पूरा बैंगलुरू शहर'। इस प्रकार इस रेडियो चैनल ने बैंगलुरू शहर की पूरी आबादी को अपने हिसाब से आकर्षित करने में कोई कसर नहीं छोड़ी है, कन्नड़ मूल भाषियों को, हिंदी संपर्क-भाषियों, बैंगलुरू शहर की स्थानीयता के साथ हिंदी फिल्मों के ऐसे प्रशंसकों को जो किसी भी अस्मिता दबावों से ऊपर उठकर फिल्मों और इसके नायकों को पसंद करते हैं। इन सबके अतिरिक्त इस पूरे बोर्ड में कन्नड़ की लिपि नहीं है, बल्कि रोमन लिपि के माध्यम से अँग्रेजी उच्च-मध्यम वर्गीय समाज तथा सूचना-प्रौद्योगिकीय बहुराष्ट्रीय कंपनियों के कर्मचारियों को अपने पाले में डालने की कोशिश की है। इस पूरे परिदृश्य में यह समझना भी आवश्यक है कि रेडियों के श्रोताओं का अब वहपारंपरिक तरीका नहीं रहा, विशेषकर ऐसे महानगरीय आबादी में, क्योंकि मोबाईल

पर रेडियो की उपलब्धता और एफ़एम चैनलों के तड़के ने इसे बंद कमरे के औपचारिक परिवेश से निकाल कर सड़क, पार्क, बस एवं मेट्रो आदि तक पहुँचा दिया है और इन सबमें युवा पीढ़ी की निर्णायक संख्या है। जाहिर है बाजार के केंद्र में भी वही समूह और इस रेडियो के चैनल के भी।

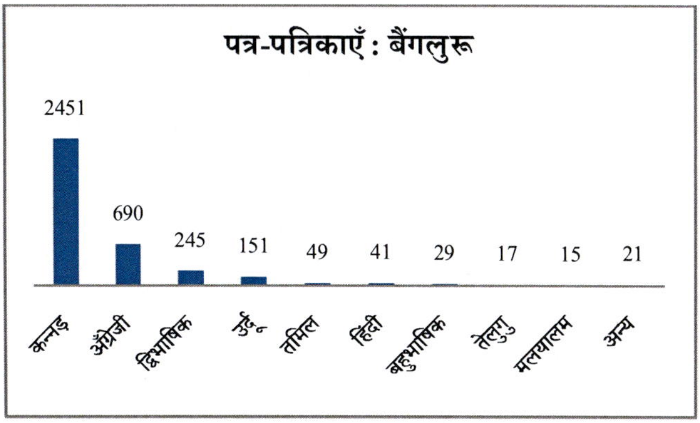

यह उक्त ग्राफ के माध्यम से यह देखा जा सकता है कि कन्नड़ के बाद सबसे प्रभावशाली उपस्थिति अँग्रेजी पत्र-पत्रिकाओं की है। यह स्थिति निम्न ग्राफ के माध्यम से दैनिक समाचार पत्रों के संदर्भ से भी समझा जा सकता है, यथा-

दैनिक : बैंगलुरू

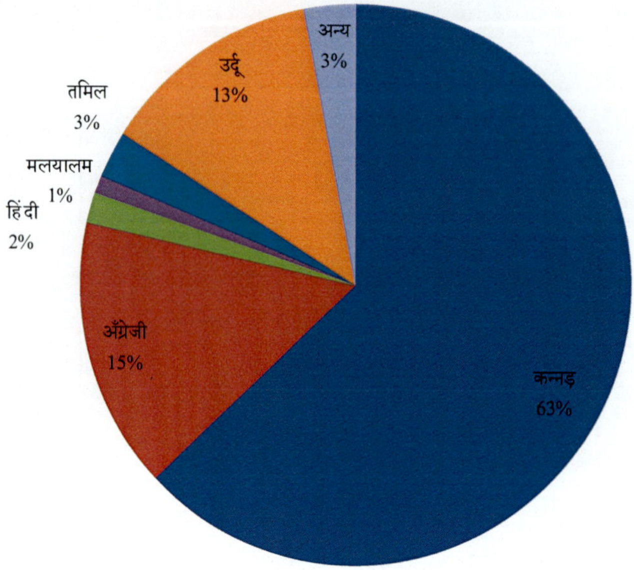

3. चेन्नई

चेन्नई तमिल भाषी तमिलनाडु राज्य की राजधानी है। यह द्रविड़ भाषा परिवार की भाषाओं से संबद्ध राज्य यथा- केरल, कर्नाटक और आंध्रप्रदेश से घिरा हुआ है। सांस्कृतिक रूप से तमिलनाडु अन्य महानगरों की अपेक्षा बाजार का सर्वाधिक प्रतिरोधी रहा है, इसीलिए भूमंडलीकरण का भारतीय पता प्रमुख रूप से बंगलुरु होने के बावजूद चेन्नई में उतनी तेजी से नहीं आ पाया है। इसके बावजूद अपनी स्वाभाविक उपस्थिति के कारण राज्य की वेबसाइट का मुख्य पृष्ठ अँग्रेजी में ही है हालाँकि तमिल में देखने की वैकल्पिक व्यवस्था है,यथा-

नीचे की तश्वीर में देखा जा सकता है कि जनांदोलन के नारों को स्थानीय स्वीकार्यता के अनुरूप ही दिखाया गया है। हालाँकि शहर के बाजार में लगे पोस्टरों पर अँग्रेजी को आसानी से देखा जा सकता है, यथा-

चेन्नई

चेन्नई से छपने वाली पत्र-पत्रिकाओं के माध्यम से यहाँ बाजार के प्रतिरोध को देखा जा सकता है, जहाँ 83 प्रतिशत दैनिकों की भाषा तमिल है, उसके बाद अँग्रेजी 11 प्रतिशत है। यथा-

दैनिक : चेन्नई

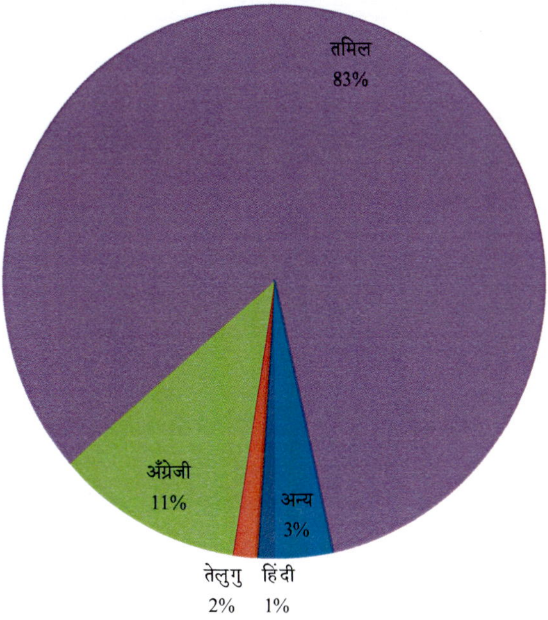

4. दिल्ली

दिल्ली देश की राष्ट्रीय राजधानी परिक्षेत्र है और केंद्र शासित प्रदेश की राजधानी का मुख्यालय भी यहीं है। शिक्षा, प्रशासन, उद्योग, दूरसंचार, पर्यटन एवं चिकित्सा आदि विषयों के कारण पूरे देश की मिली-जुली आबादी ही यहाँ की मुख्य पहचान है। उत्तरप्रदेश और हरियाणा इसके प्रभावी पड़ोसी हैं। इसलिए भाषा के स्तर पर कोई अतिरिक्त बाहरी दबाव यहाँ नहीं है, जो है वह उच्च वर्गीय आभिजात्य समूहों का है। यहाँ दिल्ली राज्य की वेबसाइट को देखा जा सकता है, जो प्रमुखतः अँग्रेजी में ही है, यथा-

निम्न तश्वीर में यह देखा जा सकता है कि जनांदोलनों में भी अँग्रेजी के बैनर आसानी देखे जा सकते हैं, तो स्थानीय राजभाषा होने के कारण उर्दू को त्रिभाषा सूत्र के एक भाषा के रूपमें प्रयुक्त है।

यह ध्यान रहे कि दिल्ली पूरे देश की राजधानी होने के कारण यहाँ से पंजीकृत समाचार-पत्र न सिर्फ दिल्ली महानगर बल्कि देश के दूसरे हिस्सों में भी पहुँचते हैं। कई संदर्भों में पंजीयन कार्यालय एवं देश के प्रमुख विधायी स्थान होने के कारण दिल्ली से निकलने वाली पत्र-पत्रिकाओं का स्थानीय कार्यालय भी होता है, जिसका तात्पर्य यह नहीं कि वे सिर्फ दिल्ली शहर या राज्य की परिधि में ही रहते हैं। इसको नीचे दिए ग्राफ के माध्यम से देखा जा सकता है, यथा-

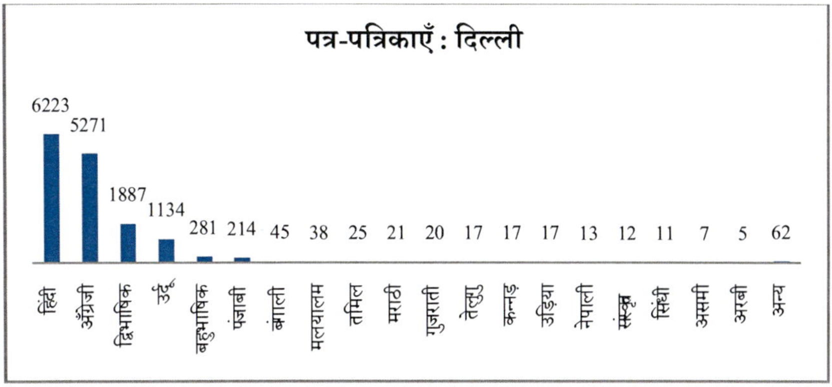

यहाँ संख्या और विविधता दोनों को देखकर यह समझा जा सकता है कि दिल्ली एक विशाल भू-भाग और विविध भाषी भूगोल का मुख्यालय है। इसमें 'अन्य' के अंतर्गत 62 की संख्या में भोजपुरी, बोडो, बर्मी, फ्रेंच, गढ़वाली, जर्मन, हिमाचली, इंडोनेशियाई, कोंकणी, लुशाई, मैथिली, मणिपुरी, पहाड़ी, पंचपरगनिया, फारसी, प्राकृत, स्पेनिश, स्वाहिली, तिब्बती एवं तुडू आदि भाषाएँ भी हैं। यह भी ध्यान रहे कि विदेशी दूतावास भी यहीं हैं, इसलिए विभिन्न दूतावासों से निकलने वाली पत्रिकाएँ भी पंजीकृत हैं। दिल्ली की स्थानीयता को दैनिक समाचार-पत्रों के निम्न ग्राफ के माध्यम से आसानी से समझा जा सकता है, यथा-

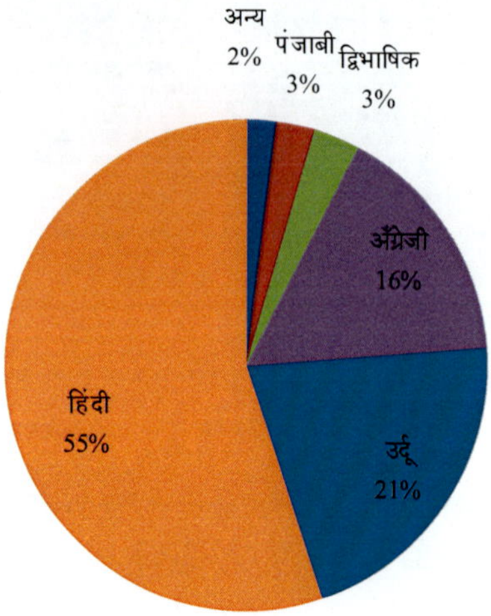

दैनिक : दिल्ली

यहाँ देखा जा सकता है कि हिंदी की वह स्थिति नहीं है, जो देश के दूसरे महानगरों में स्थानीय भाषाओं की है। इस दृष्टि से उर्दू एवं पंजाबी की स्थिति बहुत कमजोर मानी जाएगी। लेकिन इसको इस रूप में भी स्वीकार किया जाना चाहिए कि हिंदी स्थानीय भाषा नहीं है और राष्ट्रीय राजधानी परिक्षेत्र होने के कारण देश की अन्य भाषा-भाषियों की अभिव्यक्ति भी यहाँ मुखरित होती है, जिसे अँग्रेजी, पंजाबी, उर्दू एवं अन्य भाषाओं के रूप में देखा जा सकता है।

5. कोलकाता

कोलकाता अपने आवरण में किसी महानगरीय कलेवर से अधिक अपनी सांस्कृतिक जागरूकता का ऐतिहासिक केंद्र रहा है। भारोपीय भाषा-परिवार की भाषा 'बंगाली' यहाँ की

मुख्य भाषा है। अपने भौगोलिक व्यापकता के कारण पश्चिम बंगाल देश के पूर्वोत्तर के नजदीक है, बल्कि बिहार, झारखंड एवं उड़ीसा जैसे मैदानी भूभाग के सामीप्य का प्रभाव कोलकाता के महानगरीय जीवन पर दिखता है। भारतीय स्वतंत्रता संघर्ष की ऐतिहासिक संदर्भों की स्मृतियाँ भी सहज ढंग से देखी जा सकती है। महानगरीय जीवन में अँग्रेजी उदारीकरण के प्रभाव से पहले अपने बौद्धिक स्वरूप में यहाँ उच्च वर्गीय जीवन में आसानी से घुली-मिली रही है।

कोलकाता

जैसा कि देखा जा सकता है एक कॉलेज के मुख्य बोर्ड पर सिर्फ अँग्रेजी में लिखा गया है, जबकि बाजारू अँग्रेजी तो अपने मूल कलेवर में है ही। उधर जनांदोलन भी अपने सामान्य रूप में स्थानीय भाषा में संवेदित हो रहा है।

आगे यदि पत्र-पत्रिकाओं के निम्न संदर्भ से देखें तो भी अँग्रेजी अपनी विरासती भूमिका में भी उपलब्ध है, जिसका स्थान बंगाली के तुरंत बाद आता है। इसके अलावा एक पुराने व्यापारिक

शहर के रूप में पोषित एक व्यापक आबादी के कारण गुजराती और पंजाबी जैसी भाषाएँ अपनी उपस्थिति दर्ज करा रही हैं।

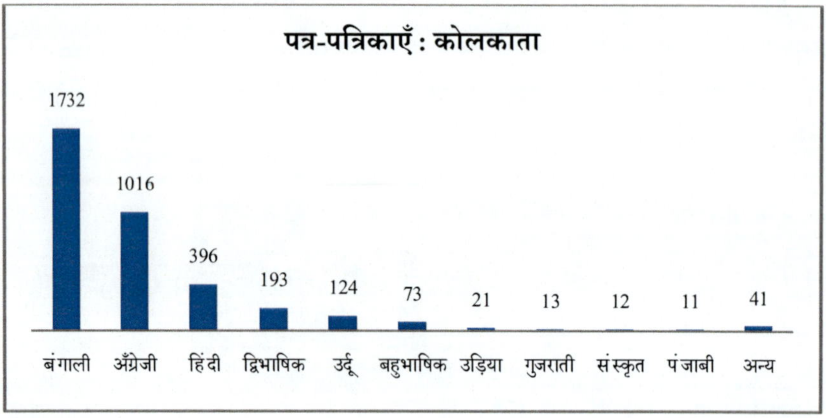

निम्न ग्राफ के माध्यम से दैनिक समाचार-पत्रों की उपस्थिति को देखा जा सकता है, जिसमें समकालीन माँग के अनुरूप द्वितीय प्रभावशाली भाषा के रूप में अँग्रेजी से आगे हिंदी है, इसके साथ उर्दू की भी उपस्थिति प्रभावशाली है। वैसे भी हिंदी पत्रकारिता के लिए कोलकाता आदि स्थान भी रहा है, जहां उदन्त मार्तंड के रूप में प्रथम अखबार छपा था।

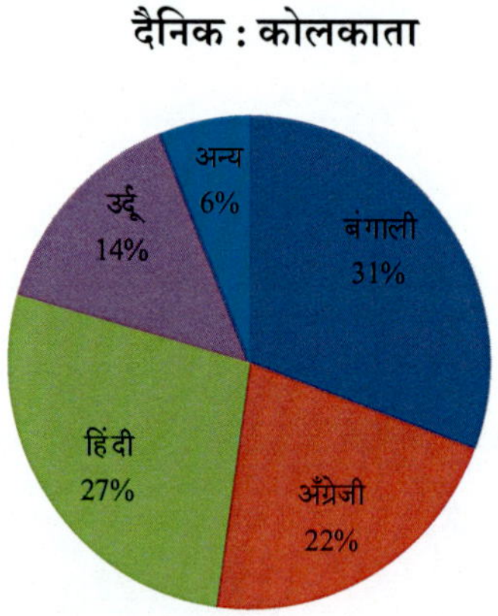

6. मुंबई

मुंबई महानगर देश की आर्थिक राजधानी है। इतिहास में कभी 'भारत के द्वार' के रूप में भी समुद्री सीमा के माध्यम से व्यापार का केंद्र रहा है। आज भी फिल्म एवं टेलीविज़न के माध्यम से देश के व्यापक समाज पर विभिन्न सांस्कृतिक बदलावों की शरण-स्थली के रूप में इसे स्वीकार किया जाता है। आज देश में यदि भूमंडलीकरण किसी सांस्कृतिक आवरण देश में आता है तो वह बहुधा मुंबई के रास्ते से ही।

मुंबई अपने व्यापक परिवेश के लिए जाना जाता है, यहाँ मराठी मुख्य भाषा है, जबकि इसके आस-पास गुजराती, कन्नड़, तेलुगु एवं हिंदी आदि प्रमुख भाषाएँ हैं। मुंबई की समग्रता को महज कुछ पैमानों से नहीं समझा जा सकता, क्योंकि यहाँ के जीवन के सामाजिक एवं आर्थिक संदर्भों में भरपूर विविधता है। इसके अलावा आधुनिक धर्म, उत्सव, संगीत, कला, थियेटर आदि इसे और विविध बनाते हैं। ध्यान रहे कि आजादी के बाद के लोकतंत्र में सक्रिय सहभागिता के रूप में मराठी की अस्मिता के रूप में कार्य करती रही है, जिसकी मुखरता हिंसा और नफरत तक आसानी से पहुँच जाती रही है, लेकिन देश में भर के एक बहुसंख्य समाज पर सीधे हस्तक्षेप रखने वाली हिंदी फिल्मों का मुख्यालय मुंबई ही रहा है।

उक्त वेबसाइट को देखा जा सकता है, जिसका मुख्य पृष्ठ अँग्रेजी की बजाय हिंदी में है। जाहिर है कि इसके स्थानीय प्रशासन में अतिरिक्त सजगता की जरूरत होती है।

यहाँ निम्नलिखित तश्वीरों के माध्यम से देखा जा सकता है कि अँग्रेजी और हिंदी यहाँ के एक आंदोलन की भाषा के रूप में भी दिख रही है। ऐसा इसलिए ही संभव है कि यह आंदोलन निवेशकों के हित के लिए हो रहा है न कि किसी जल, जंगल और जमीन से जुड़े मुद्दे के लिए।

निम्नांकित ग्राफ से मुंबई महानगर की स्थिति को देखा जा सकता है, जहां मराठी से अधिक पत्र-पत्रिकाएँ अँग्रेजी में प्रकाशित होती हैं। स्पष्ट है कि ऐसा इसके बाजारू स्वीकार्यता एवं आभिजात्य की उपस्थिति के कारण है।

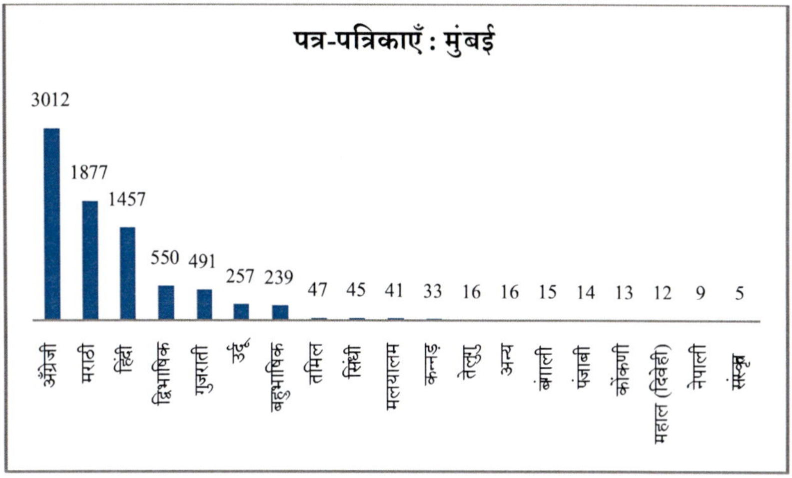

हालाँकि अपने दैनन्दिन उपस्थिति में निम्न ग्राफ के अनुसार देखा जा सकता है कि मराठी सर्वाधिक लोकप्रिय भाषा है।

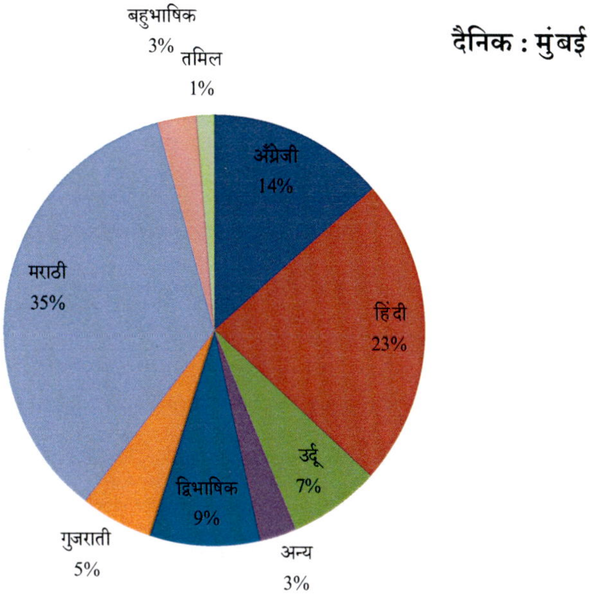

निष्कर्ष

भारत एक बहुभाषिक देश है, जिसमें संपर्क-भाषा की प्रमुख भूमिका हिंदी के कंधे पर है या यूँ कहें कि हिंदी के माध्यम से देश एक सूत्र में जुड़ पाता है, लेकिन इन सब के बीच इस तथ्य से भी इनकार नहीं किया जा सकता है कि भूमंडलीकरण के बाद जिस तरह से नई अर्थ-व्यवस्था देश में आई है, उसमें बहुराष्ट्रीय कंपनियों के देश में आने या सूचना-तकनीक की भाषा के रूप में अँग्रेजी ने भी नई पीढ़ी को अपनी ओर खींचा है। यद्यपि अँग्रेजी औपनिवेशिकता की बुनियाद तो पहले से रही है, लेकिन तब यह अँग्रेजी इस तरह से आमजन तक नहीं पहुँची थी। इसको महात्मा गांधी ने भी स्वीकार किया था कि "सारा हिंदुस्तान गुलामी में घिरा हुआ नहीं है। जिन्होंने पश्चिम की शिक्षा पाई है और जो उसके पाश में फँस गए हैं, वे ही गुलामी में घिरे हुए हैं।[6]" बहरहाल बाजार की भाषा के रूप में किसी भी भाषा के प्रति कोई भाषाई निष्ठा नहीं बन पाती है। इसलिए देश में भी हिंदी या अँग्रेजी के भाषाई संस्करणों में भाषिक शुद्धता के प्रति कोई आग्रह नहीं है और स्थिति यह है कि हिंदी से लेकर दूसरी अन्य भाषाएँ भी रोमन लिपि मिल जाती है, इसके साथ अँग्रेजी का भी दूसरी लिपियों में लिखा हुआ मिल जाना सहज संभव है। इस प्रकार एक खास तरह मिश्रण जारी है, जिसके अंतिम स्वरूप का निर्धारण भी बाजारू शक्ति के माध्यम से ही होगा। भाषा के इस परिदृश्य का विभिन्न साइन बोर्ड और पोस्टर आदि भी प्रत्यक्ष प्रमाण हैं, जो देश के विभिन्न हिस्से में भाषाई शुद्धता के आग्रह को लगातार चुनौती दे रहे हैं। देश के भाषाई भू-परिदृश्य में संस्कृत सिर्फ किसी संस्था के लोगों तक सीमित हो चुकी है और स्थिति यह है कि आयुर्वेद से जुड़ी संस्था का साईन-बोर्ड अँग्रेजी में लिखा हुआ ऊपर दृष्टव्य है। यहाँ इस प्रसंग को भी जोड़ा जाना चाहिए कि देश के विभिन्न संस्थाओं में भी संस्कृत पर होने वाले शोधों की भाषा प्रायः अँग्रेजी है।

विश्व-समाज की भाषिक व्याप्ति अपने खुरदुरेपन के लिए प्रसिद्ध है और भारत की भषिक पारिस्थितिकी तो इस मायने में ऊबड़-खाबड़ ही कहा जाएगा। लेकिन उससे बड़ा सच है यह कि यह ऊबड़-खाबड़पना में देश का सौन्दर्य, संवेदना, मानवाधिकार और जीवन बसता है, लेकिन आज सबसे ज्यादा चुनौती इस खुरदुरेपन को सहेजने की है अन्यथा फ्राइडमैन तो खुश ही हैं कि विश्व समतल है।

---

[6]गांधी, महात्मा (1949) हिन्द स्वराज : अमृतलाल ठाकोरदास नाणावतीद्वारा अनुदित (2012); नवजीवन प्रकाशन मंदिर, अहमदाबाद।

भारत का भाषाई यथार्थ : संकटग्रस्त भाषाएँ एवं उनका दस्तावेजीकरण

- **परमान सिंह**

भाषावैज्ञानिकों में यह आम सहमति बन चुकी है कि वर्तमान में पूरे विश्व में लगभग 6000 से 7000 भाषाएँ बोली जाती हैं। लेकिन वे इस तथ्य को भी स्वीकार करते हैं कि इनमें से लगभग आधी भाषाओं का अस्तित्व भविष्य में मात्र कुछ पीढ़ियों के बाद ही समाप्त हो जाएगा, क्योंकि इन भाषाओं का सक्रिय प्रयोग धीरे-धीरे कम होता जा रहा है और नई पीढ़ी उस क्षेत्र की राजनीतिक, आर्थिक, सामाजिक रूप से सशक्त एवं प्रभावशाली भाषा को सीखने एवं प्रयोग करने में रूचि दिखा रहे हैं। इस समस्या की विकरालता का आभास हमें इसी तथ्य से मिलता है कि पूरे विश्व में अँग्रेजी, चाइनीज़, हिंदी, उर्दू, स्पेनिश आदि विश्व की प्रमुख 20 भाषाओं के बोलने वालों की संख्या 50 मिलियन के आस-पास है, जो की पूरे विश्व की जनसंख्या का लगभग 50 प्रतिशत है। लेकिन वहीं कुछ भाषाएँ ऐसी भी हैं जिनके बोलने वालों की संख्या कुछ हजार या कुछ सौ के आस-पास है। हम इस तथ्य को नकार नहीं सकते कि बहुसंख्यक भाषाओं (जिनके बोलने वालों की संख्या अधिक है) में ही आर्थिक, राजनीतिक, सामाजिक शक्तियों के केंद्रित होने की प्रवृत्ति होती है। परिणामस्वरूप बोलने वालों की संख्या से सशक्त भाषा तो उत्तरोत्तर विकास करती जाती है, लेकिन अल्पसंख्यक भाषाएँ (जिनके बोलने वालों की संख्या कम या नगण्य है), जिनके बोलने वालों की संख्या पहले से ही कम है, उनके बोलने वाले भी मजबूर होकर प्रभावशाली भाषाओं की तरफ अंतरण कर जाते हैं।

परिचय

परमान सिंह

लेखक भाषाविज्ञान के क्षेत्र में एक चर्चित नाम हैं और विज्ञान और प्रौद्योगिकी मंत्रालय, भारत सरकार में पीडीएफ रहे हैं, संप्रति भारतीय भाषा संस्थान, मैसूरु में कार्यरत हैं। संपर्क: **parmansingh@gmail.com**

संकटग्रस्त भाषाएँ : वैश्विक परिदृश्य

भाषाओं के संकटग्रस्त होने की रफ्तार से विश्व के तमाम भाषावैज्ञानिकों के माथे पर चिंता की लकीरें स्पष्ट परिलक्षित हो रही हैं और अगर तुरंत ही इस संदर्भ में कोईठोस कदम नहीं उठाया गया तो लकीरें इतनी गहरी हो कर अमिट हो जाएँगी की भविष्य हमें माफ नहीं करेगा। वर्ष

1991 में 'लिङ्ग्विस्टिक सोसाइटी ऑफ अमेरिका' की वार्षिक बैठक में हुए विचार-मंथन के आधार पर 'लैंग्वेज' नामक पत्रिका ने एक विशेषांक निकाला, जिसका उद्देश्य भाषा-वैज्ञानिकों का ध्यान संकटग्रस्त भाषाओं की बढ़ती हुई संख्या की तरफ खींचना और भाषाओं के संरक्षण (preservation) एवं उनके दस्तावेजीकरण (documentation) को प्रोत्साहित कर उनका एक संग्रह (archive) बनाने की आवश्यकता पर ज़ोर देना था। 'लैंग्वेज' पत्रिका के इस विशेषांक से जो विश्व में भाषाओं की तस्वीर उभरती है वह आश्चर्यचकित कर देनेवाली है। क्राउज (Krauss, 1992) ने तो संसार की 90% भाषाओं को वर्ष 2100 तक गंभीर रूप से संकटग्रस्त हो जाने की आशंका व्यक्त की है। लेकिन उसी विशेषांक में कुछ आशावादी विद्वान सिर्फ 50% भाषाओं के संकटग्रस्त होने का अनुमान प्रस्तुत करते हैं। लेकिन यह स्थिति भी बहुत प्रसन्न होने वाली नही है, अपितु अभी से हमें सतर्कता के साथ संकट की स्थिति से गुज़र रही भाषाओं के विकास की संभावनाओं की तलाश करते हुए उनके संरक्षण एवं दस्तावेजीकरण हेतु योजनाबद्ध, सार्थक, ठोस एवं प्रभावकारी कदम उठाना होगा।

संकटग्रस्त भाषाएँ : मापदंड

संकटग्रस्त भाषा किसे कहेंगे, इस संबंध में विद्वानों में मतभेद है। बहुत ही साधारण शब्दों में संकटग्रस्त भाषा वह मातृभाषा है, जिसको माता-पिता अपने बच्चों को सिखाने का प्रयास नहीं करते एवं स्वयं भी उस भाषा का प्रयोग अपने दैनिक जीवन में सक्रिय रूप से नहीं करते। उस भाषा समूह के अधिकतम या सभी लोग द्विभाषी या बहुभाषी हो जाते हैं यानि कि एकभाषी व्यक्ति का मिलना उस भाषा समूह में कठिन होगा। हालाँकि यह दूसरी बात उन जनजातियों पर लागू नहीं होती जो बाहरी लोगों से एकदम संपर्क नहीं रखते या रखना चाहते। उदाहरण के तौर पर हम अंडमान की सेंटलीज़ जनजाति की भाषा को देख सकते हैं। इस भाषा के संकटग्रस्त होने का कारण भाषा अंतरण नहीं अपितु उस भाषा के बोलनेवालों की संख्या का नगण्य होना है। इस प्रकार हम कह सकते हैं की विश्व की भाषाओं को संकटग्रस्त की श्रेणी में रखने या ना रखने के लिए किसी एक मापदंड को ही पर्याप्त नहीं माना जा सकता।

यूनेस्को द्वारा संकटग्रस्त भाषाओं के लिए स्थापित एक विशेषज्ञ समूह ने वर्ष2003 में किसी भाषा को संकटग्रस्त घोषित करने के लिए कुल 9 मापदंडों को सुनिश्चित किया जो इस प्रकार हैं -

1. पीढ़ी-दर-पीढ़ी होने वाला भाषा का संचरण या अंतर्पीढ़ीगत संचरण।

2. भाषा बोलनेवालों की संपूर्ण संख्या।
3. कुल जनसंख्या में भाषा-विशेष के बोलनेवालों का अनुपात।
4. मौजूदा ज्ञान-क्षेत्रों में भाषा की उपस्थिति।
5. नए ज्ञान-क्षेत्रों एवं मीडिया में भाषा की भागीदारी।
6. भाषा के पठन-पाठन हेतु उपलब्ध शैक्षणिक सामग्री।
7. भाषा के प्रति सरकार एवं संस्थानों का रवैया एवं भाषाई नीति जिसमें भाषा की संवैधानिक स्थिति एवं प्रयोग भी शामिल है।
8. भाषिक समुदाय के सदस्यों का अपनी भाषा के प्रयोग के प्रति मनोभाव / रवैया।
9. भाषा में उपलब्ध लिखित सामग्री की मात्रा एवं उसकी गुणवत्ता।

इन सबमें सर्वाधिक महत्त्वपूर्ण मापदंड भाषा बोलनेवालों की कुल संख्या एवं उनका अपनी भाषा के प्रति दृष्टिकोण है। बोलने वालों की संख्या के आधार पर ही यूनेस्को ने 'विलुप्तप्राय' एवं 'विलुप्त' भाषाओं की अलग से श्रेणी बना रखी है, जिनकी चर्चा हम नीचे के पैराग्राफ में करेंगे। संख्या को आधार बनाकर ही क्राउज (2007: 2) ने कहा है कि कोई भी भाषा जिसको बोलने वालों की संख्या 10, 000 से कम हो उसको वास्तव में सुरक्षित नहीं माना जा सकता।

भारत में संकटग्रस्त भाषाएँ

भारत में भाषाओं की संकटग्रस्तता के संदर्भ में कोई आधिकारिक आँकड़ा अभी तक प्रस्तुत नहीं हो पाया है और इस प्रकार संकटग्रस्त भाषाएँ भारत के संदर्भ में एक नया प्रवर्ग हैं। इनके बारे में कोई आधिकारिक आँकड़ा न होने का एक प्रमुख कारण गृह मंत्रालय की वह नीति है जिसके अनुसार जिन मातृभाषाओं के बोलनेवालों की संख्या दस हज़ार से कम होती है उनका नाम सार्वजनिक नहीं किया जाता। फलस्वरूप सर्वाधिक संकटग्रस्त भाषाएँ जिनके बोलने वालों की संख्या बहुत ही कम है, उनके बारे में जानना कठिन है।

पीपुल ऑफ इंडिया[7] ने कुल 325 भाषाएँ (109 भारोपीय परिवार, 121 तिब्बतबर्मी परिवार, 23 आस्ट्रो-एसियाई एवं 4 अंडमानी भाषाएँ) बताई है। इनमें से सिर्फ 75 भाषाओं को ही प्रमुख भाषा के रूप में चिह्नित किया है। इन 75 भाषाओं में 22 अनुसूचित भाषाएँ भी शामिल हैं। इथ्नोलॉग वेबसाइट जिस पर यूनेस्को काफी भरोसा करता है, के अनुसार भारत में कुल

[7] People of India series edited by K. S. Singh 1992 72 Volume, New Delhi: Anthropological Survey of India.

461 भाषाओं का अस्तित्व है, जिनमें से 447 भाषाएँ ही जीवित हैं, बाकी 15 भाषाएँ विलुप्त हो गई हैं। 447 जीवित भाषाओं में भी 55 भाषाएँ संकटग्रस्त हैं एवं 12 भाषाएँ मृत्यु की दहलीज़ पर दस्तक दे रही हैं।

यूनेस्को की वेवसाइट पर भारत में संकटग्रस्त भाषाओं की संख्या 197 बताती है। भाषाओं के स्वास्थ्य के संकेतन के लिए या उनकी संकटापन्नता की गंभीरता को दर्शाने के लिए यूनेस्को द्वारा सुनिश्चित 5 श्रेणियाँ के स्तर पर भारत के संदर्भ में संकटग्रस्त भाषाओं की संख्या इस प्रकार है-

1	असुरक्षित (Vulnerable)	81
2	निश्चित रूप से संकटग्रस्त (Definitely endangered)	63
3	गंभीर रूप से संकटग्रस्त(Severely Endangered)	6
4	विलुप्तप्राय (Critically Endangered)	42
5	विलुप्त (Extinct)	5

भाषाओं की संख्या की सच्चाई

भारत में संकटग्रस्त भाषाओं की संख्या विभिन्न स्रोतों के अनुसार भिन्न-भिन्न हैं। इसके कई कारण हो सकते हैं। जैसे कि भाषा और बोली को पारिभाषित करने की समस्या जिसका प्रत्यक्ष संबंध बोलियों को भाषा के अंदर या अलग भाषा के रूप में प्रस्तुत करने से है। जॉर्ज ग्रियर्सन ने अपने 12 भाग की 'लिंग्विस्टिक सर्वे ऑफ इंडिया' (1903-1923), जो भारत का प्रथम आधिकारिक एवं संजीदा भाषाई गणना माना जाता है; में 179 भाषाएँ एवं 544 बोलियाँ चिह्नित किया है। इसकी प्रामाणिकता 1921 के भारतीय जनगणना के आंकड़ों से सुनिश्चित होती है, जिसमें 188 भाषाएँ एवं 49 बोलियों की चर्चा है। (सिंह एवं मनोहरन,1993: 4)।

भारत की 1961 की जनगणना (1961 Census Vol. I part- II-C (iii) Language Tables) पूरे भारत में 1652 मातृभाषाओं के होने का प्रमाण प्रस्तुत करता है, जिसमें 103 विदेशी मातृभाषाएँ भी शामिल थीं। लगभग एक तिहाई भाषाएँ (574) भारोपीय परिवार की, 226 भाषाएँ चीनी-तिब्बती परिवार की 153 भाषाएँ द्रविड़ परिवार की एवं 65 भाषाएँ आस्ट्रो -एशियाई परिवार की थीं। अगर हम विभिन्न भाषा-परिवारों की भाषाएँ बोलने वालों की प्रतिशत पर गौर करें, तो भारोपीय परिवार का भाषाओं को बोलने वालों का प्रतिशत 73.30,

द्रविड़ बोलने वालों की संख्या 24.47 एवं चीनी-तिब्बती परिवार की भाषओं को बोलने वालों की जनसंख्या पूरे भारत की जनसंख्या का मात्र 0.73 प्रतिशत ही है। 1961 की जनगणना के अनुसार ही अनुसूचित भाषाओं को बोलने वालों का प्रतिशत पूरे भारत की जनसंख्या 87.13 था जबकि गैर अनुसूचित भाषाओं के बोलने वालों की संख्या मात्र 12.87 प्रतिशत (सिंह एवं मनोहरन, 1993: 5)। वर्ष 1971 एवं 1981 की जनगणना में गैर अनुसूचित भाषाओं के बोलने वालों की संख्या में भारी गिरावट दर्ज की गई 1971 में गैर-अनुसूचित भाषाओं के बोलने वालों की संख्या4.63 एवं 1981 गैर अनुसूचित भाषाओं के बोलने वालों की संख्या मात्र 3.84 रह गई। यही भाषाओं के संकटग्रस्त होने के लक्षण हैं।

लेकिन वहीं जब हम 2001 की जनगणना देखते हैं, तो इसमें सिर्फ 122 भाषाएँ हैं, जिनमें 22 अनुसूचित भाषाओं की श्रेणी में भी शामिल हैं। अगर हम 2001 की जनगणना की भाषा से संबंधी कुछ महत्त्वपूर्ण आँकड़ों को देखें, तो यह तस्वीर उभरती है-

1. लोगों द्वारा बताई गई मातृभाषाएँ- 6661
2. तार्किक ढंग से समूहन के बाद मातृभाषाओं की संख्या-3592
3. 3592 में से वर्गीकृत मातृभाषाएँ - 1635
4. 3592 में से अवर्गीकृत मातृभाषाएँ -1957
5. 10000 से ज्यादा लोगों द्वारा बोली जानेवाली अभिज्ञेय मातृभाषाएँ -234
6. 10000 से कम लोगों द्वारा बोली जानेवाली मातृभाषाएँ जिनका नाम 1976 सीसीपीए प्रावधानों के अनुसार सार्वजनिक नहीं किया जाता -68

अगर हम क्रम संख्या 5 एवं 6 का योग करें, तो यह संख्या 302 आती हैं, जो लगभग 'पीपुल ऑफ इंडिया' में दी गई संख्या के से थोड़ी ही कम है। सिर्फ जनगणना के आँकड़ों को ही अगर हम देखें, तो कम से कम यह कह सकते हैं कि 68 भाषाएँ ऐसी हैं, जो अभिज्ञेय भी हैं और संकटग्रस्त भी।

दूसरी समस्या यह है की जनगणना में भाषा संबंधित आँकड़ों का संग्रहण एकप्रश्नावली के द्वारा किया जाता है, जिसमें प्रत्येक व्यक्ति को अपनी मातृभाषा दर्ज़ करवाने की छूट होती है। भाषा बोलने वाले अपनी भाषा को अलग पहचान देने के लिए विभिन्न प्रकार से उसका नामकरण कर लेते हैं (जैसे स्थान के नाम पर- सरगुजिया, नागपुरिया, मण्ड्याली, केलाँग बोली आदि और कभी अपने व्यवसाय के नाम पर भी)। एक ही भाषा विभिन्न नामों से जानी

जाती है जैसे- गहरी भाषा बुनान के नाम से, गोरूम परेंगा के नाम से, भिंजिया बिरजिया, नेवारी प्रधान के नाम से, द्विवेही महाल या महली के नाम से आदि।

इस प्रकार जनगणना में मातृभाषाओं की संख्या बहुत बढ़ जाती है। तत्पश्चात् उन मातृभाषाओं का समूहीकरण विभिन्न भाषाओं के अंतर्गत किया जाता है, लेकिन समस्या वहीं आती है कि समूहीकरण का आधार भाषावैज्ञानिक होता है या भाषा बोलने वालों की भावना। हालाँकि इसके बारे में मुझे बहुत विस्तार से नहीं पता है, मैं सिर्फ संभावना की बात कर रहा हूँ यहाँ इस संदर्भ में एक शोध का जिक्र करना सामयिक होगा। डिक्सन (Dixon 1972) ने आस्ट्रेलिया महाद्वीप पर बोली जानेवाली भाषाओं के समूहन/वर्गीकरण पर एक मानक शोध कार्य किया है। डिक्सन ने जब अपना शोध कार्य शुरू किया था, तब वहाँ लगभग 700 समुदाय ऐसे थे, जो अपनी भाषा को दूसरी भाषाओं से भिन्न स्वीकार करते थे। लेकिन डिक्सन को इस पर संदेह था। उन्होंने अपने शोध में सिर्फ 250 भाषाओं को ही भाषा माना अन्य को उनकी बोली। डिक्सन ने आस्ट्रेलिया महाद्वीप के उत्तरी क्वींसलैंड में बोली जानेवाली दर्जनों भाषाओं जैसे कि गिरामे (Girramay), जिरबाल (Jirrbal), मामू (Mamu), नागाजन (Nagajan) आदि को डिरबाल (Dyirbal) भाषा की बोली माना, क्योंकि इन भाषाओं के बोलनेवाले बिना किसी परेशानी के एक दूसरे की भाषा समझ सकते थे एवं प्रयोग कर सकते थे, क्योंकि इन भाषाओं में सिर्फ थोड़ा अंतर शब्दों के स्तर पर और उससे भी कम अंतर ध्वनि एवं व्याकरण के स्तर पर था जैसा कि बहुत सारी भाषाओं एवं उनके बोलियों में मिलता है। दूसरे शब्दों में डिक्सन ने भाषा एवं बोली निर्धारण के पारस्परिक बोधगम्यता (mutual intelligibility) को सहारा बनाया। डिक्सन ने भाषाओं के अंतर्गत बोलियों के समूहन में सिर्फ भाषा बोलने वालों के व्यक्तिगत धारणा के आधार पर ही नहीं, अपितु अपनी भाषावैज्ञानिक समझ से भी कार्य किया लेकिन यह पूरी प्रक्रिया दो महत्त्वपूर्ण प्रश्न खड़ी करती है।

1. भाषा एवं बोली के निर्णय की सर्वमान्य मानक प्रक्रिया क्या होगी? एवं
2. इस संबंध में अंतिम निर्णय कौन लेगा?

भाषा निर्धारण से यहाँ हमारा तात्पर्य भाषा को पारिभाषित करने से नहीं अपितु 'हिंदी भाषा' या 'जापानी भाषा' जैसे वाक्यांशों में प्रयुक्त 'भाषा' शब्द के निहितार्थ से है। मुख्य रूप से यहाँ हम भाषा को बोलने का एक विशिष्ट तरीका (यहाँ इसको आघात (accent) या लहजा (style) के रूप में न लें) या संप्रेषण की एक व्यवस्था से लेंगे, जिसका प्रयोग एक समुदाय के

लोग आपस में विचार विनिमय के लिए करते हैं। यदि दो व्यवस्थाएँ एक-दूसरे से बिल्कुल भिन्न होंगी (ध्वनि, शब्द, व्याकरण आदि के स्तर पर) जैसा कि हम हिंदी और जापानी के संदर्भ में देखते हैं, तो यह कहना बिल्कुल ही कठिन नहीं होगा ये दो अलग-अलग भाषाएँ हैं। लेकिन बहुत समय हमें इन व्यवस्थाओं में समानता भी मिलती है। उदाहरण के लिए स्पेनिश एवं इतालवी भाषा में ध्वनि व्यवस्था, शब्दों के स्तर पर तो बहुत समानताएँ हैं, लेकिन व्याकरण के स्तर पर भी बहुत असमानता नहीं है। यहाँ प्रश्न यह है कि क्या ये दो अलग भाषाएँ हैं या एक भाषा की ही दो बोलियाँ? इस तरह की परिस्थितियों में भाषावैज्ञानिक भी अपने को असहाय पाते हैं और तब अपने भाषावैज्ञानिक उपकरण 'पारस्परिक बोधगम्यता' का प्रयोग करते हैं। लेकिन क्या इसी सूत्र पर भाषावैज्ञानिक एक जीव-वैज्ञानिक की तरह सभी भाषाओं का वर्गीकरण कर सकता है? शायद नहीं। क्योंकि कभी ऐसी भी परिस्थितियाँ हो सकती हैं, जब एक स्पेनिश बोलने वाला इतालवी भाषा को न समझ सके। ऐसा कई कारणों से हो सकता है, जैसे भाषा का सुविधापयोगी होना, संदर्भ, मुहावरेदार प्रयोग आदि। ये कारण ऐसे हैं, जो हमें भाषा और उनकी बोलियों के निर्धारण के लिए मानक परीक्षण प्रक्रिया बनाने में अवरोध उत्पन्न करते हैं। दूसरे शब्दों में भाषा निर्धारण के वैज्ञानिक प्रक्रिया के लिए हम फिर वहीं यानि प्रथम सोपान पर पहुँच गए। इसलिए भाषा निर्धारण में भाषा वैज्ञानिकों को अपने भाषावैज्ञानिक विश्लेषण से प्राप्त निष्कर्षों के साथ-साथ भाषा समुदाय की भाषा की विशिष्टता के प्रति धारणाओं एवं भावनाओं को भी ध्यान में रखना चाहिए। क्योंकि भाषाविद अपने भाषावैज्ञानिक विश्लेषणों से यह सिद्ध भी कर दें कि स्पेनिश एवं इतालवी एक ही भाषा की बोलियाँ हैं, तो भी दोनों पक्ष मानने के लिए तैयार नहीं होगा। भाषावैज्ञानिक हँसी के पात्र बन सकते हैं, हो सकता है इसके राजनीतिक अर्थ निकाले जाएँ, इसको दोनों पक्ष अपनी साँस्कृतिक, राजनीतिक एवं भाषाई अस्मिता पर प्रहार समझें और अंतिम रूप से यह निष्कर्ष किसी बड़ी फसाद का जड़ न बन जाय।

संक्षेप में भाषा सिर्फ संप्रेषण का साधन ही नहीं, अपितु भाषा समुदाय की सामाजिक एवं राजनीतिक अस्मिता का प्रतीक भी होती है। इस प्रकार समाज द्वारा नामित भाषा संप्रेषण की व्यवस्था के साथ-साथ एक सामाजिक, साँस्कृतिक एवं राजनीतिक तथ्य होती है और इस परिस्थिति में भाषा विशेष में से किसी बोली को तोड़ने या भाषा में किसी दूसरी भाषा को एक भाषा की बोली मानकर जोड़ने का अधिकार किसी भाषावैज्ञानिक में नहीं, बल्कि उस समाज के प्रभावशाली या राजनीतिक ओहदों पर बैठे उन व्यक्तियों का होता है, जिनका भाषाविज्ञान

से प्रत्यक्षत: कुछ लेना देना नहीं। दूसरे शब्दों में भाषा के निर्धारण का अधिकार अधिकतम परिस्थितियों में सत्ता के पास होता है यानि यह मामला राजनीतिक भी होता है जैसे- अभी कुछ वर्ष पूर्व तक मैथिली हिंदी की बोलियों में शुमार होती थी, लेकिन अब वह एक भाषा बन गई है, जबकि उसके भाषिक विशिष्टताओं में कोई परिवर्तन नहीं आया। अगर इस प्रकार लोगों की भावनाओं को ध्यान में रखकर हिंदी की बोलियाँ जो तकरीबन पचास है, भविष्य में भाषा बन जाती हैं, तो उसका दो प्रभाव होगा एक तो पचास के करीब भाषाओं की संख्या बढ़ जाएगी और बोलियों की संख्या इतनी ही कम हो जाएगी, और जो दूसरा प्रभाव होगा वह यह हो सकता है कि प्रभुत्व की लड़ाई में जैसा कि भाषाई पूँजीवाद में होता है निश्चित तौर पर कुछ भाषाएँ विकसित होकर शक्तिशाली हो जाएँगी, लेकिन अधिकतम भाषाएँ अपने अस्तित्व के लिए संघर्ष करेंगी और कुछ संकटग्रस्त की श्रेणी में शामिल हो जाएँगी।

भारत में संकटग्रस्त भाषाओं का दस्तावेजीकरण

भाषा दस्तावेजीकरण किसी भाषा का सुस्पष्ट एवं निष्पक्ष अभिलेखन है, जिसमें उस भाषा के लिए डाटा का संकलन, उसका विश्लेषण, उसकी व्याख्या, उसका संरक्षण एवं उसका प्रत्यानयन, भाषा में सर्जना एवं साथ ही साथ उस भाषा के पुनर्स्थापन के लिए उसका प्रचार एवं प्रसार भी शामिल है। सतही तौर पर तो यह आसान लगता है, लेकिन व्यवहार में इसमें कई स्तर पर अनेक प्रकार की समस्याएँ आती हैं। भाषा दस्तावेजीकरण में सिर्फ भाषा वैज्ञानिकों की ही आवश्यकता नहीं होगी, वरन् इसमें ज्ञान के अन्य क्षेत्रों के विशेषज्ञों जैसे नृजातिविज्ञान, समाजविज्ञान, व्याकरण, संगणक विज्ञान, दृश्य एवं श्रव्य दस्तावेजीकरण के जानकारों का भी योगदान नितान्त आवश्यक होगा।

संकटग्रस्त भाषाओं के दस्तावेजीकरण को लेकर पूरा विश्व चिंतित है और इसके लिए कई परियोजनाएँ कारगर ढंग से अपना कार्य कर रही हैं। संकटग्रस्त भाषाओं के दस्तावेजीकरण को लेकर संस्थागत रूप से भारतीय भाषा संस्थान मैसूर, जनगणना का भाषा विभाग एवं व्यक्तिगत स्तर पर प्रो॰ अन्विता अब्बी, प्रो॰ उदयनारायण सिंह, प्रो. गणेश देवी, प्रो. बी. आर. के. रेड्डी, प्रो. ज्ञानसुन्दरम, प्रो. पेरिभाष्कर राव, प्रो. जे. सी. शर्मा, प्रो. पंचानन मोहंती आदि विद्वानों ने अपना योगदान दिया है और अभी तक दे रहे हैं और यह तो सिर्फ शुरूआत है, इसमें प्रतिदिन नए नाम जुड़ते ही जा रहे हैं।

वर्ष 2007 (21st May to 30th June 2007) में भारतीय भाषा संस्थान के निदेशक प्रो. उदयनारायण सिंह ने एक बहुत ही विशाल एवं महत्त्वाकांक्षी परियोजना को ध्यान में रखकर एक ग्रीष्म-शिविर का आयोजन किया था, जिसका शीर्षक "भारतीय भाषाओं के नए सर्वेक्षण की प्रस्तुति हेतु आयोजित ग्रीष्म शिविर" था। सर जॉर्ज ग्रियर्सन के लिंग्विस्टिक सर्वे ऑफ इंडिया (1903-1923) के बाद कोई भी सरकारी स्तर पर समग्र भारत के स्तर पर कोई भी भाषाई सर्वेक्षण नहीं हुआ। सर जॉर्ज ग्रियर्सन का सर्वेक्षण भी भाषावैज्ञानिकों द्वारा नहीं किया गया था और इस कार्य को अप्रशिक्षित लोगों ने अंजाम दिया था, इसलिए वर्तमान में विद्वतजन प्रशिक्षित भाषावैज्ञानिकों द्वारा एक भाषा सर्वेक्षण की आवश्यकता महसूस कर रहे थे और इसलिए ही इस परियोजना को प्रस्तावित किया गया। इस परियोजना के क्रियान्वयन से सभी भाषाओं, जिनमें संकटग्रस्त भाषाएँ भी शामिल होतीं, का दस्तावेजीकरण हो जाता। इस परियोजना द्वारा भारत में भाषाओं की कुल संख्या, उनकी बोलियों की संख्या, भाषा की विशिष्टताएँ एवं उनकी स्थिति का आधिकारिक आँकड़ा भाषावैज्ञानिकों के द्वारा प्रस्तुत किया जाता, लेकिन कुछ कारण वश यह परियोजना अधर में ही लटक गई।

कमोबेश 'भारतीय भाषाओं के नए सर्वेक्षण' परियोजना की तर्ज पर कार्य करने के लिए भारत सरकार ने एक नई परियोजना जिसका नाम 'भारत का मातृभाषाई सर्वेक्षण' है; को जनगणना के भाषा विभाग (Language Division) को स्वीकृत किया है। इस परियोजना के द्वारा भारत की 600 मातृभाषाओं के सर्वेक्षण का लक्ष्य रखा गया है। इन्होंने प्रत्येक मातृभाषा के गहन अध्ययन के लिए 6 डाटा सेट (ग्रामीण-शहरी, पुरुष-स्त्री, एवं जवान-वृद्ध (50+)) रेकॉर्ड किया है। डाटा की रिकार्डिंग भाषा-वैज्ञानिकों द्वारा नहीं की गई है, लेकिन उनका स्वनिमिक लिप्यंकन एवं विश्लेषण प्रशिक्षित भाषा-वैज्ञानिकों द्वारा करवाने की योजना है। परिणाम का इंतजार भारत के भाषावैज्ञानिक समुदाय के साथ-साथ भाषा समुदाय एवं पूरे देश को है।

पुनः 'भारतीय भाषा संस्थान' ने संभवतः 2009 या 2010 में 'भारतीय भाषा-विकास योजना' नामक परियोजना की रूपरेखा मानव संसाधन विकास मंत्रालय, भारत सरकार को प्रस्तावित किया। इस परियोजना का मुख्य उद्देश्य उन भाषाओं के विकास में योगदान देना था, जिनके बोलने वालों की संख्या नगण्य है या जो छोटे समूहों के द्वारा बोली जाती है। जाहिर है इस परियोजना में भारत की प्रमुख भाषाओं को छोड़कर सभी भाषाओं पर कार्य किया जाना था और उनमें संकटग्रस्त भाषाएँ स्वतः ही शामिल थीं। इस परियोजना से संकटग्रस्त भाषा के विकास में तो मदद मिलती ही साथ ही, जो भाषाएँ संकटग्रस्त होने की दहलीज़ पर हैं उनको

संरक्षित करने एवं विकसित करने के लिए भी कुछ ठोस कदम उठाए जाते जो भारतीय परिस्थितियों के अनुकूल होते। लेकिन शायद यह परियोजना भी स्वीकृत नहीं हो पाई।

अंततः कुछ दिनों पहले भारतीय भाषा संस्थान, मैसूर को भारत की संकटग्रस्त भाषाओं के सर्वेक्षण एवं दस्तावेजीकरण (Scheme for the Preservation and Protection of Endangered Languages (SPPEL)) हेतु डॉ. एल. रामामूर्ति के संयोजन में एक परियोजना पर कार्य करने की स्वीकृति मिल गई है। यह एक महत्त्वाकांक्षी परियोजना है, जिसमें तकरीबन 500 मातृभाषाओं के दस्तावेजीकरण को योग्य एवं प्रशिक्षित भाषाविदों द्वारा अंजाम दिया जाएगा। यह परियोजना भारत में संकटग्रस्त भाषाओं की वास्तविक वस्तुस्थिति का आधिकारिक ब्योरा प्रस्तुत करेगी, जिससे भारत सरकार को अपनी भाषा-नीति निर्धारण में सहायता मिलेगी और साथ ही साथ इन भाषाओं के लिए सामग्री सृजन (जैसे व्याकरण, कोश) एवं इन भाषाओं के उत्थान एवं प्रयोग की संभावनाओं पर भी कार्य करेगी। इस परियोजना से देश को काफी उम्मीदें हैं और भाषाविदों को देश की उम्मीदों पर खरा उतरना ही होगा।

विश्वविद्यालय अनुदान आयोग की अनुशंसा पर पूरे भारत में कुल 9 केंद्रीय विश्वविद्यालयों में संकटग्रस्त भाषाओं के अध्ययन, दस्तावेजीकरण एवं उनके प्रचार-प्रसार के लिए केंद्र खोले जा रहे हैं। इन 9 केंद्रीय विश्वविद्यालयों के संकटग्रस्त भाषाओं के केद्रों मे समन्वय का कार्य भार माननीय डॉ उदयनारायण सिंह के नेतृत्व में विश्वभारती, शांतिनिकेतन को दिया गया है।

निष्कर्ष

हमें भाषाओं के संकटग्रस्त या विलुप्त होने पर इतनी चिंता क्यों करनी चाहिए। परिवर्तन प्रकृति का नियम है। कोई भी वस्तु जो आज अस्तित्व में है, कल खत्म हो जाएगी। कितने राजे-रजवाड़े खत्म हो गए। कितने तारे टूट कर विलुप्त हो गए। अभी तक तो इसे परिवर्तनशील प्रकृति का हिस्सा माना जाता रहा, लेकिन वर्तमान में विद्वानों का ध्यान आकर्षित तब हुआ जब उन्हें महसूस हुआ कि विश्व की बहुत सारी भाषाएँ नई पीढ़ी के द्वारा सीखी नही जा रही हैं और अल्पसंख्यक भाषाओं के बोलने वाले क्षेत्र की आर्थिक, सामाजिक एवं राजनीतिक रूप से प्रभावशाली एवं प्रतिष्ठित भाषाओं को अपना रहे हैं।

भाषाओं के विलुप्त होने के संदर्भ में पूरा विश्व यह होहल्ला तब मचा रहा है जब विश्व की आधी से ज्यादा भाषाओं को खोने के बावजूद भी दिनों-दिन आर्थिक संपन्नता की तरफ पूरा

विश्व अग्रसर है। हमारे पास विश्व के कई ऐसे देशों के उदाहरण हैं, जहाँ सिर्फ एक ही भाषा बोली जाती है और आज वे विकसित देशों की श्रेणी में शुमार हैं, जबकि विश्व में भाषाई बहुलता का झंडा बुलंद करने वाले देश आज भी पिछड़े हुए हैं। जो लोग भाषावैज्ञानिक दृष्टिकोण नहीं अपनाते वो यही मानते हैं कि अगर पूरे विश्व में एक ही भाषा का व्यवहार किया जाने लगे तो समाज में स्वतः ही शान्ति व्यवस्था कायम हो जाएगी और बहुतेरे विवाद जैसे क्षेत्रवाद, साँस्कृतिक, सामाजिक, धार्मिक एवं राजनीतिक विवाद स्वतः ही समाप्त हो जाएँगे। वस्तुतः ऐसे विद्वान यह भूल जाते हैं कि बहुत सारे विवाद कभी-कभी ही भाषा को लेकर होता है। कितने देशों में गृह-युद्ध एवं विश्व-युद्ध हुए हैं, जिनके जड़ में भाषा-विवाद का नामो-निशान तक नहीं था। भारत में हिंदू, मुस्लिम, सिक्ख, ईसाईयों के बीच होने वाले फसाद का कारण भाषा नहीं रही है, बल्कि राजनीतिक एवं सामाजिक कारण रहे हैं, इसके विपरीत भाषाएँ तो कभी-कभी उन विवादों के निपटारे में अहम भूमिका निभाती हैं।

एक दौर था जब विद्वान एकल भाषा-भाषी देशों की आर्थिक प्रगति, सामाजिक, राजनीतिक तथा साँस्कृतिक एकता का गुणगान करते थे और उसकी तमाम खूबियाँ गिनाते थे। उस समय एक भाषिकता को आर्थिक प्रगति के लिए अनिवार्य माना जाता था। इस संदर्भ में पूल लिखते हैं- "a planner who insists on preserving cultural-linguistic pluralism had better be ready to sacrifice economic progress" (Pool 1972:226) लेकिन समय बदला, लोगों की आँखें खुली तो पता चला कि आर्थिक प्रगति की अंधी दौड़ में कितनी भाषाएँ एवं संस्कृतियाँ पीछे छूट गईं और कितनों ने दम तोड़ दिया। लेकिन बैठ कर उन पर आँसू बहाने से अच्छा है कि जो भी भाषाएँ संकटग्रस्त या विलुप्त होने के कगार पर हैं उनको बचाया जाय, उनका पुर्नस्थापन (revitalization) किया जाय या नहीं, तो कम से कम उनका दस्तावेजीकरण कर के भविष्य की पीढ़ियों लिए सुरक्षित कर लिया जाय।

संदर्भिका

Argenter, joan A. and R. McKenna Brown (Eds.) (2004). *Endangered Languages and Linguistic Rights: On the margins of nations* (Proceedings of the 8th EFL Conference Barcelona, Spain. 1-3rd October 2004). England: The foundation for Endangered Languages.

Austin, Peter K and Jullia Sallabank (Eds.) (2011). *The Cambridge handbook of Endangered Languages*. Cambridge: Cambridge University Press.

Crystal, David. (2000). *Language Death*. Cambridge: Cambridge University Press.

Dixon, R. M. W. (1972). *The Dyirbal language of North Queensland*. Cambridge: Cambridge UniversityPress.

Evans, Nicholas. (2010).*Dying Words: Endangered Languages and What They Have to Tell Us*. Oxford: Willy-Blackwell Publication.

Krauss, Michael E. (1992). *The world's languages in crisis*. Language 68(1): 4–10.

Krauss, Michael E. (2007). *Classification and terminology for degrees of language endangerment*. In Matthias Brenzinger (ed.), Language Diversity Endangered (Trends in Linguistics: Studies and Monographs 181), 1–8. Berlin: Mouton de Gruyter.

Pool, J. (1972). *National development and language diversity*. In J.A. Fishman (ed.)Advances in the Sociology of Language. The Hague: Mouton.

Singh, K.S. (ed.) (1992). *People of India*. (Volume72). New Delhi: Anthropological Survey of India.

Singh, K.S. and Manoharan S. (Eds.) (1993). *People of India Vol IX-Languages and Scripts*. Delhi: Oxford University Press, India.

भारतीय भाषाएँ : भूगोल और इतिहास का सच

- गोविन्द स्वरूप गुप्त

परिचय

भारतीय भाषाएँ भूगोल और इतिहास से प्रभावित रही हैं। इतिहास भूगोल को चाहे जितना प्रभावित करे, अंततः भाषा अपने भूगोल से ही जुड़ी रहती है। भारत का अपना आंतरिक विभाजन भूगोल से प्रभावित है और भौगोलिक पहचान का प्रधान आधार भाषा है। भाषाओं के उत्थान-पतन के साथ देश का इतिहास जुड़ा है। इतिहास को प्रभावित करने वाले भूगोल की सहायता से भाषायी समस्याओं का समाधान खोजा जा सकता है। प्रत्येक प्रदेश और उसका भूगोल वहाँ की भाषा को प्रभावित करता है। भाषा के आधार पर ही व्यक्ति की भौगोलिक पहचान इतिहास के अंतर्गत होती है। इतिहास भूगोल का पूरक है और भूगोल को इतिहास के माध्यम से समझा जा सकता है।

परिचय

गोविंद स्वरूप गुप्त

लेखक भाषाविज्ञान के क्षेत्र में एक चर्चित नाम हैं और संप्रति लखनऊ विश्वविद्यालय के भाषाविज्ञान विभाग में असिस्टेंट प्रोफेसर हैं।

संपर्क: **gupta_gs@lkouniv.ac.in**

भारत का भाषा-सर्वेक्षण

विलियम केरी के सर्वेक्षण-काल से लेकर जॉन बीम्स के समय तक पचास वर्ष की अवधि में भारतीय भाषाओं के संबंध में सुस्पष्ट धारणाओं का विकास हुआ तथा रामकृष्ण गोपाल भण्डारकर तथा ए.आर. राज राजवर्म कोइतम्बुरान जैसे भारतीयों के विद्वत्तापूर्ण भाषण तथा कृतियों से भारतीय भाषाविज्ञान को स्वदेशी पृष्ठभूमि मिली।

1886 ई. में कस्ट (Cust) के सुझाव पर विएना के प्राच्यभाषा सम्मेलन में भारत के भाषा सर्वेक्षण की भावी रूपरेखा पर विचार किया गया, जिसका परवर्ती वर्षों में ग्रियर्सन ने दक्षता के साथ निर्वाह किया। इस रूप में भारत में भाषा-सर्वेक्षण व बोलियों के अध्ययन का कार्य प्राचीन (तुलनात्मक) पद्धति के विरोध से नहीं बल्कि सहयोग से ही प्रारंभ हुआ है। जार्ज अब्राहम ग्रियर्सन ने अपने भारतीय भाषा सर्वेक्षण (1894-1927 ई.) के लिए बाइबिल के 'अपव्ययी पुत्र' की कथा का, सर्वेक्षण क्षेत्र की प्रत्येक भाषा एवं बोली में अनुवाद कराया।

उन्होंने विभिन्न भाषाओं एवं बोलियों के लोक गीतों या वर्णनात्मक गद्य का एक-एक उदाहरण लिया। आदर्श शब्दों एवं वाक्यों की एक सूची कैम्पबेल ने बंगाल की 'एशियाटिक सोसाइटी' के लिए 1866 ई. में तैयार की थी, उसे ग्रियर्सन ने आधार बनाया। ग्रियर्सन ने तद्युगीन भारत के मद्रास, मैसूर, हैदराबाद व बर्मा राज्यों के अतिरिक्त संपूर्ण भारतवर्ष के जिलाध्यक्षों के पास विशेष सूचना के साथ प्रश्नावली भेज दी थी तथा अंत में पटवारियों ने अन्वेषकों का कार्य पूरा किया था। ग्रियर्सन के पास 1897 ई. से भाषायी नमूने आने प्रारंभ हो गये थे। 1900 ई. तक उनमें से अधिकांश का संग्रह हो गया था। इन नमूनों के संपादन और प्रकाशन का कार्य 1927 ई. तक चलता रहा, जिसके परिणामस्वरूप ग्यारह हजार पृष्ठों से भी अधिक की सामग्री, ग्यारह खंडों में एक अद्भुत कृति के रूप में सामने आई है। यूरोप के बोली-भूगोलवेत्ता सेवर पॉप (Sever Pop) ने अपने ग्रंथ 'लॉ-डायलेक्टोलॉजी' के द्वितीय खंड के 1121-29 पृष्ठों में भारत के बोली-विज्ञान की समीक्षा करते हुए ग्रियर्सन के कार्य की अत्यधिक प्रशंसा की है।

उत्तर ग्रियर्सन सर्वेक्षण कार्य

ग्रियर्सन के पश्चात् भारतीय बोलियों का अध्ययन लोकसाहित्य, कोश, परंपरागत व्याकरण, ऐतिहासिक और तुलनात्मक व्याकरण, क्षेत्रीय अध्ययन, वर्णनात्मक व संरचनात्मक अध्ययन आदि विविध आयामों से विकसित होता हुआ तुलनात्मक अध्ययन के रूप में उभरा है तथा इस प्रकार के कार्य इसाई धर्म प्रचारकों, नृतत्वशास्त्रियों, लोक-साहित्यकारों, संस्थाओं, शासन, विश्वविद्यालयों एवं स्वतंत्र रूप से विविध लोगों द्वारा पूरे किये गए हैं। ऐसे कार्यों का आंशिक विवरण थॉमस ए. सेबेऑक द्वारा संपादित तथा मॉटन द्वारा 1969 ई. में हॉग से प्रकाशित 'करेंट ट्रेन्डस इन लिंग्विस्टिक्स' के पंचम खंड 'लिंग्विस्टिक्स इन साउथ एशिया नामक ग्रंथ (कुल 814 पृष्ठ) में मिलता है।

भारत के विविध क्षेत्रों के सर्वेक्षण तथा बोलियों के तुलनात्मक अध्ययन का कार्य आधुनिक भाषाविज्ञान के विकास-काल से ही होता आ रहा है। इस प्रकार के कार्य बहुउद्देशीय हैं तथा देश की अनेक भाषाओं व बोलियों को लेकर किये गए हैं। ग्रियर्सन के भाषा-सर्वेक्षण के पश्चात क्षेत्रीय बोलियों की भिन्नताओं को बताने के लिए भारत के विविध प्रांतों में अनेक सर्वेक्षण योजनाएँ प्रारंभ की गईं। हिमालय की बोलियाँ, गुजरात के सीमाप्रांत, बिहार के सीमावर्ती क्षेत्र, मराठी की बोलियाँ, पंजाब का भाषा सर्वेक्षण, मलयालम की बोलियाँ, तमिल की बोलियाँ, कन्नड़ की बोलियाँ, गोंडी की बोलियाँ, बस्तर की बोलियाँ, कोसली की

कहावतों का संकलन, आदि अनेक भाषा-भौगोलिक कार्य क्रमशः डॉ. सिद्धेश्वर वर्मा, टी.एन. दुबे, विश्वनाथ प्रसाद, ए.एम. घाटगे, हरजीत सिंह गिल, के. गोदवर्म, ए.के. रामानुजम, डी.एन. शंकर भट्ट, डॉ. हीरालाल शुक्ल आदि के संचालकतत्व में संपन्न हुए। उपर्युक्त सर्वेक्षणों के अतिरिक्त भारत के विभिन्न विश्वविद्यालयों में भाषा-भौगोलिक शोध कार्य संपन्न हुए।

समाजभाषिक अध्ययन की प्रेरणा

दक्षिण भारत की बोलियों पर अध्ययन के फलस्वरूप भाषाविदों का ध्यान भौगोलिक तत्त्वों से हटकर सामाजिक तत्त्वों की ओर गया। इस कारण वहाँ जाति बोलियों पर प्रचुर कार्य हुए हैं। विलियम ब्राइट का विश्वास है कि भाषाविज्ञान की नव्यतम शाखा 'समाजभाषिक के प्रति अमेरिकी विद्वानों की अधिक रुचि का कारण भारतीय भाषाओं पर इस ढंग से किये गए कार्यों की व्यापकता है।

भारत में भाषा-भूगोल

भारत में भाषा-भूगोल से संबद्ध कुछ कार्य ग्रियर्सन के पश्चात् प्रारंभ हुए भारतीय भाषाओं की प्रान्तीय स्तर पर विविध सर्वेक्षण योजनाओं से ही प्रकाश में आने लगते हैं, जिसकी चर्चा ऊपर की गई है। सर्वप्रथम सिद्धेश्वर वर्मा ने 1941 ई. में 'स्टडीज़ इन बुरूशास्की डायलेक्टोलॉजी' के माध्यम से बोली विज्ञान के स्वरूप को प्रस्तुत किया। 1955 ई. में 'ए पीप इन टु द ट्रैवेल्स ऑफ वर्ड्स इन द लैंग्वेजेज़ ऑफ इंडिया[8]' नामक लेख में डॉ. वर्मा ने शब्दों की यात्राओं का रोचक विवरण दिया था। इस लेख में उन्होंने नैसर्गिक, सामाजिक व मनोवैज्ञानिक दृष्टि से शब्दों का भौगोलिक अध्ययन किया है। इस प्रकार डॉ. सिद्धेश्वर वर्मा भारत में भाषा-भूगोल या शब्द भूगोल के प्रवर्तक माने जा सकते हैं। डॉ वर्मा के पश्चात् जॉन जे. गंपर्ज ने 1955 ई. में 'इण्डियन लिंग्विस्टिक्स' में एक लेख लिखकर विद्वानों का ध्यान विशुद्ध बोलीविज्ञान की ओर आकृष्ट किया। उन्होंने 1958 ई. में अधोलिखित लेखों के माध्यम से बोली-भूगोल के संरचनात्मक व सामाजिक पक्ष पर बल दिया था-

1. Phonological differences in three Hindi dialects, Language (1958) 34:212-24
2. Dialect differences and social stratification in a North Indian Village, American Anthropologist (1958) 60 : 668-82

---

[8] A peep into the travels of words in the languages of India; Trans. Ling. cir. Delhi, pp. 13-16

अस्तु भारत में बोली-भूगोल का यथा तथ्य स्वरूप प्रस्तुत करने के कारण गम्पर्ज कोहिंदी की बोलियों पर कार्य करने वाले प्रथम बोली भूगोलवेत्ता के रूप में स्वीकार करना होगा। इस प्रकार भाषा-भूगोल या बोली-भूगोल का भारत में व्यवस्थित आधुनिक इतिहास आज से लगभग पचास वर्षों से अधिक प्राचीन नहीं है।

भारतीय भाषा-भूगोल से संबद्ध क्षेत्रीय बोलियों पर कार्य करने वालों में- गुणानन्द जुआल, आगरा (1954), अम्बाप्रसाद सुमन, आगरा (1954), भालचन्द्र राव तैलंग, नागपुर (1957ई.), रामस्वरूप चतुर्वेदी, प्रयाग (1958 ई.), शंकरलाल शर्मा, आगरा (1959), चन्द्रभान रावत, आगरा (1959), गेंदालाल शर्मा, अलीगढ़ (1960) अमर बहादुर सिंह, प्रयाग (1960), रामकुमारी मिश्र, प्रयाग (1961), महावीर सरन जैन, प्रयाग (1962), भगवानदीन, लखनऊ (1966), श्रीमती लता दुबे, सागर (1967), हीरालाल शुक्ल, रायपुर (1971), बी. पी. शर्मा, सागर (1972), आदि प्रमुख हैं। इनके अनेक कार्य प्रकाशित या अप्रकाशित रूप से हुए हैं और हो रहे हैं। इस संदर्भ में एक अत्यधिक महत्त्वपूर्ण कार्य हिंदी तथा प्रादेशिक भाषाओं के प्रोफेसर डॉ. कैलाश चन्द्र भाटिया का है। इन्होंने 1973 ई. में हिंदी समिति, उत्तर प्रदेश शासन, राजर्षि पुरुषोत्तम दास टंडन हिंदी भवन, महात्मा गाँधी मार्ग, लखनऊ (वर्तमान उ0प्र0 हिंदी संस्थान, लखनऊ) द्वारा प्रकाशित अपनी पुस्तक 'भाषा-भूगोल' में समग्र रूप से भाषा-भौगोलिक सिद्धांतों का विवेचन किया है। इस ग्रंथ में भारत की सभी भाषाओं का भौगोलिक विवरण तथा उन पर किये गए कार्यों का विशद् विवेचन प्रस्तुत है। विद्यार्थियों, शोधार्थियों एवं प्राध्यापकों के लिए भी यह ग्रंथ बहुआयामी मार्ग-दर्शन का कार्य करता है, किंतु दुर्भाग्यवश यह महत्त्वपूर्ण रचना अप्राप्त हो रही है। संप्रति इसका नया संस्करण आ गया है। इसके नवीन संस्करणों के प्रकाशन की निरंतर आवश्यकता है। इसके अतिरिक्त डॉ. भाटिया जी की दूसरी महत्त्वपूर्ण पुस्तक 'हिंदी तथा भारतीय भाषाओं में समान तत्त्व' है, जो हिन्दुस्तानी ऐकेडेमी, इलाहाबाद से वर्ष 1995 ई. में प्रकाशित है। इसमें समस्त भारतीय भाषाओं के भौगोलिक क्षेत्र पर भी आंशिक रूप से प्रकाश डाला गया है।

प्राचीन एवं मध्य भारतीय आर्य भाषाओं की भौगोलिक स्थिति

प्राचीन एवं मध्य भारतीय आर्य भाषाओं में निम्नलिखित भाषाएँ परिगणित हैं-

(क) संस्कृत की जनपदीय प्रयोगविविधता

भाषाओं का नामकरण प्रायः भौगोलिक आधार पर होता है, किंतु संस्कृत भाषा और उसके साथ-साथ कुछ भाषाएँ ऐसी हैं, जिनका आधार भूगोल नहीं है। संस्कृत भाषा के लिए अन्य नाम भी मिलते हैं। इसे 'देववाणी' भी कहा गया है। इसे 'सरस्वती' और 'भारती' भी कहने की परंपरा रही है। 'भारती' नाम भौगोलिक है। भारत की भाषा 'भारती' हुई। यहाँ 'भारत की भाषा' से तात्पर्य संपूर्ण भारत से है। भारत की भौगोलिक सीमाएँ प्राचीन काल के बृहत्तर भारत से लेकर आज तक बदलती रही हैं। समय के साथ भारतीय सीमाएँ भले ही संकुचित होती रही हों किंतु संस्कृत भाषा अपने व्यापक भारत-यूरोपीय (भारोपीय) रूप में ग्रीक, लैटिन, अवेस्ता, गॉथिक आदि भाषाओं से संबद्ध रही है। ऐसे में संस्कृत भाषा बृहत्तर भारत की सीमाओं को भी लाँघ जाती है।

'सरस्वती' नामकरण के संबंध में जादव प्रसाद अग्रवाल एवं प्रतिभा अग्रवाल (लेखकद्वय) द्वारा लखनऊ से प्रकाशित 'शब्दार्थ प्रकाशन' पृष्ठ 9 पर लिखा है- "भारत की आदि मूल भाषा सरस्वती है और इस भाषा का मूल स्रोत ब्रह्मावर्त से प्रवाहित होकर वैदिक युग में समस्त मध्यदेश में फैला हुआ था। भाषा का प्रवाह नदी के प्रवाह की भाँति प्रवाह तो करता है परंतु नदी की धारा के समान विद्यमान नहीं होता है। भाषा की धारा अदृष्ट रूप से प्रवाहित होती है। यही कारण है कि पौराणिक कथाओं में यह प्रचलित है कि वैदिक युग में मध्यप्रदेश के एक सिरे से दूसरे सिरे तक अदृष्ट सरस्वती की पवित्र धारा प्रवाहित होती थी, जिसके तट पर आर्यों का प्रमुख निवेश था। 'सरस्वती' भाषा केवल मध्यप्रदेश तक ही सीमित थी। मध्यप्रदेश की पूर्वी सीमा प्रयाग तक थी, इसी कारण पौराणिकों का यह कहना है कि सरस्वती अदृश्य रूप में आकर प्रयाग में गंगा-यमुना में मिल गई। पौराणिक गंगा-यमुना के संगम को त्रिवेणी संगम कहते हैं।"

'संस्कृत' नामकरण के संबंध में डॉ रामविलास शर्मा लिखते हैं- "पाणिनि जिस भाषा का व्याकरण रच रहे थे, उसे वह संस्कृत नहीं कहते थे। संस्कृत का अर्थ था संस्कार किया हुआ। संस्कृत उस पदार्थ को कहेंगे जिसकी मूलप्रकृति संस्कार द्वारा निखारी जाये। संस्कृतं भक्षाः (4.2.16), संस्कृतम् (4.4.3) इन दोनों सूत्रों में संस्कृत का प्रयोग खाद्य पदार्थों के संबंध में किया गया है। पाणिनि अपनी भाषा को केवल 'भाषा' कहते हैं।" डॉ. रामविलास शर्मा ने पाणिनि के व्याकरण के आधार पर यह प्रमाणित करने का प्रयत्न किया है कि संस्कृत को जनपदीय भाषा के रूप में पहचानने की आवश्यकता है। पाणिनि ने संस्कृत भाषा का व्याकरण संस्कृत में व्यवहृत जनपदीय रूपों को आधार बनाकर लिखा है। वे लिखते हैं- "पाणिनि के

विवेचन की सबसे बड़ी विशेषता उनकी जनपदीय दृष्टि है। उनके समय में अनेक जनपद हैं। इन जनपदों की भाषा में अनेक महत्त्वपूर्ण भेद हैं। वे इन भेदों को अस्वीकार नहीं करते उन्हें व्याकरण में स्थान देते हैं।" कहने का तात्पर्य यह है कि पाणिनि के समय में संस्कृत के भौगोलिक स्वरूप की पहचान बनी हुई थी, किंतु बाद में उसे भुला दिया गया। पाणिनि के व्याकरण में जितने भौगोलिक प्रदेशों (जनपदीय स्थानों) के नाम मिलते हैं उस आधार पर संस्कृत के भौगोलिक प्रसार को मान्यता मिल गई है और वह सारा भौगोलिक विस्तार आर्य भाषाओं का क्षेत्र है।

(ख) पालि - प्राकृत और उसके विविध भौगोलिक रूप

प्राकृत नामकरण भी भौगोलिक नहीं है। प्राकृत भाषा के विविध रूप मिलते हैं और उन विविध रूपों में भौगोलिक नाम भी हैं। पालि प्राकृत भाषा का प्राचीन रूप है। डॉ. इन्द्रचंद शास्त्री ने लिखा है- "वेदकालीन लोकभाषा विकसित होते-होते छठी-सातवीं ई. पूर्व में उस रूप तक जा पहुँची जिसे 'प्राचीन पाली' कहा जाता है। इसी में महात्मा बुद्ध ने उपदेश दिए थे। पर उस भाषा का मूल रूप किसी भी साधन से आज तक प्राप्त नहीं हो सका। उपलब्ध पालि अशोक (270 ई. पूर्व) के समय की साहित्यिक भाषा है...... पालि भाषा मध्य भारतीय आर्य भाषाओं की अपेक्षा पर्याप्त प्राचीन थी और यह भी कि पालि भाषा वैदिक भाषा के अधिक निकट है और प्राकृत भाषा (भाषाएँ) संस्कृत भाषा के।"

पालि नामकरण भौगोलिक नहीं है। पालि का अर्थ 'मूल पाठ' अथवा 'बुद्धवचन' कहा गया है। पंक्ति शब्द से अथवा पल्लि (अर्थात् गाँव) से अथवा 'पाटलिपुत्र' (पाटलि का पालि) से अथवा 'पर्याय' से पालि की व्युत्पत्ति विद्वान बतलाते हैं। पालि का संबंध चाहे जिससे माने, यह निश्चित है कि 'पालि' नामकरण भौगोलिक नहीं है और पालि को प्राकृत भाषा का प्राचीन रूप कहा गया है। प्राकृत के जो अन्य अलग-अलग रूप मिलते हैं उनके नाम इस प्रकार हैं- मागधी प्राकृत, अर्धमागधी प्राकृत, शौरसेनी प्राकृत।
महाराष्ट्री प्राकृत, पैशाची प्राकृत।

इन नामों में प्राकृत भाषा के भौगोलिक भेद किये गए हैं। मगध प्रदेश की भाषा मागधी, शूरसेन प्रदेश की भाषा शौरसेनी, पिशाच प्रदेश की भाषा पैशाची, और महाराष्ट्र प्रदेश की भाषा को महाराष्ट्री कहा गया। अर्धमागधी भौगोलिक रूप से मगध प्रदेश से ही संबद्ध है। वैसे पालि की तरह अर्धमागधी भी धार्मिक भाषा है। पालि में बौद्ध धर्म का साहित्य मिलता है और

अर्धमागधी में जैन धर्म का साहित्य लिखा गया है। पालि और मागधी दोनों भाषाओं का संबंध प्रधान रूप से मगध प्रदेश से ही है। विपाशा नदी (पंजाब की व्यास नदी) के पास के प्रदेश में दो राक्षस रहते थे, जिनका नाम 'वहि' और 'हीक' था। इनके पिशाच होने के कारण उक्त प्रदेश को पिशाच से संबंधित माना गया था। यथा-

वहिश्च नाम हीकश्च विपस्यायां पिशाचको।
तयोरपत्य हीका नैषा सृष्टिः प्रजापते।। (महाभारत, कर्ण पर्व, अध्याय 44, पृ. 10)

उपर्युक्त प्रदेश की भाषा पैशाची कहलाई। पूर्व में मगध, पश्चिम में शूरसेन, दक्षिण में महाराष्ट्र और उत्तर में पिशाच देश थे। ये सब भौगोलिक नाम हैं। इन प्रदेशों में प्रचलित भाषा प्राकृत कही गई है। प्राकृत भाषा के जिस तरह से भौगोलिक भेद मिलते हैं, ठीक उसी तरह संस्कृत के नहीं मिलते। क्यों नहीं मिलते यह खोज का विषय है। वास्तव में प्राकृत भाषा का भौगोलिक विस्तार प्रायः उसी क्षेत्र में माना गया है, जिस क्षेत्र में संस्कृत का भौगोलिक विस्तार पाणिनि के समय में मान लिया गया था। इस रूप में संस्कृत भाषा और प्राकृत भाषा का भी भौगोलिक क्षेत्र समान माना गया है। यही आधुनिक आर्य भाषाओं का भौगोलिक क्षेत्र भी है। संस्कृत के जनपदीय रूपों की पहचान पाणिनि ने की थी, किंतु उन्होंने ऐसा कोई संकेत नामकरण के रूप में नहीं दिया। इसीलिए संस्कृत नाम के साथ भौगोलिक भेद से संबंधित नाम नहीं मिलते। संस्कृत भाषा के साथ दो रूपों का उल्लेख मिलता है। वैदिक संस्कृत और लौकिक संस्कृत। लौकिक संस्कृत के भौगोलिक भेद नहीं बतलाये जाते। लौकिक संस्कृत को ही क्लासिकल संस्कृत कहा गया है।

पाणिनि के भाषा भूगोल का क्षेत्र व्यापक है। मूल रूप में उन्हें उदीच्यवासी (शालातुर ग्राम, इस समय पाकिस्तान में है) कहा गया है, किंतु उन्होंने प्राच्य, प्रतीच्य तथा दक्षिणात्य के शिष्ट रूपों को अपने व्याकरण ग्रंथ में स्थान दिया है। पाणिनि के व्याकरण ग्रंथ 'अष्टाध्यायी' की विशेषता बतलाते हुए डॉ. उदयनारायण तिवारी ने लिखा है- "पाणिनि ने जिस संस्कृत का व्याकरण लिखा था, वह उस युग में उसी रूप में सजीव भाषा थी, जिस रूप में आज हिंदी, अग्रेंजी, जर्मन तथा रूसी है।" वे अन्यत्र लिखते हैं- "पाणिनि के अष्टाध्यायी में कुल 3995 सूत्र हैं। पाणिनि व्याकरण की सबसे बड़ी विशेषता यह है कि उन्होंने धातुओं से शब्द-निर्माण की प्रक्रिया को स्वीकार किया है। इसके लिए उन्होंने उस समय की भाषा में प्रचलित धातुओं का एक बृहत् संकलन तैयार किया है, जो पाणिनीय धातु पाठ के नाम से अभिहित किया

जाता है। इसमें 1943 धातुएँ हैं। इसकी एक यह भी विशेषता है कि इसमें उदीच्य, प्रतीच्य और प्राच्य चारों ओर प्रचलित संस्कृत भाषा की विभिन्न धातुएँ समाहित हैं।"

पाणिनि के समय में संस्कृत भाषा का भौगोलिक विस्तार दक्षिण भारत में हुआ था या नहीं, इस संबंध में कुछ कहना कठिन है। यह अवश्य है कि प्राकृत भाषाओं के भौगोलिक क्षेत्रों का जो विवरण उपलब्ध है, उन क्षेत्रों में संस्कृत का भौगोलिक विस्तार हो गया था। इस रूप में यदि प्राकृत भाषा के भौगोलिक रूपों पर विचार करें, तो हम कह सकते हैं कि मागधी तथा अर्धमागधी का संबंध संस्कृत के प्राच्य रूप से है। शौरसेनी का संबंध प्रतीच्य रूप से है। महाराष्ट्री का संबंध दक्षिणात्य रूप से है। पैशाची का संबंध ड्डीच्य से है। पाणिनि स्वयं उदीच्यवासी थे, किंतु उन्होंने व्याकरण में विस्तृत भौगोलिक क्षेत्रों की शिष्ट भाषा के रूपों को स्थान दिया है। प्राकृत भाषा का मागधी रूप प्राचीन है क्योंकि मागधी का धार्मिक रूप पालि है और पालि प्राकृत का प्राचीन रूप है। यह प्राच्य भाषा है।

पालि और वैदिक संस्कृत की तुलना करते हुए चंद्रधर शर्मा गुलेरी ने भाषाओं का ऐतिहासिक क्रम इस प्रकार दिया है-

1. मूल भाषा 2. छंदस् की भाषा 3. प्राकृत 4. संस्कृत 5.अपभ्रंश

इस क्रम से स्पष्ट होता है कि छंदस् की भाषा वैदिक संस्कृत है। वैदिक संस्कृतके रूप में इसका नामकरण बाद का है। दूसरी बात यह कि वैदिक संस्कृत का प्रवाहित रूप पालि में दिखाई देता है। उसे प्राकृत कहा गया है। यही प्राकृत आगे अपभ्रंश में परिणत है। गुलेरी जी ने प्राकृत के साथ संस्कृत को रखा है। इसलिए यह कहना समीचीन होगा कि संस्कृत का नामकरण और प्राकृत का नामकरण एक दूसरे के ऐतिहासिक रूप से संबद्ध है। पालि, प्राकृत का प्राचीन रूप है अतः भौगोलिक रूप में पालि प्राच्य भाषा है और वैदिक संस्कृत उदीच्य की भाषा है। भाषा के सहज प्रवाह (अकृत्रिम भाषा प्रवाह) का ऐतिहासिक क्रम गुलेरी जी ने इस प्रकार बताया है -

1. छंदस की भाषा
2. अशोक की धर्मलिपियों की भाषा
3. बौद्ध ग्रंथों की पालि
4. जैन सूत्रों की मागधी
5. ललित विस्तार की गाथा या गड़बड़ संस्कृत

6. खरोष्टी और प्राकृत शिलालेखों तथा सिक्कों की अनिर्दिष्ट प्राकृत।

ये ही पुराने नमूने हैं। जैन सूत्रों की भाषा अर्धमागधी कहीगई है। उसे आर्ष प्राकृत भी कहते हैं।

संभवतः जब उदीच्य में छंदस् (वैदिक साहित्य) की रचना हो रही थी उस समय उस भाषा का नामकरण नहीं हुआ था और ठीक उसी तरह जब गौतम बुद्ध जिस भाषा में वचन बोलते थे, उस समय उसका नामकरण भी नहीं हुआ था। वैदिक संस्कृत (छंदस की भाषा) और पालि नामकरण बाद के हैं। गुलेरी जी के अनुसार वैदिक संस्कृत और पालि दोनों ही भाषाएँ भौगोलिक हैं। इस तुलना में संस्कृत एवं प्राकृत दोनों ही नामकरण भौगोलिक नहीं है। इस प्रकार के नामकरण में गुलेरी जी के कथन की पुष्टि होती है। अर्थात् प्राकृत तो अकृत्रिम भाषा प्रवाह की भाषा है। वह ऐतिहासिक क्रम में अपने स्वरूप में परिवर्तन की प्रवृत्ति को आत्मसात किये हुए है।

(ग) अपभ्रंश और उसके विविध भौगोलिक रूप

संस्कृत और प्राकृत की तरह अपभ्रंश भी भौगोलिक नाम नहीं है। अपभ्रंश नामकरण के साथ साथ प्रायः वे ही भौगोलिक नाम मिलते हैं, जो प्राकृत के साथ जुड़े हैं। कुछ और नाम भी मिलते हैं। ज्योतिरेश्वर ठाकुर नें 'वर्णरत्नाकर' में छः भाषाओं और सात उपभाषाओं का उल्लेख किया है। वे हैं -

1. संस्कृत
2. प्राकृत
3. अवहट्ट
4. पैशाची
5. शौरसेनी
6. मागधी।

इसी प्रकार सात उपभाषाएँ क्रमशः

1. शकारी
2. आभीरी
3. चांडाली
4. सावली
5. द्राविली
6. औतकली
7. विजातीया

उपर्युक्त में आरंभ के तीन नाम (संस्कृत, प्राकृत और अवहट्ट) भौगोलिक नहीं हैं। बाद के तीनों नाम- पैशाची, शौरसेनी और मागधी भौगोलिक नाम हैं। एक ही क्रम में एक ही साथ इन सब भाषाओं को रखने के कारण प्राकृत और अवहट्ट के भौगोलिक रूपों के नामकरण स्पष्ट नहीं हो पाते। वास्तव में संस्कृत भाषा एक अर्थ में भौगोलिकता से मुक्त और स्थिर हो गई है। उसमें भेद भी मानना हो, तो शैलीगत भेद ही मानना होगा। इस तुलना में प्राकृत को यदि भौगोलिकता से (संस्कृत के समान ही) मुक्त मानना है, तो उसकी व्याप्ति संपूर्ण आर्य परिवार

के भौगोलिक क्षेत्र से माननी चाहिए और ठीक इसी क्रम में अपभ्रंश के लिए (यहाँ पर अवहट्ट के लिए) भी वही भौगोलिक क्षेत्र माना जायेगा। चूँकि पैशाची शौरसेनी और मागधी को आगे (उसी क्रम में) लिखा गया है और इनके नामकरण में भौगोलिकता है, अतः इन नामकरणों में भौगोलिक सीमाओं को स्वीकार कर लेना चाहिए।

ज्योतिरेश्वर ठाकुर नें जिन सात उपशाखाओं का उल्लेख किया है, वे भौगोलिक कम और जाति सूचक अधिक है। जैसे शकारी (शकों की भाषा), आभीरी (अभीरों की भाषा), चांडाली (चांडालों की भाषा), द्राविली (द्रविड़ भाषा), विजातीया (दूसरी जातियों की भाषा)। ज्योतिरेश्वर ठाकुर द्वारा उल्लखित भाषाएँ अपभ्रंश के काल की हैं। ज्योतिरेश्वर ठाकुर का काल डॉ. शिवप्रसाद सिंह ने 1325 ई. माना है। उनका कहना है कि अवहट्ट नाम का उल्लेख सर्वप्रथम ज्योतिरेश्वर ठाकुर ने ही किया है। डॉ. शिवप्रसाद सिंह अवहट्ट को अपभ्रंश के अर्थ में लेते हैं। वे अवहट्ट को मिथिला प्रदेश तक सीमित नहीं मानते। उनके अनुसार प्राकृत भाषा की जो भौगोलिक व्याप्ति है, लगभग वही व्याप्ति अवहट्ट की माननी चाहिए, किंतु नाम तो अपभ्रंश ही प्रसिद्ध और प्रचलित है अतः अन्य सभी नाम अपभ्रंश के भौगोलिक या जातिगत भेदों के सूचक हैं।

नव्य भारतीय आर्यभाषाओं की भौगोलिक स्थिति

उत्तर भारत में आर्य परिवार है। आर्य परिवार की भाषाओं का भौगोलिक क्षेत्र उत्तर में हिमालय, पूर्व में असम और सीमावर्ती प्रदेश-पश्चिम में पाकिस्तान ही नहीं, अपितु अफगानिस्तान तक का सारा पश्चिमी प्रदेश आज की दृष्टि से पंजाब, उत्तर में कश्मीर और दक्षिण में समस्त महाराष्ट्र तक सारा प्रदेश है और भाषाओं की दृष्टि से देखें तो उत्तर में कश्मीरी, पश्चिम में सिंधी, कच्छी, गुजराती, दक्षिण में मराठी, दक्षिण-पूर्व में उड़िया, पूर्व में बंगला और असमी तथा उत्तर में हिमालय क्षेत्र की पहाड़ी भाषाएँ हैं, मध्य देश में हिंदी है। आर्य परिवार के केन्द्र में हिंदी है। सीमावर्ती प्रदेश में अन्य भाषाएँ हैं। इन अन्य भाषाओं में जिन भाषाओं से संबद्ध प्रदेश आज मिलते हैं, उनमें- क्रम से पूर्वांचल में असम (असमी), बंगाल (बंगला), उड़ीसा (उड़िया), मणिपुर (मणिपुरी) हैं। संथाली आस्ट्रो-एशियाटिक (आग्नेय) परिवार के कोल या मुंडा शाखा की प्रधान भाषा है, जो बिहार तथा उड़ीसा की सीमाओं के आसपास बोली जाती है। बोडो भाषा मुख्यतः ब्रह्मपुत्र घाटी के कामरूप, दरंग तथा ग्वालपाड़ा जिले में बोली जाती है। वैसे इसके बोलने वाले असम के प्रायः सभी जिलों में तथा असम के अन्य पड़ोसी राज्यों में भी रहते हैं।

पश्चिमी क्षेत्र में गुजरात (गुजराती) है। उत्तरी क्षेत्र में पंजाब (पंजाबी) और कश्मीर (कश्मीरी) है। इस क्षेत्र की उपभाषाओं में संविधान द्वारा मान्यता प्राप्त डोगरी है। उत्तर-पश्चिमी हिमालय की शिवालिक पहाड़ियों में आबाद पंजाब, हिमालय के विस्तीर्ण पथरीले-ठार कीले भूभाग जम्मू-कश्मीर के दक्षिण में डोगरी बोली जाती है। यह भारतीय आर्य परिवार की भाषा है जिसका विकास भी मराठी, बंगाली असमिया, उड़िया, गुजराती आदि भाषाओं की तरह हुआ। मूल सिंधी का क्षेत्र सिंध प्रदेश के रूप में पाकिस्तान में, 1947 में स्वतंत्रता प्राप्ति और भारत विभाजन के पश्चात चला गया, किंतु अधिकांश सिंधी भाषी हिन्दू अपनी जन्मभूमि को छोड़कर भारत के विभिन्न राज्यों में बस गए। अतः सिंधी भाषा भारत और पाकिस्तान में बोली जाती है। भारतीय संविधान की पंद्रहवीं भाषा के रूप में सिंधी को मान्यता प्राप्त है। दक्षिण पश्चिमी क्षेत्र में महाराष्ट्र की मराठी भाषा और गोवा की कोंकणी भाषा प्रमुख हैं। मध्य क्षेत्र की प्रमुख भाषा हिंदी आज भारत के दस राज्यों- उत्तर प्रदेश, उत्तरांचल, मध्यप्रदेश, छत्तीसगढ़, बिहार, झारखंड, पंजाब, हिमाचल प्रदेश, राजस्थान, दिल्ली प्रदेशों से संबद्ध है। मध्यक्षेत्र की उर्दू मुख्यतः कश्मीर और आन्ध्रप्रदेश से संबद्ध है। मैथिली का संबंध बिहार और नेपाली का संबंध पूर्वी पहाड़ी से है (नेपाली नेपाल की राजभाषा है)। पहाड़ी वर्ग उत्तर में हिमालय के साथ-साथ पश्चिम से पूर्व तक फैला है। मध्य पहाड़ी में गढ़वाली तथा कुमाऊँनी और पश्चिमी पहाड़ी की अनेक उपभाषाओं में चम्बयाली, किन्नौरी, लाहौली तथा सिरमौरी आदि प्रमुख हैं। मध्यक्षेत्र भारत का एक बड़ा भूभाग है। इस क्षेत्र की पश्चिमी हिंदी ही आज साहित्यिक भाषा (खड़ी बोली) के रूप में मान्य है। यह राज-काज, समाचार पत्र और शिक्षा के रूप में व्यवहृत की जाती है।

पश्चिमी हिंदी की प्रधान उपभाषाओं में ब्रज, कौरवी (खड़ी बोली), कन्नौजी, बुंदेली तथा बाँगरु प्रधान हैं। उत्तर प्रदेश के मथुरा, अलीगढ़, एटा, बुलन्दशहर, मैनपुरी बदायूँ, हरियाणा के गुड़गाँव तथा राजस्थान के भरतपुर, धौलपुर, तथा जयपुर पूर्व में ब्रजभाषा, उत्तर प्रदेश के रामपुर, मुरादाबाद, बिजनौर, मेरठ, मुजफ्फरनगर, सहारनपुर, देहरादून (मैदानी भाग) तथा हरियाणा के अंबाला में खड़ी बोली, हरियाणा के करनाल, रोहतक, हिसार, पटियाला (कुछ भाग) नाभा, जींद में 'बाँगरु' (हरियाणवी), उत्तर प्रदेश के पीलीभीत, शाहजहाँपुर, फर्रूखाबाद, हरदोई, इटावा और कानपुर में 'कन्नौजी' तथा उत्तर प्रदेश के झाँसी, हमीरपुर, जालौन तथा मध्यप्रदेश के ग्वालियार, मुरैना, शिवपुरी, गुना, सागर, पन्ना, दमोह, सिवनी, छिंदवाड़ा, नरसिंहपुर, रायसेन, विदिशा, होशंगाबाद बैतूल आदि जिलों में 'बुंदेली' बोली

जाती है। साहित्यिक दृष्टि से ब्रजभाषा की परंपरा यद्यपि काफी प्राचीन है किंतु आधुनिक साहित्य अधिकांश खड़ी बोली में लिखा जा रहा है। अस्तु आर्य परिवार का भौगोलिक क्षेत्र समस्त उत्तर भारत को माना जाता है। पश्चिम में पंजाब, सिंध (इस समय पाकिस्तान में है) कच्छ तथा राजस्थान है। उत्तर में कश्मीर, पूर्व में असम, बंगाल, उड़ीसा, दक्षिण में महाराष्ट्र और इन प्रदेशों के बीच का सारा मध्यदेश हिंदी भाषी है। इस पूरे क्षेत्र को आर्य परिवार का क्षेत्र कहा गया है।

द्रविड़ भाषाओं की भौगोलिक स्थिति

द्रविड़ परिवार का भौगोलिक क्षेत्र समस्त दक्षिण भारत है। भारतवर्ष के दक्षिणी क्षेत्र की प्रमुख भाषाएँ- तमिल का संबंध तमिलनाडु प्रदेश, मलयालम का संबंध केरल प्रदेश से, कन्नड़ का संबंध कर्नाटक राज्य से तथा तेलुगु का संबंध आन्ध्रप्रदेश से है। ये इन प्रदेशों की राजभाषाएँ भी हैं। कन्नड़ और मलयालम भाषाएँ पश्चिमी तट की तथा तमिल और तेलुगु पूर्वी तट की भाषाएँ हैं। द्रविड़ परिवार की चारों भाषाएँ एक दूसरे के पड़ोस में हैं। आर्य परिवार के पड़ोस की भाषाएँ पश्चिम में कन्नड़ (मराठी के पड़ोस में) और पूर्व में तेलुगु (उड़िया के पड़ोस में) हैं। भौगोलिक दृष्टि से आर्य परिवार की भाषाएँ जिन सीमा रेखाओं पर द्रविड़ परिवार से मिलती हैं उनमें मराठी-कन्नड़ तथा उड़िया-तेलुगु हैं। द्रविड़ परिवार का भौगोलिक क्षेत्र, आर्य परिवार के भौगोलिक क्षेत्र से अलग माना जाता है। भाषा-परिवार के रूप में इस परिवार को अधिक प्रसिद्धि काल्डवेल द्वारा लिखित पुस्तक 'कॉम्परेटिव ग्रामर ऑफ द ड्रैवेडियन और साउथ इंडियन फैमिली ऑफ लैंग्वेजेज़' के बाद मिली है। यह पुस्तक प्रथमतः 1856 ई. में प्रकाशित हुई। काल्डवेल ने स्वयं स्वीकार किया है कि द्रविड़ शब्द का व्यवहार तमिल भाषा तक ही सीमित रहा है, किंतु वे उसका उपयोग दक्षिण भारत की भाषाओं के लिए, एक परिवार (भाषा-परिवार) के रूप में कर रहे हैं। द्रविड़ शब्द का प्रयोग दक्षिण के ब्राह्मणों के लिए प्रयुक्त होता है। उत्तर में जैसे पंचगौड़ कहे गए हैं, ठीक उसी प्रकार दक्षिण में पंच द्रविड़ कहे गए हैं। यथा-

पंच गौड़

सारस्वताः कान्यकुब्जा गौड़ मैथिलिकोत्कलाः।
पंचगौड़ा इति ख्याता विंध्यस्योत्तर वासिन।। (स्कन्द पुराण)

पंच द्रविड़

कर्णाटाश्चैव तैलंगा गुर्जरा राष्ट्रवासिनः।

आन्ध्राश्च द्राविड़ाः पंच दक्षिणवासिनः॥ (स्कन्द पुराण)

इस तरह द्रविड़ शब्द देशवाची है और उसकी व्याप्ति केवल तमिल भाषी क्षेत्र तक नहीं है। ब्राह्मणों का विभाजन देश के अनुसार हुआ और उसमें दक्षिण के प्रदेशों के नाम हैं, जिन्हें पंचद्रविड़ों में सम्मिलित किया गया है। कालान्तर में 'द्रविड़' शब्द दक्षिण के भाषा परिवार के लिए भी प्रचलित हुआ। इसी को काल्डवेल ने ठीक माना और यह नाम समस्त दक्षिण भारत की भाषाओं का द्योतक हो गया। द्रविड़ परिवार की भाषाओं के नाम टी0पी0 मीनाक्षी सुन्दरन् ने इस प्रकार दिये हैं -

1. तेलुगु
2. तमिल
3. कन्नड़
4. मलयालम
5. तुलु
6. कुरूख
7. कुइ-कुवि
8. गोंडी
9. बडगा
10. कोडगु
11. गदबा
12. इरूल
13. कोलामी
14. कुरवा
15. माल्तो
16. परजी
17. कोया
18. कोंडा
19. नइक्कदी और नकीपोदी
20. कोटा और टोडा।

श्री टी.पी. मीनाक्षी सुन्दरन् ने द्रविड़ परिवार की भाषाओं के भौगोलिक क्षेत्रों का परिचय दिया है। यथा- ''द्रविड़ भाषी क्षेत्र ब्राहुइ ... क्षेत्र को छोड़कर लगातार है, दक्षिण भारत और श्रीलंका का उत्तरी भाग। तमिल, मलयालम, कन्नड़ और तेलुगु ये साहित्यिक भाषाएँ, समुद्रतटवर्ती प्रदेशों और आंतरिक भागों में बोली जाती है। एक विचित्र संयोग है कि ऐसी द्रविड़ भाषाएँ जिनका इतिहास नहीं मिलता, भौगोलिक दृष्टि से ऊँचे क्षेत्रों में ही बोली जाती हैं जैसे- बलूचिस्तान के पठार पर, उत्तर भारत और दकन के मध्यवर्ती इलाके में और दक्षिण में छोटे-छोटे भागों में। तमिल भाषा का क्षेत्र वर्तमान मद्रास राज्य (तमिलनाडु) है। मलयालम केरल में बोली जाती है। तेलुगु आन्ध्रप्रदेश में और कन्नड़ मैसूर (कर्नाटक प्रदेश) में। किंतु इन सभी क्षेत्रों के सीमावर्ती प्रदेश द्विभाषी हैं। मद्रास के उत्तर में तेलुगु का क्षेत्र पड़ता है और पश्चिम में कन्नड़ तथा मलयालम का। तुलु मंगलोर के आसपास बोली जाती है। कोडगु कुर्ग के निवासियों की मातृभाषा है जो अब मैसूर राज्य का अंग है। बडगा, कोटा और टोडा नीलगिरि के क्षेत्रों में बोली जाती है। तेलुगु प्रदेश के एक ओर उड़िया-भाषी क्षेत्र पड़ता है। दूसरी ओर मराठी भाषी क्षेत्र। तेलुगु के ही पड़ोस में गोंडी का क्षेत्र है। कुइ और कोंडा उस प्रदेश में बोली जाती है जो महानदी घाटी के दोनों ओर पड़ता है। कोलामी और परजी मध्यप्रदेश और हैदराबाद में बोली जाती है। कन्नड़ प्रदेश मराठी, कोंकणी, तेलुगु और तमिल भाषी क्षेत्रों से घिरा है। गोंडी की सीमाओं पर तेलुगु, कोलामी, मुंडा और मराठी हैं। यह अनोखा तथ्य है कि साहित्यरहित द्रविड़ भाषाओं के बोलने वाले पहाड़ों पर ही मिलते हैं। छोटानागपुर में बोली जाने वाली गदबा, कुरूख या ओरांव और राजमहल में बोली जाने वाली माल्तो के पड़ोस में मुंडा भाषाएँ व्याप्त हैं। ब्राहुइ पश्चिमी पाकिस्तान के पहाड़ी इलाकों में व्यवहृत होती है। आर्य परिवार के दक्षिण से लगा हुआ द्रविड़ परिवार है। यह द्रविड़ परिवार श्रीलंका के उत्तरी भाग तक फैला है। भौगोलिक जुड़ाव के अपवाद स्वरूप बलूचिस्तान में द्रविड़ परिवार की ब्राहुइ भाषा और श्रीलंका में आर्य परिवार की सिंहल भाषा है।

भारतीय भाषा परिवारों का भौगोलिक अंतरसंबंध

छत्तीसगढ़ के क्षेत्र की भौगोलिक भाषा छत्तीसगढ़ी है और यह आर्य परिवार की है। पूर्वी हिंदी के दक्षिणी छोर की यह भाषा है। छत्तीसगढ़ का क्षेत्र हिंदी प्रदेश माना जाता है। यह एक ऐसा क्षेत्र है, जहाँ आर्य, द्रविड़ और मुंडा तीनों भाषा परिवार आपस में मिलते हैं। मुंडा परिवार, द्रविड़ परिवार से घिरा हुआ है और द्रविड़ परिवार आर्य परिवार से। आर्य परिवार अपेक्षाकृत मैदानी इलाकों में है और मुंडा परिवार पहाड़ी स्थलों तथा वनों में रहने वाला अधिक है।

निश्चित ही द्रविड़ परिवार की स्थिति इन दोनां के बीच में है। छत्तीसगढ़ में आर्य परिवार, द्रविड़ परिवार तथा मुंडा परिवार, तीनों ही परिवारों से संबंधित भाषाएँ बोली जाती हैं। रामनिवास साहू ने इस क्षेत्र में इन तीनों परिवारों द्वारा बोली जाने वाली मातृभाषाओं की संख्या 104 बतलायी है। अवर्गीकृत 22 हैं, विदेशी 18 हैं, कुल 144 भाषाएँ हैं। ये सब भाषाएँ भौगोलिक रूप में एक क्षेत्र विशेष से संबंध रखने के कारण एक दूसरे को प्रभावित करती रहती हैं। इन सबमें प्रधान छत्तीसगढ़ी ही है, जबकि छत्तीसगढ़ी स्वयं एक बोली के रूप में ही अधिक प्रचलित है। पूर्वी हिंदी की यह एक दक्षिणी बोली है। इस बोली का विशेष साहित्य उपलब्ध नहीं है। समस्त छत्तीसगढ़ के भौगोलिक क्षेत्र में आर्य परिवार की जो छत्तीसगढ़ी बोली प्रचलित है, वह बोली उसी प्रदेश की द्रविड़ परिवार एवं मुंडा परिवार की बोलियों से प्रभावित है। ये सभी जीवित बोलियाँ हैं। इन बोलियों में अलग-अलग परिवारों के अलग-अलग संकेत मिलते हैं। छत्तीसगढ़ क्षेत्र की ही तरह यदि भाषाओं के भौगोलिक रूपों पर विचार करें तो स्पष्ट होगा कि यदि एक क्षेत्र विशेष में तीनों भाषा-परिवार एक साथ मिलते हैं, तो उनके अलग-अलग रूपों में उक्त स्थान पर बस जाने वाले पारिवारिक समूहों की बोली रूप में प्रचलित भाषाएँ जीवित स्वरूप की होती हैं और इनमें खोजने पर प्राचीन भाषाओं के अवशेष मिल सकते हैं। कहते हैं कि बोलियों में प्राचीन प्रयोग सुरक्षित रहते हैं। बोलियाँ अतंतः भाषाओं की जीवित रूप हैं। भाषाओं को जीवनी-शक्ति बोलियों से प्राप्त होती है। किसी भी बोली रूप की भौगोलिक व्याप्ति उक्त बोली के क्षेत्र तक सीमित होगी। इसी संदर्भ में भाषा-परिवारों की भौगोलिक यात्रा भी उल्लेखनीय है। डॉ. ग्रियर्सन लिखते हैं- "नेपाल में आर्यभाषा का प्रवेश वस्तुतः आधुनिक इतिहास का विषय है। सोलहवीं शताब्दी के प्रारंभिक काल में मुसलमानी आक्रमणों के दबाव के कारण मेवाड़ के कुछ राजपूतों ने उत्तर की ओर प्रयाण किया। गढ़वाल, कुमायूँ तथा पश्चिमी नेपाल के गुर्जरों तथा खस लोगों में वे बस गए।1559ई. में इनके एक दल ने गोरखा शहर को, जो काठमांडू से लगभग 70 मील उत्तर-पश्चिम में है, जीत लिया। सन् 1768 ई. में गोरखों के पृथ्वीनारायण शाह ने अपने को संपूर्ण नेपाल का अधिपति घोषित किया और वर्तमान गोरखाली वंश की स्थापना की। उन्होंने गोरखा से लायी हुई राजस्थानी तथा खस के सम्मिश्रण से निर्मित भाषा को अपने दरबार की भाषा बनाया। तभी से यह आर्य भाषा नेपाल की शासकीय भाषा के रूप में चली आ रही है। इसने पुरानी मैथिली की निकटतम प्राचीन भाषा को समाप्त कर दिया। जो कि पूर्व समय में वहाँ आर्य भाषा के रूप में व्यवहृत होती थी। चूँकि नेपाल की अधिकांश जनता तिब्बत-बर्मी है पड़ोस में चीन है, खस विजेताओं की संख्या अपेक्षाकृत कम है, इसलिए यहाँ पर जातियों का ही सम्मिश्रण नहीं हुआ

है, बल्कि भाषाओं का सम्मिश्रण हुआ है। पूर्वी पहाड़ी ने अपने शब्द समूह तथा कतिपय व्याकरणिक रूपों को भी तिब्बती-चीनी भाषाओं से ग्रहण किया है। यद्यपि स्पष्ट रूप से इसका राजस्थानी से संबंध है, तथापि इसका अब मिश्रित रूप ही दृष्टिगोचर होता है।" भौगोलिक रूप से राजस्थान और पहाड़ी क्षेत्र में कोई संबंध नहीं है, किंतु ऐतिहासिक आधार पर पहाड़ी भाषाओं का (हिमालय की उपत्यका से संबंधित) संबंध राजस्थानी भाषाओं से स्थापित है।

इसी प्रकार लंका की सिंहल भाषा, आर्य परिवार की भाषा मानी जाती है। आर्य परिवार के भौगोलिक क्षेत्र और सिंहल भाषा के भौगोलिक क्षेत्र में कोई जुड़ाव नहीं है। द्रविड़ परिवार का संपूर्ण भौगोलिक क्षेत्र इन दोनों के बीच है। इस संबंध में डॉ भदंत आनन्द कौसल्यायन लिखते हैं- "अपनी प्राचीनता तथा साहित्य की प्रौढ़ता और विपुलता का दावा करने वाली भाषाओं में वह (अर्थात् तमिल) किसी भी दूसरी भारतीय भाषा से पीछे नहीं है। उसके बोलने वाले भारत के तमिल भाषा-भाषी राज्य में ही नहीं बल्कि श्रीलंका में भी एक बड़ी संख्या में हैं। वहाँ की सारी आबादी का लगभग तीसरा हिस्सा। यह सब होते हुए भी सिंहल, हिंद-यूरोपीय परिवार की भाषा है और तमिल, हिन्द-यूरोपीय परिवार की भाषा नहीं।" इस तथ्य का उत्तर भी भूगोल से अधिक इतिहास में मिलेगा। इतनी बात तो स्पष्ट है कि बौद्ध धर्म से प्राचीन सिंहल साहित्य प्रभावित है। श्री भदंत लिखते हैं- "श्रीलंका में प्राचीन काल में जिन प्रसिद्ध आगन्तुकों के आगमन का उल्लेख मिलता है, वे विजय और उसके साथी गुजरात की ओर से पांडु का अभय पांडु प्रदेश से तथा राजकुमार महेन्द्र आदि बिहार प्रदेश से आये थे। इस प्रकार श्रीलंका में जो इस भारतीय त्रिवेणी का संगम हुआ, उसकी मूल धारा-स्रोत पश्चिम-दक्षिण-पूर्व से आरंभ होता है। इसलिए इसी अनुमान के लिए पर्याप्त गुंजाइश है कि इन भारतीय आगन्तुकों की परस्पर आदान-प्रदान की भाषा अथवा उनके और उनके भारतीय संबंधियों के बीच की आदान-प्रदान की भाषा, जो कि एक उत्तर-भारतीय प्राकृत ही रही होगी, ही मूल सिंहल भाषा है।" सिंहल भाषा का इतिहास कहता है कि आरंभ से ही वह भाषा पालि-प्राकृत भाषाओं के संपर्क में रही है। ठीक इसी प्रकार भारत के उत्तर-पश्चिम में आर्य भाषाओं के सीमावर्ती प्रदेश में, बलूचिस्तान में ब्राहुइ भाषा है। कश्मीरी भाषा को दरद परिवार में रखा गया है। ब्राहुइ द्रविड़ परिवार की है और पंजाबी (लंहदा) भी आर्य परिवार की है। तीनों परिवार एक दूसरे के पड़ोस में हैं। ब्राहुइ के द्रविड़ परिवार से दूर रहने (भौगोलिक अंतराल) के कारणों पर विचार करें तो स्पष्ट होगा कि सभ्यता की दीर्घकालीन हजारों वर्षों की यात्रा के उपरान्त भी द्रविड़ परिवार एक दूसरे सिरे पर आर्य परिवार की सीमाओं के पार जीवित है। यह एक भाषावैज्ञानिक

प्रश्न ही है। साथ ही ब्राहुइ की तरह ही द्रविड़ परिवार के अन्य उपनिवेशों को आर्य परिवार के भौगोलिक क्षेत्रों में खोजा जा सकता है।

भारतवर्ष की कुछ भाषाओं को ठीक-ठीक किसी परिवार के साथ नहीं जोड़ा जा सकता। इन्हें अवर्गीकृत कहा गया है। ऐसी भाषाओं के नामों पर ध्यान दें तो ज्ञात होता है कि वे प्रायः अपने-अपने व्यवसाय के कारण तथा निरंतर यात्रा वृत्ति के कारण भाषाओं के उपनिवेशों के रूप में बिखरे हुए हैं। उनकी वृत्तियों के आधार पर उनका नामकरण हुआ है। ऐसी भाषाओं का परिचय ग्रियर्सन ने दिया है- "तमिल की 'कोरव' तथा 'कैकाडी' विभाषाएँ, कन्नड़ की 'कुरंबा' विभाषा तथा तेलुगु की 'वडरी' विभाषाएँ हैं। ये आदि से अंत तक द्रविड़ भाषाएँ हैं। दूसरी ओर हम इसी प्रकार पूर्णतया आर्य भाषा के रूप में राजस्थानी की लमानी, केकरी तथा बहुरूपिया विभाषाओं को, गुजराती की तारीभूकी अथवा घिसाड़ी रूप को तथा बहुत सी बोलियाँ जैसे बाओरी, चारणी, हबूड़ा, पारधी और सियालगिरी को पाते हैं। जहाँ तक इनके वर्गीकरण का संबंध है, इनके प्रति किसी भी प्रकार की कठिनाई नहीं हुई। शेष भाषाएँ दो समूहों-मुख्य तथा चौर बोलियों के अंतर्गत आती हैं।" ग्रियर्सन ने जिन बोलियों के नाम दिये हैं, वे इस प्रकार हैं- शुद्ध जिप्सी बोलियाँ- पेढारी, भाप्टी, बेलदारी, ओडकी, लाडी और मछरिया। गुप्त जिप्सी बोलियाँ-सांसी, कोल्हाटी, गारोडी, मियावाले, कंजरी, नटीं, डोम, मलार, कसाई, सिकलगरी, गुलगुलिया। अवर्गीकृत भाषाएँ प्रायः यायावरों की हैं। ये ऐसे समूहों की हैं जो विशेष प्रकार का व्यवसाय करते हैं और समाज के अन्य वर्गों से अपने समूहों को अलग रखते हैं। भारतीय भाषाओं के भौगोलिक विस्तार की दृष्टि से हमें ज्ञात होता है कि भारत में प्रदेशों का विभाजन भाषाओं के आधार पर हुआ है। द्रविड़ परिवार की चार प्रधान भाषाओं के आधार पर चार प्रदेश बने हुए हैं- आंध्र प्रदेश (तेलुगु भाषा) तमिलनाडु (तमिल भाषा), केरल (मलयालम भाषा) और कर्नाटक (कन्नड़ भाषा)। प्रदेशों का यह राजनीतिक विभाजन सन् 1956ई. में हुआ है। इस विभाजन ने भाषाओं के भौगोलिक विस्तार की पहचान को मान्यता प्रदान की है। विभाजन का आरंभ दक्षिण भारत से हुआ और प्रधान रूप से निजाम के राज्य हैदराबाद रियासत के विभाजन से हुआ। इस रियासत में तीन प्रधान भाषाएँ थीं- तेलुगु, मराठी और कन्नड़। कुल 17 जिले थे। 9 जिले तेलुगु भाषी थे और 8 जिलों के भौगोलिक प्रदेश को तेलंगाना कहा जाता था, जिसे आंध्र प्रदेश में जोड़ा गया। इस प्रकार आंध्र प्रदेश की स्थापना हुई। हैदराबाद को आंध्र प्रदेश की राजधानी बनाया गया। तद्नुसार कन्नड़ भाषी तीन जिले कर्नाटक में जोड़े गए। मराठी भाषी 5 जिले महाराष्ट्र में जोड़े गए। इसके बाद बम्बई प्रदेश और मद्रास प्रदेश का भी इसी तरह विभाजन हुआ। तमिलनाडु की

राजधानी मद्रास हुई, महाराष्ट्र की राजधानी बम्बई हुई। कनार्टक की राजधानी बैंगलोर और केरल की राजधानी त्रिवेन्द्रम।

दक्षिण में भाषाओं के आधार पर प्रदेशों के विभाजन का प्रभाव उत्तर भारत पर भी पड़ा। गुजरात और महाराष्ट्र अलग-अलग हुए। उड़ीसा अलग उड़िया भाषी प्रदेश बना। बंगाल के पहले ही दो टुकड़े अग्रेजों ने कर दिये थे। इस विभाजन से भाषायी भूगोल की अपनी अलग पहचान अवश्य बनी किंतु इससे प्रान्तीयता का भाव भाषायी अंतरसंबंध पर भारी पड़ने लगा और राष्ट्रीय स्तर पर अंग्रेजी के वर्चस्व को अधिक व्यापक रूप से ग्रहण किया गया। भारतीय भाषाएँ अपनी भौगोलिक सीमाओं में ही सिमट कर रह गईं मध्यदेशीय हिंदी को राष्ट्रीय संपर्क भाषा का स्थान अभी तक प्राप्त नहीं हो सका है। भाषायी विभाजन के पहले तक मध्यदेशीय भाषाओं ने ही अपने-अपने समय में संपूर्ण भारतीय भाषा-समाज का प्रतिनिधित्व किया है। पश्चिम बंगाल इस समय भारत में है। उसकी राजधानी कलकत्ता है। पूर्वी बंगाल पहले पाकिस्तान में था। आज वह बंगला देश है। उक्त नाम भाषा के आधार पर है। सिन्धी-भाषी प्रदेश पूरी तरह पाकिस्तान में है। कराची सिंधी-भाषी प्रदेश का केन्द्र है। पंजाबी भाषा का विभाजन हो गया है। पश्चिमी पंजाबी (लंहदा) से संबंधित प्रदेश पाकिस्तान में है। भारत में पूर्वी पंजाब है। पंजाब से हरियाणा भाषा के कारण ही अलग हुआ है। सुदूर पूर्व में असम है जिसकी भाषा असमी है। पूर्व में स्थित असम भौगोलिक कारणों से विभाजित हो गया है। नागालैंड, मणिपुर, मिजोरम, अरूणाचल प्रदेश, त्रिपूरा आदि सब असम से अलग हुए हैं। नेपाल, भूटान तो आज भी स्वतंत्र हैं। सिक्किम भारत का भूभाग हो गया है। कश्मीर की राजनीतिक स्थिति अन्य प्रदेशों से भिन्न है और उसका कुछ भाग पाकिस्तान में है।

आर्य परिवार की आधुनिक भाषाओं का वर्गीकरण विद्वानों ने प्रस्तुत किया है। ग्रियर्सन का वर्गीकरण अपनी जगह ठीक होने पर भी आज भाषाओं के आधार पर प्रदेशों का विभाजन जिस क्रम में हुआ है, उसमें ग्रियर्सन का वर्गीकरण पूरी तरह उपयुक्त नहीं ठहरता। हिंदी से संबंधित भौगोलिक प्रदेश एक नहीं है। हिंदी भाषा का भौगोलिक विभाजन पांच भागों में है- पश्चिमी हिंदी, पूर्वी हिंदी, बिहारी, राजस्थानी और पहाड़ी भाषाएँ। बिहारी, राजस्थानी और पहाड़ी भाषाएँ अपना-अपना प्रदेश रखते हुए भी ये भाषाएँ हिंदी के ही भौगोलिक विस्तार को सूचित करती हैं। उर्दू का भौगोलिक विस्तार भारत में हुआ है किंतु पाकिस्तान बन जाने के बाद उर्दू पाकिस्तान पहुँच गई है। भारत में आज वह प्रधान रूप से कश्मीर में है और इसके

साथ समस्त हिंदी प्रदेशों में भी उर्दू व्याप्त है। दक्षिण में हैदराबाद रियासत के प्रभाव के कारण महाराष्ट्र, कर्नाटक तथा आंध्र प्रदेश में भी उर्दू भाषा प्रचलित है।

भारतीय भाषाएँ भूगोल और इतिहास से प्रभावित रही हैं। इतिहास भूगोल को चाहे जितना प्रभावित करे, अंततः भाषा अपने भूगोल से ही जुड़ी रहती है। भारत का अपना आंतरिक विभाजन भूगोल से प्रभावित है और भौगोलिक पहचान का प्रधान आधार भाषा है। भाषाओं के उत्थान-पतन के साथ देश का इतिहास जुड़ा है। इतिहास को प्रभावित करने वाले भूगोल की सहायता से भाषायी समस्याओं का समाधान खोजा जा सकता है। प्रत्येक प्रदेश और उसका भूगोल वहाँ की भाषा को प्रभावित करता है। भाषा के आधार पर ही व्यक्ति की भौगोलिक पहचान इतिहास के अंतर्गत होती है। इतिहास भूगोल का पूरक है और भूगोल को इतिहास के माध्यम से समझा जा सकता है।

उदयनारायण सिंह नचिकेता

- रामलोचन ठाकुर

मैथिली से अनुवाद : सुजीत कुमार वत्स

प्राचीन ग्रंथ है 'वृहदविष्णुपुराण' के मिथिला खंड में के महात्म्य को को स्थापित किया गया है। इसके बारे में कहा गया है कि कहा गया है कि इसकी व्याप्ति तीनों लोकों में थी। लेकिन आज यह मानचित्र से गायब है। वैसे इस पावन भूमि की भाषा 'मैथिली' आज भी जीवित है। आश्चर्य होते हुए भी सत्य है कि तेरह वर्ष पूर्व संविधान में सम्मिलित होने के बावजूद समस्त मिथिलांचल में शिक्षा का माध्यम हिंदी ही है। भारत एवं बिहार सरकार के षड्यंत्र का इससे बढ़िया उदाहरण कहाँ मिलेगा? जिस भाषा का कवि विद्यापति ने सभी भारतीय भाषा के साहित्यकारों को मैथिली में लिखने की प्रेरणा दी, आज वही भाषा सरकार की आँखों में चुभ रही है। जिनकी पदावली बंगाल से असम तक साहित्य की पृष्ठभूमि बनी और करीब पाँच सौ वर्ष तक अपना प्रभाव कायम रखी। उसकी यह स्थिति! हम जानते हैं कि 'मैथिली' विदेह की बेटी सीता का नाम है। संस्कृत सहित और भी भाषा के रामायण में इसका उल्लेख हुआ है। सन् 1801 में जब टी॰एच॰ कॉलब्रूक ने इस भाषा का नामकरण 'मैथिली' किया तब निश्चित रूप से उनके मन में यह विषय रहा होगा। परंतु दरभंगा के जमींदार लक्ष्मीश्वर सिंह 1880 ई॰ में अपनी भाषा की अवज्ञा करते हुए नागरी लिपि में लिखने का आदेश दिया। जैसाकि कहा जाता है- "सीता का जन्म वियोग झेलने के लिए हुआ था, दुख छोड़ सुख कभी नहीं मिला।" मैथिली भाषा को लेकर भी यही बात चरितार्थ होती है। फलस्वरूप प्रबुद्ध मैथिल वर्ग में प्रतिक्रिया हुई। तब पत्रिका-प्रकाशन, साहित्य-सृजन जैसे महत्त्वपूर्ण कार्य आरंभ किए गए। कोलकाता से 'मिथिला दर्शन' नामक पत्रिका का प्रकाशन

परिचय परिचय

रामलोचन ठाकुर

लेखक आयकर विभाग से सेवा-निवृत्त व मैथिली के वरिष्ठ कवि, रंगकर्मी और 'मिथिला दर्शन' पत्रिका के कार्यकारी संपादक हैं। संपर्क : ramlochanthakur790@gmail.com

सुजीत कुमार वत्स

अनुवादक हिंदी भवन, विश्व-भारती, शांतिनिकेतन में शोधरत हैं। संपर्क : sujeetkumarvatsa@gmail.com

1953 में ई॰ आरंभ हुआ। इस पत्रिका के संपादक प्रो॰ प्रबोध नारायण सिंह एवं डॉ अणिमा सिंह थे। इसी दंपत्ति की संतान प्रो॰ उदयनारायण सिंह'नचिकेता' हैं। प्रबोध बाबू चार विषय में एम॰ए॰ के साथ डी॰लिट॰ भी थे और कलकत्ता विश्वविद्यालय में हिंदी के प्राध्यापक थे, अणिमा जी डी॰फिल॰ थीं और लेडी ब्रेबार्न कॉलेज में हिंदी की प्राध्यापिका थीं। ऐसे प्रबुद्ध माता-पिता की संतान नचिकेता का जन्म 1951 ई॰ में हुआ। मात्र सोलह वर्ष की अवस्था अर्थात् 1966 में इनका पहला काव्य-ग्रंथ 'कवयोवदन्ति' प्रकाशित हुआ गया था।

संस्कृत में कहा गया है कि 'यन्नवे भाजने लग्नः संस्कारो नान्यया भवेत्।' वस्तुत: नचिकेता इसके दृष्टांत हैं। पिता मैथिल और माँ बांग्ला भाषी। नचिकेता की शिक्षा बांग्ला माध्यम से हुई। देश-विदेश में शिक्षा प्राप्त करने के पश्चात् बड़ौदा, सूरत, दिल्ली और हैदराबाद में अध्यापन किए साथ ही भारतीय भाषा संस्थान, मैंसुरु में निदेशक का पद सुशोभित किया। वर्तमान में विश्वभारती, शांतिनिकेतन के रवींद्र भवन में प्रोफेसर हैं।

'नचिकेता' का मूल विषय भाषाविज्ञान है, जिसमें उनकी दस किताबें और दो सौ से अधिक आलेख प्रकाशित हो चुके हैं। कवि और भाषाविज्ञानी के रूप में अमेरिका, रूस, जर्मनी, इटली, आइसलैंड, स्वीडेन, चीन, बांग्लादेश एवं पाकिस्तान जैसे देशों का भ्रमण कर चुके हैं। ध्यान रहे कि तब भी वे पहले कवि हैं बाद में भाषाविज्ञानी। इन्होंने मैथिली में चार काव्य-ग्रंथ के साथ दर्जनों नाटक-एकाँकी एवं रवीन्द्रनाथ के बाल-साहित्य का अनुवाद भी किया है। उनके नाटक पर 'नैन न तिरपतिभेव' नामक धारावाहिक दूरदर्शन से प्रसारित हो चुका है। उनके रचित बहुत सारे गीतों को प्रसिद्ध गायकों ने गाया है। बांग्ला में मैथिलि कविता का अनुवाद 'अनुकृति' और कीर्तिनारायण मिश्र का साहित्य अकादमी द्वारा पुरस्कृत काव्य-संकलन 'धसे जायशांति स्तूप' इनके द्वारा अनूदित कृति है। 'अश्रु ओ परिहास' और 'खाम खेयाली' इनके द्वारा रचित मूल बांग्ला काव्यग्रंथ हैं। भाषाविज्ञान संबंधित इनकी बहुत सारी किताबें बांग्ला में प्रकाशित हैं और दैनिक पत्र में प्रत्येक रविवार स्तंभ भी लिखते हैं। आरंभ में अपने भाई अंजब के साथ मिलकर बांग्ला में 'गांगेय पत्र' निकालते थे, जैसे 1968 ई॰ से 'मैथिली कविता' नामक पत्रिका निकालते हैं।

वस्तुत: इनकी शिक्षा बांग्ला माध्यम से हुई, परंतु इनकोदोनों भाषा पर समान अधिकार है, ये दोनों भाषा में लिखते हैं। जहाँ तक अन्य भाषा में अनुवाद का प्रश्न है तो अँग्रेजी, फ्रेंच और तमिल में इनका काव्य-ग्रंथ 'मध्यम पुरुष एक वचन' का अनुवाद हुआ है। इनको बहुत सारे

पुरस्कारों से सम्मानित किया गया और इस सम्मान का आधार है इनका कवि और नाटककार होना। इस बात में संदेह की कोई गुंजाइश नहीं है।

नचिकेता रवीन्द्र भवन में प्रोफेसर होने के साथ रवीन्द्र साहित्य (गद्य-पद्य) के आधिकारिक विद्वान भी हैं। रवीन्द्रनाथ की भाषा-शिल्प, रचना शैली, साहित्य में निहित भाव, व्यक्तित्त्व और कृतित्व पर प्रभाव आदि छोटी-बड़ी समस्त बातों पर इनका ध्यान रहता है। समय-समय पर ये इसका विवेचन और विश्लेषण की श्रेणी में प्रतिष्ठित करता है। बांग्ला में रवीन्द्र साहित्य पर कोई भी परिचर्चा होने पर ये आमंत्रित होते रहते हैं, जो इनकी विद्वता का परिचायक है। भाषाविज्ञान के क्षेत्र में इनका स्थान राष्ट्रीय स्तर पर है, जो इनके महत्त्व को और भी बढ़ा देती है। विदेश भ्रमण का आधार साहित्यकार होने के साथ-साथ भाषावैज्ञानिक होना भी है।

मैं 2009 में सरकारी सेवा से मुक्त हुआ और मई 2009 ई० से नए कलेवर में 'मिथिला दर्शन' प्रकाशित हो रही है, जिसके प्रधान संपादक हैं- उदयनारायण सिंह 'नचिकेता'। इन सात वर्षों में इन्होंने करीब 42 संपादकीय लिखा है और सभी अलग-अलग विषयों पर। ये समस्त विषय मिथिला या भारत का नहीं, बल्कि संपूर्ण विश्व एवं समस्त मानवजाति से संबंधित हैं और इसमें विभाजन (अलगाव) और विभेद के लिए कोई स्थान नहीं हैं। 'सर्वे भवन्तु सुखिनः सर्वे संतु निरामया' का उदात्त भाव के साथ उदारता पूर्वक समावेश हुआ है। जो 'नचिकेता' की चिंतन- चेतना का परिचायक है। कहने में कोई बाधा नहीं है कि यह चिंतन-चेतना मिथिला की है, जो भूमि सनातन धर्म की आराधना-उपासना में लीन रहते हुए भी जैन-बुद्ध दर्शन की जननी है। नवंबर-दिसंबर, 2014 के 'अपन बात' में 'विद्यापति अनुवादक शतवर्ष' में नचिकेता ग्रियर्सन के अनुवाद पर चर्चा करते हुए कुमारस्वामी के बहाने लिखते हैं- "कबीर, मीरा अथवा तुलसी की तरह विद्यापति केवल ईश्वर भक्ति का गीत नहीं लिखे, उनको तो लिखना था अपनी मातृभाषा मैथिली में, ईश्वर अथवा आराध्य के साथ आत्मा का प्रेम कथा और ऐसी सुललित शैली में जिसके मध्य एक महान काव्य भाषा का निर्माण भी हो। जैसे इटली में दांते ने किया इतालवी भाषा के लिए अथवा इंग्लैंड में मध्यकाल में चौसर ने किया। सामान्य जन की बोली को ईश्वर-प्रेम की भाषा बना देने पर उस युग की मैथिल संस्कृति के ध्वज वाहक लोगों को पसंद नहीं आया होगा, ठीक वैसे ही जैसे इटली में दांते को भी बहुत आलोचना सहन करना पड़ा।" विद्यापति काव्य के साथ पहाड़ी शिल्प कला की तुलना करते हुए वे लिखते हैं- "दोनों लोक शिल्प और उच्चतर संप्रदाय के परिशीलित संस्कृत शिल्प इस दोनों धारा का अपूर्व सम्मिश्रण है, जो सृजन-जगत में विरल है। मार्ग और देशीय का ऐसा अद्भूत संयोग किसी

महान कवि के लिए ही संभव होता है। इसमें कोई आश्चर्य की बात नहीं है कि पूर्वी भारत में विद्यापति पदावली का प्रभाव दूर-दूर तक पड़ा। ऐसा नहीं कि परवर्ती सदी में अन्य कवियों में उनकी तरह लिखना नहीं शुरू किया हो, (जैसाकि बंगाल में सोलहवीं शताब्दी में कवि यशोराज खान उर्फ दमोदर से लेकर भानुसिंह उर्फ रवीन्द्रनाथ ठाकुर तक), चैतन्य महाप्रभु तक उनके पदों का गायन करते हुए नर्तन भी करते थे, इस समय इनकी भाव-विह्वलता देखने योग्य होती थी। वस्तुत: श्रीलंका में जन्म लेने वाले कुमारस्वामी का अनुवाद कुशलता एवं दृष्टांत है। इधर देवेन भट्टाचार्य डब्ल्यू० जी० आर्चर के द्वारा विद्यापति के करीब इकतीस गीतों का 'लव सांग्स ऑफ विद्यापति' (1990) न्यूयार्क से प्रकाशित हो चुकी है। पाकिस्तान में अहमद अली का अँग्रेजी अनुवाद अधिक प्रचलित है। रवीन्द्रनाथ के नोबल प्राप्ति के सौ वर्ष पूरा होने पर जो अंक आया उसमें उनका रवीन्द्र के प्रति भक्ति का विलक्षण उदाहरण प्रस्तुत करता है। वैसे रवीन्द्र द्वारा रचित 'जन गण मन अधिनायक जय हे, भारत भाग्य विधाता' विद्यापति का बहु-प्रचलित गोसाउनि गीत 'जय जय भैरवी असुर भयाओनी, पशुपति भामिनी माया' का सुर अनुकरण है। इसे कौन पकड़ सकता है।

नवंबर-दिसंबर 2015 के अंक में अल्लम प्रभुदेव के तीस वचनों को जिस आत्मीयता के साथ इन्होंने अनुवाद किया है, वह बहुत दिनों तक लोक-मानस में हमेशा बना रहेगा। इसका एक उदाहरण दृष्टव्य है-

असंभव को संभव करने वाला
विलक्षण महिमा वाला
क्या तुम मृत्यु गामी सब की पूजा को
स्वीकार करोगे?
क्या मृत्युगामी सबों की पूजा को स्वीकारना
कोई लज्जा की बात है गुहेश्वर।

जनवरी-फरवरी 2016 के अंक में अपनी संपादकीय 'अबकी उगत सुरुज कोन दिशि' में दक्षिण भारतीय कवियों का उल्लेख किए हैं और इसके साथ उदाहरण भी दिए हैं। मध्ययुगीन कन्नड़ भाषा के नागेय मरितन्डे, चंदिमरस,अल्लम प्रभु, मोलिगे मारय्या हैं, इसके साथ बहुत सारे कवि देलालोर्मसेसी सेंबिया भी हैं, जो मनुष्य की स्वतंत्रता का गीत गाते हैं। मार्च-अप्रैल 2016 के अंक में वे राजस्थानी और भारतवाणी भाषा भूमि और भविष्य पर विशद आलोचना करते हैं। वस्तुत: उनके द्वारा समय-समय पर लिखा हुआ विभिन्न विषयवस्तु को

पढ़ने से उनके अध्ययन के आयाम और उनकी विवेचन और विश्लेषण क्षमता, भाषिक उदारता का परिचय सहजता से प्राप्त होता है।

प्रो॰ उदयनारायण सिंह 'नचिकेता' जैसे बहुभाषाविद, साहित्यकार, भाषावैज्ञानिक को पाकर कोई भी भाषा गर्व कर सकती है। हम लोगों को भी इसका गर्व है। ऐसा विश्वास है कि मिथिला की प्राचीन गौरव-गरिमा को अग्रसरित करते रहेंगे। मिथिला सदा से प्राचीन ज्ञान-विज्ञान के बल पर त्रिभुवन में विख्यात रहा है, आज भी इसका अभाव नहीं है और निदेशक यदि योग्य हो तो चिंता किस बात की।

उदयनारायण सिंह 'नचिकेता' की नाट्य-प्रवृत्ति

\- अरुण कुमार सिंह

स्वातंत्र्योत्तर युग में भारतीय जनमानस ने अपना जीवन-यापन एक स्वतंत्र परिवेश में प्रारंभ किया, जिसका प्रभाव तत्कालीन साहित्य में देखा जा सकता है। इस युग के नाटककार को एक तरफ जहाँ यूरोपीय नाटककारों इब्सन एवं शॉ के बुद्धिवाद के आधार पर विविध क्षेत्रों के मिथ्याडंबर एवं परंपरा पालन का विरोध करने की प्रेरणा दी, तो दूसरी तरफ मार्क्स के 'द्वंद्वात्मक भौतिकवाद', फ्रॉयड के 'मनोविश्लेषण सिद्धांत' तथा दूसरे साहित्य-चिंतकों के विचारधारा ने भी नाट्य क्षेत्र को नवीन आयाम प्रदान किया। इसके साथ ही परंपरा भी उन सबों की दृष्टि से ओझल नहीं हो पाई। यही कारण है कि स्वातंत्र्योत्तर मैथिली नाट्य-संपदा अपनी नई-नई प्रवृत्तियों की दृष्टि से वैविध्यपूर्ण बन गई।

परिचय

अरुण कुमार सिंह
लेखक ने मैथिली नाटकों पर शोध संपन्न किया है और संप्रति बिहार के एक कालेज के मैथिली विभाग में असिस्टेंट प्रोफेसर हैं।
संपर्क:**maithiliarun@gmail.com**

स्वातंत्र्योत्तर युग में अधिकांश नाटक सामाजिक विवर्त्तन की पृष्ठभूमि में लिखे गए, जिनके केंद्र में नारी की समस्याएँ रही हैं। इसके अतिरिक्त इस युग में आक्रोश, उद्योग-धंधा, कल-कारखाना, बेरोजगारी, व्यापार-व्यवसाय आदि में सहसा इतना विकास हुआ कि इसके फलस्वरूप समाज का स्वरूप परिवर्तित हो गया। लोगों का आचार-विचार, रहन-सहन, खान-पान आदि में भिन्नता परिलक्षित होता दिखता है। समाज दो भाग में विभाजित हो गया। एक तरफ जहाँ चोर बाजारी से उपार्जित धन की कोमल शय्या पर शयन करनेवाले संपन्न वर्ग का विकृत जीवन लीला नाटक का विषय बना, वहीं दूसरी तरफ मध्यवर्गीय कर्मचारियों के पेट की ज्वाला एवं मानसिक शक्ति को इतना जलाया कि स्वामी एवं सेवक की प्राचीन मान्यता उसमें जलकर भस्म हो गई। अमीर एवं गरीब की विषमता इतनी बढ़ गई कि यह जनसामान्य को असह्य हो उठा। जहाँ सम-सामयिक समाज के उच्च वर्ग के व्यक्ति न्याय, धर्म तथा कर्तव्य से च्युत् होने लगे, वहीं निर्धन वर्ग के लोगों ने उच्च वर्ग के प्राचीन मूल्यों का विरोध किया। समाज में लूट-पाट, मार-पीट, घृणा-द्वेष, वैश्वीकरण के फलस्वरूप भौतिकवादी युग में

सुखोपभोग की सारी सुविधाओं का सुखोपयोग आदि स्वातंत्र्योत्तरमैथिली नाटक का आधार बन गया।

साहित्यकार भी साधारण हाड़-मांस का मनुष्य होता है, किंतु अपनी कृति के कारण वे अमर हो जाते हैं तथा उनका वैशिष्ट्य उनको साधारण मनुष्य से विशिष्ट बना देता है। मैथिली साहित्य में ऐसे ही विशिष्ट साहित्यकार हैं- उदयनारायण सिंह 'नचिकेता', जिन्होंने अपनी रचनाओं में नए कीर्तिमान स्थापित करने का प्रयास किया है। ये भाषावैज्ञानिक, श्रेष्ठ नाटककार, कवि कर्म में विशिष्ट स्थान के अधिकारी, निबंध एवं समालोचना में अग्रगण्य, अनुवादकला में सिद्धहस्त तथा संपादक के रूप में संपादन कला से आवेष्ठित हैं। यहाँ उदयनारायण सिंह 'नचिकेता' के प्रकाशित सिर्फ नाट्य कृतियों का प्रवृत्तिगत विश्लेषण करना ही ध्येय है।

मैथिली नाट्य गगनांतर्गत जाज्वल्यमान नक्षत्र 'नचिकेता' प्रयोगधर्मी नाटककार के रूप में नई प्रवृत्तियों को स्थापित करते हुए यथार्थवादी धरातल पर नए संकेत करते हुए दृष्टिगोचर होते हैं। इनका 'नायकक नाम जीवन (1971), एक छल राजा' (1973), 'नाटकक लेल' (1974), 'प्रत्यावर्त्तन'(1976), 'आंदोलन (1977), 'रामलीला' (1977),'जनक आ अन्य एकांकी' (1978) एवं 'नो एँट्री मा प्रविश' (2008), आदि नाटकों में जिस प्रवृत्ति का प्रयोग एक नाटक में हुआ है, उसको दूसरे नाटकों में दुहराने का प्रयास नहीं किया गया है। यही कारण है कि स्वातंत्र्योत्तर युग में प्रवृत्ति की दृष्टि से इनके नाटकों में नवीनता आ सकी है। ये स्वयं कुशल अभिनेता के रूप में अनेक बार रंगमंच पर उपस्थित हुए हैं। अर्थात् नाट्य-मंचन में जितने उपकरणों की आवश्यकता पड़ती है, उसको ध्यान में रखकर अपने नाटकों की रचना की है। रंग मंचीय प्रयोग और यर्थाथिवादी प्रवृत्ति की दृष्टि से भी इनका सारा नाटक विशेष रूप से उल्लेखनीय है। वे दृश्य-सज्जा, आलोक-संवाद, विगत घटना के दृश्यांकित-सूचना (फ्लेश-बैक) प्रणाली एवं नाटककार अथवा उद्घोषक को एक पात्र के रूप में प्रस्तुत करने पर विशेष जोर दिया है, साथ ही प्राचीन नट-नटी प्रस्तावना शैली को नए रूप मेंप्रयुक्त भी किया है।

'नायकक नाम जीवन' त्रिकोणात्मक कथानक पर आधारित है, जो समाज की ज्वलंत समस्याओं की तरफ ध्यानाकर्षित कर रहा है। स्वातंत्र्योत्तर युग में समाज में व्यावसायिक चोर-बाजारी, समाज का अनापेक्षित तत्त्व, अपहरण की सार्थकता तथा समाज में प्रचलित नशा-खोरी का दुष्परिणाम इस नाटयाँतर्गत नाटककार दिखाने का प्रयास किया है। अति यथार्थवादी

प्रवृत्ति इस नाटक में त्रिकोणात्मक रूप से सत्यानुभूति पर आधारित है। लोभी, स्वार्थी, उच्चाभिलाषी व्यवसायी शक्ति अपने प्रपंच में अर्थ-व्यवस्था का सर्वस्व, महत्त्वाकांक्षी व्यवसायी लखपति को फँसाकर स्वयं उच्च कोटि का व्यवसायी बनना चाहता है। व्यवसाय के कारण पिता-पुत्र के बीच संघर्ष होता है। जहाँ पिता लोभ ग्रस्त होकर चोर बाजारी करता है, वहीं पुत्र समाज-सुधार की परिकल्पना करता है। अनैतिक व्यवसाय का पर्दाफाश करना नाटककार का अभीष्ट है। शराब के लिए पिता अपनी बेटी को नचाता है। इस प्रकार हम देखते हैं कि नाटककार इसके माध्यम से समाज का नग्न-चित्र उद्घाटित करने का प्रयास किया है। धनलोलुपता के कारण मनुष्य कितना पतित हो सकता है, इसका वर्णन रामभरोस के प्रतीक-चरित्र के द्वारा किया गया है। इस प्रसंग में मैथिली साहित्य के वरिष्ठ नाट्यालोचक डॉ. प्रेम शंकर सिंह का कथन है- "प्रस्तुत नाटक मैथिली नाटयाँतर्गत एक नए दिशा का संकेत करता है। समाज में प्रचलित ज्वलंत समस्याओं का दिग्दर्शन कराना नाटककार का उद्देश्य है। इस नाटयाँतर्गत जिस नए शिल्प का प्रयोग नाटककारने किया है वह सर्वथा अभिनव है, कारण अद्यावधि ऐसे प्रयोगधर्मी नाटक का अभाव मैथिली नाट्यांतर्गत था। इसकी पूर्ति करता है 'नायकक नाम जीवन'। इसका कथानक चुस्त एवं भाषा पात्रोचित है। भाषा की दृष्टि से यह मैथिली नाटयाँतर्गत उत्तम श्रेणी का नाटक कहा जा सकता है। यह नाटक मंचोपयोगी है। नाट्य समाप्ति में नाटककार पात्र को मूर्त्तिवत स्थिर किया है, जो मैथिली रंगमंच के अभिनेता के लिए अनुपयुक्त प्रतीत होता है, कारण अभिनेता में अभिनय जनित स्थिरता का सर्वथा अभाव है। ऐसी स्थिति में अगर पात्र का निष्क्रमण हो जाता तो नाटक का अंत और अच्छा होता।"[9] इस उक्ति में कही गई अंतिम बातों से सहमत नहीं हुआ जा सकता। समालोचक महोदय के अनुसार अभिनय में स्थिरता का सर्वथा अभाव होना चाहिए, लेकिन यह उचित नहीं है। अभिनय का तो अभिन्न हिस्सा होता है स्वत: संवाद, उस स्थिति में मंच पर उपस्थित अन्य कलाकार क्या करेंगे? फ्लैशबैक के समय में मंच पर उपस्थित कलाकार को क्या निष्क्रमण करा दिया जाएगा? और इससे भी बढ़कर, अंत में अगर सभी कलाकार मंच पर फ्रीज हो जाते हैं, तो उसके पीछे का मंतव्य का क्या होगा?

बहरहाल मिथिला ने परंपरा से चली आ रही बातों को विशेष प्रश्रय देता रहा है। उस रूढ़िवादिता के अनुरूप ही कार्य का संपादन करता है। नाटककार मैथिल मिथिला वासियों की उन्नति-प्रोन्नति की अपेक्षा करते हुए उनके वर्तमान क्रिया-कलाप पर व्यंग्य करते हैं-"किंतु!

---

[9]मैथिली नवीन साहित्य सं. डॉ. बासुकीनाथ झा, पटना, चेतना समिति, 1988, पृ.सं.21

किंतु की? लोक चन्द्रमा पर टहलै लागल, मंगल पर पिकनिक करै जा रहल अछि आ' शनि और राहुक छाती पर जा कए फुटबॉल मैच हैत गे। और अहाँ किंतु-किंतु करैत रहू।"[10] समाज में कालाबाजारी, मिलावट, घूसखोरी, नशाखोरी का दुष्परिणाम अच्छा नहीं होता है, जिसको इसमे उद्धाटित किया गया है- "ओ कालाबाजारी नहि करै देताह, मिलावट नहि करै देताह, घूस नहि देमै देताह, अफसर सबकें डाला, व्हिस्की वा कोनो माल नहि पठबै देताह। कहबाक सार ई जे ओ कोनो ससरी-फसरी नहि चलै देताह।"[11] कालाबाजारी के कारण नशाखोरी में पुलिस कोई निर्णय नहीं लेती है-''दरोगा बाबू जतेक टाका चाही, ल' लियह। हम अहाँ सबकें मालामाल क' देब, मुदा ई बेइज्जती नहि। हे, हम गोड़ पड़ैत छी।''[12] नाटककार ने इस नाटक के माध्यम से व्यवसायी के अनैतिक दुश्चरित्रता का पर्दाफाश किया है। 'एक छल राजा' में विलासपुर के अभिमान कुमार देव के अहंकारी एवं वेश्यागामी प्रवृत्ति पर प्रकाश दिया गया है। वह अपने संपूर्ण संपत्ति को विलासिता के कारण स्वाहा कर देते हैं तथा अपने विनाश को पूर्वज के पापों काफल मानते हैं। वस्तुतः राजा-प्रजा का शोषण करते थे, लोगों की इज्जत के साथ खिलवाड़ कर वासना को तृप्त करते थे। इन्ही प्रवृत्तियों को इस नाटक में उद्धाटित किया गया है- "राजा ठीके हैत। ई सबटा पूर्व पुरूषक फल थिक। हमर पूर्व पुरूखा सब जतेक सती नारीक अभिशाप जुटौलनि, जतेक प्रजाक मुखक ग्रास छिनलनि, जतेक अनाचार कैलन्हि- ई सब तकरहि फल थीक। जनैत छी, रातिमे जखन सूत' चाहैत छी त' हमर कानमे माटिक तरसँ क्रन्दन और चीत्कार भासल अबैत अछि। बिछौनाक चारु कात हम रक्त स्रोत देखैत छी और ओहि स्रोतक संग पायलक झुनझुन आ सारंगीक क्रन्दन। हमर हाथ दिस देखू, शोणित लागल अछि, शोणित। हमर निन्द टूटि जाइत अछि और दुनू हाथकेँ हम मलैत रहै छी, रगड़ैत रहै छी, मुदा रक्तक चेन्ह नहि मेटाइत अछि।"[13] 'नाटकक लेल' में भ्रष्टाचार की प्रवृत्ति देखने को मिलती है। वैयक्तिक लाभ के लिए लोग नीच से नीच कर्म होता है। अपने पद एवं अर्थ लाभ के लिए अपनी प्रेमिका को अफसर के मनोरंजन और होटल में एक दो रात रहने के लिए भी प्रेरित किया जाता है। अर्थात् ऐसे निकृष्ट प्रवृत्ति को भी देखा जा सकता है- "इयैह माने हमरा बड़का अफसर सबकें इन्टरटेन करै पड़त। माने, हुनका सबकें एतय बजाबै पड़त, नीक खाना-पीनाक इन्तजाम करै पड़त आ प्रयोजन भेल तँ किछु, कालक लेल घूमै पड़त इयैह सब, और

---

[10]नायकक नाम जीवन, कलकत्ता, भारतीय मिथिला संघ, 1971, पृ.-14
[11]तत्रैव, पृ.-14
[12]तत्रैव, पृ.-68
[13]एक छल राजा, कलकत्ता, मैथिली रंगमंच, 1973, पृ.-18

की माने....।"[14] इस संबंध में विद्वान आलोचक डॉ० प्रेमशंकर सिंह का कथन है- ''सती कमल से प्रेम करती थी, किंतु स्वार्थान्ध कमल उसका दुरूपयोग करता है। वह सती को प्रोन्नति के लिए प्रयोग करना चाहता है। सती इस दुष्कर्म के लिए प्रस्तुत नहीं थी, किंतु वह कमल के प्रेम-जाल में इस कदर उलझी हुई है कि इससे मुक्ति पाने में असमर्थ है।''[15]

प्राचीन एवं नवीन परंपरा में सदैव संघर्ष चलता रहा है। इसी संघर्षपूर्ण स्थिति की पृष्ठभूमि में 'प्रत्यावर्त्तन' का श्रीगणेश होता है। मानव एक आदर्शवादी डॉक्टर है, जो अपने सत्य प्रयासोपरांत प्राचीन परिवेश में नवीनता का संचार करना चाहता है। इसी भावना से प्रेरित होकर वह शहरी परिवेश का परित्याग कर चिराग वस्ती में प्रकाश का आलोक लेकर प्रस्तुत होता है; किंतु उनके आदर्शवादी विचारधारा के सामने प्राचीन परंपरा के पक्षधर लोग कैसे नतमस्तक होगें? यही तो समस्या है उनके सामने। अंततोगत्वा दृढ़ प्रतिज्ञ होकर वहीं रहकर इस कुहाशे को हटा पुनः प्रकाशपुंज का आलोक फैला देता है।[16] वर्तमान समाज में सर्वत्र भ्रष्टाचार का बोलबाला है। प्रशासन निष्क्रिय हो गया है। रूप के बल पर लोग प्रशासन को भी खरीद लेते हैं। 'प्रत्यावर्त्तन' में नाटककार प्रशासन की लापरवाही को उजागर करते हैं- "तों बुझै छ हो जे पैसा से दरोगा पुलिस मजिस्टर सबकँ कीन लेबहो? तोहर पापक सजा तऽ हेतह तोहर मरै के बाद, जखैन भगवान हिसाब माँग थुन तखैन।"[17] मानव जीवन के विविध पक्ष के असंतोष को प्रतीकात्मक रूप से 'आंदोलन' में अभिव्यक्त किया गया है। कलकत्ता परिसर में मैथिली आंदोलन के तथाकथित नेताओं ने अपने व्यक्तिगत स्वार्थ सिद्धि के लिए किस-किस तरह के अन्यायपूर्ण कार्य करते हैं, उसकी वास्तविक स्थिति का एलबम निर्लोभ, नारद एवं नन्दी के चरित्र में मिलता है, जो आंदोलन सदृश पवित्र वस्तु को अपवित्र करने में थोड़ा-सा भी संकोच नहीं करते हैं। दूसरा भाग आंदोलन को सफल बनाने केउद्देश्य से प्रेरित होकर भरत अपने सर्वस्व को इस पुनीत यज्ञ में आहुति दे देता है, किंतु उनके मृगमरीचिका की समाप्ति तब हो जाती है, जब उनके निष्ठा के प्रति लोगों की उदासीनता दीखती है। इस नाटक का कथानक जिस उच्चादर्श की पृष्ठभूमि में उत्थान किया गया है, उसको एण्टी क्लाइमेक्स पर पहुँचाने में नाटककार को सफलता पूर्ण रूपेण नहीं मिली है। कलकत्ता परिसर में मैथिली आंदोलन का

[14]नाटक लेल, कलकत्ता, मिथिला दर्शन, (प्रा.) लिमिटेड, 1974, पृ.-20
[15]मैथिली नाटक परिचय, डॉ. प्रेमशंकर सिंह, पटना, मैथिली अकादमी, 1981, पृ.- 66
[16]मैथिली नवीन साहित्य सं. डॉ. बासुकीनाथ झा, पटना, चेतना समिति, 1988, पृ.- 22-23
[17] प्रत्यावर्त्तन, कलकत्ता, मिथिला दर्शन (प्रा.) लिमिटेड, 1976, पृ.-57

स्वरूप एवं आंदोलनकर्त्ता का प्रतिबिंब इसमें उपलब्ध होता है।[18] मैथिली भाषा के प्रति सरकार की उदासीनता को देख आंदोलन का स्वरूप विकृत हो रहा है। भोजन, वस्त्र, आवास के अतिरिक्त व्यक्ति को अभिव्यक्ति के लिए भाषा का होना आवश्यक है। अर्थात् 'आंदोलन' में सुंदर की उक्तिदृष्टव्य है-"ई हम नहि मानब। हमरा पहिरबाक लेल वस्त्र अछि, खैबाक लेल खाद्य आ बजबाक लेल भाषा। मुदा हम चाहैत छी, देश भरिमे चलि रहल आंदोलनक रूप किछु एहन होइक अहाँक आ सभक उद्धृत अधिकार छीनि कए बाँटि दी निराश भीड़मे। ताहू लेल हमरा जानै पड़त चीन्है पड़त जीवनक दु नू मूँह केआशा आ निराशा दु नू कें"[19] मनुष्य के जीवन में रोजगार का अपना महत्त्व है। बेकार लोगों का समाज में कोई स्थान नहीं रहता है। इस संबंध में भरत की उक्ति है- "आइ दू महिना सँ नौकरी नहि अछि ने खैबाक ठीक अछि, ने रहबाक। मालिक नोटिस देने अछि। उधार-करज क' कए कहुना जानकीक इलाज...।"[20] आधुनिकता के संदर्भ में समाज में व्यक्तिगत स्वार्थ के समाधानार्थ सत्य एवं शिव रंगमंच पर उपस्थित होकर जीवकोपार्जनार्थ लड़की अपहरण के व्यवस्था को स्वीकार करते हैं। यही तो है अत्याधुनिक युग की 'रामलीला'। समाज का प्रत्येक व्यक्ति मर्यादा पुरूषोत्तम राम जैसा आचरण करने की चेष्टा तो अवश्य करता है, किंतु उसके अंतमन में रावण सदृश पाशविकता की प्रवृत्ति छिपी रहती है। वेश्यावृत्ति की पृष्ठभूमि में अनेक अवान्तर कथा का उल्लेख इस नाटक मध्य हुआ है, जो अत्याधुनिक समाज की उपज है कि कोई मांस बेचता है, कोई दिमाग, कोई देह तो कोई आत्मा। नेता, अभिनेता, लेखक, शिल्पी, सबकी स्थिति समान ही है। विभिन्न दुष्प्रवृत्ति में लगे व्यक्ति अपने पाप को छिपाने की अनेक चेष्टा करता है तथा विविध छल-प्रपंच से उच्चाधिकारियों को हमेशा अपने वश में रखता है कि कदाचित रहस्योद्घाटन न हो जाय।[21]

'नो एँट्री मा : प्रविश' नाटक गजेन्द्र ठाकुर के द्वारा संपादित ई-जर्नल 'विदेह'[22] पर लगातार विश्व फलक पर आठ अंक तक प्रकाशित हुआ है, जिसे श्रुति प्रकाशन, नई दिल्ली ने पुस्तकाकार रूप प्रदान किया है। प्रतिपाद्य नाटक में नाटककार जिस प्रकार भिन्न-भिन्न कथानक को एक सूत्र में पिरोकर नियोजन किया है, उसके आरंभिक अंश से लेकर मध्य तक

---

[18]मैथिली नवीन साहित्य सं. डॉ. बासुकीनाथ झा, पटना, चेतना समिति, 1988, पृ.- 23

[19]आंदोलन, कलकत्ता, मिथिला दर्शन (प्रा.) लिमिटेड, 1977, पृ.-7

[20]तत्रैव, पृ.-39

[21]मैथिली नवीन साहित्य सं. डॉ. बासुकीनाथ झा, पटना, चेतना समिति, 1988, पृ.-24

[22] http://www.videha.co.in/

पाठक एवं दर्शक दिग्भ्रमित रहता है,किंतु अंत आते-आते सारी बातें स्पष्ट हो जाती हैं कि सबका उद्देश्य एक ही है। सभी यमालय तक पहुँच जाते हैं। वैश्वीकरण के फलस्वरूप भौतिकवादी युग में मनुष्य को जितने प्रकार की सुखोपभोग की सामग्रियाँ उपलब्ध हैं, उनका सुखोपयोग करने के लिए किसी भी तरह का कार्य क्यों न करना पड़े। स्वर्ग पहुँचने के होड़ में जोड़-तोड़ करते हैं, किंतु द्वार पर निषेध है। यही तो नाटककार का मूल बिंदु है। इस संबंध में नाटक के कुछ अंश को देखा जा सकता है-

महिला: (रमणी मोहनसँ) हँटू हमरे खोलै दियह।

चित्रगुप्त: थम्हू! व्यर्थ प्रयास जूनि करू! ई खोलब अहाँक बुते नहि हैत।

महिला: (असंतोष आ क्षोभ स्वरमे) कियै नहि हैत?

चित्रगुप्त: कारण ई कोनो साधारण दरबज्जा नहि थिक..... ई मोनक दरबज्जा थिक.....मात्रचाभीटासँ ई नहि खोलल जै सकैछ।

महिला: (क्रोधक स्वरमे यमराजसँ) तखन की हमरा ठगबाक लेल चाभी देलहुँ?

नंदी:एकरा खोलबाक मंतर मनुक्खक भीतरे होइ छैक।[23]

प्रस्तुत नाटक को इंटरनेट पर पढ़ने के पश्चात् मैथिली के वरिष्ठतम नाट्य समालोचक प्रेमशंकर सिंह नाटक के प्रसंग में विश्लेषण करते हैं- ''आंग्ल भाषा के विशिष्ट समालोचक टी. एस. इलियट का कथन है कि वाङमयी कला का उत्कर्ष तब देखने में आता है, जब रचना में नाटकीयता कवित्व की तरफ झुका हो या कवित्व नाटकीयता की तरफ। नाटककार मैथिली के चर्चित कवि हैं, इसीलिए उपर्युक्त परिप्रेक्ष्य में प्रतिपाद्य नाटक में कवित्व एवं नाटकीयता दोनों एक ही साथ दृष्टिगत होता है। उपर्युक्त कथन के परिप्रेक्ष्य में प्रस्तुत नाटक 'नो एँट्री मा : प्रविश' का यही स्वरूप हमारे सामने आता है कि नाटककार ने समाज के यथार्थ स्वरूप को प्रस्तुत करने का उपक्रम किया है। उसमे नाटकीयता और कवित्व का अद्भुत समन्वयात्मक स्वरूप पाठक एवं दर्शक को उपलब्ध होता है। प्रस्तुत नाटक एक प्रतीक नाटक है, कारण इसमें सामाजिक परिप्रेक्ष्य में इसके कथामुख को उपस्थापित कर प्रतीक योजना नियोजित किया गया है, जिसमें समाज के सभी वर्ग यथा चाहे चोर हो, उचक्का हो, पॉकेटमार हो, नेता हो, अभिनेता हो, कलाकार हो, साहित्यकार हो, बीमा कंपनी का एजेंट हो, प्रेमी-प्रेमिका हो, उच्चवंशीय महिला हो, अप्सरा हो, रद्दी कागज बेचनेवाला हो, नेता का चमचा इन चीफ हो, सभी का समकालीन सामाजिक पृष्ठभूमि में प्रवेश कर नाटककार एक मनोवैज्ञानिक की तरह

[23]नो एँट्री मा प्रविश, नई दिल्ली, श्रुति प्रकाशन, 2008, पृ.-112

उसका साइकोएनालिसिस करने का उपक्रम किया है। सबकी आंतरिक अभिलाषा रहती है कि वही समाज का सर्वश्रेष्ठ प्राणी है और स्वर्ग जाने की अभिलाषा के पुर्त्यर्थ कार्य में संलिप्त हो जाता है। अंततः सभी एकत्रित होकर स्वर्ग के फाटक के पास क्यू लगाते हैं, किंतु यमालय में चित्रगुप्त उसके किए गए कार्य-विवरणी प्रस्तुत कर के पुनः पृथ्वी पर प्रत्यागत होने का आदेश देते हैं और वहाँ नो एण्ट्री का साइन बोर्ड लग जाता है एवं यमराज प्रत्यागर्त हो जाते हैं। यही द्वंद्व नाटक में सर्वत्र दृष्टिगत हुआ है। इसका अभिनय नवोपलब्धि है।''[24] नाटक की प्रस्तावना में नाटककार ने स्वयं स्वीकार किया है कि ''स्वर्ग अर्थात् 'बहिश्त' तथा नरक माने दोज़खई दुनू कतय छैक? तकर कल्पना आ ताहि लेल उत्सुकता कतेको भावुक मोनके सब दिन सँ चिंताग्रस्त कएलक अछि। चारि दशक पहिने 'जीन-पाल सार्त्रे' क एकटा नाटक पढ़ने छलहुँ, जतय तीन टा पात्र स्वर्ग केहन होइत अछि? तकरहि चर्चा करैत कतेको अंक कैँ भरि भरि देने छल-- 'नो एँट्री मा : प्रविश' केर रचनाक्रम मे भरिसक अवचेतन मोनमे ई बात अवश्य घूमि रहल छल। सैमूअल बेकेटक 'वेटिंग फॉर गॉडोट' केर प्रभाव सेहो पड़ल छल, जतय ईश्वरक अथवा कोनो प्राप्य वस्तुक हेतु कतेको गोटेक अंतहीन प्रतीक्षा नाट्यकृतिक इतिहासमे अमिट छाप छोड़ने छल। संगहि संग आर्थर मिलर केर 'अ स्ट्रेचर नेम्ड डिजाइनर' तथा एडबर्ड अल्बी केर 'बाक्स'- इहो दुनू नाटक सँ हम अत्यंत उत्प्रेरित भेल छलहुँ''[25] इसके माध्यम से नाटककार ने एब्सट्रैक्ट नाटक का रसास्वादन करने की क्षमता मैथिली के भावी दर्शक को प्राप्त करने के लिए उत्प्रेरित किया है। प्रस्तुत नाटक एक अभिनव कृति के रूप में चर्चित है, कारण इसमें दृश्य नियोजन न कर कल्लोल में विभाजित किया है, जो मानव-मस्तिष्क में स्वर्ग जाने की इच्छा इतनी बलवती है कि उसे हमेशा ज्वार आता रहता है।

मैथिली एकांकी विधा का अस्तित्व पूर्णतः पाश्चात्य प्रवृत्ति एवं भारतीय भावभूमि के समन्वय पर स्थित है। उदाहरणस्वरूप मैथिली नाटक से मैथिली एकांकी नवीन प्रवृत्तियों में बहुत आगे बढ़ गया है। पहले यह विधा को प्रहसन की तरफ देखा जाता था, लेकिन जब से पटना और दरभंगा आकाशवाणी से मैथिली का रेडियो एकांकी, रूपक फैंटेसी, प्रहसन आदि का प्रसारण होने लगा उसी से इसके अस्तित्व कोठोस धरातल मिल गया है। आधुनिक एकांकी में मनुष्य के अन्तः निरीक्षण की परंपरा चली हुई है, उसके बाद मनोविज्ञान का प्रतिफल कहा जा सकता है कि साथ ही विभिन्न वाद यथा - आदर्शवाद, प्रगतिवाद, यथार्थवाद, समाजवाद,

---

[24]प्रथम दशकक वर्त्तमान शदीक नाटक ओ रंगमंच, डॉ. प्रेमशंकर सिंह, कर्णामृत, सं.- राजनंन्दन लाल दास, कलकत्ता, अक्टूबर-दिसंबर 2013, पृ.-71-72

[25]नो एँट्री मा प्रविश, प्रस्तावना, नई दिल्ली, श्रुति प्रकाशन, 2008, पृ.-xxx

व्यक्तिवाद आदि का प्रभाव इन विधाओं के अस्तित्व को अपने चरम सीमा की तरफ अग्रसर कर दिया है।

"ओ कागज केर बाघ छथि" एकांकी में एकांकीकार मैथिली भाषा के प्रति सरकार के दुर्नीति को दिखाया है, विशेष करके विभिन्न करों के विरुद्ध विद्रोह का स्वर मुखरित किया है। सर्वप्रथम अष्टम अनुसूची में मैथिली को स्थान दिलाने के लिए किए गए मैथिली आंदोलन की असफलता के कारणों को निर्देशित करते हुए उसके समाधान का मार्ग-संधान किया है, तो पश्चात् वर्तमान शासन-व्यवस्था में व्याप्त खाद्य में मिलावट, राजनीतिक गोलमाल, गुण्डागर्दी, समाजवादी नारा, आश्वासन का लेमनचूस, अराजकता की ओर संकेत करते हुए ढ़ोल का पोल खोला गया है। एक तरफ मैथिली आंदोलन के चापलूस नेताओं की मूर्खता की तरफ संकेत किया है, जो अपने उद्देश्य को भूलाकर, सरकारी आश्वासन का लेमनचूस चूसने में लगेहैं, तो दूसरी तरफ निवेदन और प्रतिवेदन का मार्ग त्यागकर, क्रांति के मार्ग पर मार्च करने का निर्देश देता है। प्रतिपाद्य एकांकी में अनेक नवीन प्रवृत्तियों का दर्शन होता है। पाँच कल्लोल में विभाजित 'प्रियंवदा' एकांकी में एकांकीकार आधुनिक युग में एक पढ़ी-लिखी लड़की सड़क छाप लड़के के अभद्र टिप्पणी को सहते हुए अपने कार्य एवं प्रेम में संतुलन बनाती है। बाजार के माध्यम से समाज के सामान्य व्यक्तियों की प्रवृत्ति को उद्घाटित करते हैं- "शर्व कैकटा कारण अछि। पहिल, जनता जनार्दन आन्हरे होइत अछि। बाजार मे उपलब्ध वस्तु सभटाक गुण-अवगुण, असल-नकल किछु नहि देखैत अछि, ने देखबाक क्षमता छैक। दोसर अहाँ सभ वस्तुक दाम बढ़ौने जाउ कतबो, ओ नहि देखत ओहि दिस, आ ने प्रतिवादे करत कथुक लेल।[26]अपने कवि प्रेमी के मन में समाज के प्रति सकारात्मक सोच रखने की प्रवृत्ति का सलाह देती है- प्रियंवदा : ''एहन कोन विषाद अहाँक जिनगीकेँ विषाक्त कयने अछि जे कवितामे यौवन, उच्छवास, आनंद, आलोक आर जीवन रहिते नहि अछि। मात्र जरा निरानंद, अविश्वास, अंधकार आ मृत्यु भये किएक?"[27]

इस प्रकार हमें ज्ञात होता है कि मैथिली नाट्यकृतियों में विविधता का आयाम भरने, उसे एक विस्तृत पटल प्रदान करने, विश्व रंगमंच के समक्ष अपनी प्रभुता कायम करने तथा नाटककारों को एक आदर्श रूप बनकर उभरने में नचिकेता सफल हुए हैं, जो किसी भी नाटककार या साहित्यकार का उद्देश्य होता है। वैसे तो किसी भी काम के पीछे कोइ-न-कोइ उद्देश्य होता ही

---

[26]प्रियंवदा, वैदेही, सं.- प्रो. श्री कृष्णकान्त मिश्र, दरभंगा, मार्च-अप्रैल-1989, पृ. 289
[27]तत्रैव, पृ. 298

है, लेकिन साहित्यकार का तो उद्देश्य ही होता है कि आने वाली पीढियों को उन प्रवृत्तियों से साक्षात्कार कराए, जिसमें निहित होता है समाज का हित। तो इसमें भी नचिकेता को सफलता मिली है, उन्होंने अपनी कृतियों के माध्यम से समाज की प्रवृत्तियों को जानने-समझने का भरपूर मौका प्रदान किया है।

निष्कर्ष

डॉ. उदयनारायण सिंह 'नचिकेता' के नाट्यकृति का प्रवृत्तिपरक मूल्यांकनोपरांतइस निष्कर्ष पर पहुँचा जा सकता है कि इनके नाटकों की विशिष्टता है कि जिस प्रवृत्ति का उद्घाटन वे अपने किसी एक नाटक में किया है, उसे पुनः परवर्ती नाटक में दुहराए नहीं हैं। प्रत्येक नाटकों काविश्लेषण मनोवैज्ञानिक रूप से अत्यंत सफलता के साथ किया है एवं वस्तु और शिल्प दोनों में सर्वत्र नवीनता का संचार करते हुए मैथिली-नाट्य-साहित्य को नवीन दिशा की ओर ले जाने का भरपूर प्रयास किया है।

कविता में वाजिब हस्तक्षेप का कवि : उदयनारायण सिंह

- **अरुणाभ सौरभ**

दयनारायण सिंह मैथिली के विभिन्न मोर्चे पर सक्रिय हैं। भारतीय भाषा में ऐसे विरल लेखक हैं, जिन्होंने अपनी बहुविधात्मक सक्रियता के साथ-साथ बहुभाषा में सार्थक लेखन किया है। उदय जी ने 'नचिकेता' के नाम से मैथिली के साहित्य-संस्कृति संसार को भरने का काम किया है। इसका उदाहरण इनकी दर्जनों किताबें हैं, जो क्रमशः मैथिली, बांग्ला और अँग्रेजी भाषा में हैं। इसके साथ हिंदी में इनके अनेक महत्त्वपूर्ण आलेख प्रकाशित हैं। 1966 में इनके मैथिली कविताओं का पहला संकलन 'कवयो वदन्ति' प्रकाशित हुआ, जब इनकी उम्र महज पंद्रह साल थी। दूसरा काव्य-संकलन मैथिली में ही 1971 में 'अमृतस्य पुत्राः',1981 में 'अनुत्तरण' और चौथा कविता संग्रह 'मध्यमपुरुष एकवचन' 2006 में पांचवें कविता संग्रह मैथिली में लाने की तैयारी में इनदिनों हैं। बांग्ला में कविता-संग्रह 'अश्रु ओ परिहास (1999)','खाम-खेयाली (2002)' एवं 'एसेछो एसो रात (2011)'प्रकाशित हैं। मैथिली में इनके कई नाटक प्रकाशित हैं- 'नायकक नाम जीवन' (1971),'एक छल राजा' (1974),'नाटकक लेल' (1974),'प्रत्यावर्तन' (1976), 'रामलीला' (1977), 'जनक आ अन्य एकांकी' (1978), 'प्रियंवदा' नाटिका (1981) तथा 'नो एंट्री मा प्रवेश'। इनके अतिरिक्त भाषाविज्ञान पर अँग्रेजी में दस से ज्यादा पुस्तक प्रकाशित हैं। कई अनुवाद केंद्रित महत्त्वपूर्ण कार्य इन्होंने किया है। मैथिली की बहुचर्चित पत्रिका 'मिथिला दर्शन' का संपादन और मैथिली धारावाहिक 'नैन ना तिरपित भेल' का निर्माण भी किया है। नचिकेता जी लंबे समय से कविता लिख रहे हैं, बार-बार तमाम कार्यों को करते हुए कविताओं में लौटते हैं। जनभाषा मैथिली को मूलतः अपनी सृजन भाषा बनाना भी इनकी सोची-समझी रणनीति है, आखिर हम जनता के लिए ही लिखते हैं-

परिचय

अरुणाभ सौरभ

लेखक हिंदी एवं मैथिली के युवा कवि हैं एवं साहित्य अकादमी एवं भारतीय ज्ञानपीठ से पुरस्कृत हैं। संप्रति दिल्ली में हिंदी के शिक्षण व लेखन से जुड़े हैं।

संपर्क:arunabhsaurabh@gmail.com

'शताब्दी के अनंत, पारावार के सन्मुख
बैठा है उपेक्षित मानव

सागर गर्जन,कल्लोल मुखरित तरंग....
.......(मनुष्य शिक्षा लेता है, -कवयो वद्न्ति, पृ-16)

वर्ष 2006 में नचिकेता जी का मैथिली कविताओं का संग्रह 'माध्यम पुरुष, एकवचन' हिंदी के प्रतिष्ठित प्रकाशक वाणी प्रकाशन से आया था। ऐसे में जबकि इक्कीसवीं सदी को लोक-भाषा और साहित्य के हाशिएकरण के लिए जाना जाता है, तब इनका यह प्रयास सराहनीय रहा है। आज इक्कीसवीं सदी में एक तरफ ऐसे लोगों की फौज है, जो बहुराष्ट्रीय कंपनियों मे काम कर उनके उत्पादों का उपभोग एवं प्रसार को बढ़ावा दे रहे हैं। एक तरफ सिनेमा, विज्ञापन पर बाज़ार का पूरा प्रभाव रेखांकित किया जा सकता है, दूसरी तरफ अत्यल्प लेकिन गंभीर और लीक से हटकर सोचने वाले रचनाकार भी सक्रिय हैं, जिन्होंने अपनी रचनाशीलता को आधार बनाकर इस सदी को सँवारने काम किया है। चिंतनशील सक्रिय मन जो अपनी अल्पसंख्या के बावजूद साहित्य-संस्कृति मे अपनी सक्रियता बनाए हुए है। इसी सक्रिय पीढ़ी में जन-भाषा मैथिली के एक विशिष्ट कवि हैं 'नचिकेता' जी। इनकी कविताओं से गुजरना समकालीन कविता की धारदार दुनिया में कदम रखना है। अत्यंत सहजता और धैर्य के साथ रचनाकर्म, कहना ना होगा कि एक साइलेंट वर्कर कवि, जिनकी कविताएँ बोलती हैं कवि नहीं! एक जीवन, एक मौसम, एक राग और कविताओं के निमित्त एक वायुमंडल के मिजाज़ को टोहना जहाँ जरूरी काम है। सहजता के साथ जीए हुए जीवन का जीवनानुभव का संबंध इनकी कविताओं में उपस्थित है। वह भी पूरे नागर जीवन के सामाजिक यथार्थ के साथ। जहाँ ग्रामीण जीवन की बात आती है, वहाँ कवि बार-बार लौटना चाहता है- गाँव, इसीलिए बार-बार कविता की दुनिया में नचिकेता लौटते हैं-

'क्या यही थी अचल और अंतिम रात?
क्या यही थी गीत की अंतिम पंक्ति?
क्या पढ़ सकते हैं मेरी कविता ?
क्या यही है वो मेरा अंतिम दिवस ?
जो मुझसे कुछ करने के लिए करता है विवश
मेरी तन तरणी अप-भ्रमिता? (प्रश्नावली- मध्यमपुरुष एकवचन, पृ॰-23)

इन कविताओं में जीए हुए जीवन के लय, सुर ताल हैं, तो खेल भी, गति भी तो विराम भी। इसीलिए संघर्ष की अभिव्यक्ति भी सार्थक ढंग से कविता में होती है। कवि जीवन के हर खानों पर कविता बुनना जानता है, जिसमें गिनती के बाहर भी न जाने कितनी बिखरी हुई और

जानी-अनजानी दुनिया है, संवेदना है, व्यवस्थित जीवन की जगह यहाँ अनगढ़पन का सौंदर्य पूरी चेतना में शामिल है। कवि उन बहुत कम बचे हुए लोगों को अपनी कविता में शामिल करते हैं, जिनके पास यथार्थ के स्तर पर जीवटता और उम्मीद के स्तर पर रोशनी की आखिरी किरण तक जीवन जीने वाले लोगों का कवि होने की पूरी संभावना को अपनी कविताओं में व्यक्त करता है-

'दमयंती, दमयंती
जंगल मत पार होना
अंधेरे में ईशान कोण की तरफ
देह का दलाल प्रतीक्षारत है
दमयंती, समय
मत पार करना
नैऋत कोण में छिपा है नलदेव !'' (दमयंती को उपदेश – मध्यमपुरुष एकवचन, पृ०-20-21)

यहाँ सिर्फ दमयंती को उपदेश नहीं है, बल्कि समूची आधी आबादी के साथ कवि का संवाद है। दमयन्ती शास्त्र-मिथक और साहित्य की पात्र ना होकर सामान्य स्त्री की भूमिका में है। यहाँ एक विशेष स्त्री की साधारण स्त्री से कोई खास तुलना नहीं, बल्कि एक जीवन का दूसरे जीवन के साथ तारतम्य दिखाया गया है। भोगे हुए यथार्थ में पढ़े-गढ़े यथार्थ का सान्द्रण के साथ-साथ जीवन को कविताई का स्वरूप और गुण-धर्म प्रदान करने की पूरी चेष्टा यहाँ दीखती है। अधिकांश कविताओं में मनुष्य और प्रकृति के बीच सार्थक अंतर्संबंध और पारिस्थितिक अनुकूलनता का विस्तार इनके यहाँ है। कहीं-कहीं वैज्ञानिक दर्शन की क्लासिकल परिणति कविताओं में हुई है, जिसकी फैंटेसी में हर तरह से जीवन के सौंदर्यबोध में डूब जाना सहज आकांक्षा बन जाती है। भावों की गहराइयों में उतरने की कोई अतिरिक्त चेष्टा यहाँ नहीं है, बल्कि जटिल से जटिलतम परिस्थितियों में अपनी पक्षधरता तय कर लेना, कवि की प्राथमिकता है, जिसके लिए छोटी से छोटी चीज़ें कविताई का हिस्सा बन जातीं हैं और कवि अपनी पक्षधरता तय करता है-

"मेरे माथे के भीतर
रक्तक्षरण हो रहा है
स्पष्ट समझ रहा हूँ
अब ज्यादा दिन नहीं

कारण,
मेरा प्रभात है दिवसावसान में
जब जगा जाता है
चित्त को कुछ आलोकित दिशा
मानवीय प्रवृत्ति
और दोनों हाथों से मेरी गर्दन दबाकर
कैफियत चाहता है मेरे दिनभर की काम-काज का
बाद में सूर्यालोक जब
खिड़कियों से झाँकता है
वह हड़बड़ाकर मुझे
छोड़ देता है
लज्जावती नारी की तरह'' (रक्तक्षरण हो रहा है – अमृतस्य पुत्रा : पृ०-18)

यहाँ कविताएँ भावुकता या रूमानी कल्पनाओं से नही, यथार्थ की सहज चेतना से गढ़ी गईं हैं। इस यथार्थ में शिल्प का अनगढ़पन मिलना स्वाभाविक भी है और क्रिया प्रसूत भी। इन सबके केंद्र में तल्ख सच्चाईयों से कविता गढ़ने की पूरी समझ नचिकेता जी के पास है। कविताओं में अलग-अलग सवाल बहुत बारीक रूप में उठाए गए हैं। ये सवाल हमारे दौर की मौजू सच्चाई है, जिससे कवि पूरी तरह वाकिफ़ है-

'मेरे पैर चलते नहीं है, आकाश पर खड़े हैं
मेरे माथे संग
मेरी छाती कुएँ में पड़ी है प्यासी
और पेट ज़मीन पर
पेट में पक रहा है धान
धान कूटने से ही होगा चावल .'' (नशे में धुत्त भगवान, अनुत्तरण कविता संग्रह से)

कविता कई तरह के सवालों से एक साथ संवाद करती है, इस कविता में सरल-सहज प्रश्न और जिज्ञासा किस प्रकार जीवन की कठिन सच्चाई से जुड़ जाती है, वह देखने लायक है। पर इनके सवाल उस सहज जिज्ञासा के उस स्वरूप तक हमें ले जाते हैं, जहाँ से जिम्मेदारियाँ ही मनुष्य को असमय वृद्ध कर देतीं हैं। श्रमशीलता का संघर्ष यहाँ दीखता है। कविता कहीं भी झटका ना देकर बहुत सहज ढंग से चुपचाप अपनी बात कह देती है। अधिकांश कविताओं में इसी तरह

का साइलेंट टेस्ट दीखता है, हालाँकि इसे उस दौर की कविताओं की मूल प्रविक्तियाँ कहना एक तरह का सरलीकरण होगा। मौन विद्रोह को द्वंद और तनाव के साथ साध लेना और बिना आक्रामकता के अपनी बात को बहुत ही सहज ढंग से कह देना नचिकेता जी की अपनी खासियत है, जिसको गढ़ने में ये हमेशा सक्षम हुए हैं। बिना लाउड हुए भी किस तरह से तनाव के विषय को बुना जा सकता है ये बेहतर समझते हैं। उस समझ के धरातल से कविता का वितान खींचने में काफी सफल भी हुए हैं।

नचिकेता जी उस सकारात्मक सोच और गहरी समसामयिक पैठ को अपनी पैनी दृष्टि के साथ कविता में लाते हैं, जिनमें गंभीर रचनात्मकता की पूरी समझ है, जीवन की ललक है। कविताएँ यहाँ आपके अंतर्मन को झकझोर नहीं सकतीं पर एक क्षण के लिए आपको मौन कर सकती हैं और आप अचानक संवेदन तंतु के तीव्रतर होने की स्थिति में आ सकते हैं ऐसी नायाब संवेदनात्मकता के धनी हैं हमारे उदयनारायण सिंह 'नचिकेता'......

'महान स्रष्टा अपनी सत्ता को
पूर्ण रूप से नियोजित किया
अभूतपूर्व कलासृष्टि में' ('अचानक'-कवयो वदन्ती संग्रह पृ०-16)

आप कविताओं मे रंग संयोजन, दृश्य-बिंब और तूलिकाओं के सघन स्पर्श को महसूस करना चाहते हैं और चित्रकारी में कविता तलाश करना चाहते हैं, तो हमारी भारतीय भाषा के एक विरल कवि हैं- नचिकेता। न सिर्फ़ कविता रचकर बल्कि कविता में जीकर, कविता के अंतःसौंदर्य को चित्रकारी में अभिव्यक्त करने की क्षमता रखते हैं-

'मनुष्य विस्मित आँखों से केवल निहारता है
कोई सात पृथक रंग
एक होकर मूक जयनाद में
लिप्त हो जाता है।' (मनुष्य शिक्षा लेता है- कवयो वदंति पृ-16)

लैटिन के महान कवि होरेस का वह कथन इनके संदर्भ में बिलकुल प्रासंगिक हो जाता है कि- 'चित्र मूक कविता है'। सघन ऐंद्रिकता और विरल भावबोध का प्रमाण है, जिसमें कविता और कला का भेद-अभेद मिट जाता है। सौंदर्य गुलाबी हर्ष के साथ अवतरित हुआ है और मन कविता में लगा है। जहाँ कविता और कला एक-दूसरे में संगुंफित हो गई हैं।

नचिकेता जी के कवि-कर्म को अर्द्धशताब्दी से ज्यादा समय पूरा होने को है। अपने लंबे काव्य-जीवन में इन्होंने बहुत कुछ लिखा है- वह भी प्रचुरता के साथ। सिर्फ कविता में नहीं, बल्कि गद्य में भी। पर सबके केंद्र में या तो कविता है या कविता को लेकर गंभीर चिंतन। कविताएँ उत्कृष्ट हैं, मजबूत हैं, सुगठित हैं, तो कविताएँ साधारण भी, कमजोर भी, अनगढ़ भी हर तरह की कविताएँ इनके यहाँ हैं। भले ही सारी रचनाएँ इनकी उत्कृष्ट न हों। हालाँकि किसी भी कवि की सारी रचनाएँ उत्कृष्ट नहीं होतीं चाहे महान से महान कवि ही क्यों ना हो? तो फिर नचिकेता जी से इस तरह की उम्मीद लगाना भी उनकी रचनाशीलता के साथ खिलवाड़ करना है। इनके लेखन की भी अपनी सीमा है,जैसे सभी की होती है। बात ये महत्त्वपूर्ण है इन्होंने निरंतरता में सर्जना की है और बेहतर रचा है।

कविताओं में मुख्यतः इनकी लोकधर्मी चेतना,जीवनानुभावों की विविधता,जनसंघर्षों के प्रति आस्था,जीजिविषा, कविताई का स्थापत्य, संवेदना का सुसंगत और सुगठित रूप एक साथ देखने को मिल जाता है। इन कविताओं की दुनिया में संबंधोंका संयोजन है, जो एक खास तरह के मानवीय सरोकार के साथ, जिनसे कविताओं में रचनात्मक शक्ति का विकास हुआ है। मनुष्यों के छल-छद्म,पाखंड और संबंधोंमें धोखाधड़ी,काईंयापन से कवि-हृदय का त्रस्त होना भी स्वाभाविक है। संवेदनहीन दुनिया से कवि को चिढ़ है, इसीलिए कवि जब आँख खोलकर दिल टटोलता है, तो मन मसोसकर रह जाता है।

नचिकेता के अनुभवों की दुनिया एकदम विरल है, जिस अनुभव में संपूर्ण जीवन का यथार्थ अलग-अलग समय में अलग-अलग ढंग से प्रेषित होता है। अनुभवों के विस्तार से ये कविता को भावों के उच्चतम स्तर तक ले जाते हैं। सूक्ष्म से सूक्ष्म वस्तुओं को कविता में ले आने की ताक़त रखते हैं। साथ ही गहरे मानवीय सरोकार और तरल भावावेग से युक्त ये कविताएँ लोक के जीवन के सौंदर्य को रचने का दावा करती हैं। इन कविताओं की त्वरा और ताक़त सर्वथा भिन्न और देखने योग्य है। यहाँ परंपरा-बोध है। भावात्मक विस्तार की ऊचाइयाँ छूकर अनुभव जगत में प्राकृतिक अवयवों से संवाद कर एक भरी-पूरी अनोखी दुनिया में अनायास प्रवेश कर जाती है, जहाँ कविता और चित्र का भेद मिट जाता है, यथा-

'कविता के राजहंस से कहो
तुम्हारे शरीर पर से चल ले दो कदम
बहुतदिन तक चला हैउड़ा नहीं है बेचारा
आकाश नहीं मिला खाली उसको

एक के बाद एक तारिका-पतन, उल्कापात
असमय की आँधी उड़ाते गाछ-पात
टिन की छत और लालटेन का टूटा शीशा ....'' (राजहंस – मध्यमपुरुष एकवचन)

इस एक कविता में कवि ने एक-एक पंक्ति में नए-नए अर्थबोधों को पिरोकर रख दिया है। पाठ में सुरुचि उत्पन्न करनेवाली यह कविता बिंब-सृष्टि में सघन है। प्रत्येक पंक्ति में नए-नए प्रतीकों को सँजोया गया है, उपमा की सहजता के साथ। 'उपमा कालीदासस्य' वाली शास्त्रीय उक्ति यहाँ चरितार्थ हो जाती है। इनकी भाषा कविता की मजबूती और कमजोरी दोनों है। देशज अस्मिता के बावजूद संस्कृतनिष्ठ भाषा और शास्त्रीय व्यंजना कविता को जटिल अर्थ देती है जबकि इनके पास मैथिली लोक शब्दावली का प्रचुर शब्द-भंडार है। एक साथ शास्त्र-मिथक और लोक को कविता में साधने वाले ऐसे सर्जक कम ही हैं, नचिकेता जी की तरह।

कवि की प्रतिबद्धता गहरे अर्थों में मानवीय है, जब कवि में उस विराट का आगमन है, जो संपूर्ण मनुष्यता, अखिल विश्व और पूरे ब्रह्मांड के कण-कण को प्रभावित करनेवाली भविष्योन्मुखी स्वर का द्योतक है। नचिकेता जी की कविताओं की दुनिया इतनी विस्तृत है (और इतनी प्रचुरता में इनका लेखन है) जिसपर लिखना दुरूह कार्य है। पर जहाँ तक मेरी दृष्टि जा पायी है, उसके आधार पर तो यही कहा जा सकता है कि नचिकेता हमेशा अनछूए विषयों को ही कविताओं में छूते हैं। सारी अनछूई वस्तुएँ इनकी कविताओं की विशेषता बन जाती हैं, तो कहीं पर वह अर्थ के विपरीत अर्थों को भी ग्रहण कर लेती हैं। इससे कविताओं के अंदर कभी भावों का सरलीकरण हो जाता है और कहीं-कहीं पर अर्थ-दोष भी उत्पन्न हो जाता है।

इनके अंदर लोक की गहरी समझ और विश्व कविता का गंभीर अध्ययन दोनों है, जिससे इनकी कविताओं की रचना-प्रक्रिया मजबूत होती गई है, शिल्प सुगठित होता गया है, भाषा निखरती गई है। नचिकेता जी के सौंदर्य-दृष्टि की जितनी प्रशंसा की जाय कम है। वैसे सौंदर्यशास्त्र पर व्यवस्थित चिंतन भी इन्होंने किया है, जैसा भाषाशास्त्र पर। 'इनकी कविताओं की बिंब सृष्टि में एक साथ सभी ज्ञानेद्रियाँ प्रभावित होती हैं, कविताओं की बदौलत। प्रतीकों का उपयोग भी कवि ने एक सुशिक्षित कवि के रूप में किया है। कविताओं में दृश्यात्मकता इतनी कि कविता और चित्रकारी एक दूसरे के पूरक हों। न्र्द्विंद्व और निर्भीक स्वर के प्रति कवि की प्रतिबद्धता को इंगित करती है। यहीं से जीवन और जगत के प्रति एकनिष्ठ जीवटता आती है। जहाँ छल, छद्म, पाखंड के लिए कोई जगह नहीं है। निर्भ्रांत भावों से मुक्तिकामी स्वरों की

पहचान करने में नचिकेता जी सक्षम रहे हैं, तदनुरूप बिंब भी गढ़ लेते हैं, भाषा भी निर्मित कर लेते हैं। जहाँ जीवन और कविता एक-दूसरे में संगुंफित हो जाती है। कवि जीवनसौंदर्य रचने का दावा लेकर मुक्ति की कामना करता है। वैसी कामना जिसकी गूँज पारंपरिक रूप से भारतीय कविता में सुनाई देती रही है।

हर अनछूई वस्तुओं पर लिखी इनकी कविता हमें उस लोक में ले जाती है, जहाँ से वस्तुएँ जीवन की अनिवार्यता का एहसास कराती है। इन्होंने न सिर्फ लोकधर्मी चेतना से ओत-प्रोत कविताएँ लिखी हैं, बल्कि लोकधर्म की समकालीनता की दुर्लभ व्याख्या भी इन्होंने की है। जिसके बहाने कवि लोक-संवेदना का शास्त्र पाठक के सामने रखने में सक्षम हुआ है। इसीलिए ये कविता की रचना-प्रक्रिया के शास्त्र को रचने वाले विरल समकालीन रचनाकार हैं। इसीलिए समकालीन मैथिली कविता पर होने वाली हर बहस में नचिकेता जी का नाम आना अस्वाभाविक नहीं है। कारण है इनकी बहुमुखी प्रतिभा और विस्तीर्ण काव्य-संवेदना के साथ-साथ विरल लोक-शिल्प। ये कविताएँ मिथिला के संघर्षशील आम आवाम के उस लोकगीत की तरह है, जिसे जीवन गा रहा है। इनकी चित्रकारी उस अमूर्त अभिव्यक्ति में निर्मित कला का प्रमाण है, जिसमें मानव जीवन अपने हर स्वरूप में मौजूद है। इसीलिए इस अद्भुत शिल्पकार के पास भावों का ऐसा ऐंद्रिक स्पर्श है, जिसके चहुंओर जीवन भी है और उसकी गतिशीलता भी।

कविता लिखने का पूरा एजेंडा इनके पास है और भरपूर वैचारिक तैयारी से अपनी कविता की धार को तेज करने की अद्भुत क्षमता भी है। कविता के बीच से मिथिला का जीवन झाँकता है। मिथिला जैसे संघर्षशील क्षेत्र की पूरी पीड़ा, अवसाद और दुख-कष्ट को कविता में वाजिब जगह देने वाले कवि है-नचिकेता ! बहुधा अधीत ज्ञान से डराते नहीं हैं, बल्कि अनुभव प्रसूत ज्ञान को लोक-चेतना में घोलकर काव्य-रस का परिपाक निर्मित करते हैं। चमत्कृत करने वाला तिकड़म यहाँ नहीं दीखता, बल्कि सहजता का संसार अपनी निश्छलता में निर्भ्रांत होकर बोलता है। नचिकेता जी मैथिली नाटक और रंगमंच में भी अपने तरह कई आधुनिक प्रयोग के लिए जाने जाते हैं। इनके नाटकों ने मैथिली नाट्य-लेखन को नई दिशा दी है। रंग-प्रयोग और रंगभाषा में अधुनातन प्रयोग के लिए इनकी पहचान सर्वथा अलग है। तब भी कविता लेखन में कहीं से नाटकीयता का समावेश नहीं है। अपनी ही मैथिली कविता के शिल्प को अपनी बांग्ला कविता के शिल्प से अलग करकेचलते हैं। मूलतः भाषावैज्ञानिक नचिकेता जब कविता करते हैं, तो भाषाविज्ञान के सूत्र-समीकरणों से मुक्त होकर! मैथिली में ऐसे बहुधा

अधीत विद्वान साहित्यकार बहुत कम हैं, मुझे नहीं लगता कि भारतीय भाषा में अन्य कोई इस तरह के बहुमुखी सर्जक हैं। अपनी जड़ों से कविता लिखकर जुड़ते हैं, अपनी ज़मीन मैथिली में पत्रकारिता करके बनाते हैं और अपने जन से संवाद नाटक लिखकर करते हैं, ऐसा नायाब व्यक्तित्व हमारी मैथिली भाषा को मिला है, निःस्वार्थ सेवा भावना वाला। मैथिली इतराती है, ऐसे ही सुपुत्रों को पाकर!! निरंतर मिथिला के लिए चिंतन करने वाले अभूतपूर्व व्यक्तित्व हैं- नचिकेता! जो अपनी जनपदीय चेतना, संस्कार और अस्मिता के स्वरों को बुलंद करते हैं। केंद्र में मिथिला और मैथिली को सामने रखकर चिंतन की जनपदीय यात्रा करते हैं, फिर वैश्विक चिंतन की ओर उन्मुख होते हैं!

उदयनारायण सिंह का लेखन : बांग्ला-साहित्य का नव पथ

- नवगोपाल राय

बंगाली से अनुवाद : मीनाक्षी पाल

समाज ने बहुमुखी प्रतिभा संपन्न कवि, नाटककार एवं अध्यापक उदयनारायण सिंह को जिस तरह की स्वीकृति दी है, उसी तरह उनके साहित्य तत्त्व की भावना और रवींद्रनाथ टैगोर के प्रति उनकी नवीन दृष्टि के लिए भी व्यापक स्वीकृति मिली है। जीवनानंद की वाचिक चेतना में भी विस्मय का जो बोध है, उसे उन्होंने व्यापक आलोकित किया है। एक कवि की आंतरिक इच्छा सहज ही उनकी पाठ-प्रक्रिया और साहित्य-चर्चा से जुड़ी है। उनकी प्रतिभा तथा प्रवणता ने मननधर्मी रचना का एक अन्य परिसर ही बनाया है, विशेष रूप से बांग्ला लेखन में इसका प्रभाव देखा जा सकता है। बंकिमचंद्र चटर्जी एवं विद्यासागर से लेकर सुनील गंगोपाध्याय और नवीनीता देवसेन तक उदयनारायण सिंह की लेखनी में एक नई दृष्टि से सामने आते हैं। समकालीन साहित्यिक तत्त्वों के आलोक में विचार सम्पन्न रचनाओं में से साहित्य के प्रत्येक तत्त्व ये आसानी से ढूँढ लेते हैं।

परिचय

नवगोपाल राय

लेखक बंगाली के युवा समीक्षक हैं और संप्रति सिद्धो-कान्हो-बिरसा विश्वविद्यालय, पुरुलिया (प॰ बंगाल) के बंगाली विभाग में असिस्टेंट प्रोफेसर हैं। संपर्क : **naba4u@gmail.com**

मीनाक्षी पाल

अनुवादिका विनय भवन, विश्व-भारती, शांतिनिकेतन में एम॰ एड॰ की छात्रा हैं। संपर्क : **minakshipal16@gmail.com**

बीसवीं सदी के अंत में जब बंगाली बुद्धिजीवी पाश्चात्य चिंतकों का दुरूह अनुवाद कर बांग्ला साहित्य को प्राय: जटिल कर रहे थे ऐसे में 'साहित्यतत्त्व ओ आलगा चिंता भावना','साहित्यतत्त्व निए किछु सिरिअस भाबनाचिंता', 'समालोचनार नामता ओ औपन्यासिक जतीनाथ भादुड़ी', 'उत्तर-आधुनिकता : बांग्ला कवितार प्राकृत्यायन' एवं 'सोस्यूर एवं भाषा वर्णना' आदि रचनाओं में ये भाषा की जटिलता को दूर करके विषय को साधारण शैली में समझा देना चाहते हैं। 'उत्तर-आधुनिकता : बांग्ला कवितार प्राकृत्यायन' में उत्तर-आधुनिकता क्या है, इसका भाषा एवं साहित्य शिल्प और संगीत में किस प्रकार प्रभाव

डाल रहा है जैसे प्रश्नों को सहजता से समझाया गया है। रवीन्द्रनाथ ने आधुनिकता के ऊपर आलोचना प्रसंग में कहा है कि 'आधुनिकता अभी भी 'काल' का व्यापार नहीं, बल्कि 'इच्छा' का व्यापार है।' अर्थात् इसमें बोध एवं दृष्टि की बात आती है। विशिष्ट दार्शनिक गियान्नी बात्तिमो ने अपनी पुस्तक 'द इंड ऑफ मॉडर्निटी' में उत्तर-आधुनिकता को स्पष्ट करते हुए कहते हैं कि 'मनुष्य के चिंतन और मनन का जो इतिहास है, वह एक प्रकार प्रगतिशील समझ और उसके लिए उसकी पृष्ठभूमि को क्रमशः ग्राह्य एवं पुनर्ग्राह्य करने हेतु उन्नयन करता चलता है।' इस प्रकार समस्त आधुनिकता का चरित्र एवं वैशिष्ट्य ही चेतना द्वारा अतीत को अतिक्रमित करना एवं भविष्य की जागरूकता के लिए दृढ़निष्ठ होना है।

चिंतन और विचार के विभिन्न क्षेत्रों में भी आधुनिकता एक समुद्रीतरंग की तरह आई है, उत्तर आधुनिकता की इसी बहुआयामिता की बात उदयनारायण सिंह करते हैं। उन्होंने अपनी पुस्तक में कहा है कि 'उत्तर-आधुनिकता के सबसे महत्त्वपूर्ण अभिलक्षणों में से एक है- विचित्र बहुरूपता। जटिलता को स्वीकार करना, अति आधुनिक युग की बहुवर्णी शैली, भाव के प्रति अवज्ञा न दिखाकर इस अनेकता के बीच ही अपनी शक्ति को पहचानना, द्वंद्व और संघर्ष के बदले प्रतियोगिता और संकट के समय के संघर्ष के बदले ज्ञान-सुलभ संसार को लेकर आना। यह दृष्टि किसी सामाजिक कृति के इतिहास को भाषा के माध्यम से देखने पर बनती है। इस प्रवणता को ही एक शब्द में 'प्राकृतायन' कहा जा रहा है।

'भाषार जानला थेके' पुस्तक में उदयनारायण सिंह ने भारतीय साहित्य के परिप्रेक्ष्य में बांग्ला साहित्य को देखकर कहना चाहा है कि 'काव्य भाषा के संकट के मूल में संस्कृतिकरण, प्रतिसंस्कृतिकरण एवं पश्चिमी आधुनिकता के संघर्ष से ही काव्य-भाषा का अवमूल्यन हुआ है।' साहित्य का व्याकरण और भाषातात्त्विक विन्यास संहति द्वारा विचार करके दिखाया है। आजकल के साहित्य समालोचना को व्यक्तिगत अविन्यस्त और अवैज्ञानिक बनाकर रखने का उद्देश्य 'समालोचनार नामता ओ औपन्यासिक सतीनाथ भादुड़ी' शीर्षक एक लंबी आलोचना में दिखाया गया है। साहित्य-रचना के क्षेत्र में जिस बहस की संभावना से सतीनाथ भादुड़ीसे टकराने से लेखक डरते हैं, साहित्य आलोचना के लिए उसकी संभावना अधिकांश विश्लेषण में देखने को मिलती है। सतीनाथ भादुड़ी द्वारा लिखित छः उपन्यासों में एक भी कोई दार्शनिक, राजनीतिक, सामाजिक और धार्मिक विचारों का प्रचार नहीं मिलता है, परंतु समसामयिक दर्शन, राजनीति उनके उपन्यासों का एक केंद्रीय और जरूरी कथ्य है। सतीनाथ भादुड़ी का जीवन और साहित्य-परिचय उपन्यास की भाव-भंगिमा, विन्यास, वैचित्र्य

रेखाचित्र के माध्यम से प्रकट करके लेखक ने कहा है कि 'सतीनाथ भादुड़ी के पाठक के हिसाब से मुझे लगता है कि वे इन दो धाराओं के उपन्यास के बीचो-बीच एक रास्ता खोज रहे थे, इसीलिए उनके उपन्यासों के 'भाव' में हृदय और 'लेखन' में बुद्धि का निशान रह जाता है।'

परीक्षण एवं सचेतन दृष्टि जैसे शिल्प ही चर्चा के आधार हैं, उसी प्रकार ये समालोचना के प्रयोजन होते हैं। बंकिमचंद्र की समालोचना करते हुए उदयनारायण सिंह पारंपरिक और नए पाठकों को अपनी तुलनात्मकता से इनकी शैली की एक नवीन व्याख्या दे चुके हैं। बंकिम के नीतिवाद, धर्मवाद और समसामयिक समाजभाषिक विश्लेषण के परिप्रेक्ष्य में इन्होंने कहा है कि धर्म, दर्शन और पाश्चात्य सभ्यता के विषय में युक्तिवादी आलोचना बंकिमचंद के माध्यम से भरी पड़ी थी। बांग्ला की 'बांग्ला उपन्यासेर शरीर प्रबंध कथा' में समालोचक उपन्यास के गठन को लेकर आलोचना करते हुए आक्षेप के स्वर में कहते हैं- "उपन्यास के सांगठनिक विश्लेषण का कोई लिखित व्याकरण नहीं है, इसीलिए विभिन्न शैलीवैज्ञानिकों को अपना पथ खुद ही ढूँढना पड़ता है।" आलोचना के विषयवस्तु को आठ प्रकरणों में विन्यस्त करके संबंध की ज्यामिति, समस्या और असंगति दिखाकर मूलत: सुनील गंगोपाध्याय के उपन्यासमूलक आलोचना को केंद्र बनाकर कहा है- "सुनील के उपन्यास की नायिकाएँ रूपसी होती हैं एवं वे इन रूपवतियों को लेकर ही कहानी लिखते हैं। यह बात स्वर्ग तले मनुष्य के भीत में ही कह दी है।" आगे चलकर और जोड़ते हैं कि उपन्यासकार के अनुसार बहुतों के लापरवाह बोलने पर भी सुनील के उपन्यास का विषयवस्तु मूलत: प्रेम, अतृप्ति, अस्थिरता एवं तारुण्य के चंचलता से भरा हुआ है। "शरीर, शरीर तुम्हारा मन नहीं है कुसुम" के शीर्षक से इन्होंने बांग्ला साहित्य में देह और मन के संपर्क को लेकर भी बात की है। जीवनानन्द को लेकर भी उनका विश्लेषण पारंपरिक समालोचना के बाहर निकलकर एक नूतन पथ दिखाता है। असल में भाषाविद उदयनारायण सिंह वाक्य के गठन के अंदर पहुँचकर, भाषा की खिड़की से प्रवेश करके साहित्य को देखते हैं।

इन्दिरा देवी को लिखे एक पत्र में रवीन्द्रनाथ ने लिखा था- "हमारे देश में अच्छी समालोचना नहीं है, उसका मुख्य कारण यह है कि यहाँ लोगों को साहित्य के साथ यथार्थ से घनिष्ठ परिचय नहीं है। वे साहित्य के सृजन कार्य के बीच में वास नहीं कर रहे हैं। प्रथमत: एक आदर्श खड़ा करना चाह रहे हैं, उसके बाद इस आदर्श से ही समालोचक की शिक्षा आरंभ होती है।" रवीन्द्रनाथ के इस चिंतन से चिंतित होकर कहा जा सकता है कि एक प्रकृत सच्चा

समालोचक उत्कृष्ट साहित्य को लोक-हृदय को अंदर से छूने का प्रयास करता है। विश्व-भारती के रवीन्द्र भवन के दायित्वाधीन अध्यापक उदयनारायण सिंह देश-विदेश के विभिन्न आलोचना में एवं विभिन्न पत्र-पत्रिकाओं के पन्नों में भाषा के मध्य में भाषातीत करके समूल सभ्यता की दृष्टि में एक अन्य रवीन्द्रनाथ को देखा है, जो कवि मनीषी रूप को अतिक्रम करके लेखक एवं समालोचक को ढूँढ निकालना चाहा है। एक ऐसे रवीन्द्रनाथ को सामने लाने का प्रयास किया है, जो समय के आघात से परे सृजन-संसार का निर्माण करने वाले एवं जन के कवि के रूप में आस्थावान हैं। उदयनारायण सिंह कवि रवीन्द्रनाथ के मर्म-स्पंदन का अनुभव किया है और प्रबंधकार रवीन्द्रनाथ को समकालीन युग के परिवेश के अनुसार सतर्क सामने लाए हैं।

दृष्टिकोण से भक्ति आवेश में सिर्फ नतमस्तक नहीं होकर समालोचक ने शैशव संगीत से प्रस्तुत हुए रवीन्द्रनाथ को देखा है, प्रकृति के प्रतिशोध के मध्य से, नारी-पुरुष के संबंधों की जटिलता की प्रचलित कहानियों से इतर रवीन्द्रनाथ को उत्तर-आधुनिक काल में खड़े होकर विचार करने का पृष्ठभूमि तैयार किया है। उदयनारायण सिंह की दर्शन-दृष्टि, प्रयोगपरक एवं विचारवान भावना को सम्पूर्णता सिर्फ बंगाली माध्यम से नहीं दिया जा सकता है। प्रबंधकार उदय बाबू भाषातात्त्विकता से युक्तिपरक मूल्यांकन से जिस तरह बांग्ला समालोचना की धारा तैयार की है, वह बाजार के भीड़ में खो नहीं जाएगी, बल्कि भविष्य का पथसूचक होगी।

अनुवाद स्वराज भी है, साम्राज्य भी और उपनिवेश भी

- **विजय बहादुर सिंह**

अनुवाद के बारे में सोचते हुए आक्तोवियो पाज ने यह महत्त्वपूर्ण बात कही है कि 'अनुवाद में हम उसे बदलते हैं, जिसका कि अनुवाद करते हैं और सबसे ऊपर हम अपने को बदलते हैं। अनुवाद इस दृष्टि से दुनिया को अपने ढ़ंग से पाने और उसी दुनिया से आत्मीय संवाद करने की प्रक्रिया है। निःसंदेह तब यह अहं से इदम हो जाना है। व्यक्ति की विश्व में परिवर्तित हो जाने की महत्त्वाकांक्षा है। मानना पड़ेगा कि तब जो अनुवाद की संस्कृति का कायल नहीं है, वह विश्व संस्कृति का विरोधी ही नहीं, शत्रु भी है।' यह सब सुनने में बहुत नेकनीयतपूर्ण और अच्छा लगता है, पर इसका एक अर्थ और भी है कि दुनिया को अब हथियारों की ताकत से नहीं अनुवाद के हथियारों से बदलो। लेकिन हथियार चाहे लोहे, शीशे, राँगे या बारूद के हों या फिर विचारों के, अगर वे हथियार के तौर पर प्रयुक्त किए जा रहे हैं, तो उनकी परिणतियाँ भी वही होंगीं, जो हथियारों के प्रयोग करने पर होती हैं।

परिचय

विजय बहादुर सिंह
लेखक हिंदी के वरिष्ठ कवि, आलोचक एवं चिंतक हैं और फिलहाल सेवा-निवृत्ति के बाद भोपाल में रहते हुए साहित्य साधना में व्यस्त हैं, संपर्क :
vijaybahadursingh40@gmail.com

यों मेरे लिए अनुवाद अमृत भी है और विष भी। जब उसे चंद्रमा जैसा स्पर्श मिल जाता है, तो वह अपनी जलन और तपन भूल शीतल और स्निग्धकारी ज्योत्स्ना में रूपांतरित हो उठता है। जैसे स्वाति नक्षत्र का जल-बिन्दु किसी साँप के मुँह में पड़कर जान लेवा जहर बन चुका हो। अनुवाद-कर्म की असली चुनौती यही है कि वह अमृत बने न बने पर विष तो किसी भी स्थिति में न बने।

जिस समय में हम रह रहे हैं, वह मानव निर्मित सभ्यता और उसकी जानी-पहचानी ताकतवर संस्थाओं का युग है। अब वह एक या दो संस्थाओं के शासन का भी समय नहीं है, उनकी बहुलता और जटिलता का भी समय है। बड़ी विडंबना यह है कि हममें से ज्यादातर यह मान चुके हैं कि हम चेतना के वर्चस्व काल में नहीं, पदार्थों के वर्चस्व काल में प्रवेश कर चुके हैं। व्यवस्थागत संरचनाएँ ही सर्वोपरि हैं, तब व्यवस्था जिसके नियंत्रण में होगी, चेतना का

नियंत्रण और नियमन भी वही करेगा। हम ऐसी व्यवस्थाओं के निकटस्थ इतिहास से परिचित हैं, जिन्होंने चेतना की स्वाधीनता मंजूर नहीं की और ध्वस्त हुई पर हम क्यों भूलें कि चेतना के अव्यावहारिक स्वरूप और चेतना संबंधी मुगालतों ने भारत जैसे अति चेतनावादी देश को पराजय का बोध कराया। हम गुलामी की व्यवस्था में चले गए। किसी तरह सौ-पचास साल लड़-भिड़ कर जब राजनीतिक तौर पर किंचित आजाद हुए हैं, और अपनी एक लोकतांत्रिक व्यवस्था भी है, चेतना के स्तर पर हम अभी भी उस जातीय या राष्ट्रीय स्व तक नहीं पहुँच पाए हैं? क्या अनुवाद की संस्कृति इस संकट के समाधान में हमारी कोई मदद कर पाएगी? फिलहाल यह एक बड़ा सवाल है। मेरी चिंता यह भी है कि अनुवाद एक ऐसा विशाल दर्पण है, जिसकी मदद से हम अपने रूप और स्वरूप को, अपने समय की माँग और चुनौतियों की दृष्टि से अद्यतन, तरोताजा और परिपूर्ण करते हैं? इससे हमें कोई साँस्कृतिक समृद्धि और विश्वनागरिक होने की योग्यता मिल जाती है? या फिर यह एक ऐसा आईना है, जिसमें हम अपनी भाषा और उसकी चेतना का प्रकाश प्रतिबिंबित होते देखते हैं?

प्रश्न यह भी कि उसकी जरूरत है जिसे बदला जाना है या फिर उसकी जो बदलने की प्रक्रिया में संलग्न है? मुझे नहीं लगता कि कोई भी मौलिक कृति अनुवाद की आकांक्षाओं के लिए जन्म लेती है। हाँ, अन्य भाषा समाज उस मौलिक ज्ञान अनुभव और संरचना शिल्प को अपने लिए शायद उपयोगी मानते हैं। इसलिए उन सबको अपनी भाषा में पाना चाहते हैं। इस पवित्र इच्छा का तरह-तरह से दोहन और शोषण नहीं हुआ है, कौन कहे। यों तो अनुवाद को प्रेमी की तरह बरताव करना था, पर ज़्यादातर तो उसने पति या भरतार की तरह किया है। अधिकांश सामूहिक अनुवादों में जहाँ पीछे कोई व्यवस्था, धर्म, राज्य, विज्ञान और बाजार रहा है, अनुवाद साम्राज्य की तरह आचरण करता रहा है और देशी बोलियाँ कालोनियों की तरह बदलती चली गई हैं। हमारी राष्ट्रभाषा, जन अथवा लोक-भाषा या लोकवाणी हिंदी भी सदियों से इस चपेट में है।

भारतीय चित्त, मानस और काल के सुप्रसिद्ध लेखक और विचारक धर्मपाल ने इस समूचे परिदृश्य पर गहरी टिप्पणी करते हुए लिखा है- 'इन सब अनुवादों और संस्करणों आदि से भारतीयता की समझ के प्रखर होने के बजाय आधुनिकता के पूर्वाग्रह ही प्राचीन भारतीय इतिहास पर आरोपित होते चले गए हैं। आधुनिकता के हिसाब से भारतीय साहित्य का एक भाष्य-सा बनता चला गया है।'

हमें अनुवाद की इस राजनीति को भी समझना होगा। यदि हम इसमें गफलत दिखाते हैं, तो यह चूक होगी। यदि इसकी चिंता ही नहीं करते और अनुवाद को एक ग्रामर की तरह लेते हैं। तरह-तरह से उसकी सैद्धांतिकी ढूँढ़ते और उसे एक अत्याधुनिक प्रविधि बनाकर अपनी विद्वता का झंडा गाड़ने में ही रुचि दिखाते हैं, तो यह एक मानसिक ऐय्याशी ही होगी। तब मेरे लिए नंद के बंदीगृह में तड़पते, नंदवंश का समूल नाश कर डालने का सपना संजोए कौटिल्य की भाषा उधार लेकर उन समस्त व्यवस्थापोषी पंडितों से हारकर यह कहना पड़ेगा, जो उस जिद्दी ब्राह्मण ने नंद के आमात्य वररुचि से कहा था। जिनका नाम कात्यायन भी है, आमात्य वररुचि ने चाणक्य से अनुरोध पूर्वक जब यह कहा—'विष्णु गुप्त! मेरा वार्तिक अधूरा रह जाएगा। मान जाओ. . . . .।' तब चाणक्य ने जो जबाब दिया है वह मुझे कभी भूलता ही नहीं। उसने मगध के आमात्य से कहा –'मेरे पास पाणिनी में सिर खपाने का समय नहीं। भाषा ठीक करने से पहले मैं मनुष्यों को ठीक करना चाहता हूँ।'

कहना यह कि अनुवाद-कर्म सिर्फ एक मशीनी व्याकरण नहीं है। केवल दो भाषाओं का व्याकरण मान समझ लेने से अनुवाद की प्रक्रिया पूरी नहीं हो जाती, जब तक कि उन भाषाओं के साँस्कृतिक व्याकरण को न समझ लिया जाय। भाषा के साथ काम करने वाली यह जीवन-संस्कृति उसकी अभिव्यंजनाओं की विशेषता समेटे रहती है, जिनका कि एक साँस्कृतिक भूगोल भी होता है। उदाहरणों में जाएँ, तो समूची उर्दू शायरी में एक पक्षी भूत याद किया जाता है और वह बुलबुल है। इसके बरक्स हिंदी कविता में कोयल का जिक्र बहुत आम है। कोकिल-कंठी, कोकिल-बैनी, कोकिल का पंचम सुर कोकिल को तान आदि। क्यों उर्दू शायरी इसी देश और काल में जन्म लेकर बुलबुल को अहमियत देती है, तो इसका जबाब यह है कि उर्दू शायरी हिंदुस्तान को हवा और माटी में पैदा होकर भी अपना मुँह अरब और फारस की ओर किए हुए है। इसीलिए वह निहायत खूबसूरत और मनोहारी होकर भी इस देश की बड़ी आबादी के साँस्कृतिक चित्त के सिंहासन पर प्रमुख काव्य की तरह नहीं बैठ सकी है। उस पर ना तो कबीर, सूर, तुलसी और मीरा का ही राज है। यानी एक ऐसी कविता की चाह, जिसमें गहन और विस्तृत लोक-यथार्थ के साथ-साथ सृष्टि और जीवन के प्रति समर्पण का भाव भी हो। संभवतः इसीलिए फ़िराक जैसे महान उर्दू शायर ने कहा कि उर्दू शायरी की सीमा यह है कि वह आज तक भी सीता, सावित्री, शकुंतला और राधा की कल्पना नहीं कर पाई। कविता के लिए जरूरी है कि उसमें साँस्कृतिक जीवन की स्मृतियाँ न भी हों, तो उनकी अनुगूँजें अवश्य हो। उर्दू भाषा और शायरी ने आज तक इनसे लगभग परहेज किया। जबकि इतिहास में अनेक

ऐसे उदाहरण हैं, जिन्होंने केवल जातीय सम्मेलन के यथार्थ को नहीं समझा, बल्कि साँस्कृतिक सम्मेलन और सामंजस्य के अवसर भी खोजे। इस संदर्भ में एक बड़ा नाम अमीर खुसरो का है। इस देश की आत्मा को समझने के लिए मुसलमान विद्वानों ने संस्कृत सीखी और परंपरा में प्रतिष्ठित गौरव-ग्रंथों का फारसी में अनुवाद किया। इतिहास में जाएँ तो पता चलेगा कि अथर्ववेद और रामायण का अनुवाद करने के लिए मुल्ला अब्दुल कादिर बदावनी ने एक हिंदू पंडित का सहयोग लियाथा। महाभारत का अनुवाद मुसलमानऔर हिंदू विद्वानों के एक बोर्ड द्वारा किया गया। जिसके एक सदस्य मुल्ला अब्दुल कादिर भी थे महाकवि फैजी ने शास्त्रीय कृति लीलावती का अनुवाद फारसी में किया, जो गणित-शास्त्र की पुस्तक थी। गणित-शास्त्र और प्रकृति-विज्ञान पर अन्य संस्कृत की पुस्तकों का अनुवाद स्वयं हिंदू अनुवादकों द्वारा फारसी में अनुवाद किया गया। शाहजहाँ के शासन-काल में राजकुमार दाराशिकोह ने जिनका हिंदू दर्शन और रहस्यवाद के प्रति गहरा भावनात्मक झुकाव था, हिंदू-विचारों, उपनिषदों, भगवद्गीता और योग वशिष्ठ के मूल्यवान खजाने को मुसलमान पाठकों के लिए फारसी में उपलब्ध कराए और स्वयं ने 'मजमा-उल-बहरीन' (दो महासागरों का मिलन स्थल) पुस्तक की रचना की, जो हिंदू और मुसलमान रहस्यात्मक दर्शनों का तुलनात्मक अध्ययन है। इन सारे प्रयासों की अगर कोई राजनीति थी, तो यही कि हिंदू समाज, सभ्यता और दर्शन को समझा और उसके महत्त्व को स्वीकारा जाय। निश्चय ही ऐसी कोशिशें ब्रिटिश राज में एशियाटिक-सोसाइटी खोल कर भी की गईं, किंतु उनकी बुनियादी कोशिशों की राजनीति कुछ और ही थी। ये कोशिशें जितनी समझने की थीं, उससे कहीं अधिक उस समाज पर राज करने की थीं। ब्रिटिश राज में अनुवाद तो खूब किया गया पर उन्हें पढ़कर हम भारतीयों के प्रति उनकी दृष्टि कभी बदली नहीं। अगर यह भी मान लें कि अनुवाद का काम तो विद्वानों ने किया और साम्राज्य विस्तार और उस माफूर्त शोषण का काम राजनीतिज्ञों ने तब भी यह कहना पड़ेगा कि फिर इससे लाभ किसका हुआ। धर्मपाल नामक एक बड़े विचारक ने 'भारतीय चित्त मानस और काल' शीर्षक अपनी छोटी-सी किंतु गंभीर पुस्तिका में अनुवाद कर्म के संदर्भ में लिखा है कि पश्चिम के जो विद्वान हमारे साहित्य को पढ़ रहे हैं, वे हमारे अपने 'काल' या कहें बींसवी सदी को समझने के बजाय बीसवीं सदी के संदर्भ में अपने काल में से कुछ समसामयिक ढूँढ़ने के प्रयास कर रहे हैं। इस प्रसंग में धर्मपाल आगे लिखते हैं कि जैसी-जैसी उन लोगों की रुचि थी, समझ थी और जैसी उनकी आवश्यकताएँ-अनिवार्यताएँ थीं, वैसा-वैसा कुछ वे भारतीय साहित्य पढ़ते रहे हैं। .. . . . 'भारतीय विद्याओं को पढ़ने-पढ़ाने की जो पारंपरिक व्यवस्थाएँ हुआ करती थीं, उनके साथ इनका कोई संबंध नहीं था। पश्चिम व

विशेषतः लंदन के उस समय के विद्या संस्थानों के अनुरूप ही भारत के इन नए विद्या-संस्थानों का गठन किया गया था और वहीं की विद्या-धाराओं से किसी प्रकार अपनी विद्याओं को जोड़ना ही इनका प्रयोजन था।' इसका जो परिणाम भारत के अपने समाज पर पड़ा उसका उल्लेख करते हुए धर्मपाल चिंतित होकर लिखते हैं-'भारतीय विद्याओं पर भारतीय विद्वानों ने जो काम आरंभ किया, वह तो ऐसे था जैसे ये विद्वान कोई विदेशी लोग हों और किसी खोई हुई मृत सभ्यता के अवशेषों में से अपने काम आने योग्य कुछ ढूँढ़ रहे हों। '

अनुवाद का खतरा यह है कि आप जो अनुवाद कर रहे हैं, उसके पीछे स्वदेशी लोक-दृष्टि काम कर रही है, या फिर पश्चिम की विश्व-दृष्टि जो भारत की विश्व-दृष्टि से बिल्कुल भिन्न है। धर्मपाल लिखते हैं कि ऐसा होने पर "भारतीयता की समझ के प्रखर होने के बजाय आधुनिकता के पूर्वाग्रह ही प्राचीन भारतीय इतिहास पर आरोपित होते चले गए हैं। "

निष्कर्षतः यही कहा जा सकता है कि अनुवाद-कर्म राजनीतिक दृष्टि अपनाकर सिर्फ अपने अनुकूल एवं भाग्य खड़ा कर सकता है, किंतु साँस्कृतिक दृष्टि अपनाने पर वह दो संस्कृतियों का सम्मिलन बिंदु भी बनाया जा सकता है

अनुवाद, परंपरा एवं सिद्धांत: भूत, वर्तमान एवं भविष्य - देवशंकर नवीन

- **देवशंकर नवीन**

परिचय

अनुवाद कार्य तब से कर रहा हूँ जब से स्रोत-भाषा और लक्ष्य-भाषा जैसे पदबंधों की जानकारी नहीं थी। पर यह जानता था कि एक विषय सामने है, जिसे फिर से कहना है, अर्थात् उस बिंब या पाठ का अनुकथन करना है। अनुकथन का सीधा संबंध लक्षित श्रोता/पाठक/प्रेक्षक/भावक से होता है। गरज यह, कि लक्षित वर्ग के लिए भाषा/संकेत का जो प्रकार्य बोधगम्य हो, उसमें कहना है। अनुवादक का दायित्व यहीं आकर सामने खड़ा होता है कि वह कहो, जो वस्तुतः पहले से कहा जा चुका है। अर्थात् अनुवाद कार्य अनुकथन है, पहले से कही हुई बात को फिर से कहना है। इस अर्थ में देखें, तो प्रारंभिक समय में गुरुकुल में गुरुजनों द्वारा जो मूल पाठ की व्याख्या होती थी, अन्वय होता था, या कण्ठस्थ कराने हेतु एक ही पाठ बार-बार रटाया जाता था, वह अनुकथन भी अनुवाद की कोटि में ही आएगा।

परिचय

देव शंकर नवीन
लेखक हिंदी एवं मैथिली साहित्य के विशेषज्ञ हैं और संप्रति जवाहर लाल नेहरू विश्वविद्यालय, नई दिल्ली के भारतीय भाषा केंद्र में प्रोफेसर हैं। संपर्क : **deoshankar@mail.jnu.ac.in**

अनुवाद एवं विराट स्वरूप

इधर आकर अनुवाद का अर्थ थोड़ा रूढ़-सा हुआ है। सामान्यतया एक भाषा के पाठ को दूसरी भाषा में कहने अथवा लिखने के कार्यको अनुवाद कहा जा रहा है। पर थोड़ा पीछे जाएँ, तो अनुवाद का एक विराट रूप हमारे सामने होता है। वास्तविक अर्थो में जब कभी हम कुछ कह या लिख रहे होते हैं, जिसे हम अपना मौलिक वक्तव्य या लेखन कहते हैं, वह भी अनुवाद ही है। वह हमारे अनुभव, विचार अथवा प्रेक्षण परिणति का अनुवाद होता है। किसी शिल्पी की मूर्तियाँ, चित्रकार के कैनवस, रचनाकार की कृतियाँ, फिल्मकार की फिल्में, रंगकर्मी का रंगकर्म...सब के सब अपने पूर्व के पाठ, विचार, या अनुभव की अनुकृतियाँ ही होती हैं, जिनमें कथ्य की विधा बदल दी जाती है, और अभिप्रेत को अधिक से अधिक प्रभावी बनाया जाता

है। यहाँ तक कि जब कोई शिक्षक अपने शिष्यों को, अभिभावक अपने अनुवर्तियों को, अथवा अधिकारी अपने अधीनस्थों को कोई जटिल प्रकरण समझा रहा होता है, तब भी वह अनुवाद ही होता है।

अनुवाद एवं समय

अनुवाद कार्य के व्याख्याकारों ने बीसवीं सदी को अनुवाद का युग कहा है। तर्क प्रायः यह रहा हो कि उक्त अवधि में ज्ञान की विभिन्न शाखाओं की पुस्तकों का विपुल मात्रा में अनुवाद हुआ और व्यापक स्तर पर दुनिया की विभिन्न भाषा-संस्कृति-ज्ञान संपदा से परिचय के कारण दुनिया की कई भाषाओं में नई-नई विधाओं का सृजन-पुनर्सृजन हुआ। वैसे कुछ विद्वान ईसा पूर्व तीन हजार के प्राचीन मिस्र के द्विभाषी शिलालेखों, ईसा पूर्व तीन सौ में ग्रीक लोगों के संपर्कमें रोमन लोगों के आने पर ग्रीक से लैटिन अनुवाद, बारहवीं सदी में स्पेन में इस्लाम के संपर्क से अरबी से योरोपीय भाषाओं में अनुवाद का उदाहरण देते हुए अनुवाद की परंपरा ढूँढते हैं।

तथ्य है कि ईसा पूर्व तीन हजार के आस-पास असीरिया के राजा सरगोन ने अपनी विजय घोषणा का अनुवाद विभिन्न भाषाओं में करवाया। ईसा पूर्व इक्कीस सौ के आस-पास सम्राट हम्मूरावी सरकारी आदेशों का अनुवाद कई भाषाओंमें करवाते थे। ईसा पूर्व चार-पाँच सौ के आस-पास यहूदी लोग हिब्रू भाषा के प्रवचनों का अनुवाद द्विभाषिए के सहयोग से आर्मेइक भाषा में करवाते थे और फिर उस तथ्य को समझते थे।

तथ्य है कि यूनानी गौरव-ग्रंथों का अनुवाद पुनर्जागरण काल में विपुल मात्रा में हुआ फ्रांस में सोलहवीं सदी में ही एतीने दोले (Etienne Dolet) जैसे अनुवाद चिंतक ने इस क्षेत्र में अभूतपूर्व काम किया; नौवीं से सोलहवीं सदी के बीच इंग्लैण्ड में अनुवाद की व्यवस्थित परंपरा बन गई।

भारतीय परंपरा

विद्वानों की राय में अनुवाद चिंतन की प्राचीन परंपरा भारत में अनुपलब्ध बताई जाती है। सचाई है कि ज्ञान-विज्ञान के क्षेत्र में भारत प्राचीन काल में संसार का सिरमौर था। ज्ञान की सभी शाखाओं में जो भी नई जानकारी दुनिया भर में थी, उसका अनुवाद करने के बजाय

भारत के चिंतक उन ज्ञान संपदाओं को आत्मसात कर उसे मौलिक पद्धति से भारतीय संस्कार के साथ प्रस्तुत करना बेहतर समझते थे।
तथ्य है कि भारत का ज्ञान-कोश और भारत की चिंतन-परंपरा पर्याप्त समृद्ध थी। पर भ्रम फैला हुआ है कि भारत में अनुवाद की परंपरा प्राचीन काल में लुप्त थी। वास्तविक स्थिति यह है कि भारतीय चिंतकों की जीवन पद्धति प्राचीन काल में आज की तरह नहीं थी, पाश्चात्य विद्वानों की तरह अपने करतबों के सैद्धान्तीकरण की व्यवस्थित परंपरा यहाँ नहीं थी।

जिस कोटि के उदाहरणों से पश्चिमी अनुवाद-चिंतन की परंपरा को सुव्यवस्थित बनाया जा रहा है, वैसे अनुवाद हमारे यहाँ वेद की रचना के तत्काल बाद से हो रहा है। ब्राह्मण, आरण्यक जैसे ग्रंथ इसके उदाहरण हैं। थोड़ा आगे आएँ तो निघण्टु और निरुक्त तो अनुवाद के उपस्कर ग्रंथ हैं। सच है कि जिस तरह भारत के ग्रंथों का अनुवाद अरब अथवा चीन अथवा अन्य जगह के लोगों ने किया, भारत के लोगों ने उस काल में दूसरे देशों के ग्रंथों का अनुवाद नहीं किया, लेकिन यहाँ अपनी भाषा पद्धति में ही इतनी तब्दीली आती गई कि अपने ही ग्रंथों के अनुवाद और व्याख्या की आवश्यकता होने लगी। निघण्टु और निरुक्त तो उसके उदाहरण हैं ही, बाद के दिनों में जब लौकिक संस्कृत का चलन हुआ, तब ऋषि मुनि अपने शिष्यों को शिक्षा देते समय प्राचीन ग्रंथों की जिस तरह व्याख्या करते थे, उसे भी अनुवाद की दृष्टि से देखा जाना चाहिए, जिसमें एक तरफ तो पद्य की गद्यात्मक व्याख्या थी, दूसरी तरफ उसके सरलार्थ थे। ऐसा समझा जाना चाहिए कि आधुनिक काल में भाषा-टीका ग्रंथ का सूत्र वहीं से मिला होगा।

संस्कृत नाटकों के पाठ पर गौर करें तो साफ दिखता है कि नायक का संवाद संस्कृत में होता था, जबकि स्त्री और सेवक का प्राकृत में। वार्तालाप और कथोपकथन के दौरान समझ की जमीन तो अनुवाद पर ही आधारित रहती होगी। गुणाढ्य की प्रसिद्ध कृति बड्डकहा के संस्कृत अनुवादों को भी इस कोटि में रखा जा सकता है। इन सबके बाद से तो फिर सारानुवाद, भावानुवाद, छायानुवाद, टीका, व्याख्या आदि की शृंखला चल पड़ी।

लोग कहते आ रहे हैं कि धर्म, दर्शन, साहित्य की कृतियों की समझ बनाने के लिए अनुवाद की मूल आवश्यकता हुई। आंशिक रूप से यह सच भी हो सकता है, लेकिन यह प्राथमिक आवश्यकता नहीं है। उत्तर-वैदिक काल के आरंभ में जब विभिन्न जनपदों का स्वरूप स्थिर होने लगा था, उन दिनों आर्यीकरण के माध्यम से राज्यों के सीमा विस्तार की प्रवृत्ति विकसित

हुई। समाज कृषि-विकास से वाणिज्य-विकास की ओर बढ़ चला। जलमार्ग तथा थलमार्ग से श्रेष्ठियों के सार्थ कैकेय से श्रावस्ती होते हुए चम्पा और राजगृह तक वाणिज्य के लिए यात्रा करते थे। इस क्रम में हरेक पड़ाव पर उन्हें आदान-प्रदान के लिए दुभाषिए की आवश्यकता होती थी। उनके हर पड़ाव से कम से कम एक सहयोगी अगले पड़ाव तक जाते थे, जो उन्हें थोड़ी-सी तब्दीली के साथ वहाँ के भाषा-व्यवहार का परिचय देते थे और श्रेष्ठ जन क्रमशः उनके भाषा-उपक्रम से परिचित होते जाते थे।

इन साक्ष्यों के साथ मेरा निवेदन है कि यदि हिब्रू के प्रवचनों के आर्मेइक में पुनर्कथन अथवा असीरीया के राजा सरगोन की विजय-घोषणा को अनुवाद की प्राचीन परंपरा कहना उचित है, तो भारत में हुए इन कार्यों को भी अनुवाद की प्राचीन परंपरा का सूत्र माना जाना चाहिए।

भारत में वेद को श्रुति भी कहा जाता है। श्रुति परंपरा का सीधा संबंध लोक कथा, लोकगाथा, लोकगीत और लोक-नृत्य से भी है। श्रुति परंपरा में अनुकथन पद्धति अपने सभी उपादानों के साथ शामिल है। जाहिर है कि वेद की ऋचाएँ जब कही या गाई जाती होंगीं, अथवा लोक-कथाएँ जब सुनाई जाती होंगी, तब श्रोताओं/भावकों के लिए संप्रेषण बाधा दूर करने हेतु टीकाएँ भी होती होंगी। वैदिक आचार्य निश्चय ही अपने शिष्यों को ऋचाएँ पढ़ाते समय उन्हें समझाने के लिए उसकी टीका करते होंगे। इस आधार पर यह मानने में कोई आपत्ति नहीं होनी चाहिए कि भारत में अनुवाद की परंपरा उतनी पुरानी तो अवश्य ही है, जितनी वैदिक परंपरा, लोक परंपरा और संवाद परंपरा। संप्रेषण की स्पष्टता सुनिश्चित करने के लिए एक बात का कई बार, कई तरीके से, विभिन्न शब्दावलियों में कहा जाना भी अनुकथन ही है।

विदित है कि भारत में टीका, व्याख्या, अनुवाद का नैरंतर्य सदा बना रहा। भारत को जानने के लिए वेद, उपनिषद, रामायण, महाभारत आदि के अनुवाद दूसरे देशों के लोग तो कर ही रहे थे, यहाँ भारत में ही उनके अनुकथन कई रूपों में हो रहे थे। अकेले रामायण का अनुवाद भारत की कई भाषाओं में हुआ, और आज की तारीख में वे सब अपनी-अपनी भाषा के महान ग्रंथ माने जाते हैं। पुराकथाओं को आधार बनाकर विभिन्न भारतीय भाषाओं में बेहिसाब रचनाएँ की गई हैं। मुगल शासन-काल के लंबे अंतराल में इस दिशा में पर्याप्त काम हुए। दाराशुकोह और उनके गुरू पंडितराज जगन्नाथ का इस दिशा में अप्रतिम योगदान है।

गौरतलब है कि मुगल शासन के दौरान शिक्षा के प्रचार-प्रसार के जो विपुल कार्य हुए, उनमें अनुवाद-कर्म की अहम भूमिका थी। उस दौरान मस्जिदों में 'मकतब' की व्यवस्था होती थी,

जिसमें लड़के-लड़कियाँ प्रारंभिक शिक्षा ग्रहण करते थे। बाबर के समय में एक विभाग 'शुहरते आम' होता था, जो स्कूल-कॉलेजों का निर्माण करवाता था। जाहिर है कि इसमें अनुकथन-वृत्ति की विलक्षण भूमिका थी। हुमायूँ ज्योतिष एवं भूगोल का ज्ञाता था। उन्होंने दिल्ली के पुराने किले के 'शेर मण्डल' नाम के हाल में अपने व्यक्तिगत पुस्तकालय की स्थापना की थी। उन्हें पुस्तकों में बड़ी रुचि थी। वे सदैव अपने साथ चुनिन्दा पुस्तकों का जखीरा लेकर चलते थे। ईरान से हुमायूँ के भारत वापस आने के बाद बड़ी संख्या में ईरानी प्रवासी भारत आए, उन्हें भारत में उपयुक्त साहित्यिक वातावरण मिला, जो उन्हें ईरान में उपलब्ध नहीं था। उन्होंने भारतीय साहित्यिक मनीषियों के साथ अलग से एक भारतीय शैली सबक-ए-हिंदी विकसित की।

इस दिशा में अकबर द्वारा किया गया प्रयास और भी स्मरणीय है। गुजरात जीतने के बाद अकबर ने अपने पुस्तकालय को दुर्लभ ग्रंथों से भर दिया। उन्होंने एक अनुवाद विभाग की स्थापना की। अकबर के पुस्तकालय को उस काल तक का अद्वितीय पुस्तकालय कहा जाता था। अकबर ने फतेहपुर सीकरी, आगरा एवं अन्य अनेक स्थानों पर अनेक खानकाह (आश्रम) एवं मदरसों (पाठशाला) की स्थापना की। अकबर की उपमाता माहम अनगा ने दिल्ली में खैरूल मनाजित नाम से एक मदरसा स्थापित किया था। फतेहपुर सीकरी मुस्लिम शिक्षा का मुख्य केंद्र था। अकबर के समय फतेहपुरी सीकरी में अब्दुल कादिर शेख, फैजी, निजामुद्दीन जैसे विद्वान रहते थे। अकबर का शासन काल भारत में फारसी साहित्य के 'पुनर्जागरण' का काल था। 'आइना-ए-अकबरी' में अकबर के राजदरबार के उनसठ महान फारसी कवियों के नाम मिलते हैं। अकबर का राजकवि अबुल फैजी, अमीर खुसरो से लेकर मुगल युग तक के भारतीय फारसी साहित्य के महानतम कवि थे। अब्बास खान सरवानी ने अकबर के आदेश पर तोहफा-ए-अकबरशाही की रचना की थी। इस पुस्तक में शेरशाह सूरी के कार्यकलापों को उजागर करने की भरपूर कोशिश की गई है। इन समस्त उपक्रमों में अनुवाद एक प्रबल तत्त्व के रूप में शमिल था।

अपनी प्रसिद्ध पुस्तक मजमा-उल-बहरीन की भूमिका में दाराशुकोह कहते हैं कि हकीकतों की हकीकत को दरियाफ्त करने के बाद सूफियों के हकीकी मजहब की बारीकियों को समझने के बाद और असली सचाइयों को जानने के बाद मेरी यह हुई कि मैं हिन्दुस्तान के बुजर्गों और संतों का मत जानूँ उनके सत्संग के बाद मैं इस नतीजे पर पहुँचा हूँ कि दोनों धर्मों--हिंदू एवं इस्लाम में ईश्वर प्राप्ति के मार्ग के संबंध में मात्र शाब्दिक भेद है ..फलस्वरूप मैंने दोनों प्रकार

के विचारकों का सार तत्त्व लेकर यह रचना की है जिसका नाम रखा है- मजमा-उल-बहरीन अर्थात् सागर संगम।

सूफीवाद और तौहीद के जिज्ञासु दारा ने सभी हिंदू और मुसलमान संतों से सदैव संपर्करखा। ऐसे कई चित्र उपलब्ध हैं जिनमें दारा को हिंदू संन्यासियों और मुसलमान संतों के संपर्कमें दिखाया गया है। वे एक प्रतिभाशाली लेखक थे। सूफी संतों के जीवन चरित्र पर लिखी हुई उनकी पुस्तकें हैं--सफीनात अल औलिया और सकीनात अल औलिया। रिसाला ए हकनुमा (सन् 1646) और तारीकात ए हकीकत में सूफीवाद का दार्शनिक विवेचन है। अक्सीर ए आजम शीर्षक उनके कविता-संग्रह से उनकी सर्वेश्वरवादी प्रवृत्ति का बोध होता है। हसनात अल आरिफीन और मुकालम ए बाबालाल ओ दाराशुकोह में धर्म और वैराग्य का विवेचन हुआ है। मजमा अल बहरेन में वेदान्त और सूफीवाद के शास्त्रीय शब्दों का तुलनात्मक अध्ययन प्रस्तुत किया गया है। दारा ने श्रीमद्भगवदगीता, योगवशिष्ठ, उपनिषद एवं रामायण का अनुवाद फारसी में करवाया। उन्होंने स्वयं तथा काशी के कुछ संस्कृत पंडितों की सहायता से बावन उपनिषदों का सीर-ए-अकबर (महान रहस्य) नाम से फारसी में अनुवाद कराया। उनका सबसे महत्त्वपूर्ण कृत्य वेदों को संकलन है।

हिंदू दर्शन और पुराणशास्त्र से उनके गहरे ताल्लुकात थे। बाल्यकाल से ही उनमें अध्यात्म के प्रति लगाव था। जागतिक सहिष्णुता और भारत में हिंदू मुस्लिम एकता में उन्होंने अटूट विश्वास दिखाया। कुछ कट्टर मुसलमान उसे धर्मद्रोही मानते थे, उन्हें धर्मद्रोही करार दिए जाने का मुख्य कारण उनकी सर्व-धर्म-सम्मिश्रण की प्रवृत्ति ही थी जिसका सीधा संबंध उनके भाषा-ज्ञान और अनुवाद कर्म से जुड़ा था।

सूफीमत से संबंधित ग्रंथ उनके महत्त्वपूर्ण ग्रंथ हैं-सफिनत-उल-औलिया (विभिन्न परंपराओं के सूफियों के जीवन वृत्त), सकीनत-उल-औलिया (भारत में कादिरी परंपरा के सूफियों का जीवन वृतान्त), हसनात-उल-आरफीन (विभिन्न मतों के संतों की वाणी का संकलन), तरीकन-उल-हकीकत (आध्यात्मिक मार्ग के विभिन्न चरण), रिसाला-ए-हमनुमा (सूफी प्रथाओं का वर्णन)। इन तमाम ग्रंथों में अनुवाद वृत्ति की बड़ी भूमिका है।

आगरा, फतेहपुर सीकरी, दिल्ली, गुजरात, लाहौर, सियालकोट, जौनपुर, अजमेर आदि मुगल काल में शिक्षा के महत्त्वपूर्ण केंद्र थे। मुगल शासकों की राजकीय भाषा फारसी थी। इसलिए फारसी साहित्य उस समय समृद्ध था। किंतु फारसी के अतिरिक्त हिंदी, संस्कृत, उर्दू का भी

मुगल काल में पर्याप्त विकास हुआ। बहुभाषिकता का यह स्वरूप भाषाई आदान-प्रदान का महत्त्वपूर्ण संकेत देता है। मुगलकालीन प्रमुख फारसी साहित्य में बाबर द्वारा तुर्की भाषा में लिखी गई कृति बाबरनामा (तुजुके बाबरी) चर्चित कृति है। अब्दुर्रहमान खानखाना द्वारा इसका अनुवाद सन् 1583 में अकबर ने करवाया। यह पुस्तक सन् 1504 से 1529 तक की भारत की राजनीतिक एवं प्राकृतिक स्थिति का विवरण है।

कम ही सही, पर मुगल काल में संस्कृत में कई महत्त्वपूर्ण ग्रंथों की रचना हुई।अकबर के समय में संस्कृत में लिखी गई महत्त्वपूर्ण कृतियाँ हैं- अकबर कालीन इतिहास (महेश ठाकुर), अकबरशाही शृंगार-दर्पण (पद्म सुन्दर), भानुचन्द्र चरित्र (जैन आचार्य सिद्ध चन्द्र उपाध्याय), हीरा सुभाग्यम, कृपा कोश (देव विमल), आदि। पारसी प्रकाश नामक प्रथम संस्कृत-फारसी शब्द कोश की रचना भी अकबर के समय में ही हुई। शाहजहाँ के समय में कवीन्द्र आचार्य सरस्वती एवं पंडितराज जगन्नाथ को दरबार में आश्रय मिला हुआ था। पंडितराज जगन्नाथ ने रस-गंगाधर, एवं गंगालहरी, की रचना की।

अलंकार शास्त्र परक ग्रंथ चित्र मीमांसा खंडन एवं नूरजहाँ के भाई आसफ खाँ की स्तुतिपरक ग्रंथ आसफ विजय के रचयिता जगन्नाथ को जहाँगीर ने पंडितराज की उपाधि से सम्मानित भी किया। चतुर्भुज रचित रसकल्पद्रुम औरंगजेब के चाचा शाइस्ता खाँ को समर्पित है। इन समस्त कृतियों की मौजूदगी से उस दौर की लेखकीय क्रियाशीलता, अनुवाद कर्म के महत्त्व, और लेखन एवं अनुवाद के प्रति राजकीय सदाशयता का संकेत मिलता है। प्रथम संस्कृत-फारसी शब्द कोश पारसी प्रकाश की कोश की रचना तो स्पष्टतः प्रमाणित करता है कि संस्कृत से फारसी में अनुवाद की गतिविधियाँ बहुत पहले से चल रही होंगी।

मुगल काल को गुप्तकाल के बाद का द्वितीय क्लासिकी युग कहा जाता है। मुगल सम्राट अकबर नेअलग से अनुवाद विभाग की स्थापना की थी। इस विभाग में संस्कृत, अरबी, तुर्की एवं ग्रीक भाषाओं की अनेक कृतियों का अनुवाद फारसी भाषा में किया गया। ध्यातव्य है कि फारसी मुगलों की राजकीय भाषा थी। उस दौरान 'महाभारत' का फारसी भाषा में 'रज्मनामा' नाम से अनुवाद अब्दुल कादिर बदायूँनी, नकीब खाँ एवं अब्दुल कादिर ने किया रामायण का फारसी अनुवाद सन् 1589 मेंमें अब्दुल कादिर बदायूनी ने किया। ज्योतिष के प्रसिद्ध ग्रंथ 'तजक' या 'तुजुक' का फारसी में अनुवाद 'जहान-ए-जफर' नाम से मुहम्मद खाँ गुजराती ने किया। 'अथर्ववेद' का अनुवाद फारसी में हाजी इब्राहिम सरहिंदी ने किया। 'पंच तंत्र ' का

फारसी अनुवाद अबुल फजल ने 'अनवर-ए-सुहैली' नाम से तथा मौलाना हुसैन फैज ने 'यार-ए-दानिश' नाम से किया। 'कालिया दमन' का अनुवाद फारसी में अबुल फजल ने 'आयगर दानिश' नाम से किया। 'राजतरंगिणी' का फारसी में अनुवाद मौलाना शेरी ने किया। गणित की पुस्तक 'लीलावती' का अनुवाद टोडरमल ने किया। 'भागवत पुराण' का अनुवाद फारसी में टोडरमल ने किया। 'नलदमयन्ती' का अनुवाद फारसी में फैजी ने किया। 'सिंहासन बत्तीसी' का अनुवाद फारसी में अब्दुल कादिर बदायूँनी ने किया। 'तुजुक-ए-बाबरी' का अनुवाद अब्दुर्रहीम खानखाना ने फारसी में किया। अरबी भाषा में लिखी गई भूगोल की पुस्तक 'मज्म-उल-बुलदान' का फारसी में अनुवाद मुल्ला अहमद टट्ठवी, कासिम बेग एवं मुनव्वर ने किया। अरबी कृति 'हयात-उल-हयवान' का फारसी में अनुवाद अबुल फजल एवं शेख मुबारक ने किया। 'योगवशिष्ठ' का अनुवाद फारसी में फैजी ने किया। इस्लाम धर्म के प्रतिहिंदू जनता में भाईचारे एवं सम्मान की भावना जगाने के लिए अकबर ने 'अल्लोपषिद' ग्रंथ की रचना फैजी से करवाई। 'फारसी संस्कृत कोश' की रचना कृष्णदास ने की। दाराशुकोह ने तो श्रीमद्भागवदगीता, योग वशिष्ठ तथा उपनिषदों का फारसी भाषा में अनुवाद करवाया ही।

मुगल काल में फारसी कविता के क्षेत्र में भी काफी काम हुआ था। बादशाह बाबर ने फारसी कविता के क्षेत्र में 'मुबइयान' शैली को जन्म दिया। अकबर भी फारसी एवं हिंदी में कविताएँ रचते थे। प्रो. इथे के अनुसार, 'अकबर का काल फारसी कविता का भारतीय ग्रीष्मकाल था। ' अकबर के समय में फैजी, गजाली और उर्फी फारसी के महत्त्वपूर्ण कवि हुए। जहाँगीर, नूरजहाँ, औरंगजेब की पुत्री जेबुन्निसा, औरंगजेब की बहन जहाँआरा आदि शाही परिवार के लोग गजल, रुबाइयाँ एवं कविताएँ लिखा करते थे।

निकट अतीत में भारतेन्दु हरिश्चन्द्र, महावीर प्रसाद द्विवेदी, आचार्य रामचन्द्र शुक्ल, प्रेमचंद जैसे महान अनुवादक हुए। इन सब के बावजूद कभी किसी विद्वान ने भारत में अनुवाद सिद्धांत की कोई परंपरा विकसित नहीं की। इस कार्य को मुक्त रहने दिया। कभी अनुवाद संबंधी अपनी मान्यताओं को संस्थापित या आरोपित करने का काम नहीं किया। ...अच्छा किया। भारत जैसे ज्ञानाकुल जनपद में ऐसा ही होना चाहिए था। बाद के दिनों में तो अनुवाद की आवश्यकता बहुफलकीय हो गई। नई दुनिया की नई जरूरतों के मद्देनजर विराट भौगोलिक परिवेश और बहुभाषिक नागरिक जीवन के आपसी संवाद की अकूत आवश्यकता दिखने लगी। जीवन-यापन के मूल और महत्त्वपूर्ण कारण विस्तृत और विविध हो गए पर अनुवाद की प्राथमिक आवश्यकता प्रारंभिक समय में व्यापार में संवाद और संप्रेषणीयता को लेकर ही

दिख रही थी। भारत में धार्मिक सहिष्णुता प्रारंभ से रही है। दूसरे जनपद में जाकर बर्बरतापूर्ण लूटपाट करना, उन पर शासन करना, उन्हें अपमानित करना, हेय समझना... आदि वृत्ति यहाँ के नागरिकों का कभी लक्ष्य नहीं रहा; संभवत: यह कारण भी हो कि भारतीय नागरिक के अनुवाद का विमर्श प्रारंभ में मुख्यतः व्यापार और सामान्य संप्रेषण तक ही सीमित रहा, पर शीघ्र ही यह, ज्ञान की शाखाओं में साहित्य एवं दर्शन की ओर आया, और तेजी से आगे बढ़ता गया।

दूसरे विश्वयुद्ध के बाद तो अनुवाद कार्य के राजनीतिक उद्देश्य भीअत्यंत प्रमुख और प्रखर हो गए। वैचारिक आदान-प्रदान, राष्ट्रीय सीमा की संवेदनशीलता, वैश्विक मैत्री की सम्विदाओं के मामले इतने महत्त्वपूर्ण हो गए कि व्यापारिक संवाद-संप्रेषण और सामाजिक सौहार्द की सीमा पारकर अनुवाद कार्य की भूमिका अंतरराष्ट्रीय राजनीति को रेखांकित करने लगी। विश्वव्यापी साँस्कृतिक, राजनीतिक, व्यापारिक, शैक्षिक संबंध; पत्रकारिता, साहित्य, कला, विचार-विमर्श, दर्शन, धर्म, शिक्षा, विज्ञान एवं तकनीकी उपलब्धि आदि के क्षेत्र में अद्यतन होने के लिए अनुवाद का उपयोग महत्त्वपूर्ण हो गया।

विश्वग्राम एवं अनुवाद

इधर विश्वग्राम की अवधारणा में गतिकता आई है। इसके सर्वतोभावेन विकास पर बल दिया जा रहा है। भारतीय संस्कृति के मूल में यह अवधारणा तो नीति के स्तर पर प्रारंभ से ही है, और भारत के नागरिक ऐसा मानते भी आए हैं। 'वसुधैव कुटुम्बकम्' कहने वाले भारतीयों के लिए 'उदार चरितानान्तु' की विशेषता बताई जाती रही है। भारतीय नागरिकों का यह 'उदार चरित' प्रारंभ से है। तभी तो यहाँ के नागरिकों ने बाहर से आए भिन्न-भिन्न संस्कृति के लोगों को न केवल स्वीकार किया, बल्कि उनकी संस्कृतियों और उनके रहन-सहन से अपने सम्मिलन का रास्ता तक अख्तियार कर लिया। इतिहास का अन्वेषण अथवा समाज-शास्त्रीय पद्धति की कसौटी पर भारतीय जीवन-मूल्य का अनुशीलन किया जाए तो इस बात का प्रमाण आसानी से मिल जाएगा।

विश्वग्राम की अवधारणा का मूल सूत्र अंतरराष्ट्रीय साँस्कृतिकसंबंध में ही दिखता है और विश्व फलक पर संस्कृति की यह समझ एक मात्र अनुवाद के जरिए संभव है। इस बात को मानने में कतई कोई हिचक नहीं होनी चाहिए कि किसी व्यक्ति के एक कथन का किसी एक भाषा से दूसरी भाषा में अनुवाद करने का अर्थ केवल उस कथन का अनुवाद नहीं है उसमें

वस्तुतः यह जानने की लगातार चेष्टा होती है कि उस कथन का पाठ क्या है, उस पाठ की व्यंजना क्या है, व्यंजना का उद्देश्य क्या है, कथन की शैली क्या है (शालीन, आक्रामक, निवेदन, सलाह, धमकी, सम्मान्य, अभद्र...आदि), कथन की शब्दावली कैसी है, वाचक किस देश-काल-पात्र की पर्यवस्थिति में है, वाचक की वैयक्तिक-वैचारिक-मानसिक-पदेन हैसियत क्या है, कथन से वाचक और संबोध्य का संबंध क्या है। .. इन तमाम सवालों से जूझते हुए अनुवादक को अनुवाद करते समय सारीगुत्थियाँ सुलझानी पड़ती हैं। जब कभी हम अनुवाद करने बैठते हैं, केवल उस पाठ की भाषा नहीं बदलते, उस प्रसंग को दूसरी भाषा में देते हुए एक साथ कई बातों का ध्यान हमें रखना पड़ता है। शब्द-संस्कार, वाक्य संरचना, कथ्य का वातावरण, प्रसंग की संस्कृति, वाचक की सर्वांगीण पहचान से संचालित उसकी अभिव्यक्ति शैली...तमाम बातों के मद्देनजर लक्ष्य-भाषा से स्रोत-भाषा में किसी पाठ का भाषांतर करते समय सचेत रहना पड़ता है।

सैद्धांतिक पक्ष एवं पहल

इसी क्रम में इस बात की चर्चा भी समीचीन होगी कि अनुवाद को ज्ञान की किस शाखा में रखा जाए। लंबे समय से विश्व भर के अनुवाद चिंतकों के बीच इस बात पर बहस होती रही है, मतैक्य का अभाव होना जायज है। डॉ. भोलानाथ तिवारी, ई.ए.नाइडा, विल्स बेलफ्रेम आदि ने अनुवाद को विज्ञान माना; डॉ. एन. ई. विश्वनाथ अय्यर, डॉ. कैलाश चन्द्र भाटिया, ड्राइडन, थ्योडोर सेवरी आदि ने इसे कला माना; डॉ. गोपाल शर्मा, शैटक रोजर, ऐरोस्मिथ आदि ने इसे शिल्प माना; डॉ. जी. गोपीनाथन जैसे कुछ चिंतकों ने मध्यम मार्ग अपनाते हुए इसे 'वैज्ञानिक कला' माना। वैसे तो डॉ. गोपीनाथन के तर्क से सहमत होने के पर्याप्त प्रमाण हैं, पर मेरी राय में यह चर्चा, बहस तक ही सीमित रहे तो बेहतर है, क्योंकि 'अनुवाद कार्य' जैसे उद्यम पर आज जितना दायित्व आ गया है, उसे किसी सीमा में बाँधना दुस्कर है। ज्ञान की किसी भी एक शाखा की परिधि अनुवाद के दायित्व को पूरी तरह समेट पाने में विफल हो जाएगी। यदि अनुवाद को सिर्फ विज्ञान मानते हैं, तो जाहिर है कि वह उस अर्थ में विज्ञान नहीं होगा, जिस अर्थ में भौतिक विज्ञान का गुरुत्वाकर्षण सिद्धांत, अथवा रसायन शास्त्र की रसायनिक प्रतिक्रिया अथवा जीवविज्ञान की प्रजनन व्यवस्था है। वह विज्ञान है,भाषाविज्ञान की पद्धति में, जहाँ यह निर्धारित है कि अनुवाद के दौरान भाषाविज्ञान के नियमानुसार कोई अनुवादक सबसे पहले पाठ का विश्लेषण करता है, फिर उसका विकोडीकरण करता है, पुनर्सृजन के दौरान फिर उसका कोडीकरण करता है, और फिर लक्ष्य भाषा के पाठ को सजाता-सँवारता है।

अनुवाद कार्य की इस बौद्धिक प्रक्रिया में बौद्धिक एवं विज्ञान सम्मत प्रयुक्तियों का भरपूर इश्तेमाल होता है। पर मात्र इस कारण इसे सिर्फ विज्ञान के खाते में सीमित रखना उचित नहीं है। ऐसा करने से इसका कला पक्ष पीछे छूट जाएगा, जिसके अभाव में अनुवाद विश्वसनीय तो हो जा सकता है, पर उसके निष्प्राण होने की पूरी संभावना बनी रहेगी। विज्ञान को मोटे तौर पर परिभाषित करते हुए इसे विषय विशेष का व्यवस्थित और परिभाषित ज्ञान (Systematic and formulated knowledge) अथवा विषय विशेष के ज्ञानार्जन की सुगठित निकाय (Organised body of the knowledge on subject) कहा गया है। इस अर्थ में तो विज्ञान की परिभाषा इतनी उदार और विराट है कि ज्ञान की सभी व्यवस्थित शाखाएँ इसमें आ जाएँगी। इन अर्थों में हम चाहें तो अनुवाद को विज्ञान मान भी लें। पर ध्यान रखना होगा कि अनुवाद सिर्फ विज्ञान नहीं है। इस विवेचन में ई.ए.नाइडा से पूरी तरह सहमत हुआ जा सकता है कि Translation is far more than a science. It is also a skill, and the ultimate analysis fully satisfactory translation is always an art. इस संदर्भ में डॉ. नगीन चन्द्र सहगल का कहना समीचीन है कि 'अनुवाद प्रक्रिया में विज्ञान, साधना में शिल्प तथा सिद्धि में कला है। '

सही है कि अनुदित पाठ की संरचना एक बौद्धिक प्रक्रिया से गुजरकर तैयार होती है, पर उसके अंतिम स्वरूप तक पहुँचने में अनुवादक का कौशल कई स्तरों पर क्रियाशील रहता है। मूल पाठ और मूलवाचक की समग्र मौलिकता को ध्यान में रखते हुए लक्ष्य भाषा और लक्षित भावक की ग्राह्यता के मद्देनजर अनुवादक अपने विराट दायित्व के अधीन बहुत कुछ करता है। पूर्व मेंचर्चा हो चुकी है कि किसी एक व्यक्ति के किसी एक कथन का, किसी एक भाषा से दूसरी भाषा में अनुवाद का अर्थ केवल उस पाठ और पाठ के शब्दों का अनुवाद नहीं होता, बल्कि उस वाचक के पूरे वजूद का अनुवाद होता है, जो अप्रत्यक्ष रूप से उस कथन के भीतर अन्तःसलिला शक्ति के रूप में उपस्थित होता है। अनुवाद कर्म से जुड़े हर व्यक्ति जानते हैं कि बेहतर अनुवाद प्रस्तुत करने के क्रम में कई बार, मूल पाठ के अप्रत्यक्ष, और भौतिक रूप से अलक्ष्य दायित्वों के अनुपालन हेतु साँस्कृतिकअंतरण में कुछ बातें लुप्त हो जाती हैं और कुछ नई बातें आ भी जाती हैं। लोप और आगम की इस क्रिया की गुणवत्ता और मात्रा, अनुवादक के कौशल और प्रतिभा पर निर्भर करती है। संभवत: इसी धारणा के तहत एतीन दोले (Etienne Dolet) ने अनुवादक के लिए शर्त रखी कि उसे मूल रचना के भाव और लेखक के प्रयोजन का पूर्ण ज्ञान तो होना ही चाहिए, स्रोत-भाषा और लक्ष्य-भाषा का पर्याप्त ज्ञान भी

उसे होना चाहिए, अर्थ एवं अभिव्यंजना की रक्षा के लिए शब्दानुवाद से बचना चाहिए तथा मूल रचना के भाव एवं प्रभाव की समग्रता की रक्षा करनी चाहिए। ड्राइडन ने तो भावानुवाद को ही सर्वोत्तम अनुवाद माना है।

लेकिन भाषाविज्ञान की इस पद्धति और बौद्धिक प्रक्रिया से तैयार हुई अनुदित संरचना को अनुवाद का अंतिम और निर्णीत पाठ नहीं माना जा सकता। कई महान और कालजयी कृतियों का अनुवाद करते हुए बड़े-बड़े अनुवाद-चिंतकों ने इस कर्म को पुनर्सृजन कहा है। जाहिर है कि पुनर्सृजन में भाषांतर के दौरान अनुवादक को थोड़ी छूट मिल जाती है पर यह भी सच है कि वह आजाद नहीं हो जाता। थोड़ी-सी छूट के साथ-साथ मूल पाठ और रचनाकार के साथ बँधे रहने की उसकी मजबूरी बढ़ जाती है। प्रो. जी गोपीनाथन इसी पद्धति के दौरान इस कर्म को वैज्ञानिक कला कहते हैं। उनका मानना है कि 'सहज समतुल्यता' की खोज में अनुवादक को अक्सर पुनर्सृजन करना पड़ता है। उनका मानना है, और सही ही मानना है कि हर भाषा की अपनी प्रकृति एवं विशेषताएँ होती हैं और हर लेखन की अपनी अभिव्यक्ति शैली होती है। चूँकि अनुवाद केवल शाब्दिक भाषांतर नहीं, एक पुनराभिव्यक्ति है, जो अनुवादक की कल्पना, भाव-प्रवणता, मूल से प्रभावित होने के उनके स्तर, लक्ष्य भाषा की प्रकृति, सहज-ज्ञान एवं कलाशीलता के अनुरूप होती है। जैसा कि पूर्व में कहा गया, जिस तरह हरेक मूल कथन में उसके वाचक/प्रस्तोता के व्यक्तित्व का कर्ता, करण, संप्रदान आदि शामिल होता है, उसी प्रकार अनुदित पाठ में भी, मूल पाठ के प्रति तमाम निष्ठा रखे रहने के बावजूद अनुवादक का व्यक्तित्व भी शामिल होता है। प्रो. गोपीनाथन का मानना तर्कसंगत है कि मूल कृति की आत्मा को और मूल कृति में प्रतिबिंबित मूल लेखक के व्यक्ति के प्रभाव को भी अनुवाद में उतारना अभीष्ट होता है और इस शर्त की पूर्ति की क्रिया स्वयं में ही कला है। प्रो. गोपीनाथन कहते हैं कि कृतिकार के साथ पूर्ण रूप से तदाकार होकर उसकी आत्मा को पहचानने का काम वही कर सकता है जिसमें कलाकार जैसी संवेदना हो, सहानुभूति हो। यह कम महत्त्वपूर्ण बात नहीं है कि दुनिया के श्रेष्ठ अनुवादक, श्रेष्ठ मौलिक कृतिकार भी थे...। प्रो. गोपीनाथन की उक्ति को एन. महापात्र के कथन से और बल मिलता है कि कलाकर की छठी इन्द्रिय अथवा सहज ज्ञान ही है जो कृति के सौंदर्य बिंदु को पहचानकर उसका संप्रेषण कर देता है। अर्थात् अनुवाद कार्य अपनी पूरी प्रक्रिया में विज्ञान भी है, कला भी है, शिल्प भी है। इन सभी तर्कों के बावजूद यह मानने में कोई संकोच नहीं होना चाहिए कि अनुवाद कार्य की वृहत्तर आवश्यकता द्वितीय विश्वयुद्ध के बाद महसूस की गई जब दुनिया भर के लोगों में संपर्कसूत्र

का विस्तार हुआ। विभिन्न राष्ट्रों के बीच राजनीतिक, आर्थिक समीकरण बनने/बढ़ने लगे। व्यापारिक संबंध बढ़े, साँस्कृतिक आदान-प्रदान होना आवश्यक हो गया। इन्हीं आवश्यकताओं के बीच अनुवाद कार्य की दक्षता और गंभीरता महत्त्वपूर्ण हो उठी। शिक्षण पद्धति में ज्ञान की शाखाएँ इतनी बढ़ गईं, जानकारी अर्जन के सूत्र इतने बहुभाषिक हो गए कि अपने समय का सचेत नागरिक कहाने के लिए, और आत्म-स्थापत्य के आयुध जुटाने के लिए अनुवाद की ओर लोगों का रुझान उनकी मजबूरी हो गई। इस संदर्भ में ज्ञान की शाखा के रूप में अनुवाद अध्ययन एवं प्रशिक्षण और ज्ञान की विभिन्न शाखाओं में दक्षता प्राप्त करने के लिए अनुवाद अध्ययन एवं प्रशिक्षण की आवश्यकता-दोनों महत्त्वपूर्ण हो उठीं।

भारतीय बहुभाषिकता एवं अनुवाद

हिंदी तो राजभाषा है, इसलिए भारत के हरेक सरकारी-गैरसरकारी दफ्तरों में अँग्रेजी समेत अन्य भाषाओं के अभिलेखों का इसमें अनुवाद होना आवश्यक है, लेकिन इससे अलग भी नजर डालें, तो कई बातें सामने आती हैं। इस सत्य को स्वीकार करने में किसी को कोई गुरेज नहीं होनी चाहिए कि जिस तरह प्रकाशन व्यवसाय ने उच्च कुलोद्भव पंडितों के वर्चस्व से शिक्षा को मुक्त कराकर आम नागरिक में ज्ञानालोक फैलाया, उसी तरह, अनुवाद वृत्ति ने भी उच्च शिक्षितों और बहुभाषाविदों के वर्चस्व से ज्ञान की शाखाओं को मुक्त किया। इतने बड़े संसार की बात तो दूर, अभी तक यह भी संभव नहीं हो पाया है कि लोग अपने देश की सभी भाषाओं में उपलब्ध सामग्री को पढ़ लिख सकें। भारत जैसे बहुभाषिक देश में तो यह दुस्कर ही लगता है। स्वाधीनता आंदोलन के दौर के कुछ बुद्धिजीवियों और उनके बाद की पीढ़ी के लोगों में तो थोड़ा बहुत बहुभाषिक ज्ञान था भी, पर बाद के लोगों ने तो त्रिभाषा सूत्र से ही काम चलाया। अपवाद स्वरूप कुछ लोग अवश्य होंगे। पर हैरत की बात अभी भी है कि कन्नड़ से असमिया, या मलयालम से ओड़िया आदि में सीधे अनुवाद करने वालों की अनुपलब्धता बनी हुई है। भारतीय भाषाओं के बीच परस्पर अनुवाद कार्य के लिए अभी भी अधिकांश स्थितियों में अँग्रेजी, या हिंदी को सेतुभाषा के रूप में उपयोग में लाया जाता है। इन परिस्थितियों में हिंदीभाषी क्षेत्र की जनता आज शिवराम कारन्त, या अक्का महादेवी, या संत ज्ञानेश्वर, या तुकाराम, या यू. आर. अनंतमूर्ति, या फकीर मोहन सेनापति, या ऐसे किसी भी महान रचनाकार की रचनाओं के जरिए उस जनपद की संस्कृति से परिचित हो पाता है; या फिर फ्रांस, जर्मनी, ब्रिटेन, अमेरिका, अफ्रीका, जापान की कला, साहित्य, संस्कृति अथवा वैज्ञानिक-प्रौद्योगिक-राजनीतिक उपलब्धियों से परिचित हो पाता है, तो इसका श्रेय अनुवाद

को ही जाता है। यहाँ तक कि परराष्ट्र अथवा प्रान्तेतर भाषा-क्षेत्र के विभिन्न संकायों में जो कुछ महत्त्वपूर्ण होता है, और वहाँ के संचार माध्यमों में इसकी चर्चा होती है, तो उन खबरों की जानकारी भी विश्व फलक पर अनुवाद के माध्यम से ही पहुँचती है। इस अर्थ में खबरों का अनुवाद, खुद अनुवाद कार्य के लिए महत्त्वपूर्ण हो उठती है और अन्य भाषा क्षेत्र के लोग उन कृतियों के अनुवाद की ओर उन्मुख होते हैं। ज्ञान के क्षेत्र में लोक तंत्र की इस बहाली का श्रेय आज अनुवाद को ही जाता है कि कोई ऐसा नागरिक, जो रूसी या फ्रेंच या जर्मन नहीं जानता, यहाँ तक कि भली भाँति अँग्रेजी भी नहीं जानता, पर वह आज मैक्सिम गोर्की, दोस्तोयवस्की, सिमोन द' बुआ, हावरमास, कामू, काका, ग्राम्सी, गुण्टर ग्रास, इलियट, गेटे की बात कर सकता है।

अनुवाद के जरिए ही हम अंतरराष्ट्रीय साँस्कृतिकसंबंध और राजनय को सुनिश्चित कर पाते हैं। हमारे राष्ट्र के हितैषी हमारे पक्ष में कहीं कुछ बोलते हैं, अथवा हमारे विपक्ष में कुछ योजना गढ़ते हैं, तो अनुवाद ही ऐसा साधन है कि हम उससे वाकिफ हो पाते हैं। वैसे तो प्रशासन, पत्राचार, न्यायालय, शिक्षा, धर्म, शोध, विज्ञान एवं प्रौद्योगिकी, फिल्म एवं जन संचार, साहित्य-कला-संस्कृति एवं भाषा शिक्षण, राजनय, प्रतिरक्षा आदि में अनुवाद का महत्त्वपूर्ण योगदान है पर इस योगदान के साथ-साथ इसकी संवेदनलशीलता भी बहुत महत्त्वपूर्ण हो गई है। न केवल राष्ट्रीय-अंतरराष्ट्रीय संबंधोंएवं राजनय को लेकर, बल्कि भारतीय परिप्रेक्ष्य में आंतरिक मामलों के लिए भी संवेदनशीलता बहुत बढ़ गई है। वैचारिक संघर्ष इतने सूक्ष्म हो गए हैं, और वक्तव्यों में बिंब-प्रतीक के प्रयोग इतने प्रभावी हो गए हैं कि छोटे-छोटे कथन की व्यंजना विराट होने लगी है। इस परिस्थिति में इस दायित्वपूर्ण उपक्रम का दायित्व बड़ा जोखिम भरा हो गया है, इसलिए इसमें सावधानी की अपेक्षा भी अधिक की जाने लगी है।

अध्यापन कार्य में अनुवाद का वृहत् योगदान वेदकालीन संस्कृत से लेकर आज तक की विभिन्न भारतीय भाषाओं में, वस्तुतः दूसरे देशों की भाषाओं में भी रहा है। उसकी विधि अन्वय, व्युत्पत्तिमूलक व्याख्या, सरलार्थ, भावानुवाद, संपूर्ण अनुवाद, जो भी हो; ज्ञानार्जन में इसके विभिन्न रूपों का योगदान होता रहा है। बाहुभाषिकता अथवा मूल पाठ की अर्थ-जटिलता की विडम्बनाओं से उबरने के लिए अनुवाद और उसकी विधियाँ काम आती रही हैं।

द्वितीय विश्वयुद्ध के बाद और फिर भारतीय स्वाधीनता के बाद से दुनिया भर के देशों का जिस तरह आपसी संबंध बना, उसमें अनुवाद की महत्ता विराट हो गई। अनुवाद प्राचीन काल से

अध्यापन कार्य में सहायक होता आ रहा है। मराठी के प्रख्यात उपन्यासकार गंगाधर गाडगिल ने भी अपने ऐतिहासिक उपन्यास प्रारंभ में सबल साक्ष्यों के साथ इस बात ही जानकारी दी है। ब्रिटिश शासन के दौरान समाज के शैक्षिक, सामाजिक, साँस्कृतिक, आर्थिक विकास के लिए अनुवाद किस तरह अपरिहार्य घटक बन गया था, इसका प्रामाणिक विवरण वहाँ दिया गया है। हमारे गौरव-ग्रंथों का जो अनुवाद फिरंगियों ने अपनी भाषा में किया, व्यापक अर्थों में उसका संबंध भी शिक्षा-शास्त्र से ही है। वस्तुतः वे हमारी साँस्कृतिक, धार्मिक और दार्शनिक पृष्ठभूमि की जानकारी हासिल करना चाहते थे। अपनी संपूर्ण शक्ति लगाकर भारतीय नागरिकों के बारे में वे जितनी जानकारी हासिल कर उसके आधार पर उन्हें पूरी तरह विश्वास हो गया था कि ये भारतवासी अपनी विपन्नता में भी संपन्न ही दिखते रहेंगे। भूखे रहकर भी इनका सर नहीं झुकेगा। तब जाकर उन्होंने तय किया कि इसके सम्मान और मनोबल को ध्वस्त करना जरूरी है, और ऐसा करने के लिए उनकी साँस्कृतिक विरासत की सूक्ष्मताओं को जानना जरूरी है, उनके मनोबल को तोड़ने का सूत्र उनकी संस्कृति और रहन-सहन को जाने बिना नहीं मिल सकता। उस हाल में उसने हमारे धार्मिक-पौराणिक ग्रंथों का अनुवाद कर हमारी साँस्कृतिक और धार्मिक विरासत पर आघात कर, अपने धर्म और अपनी संस्कृतियों के वर्चस्व की दुहाई दी, और हमारे यहाँ की जनता का मनोबल तोड़ना शुरू किया। गंगाधर गाडगिल के उपन्यास प्रारंभ में इन बातों का जिक्र भी विस्तार से है। ध्यान रखने की बात है कि उपन्यास यथार्थ नहीं होता, पर हर ऐतिहासिक उपन्यास समकालीन और वर्णित देश-काल की चित्तवृत्ति की कथा अवश्य कहता है। समाज में शिक्षा के प्रचार-प्रसार, वणिक् वृत्ति के विकास, सामाजिक उत्थान, प्रगति के प्रति आम नागरिक में वैज्ञानिक दृष्टिकोण, परंपरा के संपोषण और रूढ़ि से मुक्ति, संचार माध्यमों के सीमित संसाधनों से जनजागरण का अलख, स्त्री शिक्षा के प्रति जागरूकता और छूआछूत से छुटकारा... इन तमाम बातों की नींव उस दौर में पड़ी थी और अनुवाद कार्य ने इसमें बड़ी भूमिका निभाई थी।

पर शिक्षा-शास्त्र के क्षेत्र में अनुवाद के महत्त्व का सर्वाधिक उछाल औद्योगिक क्रान्ति के बाद ही दिखता है। विश्व भर का मानचित्र वैज्ञानिक अवदान के कारण सिमट गया। ज्ञान-विज्ञान की कई शाखाओं का विकास हुआ। विषय विशेषज्ञता ही आवश्यकता महसूस होने लगी। ज्ञान संपदा का आदान-प्रदान वृहत् पैमाने पर होने लगा। परराष्ट्र की प्रतिभाओं का उपयोग शुरू हुआ। ज्ञानार्जन और अर्जित ज्ञान के उपयोग से अर्थोपार्जन की स्वाधीनता बढ़ गई। इन तमाम क्रिया-कलापों के विकास से अनुवाद का फलक बढ़ गया। और, अनुवाद परंपरा की हमारी

प्राचीन पद्धति थोड़ी अक्षम दिखने लगी। ज्ञानलोक और चिंतन-पद्धति के विकास के कारण विषय उपस्थान में संवेदनशीलता इतनी बढ़ गई कि अर्थ का अनर्थ होने की संभावना दिखने लगी। प्राचीन समय में अनुवाद के नाम पर जो टीका, व्याख्या, सारांश प्रस्तुत किया जाता था, उसमें मूल पाठ का बहुत कुछ खर्च हो जाता था। नई भाषा में आए हुए पाठ में कुछ आमदनी भी हो जाती थी। वैसे, आज भी अनुवाद क्रिया में इन संभावनाओं से बचा रह पाना मुश्किल है।

इसका सबसे बड़ा कारण होता है दोनों भाषाओं की अपनी साँस्कृतिक पहचान। हर क्षेत्र की भाषा और संस्कृति वहाँ के इतिहास भूगोल और विरासत से संपोषित होती है। उस क्षेत्र की आवोहवा, वहाँ की जलवायु, वहाँ का वातावरण...सब मिलकर ही वहाँ के मनुष्य का तन और मानस रचा होता है। आचरण, आदत में; आदत, रहन-सहन में; रहन-सहन, प्रथा में; प्रथा संस्कृति में...जिस लंबी जीवन व्यवस्था में परिवर्तित होता है, वह एक ऐतिहासिक प्रक्रिया होती है। दो भाषा क्षेत्रों की जटिल जीवन व्यवस्थाओं का ताल-मेल कराने में बड़े-से-बड़े महारथी कई बार विवश हो जाते हैं। अनुवाद कार्य के दौरान कुछ लोप और आगम (Loss and Gain) की स्थिति ऐसी ही विवशता में उत्पन्न होती है। वस्तुतः यह स्थिति किसी सिद्ध अनुवादक के लिए सबसे बड़ी चुनौती की स्थिति होती है।

पर आज के समय में, जब अनुवाद-कला का विराट महत्त्व प्रमाणित हो चुका है और विश्व फलक पर इसकी आवश्यकता दिख रही है, ज्ञान की शाखा के रूप में इसकी मान्यता बन चुकी है, इस पर कई दिशाओं से सोचने की आवश्यकता हो गई है।

बहुभाषिकता और विभिन्न राष्ट्रों के बीच राजनीतिक, कूटनीतिक, साँस्कृतिक संबंध तथा सीमावर्ती स्वायत्तता से संबंधित राजनय के मद्देनजर अनुवाद की महत्ता अनिवार्य और दायित्त्वपूर्ण हो गई है। इस रास्ते शिक्षण पद्धति में इसका प्रवेश गंभीरता से हुआ है। शासन-व्यवस्था, संचार-माध्यम, साँस्कृतिक आदान-प्रदान, राष्ट्रनिर्माण, मानवीय सौहार्द, वाणिज्य, उद्योग-धंधा, प्रबंधन-पद्धति, कला-साहित्य-सांस्कृति, विचार विनिमय आदि के क्षेत्र में आज अंतरराष्ट्रीय फलक पर अनुवाद की उपयोगिता इतनी अधिक बढ़ गई है कि इसके बिना ये सारे तंत्र अपंग साबित होने लगे हैं। इधर शिक्षा के क्षेत्र में विशेषज्ञता की माँग इतनी बढ़ गई है कि इन सभी दिशाओं में विभिन्न संस्थानों में उच्चतर शिक्षा दी जाने लगी है। जाहिर है कि

अनुवाद के सूक्ष्मतर उपयोग के बिना ये सारे अपूर्ण होंगे भारत जैसे बहुभाषी, बहुसाँस्कृतिक देश में तो इसकी महत्ता और भी विशिष्ट हो गई है।

नायडा, न्यूमार्क, बाथगेट जैसे अनुवाद चिंतकों ने स्रोत-भाषा के पाठ से लक्ष्य-भाषा के पाठ तक की यात्रा में एक बेहतर अनुवाद के लिए विश्लेषण, बोधन, समन्वयन, संक्रमण, पुनर्गठन... जितने भी पड़ाव तय किए हैं; उन सब में बहुत सावधानी बरतने की आवश्यकता है। हर समय और हर विषय-प्रसंग का चिंतक अपने अनुभव, प्रतिभा, और जीवन-दृष्टि के आधार पर कोई सिद्धांत तय करता है। जरूरी नहीं कि वह सिद्धांत सब के लिए सभी परिस्थितियों में सफल साबित हो। कई बार तो सिद्धांतकर्ता कुछ समय बाद अपने ही मत को खुद खण्डित कर नए मत प्रस्तावित कर देते हैं। हमारे यहाँ तत्सम शब्दों का अन्वय विश्लेषण और शब्दों की व्युत्पत्ति प्रक्रिया ढूँढने के क्रम में पाठ की समझ विकसित करने की मंशा ही शामिल रहती है। अध्यापन, विवेचन, विश्लेषण, शास्त्रार्थ, कथावाचन आदि समस्त शैक्षिक, बौद्धिक, शास्त्रीय, लौकिक आदि उपक्रमों में अथवा सामाजिक रूप से पंचायत व्यवस्था में, वैचारिक आदान-प्रदान में, इन प्रक्रियाओं का उपयोग भारतीय पद्धति में होता आया है।

संस्कृत समस्त आधुनिक भारतीय भाषाओं की जननी है, इसके बावजूद आज भारत में शताधिक भाषाएँ/उपभाषाएँ वजूद में हैं। भारतीय संविधान की आठवीं अनुसूची में ही बाइस भाषाएँ स्वीकृत हैं। हर भाषा का अपना खास वातावरण और अपनी विलक्षण व्यवहार शैली एवं संस्कृति है। सभी भाषाओं के साहित्य उस जनपद के जनजीवन की चित्तवृत्तियों से सराबोर है। यह भी सच है कि भारतीय नागरिकों की जीवन-शैली सदा से ज्ञानाश्रित रही, ज्ञानोन्मुख विषयों पर यहाँ सदा विचार-विमर्श होता रहा। व्यापार की दिशा में इस राष्ट्र में कभी उग्रता नहीं रही, उसे यहाँ कभी प्रतिस्पर्द्धा की दृष्टि से नहीं देखा गया, यह उपक्रम जीवन की एक सामान्य क्रिया मात्र रहा। इस राष्ट्र के बुद्धिजीवियों के चिंतन का केंद्रीय विषय मानवीयता ही बना रहा। धर्म, दर्शन, ज्योतिष, आयुर्वेद, ज्यामिति, और रमल-शास्त्र यहाँ की चिंतन परंपरा का मुख्य लक्ष्य रहा और, इस दिशा में यहाँ पर्याप्त कार्य भी हुए। इस संपूर्ण विरासत में वैदिक संस्कृत से लेकर उत्तरवैदिक संस्कृत एवं लौकिक संस्कृत, और फिर आधुनिक भारतीय भाषाओं की विकास-प्रक्रिया तक में लगातार परिवर्तन होता रहा। विश्लेषण, अन्वय, टीका, व्याख्या की अनेक सरणियों से न केवल सर्जनात्मक साहित्य, बल्कि जीवन-व्यवस्था के अधीन ज्ञान के सभी संकायों में अनुकथन, पुनर्कथन की दीर्घ परंपरा बनी रही। अकेले ब्रिटिश शासन काल की भारतीय जीवन पद्धतियों का सूक्ष्मता से

अनुशीलन किया जाए तो इस प्रसंग में शोध और विश्लेषण की विराट संभावनाएँ उपस्थित हो जाएँगीं। इस पूरी व्यवस्था में, करते जाने के इतने बड़े-बड़े लक्ष्य, इस राष्ट्र के बुद्धिजीवियों के समक्ष आते गए कि उन्हें अपने किए हुए कार्यों का गीत गाने की सुविधा नहीं मिल सकी। इससे अलग यह भी कि यहाँ के चिंतकों के लिए अनुकथन/पुनर्कथन/पुनर्प्रस्तुति के क्रम में बोधन, विश्लेषण, अन्वय, व्याख्या के जितने कार्य करने पड़े, उन सबको हमारे पूर्वजों ने अपनी दिनचर्या का एक अंश माना, इतिहास की कोई घटना नहीं। अनुवाद अध्ययन के क्षेत्र में भारतीय चिंतन परंपरा को यदि इस पद्धति से रेखांकित किया जाए, तो इसकी लंबी परंपरा का सूत्र हमारे सामने होगा। कीर्ति-स्तंभ स्थापित करने की परंपरा तो भारत में भी रही है। पर राजाओं के यहाँ; बुद्धिजीवियों/चिंतकों की मंडली में नहीं, इनके यहाँ तो ज्ञान-चर्चा ही सर्वाधिक महत्त्व का विषय बना रहा। देर तक तो शिक्षा व्यवस्था भी अभ्यास और मौखिक परंपरा से चलती रही। पर आज के समय में अनुवाद की स्थिति बदल गई है। भाषा और संस्कृतियों की विविधता के मद्देनजर विश्व फलक पर कई प्रसंग सामने हैं। विज्ञान एवं प्रौद्योगिकी के साथ मनुष्य की विचार-व्यवस्था में बड़ा परिवर्तन हो गया है। विज्ञान के अवदान और मनुष्य के ज्ञान की परिणतियाँ, विध्वंसक उपलब्धियों के इर्द-गिर्द घूमने में विश्वास करने लगी हैं। राजनय और कूटनीतिक स्थितियाँ बदल गई हैं। अंतरराष्ट्रीय संबंधों को लेकर वैचारिक संघर्षों को लेकर, विचार-व्यवस्था पर्याप्त व्याख्येय और बहुअर्थी व्यंजना से परिपूर्ण हो गई है। जाहिर है कि अनुवाद जैसे कार्य आज अत्यधिक महत्त्वपूर्ण हो गए हैं

अनुवादक अथवा अनुवाद चिंतक के रूप में प्रशिक्षित होने के लिए वैश्विक फलक पर उक्त सारी बातों का ध्यान रखना आवश्यक है। अनुवाद अध्यापन के क्रम में कक्षा-अध्यापन और पाठ्यक्रम का विकास करते हुए आज यह सोचना बहुत आवश्यक हो गया है कि जिन दो भाषाओं के बीच यह संबंध हो रहा है, उनके अपने अंतर्संबंध भी अपनी-अपनी जगह रक्त-शिराओं की तरह फैले हुए हैं। मूल पाठ का बोधन, विश्लेषण करते हुए वाचक एवं प्रस्तोता की बौद्धिकता और विषय वस्तु के बारे में उसकी समझ से लेकर लक्ष्य-भाषा के भावक की ग्रहण-शक्ति तक की चिंता करना; दोनों पाठों में अन्तःसलिल धारा की तरह अलक्ष्य, किंतु विद्यमान संस्कृति और परिवेश का आरोपण करना कितना मुश्किल, और कितना जरूरी है-- पाठ्यक्रम विकास के क्रम में इस बात का ध्यान रखना बेहद जरूरी है। इन सावधानियों से निरपेक्ष रहकर कोई भी व्यक्ति बेहतर तो क्या, सामान्य अनुवादक या अनुवाद चिंतक भी नहीं हो सकता। अनुवाद का लापरवाह अर्थ लगाने वाले व्यक्ति के बारे में निश्चित रूप से यह कहा

जा सकता है कि वे अनुवाद के विभिन्न रूपों में से हर एक को समग्र मानने की भूल कर रहे हैं। आज की तारीख में विश्वसनीय अनुवाद और बात है, और बेहतर अनुवाद और। विश्वसनीय अनुवाद पर विश्वास रखने वाला व्यक्ति ही 'गिव द ऑनर गेट द ऑनर' का अर्थ 'इज्जत दो, इज्जत लो' लगाते हैं, या 'प्योर काउ मिल्क इज एवलेवल हेयर' का अर्थ 'यहाँ शुद्ध गाय का दूध उपलब्ध है' लगाते हैं। इन पंक्तियों का अनुवाद कोशीय अर्थों में गलत नहीं है। लेकिन पाठ्यक्रम विकास के क्रम में यही उदाहरण सहायक साबित होता है कि अनुवाद कार्य अथवा अनुवाद चिंतन के समय भाषा-विज्ञान, भाषा का साँस्कृतिक परिप्रेक्ष्य, वाचक/उद्घोषक का ध्वनि-प्रयोग, मुहावरा-लोकोक्ति, बिंब-प्रतीक किस तरह का चमत्कार उत्पन्न करता है। ये किसी पाठ के वैसे वैशिष्ट्य हैं, जिनकी जानकारी के अभाव में पाठ विरूपित हो जाता है।

इन दिनों मशीनी अनुवाद पर भी तल्लीनता से काम हुआ है। उस काम की सराहना की जानी चाहिए, लेकिन पाठ्यक्रम में इसका उल्लेख होना भी आवश्यक है कि मशीनी अनुवाद की अपनी सीमा है। मशीनी अनुवाद उसी पाठ का संभव है, जिसके प्रस्तोता मूल पाठ ही इस धारणा से प्रस्तुत करें कि इसका मशीनी अनुवाद होना है। अभिधा शक्ति के अतिरिक्त किसी और भाषा-ध्वनि का प्रयोग उसमें न हो। वर्ना मशीनी अनुवाद का संपादन एक जंजाल बन जाता है। वैसे भी किसी भ्रष्ट अनुवाद को सुधारने से बेहतर कार्य फिर से अनुवाद करना होता है।

इसी तरह हर भाषा-क्षेत्र की संस्कृति और शब्द-संस्कार का ध्यान रखना आवश्यक है। मिथिलांचल के ब्राह्मण माँस-मछली खाते हैं, जबकि शाकद्वीपीय ब्राह्मण माँसाहार वर्जित रखते हैं। छोटानागपुर में नानी-नाती के बीच हास-परिहास का रिश्ता होता है, बिहार में आदर और लिहाज का। बिहार में जीजा-साली में परिहास चलता है, केरल में भाई-बहन की तरह लिहाज किया जाता है। दिसंबर माह में दिल्ली में पुरजोर ठण्ड पड़ती है। कोचीन में एअर कण्डीशन चलाना पड़ता है। अब मैथिली के किसी पाठ का अनुवाद यदि हिंदी में हो, नागपुरी का अनुवाद मैथिली में हो, हिंदी का अनुवाद मलयालम में हो, मलयालम का पंजाबी में हो...तो इस तरह की साँस्कृतिक भिन्नता; खान-पान, रहन-सहन, पहनावे-ओढ़ावे की विविधता को अनुवाद करते समय किस तरह लिया जाना चाहिए, इसके संकेत अनुवाद के शिक्षण क्रम में होना चाहिए।

भारतीय परिप्रेक्ष्य में तो खासकर शब्दावलियों की विराट अर्थ-ध्वनियाँ हैं। सर्वनामों और क्रियापदों की विशिष्ट प्रयुक्तियाँ हैं। अँग्रेजी का 'एँगर', हिंदुस्तानी में गुस्सा, क्रोध, कोप बनकर आता है। पर स्थिति यह है कि अँग्रेजी में परशुराम भले एँग्री हो जाएँ, हिंदी मे वे गुस्सा नहीं होंगे, क्रोधित होंगे; अँग्रेजी में भगवान विष्णु भले एँग्री हो जाएँ, हिंदी में गुस्सा नहीं होंगे, कुपित होंगे। इस तरह के असंख्य उदाहरण विभिन्न भारतीय भाषाओं से लिए जा सकते हैं।

निष्कर्ष

सारांशतः आज के जटिल और मिश्रित पर्यवस्थिति से भरे-पूरे सामाजिक परिदृश्य में हम ब्राह्मण, आरण्यक, निघण्टु, निरुक्त से अनुवाद की भारतीय परंपरा और सरगोन की विजय घोषणा से पश्चिमी अनुवाद परंपरा की माला भले जप लें, पर अनुवाद अध्ययन की शिक्षा-पद्धति विकसित करने हेतु यह ध्यान हर समय रखना होगा कि मूलपाठ के वाचक एवं विषय, वाचक और विषय के उद्देश्य, भाषा क्षेत्र, परिवेश, संस्कृति, भाषाविज्ञान, लोक-प्रयुक्ति, विषय की संवेदनशीलता के मद्देनजर ही कोई अनुवादक या अनुवादक-चिंतक अपने को लक्ष्य भाषा के लिए तैयार करता है और अनुवाद की कोटि तय करता है कि इस पाठ के लिए टीका, व्याख्या, अन्वय-विश्लेषण, इंटरप्रिटेशन, अनुवाद...क्या उचित है? और इसी पद्धति में लक्ष्य भाषा के भावक के मानसलोक और बौद्धिक स्तर, भाषा-क्षेत्र के परिवेश, संस्कृति, भाषा संरचना, लोक प्रयुक्तियाँ, विषय-निरूपण आदि तय करता है। जाहिर है कि इसमें किसी अनुवादक या अनुवाद चिंतक को इस कार्य में उसके प्रशिक्षण का अनुभव और व्यावहारिक पद्धति के दौरान प्राप्त पटुता ही सहायक होगा। अतः अनुवाद से संबंधित पाठ्य निर्मिति में इन बातों का संज्ञान रखा जाना अनिवार्य है।

भाषा, समय और अनुवाद

- सुबोध कुमार

समय-समय पर दुनिया में उत्कृष्ट साहित्यिक कृतियों का विभिन्न भाषाओं अनुवाद हमेशा से होता आ रहा है। अनुवाद की क्रिया का यह प्रवाह हमेशा से चलता आ रहा है और विश्वास के साथ कहा जा सकता है कि यह प्रवाह आगे भी बना रहेगा। भारतीय इतिहास में भी अनुवाद न सिर्फ साहित्यिक सृजन की परंपरा, बल्कि समाज और देश को भी मजबूत करने का काम किया है। इसी 'अनुवाद' रूपी शस्त्र के सहारे भारतेन्दु हरिश्चंद्र नेएक समय व्यापक जनसमूह को झकझोरा था।

परिचय

सुबोध कुमार

लेखक अनुवाद-विज्ञान के विशेषज्ञ हैं और महात्मा गांधीअंतरराष्ट्रीय हिंदी विश्वविद्यालय, वर्धा से पी-एच०डी० किया हैऔर संप्रति एक निजी कंपनी से जुड़े हैं। संपर्क:

tosubodhkumar@gmail.co

नवजागरण की शुरुआत सर्वप्रथम यूरोप के इटली में सोलहवीं सदी में हुई थी, इसके साथ ही साथ फ्रांस और इंग्लैंड में भी इस भावना का विस्तार हुआ। इसी प्रकार से विश्व के अनेक देशों में नवजागरण का अंकुरण हुआ। भारत में भी नवजागरण अर्थात् आधुनिक काल का अंकुरण उन्नीसवीं सदी के प्रारंभ में धीरे-धीरे हुआ, ठीक वैसे ही जैसे भक्ति-आंदोलन का प्रचार-प्रसार बहुत ही धीरे-धीरे पूरे देश में फैला। सबसे पहले आधुनिक युग का प्रारंभ बंगाल प्रांत में हुआ यह समय आधुनिक युग का प्रारंभ और मध्य काल के अंत का(1757 ई०) था। अंग्रेजों के हाथ बंगाल के नवाब का पराजय होने पर अंग्रेजों ने इसपर शासन करना शुरू किया। 1818 ई० में इसी तरह अवध भी अँग्रेजी राज्य का अंग बन गया। 1857 ई० में स्वतंत्रता-संग्राम का प्रथम बिगुल मेरठ की छावनी से मंगल पांडे ने फूंकी थी इसी प्रकार बहु भाषा-भाषी देश के मुख्य भाग उत्तर-प्रदेश में आधुनिकता का शुभारंभ माना जाता है

इस आधुनिक काल के आगमन का अप्रत्यक्ष श्रेय अँग्रेजी उपनिवेश को भी जाता है। ऐसे तो परिवर्तन संसार का नियम है, जो धीरे-धीरे अपने आप चलता रहता है। लेकिन आधुनिकता के पहिए की जो गति थी, उसका श्रेय अँग्रेजी उपनिवेश को जाता है। इसी संदर्भ में 1853 में 'न्यूयार्क डेली ट्रिब्यून' में प्रकाशित अपने एक लेख में कार्ल मार्क्स ने लिखा था कि हिंदुस्तान में सामाजिक क्रांति लाने के लिए ब्रिटेन ने जो कुछ किया था, उसके पीछे निकृष्ट स्वार्थों की

पूर्ति का लक्ष्य निहित था। इसके लिए उसने जो तरीका अपनाया, वह दुष्टतापूर्ण था इस क्रांति को लाने में वह अनजाने इतिहास का हथियार बन गया। अंग्रेजों ने भारत को जी भरकर लूटा और उपनिवेश की रक्षा तथा व्यापार की समृद्धि के लिए उन्होंने जो कानून-व्यवस्था कायम की। भूमि का नया प्रबंध किया, रेल, तार, डाक का नया जाल बिछाया, अँग्रेजी शिक्षा की नींव डाली और प्रेस खोला। कार्ल मार्क्स के कथनानुसार यह सब कुछ अंग्रेजों ने अपने हित के लिए किया था, किंतु प्रकारांतर से इनसे भारत वर्ष का आधुनिकीकरण भी हुआ। प्रेस और समाचार-पत्र के कारण विचार स्वातंत्र्य की नींव पड़ी।" इसके माध्यम से भारतेन्दु जैसे बुद्धिजीवियों और साहित्यकारों ने अंग्रेजों के अत्याचारों का विरोध करना प्रारंभ कर दिया। तब नवजागरण का यह प्रकाश सभी के पास पहुँचने लगा।

हिंदी नवजागरण का दौर एवं दायरा

हिंदी नवजागरण बंगाल तथा महाराष्ट्र के नवजागरण से मूलतः भिन्न न होकर अपने दृष्टिकोणों और तेवर में भिन्न था। भारतीय इतिहास का एक दौर था, जब बंगाल के प्रभावशाली लेखक बंकिमचंद्रके लेखन में हिंदुवाद का स्वर अधिक मुखर था। लेकिन उनकी राष्ट्रीयता अपने बंगाल तक ही सीमित थी। हालाँकि उस काल के अन्य बंगाली लेखकों की दृष्टि भी प्रायः 'सोनार बांग्ला' के आगे नहीं गई है। क्षेत्रीयता की जंजीरों से जकड़े महाराष्ट्र के प्रसिद्ध गद्यकार चिपलूनकर वर्ण-भेद की खाई नहीं पार कर पाए थे। महात्मा फुले को वे हीन दृष्टि से देखते थे। इन सबों से अलग सोच धारा में बहने वाले भारतेन्दु और उनके मंडल के लेखकों ने इस प्रकार की खाई को सफलतापूर्वक पार कर अपनी सुविख्यात रचनाओं को अनुवाद के द्वारा फैला रहे थे। इन्हीं के समान सोच वाले इस प्रदेश में निर्गुणवादी संतों की एक लंबी परंपरा रही है, जिनके द्वारा मुसलमानों के भेद-भाव को मिटाने का भरपूर प्रयास किया गया। भारतेन्दु ने कबीर, दादू आदि का आदरपूर्वक उल्लेख किया है। इस परंपरा के फलस्वरूप भी उन्होंने दो संप्रदायों की एकता पर बल दिया। इसके अतिरिक्त उनके सामने संपूर्ण भारतवर्ष था, न कि भारत का कोई एक अंचल।

हिंदी नवजागरण में 'खड़ीबोली' का योगदान उल्लेखनीय है, जो मेरठ एवं मुरादाबाद के आस-पास बोली जाती है। लल्लूजी लाल और सदल मिश्र इसे वहीं से लेकर अपनी-अपनी रचनाओं में प्रयोग किए हैं। यह कटु सत्य है कि आरंभिक हिंदी का रूप देने का श्रेय लल्लूजी लाल तथा सदल मिश्र के साथ-साथ सदासुखराम और इंशाअल्ला खाँ को जाता है, अपने-अपने गद्य लेखों में 'खड़ी बोली'का प्रयोग कर जनसाधारण को जागृत किया। 'हिंदी भाषा

सार' में सदासुख जी का निबंध 'सुरासुरी निर्णय' संग्रहित है। लल्लूजी लाल का 'प्रेमसागर' की भाषा कथा-वार्ता के अनुरूप है। सदल मिश्र का 'नासिकेतोपाख्यान' है। इंशाअल्ला खाँ ने जो एक उर्दू-फारसी के गंभीर विद्वान थे, 'दरिया-ए-लताफत'नाम से उर्दू व्याकरण लिखी थी। इन सब के अलावा हिंदी साहित्य में उनका महत्त्व कुछ अधिक ही है। हिंदी में उनकी कृति 'रानी केतकी की कहानी' थी। इस प्रकार हिंदी अपने विशालकाय रूप को अपनाते हुए अदालत के दरवाजे पर जा डटी, तब ब्रिटिश कंपनी की सरकार ने डर के मारे 1836 ई० में भारतीय अदालत में हिंदी भाषा प्रयोग के लिए छूट दे दी। इसकी जड़े मजबूत करने का श्रेय राजा शिवप्रसाद 'सितारे हिंद' (1823-1968) को जाता है, जो अदालत में प्रयोग हो रहे फारसी अक्षरों को हटाकर (देवनागरी) हिंदी को जारी करने के लिए 1868 ई० में लिपि के बारे में आवेदन सरकार को दिया था।

भारतेन्दु युग

कविवर हरिश्चंद्र (1850-1885) ने बाल्यावस्था में ही काव्य-रचना आरंभ कर दिया था और अल्पायु में कवित्व प्रतिभा और रचना-क्षमता का ऐसा परिचय दिया कि तत्कालीन पत्रकारों तथा साहित्यकारों ने 1880 ई० में इन्हें 'भारतेन्दु'की उपाधि से सम्मानित किया था। तब से कविवर हरिश्चंद्र जी का पूरा नाम 'भारतेन्दु हरिश्चंद्रहो गया। 18 वर्ष के अल्पायु में ही बांग्ला से 'विद्यासुंदर' नाटक का अनुवाद हिंदी में किया। अपने साहित्यिक रचनाओं से किसानों को लक्ष्य साधकर उन्हें संगठित और आंदोलित करने की दृष्टि से जितना गद्य-पद्य लिखा उतना उस समय दूसरी भारतीय भाषाओं में नहीं लिखी गई। भारतेन्दु की रचनाओं का जो सकारात्मक प्रभाव समाज पर पड़ा तथा कवि लोग इस तरह प्रभावित हुए कि 'भारतेन्दु' की उपाधि देने के बाद भी संतुष्ट ना होपा रहे थे। तब सब लोगों ने मिलकर इनकी जन्म से मृत्यु तक के समय को 'भारतेन्दु-युग' के नाम द्वारा उस समय को संबोधित करने लगे।

ये कवि होने के साथ-साथ ऊँचे दर्जे के पत्रकार भी थे। 'कविवचन सुधा' और 'हरिश्चंद्र चंद्रिका' इनके संपादन में प्रकाशित होने वाली प्रसिद्ध पत्रिकाएँ थी। 'कविवचन सुधा' में साहित्यिक रचनाएँ तो होती ही थीं, सामाजिक, राजनीतिक विचार और टिप्पणियां भी होती थीं। इसी पत्रिका में उन्होंने विलायती कपड़ों के बहिष्कार की अपील की और ग्राम-गीतों के संकलन की योजना भी प्रकाशित की थी। 'हरिश्चंद्र' का प्रकाशन 1873 ई० में हुआ, जिसका प्रभाव इतना महत्त्वपूर्ण था कि हिंदी नई चाल में ढल गई। बाद में इस पत्रिका का नाम उन्होंने 'हरिश्चंद्र चंद्रिका' कर दिया। इसी प्रकार 1874 ई० में इन्होंने स्त्री शिक्षा के लिए

'बालाबोधिनी' नामक पत्रिका निकाली। नाटक, निबंध आदि की रचनाओं से उन्होंने खड़ी बोली के गद्य शैली के निर्धारण में भी महत्त्वपूर्ण योगदान दिया था, जिसे नवजागरण का अंग माना जाता है। इनकी काव्य-कृतियों की संख्या सत्तर है, जिसमें प्रेम-मालिका, प्रेम-सरोवर, वेजु-गीति, गीति-गोविंदानंद, वर्षा-विनोद, विनय-प्रेम-पचासा एवं प्रेम-फुलवारी आदि विशेष रूप से उल्लेखनीय योग्य हैं। इनका समाज पर पूरा प्रभाव पड़ता है। इनकी प्रमुख विशेषता यह है कि अपनी अनेक रचनाओं में जहाँ प्राचीन काव्य प्रवृत्तियों के अनुवर्ती रहे, वहीं नवीन काव्य-धारा के प्रवर्तन का श्रेय भी इन्हीं को प्राप्त है। ये राजभक्त होते हुए भी देशभक्त थे। दास भाव की भक्ति के साथ ही उन्होंने माधुर्य भाव की भक्ति भी की है। 'हिंदी भाषा' प्रबल हिंदीवादी के रूप में सामने आने पर भी इन्होंने उर्दू-शैली में कविताएँ लिखी हैं और काव्य-रचना के लिए व्रजभाषा को ही उपयुक्त मानने पर भी वे खड़ी-बोली में 'दशरथ-विलाप' तथा 'फूलों का गुच्छा' कविताएँ लिखते दिखाई देते हैं। संक्षेप में कहा जा सकता है कि कविता के क्षेत्र में भी वे नवयुग के अग्रदूत थे अपनी ओजस्विता, सरलता, भाव मर्मज्ञता और प्रभाविष्णुता में उनका काव्य इतना प्राणवान है कि उस युग का शायद ही कोई कवि अप्रभावित रहा है।

अनुवाद कार्य एवं नाटक

नाटक एक ऐसी कृति है, जो जनसमूह को जाग्रत अवस्था प्रदान करने में सबसे अहम भूमिका निभाती है। शिक्षित वर्ग तो लेखकों द्वारा रचित कृति चाहे वह कहानी, निबंध, उपन्यास, आलोचना आदि किसी भी प्रकार के रचित संदर्भ के सहारे जाग सकते थे, परंतु ऐसे अशिक्षित वर्ग जिनकी संख्या बहुत बड़ी थी, को जगाने का माध्यम नाटक ही सर्वोत्तम है। इसको चित्रित कर अशिक्षित वर्ग के साथ-साथ शिक्षित वर्ग को सुषुप्ता से जागृत अवस्था में लाने की बहुत ही सरल और ठोस प्रक्रिया थी। नाटकों में भी भारतेन्दु हरिश्चंद्र ने यथा रूपी लेखकों की मंडली से लेखकों की भीड़ को चीरते हुए आगे निकल कर, आला दर्जे के पद पर सुशोभित हो जाते हैं चाहे वह नाटक मौलिक हो या अनुदित। भारतेन्दु हरिश्चंद्र के सत्तरह नाटकों की रचना और अनुवाद इस प्रकार हैं-

मौलिक नाटक -

1. वैदिक हिंसा हिंसा न भवति (1873 ई॰ प्रहसन)
2. श्री चंद्रवली (1876 ई॰ नाटिका)
3. विषस्य विषमौषधम (1876 ई॰)

4. सत्य हरिश्चंद्र (1875 ई॰)
5. भारत दुर्दशा (1880 ई॰ नाट्य रासक)
6. नील देवी (1881 ई॰ गीतिरूपक)
7. अंधेर नगरी (1881 ई॰ प्रहसन)
8. सती प्रताप (1883 ई॰ नाटिका)
9. प्रेम जोगिनी (1875 ई॰ नाटिका)
10. भारत जननी (1877 ई॰ नाट्यगीत)

अनुदित नाटक

1. विद्यासुंदर (1868 संस्कृत, 'चौरपंचाक्षिका' के बांग्ला संस्करण का हिंदी रूपांतर)
2. रत्नावली (1868 संस्कृत से अनुवाद)
3. पाखण्ड विडंबन (1872 कांचन कविकृत संस्कृत नाटक का अनुवाद)
4. कर्पूरमंजरी (1875 सट्टक, कांचन कविकृत संस्कृत नाटक का अनुवाद)
5. धनंजय विजय (1873 कांचन कविकृत संस्कृत नाटक के तीसरे अंक का अनुवाद)
6. दुर्लभ- बंधु (1880 शेक्सपियर के 'मर्चेंट आफ वेनिस' का अनुवाद)
7. मुद्राराक्षस (1878 विशाखादत्त के संस्कृत नाटक का अनुवाद)

अनुवाद कार्य का नवजागरण में योगदान

नवजागरण या आधुनिक युग में पदार्पण के लिए लेखकों द्वारा मौलिक ग्रंथ, निबंध, कहानियाँ, नाटक आदि का योगदान तो मिलता है, किंतु इन सबका असर जन समुदाय पर भी पड़ता है लेकिन कम। क्योंकि कई बार इन सारी कृतियों में मौजूद तत्त्वों के बारे में संबंधित जनसमूह भली-भांति परिचित रहता है। इस मायने में नवजागरण पूर्ण रूप से लाने के लिए लेखकों द्वारा अनुदित कार्य सर्वाधिक कारगर साबित हुआ।

जैसाकि स्पष्ट है कि नवजागरण का सर्वप्रथम उदय सोलहवीं सदी में यूरोप के इटली, फ्रांस और फिर इंग्लैंड में हुआ। भारत में सर्वप्रथम 1787 ई॰ के समकालीन बंगाल प्रांत में हुआ। तकरीबन 100 वर्ष बाद भी उत्तर भारत में 1857 ई॰ के समय नवजागरण नवागंतुक के रूप में था। इस प्रकार हम कह सकते हैं कि मानव जाति के अंदर मौलिक युग मौजूद रहता है, देखा-देखी या नकल करने का और हम नकल उसी का करते हैं, जो हमसे आगे निकल चुका हो। चाहे वह जिस रूप में हो। यहाँ हमारे लेखकों द्वारा आगे निकले हुए समाज, साहित्य और संस्कृति का जो अनुवाद होता है, जिससे समाज में नवजागरण का पहिया बहुत ही तेज गति से घूम जाता है तथा समाज इन लेखकों का बहुत बड़ा ऋणी बन जाता है। इस प्रकार हम

देखते हैं कि हिंदी नवजागरण के संदर्भ में भारतेन्दु हरिश्चंद्र द्वारा रचित कृतियों ने चाहे वे मौलिक हों या अनुदित, समाज के ऊपर जो प्रभाव डाला है, उसे हम भुलाए नहीं भूल सकते हैं। हमारे दिलों-दिमाग पर इनकी रचनाओं का असर इस प्रकार है कि नवजागरण या आधुनिक युग का नाम लेते ही 'भारतेन्दु हरिश्चंद्र के आगे नत-मस्तक हो जाते हैं। या फिर कहा जा सकता है कि इनसे परे हम नवजागरण या आधुनिक युग की कल्पना ही नहीं कर सकते हैं।

पूर्वोत्तर भारत में अनुवाद की परंपरा

\- **अरविंद रावत**

परिचय

अनुवाद विभिन्न साहित्यों, समाजों, संस्कृतियों और इतिहासों के अंतर्संबंध को विस्तृत करने में सहायता करता है, साथ ही अनुवाद भाषाई सीमाओं से विभाजित लोगों के लिए ज्ञान की विशाल शृंखला में महत्त्वपूर्ण समन्वय कराता है। इस प्रकार अनुवाद विभिन्न भाषाओं, समाजों और संस्कृतियों के बीच संपर्क स्थापित करने का एक सुगम रास्ता भी है। इसका इतिहास लंबा और जटिल है। यह विभिन्न भाषाई, सांस्कृतिक तथा जनसांख्यिकीय सीमाओं के पार जाकर विचारों का समन्वय या खंडन और विस्तार की सीमा को प्रस्तुत करने का भी कार्य करता है।

परिचय

अरविंद रावत
लेखक संगणक भाषाविज्ञान के छात्र रहे हैं और संप्रति पूर्वोत्तर पर्वतीय विश्वविद्यालय, शिलांग से पूर्वोत्तर की अनुवाद-परंपरा पर शोधरत हैं।
संपर्क:arvind.rawats12@gmail.co

भारत में अनुवाद की परंपरा

भारत हमेशा से अनुवाद का गढ़ रहा है। चीनी और बौद्ध शोधार्थियों ने भारतीय मूल के कार्यों यथा- खगोलविज्ञान, गणित, औषधिविज्ञान और तर्कविज्ञान का अनुवाद तीसरी और पाँचवीं सदी में ही किया था। भारतीय विज्ञान का प्रसार अन्य देशों में अनुवाद के द्वारा ही संभव हुआ। डेलिसलेंड वर्ड्सवर्थ ने कहा है कि "जिस देश में बहुसंस्कृतिवाद और बहुभाषावाद की मजबूत परंपरा रही हो, वहाँ अनुवाद हमेशा से ही बौद्धिक जीवन का एक महत्त्वपूर्ण तत्त्व रहा है।" अनुवाद की शुरुआत बहुसंस्कृतिवाद और बहुभाषावाद से होती है, जो भारतीय समाज के इतिहास के हर चरण का एक महत्त्वपूर्ण तथ्य है। बहुभाषिक समाज हमेशा अनुवाद के लिए एक पृष्ठभूमि तैयार करते नज़र आते हैं, क्योंकि इसमें प्रत्येक भाषा का अपना क्षेत्र होता है और उस भाषा के संपर्क में आने तथा उसको दूसरी भाषाओं के संपर्क में लाने के लिए अनुवाद एक मात्र रास्ता है। हम भारत को अनुवाद के एक समृद्ध क्षेत्र के रूप में भी देख सकते हैं। बेहेरा ने सही कहा है "भारत बहुत-सी जातियों, भाषाओं, धर्मों और संस्कृतियों को समायोजित करने वाला एक बहुसांस्कृतिक देश है। ये सारे तत्त्व यहाँ विडंबनापूर्ण रूप से अलग से मौजूद हैं और एक ही समय में ये कई स्तरों पर अतिव्यापी पहचान के लिए भी

परस्पर साथ नज़र आते हैं। भारत को हम राष्ट्रों का राष्ट्र और एक भूमि में कई भारत के रूप में भी वर्णित कर सकते हैं, जहाँ विभिन्न सांस्कृतिक रूपों और अभिव्यक्ति के माध्यमों से समुदायों /समष्टि की कल्पना विभिन्न प्रकार से की जा सकती है। इस परिदृश्य से बाहर भी भारतीय साहित्य के बहुभाषिक रूप को उभारने में अनुवाद, स्पष्ट या अस्पष्ट, सुविचारित या सहज रूप से अपनी भूमिका निभाता है।"

पूर्वोत्तर में अनुवाद की परंपरा

पूर्वोत्तर भारत में अनुवाद के इतिहास को चार महत्त्वपूर्ण भागों में विभाजित किया जा सकता है- (i) पूर्व औपनिवेशिक (ii) औपनिविशिक (iii) उत्तर-औपनिवेशिक और (iv) इक्कीसवीं सदी। देवी (1993) अपने शब्दों में कहती हैं कि "भारतीय संदर्भ में साहित्यिक अनुवाद को तीन भागों में विभाजित कर सकते हैं-

(i) जो प्राचीन साहित्यिक संपत्ति को सुरक्षित करना चाहते थे।

(ii) जो भारतीय भाषाओं और साहित्य का पश्चिमीकरण करना चाहते थे।

(iii) जो साहित्य का राष्ट्रीयकरण, आधुनिक भारतीय भाषाओं में करना चाहते थे।

बहरहाल अनुवाद अध्ययन भारत में अपेक्षाकृत गंभीर अकादमिक बहस का एक नया क्षेत्र भी है। पश्चिम में राजशाही और सत्तारूढ़ों के द्वारा बनाई गई अनुवाद की गतिविधियाँ वस्तुत: भाषाई नीति की एक अंग थीं, लेकिन भारत में अनुवाद को अलग से अकादमिक उद्यम नहीं माना गया। मोहंती कहते हैं कि 'अनुवाद और अनुवाद अध्ययन अब तक हाशिए का ही प्रसंग रहा है।' कृष्णमूर्ति अपने शब्दों में इस विरोधाभासी स्थिति का वर्णन करते हैं कि जब हम उपमहाद्वीप में अनुवाद के इतिहास पर काम करते हैं तो बहुत सारी समस्याएँ उत्पन्न होती हैं। इसके सबूत भी अत्यंत विचित्र हैं, क्योंकि कुछ रूपों में सब कुछ मौखिक परंपरा का हिस्सा है, कहीं जलवायु परिस्थितियों से असंख्य ग्रंथों का विनाश हुआ और कहीं मानवीय प्रतिकूल स्थितियाँ इसका कारण रहीं हैं।

पूर्वोत्तर भारत इस वास्तविकता की प्रतिकृति है या कम से कम इस कठोर वास्तविकता से दूर नहीं है। यहाँ अनुवाद की परंपरा उतनी पुरानी नहीं है जितनी अन्य भारतीय भाषाओं की है। पूर्वोत्तर भारत में यह स्थिति थोड़ी अलग है। यहाँ पर अनुवाद को अंतर-सांस्कृतिक और सांस्कृतिक कारकों के पार जाकर एक घटना के रूप में सम्मिलित किया जा सकता है। हालाँकि इस क्षेत्र में जातीय और भाषाई समुदायों की बहुलता के बावजूद अनुवाद किसी

दिनचर्या के रूप में नहीं देखा गया है। पूर्वोत्तर भारतीय भाषाओं के अनुवाद के ऐतिहासिक ज्ञान की वर्तमान स्थिति विभिन्न रूपों में विभाजित है। यह जटिलता अनुवाद के ऐतिहासिक अध्ययन को रोचक भी बनाती है। भारत के पूर्वोत्तर भाग में अनुवाद का इतिहास को समझने एक रास्ता भी है। अनुवाद को आज के समय के साथ तकनीकी (मशीनी अनुवाद) से जोड़ा जाना चाहिए, जिससे तकनीकी क्षेत्र में भी पूर्वोत्तर की भाषाओं की पहचान बन सके। हालाँकि इस क्षेत्र में कुछ भाषाओं जैसे असमिया, बोडो आदि में कुछ काम हुआ है और अभी चल भी रहा है, बावजूद इसके इस क्षेत्र में अधिक से अधिक कार्य करने की असीम संभावना है। बहरहाल यहाँ मुख्य रूप से अनुवाद को आज के संदर्भ में देखने की आवश्यकता है, जैसे अनुवाद के द्वारा स्थानीय भाषाओं को बढ़ावा देने की आवश्यकता है, जिससे यह किसी भी स्थानीय लोक-कला, उसका इतिहास, उसका भाषाई विकास, पूर्वोत्तर भारत की साहित्यिक परंपरा में हुए बदलावों को व्याख्यायित करने में भी सहायक हो सकता है और साथ ही यह किसी विशेष क्षेत्र और काल में हुए भाषाई विचारधारा के बदलावों और विचारों तथा ज्ञान के हस्तानांतरण के अध्ययन में भी उपयोगी हो सकता है। अनुवाद वास्तव में पूर्वोत्तर भारत में एक महत्त्वपूर्ण या दूसरे शब्दों में कहें तो एक अद्वितीय स्थान रखता है, जिसके दो बड़े कारण हैं- पहला और मूलभूत कारण भाषाई विविधता है जो कि पूर्वोत्तर भारतीय लोगों के सामाजिक अस्तित्व को प्रभावित करती है। पूर्वोत्तर भारतीय भाषाई समूहों के बीच बाइबिल का अनुवाद इसकी अद्वितीय स्थिति का दूसरा कारण है। अनुवाद के द्वारा यह भी दावा किया जा सकता है कि स्थानीय भाषाएँ भी संस्कृत के आधिपत्य को कम कर सकती हैं। शेष भारत के जो शोधार्थी 'भक्ति-आंदोलन' से जुड़े हुए थे, उनके पास जो पाठों का संकलन था वह सिर्फ संस्कृत में ही उपलब्ध था। स्थानीय भाषाओं से अन्य भाषाओं में अनुवाद या अन्य भाषाओं से स्थानीय भाषाओं में अनुवाद के माध्यम से पूर्वोत्तर भारत की भाषाओं में भी अधिक से अधिक पाठों को उपलब्ध कराने का कार्य किया सकता है, जो समय की माँग भी है।

पूर्वोत्तर में अरुणाचल प्रदेश, असम, मणिपुर, मेघालय, नागालैंड एवं त्रिपुरा और सिक्किम शामिल है। भारत में पूर्वोत्तर ही सबसे अधिक भाषाई, सांस्कृतिक और जातीय विविधता वाला क्षेत्र है। पूर्वोत्तर भारत भाषा के मामले में बहुत समृद्ध है, क्योंकि यहाँ तीनों भाषा-परिवार (भारोपीय, तिब्बत-बर्मी और एस्ट्रो-एशियाई (मोन-खामेर) की भाषाएँ बोलने वाले लोग हैं। परंपरागत रूप में पूर्वोत्तर में मौखिक साहित्य की समृद्ध परंपरा रही है, उसी परिप्रेक्ष्य

में यह पारंपरिक रूप से भाषा-व्यायाम के रूप में देखने में आया है, जहाँ पाठों को एक भाषा से दूसरी भाषा में स्थानांतरित किया जाता है।

पूर्वोत्तर भारत और अनुवाद

पूर्वोत्तर का प्राचीन इतिहास मुख्यत: स्थानीय भाषाओं में मौखिक साहित्य के रूप में उपलब्ध है और विभिन्न आदिवासियों के बीच वाचिक परंपरा के रूप में पीढ़ी दर पीढ़ी आगे बढ़ाया गया है। अनुवाद की विविध प्रवृत्तियां और नए संदर्भ इसकी प्रासंगिकता और आवश्यकता के साथ विकसित हुए हैं। उन्नीसवीं और बीसवीं सदी में अनुवाद ने राजनीतिक, आर्थिक, सांस्कृतिक और पूर्वोत्तर भारत के लोगों के सामुदायिक विकास के क्षेत्रों में बहुत ही महत्त्वपूर्ण भूमिका निभाई है। इस क्षेत्र में अनुवाद लोगों के सोचने और समय के साथ बदलने का एक दृष्टिकोण साबित हुआ है। पूर्वोत्तर भारत में अनुवाद आंशिक रूप से स्थानीय भाषाओं, समाजों और संस्कृतियों के बीच संबंध स्थापित करने का बहुत ही अच्छा साधन है। यह 'अखिल भारतीय साहित्यिक गतिविधि' में राजनीतिक, सामाजिक-सांस्कृतिक और संज्ञानात्मक अवधारणाओं के रूप में परिभाषित किया जा सकता है।

'अनुवाद के बदलाव : विशेष संदर्भ नए मापदंड और बदलता दृष्टिकोण' विषय पर पहला कार्य 'मैरी स्नेल-हॉर्नबी' ने सन् 2006 में किया। अपने कार्य में उन्होंने अनुवाद और अनुवाद अध्ययन के क्षेत्र में विकास हेतु महत्त्वपूर्ण विचार प्रस्तुत किए। पूर्वोत्तर भारत में बाइबिल ने आधुनिक गद्य के रूप में अपने आप को सिद्ध किया है। उसी समय इसके अनुवाद ने उन लोगों के सामने मुसीबत भी खड़ी की, जो अनुवाद के माध्यम से पूर्वोत्तर भारत के विभिन्न सांस्कृतिक मूल्यों को बढ़ावा दे रहे थे। अनुवाद की मूल प्रक्रिया और उसके मूल अर्थ के संप्रेषण तथा भाव को लोगों तक पहुँचाने में समस्याएँ भी आयीं। मूल अर्थ तक न पहुँचना और उसके अर्थों का अपने तरीके से प्रेषित करना और उसका प्रसार इसका मुख्य कारण था।

किसी समुदाय या किसी क्षेत्र की संस्कृति के अनुसार किसी भाषा की स्थिति बदलती हुई देखी जाती है। अनुवाद के ही माध्यम से पूर्वोत्तर भारत सामाजिक, सांस्कृतिक और भाषावैज्ञानिक सरहद को पार कर शेष भारत और भारत के बाहर भी जुड़ सकती है। यहाँ साहित्य और संस्कृति का अनुवाद भी विभिन्न सांस्कृतिक संरचनाओं और भाषाई माध्यमों के बीच संचार के एक साधन के रूप में सत्ताई संबंधों पर बातचीत का अवसर प्रदान कर सकता है। कई मामलों में अनुवाद भाषा और संस्कृति के श्रेणीबद्ध रिश्तों, ग्रंथों के गायब होने

की स्थिति में उसे फिर से वापस लाने और संस्कृतियों तथा ज्ञान से कुछ विशेष लोगों के नियंत्रण को भी हटाने में सहायक हो सकता है। भारत को हम बहुभाषिक राष्ट्र के रूप में भी व्याख्यायित कर सकते हैं (सिंह 2014), जहाँ विभिन्न सांस्कृतिक रूप और विचार अनुवाद के द्वारा तय किए जाते हैं। अनुवाद की मात्रा और प्रकार का निर्धारण करने में ऐतिहासिक स्थिति ने महत्त्वपूर्ण भूमिका निभाई है। अनुवाद ने साहित्यिक परंपरा और रीति को बदला है। पूर्व औपनिवेशिक काल में एक भाषा से दूसरी भाषा में अनुवाद करने का कोई व्यवस्थित या अनुकूल तरीका नहीं था। अनुवाद ने भाषाओं की औपनिवेशिक विरासत और भाषाई स्वीकरण (दूसरी भाषा के शब्दों को गोद लेने) की परंपरा के पनपने में अपनी महत्त्वपूर्ण भूमिका का निर्वहन किया और इसे बदस्तूर जारी रखा। अनुवाद के विस्तार में देशज समाज, बाइबिल सोसाइटी और साहित्य अकादमी आदि ने बहुत बेहतर कार्य किया। इक्कीसवीं सदी में पूर्वोत्तर भारतीय भाषाओं और इनके अनुवाद की महत्ता बढ़ती हुई दिखती है। यहाँ की राजनीतिक और शासकीय आवश्यकताओं ने अपने ऊपर बढ़ते दबाव को कम करने के लिए अनुवाद पर ध्यान देना आरंभ किया है। उत्तर-औपनिवेशिक भाषाओं को उदाहरणस्वरूप देखा जा सकता है कि कैसे अनुवाद ने साहित्यिक पाठ के निर्माण और अभ्यास के क्रिया-कलापों को विकसित किया है। यह भी सच है कि पूर्वोत्तर ने साहित्य जगत में प्रवेश ही अनुवाद के माध्यम से किया है। भारोपीय भाषाओं में अनुवाद की प्रवृत्ति- यानी असमिया तिब्बत-बर्मी भाषा और ऑस्ट्रो-एशियाई (मोन-खमेर) भाषा से अलग है।

दास (2005) के अनुसार भारोपीय भाषाओं के बीच असमिया ने सबसे पहले 'वाल्मीकि रामायण' को अपनाया था और इसका श्रेय 'माधव कंडाली' को जाता है। इसका पहला और और आखिरी कांड गायब था, लेकिन बाद में संत 'संकर देव' और उनके शिष्य 'माधव देव' ने इन्हें जोड़ दिया। बृंची कुमार बरुआ कहते हैं कि "रामायण के असमिया संस्करण में सामान्य परिवर्तन आए। मूल के सुखद जीवन के सौंदर्य ने वीरता की रंगत धारण की जहाँ पूरा वातावरण वीरता से भरा था, अब वहाँ एक आदर्श पिता, मां, बेटा, बेटी, भाई और घरेलू जीवन का आकर्षण है। इसलिए 'कंडाली की रामायण' में माता-पिता और पति के प्रति समर्पण, गुरु की पूजा, पत्नी, भाई और दोस्तों से स्नेह, आम आदमी के लिए दया भाव एवं शिष्टाचार पर बल दिया गया है। यह स्त्री और पुरुष होने के लिए दोनों की अधिकतम शुद्धता और पुण्यों को भी शामिल करती है। संक्षेप में, यह असमिया लोगों की प्रतिभा की सूचक है।" नोंग्बोरी (2009) के अनुसार ख़ासी का पहला प्रकाशन, नए टेस्टामेंट का अनुवाद था, जो

1824 में आया। 1842 में जोन्स ने ख़ासी रीडर लिखा, जो वेल्श भाषा के 'राडमाम' का अनुवाद था औरख़ासी में इसका नाम 'मदर्स गिफ्ट' था। ये खासी भाषा में लिखी गईं आरंभिक किताबें थीं। बाद में जोंस ने ख़ासी अक्षरों और कोश को भी संकलित किया, इसके बाद उन्होंने वेल्श भाषा की एक अन्य रचना 'क्रिश्चियन इंस्ट्रक्टर' का अनुवाद ख़ासी में'हाइबफॉर्डकोर' नाम से किया। लाल (1992) के अनुसार ख़ासी भाषा में अनुवाद विभिन्न अनुवादकों द्वारा किया गया और इसको जारी रखा गया। 1898-99 मेंयू. जीबन रॉय ने 'हितोपदेश' के चारो खंड, 1900 में 'रामायण' तथा 'चैतन्य' और 1901 में 'बुद्धदेव चरित' तथा 'भारत का इतिहास' पुस्तक का अनुवाद ख़ासी में किया। यू. सिब रॉय ने 1902 में 'चाणक्य नीति दर्पण का' और 1903 में 'भगवद गीता' का अनुवाद ख़ासी में किया। 1910 में 'नल और दमयंती' की कहानियों और 'सावित्री' तथा 'जूलियस सीज़र' का अनुवाद ख़ासी में यू. हरी चरण रॉय ने किया। सिंह (2014) के अनुसार मणिपुर में अनुवाद अट्ठारहवीं सदी में साहित्यिक गतिविधि के रूप में उभरा। मणिपुरी साहित्य के इतिहास को मुख्यतः चार भागों में बाँट कर देखा जा सकता है- (i) 1709 से 1891 तक मध्य काल (ii) 1892 से 1960 तक रोमांटिक काल और (iii) 1960 से अब तक आधुनिक काल। वे मणिपुरी साहित्य में अनुवाद (अन्य भाषाओं से मणिपुरी में तथा मणिपुरी से अन्य भाषाओं में अनुवाद) के विकास में विभिन्न अकादमिक सहभागियों की भूमिका की भी बात करते हैं और इसमें आई कठिनाइयों तथा इसके विकास में 'साहित्य अकादमी' और 'नेशनल बुक ट्रस्ट' की भूमिका को भी अहम मानते हैं। दास (1991) के अनुसार 1802 में मणिपुरी में 'लंगोई शग्द थबा' की रचना की गई थी और यह बंगाली रामायण का अनुवाद था। यह मणिपुरी साहित्य और इसकी पड़ोसी भाषाओं के साहित्य का त्वरित संबंधदर्शाती है तथा छपाई की शुरुआत से पहले साहित्यिक कार्य के एक क्षेत्र से दूसरे क्षेत्र के बहाव को भी दिखाती है। अगर मिज़ो भाषा की बात की जाए, तो अमेरिकी मिशनरी के आने से पहले इस भाषा की कोई लिपि नहीं थी। इसके आने (खोज) के बाद ईसाई धर्म की पुस्तकें और इनसे संबंधित साहित्य का अनुवाद मिज़ो भाषा में किया गया। ब्रिटिश और विदेशी 'बाइबिल सोसाइटी' के द्वारा 'सेंट ल्यूक और 'सेंट जॉन के गोस्पेल' का मिज़ो भाषा में अनुवाद किया गया और 1898 में प्रकाशित किया गया। इसके बाद बहुत से अनुवादकों ने इस ओर अपना रुझान किया और फिर कई अनुवाद इस क्रम में देखने में आए। बाद मेंखियाङ्गटे ने मिज़ो लोक-कलाओं को इकट्ठा करके उनका अनुवाद अँग्रेजी में भी किया, जिससे मिज़ो न जानने वाले लोगों को भी मिज़ो संस्कृति के बारे में जानकारी मिल सकी। इसके बाद बहुत सारा ईसाई साहित्य और

कविताएँ भी मिज़ो में अनुदित हुई और उनको प्रकाशित भी करवाया गया, जैसे- रेव. चल्लियानाने 1909 में 'द स्टोरी ऑफ बाइबिल' और रेव. चुयातेरा ने 'द पिलिग्रम्स प्रोग्रेस' का अनुवाद सन् 1910 में मिज़ो भाषा में किया। मिशनरियों ने इस कार्य को करने के लिए सबसे पहले लोगों को अपने धर्म के प्रचार के लिए और अपने कार्य को लगातार जारी रखने के लिए पहले ईसाई धर्म में परिवर्तित किया और फिर उसके बाद उनको शिक्षित किया, जिससे उनका कार्य आसानी से होता रहे। इस क्रम में इन पश्चिमी मिशनरियों ने अपनी प्रशंसा के लिए 'बाइबिल के सिद्धांतों' को मिज़ो भाषा में अनुवाद करवाया और बाद में बहुत सारी कविताएँ जो वेल्श और स्कॉटिश भाषा में थीं उनको भी मिज़ो भाषा में अनुवाद करवाया। इसके अलावा यदि हम पूर्वोत्तर की अन्य भाषाओं का उदाहरण लें, तो देख सकते हैं कि 'राभा' भी पूर्वोत्तर की प्रमुख भाषाओं में से एक है, जिसकी लिखित परंपरा की शुरुआत बीसवीं सदी से मानी जाती है। जिसके साक्ष्य 1909 में प्रकाशित एक धार्मिक किताब 'मरकानी नीमा सकाई' से माना जा सकता है, जिसको 'मार्क के गोस्पेल' से लिया गया और राभा की 'रोंगदानी' बोली में अनुवाद किया गया। इसके बाद 'चंपई काल' के दौरान असमिया कविताएँ भी राभा में अनुदित हुईं, जैसे- 'ओमोमी मोनी नाम' का अनुवाद लिस्टी राभा रोंगखो ने किया, 'नुखर रेङ्ग्ज़ो चिंगी मोमो' का अनुवाद प्रकाश राभा ने किया, 'पिथार और अया' का अनुवाद चारुमोहन राभा ने किया तथा 'गोसा धुरी अंग' का अनुवाद समेश्वर राभा के द्वारा किया गया। आधुनिक काल में बाइबिल के अनेक पाठों जैसे- (i) 'सिरगिनी राम' (1984) (ii) 'ओरिहोंग' (1996) (iii) 'सेवाईकाइ बरइकाइ' (1993) (iv) 'जिसुनी बदङ्ग मार्क्ईगि जेप्सुकाई' (1993) (v) जिसुनी बदङ्ग लुक्ङ्गि और जेप्सुकाई (1993) (vi) 'सेवाईकाइ बरइकाइ' (1996, नया संस्करण) का अनुवाद राभा में किया गया। बोड़ो मेंभी कुछ महत्त्वपूर्ण अनुवाद हुए हैं- (i) एक बाल उपन्यास सन् 1986 में रेणु बोड़ो के द्वारा अनुवाद किया गया था, जो असमिया 'बपुकेन' का अनुवाद था और लक्ष्मीनाथ फुकन द्वारा लिखा गया था। (ii) 'होमेन बोरगोहाईन' के मौलिक उत्सर्गों को बोड़ो में 'ज़िउनी बेलासियो' (जिंदगी का आखिरी पल) के नाम से उथ्रिसर खूंगुर बसुमतारी ने अनुवादित किया। (iii) शशि सरमा के मौलिकअसमिया उपन्यास'अमर पृथ्वी' को बोड़ो में 'ज्वंगनी बुहुम' (हमारा संसार, 2003, बच्चों का उपन्यास) नाम से स्वर्ण प्रभा चाइनरी ने अनुवाद किया। इसके अलावा दो अँग्रेजी उपन्यासों का अनुवाद भी बोड़ो में हुआ- 'बूढ़ा आदमी और समुंदर' को अनिल बोड़ो ने 'ब्व्राई मानसी अर्व ल्विथ्व'के नाम से अनुवादित किया। महाश्वेता देवी के अँग्रेजी संस्करण

'एटो मुंडा वॉन द बेटेल' को स्वर्ण प्रभा चाइनरी नेबोड़ो में 'एटो मुंडाया डाओआयाओ डेरहबाय' के नाम अनुवाद कियाथा।

हाकिप ने अपने कार्य में मणिपुर की कुकी-चिन भाषाओं के अनुवाद के इतिहास को बताया है। उनके अनुसार, मणिपुर में कुकी-चिन भाषा समूह की 'मार' भाषा में अनुवाद कार्य 'एफ. जे. सैंडी' ने किया, इन्होंने 1920 में 'मार्क केगोस्पेल' के एक भाग का अनुवाद इस भाषा में किया और यह 'मार' भाषा की पहली धार्मिक पुस्तक भी थी। बाद में पूरे 'नये टेस्टामेंट' का अनुवाद 'एच. एल. थाङ्ग्लुंग' और 'एच. एल. सेला' ने किया और 1946 में प्रकाशित भी करवाया। 'मैथ्यू के गोस्पेल' का अनुवाद 1954 में इस समूह की अन्य भाषाओं में सन् 1954 में किया गया। बाद में नए टेस्टामेंट के साथ भजनों को भी जिसे 'टोंगटेप थेर लेह हला' के नाम से 'डेनियल कॉम' के द्वारा अनुवादित किया गया और 'बाइबिल सोसाइटी' के द्वारा 1976 में प्रकाशित करवाया गया। 'जॉन के गोस्पेल' का अनुवाद इस समूह की एक अन्य भाषा 'वैफेई' में वलकिन आर. रॉबर्ट के द्वारा किया गया और बाइबिल सोसाइटी ऑफ इंडिया के द्वारासन् 1917 में प्रकाशित करवाया गया। भजन के साथ नए टेस्टामेंट का अनुवाद सियाक्लाम के द्वारा 1957 में किया गया और 1981 में 'त्रिनिटेरियन (त्रिनिडाड) बाइबिल सोसाइटी' के द्वारा संपूर्ण बाइबिल के अनुवाद को लंदन में प्रकाशित करवाया गया। इसी समूह की एक अन्य भाषा 'लेमगेंग' में संपूर्ण बाइबिल का अनुवादसन् 2002 में किया गया। फिर 'ठडाऊ' भाषा में जॉन के धर्म सिद्धांतों का अनुवाद 'एन.थोमसन' के द्वारा किया गया और बाद में इसे 'अमेरिकन बापिस्ट मिशनरी' के द्वारा संशोधित और तैयार करके बाइबिल सोसाइटी ऑफ इंडिया के द्वारा 'थडाऊ-कुकी' नाम से सन् 1942 में प्रकाशित करवाया गया। बाद में बाइबिल के संपूर्ण संस्करण का अनुवाद 'टी. लुनकिम' ने किया और बाइबिल सोसाइटी ने 1971में इसे प्रकाशित किया, जिसे बाद में 'कुकी-बाइबिल' के नाम से जाना जाने लगा।

निष्कर्ष

पूर्वोत्तर भारत को यदि हम भाषाई आधार पर देखें, तो यह बहुत ही धनी क्षेत्र है, लेकिनजो भाषाई विभिन्नताअक्सर यहाँ देखने को मिलती है वह अन्य भाषाओं से कई मायनों में अद्वितीय भी है, लेकिन इनके साहित्य का न होना इन भाषाओं के लिए काफी हद तक प्रचार और प्रसार में बाधक भी साबित हुआ है। अगर दूसरी तरह सेदेखा जाए, तो हम यह भी कह सकते हैं कि पूर्वोत्तर भारत में ज़्यादातर आदिवासी हैं, जो अपने-अपने समूहों में रहते हैं और

हर समूह की अपनी एक अलग भाषा है, जो पारंपरिक रूप से एक-दूसरे तक तो पहुँच में है, लेकिन अगर दूसरे समूहों की बात करें, तो उनकी पहुँच थोड़ी कम हो जाती है, जिससे उनकी भाषा सिर्फ एक समूह की भाषा बनकर रह जाती है। दूसरा कारण यदि देखें, तो पता चलता है कि इनमें से कुछ भाषाओं में अनुवाद का प्रचलन काफी बाद में हुआ, बल्कि अगर यह कहें कि अभी शुरू ही हुआ है, तो भी ये तर्कसंगत ही होगा। कुछ भाषाओं को छोड़ दिया जाए, तो बहुत सी भाषाएँ ऐसी भी हैं, जहाँ अभी भी कोई ऐसा कार्य देखने को नहीं मिला है, इसके कारण चाहे जो भी हों। उत्तर पूर्व की भाषाई विविधता इसको शेष भारत से अद्वितीय बनाती है, लेकिन यहाँ के लोगों में अपनी भाषा के प्रचार-प्रसार को लेकर उदासीनता इसको शेष भारत से अलग भी करती है। लेकिन अनुवाद एक ऐसा माध्यम है, जिसके द्वारा किसी भी भाषा और संस्कृति को फैलाया और सुरक्षित किया जा सकता है अनुवाद की गतिविधियों को उत्तर-औपनिवेशिक काल में तीन मुख्य भागों में विभक्त किया जा सकता है- धार्मिक अनुवाद, सार्वजनिक अनुवाद और साहित्यिक अनुवाद। हालाँकि अँग्रेजी और हिंदी के धार्मिक, साहित्यिक तथा अन्य अनुवाद कार्यभी पूर्वोत्तर भारतीय भाषाओं के बीच बढ़ते दिखाई दे रहे हैं। इसके प्रभाव को 1990 और 2000 में साफ महसूस किया जा सकता है, जहाँ पूर्वोत्तर के लेखकों और अनुवादकों का एक नया वर्ग सामने आया। अक्सर अनुवाद को संशोधित या पुनर्रचित प्रयुक्तियों और स्थानीयता के साथ एक उपकरण के रूप में व्यक्त किया जाता है, जिसका सीधा संबंध उस क्षेत्र की संस्कृति इतिहास और उस क्षेत्र विशेष की भाषा के केंद्र में ही होता है। पूर्वोत्तर में अनुवाद की प्रवृत्ति अनुवाद की गतिविधियों को विशेष रूप से संस्कृतियों और भाषाओं का मिश्रण आदि को समझने, भाषाई रचनात्मकता और नए आयामों को जोड़ने की एक बड़ी संभावना भी प्रदान करती है।

इक्कीसवीं सदी में तकनीकी, राजनीतिक और प्रशासनिक जरूरतों ने ही पूर्वोत्तर भारतीय भाषाओं के अनुवाद का दबाव पैदा किया है। उदाहरण के रूप में यदि हम देखें तो कह सकते हैं कि इस क्षेत्र की भाषाओं में मशीनी अनुवाद प्रणाली के लिए विशिष्ट प्रयोग-क्षेत्र बनाने की कोशिश हो रही है। दूसरी तरफ पश्चिमी और भारतीय प्रकाशकों ने पूर्वोत्तर की भाषाओं में नए लेखन के अनुवाद पर ध्यान देना भी शुरू कर दिया है

संदर्भिका

Asaduddin, M. (2006). 'Translation and Indian Literature: Some Reflections'. *Translation Today*. England. Multilingual Matters. Vol.-3. No. - 1&2. pp.1-19.

Bastin, G. L. (2005). 'Introduction'. *Meta* 50(3):797- pp.9

Behera, G. C. (2010). 'Indian Literature Multiculturalism and Translation'.*Ntm.org*. Volume-7. No-1 & 2.

Das, S. K. (1991). *A History of Indian Literature (1800-1910): Western Impact: Indian Response*. New Delhi: Sahitya Akademi.

Das, S. K. (1995). *A History of Indian Literature (1911-1956): Struggle for Freedom: Triumph and Tragedy*. New Delhi: Sahitya Akademi.

Das, S. K. (2005). *A History of Indian Literature (500-139):From the Courtly to the Popular*. New Delhi: Sahitya Akademi.

देवी, एच. एस. (2014). मणिपुरी भाषा की विकास यात्रा. गवेषणा. उत्तर प्रदेश.: केंद्रीय हिंदी संस्थान् आगरा. अंक-102. पृष्ठ-19-28.

Delisle, J. & Woodsworth, J. (1995). *Translators Through History*. Amsterdam & Philadelphia: John Benjamins Publishing Company.

Devy, G.N. (1993). *In Another Tongue*. Madras: Macmillan.

Haokip, P. (2011). 'The Languages of Manipur: A Case Study of the Kuki-Chin Languages'. *Linguistics of the Tibeto-Burman Area*. Volume 34.1. Issue- April-11.

Krishnamurth, R. (1998). 'Indian Tradition'. In Baker, M. (ed.), *Encyclopedia of Translation Studies*. New York& London: Routeledge.

Lal, M. (1992). *Encyclopedia of Indian Literature: Sasay to Zorgot*. New Delhi: Sahitya Akademi.

Malsawma, Z. (1994). 'The Mizos of North-East India: Proclaiming the Gospel to their Neighbors Near and Far'. *Mission Frontiers.org*. Issue- Nov-Dec-1994.

Mohanty, N. (1994). 'An Indian Experience'. *Language International* 6(1)

Nongbri, Rev. B. L. (2009). 'Christianity, Khasi Language and Literature: A Historical Analysis of the Interaction of Christianity with Traditional Culture'. In Subba, T. B., J.

P. & S. J. P. (eds.), *Christianity and Change in North-East India*. New Delhi: Concept Publishing Company. pp.177-193.

Pratt, M.L. (1992). *Imperial Eyes*. New York & London: Routledge

Regu, K. (2000). 'Bible Translation in the India Context'. *Indian Journal of Translation*. pp.25

Singh, S. K. (2014). 'New Linguistic World Order and Alternative Socio-linguistics'. *The Journal of International Proceedings of Economics Development and Research.* Vol. - 72. 3. pp.10-27.

Snell-Hornby, M. (2006). *The Turns of Translation Studies*. Amsterdam & Philadelphia: John Benjamins Publishing Company.

हिंदी-उर्दू का अंतर्कलह और औपनिवेशिक शासन

- गणपत तेली

परिचय

उपनिवेशवाद के संबंध में न्गुगी वा थियांगो ने भाषा की राजनीति का विश्लेषण करते हुए इसे 'कल्चरल बम्ब' के रूप में उपनिवेशवाद का सबसे बड़ा हथियार बताया। उनके अनुसार उपनिवेशवाद द्वारा इस 'कल्चरल बम्ब' का इश्तेमाल स्थानीय नामों, भाषाओं, माहौल, संघर्षों की विरासत, एकता, क्षमता और यहाँ तक कि वहाँ के लोगों के स्वयं के भीतर के विश्वासों को नष्ट करने के लिए किया जाता है। उपनिवेशवाद की यह रणनीति उपनिवेशों की जनता में स्थानीयता को खत्म करने और साथ ही अपनी सांस्कृतिक श्रेष्ठता सिद्ध करने का प्रयास होता था। यह श्रेष्ठता सिद्ध हो जाने के बाद उपनिवेशों की जनता पर उपनिवेशवाद की मनौवैज्ञानिक विजय स्थापित हो जाती है। हालाँकि इस मनोवैज्ञानिक विजय का प्रभाव होता है, लेकिन असल में उपनिवेशवादी शासन जिस राजनीतिक और आर्थिक एजेंडा के तहत काम कर रहा होता है, उसी एजेंडा के लिए वह भाषा और संस्कृति को औजार की तरह इश्तेमाल करता है।

परिचय

गणपत तेली
लेखक हिंदी के युवा आलोचक हैं और जेएनयू, दिल्ली से पी-एच॰डी॰ किए हैं और संप्रति दिल्ली में हिंदी के शिक्षक हैं।
संपर्क : ganpat.ac@gmail.com

उपनिवेशवाद द्वारा यह इतनी संपूर्णता में किया जाता है कि स्थानीय कुछ भी ऐसा नहीं बचा रहे जो उन्हें स्वतंत्र होने का अहसास कराये। वे उपनिवेशों की जनता की स्मृतियों, विरासतों आदि सब कुछ को अपने साथ जोड़ना चाहते हैं। औपनिवेशिक इतिहास इस बात का गवाह है कि उपनिवेशवादी ताकतों ने स्थानीय लोगों को सभ्य बनाने के नाम पर यह सब कुछ किया। उन्हें पूर्व असभ्य लगता था, जिसे सभ्य बनाने के स्वघोषित चैम्पियन वे बन रहे थे। इसके लिए उन्हें उपनिवेशों की भाषा, साहित्य, इतिहास, समाज आदि में असभ्यता दिखाई देती थी। प्राच्यवादी इतिहास लेखन इसी उद्देश्य के साथ लिखा गया था। लेकिन हम यह जानते हैं कि पूर्व को सभ्य बनाने का अभियान उन्होंने अपने राजनीतिक और आर्थिक उद्देश्यों को छिपाने के लिए किया था। सभ्यता और संस्कृति उपनिवेशवाद के मूल उद्देश्य नहीं थे।

हालाँकि इसका एक दूसरा पक्ष भी है। जब हम यह मानते हैं कि उपनिवेशवाद के जरिए उपनिवेशों में आधुनिक विचारों आदि का प्रसार हुआ, तब हम ऊपर उल्लिखित पक्ष को सपाट रूप में नहीं ले सकते। जिस तरह से उपनिवेशवाद के जरिए विभिन्न नई धारणाएं उपनिवेशों में आई, पढ़ाई-लिखाई के कारण नए विचार आएं, वैज्ञानिक दृष्टिकोण आया और उसके फलस्वरूप यहाँ के समाज में परिवर्तन भी हुए। उन परिवर्तनों से उपनिवेशों की सांस्कृतिक विशिष्टताएं भी बदलीं, यह एक अनिवार्य तथ्य है। लेकिन इसका मतलब यह कतई नहीं है कि यह वैज्ञानिक दृष्टिकोण उपनिवेशवाद का अभीष्ट था (या इसके लिए उपनिवेशवाद अनिवार्य था)। उन्होंने सांस्कृतिक वर्चस्व स्थापित करने के प्रयास भी किए लेकिन उनके कारण हमारा समाज नई संस्कृति से संक्रमित होना शुरू हुआ

भारत में उपनिवेशवादी नीतियाँ

इस मसले पर भारत में उपनिवेशवादी नीतियाँ कुछ अलग तरह की रहीं। प्रारंभ में अपने अकादमिक साधनों से उन्होंने भारत को असभ्य और जड़ बताया और उसे सभ्य बनाने के कार्य का श्रेय लिया। सभ्यता के इस मिशन में उन्होंने भारत के सामाजिक क्षेत्रों में हस्तक्षेप कर सुधार कार्य भी किये। ब्रिटिश शासन के इन हस्तक्षेपों का भारतीय समाज की प्रतिगामी ताकतों द्वारा बड़े पैमाने पर विरोध हुआ था, जिसके कारण ब्रिटिश शासन ने आगे यह हस्तक्षेप करना बंद कर दिया था। इसके बाद वो उतना ही हस्तक्षेप करते थे, जितना उनके बने रहने के लिए आवश्यक होता था। यह स्थिति अन्य उपनिवशों से अलग हो गई थी। अंग्रेजों और अन्य उपनिवेशवादी देशों ने अपने उपनिवेशों में इस नीति को जारी रखा था।

अपनी नीति के अनुसार भारत में अंग्रेजों ने बाद में सामाजिक-राजनीतिक क्षेत्र में प्रत्यक्ष हस्तक्षेप नहीं किया। आवश्यक होने पर अप्रत्यक्ष रूप से हस्तक्षेप वे ज़रूर करते रहे और उनके राजनीतिक दायरे में जो क्षेत्र आ रहे थे, उनमें वे उनका हस्तक्षेप होता रहा। उस समय भाषा का सवाल सामाजिक-सांस्कृतिक, अकादमिक होने के साथ-साथ राजनीति और आर्थिक सवाल भी था। इसलिए भाषा के सवाल पर भी अंग्रेज अपनी चाल चलते रहे। वैसे उन्होंने प्रारंभ में हिंदी-उर्दू का अकादमिक विभाजन कर उसे प्रशासनिक क्षेत्रों में लागू किया और हिंदी-उर्दू के समर्थकों को धार्मिक लाइन पर ऐसा लड़ाना प्रारंभ किया कि आगे उन्हें उसे हवा देते रहने के अलावा ज्यादा कुछ नहीं करना पड़ा।

उपनिवेशवाद की स्थापना के लिए भारत में ईस्ट इंडिया कंपनियों का आगमन हुआ और इन कंपनियों में लंबे समय तक आपसी संघर्ष चला। इस संघर्ष में अंततः ब्रिटिश ईस्ट इंडिया कंपनी को सफलता मिली। इस सफलता के साथ ही ईस्ट इंडिया कंपनी ने व्यापार के साथ-साथ राज्य स्थापना की ओर रूख किया। यहाँ के शासकों को परास्त कर यहाँ राज्य स्थापना तो ईस्ट इंडिया कंपनी ने कर ली, लेकिन लंबे समय तक टिके रहने, यहाँ शासन करने और शोषण को निरंतर रखने के लिए इतना पर्याप्त नहीं था। किसी के भी लिए शासन स्थापित करने के लिए यह आवश्यक है कि वह वहाँ के मानव-व्यवहारों, वहाँ के इतिहास, भूगोल, अर्थव्यवस्था, भाषा, संस्कृति आदि से परिचित हो। ईस्ट इंडिया कंपनी के प्रबंधकों को भी यह आवश्यकता महसूस हुई लेकिन भारत की भौगोलिक, सामाजिक, सांस्कृतिक विविधताओं के कारण उनकी समस्याएँ अधिक जटिल हो गई।

यहाँ शासन स्थापित होने के बाद अंग्रेजों ने विविध क्षेत्रों में भारत संबंधी अध्ययन प्रारंभ किए पुरातत्त्व, इतिहास आदि इनमें प्रमुख थे। इन अध्ययनों में प्राच्यवादी दृष्टिकोण से ही अधिकांश अध्ययन हुए थे। इसी क्रम में उन्होंने पहली बार भारत का भाषा सर्वेक्षण, भारत की जनगणना आदि के जरिए यहाँ के समाज को बेहतर तरीके से जानने की कोशिश की ताकि वे उसके अनुरूप नीतियाँ बनाकर यहाँ निर्बाध शासन कर सके। अपनी नीतियों में उन्होंने भारत की इस विविधता के आधार पर अपने शासन की नीतियाँ बनाई। भारत की इस विविधता के इश्तेमाल के लिए उन्होंने 'फूट डालो और राज करो' की कुख्यात नीति अपनाई।

हिंदी-उर्दू विवाद

भारत में, खासकर उत्तर भारत में उनके लिए हिंदू और मुसलमान दो समुदाय ऐसे थे जिनके अंतरों को उत्तेजित कर वे उन्हें एक-दूसरे के खिलाफ खड़ा कर सकते थे। इससे पहले वे यहाँ के देशी राजाओं को 'फूट डालो और राज करो' की नीति के तहत एक-दूसरे के खिलाफ लड़ाकर अपना राज्य स्थापित कर चुके थे। राज्य स्थापित होने के बाद भी उन्हें यहाँ की जनता की एकता से खतरा लगता था। इसलिए उन्होंने विभिन्न तरीकों से दोनों को एक-दूसरे के खिलाफ खड़ा किया। पहले उन्हें मुसलमानों से ज्यादा असुरक्षा लगी, इसलिए उन्होंने हिंदुओं का पक्ष लिया, बाद के वर्षों में उन्होंने मुसलमानों का पक्ष लेना प्रारंभ किया। यह पक्ष लेना सिर्फ इन समुदायों के नेताओं को अपने पक्ष में कर लेना था। इससे फायदा अंग्रेजों के अलावा यदि किसी और को था, तो उन नेताओं को ही था। हिंदुओं और मुसलमानों के इन अंतरों को उकसाने में उनके अन्य तरीकों के साथ-साथ भाषा भी एक महत्त्वपूर्ण हथियार बनी। नागरी

और फारसी लिपि के आधार पर हिंदुस्तानी के हिंदी और उर्दू स्वरूप के अंतरों को उभार कर उन्होंने 1857 में कमो-बेश एक रहे इन दोनों समुदायों को अलग-अलग कर एक-दूसरे के खिलाफ खड़ा कर दिया और ऐसा खड़ा किया कि वे बरसों तक और कमो-बेश आज भी वैसे ही खड़े हैं।

औपनिवेशिक भारत में उपनिवेशवाद के प्रभाव से आए बदलावों और सामाजिक संरचनाओं में आ रहे बदलाव पर बात करते हुए इतिहासकार के.एन. पणिक्कर ने लिखा है कि "हिंदुओं के धार्मिक एकीकरण के पीछे उपनिवेशवाद ने एक महत्त्वपूर्ण उत्प्रेरक का काम किया। सामाजिक पुनर्रचना एवं सांस्कृतिक आधिपत्य के लिए उपनिवेशवाद ने जो प्रयास किए उसके परिणामस्वरूप हिंदुओं में एक सामुदायिक चेतना जागृत हो गई सामाजिक एवं धार्मिक आचरणों में उपनिवेशवादियों के हस्तक्षेप से एक सांस्कृतिक असंतोष पनपने लगा। सामाजिक परिवर्तन के संबंध में समान दृष्टिकोण के अभाव के बावजूद यह असंतोष पूरे हिंदू समाज में व्याप्त था। इस क्रम में उछलकर सामने आने वाले मुद्दों पर समान धार्मिक मुहावरों में वाद-विवाद होता था। "औपनिवेशिक शासन ने उक्त मुद्दों को धार्मिक आधरों पर विभाजित कर दिया और जो विभाजन पहले से चले आ रहे थे, उनको स्थापित करवा लिया था। औपनिवेशिक हस्तक्षेप से विकसित हुई इस धारा का प्रभाव बताते हुए पणिक्कर ने आगे लिखा है कि "हिंदू पुनर्जागरण पुनर्रचना एवं आंतरिक संगठन से कहीं अधिक साबित हुआ। हिंदी-उर्दू विवाद, गोरक्षा आंदोलन, राजनीतिक आन्दोलन के लिए धार्मिक प्रतीकों का प्रयोग और इन सबसे ऊपर छिट-पुट साम्प्रदायिक दंगे- एक के बाद एक घटना विकास ने ऐसे नजरिए को और मजबूत किया। "

अंग्रेजों द्वारा प्रशासनिक स्तर पर किए जा रहे विभाजनकारी कार्यों को भी दोनों समुदायों के नेताओं ने हाथों-हाथ लिया। भाषा संबंधी इस विभाजनकार्य में भी यही हुआ। इस संबंध में आशा सारंगी ने लिखा कि "उन्नीसवीं सदी से औपनिवेशिक राज्य और भारतीय राष्ट्रवादियों दोनों ने सर्वे और गणना संबंधी विमर्शों और कार्यों को सामाजिक समुदायों की भाषाई पहचान की सीमाओं और इनके राजनीतिक उत्पादों को आगे बढ़ाने के लिए इश्तेमाल किया। "इन विमर्शों और कार्यों में अंग्रेजों द्वारा स्थापित किए गए शिक्षा संस्थान, पाठ्यक्रम, सर्वेक्षण, गजट, जनगणना आदि प्रमुख हैं। आशा सारंगी के अनुसार "भाषाई पहचान की राजनीति और सांस्कृतिक-राजनीतिक समुदाय के रूप में समुदाय निर्माण इन सर्वे और गणनात्मक कार्यों से

बहुत प्रभावित हुई थीं। हिंदी और उर्दू अब केवल दो अलग भाषाई शैलियां न रह कर हिंदुओं और मुसलमानों की अलग पहचान वाली सामाजिक समुदाय बन चुकी थीं"

ब्रिटिश साम्राज्य एवं शिक्षा

ईस्ट इंडिया कंपनी ने भारत में अपना प्रशासन प्रभावी तरीके से चलाने और अपना प्रभुत्व स्थापित करने के उद्देश्य से यहाँ एक शिक्षण संस्था की जरूरत महसूस की। थॉमस रोबक द्वारा संकलित एनाल्स ऑफ दी कॉलेज ऑफ दी फॉर्ट विलियम में बंगाल में एक कॉलेज की स्थापना के कारणों को स्पष्ट करने वाले फॉर्ट विलियम कॉलेज की परिषद के मिनट्स दिए हुए हैं। उनमें 18 अगस्त 1800 को यह स्पष्ट किया गया है कि भारत में अच्छे शासन और ब्रिटिश साम्राज्य की स्थिरता के लिए एक संस्थान और अनुशासन, शिक्षा और अध्ययन की व्यवस्था की जरूरत है। इसी जरूरत के मद्देनजर कंपनी के कनिष्ठ नागरिक सेवकों के बेहतर प्रशिक्षण के लिए बंगाल के फॉर्ट विलियम में एक कॉलेज की स्थापना की गई। सरकार के विभिन्न प्रशासनिक विभागों के कार्यालयों में अपनी ड्यूटी देने के लिए उन्हें इस कॉलेज की साहित्य, विज्ञान और ज्ञान जैसी शाखाओं में पारंगत किया जा सकेगा। इसी फॉर्ट विलियम कॉलेज से हिंदी और उर्दू का भेद स्थापित हुआ, वह भी ब्रिटिश साम्राज्य को स्थिर रखने की दिशा में ही किया गया प्रयास था। भाषा का यह भेद अन्य भेदों के साथ मिलकर हिंदू और मुस्लिम समुदायों के बीच अलगाव लाने वाला बना और इसी तरह से अंग्रेज 'फूट डालो और राज करो' की अपनी नीति इस क्षेत्र में भी लागू करने की दिशा में सफल हुए। हालाँकि यह बात स्पष्ट है कि फॉर्ट विलियम कॉलेज की स्थापना के दौरान संचालकों या कंपनी सरकार के मन में यह योजना नहीं थी, गिलक्रिस्ट ही इस नतीजे पर पहुँचे थे।

भाषाशास्त्री जॉन बार्थविक गिलक्रिस्ट उस समय ईस्ट इंडिया कंपनी के नव-नियुक्त अधिकारियों को हिंदुस्तानीसीखाने के लिए एक पाठ्यचर्या बनाने का काम कर रहे थे। वे हिंदुस्तानी के प्रोफेसर नियुक्त किए गये, जहाँ उनको भारतीय शोधकर्ताओं और अनुवादकों का निरीक्षण और निर्देशन करना था। यहीं पर पहली बार हिंदी और उर्दू का भेद स्पष्ट माना गया और हिंदी के संस्कृतकरण का पहला प्रयास प्रारंभ हुआ। औपनिवेशिक ताकतों द्वारा यह प्रयास भारत में 'फूट डालो, राज करो' नीति का हिस्सा तो था ही, उससे अलग अकादमिक स्तर पर उपनिवेशवादी मानसिकता में ही बहुत से काम किए गए थे।

हिंदी और उर्दू विवाद को पैदा करने में अँग्रेजी उपनिवेशवाद की केवल यह भूमिका नहीं है कि उस समय राष्ट्र या राष्ट्र-राज्य के विचार यहाँ आए और इस आधार पर यहाँ हिंदू और मुस्लिम दोनों समुदायों ने क्रमशः हिंदी और उर्दू को खुद कोराष्ट्र घोषित करने में सहारे के रूप में इस्तेमाल किया। यह तो एक प्रक्रिया में हुआ ही था, लेकिन उपनिवेशवादी ताकतों द्वारा संस्थागत रूप से हिंदी और उर्दू का विभाजन किया गया आगे मैक्डॉनल द्वारा यह भूमिका निभाये जाने से पहले गिलक्रिस्ट ने अपने अनुमानों और पूर्वाग्रहों के आधार पर फारसीनिष्ठ भाषा की जगह संस्कृत के शब्दों से युक्त हिंदी को मान्यता दी और फारसीनिष्ठ शब्दों से युक्त फारसी लिपि में उर्दू को बनाया यह पहली बार था कि हिंदी और उर्दू को इस तरह अलग-अलग भाषाओं की तरह संस्थागत वैधता प्राप्त हुई।

इसके अतिरिक्त एक अन्य कार्य मिशनरियों द्वारा किया गया। सीधे सत्ता वर्ग के न होने के बावजूद इनके प्रयास भी प्रायः उपनिवेशवादी एजेंडे के तहत ही होते थे, जिसमें पूर्व को 'सभ्य' बनाया जाना था। इन मिशनरियों को अपने स्कूलों के लिए पाठ्यपुस्तकों की आवश्यकता हो रही थी, जाहिर सी बात है पश्चिमोत्तर प्रांत और बंगाल की पुस्तकें वर्नाकुलर में ही तैयार होनी थीं। इस काम के लिए उन्होंने विभिन्न धार्मिक समुदाय के मुखियाओं से संपर्क किया। इन मुखियाओं ने अपने-अपने समुदाय को हिंदी और उर्दू से संबंधित बताया। इस तरह से भाषा और समुदाय को आपस में जोड़कर देखने की प्रक्रिया आगे बढ़ी। जाहिर सी बात है कि इस तरह जो पाठ्यपुस्तकें बनीं, उनकी भाषा भी फारसीनिष्ठ उर्दू और संस्कृतनिष्ठ हिंदी ही रही। भाषा-विवाद के इस मसले पर मिशनरियों और पाठ्यपुस्तक लेखकों का योगदान भी ब्रिटिश शासन के समान ही रहा। इस संबंध में राजनाथ पांडे ने लिखा कि "हिंदी और उर्दू दोनों का स्वरूप पहिले अधिक सरल और जन साधारण के लिए ग्राह्य था। किंतु अँग्रेजी शासन के उत्तरोत्तर फैलाव तथा सुदृढ़ संगठन के समय से इन दोनों भाषाओं का दृष्टिकोण अधिकाधिक पश्चिमीय होता गया और आज हिंदी और उर्दू का एक-दूसरे से बिल्कुल भिन्न अस्तित्व, दृष्टिकोण और भविष्य है। "दोनों भाषाओं के अस्तित्व, दृष्टिकोण और भविष्य की यह भिन्नता अंग्रेजों की यही नीति थी।

उपनिवेशवादी ताकतों की इस नीति का विश्लेषण करते हुए अमृत राय ने लिखा है कि इन भाषाओं को "बाँटने वाली ताकतें एक सदी से काम कर रही थीं, जब 1800 ई. में कलकत्ता में फॉर्ट विलियम कॉलेज की स्थापना हुई थी। यह सही नहीं लगता कि अंग्रेजों ने पुरानी संयुक्त हिंदी/हिंदवी को दो अलग-अलग भाषाओं- आधुनिक हिंदी और आधुनिक उर्दू मेंबाँट दिया।

हालाँकि उनकी भूमिका थी, उन्होंने पहले से ही अस्तित्वमान इस विभाजन को देश में अपनी साम्राज्यवादी सत्ता के प्रबंधन के लिए इश्तेमाल किया। उन्होंने मुसलमानों को हिंदुओं के खिलाफ खड़ा करने की अपनी नीति के अनुरूप एक भाषा के खिलाफ दूसरी भाषा को खड़ा कर दिया और भाषा सुधार आंदोलन की शृंखलाबद्ध प्रतिक्रियाओं के परिणामस्वरूप समय के साथ दोनों भाषाएँ मुस्लिम और हिंदू खेमों में ध्रुव्रीकृत हो गई जिसने उर्दू को साफ तौर पर एक मुस्लिम पहचान दी।"भाषा से संबंधित अंग्रेजों की इस नीति का उल्लेख शम्सुर्रहमान रहमान फारूकी ने भी किया है। उन्होंने लिखा है कि "जब 'उर्दू' शब्द भाषा के नाम के तौर पर प्रचलित हो गया तो अंग्रजों ने भी 'हिंदुस्तानी' शब्द को त्याग दिया। इनमें इनका फायदा भी था, क्योंकि 'उर्दू' शब्द में मुसलमानी रंग 'हिंदुस्तानी' शब्द से अधिक था, और अंग्रेज यही चाहते थे कि "उर्दू" को मुसलमानों की भाषा के तौर पर जाना जाए। "इसी तरह की बात हिंदी के साथ भी थी कि उसे हिंदुओं की भाषा के तौर पर जाना जाए। इस मुद्दे पर औपनिवेशिक ताकतों की भूमिका को रेखांकित करते हुए असग़र वजाहत ने लिखा कि "भाषा और लिपि की समस्या को लेकर अंग्रेज विद्वानों के दो गुट थे। हिंदी-समर्थक ग्राउस साहब और उर्दू-समर्थक बीम्स साहब का वाद-विवाद 1865 से 1868 तक 'रॉयल एशियाटिक सोसायटी जरनल' में प्रकाशित होता रहा। इन दोनों विद्वानों के वाद-विवाद में यह स्पष्ट देखा जा सकता है कि इन लोगों ने लिपि और भाषा के प्रश्न को हिंदू और मुस्लिम पुनरुत्थानवाद के साथ जोड़कर देखा और उसे सांप्रदायिक रंग दिया। "

वसुधा डालमिया ने इस मसले के मूल में अंग्रेजों को मानते हुए लिखा है कि "राष्ट्रीय भाषा की अवधारणा प्रारंभ में अंग्रेजों द्वारा लाई गई और भारतीय परिस्थितियों में इसे लागू किया गया। उनको एक भी भाषा ऐसी नहीं मिली जो राष्ट्रीय होने का दावा रखती हो। वैसे भी, मुगलकाल में ऐसी एक भाषा विभिन्न भाषाओं का मिश्रण थी, जिसे हिंदवी और हिंदुस्तानी कहा जाता था, जो कुछ हद तक उपमहाद्वीप के अधिकांश भाग में समझी जाती थी। देश की इस जटिल भाषाई स्थिति में, अंग्रेजों ने हिंदुस्तानी के साथ यह प्रक्रिया प्रारंभ की, जो जल्द ही हिंदुओं और मुसलमानों की राष्ट्रीय भाषा के रूप में क्रमशः हिंदी और उर्दू दो भागों में बंट गई और उसके बाद उनका दो स्वायत्त प्रिंट भाषाओं के रूप में विकास हुआ।" लेकिन यह बात इतनी सरल नहीं थी। अंग्रेजों ने देश के राजनीतिक, राजनीतिक जीवन को हिंदुओं और मुसलमानों में विभाजित मानते हुए, इन दोनों समुदायों के बीच के अंतरों पर जोर दिया और इसी विभाजन पर ही हिंदी-उर्दू बंटी थीं। देश को हिंदू और मुस्लिम दोनों समुदायों में बाँटकर

देखना जहाँ एक तरफ दोनों समुदायों के साझेपन और आपसी अंतर्क्रियाओं को नकारना था, वहीं दूसरी तरफ देश के अन्य समुदायों को तथा अपने आपको हिंदू और मुस्लिम समुदायों में न मानने वाले लोगों और समुदायों को भी विमर्श से बाहर करना था।

बहरहाल, फोर्ट विलियम कॉलेज की स्थापनाएँ सैद्धांतिक थीं, सीधे आम जनता तक नहीं पहुंची और लोगों के बीच भाषाएँ पहले की तरह ही चल रही थीं। 1832 में जब ईस्ट इंडिया कंपनी ने अदालतों की स्थापना की, तब भाषा का प्रश्न उपस्थित हुआ, यह "बहुत जरूरी था कि अदालती फैसले उस भाषा में दिए जाए जिसे न्यायाधीश जानता हो", साथ ही यह भी उतना ही जरूरी था कि "आम जनता में प्रचलित भाषा में दिया जाय। " तब नीति निर्देशन यह बना कि जज के लिए यह आसान है कि वह जनता की भाषा सीखें, बनिस्पत इसके कि जनता जज की भाषा सीखें। इसी नीति के परिणामस्वरूप फारसी अदालतों की भाषा बनी। फारसी उस समय उच्च वर्ग की भाषा थी और मुगलों के दरबारों की अधिकृत भाषा भी रह चुकी थी। उस प्रशासनिक स्वरूप को ही निरंतर रखने के लिए उस समय फारसी को अदालतों की भाषा बना दिया गया।

अंग्रेजों के इस फैसले का विरोध होने लगा। यह विरोध उस समय के पढ़े-लिखे नौकरी करने वाले उच्च तबके का विरोध था। इन विरोधों ने भारत में अंग्रेजों द्वारा लोगों को बाँटने और लड़ाने के किए जा रहे प्रयासों को मौका दिया। इस संबंध में एंथॉनी मैक्डॉनल की भूमिका महत्त्वपूर्ण रही थी। फोर्ट विलियम कॉलेज के प्रयासों से अकादमिक जगत में प्रारंभ हुई प्रक्रिया ने मैक्डानल के जरिए वास्तविकता धारण की। फारसी के विरोध और नागरी कीमाँगके लंबे आंदोलन के बाद 1900 में एक सर्कुलर जारी कर मैक्डॉनल ने संयुक्त प्रांत की अदालतों में नागरी प्रयोग की अनुमति दे दी। इस संबंध में आलोक राय ने लिखा है कि "...मैक्डॉनल ने आधुनिक हिंदी के उद्भव और आधुनिक भारत के इतिहास में भी बहुत महत्त्वपूर्ण स्थान रखने वाला दूरगामी कदम उठाया। 18 अप्रैल 1900 को मैक्डॉनल ने वह दूरगामी आदेश दिया जिसके तहत प्रांत की अदालतों में नागरी के इश्तेमाल की अनुमति दे दी, लेकिन यह सिर्फ नागरी का एकाधिकार नहीं था, यह कील का वह भ्रामक नुकीला सिरा था, जिसके चुभाने का अंतिम परिणाम भारत विभाजन हुआ। "हिंदू-मुस्लिम को बाँटने की राजनीति का पटाक्षेप यही होना था।

संयुक्त प्रांत में यह कदम उठाने से पहले मैक्डॉनल बिहार में नागरी को मान्यता दे चुके थे। इस वजह से जब वे संयुक्त प्रांत में नियुक्त हुए तो वे नागरी समर्थकों केलिए आशा की किरण बन गए थे। आलोक राय के अनुसार "1900 से पहले ही मैकडॉनल हिंदी और नागरी सर्कल में लोकनायक बने हुए थे। आखिर वे पश्चिमोत्तर प्रांत में अपनी बिहार की प्रतिष्ठा के साथ आए थे। बंगाल के लेफ्टिनेंट गवर्नर के कार्यालयी सचिव के रूप में काम करते हुए मैक्डॉनल बिहार की अदालतों और प्रशासनिक कार्यों में नागरी वर्ण चलाने में सक्रिय भाग ले चुके थे। "फारसी और नागरी के इस विवाद में अंग्रेजों ने राजनीतिक संतुलन देखकर ही फैसलेलिएथे। आगे वे संयुक्त प्रांत में भी हीरो बन गए थे। मदनमोहन मालवीय ने सम्मेलन के पहले सभापति के रूप में बोलते हुए हिंदी की उन्नति के बारे में कहा था कि हमें इस "विषय में राजा का सहारा है। यदि उसके लिए यत्न करेंगे, तो वह भी मिलेगा। जो मांगा गया, वह मिला। हमने कहा था कि कचहरियों की भाषा हिंदी भी कर दी जावे, राजा ने हमारे प्रदेशों में कचहरियों की भाषा हिंदी भी कर दी। "इस तरह से नागरी पक्ष भी उनके कार्यों को सराह रहा था।

बिहार में नागरी लिपि की मान्यता के संबंध में आलोक राय ने हाली की लिखी सर सैयद की जीवनी से बंगाल के कार्यकारी लेफ्टिनेंट गर्वनर (कैम्पबेल) के समक्ष साइंटिफिक सोसाइटी, भागलपुर, जो कि मुस्लिम संगठन था, द्वारा औपचारिक वक्तव्य प्रस्तुत किए जाने की एक दिलचस्प कहानी का उल्लेख किया है। स्वागत के उस औपचारिक भाषण में, उत्साह में, जबर्दस्ती अरबी और फारसी शब्दों को भर दिया गया था और कैम्पबेल इस 'बोली' को नहीं समझ पाए। इसके बाद उन्होंने घोषणा की कि वह भाषा उस प्रांत की वर्नाकुलर कभी नहीं हो सकती और कुछ ही दिनों के अंदर उन्होंने नागरी वर्ण इश्तेमाल करने का आदेश दे दिया। हाली ने यह भी बताया कि कई मुस्लिमों और हिंदुओं ने इस आदेश के खिलाफ गुहार लगाई लेकिन लेफ्टिनेंट गर्वनर टस से मस नहीं हुए। आलोक राय का यह मत सही है कि इस कहानी की बात अपनी जगह सही हो सकती है, लेकिन ऐसा नहीं है कि मैक्डॉनल इस घटना से इतने प्रभावित हो गए थे और उन्होंने यह मान लिया कि हिंदी/नागरी ही यहाँ कि वर्नाकुलर हो सकती है।

इस बात का खुलासा मैक्डॉनल के पत्रों से होता है। उन्होंने 22 अगस्त 1897 को लॉर्ड एल्गिन को लिखा कि "मुसलमानों की मजबूती सुरक्षा के लिए खतरा है। " कर्जन को लिखे उनके पत्र से उनके इरादे और उनकी चाल एकदम पता चल जाती है। उन्होंने लिखा कि "हम हिंदू प्रभुता(को उकसाने) के पक्ष में है, बनिस्पत कि मुस्लिम प्रभुता(को उकसाने) के, जो कि

प्रकृति से हमारी शत्रु ही हो सकती है। ”इस प्रकार यह एक मौका था जिसे लेफ्टिनेंट गवर्नर ने भुनाया। बिहार में 1870 ई में नागरी को मान्यता मिलने के दस साल बाद 1880 में मध्य प्रांत में भी नागरी को मान्यता मिल गई। इसके बाद 1884 में आए हंटर कमीशन के सामने अपने बयानों और बहसों में भी नागरी के समर्थन में नए तर्क दिए गए। इन तर्कों के जरिए ब्रिटिश शासन दोनों भाषाओं को अलग स्थापित होने देने के लिए इश्तेमाल कर रहा था।

फोर्ट विलियम कॉलेज और भाषा सर्वेक्षण के अतिरिक्त जनगणना को भी अंग्रेजों ने भाषाई विभाजन के लिए हथियार की तरह इश्तेमाल किया। 1891 ई. की जनगणना में जहाँ भाषा का प्रश्न महत्त्वपूर्ण नहीं था, वहीं 1901 की जनगणना में भाषा के प्रश्न को स्पष्ट रूप से दो खेमों में बाँट दिया गया। आशा सारंगी के अनुसार, “1891 की जनगणना ने हिंदी और उर्दू बोलने वालों को पाँच भागों में वर्गीकृत किया था- ‘उर्दू जानने वाले’, ‘हिंदी बोलने वाले’, ‘उर्दू और हिंदी दोनों बोलने वाले’, ‘जो हिंदी उर्दू से ज्यादा जानते हैं एवं ‘जो उर्दू हिंदी से ज्यादा जानते हैं’। यह वर्गीकरण एक तरह के सामाजिक और भाषिक सहअस्तित्व, तरलता और बोधगम्यता को संकेतित करता है। उस समय तक जनगणना में दोनों भाषाएँ, दोनों समुदायों की विशेष और एक-दूसरे से अलग-अलग वर्गीकृत नहीं की गई थीं। लेकिन “1901 की जनगणना में इन दोनों भाषाओं के वर्गीकरण में एक बदलाव दिखाई पढ़ता है, जिसके अनुसार अब उक्त भाषाएँ अपनी लिपियों और संबंधित सामाजिक पहचान के साथ पहचानी जाने लगीं- उर्दू, फारसी/मुस्लिम/इस्लाम के साथ और हिंदी, नागरी/हिंदू/हिन्दुत्व के साथ।” इस प्रकार अंग्रेजों ने जनगणना के जरिए भी भाषा-विवाद का स्थापित करने का काम किया।

आगे चलकर 1931 की जनगणना में फिर हिंदुस्तानी दर्ज किया गया। आशा सारंगी का मानना है कि राष्ट्रीय आंदोलन और उपनिवेशवाद विरोधी आंदोलन में गांधी के महत्त्वपूर्ण हस्तक्षेप ने 1920-30 के गणना कार्यों को प्रभावित किया। पिछली जनगणना के विपरीत, 1931 की संयुक्त प्रांत की जनगणना ने इस बात पर जोर दिया था कि प्रांत की सामान्य भाषा हिंदुस्तानी दर्ज की जाय। जनगणना अधिकारियों ने सोचा कि हिंदुस्तानी को सामान्य भाषा के रूप में दर्ज कर वे हिंदी और उर्दू के मौजूदा विवाद की अत्यधिक जटिल सांस्कृतिक, वैचारिक और राजनीतिक आयामों से बच जाएंगे।” इस फैसले पर बहुत विवाद हुआ था, और सामाजिक राजनीतिक क्षेत्र में अलग-अलग दोनों भाषाओं पर इसका विशेष फर्क नहीं पड़ा था। जहाँ तक अंग्रेजों के फैसले की बात है, तो उसमें आर्थिक कारकों की भूमिका भी थी।

गणना कार्यों में अलग-अलग भाषाओं की जगह हिंदुस्तानी का एक की कॉलम सरकार के लिए मितव्ययी था।

पहले भारत की विविधता के कारण यहाँ एकता और 'भारत जैसी किसी चीज' के अस्तित्व से ही मना करने वाले तथा बाद में भारत में राष्ट्रवाद और पहली बार प्रशासनिक एकता कायम करने का श्रेय लेने वाले अंग्रेज यदि भारत में वास्तविक एकता और राष्ट्रवाद के हामी होते, तो भाषा के मामले में वे इस तरह का विभाजन करने वाला नजरिया क्यों अपनाते! सही बात है कि अंग्रेजों के कारण कम से कम भारत में भाषा की यह जागृति तो आई, लेकिन अंग्रेजों ने जानबूझकर यहाँ के भाषिक अंतरों को उकसाया, स्थापित किया और उन्हें एक-दूसरे के खिलाफ खड़ा किया। यह केवल और केवल उपनिवेशवादी शासकों के लिए ही फायदेमंद रहा। कुछ लोगों का मानना है कि अंग्रेज राष्ट्रीयता की अवधारणा के तहत एक भाषा को स्थापित करना चाह रहे थे। अगर वे ऐसा चाह रहे होते तो भी इस भाषिक विविधता वाले देश में यह बात मुश्किल थी कि किसी एक भाषा को वे स्थापित कर लेते। वैसे उन्होंने उत्तर-भारत में ही भाषा का जो टकराव पैदा किया, उसे देखकर हम यह सोच नहीं सकते कि वे पूरे देश की एकता के बारे में सोचते होंगे।

इतिहास इस बात का गवाह है कि अंग्रेजों ने अपने साम्राज्यवादी हितों को ही प्राथमिकता दी और अपने फायदे के लिए भी उन्होंने यहाँ जो कुछ किया उसका बहुत बुरा परिणाम जनता को भुगतना पड़ा। विभाजन और दंगों में हजारों लोग मारे गये, हालाँकि यहाँ की आपसी फूट से ही अंग्रेज मजबूत हुए थे। आजादी, विभाजन और भारत-पाकिस्तान की सरकारों को सत्ता हस्तातरित करने के वक्त भारत के वायसराय लॉर्ड माउंटबेटन यूँ ही नहीं अपने आप को दुनिया का सबसे ताकतवर व्यक्ति समझ रहा था। साम्राज्यवादी शासकों द्वारा बोए गए विभाजन के बीज ही 1947 में आकर फलित हुए थे। ग्रियर्सन के भाषा सर्वेक्षण के दूरगामी प्रभावों के बारे में रामविलास शर्मा ने ठीक ही लिखा है कि "उन्नीसवीं सदी के अंत में और बीसवीं सदी के आरंभ में ग्रियर्सन ने भारतीय भाषाओं से संबंधित जो बहुत-सा महत्त्वपूर्ण काम किया, उसका एक पक्ष भारत के विभाजन से संबंधित है। इस विभाजन की राजनीति में आर्यों और द्रविड़ों का भेद गौण है, हिंदुओं और मुसलमानों का भेद मुख्य है। हिंदुओं की भाषा हिंदी है; बांग्ला, मराठी आदि अन्य भाषाएँ भी हिंदुओं की भाषाएँ हैं। मुसलमानों की मुख्य भाषा एक ही है- उर्दू। ग्रियर्सन के भाषाविज्ञान में कभी इस बात पर ज़ोर नहीं दिया गया कि भारत के 90 फीसदी मुसलमान कश्मीरी, सिंधी, पंजाबी, बांग्ला और मलयालम बोलते हैं,

उर्दू नहीं किंतु ग्रियर्सन के भाषाविज्ञान को आधार बनाकर जो राजनीति चलाई गई उसका निश्चित उद्देश्य सांप्रदायिकता के आधार पर भारत का विभाजन था।"

1900 ई॰ में पश्चिमोत्तर प्रांत में नागरी को मान्यता मिलने के साथ ही नागरी के पक्ष में और हिंदी के संस्कृतकरण करने का अभियान चल पड़ा। इस अभियान में इस काल में निकलने वाली कई पत्रिकाएं शामिल थीं। अंग्रेज जिस हिंदू-मुस्लिम ध्रुव्रीकरण को पैदा करना चाहते थे, वह उस समय तक हो गया था। 1905 में अपने समुदायों का प्रतिनिधित्व करने के लिए मुस्लिम लीग की स्थापना हुई। तब तक भाषा सवाल उनके लिए भी महत्त्वपूर्ण हो चुका था और कुछ ही समय में मुस्लिम लीग के प्रस्तावों में आ गया। दिल्ली (जनवरी, 1910) में हुए मुस्लिम लीग के तीसरे वार्षिक सत्र में उस समय चल रहे उर्दू विरोध के खिलाफ प्रस्ताव पारित किया गया था, "अखिल भारतीय मुस्लिम लीग कुछ प्रदेशों में उर्दू के भारत की एक प्राथमिक वर्नाकुलर के रूप में महत्त्व को ठेस पहुँचाने की तमाम कोशिशों की निंदा करती है और यह मानती है कि देश के आम विकास के लिए उर्दू भाषा और साहित्य की सुरक्षा और प्रगति आवश्यक है। "दूसरी तरफ कांग्रेस गांधी के प्रभाव से हिंदुस्तानी और हिंदी पर अपना मत बदल रही थी और आखिरी में उसके हिंदी पक्ष की विजय हुई तथा हिंदुस्तानी की हार।

निष्कर्ष

अपने शासन के आखिरी दो-तीन दशकों में अंग्रेजों ने भाषा के मुद्दे पर ज्यादा हस्तक्षेप नहीं किया। उन्हें ऐसा करने की आवश्यकता भी नहीं रह गई थी। एक तो बहुत पहले ही वे भाषा के क्षेत्र में अपना काम इतना अच्छे से कर चुके थे कि उसके परिणाम स्पष्ट दिखाई दे रहे थे। दूसरी बात यह भी थी कि अब उनके सामने विभाजन के लिए हिंदू और मुस्लिम समुदाय के नुमाइंदे स्वयं तैयार थे, इसलिए उन्हें अब भाषा के सहारे की आवश्यकता नहीं थी। तीसरी बात यह थी कि उस समय तक अंग्रेजों ने भारतीय जनता के तेवर भांप लिए थे, इसलिए तत्काल असर करने वाले राजनीतिक हथकंडों की जरूरत थी, अकादमिक स्थापनाएँ अब मुख्यतः आर्थिक और सांख्यिकी विभाग में ही काम आ सकती थी, जो हर बजट वर्ष में बदल सकती हैं। चौथी बात यह कि अंग्रेजों का राज्य बहुत पहले स्थापित हो चुका था और जिस शासन को वो चला रहे थे, उसे कई झटके भी लग चुके थे। लेकिन हिंदी और उर्दू का विभाजन स्पष्टतः अंग्रेजों की पूर्व नीति के परिणाम के रूप में सामने आ रहे थे। जहाँ एक तरफ, हिंदी और उर्दू दोनों अपने आप को एक-दूसरे से अलगाते हुए अपना स्वतंत्र अस्तित्व स्थापित करने में लगी थीं, वहीं दूसरी तरफ कुछ प्रयास सामुदायिक एकता के लिए हिंदुस्तानी पर बल देने के भी हो रहे थे

लेकिन अंग्रेजों ने जो नीति अपनाई थी, वह सफलता प्राप्त कर रही थी, इस नीति की सफलता ने न केवल भाषा के मुद्दे को गड़बड़ किया, बल्कि भारत की एकता के लिए भी नकारात्मक भूमिका ही निभाई। आज भी यह धारणा प्रचलित है कि हिंदी और उर्दू क्रमशः हिंदुओं और मुसलमानों की भाषा है।

विरोध अँग्रेजी का नहीं अँग्रेजी वर्चस्व का

- **वीरेंद्र यादव**

कुछ वर्ष पूर्व विभाजन केंद्रित उपन्यासों पर लिखते हुए सहसा मेरा ध्यान गया कि अँग्रेजी में भारतीय बुद्धिजीवियों एवं इतिहासकारों द्वारा विभाजन पर जो कुछ भी लिखा गया है, उसमें विभाजन पर अँग्रेजी में लिखे गए उपन्यासों की तो चर्चा है लेकिन हिंदी में लिखे गए उपन्यासों की नहीं। यहाँ तक कि निम्नवर्गीय दृष्टि अपनाने वाले 'सबाल्टर्न' इतिहासकारों और नारीवादी नजरिए से विभाजन का अध्ययन करने वाली 'फेमिनिस्टों' ने भी हिंदी ही नहीं, बल्कि अन्य भारतीय भाषाओं में लिखित विभाजन साहित्य की कमोबेश अनदेखी ही की है। मैंने उसी समय विभाजन की त्रासदी पर केंद्रित यशपाल के कालजयी उपन्यास 'झूठा सच' की चर्चा करते हुए इस संदर्भ में लिखा था कि " ..दुःख और आश्चर्य तो इस बात पर है कि 'विभाजन' से जुड़े 'फेमिनिस्ट' लेखन को भी 'झूठा सच' की खबर नहीं है। शायद इसका कारण 'फेमिनिस्ट' लेखन का अँग्रेजीदाँ होना और 'झूठा सच' का 'वर्नाकुलर' भाषा में लिखा जाना है। लेकिन क्षोभ का विषय तो यह है कि मुशीरुल हसन और ज्ञानेंद्र पांडेय भी 'विभाजन को याद करते हुए' यशपाल को भूल जाते हैं। कारण शायद 'झूठा सच' का 'नैटिव लैंग्वेज' में लिखा जाना ही है। इस देश के बौद्धिकों की यह विडंबना ही है कि अभी तक यहाँ 'सबाल्टर्न राइटिंग' और 'नैटिव लैंग्वेज' का सहमेल नहीं हो पाया है।" पिछले वर्षों जब सलमान रुश्दी ने भारतीय लेखन की चर्चा के दौरान भारतीय भाषाओं के लेखन को ख़ारिज करते हुए सिर्फ अँग्रेजी में लिखे गए भारतीय साहित्य को ही श्रेष्ठ करार दिया था, तब इसकी पृष्ठभूमि में भी अँग्रेजी का बौद्धिक वर्चस्व ही एक कारण था। दरअसल भारत के बौद्धिक समाज का अभिजन अँग्रेजीदाँ वर्ग तक सिमट कर रह जाना भारत की देशज ज्ञान संपदा और भाषाई समृद्धि पर एक बहुत बड़ा ग्रहण है। यही कारण है कि अँग्रेजी में लिखने के कारण मुल्कराज आनंद, आर के नारायण, राजा राव और सरोजिनी नायडू की वैश्विक पहचान बनी, जबकि हिंदी-उर्दू में लिखने के कारण प्रेमचंद और फिराक जैसे शीर्ष साहित्यिक व्यक्तित्व वैश्विक तो क्या भारतीय अँग्रेजीदाँ अभिजन के बीच भी केंद्रीयता पाने से

परिचय

वीरेंद्र यादव
लेखक हिंदी के वरिष्ठ आलोचक हैं और अँग्रेजी साहित्य पर पर्याप्त दखल रखते हैं। संप्रति लखनऊ विश्वविद्यालय में हिंदी विभाग में प्रोफेसर हैं।
संपर्क:virendralitt@gmail.com

वंचित रहे। रवीन्द्रनाथ टैगोर की स्वीकृति के मूल में भी 'गीतांजलि' का अँग्रेजी में अनुवाद हो जाने के कारण संयोग से नोबेल पुरस्कार का मिलना ही था। भारत के लोग अँग्रेजी में लिखें, चर्चित और प्रतिष्ठित हों, यह तो उचित और स्वागत योग्य है, लेकिन अँग्रेजी-लेखन को ही भारतीय लेखन का पर्याय मान लिया जाए और भारतीय भाषाओं के लेखन की अवज्ञा और उपेक्षा की जाए यह औपनिवेशिक अनुकूलन का ही परिणाम रहा है। जरूरत इससे मुक्ति की है। औपनिवेशिकता से मुक्ति का अब तक मुकम्मल न हो पाना भाषाई स्वाधीनता के रास्ते की सबसे बड़ी बाधा है, लेकिन अब इसकी जरूरत से भी इनकार करना एक स्वाधीन देश के लिए बड़ी दुर्घटना है। विडंबना यह कि जो समस्या अँग्रेजी के वर्चस्व के बरक्स अन्य भारतीय भाषाओं के अधिकार की थी, उसे अँग्रेजी बनाम हिंदी का रूप देकर भारतीय भाषाओं की एकता और एकजुटता को लगातार विखंडित किया गया है। दरअसल अँग्रेजी शासन के दौर में अँग्रेजी का जितना वर्चस्व था आज़ादी के बाद के वर्षों में यह और भी बढ़ा। पहले तो यह शासन और उच्च शिक्षा और अभिजन का ही माध्यम थी, लेकिन अब इसका विस्तार उस 'दि ग्रेट इंडियन मिडिल क्लास' तक हो गया है, जो समाज और जीवन में संपन्नता और सफलता का आकांक्षी और दावेदार है। इन संदर्भों में अँग्रेजी के वर्चस्व का विरोध उस सत्ता-संस्कृति का विरोध है जो अपने निहित वर्गीय स्वार्थों के चलते भाषा का जनतांत्रिकरण नहीं चाहती और अँग्रेजी को काँच की दीवार बनाए रखना चाहती है। भारत की विशालकाय जनता के लिए अँग्रेजी स्वर्णमृग सरीखी एक ऐसी मरीचिका है, जिसके पीछे अब शहर, गाँव की हर गली में लोग हाँफते-हाँफते दौड़ रहे हैं। अँग्रेजी माध्यम के नर्सरी स्कूल, अँग्रेजी बोलने और सीखने की कोचिंग संस्थाएँ नए उद्योग में तब्दील हो गए हैं। सच यह है कि जो प्रतिभा, क्षमता और मानसिक श्रम छात्रों को पाठ्यक्रम, विषय और ज्ञान की तलाश में लगाना चाहिए था वह अँग्रेजी सीखने में खर्च हो रहा है। इसके बरक्स संपन्न अभिजन परिवारों के बच्चे जो अँग्रेजी के भाषाई संस्कार में स्वाभाविक रूप से पले-बढ़े हैं उन्हें न अँग्रेजी सीखने की जद्दोजहद करनी पड़ती है और न कोई अतिरिक्त प्रयास। स्वाभाविक है कि अँग्रेजी के वर्चस्व वाली बेहतर नौकरियों के अवसर संपन्न अभिजन वर्गों के हाथ ही अधिक लगने हैं और गाँव, कस्बों और छोटे शहरों से आने वाले सामान्य परिवारों के बच्चे भाषाई बाधा के चलते इस दौड़ में पीछे रह जाने हैं। कौन है इस भाषाई भेद के लिए जिम्मेदार, वही उच्च सवर्ण अभिजन समाज की 'क्रीमी लेयर' जो अँग्रेजों के समय भी सत्ता की मलाई का लाभार्थी था और आज भी शासन-तंत्र की नकेल जिसके हाथ में है। राजनीति का जनतांत्रिकरण रोकना तो इसके वश में नहीं है, लेकिन सामाजिक, आर्थिक और भाषाई जनतंत्र को धनिक तंत्र के पक्ष में झुकाना

इसका प्रछन्न एजेंडा है। इस समूची प्रक्रिया को इस अंजाम तक पहुँचाने के लिए वे शक्तियाँ कम जिम्मेदार नहीं रही हैं, जिन्होंने अपने निहित संकीर्ण राजनीतिक अभियान के चलते अँग्रेजी वर्चस्व के विरोध को अँग्रेजी विरोध का रूप देकर इसे 'हिंदी, हिंदू, हिंदुस्तान' के नारे में तब्दील कर दिया है। इसी के चलते गैर-हिंदी भाषी प्रांतों में अँग्रेजी वर्चस्व के विरुद्ध कोई आंदोलन इसलिए विश्वसनीय नहीं बन पाता, क्योंकि इसे हिंदी आधिपत्य के अभियान के रूप में ग्रहण करने की गुंजाइश बरक़रार रहती है। डॉ. राम मनोहर लोहिया इसे समझते थे, इसीलिए उनका कहना था कि "देशी भाषाओं में कोई आपसी झगड़ा नहीं। हिंदी का झगड़ा भारत की अन्य भाषाओं तमिल, तेलुगु आदि से नहीं बल्कि अँग्रेजी से है। नकली झगड़े को खत्म करो। बिना खत्म किए सुधार हो ही नहीं सकता। इसको फौरन स्कूल, न्यायालय आदि से हटा देना चाहिए। पुराने लोग, चोटी, जनेऊधारी लोग हिंदी को नुकसान पहुँचा रहे हैं। हिंदी का पेट बड़ा होना चाहिए। उसमें तमिल, तेलुगु आदि देशी भाषाओं के शब्दों को प्रवेश मिलना चाहिए। ऐसा करने पर हिंदी देश और लोक की भाषा बनकर रहेगी। "डॉ. लोहिया भाषा के प्रश्न को सामान्य जन की निगाह से देखते थे, इसीलिए वे कह सके कि "हिंदुस्तान के करोड़ों लोगों के मन में हीनता का भाव भर दिया गया है। करोड़ों लोग यही सोचते हैं कि हम तो अँग्रेजी नहीं जानते, राज कैसे चलाएंगे। इस तरह इस 'लोकराज' में करोड़ों लोग हीन भाव से ग्रस्त हो गए हैं। सामंती-राज्य केवल गोली पर नहीं चलता। छोटी-सी तादाद के शासक बड़ी तादाद के शासकों पर अपना राज, जितना गोली से चलाते हैं, उससे ज्यादा बोली से कायम रखते हैं। सामंती शासक शासित से अपने को अलग करता है; कुछ भूषा से, ज्यादा भाषा से। भूषा और भाषा का यह अलगाव शासितों के मन में हीन-भावना पैदा करता है; उनको लगता है कि शासक उनसे बहुत ऊँचा है और वे खुद इतना नीचे हैं कि राजकाज उनके बस की चीज नहीं। किसी सामंती राज को खत्म करने के लिए और जनता में आत्मविश्वास पैदा करने के लिए यह जरूरी है कि सामंतों की भाषा और भूषा से जनता नफरत करना सीखे कम से कम उसका तिरस्कार तो जरूर ही करें।" अँग्रेजी भाषा के प्रति डॉ.लोहिया की इस नफरत और तिरस्कार के मूल में अँग्रेजी का जो सामंती और शासकीय स्वरूप था, वही अँग्रेजी प्रभुत्व वाली भारतीय प्रशासनिक सेवाओं की परीक्षा को लेकर इन दिनों चल रहे आंदोलन के मूल में है। अतः इसे अँग्रेजी की न्यूनतम सामर्थ्य के तर्क से नहीं आच्छादित किया जाना चाहिए। और यह भी कि भाषाई सामर्थ्य के पैमाने को अँग्रेजी सामर्थ्य का पर्याय क्योंकर बनाना चाहिए, लेकिन सच यह है कि डॉ.लोहिया के न रहने के बाद से अब तक दिल्ली की यमुना में काफी पानी बह गया है। अफ़सोस यह कि हाशिए के समाज के जिस बेजबान व्यक्ति को दृष्टिगत

रखकर लोहिया ने अपना भाषा-विमर्श सृजित किया था, आज उसी जमीन पर पले बढ़े कुछ बुद्धिजीवी लार्ड मैकाले की आरती उतारते हुए अँग्रेजी देवी की आराधना कर रहे हैं। दलित बुद्धिजीवी चंद्रभान प्रसाद का कहना है कि वर्तमान संदर्भों में वंचित समाज के लिए अँग्रेजी भाषा की भूमिका मुक्तिकामी है। प्रख्यात चिंतक काँचा इल्लैय्या भी इस मुद्दे पर यही सोच रखते हैं। लगता है जिन्हें अपनी बोली के गुम होने की पीड़ा थी वे उसे बोलता हुआ न देखकर शासकों की उस बोली में सुर मिलाने लगे, जहाँ से उन्हें सत्ता और अवसरों के स्वर्णमृग मरीचिका दीख रही है। लेकिन यह भी स्वीकार किया जाना चाहिए की जब आजाद भारत में अँग्रेजी के वर्चस्व से मुक्त होने की राजनीतिक इच्छा-शक्ति और संकल्प लुप्तप्राय हो, तो हाशिए के समाज के प्रवक्ता कब तक हिंदी सहित अन्य भारतीय भाषाओं के प्रभुत्व और अँग्रेजी के अवसान की प्रतीक्षा करें। यह सचमुच विडंबनात्मक है कि जिन्हें अँग्रेजी के सत्ता-दुर्ग को ढहाना था, वे इसे ढहता न देख इस पर कब्जे की लड़ाई में शामिल हो गए हैं, किसी भी स्वतंत्र देश के लिए भाषा का यह सत्ता-विमर्श सचमुच त्रासद और प्रहसनात्मक है।

भारतीय अँग्रेजी की विकास-प्रक्रिया एवं वर्तमान रूप

- बबलू राय

'भारतीय अँग्रेजी' का तात्पर्य उस अँग्रेजी से है, जो भारतीय परिक्षेत्र में बोली जाती है। यह मूल अँग्रेजी से एक अलग रूप है, जो वस्तुतः अपने मूल रूप से भिन्न होकर भारतीय परिवेश में भारतीय भाषाओं के बीच बहुभाषी परिदृश्य में बोली जाती है। भारत जैसे एक बहुभाषी राष्ट्र में अपने विस्तृत प्रकार्य एवं उपयोग के कारण आज यह अपना एक विशिष्ट पहचान बना चुकी है। भारतीय भाषाओं के संपर्क में आकर यह न केवल अपनी मूल पहचान को खो चुकी है, बल्कि एक नए रूप में भी उभर कर सामने आई है। अपने मूल स्वरूप से दूर यह भारतीय परिवेश में पनप कर भारतीयपन को धारण करते हुए आम लोगों की बोलचाल की माध्यम बन रही है। इसके बदले हुए स्वरूप को देखते हुए आज इसे लोग 'भारतीय अँग्रेजी' के नाम से स्वीकारने लगे है। अँग्रेजी या ब्रिटिश अँग्रेजी का 'भारतीय अँग्रेजी' यानि 'इंडियन इंग्लिश' में बनना एक साधारण बात नहीं है, बल्कि यह एक भाषा का किसी दूसरे परिवेश में बीज से लेकर उसके फलने-फूलने तक का सफर है।

परिचय

बबलू राय

लेखक भाषाविज्ञान के युवा लेखक हैं और भारतीय अँग्रेजी पर शोध किए हैं। संप्रति सागर विश्वविद्यालय भाषाविज्ञान विभाग में असिस्टेंट प्रोफेसर हैं।

संपर्क: babluray@gmail.com

भारतीय अँग्रेजी की विकास-प्रक्रिया

'भारतीय अँग्रेजी' यानि 'इंडियन इंग्लिश' की विकास-प्रक्रिया की शुरूआत 'ईस्ट इंडिया' कंपनी की स्थापना तथा उसके उपरांत भारत में अँग्रेजी शासन के लागू होने से देखी जा सकती है। ईस्ट इंडिया कंपनी की स्थापना सोलहवीं सदी में हुई। कंपनी की स्थापना का मुख्य उद्देश्य व्यापार करना था, परंतु धीरे-धीरे यह इतनी अधिक शक्तिशाली बन गई कि भारत में यह अपना धाक जमाने लगी तथा यहाँ की जमीन एवं प्राकृतिक संपदा पर भी अधिकार जताने लगी, साथ ही लोगों पर शासन करना शुरू कर दिया, बल्कि इसने समाज के अंदर भी एक विभेद पैदा करना शुरू कर दिया। यह अंतर था- शासक एवं शाषित वर्ग का। शासक वर्ग को उच्च तथा शाषित वर्ग के लोगों को निम्न एवं अशिक्षित समझा जाने लगा। इसके पश्चात देश में क्रिश्चियन मिशनरी की स्थापना की गई, जिसका उद्देश्य अँग्रेजी भाषा के माध्यम से

देशी लोगों के तौर-तरीकों, रीति-रिवाजों को सुधारना तथा उनके अज्ञान, अशिक्षा एवं अंधकार से मुक्त करना था,परंतु अँग्रेजी भाषा के माध्यम से अँग्रेजी शासक भारतीयों को अँग्रेजी संस्कृति को सिखाना तथा इनके मध्य इसाई धर्म का प्रचार-प्रसार करना चाहते थे। अतः मिशनरी द्वारा गरीब लोगों को अँग्रेजी में मुफ्त शिक्षा दिया जाना वस्तुतः अँग्रेजी भाषा के भारत में आगमन का पहला चरण था। भारत में अँग्रेजी भाषा के आगमन के दूसरे चरण की शुरूआत तब हुई, जब भारत के ही कुछ विद्वान जैसे राजा राम मोहन राय, रजुनाथ हरी नवलकर आदि लोगों के द्वारा अँग्रेजी भाषा को शिक्षा का माध्यम बनाने की माँग अँग्रेजी शासकों से की गई (काचरू 1983:67), तथा तृतीय चरण की शुरूआत मैकाले के 1835 के शैक्षिक प्रस्तावों से हुई, जिसके तहत उसने भारत में अँग्रेजी भाषा को शिक्षा का माध्यम बनाने की बात पर जोर दिया था। मैकाले का मानना था कि भारतीय लोग शिक्षा एवं ज्ञान के मामले में बहुत पीछे हैं एवं अँग्रेजी भाषा उनके लिए 'ज्ञान का भंडार लेकर आएगी। उसका कहना था कि ''मैंने आज तक ऐसा किसी को नही पाया, जो इस बात से असहमत हो कि एक अच्छे यूरोपिय पुस्तकालय के किसी एक लाख पुस्तकों की बराबरी भारत एवं अरब का पूरा साहित्य कर सके'' (मैकाले 1835, अग्रवाल,1983:4)। मैकाले का स्पष्ट मानना था कि अँग्रेजी को शिक्षा का माध्यम बनाने से लोगों का एक ऐसा समूह बन सकता है, जो करोड़ों लोगों के बीच भाषांतरकार का काम करें, जिन पर वे शासन करते हैं। ऐसे लोगों का वर्ग, रंग एवं भेदभले ही भारतीय हो, पर अपने रूचि विचार, अभिव्यक्ति तथा बुद्धिमता में अंग्रेज जैसे हों(काचरू 1983:68)। अंततः मैकाले के प्रस्तावों को 7 मार्च 1883 को लार्ड विलियम बैटिक द्वारा स्वीकृति मिल गई तथा अँग्रेजी को भारत में शिक्षा के माध्यम भाषा के तौर पर लागू कर दिया गया। शिक्षा के तौर पर अँग्रेजी के विकास के लिए बाम्बे, कलकत्ता तथा मद्रास विश्वविद्यालय की भी स्थापना की गई।

देश में अँग्रेजी शिक्षा का माध्यम बनने के साथ-साथ धीरे-धीरे प्रशासन, व्यापार, जन-संचार तथा न्यायिक क्षेत्रों की भी भाषा बन गई। इसका प्रचार एवं प्रसार इतना ज्यादा होने लगा कि इसने क्षेत्रीय भाषाओं को भी प्रभावित करना शुरू कर दिया। संस्कृत एवं फारसी को हटाने के साथ यह देश की स्थानीय भाषाओं से खुद भी प्रभावित होने लगी। धीरे-धीरे इसकी बढ़ती उपयोगिता के कारण यह अपने परिवेश से निकलकर भारतीय परिवेश में एक नए वातावरण में बोली जाने लगी। क्षेत्रीय भाषाओं का प्रभाव तथा एक नए वातावरण में उपयोग होने के कारण इसकी आंतरिक संरचना में भी परिवर्तन होने लगा। देश में बहुभाषी समाज होने के कारण

लोग बोल-चाल की भाषा में हिंदीके साथ अँग्रेजी का मिश्रण भी करने लगे। इस प्रकार अँग्रेजी भाषा भारतीय परिवेश में पनपने के बाद न केवल इसकी आंतरिक संरचना में बदलाव आया, बल्कि अपनी एक नई भाषिक विशिष्टता धारण कर आज यह भारत में एक अन्य नाम से भी जानी जाने लगी है। इसे लोग 'इंडियन इंग्लिश', यानी 'भारतीय अँग्रेजी' के नाम से संबोधित करने लगेहैं। भारतीय अँग्रेजी की जो भी भाषिक विशिष्टता है, वह भारत में बोली जाने वाली यहाँ की स्थानीय भाषाओं की भाषिक विशिष्टताओं के प्रभाव का ही परिणाम है। भारत में बोली जाने वाली अँग्रेजी को लेकर कई लोगों में असहमति भी है। कृष्णास्वामी एवं बुर्डे (1998) के अनुसार 'इंडियन इंग्लिश' नाम की कोई चीज नहीं है। आगे दासगुप्ता (1993) का मानना है कि 'इंडियन इंग्लिश'नहीं,बल्कि हमारे पास 'इंडियन इंग्लिशेज' है। इसके विपरीत कुछ विद्वानों जैसे ब्रज काचरू, यमुना काचरू, एस.एन. श्रीधर, राकेश भट्ट, रमाकान्त अग्निहोत्री, अंजु सहगल तथा अदिती मुखर्जी के अनुसार इस प्रकार की अँग्रेजी मौजूद एवं स्वीकार्य भी है। 'इंडियन इंग्लिश' को इस नाम के अलावा अन्य नामों से भी स्वीकार किया गया है। होसाली (1990) इसे 'English' कहने के बजाय 'Inglish' कहती हैं। सान्याल (2006) इसे 'Indlish' एवं तिरूमलेश (1990) इसे 'Interlanguage'कहते हैं (सैलेजा 2009:14)।

भारतीय अँग्रेजी का वर्तमान रूप

'इंडियन इंग्लिश' अपनी भाषिक विशिष्टता के कारण न केवल ब्रिटिश एवं अमेरिकी अँग्रेजी से अलग है, बल्कि अपनी विशेषता के कारण इसमें भिन्नता भी देखने को मिलती हैं। बटलर इंग्लिश (होसाली 2000) एवं 'किचिन इंग्लिश' या 'बाबू इंग्लिश' (वालेन्टाइन 2001; काचरू 2005) इंडियन इंग्लिश के ही अन्य रूप हैं। इसके अलावा इंडियन इंग्लिश भारत जैसे बहुभाषी एवं बहुसांस्कृतिक देश में बोले जाने के कारण एवं अन्य क्षेत्रीय भाषाओं के प्रभाव के कारण इसमें और भी विभिन्नताएं आ गई हैं, जिसके फलस्वरूप यह अन्य रूपों में विकसित हो गई है, जैसे तमिल इंग्लिश, मराठी इंग्लिश, गुजराती इंग्लिश, पंजाबी इंग्लिश, राजस्थानी इंग्लिश एवं पटना इंग्लिश आदि हैं, जो सभी एक दूसरे से अलग विभिन्नता को धारण किए हुई हैं।

इंडियन इंग्लिश की विकास-प्रक्रिया ने देश के भाषिक परिदृश्य को काफी बदल दिया है। इसकी भाषिक विशिष्टताओं के कारण अनेक विद्वानों ने इसके बदलते स्वरूप एवं संरचना पर शोध किया है तथा इस क्षेत्र में अपना महत्त्वपूर्ण योगदान दिया है। सबसे पहले बंसल (1969,

1970) एवं सी.आई.ई.एफ.एल. (1972) ने उसी समय भारत में बोली जाने वाली अँग्रेजी की विशेषताओं पर ध्यान दिया तथा एक 'सामान्यीकृत भारतीय अँग्रेजी' का प्रारूप तैयार करने की कोशिश की थी। उसके पश्चात् इंडियन इंग्लिश के स्वनिमिक पक्षों का अध्ययन काचरू (1983), सहगल एवं अग्निहोत्री (1988), एवं गर्गेश (2004), ने किया है तथा रूपवैज्ञानिक एवं वाक्यवैज्ञानिक अध्ययन भट्ट (1997, 2000) के द्वारा किया गया है। इसके अलावा इंडियन इंग्लिश की अन्य क्षेत्रीय विविधताओं पर भी अध्ययन हुआ है, जिनमें गोपालकृष्ण (1960), केलकर (1957), हैरी (1962), सेठी (1976), धमिजा (1976) एवं राय (2008) नेक्रमश: तमिल इंग्लिश, मराठी इंग्लिश, गुजराती इंग्लिश, पंजाबी इंग्लिश, राजस्थानी इंग्लिश तथा पटना इंग्लिश की भाषावैज्ञानिक अध्ययन कर इन्होंने अपना महत्त्वपूर्ण योगदान दिया है।

भारतीय अँग्रेजी (इंडियन इंग्लिश) की कुछ विशेषताएँ

ध्वनि के स्तर पर:- भारतीय अँग्रेजी में सामान्यत: यह पाया जाता है कि इसके शब्दों का उच्चारण ब्रिटिश या अमेरिकी अँग्रेजी की तरह नही होता है, बल्कि यह कई मायनों में अलग उच्चरित होता है। ब्रिटिश या अमेरिकन अँग्रेजी में [Pin] शब्द का उच्चारण [Phin] की तरह किया जाता है, यानि [P] ध्वनि का [Ph] की तरह उच्चारण होता है। यह देखा गया है कि शब्द के आरंभिक ध्वनियों ध्वनियाँ जैसे [P], [T] एवं [K] का उच्चारण अँग्रेजी की अघोष महाप्राण में किया जाता है जैसे कि [ph], [th]एवं [kh]। कई बार भारतीयों द्वारा अँग्रेजी की [w] ध्वनि [v] की तरह तथा [v] ध्वनि को [w] की तरह भी उच्चारित करते हुए सुना जा सकता है। जिसके फलस्वरूप 'volleyboall' शब्द का उच्चारण 'wolleyball' की तरह सुनाई पड़ता है। इसके अलावा यह भी देखा गया है कि अँग्रेजी के 'school' और 'ischool' जैसे शब्दों के उच्चारण में भारतीय लोग इन शब्दों के आगे [i] अर्थात् 'इ' ध्वनि लगा लेते हैं, जिससे इन शब्दों का उच्चारण 'school' (स्कूल) की जगह 'ischool' (इस्कूल) तथा 'station' (स्टेशन) की जगह 'istation' (इस्टेशन) सुनने को मिलता है। इसके अतिरिक्त यह भी देखने को मिलता है कि गुजरात, महाराष्ट्र एवं बिहार के लोग अँग्रेजी के [f] ध्वनि को वे [ph] की तरह उच्चारण करते हैं यानि [f] ध्वनि से उच्चरित होने वाले शब्द जैसे 'football' तथा 'fruit' का उच्चारण 'phootball' तथा 'phruit' सुनाई पड़ता है।

शब्द संरचना के स्तर पर:- भारतीय अँग्रेजी में न केवल ध्वनि के स्तर पर भाषिक विभेद देखने को मिलता है, बल्कि यह शब्द या पदबंध के स्तर पर भी होता है। अँग्रेजी में सिर्फ 'cousin' शब्द है, परंतु भारतीय अँग्रेजी में यह 'cousin bhrother' (कज़न ब्रदर) तथा

'cousin sister' (कज़न सिस्टर) हो जाता है। इसके अलावा भारतीय अँग्रेजी में हिंदी के कुछ शब्दों का अँग्रेजी में यथावत रूपांतरण दिखाई देता है, जैसे- 'black money', 'idle talk', 'time pass' एवं 'key bunch' आदि। ये सारे शब्द हिंदी में क्रमश: 'कालाधन', 'बक-बक', 'समय बिताना' तथा 'चाभी का गुच्छा' आदि शब्दों का अनुवाद या रूपांतरण हैं। अँग्रेजी में अगणनावाची संज्ञा के साथ बहुवचन प्रत्यय नहीं लगाए जाते हैं, परंतु भारतीय अँग्रेजी में इसके विपरीत उदाहरण देखने को मिलता है। जैसे 'luggage'(लगेज), 'furniture' (फर्नीचर) तथा 'information' (इन्फारमेशन) को यहाँ 'luggages' (लगेजेज), 'furnitures' (फर्नीचरर्स) तथा 'informations' (इन्फारमेशन्स) का बेझिझक प्रयोग होता है।

वाक्य-संरचना के स्तर पर:- भारतीय अँग्रेजी की विशिष्टताएँ वाक्य-संरचना के स्तर पर भी देखने को मिलती है। इसमें कोड-मिश्रण या भाषाई -मिश्रण प्रमुख हैं, जिनमें वाक्य तो हिंदी के होते है, परंतु उनमें अँग्रेजी के शब्दों का भी वाक्य में मिश्रण होता है जैसे 'ye dil maange more' (ये दिल मांगे मोर) तथा 'yehi hai right choice baby' (यही है राइट च्वाइस बेबी)। इन दोनों उदाहरण में प्रथम वाक्य में अँग्रेजी के शब्द जैसे 'more' तथा दूसरे वाक्य में अँग्रेजी के उपवाक्य 'right choice baby' का मिश्रण किया गया है। कोड-मिश्रण के अलावा कोड-परिवर्तन भी भारतीय अँग्रेजी में वाक्य-संरचना के स्तर पर देखने को मिलता है। भारतीय आम बोलचाल की भाषा में कोड-परिवर्तन का इश्तेमाल प्रायः करते हैं, जैसे- 'jaldi karo you have to go' (जल्दी करो यू हैव टू गो) तथा 'kal jarur aana don't forget to come' (कल जरूर आना डोन्ट फारगेट टू कम) आदि।

इसके अलावा अँग्रेजी व्याकरण के अनुसार कुछ शब्द जैसे 'believe', 'see', 'understand' तथा 'have' आदि का प्रयोग 'progreassive tense' में नहीं किया जाना चाहिए, परंतु इसके विपरीत भारतीय अँग्रेजी में 'I am believing you', 'He is seeing you', 'Are you understanding my point?' तथा 'I am having it' जैसे वाक्यों का प्रयोग मिलता है।

अँग्रेजी में प्रश्नवाचक वाक्य बनाने के लिए सहायक क्रिया को कर्ता से पहले लगाया जाता है, जैसे-'When are you coming?' परंतु भारतीय अँग्रेजी में कभी-कभी इसके विपरीत प्रयोग

देखने को मिलता है। इसमें सहायक क्रिया को कर्ता से पहले नही रखा जाता है, जिससे वाक्य की संरचना इस प्रकार हो जाती है –'When you are coming?'।

ब्रिटिश इंग्लिश में 'better' शब्द का प्रयोग दो व्यक्ति एवं वस्तु में तुलना करने के लिए किया जाता है जैसे-'It is better.' (यह अच्छा है।) तथा इसके साथ या पहले 'more' या 'much' का प्रयोग नही किया जाता है, परंतु भारतीय अँग्रेजी में ऐसा नही है। इसमें 'better' के साथ 'more' या 'much' या कभी-कभी दोनों का ही प्रयोग किया जाता है, जैसे- 'It is more better.'(इट इज मोर बेटर) तथा 'It is much better.'(इट इज मच मोर बेटर)।

उपर्युक्त बताई गई भाषिक विशिष्टताओं के कारण आज भारत में बोली जाने वाली अँग्रेजी को भाषावैज्ञानिकों ने भारतीय अँग्रेजी के नाम से स्वीकार किया है। इसकी यही भाषिक विशिष्टता इसको ब्रिटिश, अमेरिकी एवं विश्व के अन्य भागों में बोली जाने वाली अँग्रेजी से अलग पहचान दिलाती है। वर्तमान समय में अँग्रेजी या भारतीय अँग्रेजी के बोलने वालो की संख्या बहुत ज्यादा है। यह भारत के लगभग सभी बड़े शहरों में बोली जाती है तथा इसका प्रयोग उच्च-शिक्षा से लेकर प्रशासन, न्यायालय, जनसंचार, विज्ञान एवं तकनीक से जुड़े क्षेत्रों में होता है। यह व्यापार एवं वाणिज्य (कामर्स) की भी भाषा बन गई है। हर छोटे से बड़े शहरो में दुकानों के नाम, बैनर तथा होर्डिंग्स आदि अँग्रेजी में या फिर कोड-मिश्रित भाषा में लिखी होती है। आज भारत में सबसे ज्यादा किताबें अँग्रेजी में छपती है। अँग्रेजी में पुस्तक छपने में इंग्लैंड एवं अमेरिका के बाद पूरी दुनिया में भारत का स्थान तीसरा है (श्रीवास्तव,2006)। आज कई अखबार अँग्रेजी में निकलते हैं। इतना ही नहीं, भारतीय अँग्रेजी का प्रभाव हमारे हिंदी सिनेमा के फिल्मों के नाम एवं गानों में भी दिखता है। फिल्मों के नाम अँग्रेजी में रखे गए हैं तथा हिंदीगीतों में अँग्रेजी का मिश्रण कर दिया जाता है।

असल में अँग्रेजी आज शिक्षित वर्ग के बीच भारत में आम बोल-चाल की भाषा बन गई है। इसे भारत में राजभाषा का दर्जा भी प्राप्त है। अनुच्छेद 343 के तहत अँग्रेजी भाषा को सन् 1950 में 15 साल के लिए राजभाषा का दर्जा दिया गया था, परंतु राजभाषा एक्ट 1963 के तहत् इसे अनिश्चित काल के लिए राजभाषा बना दिया गया। अतः हम यह कह सकते हैं कि अँग्रेजी भारत में बहुत पहले लाई गई थी, परंतु आज भारत में हिंदी तथा क्षेत्रीय भाषाओं के बीच रहकर इसने अपनी एक विशिष्ट पहचान बना ली है। इसकी यह विशिष्ट पहचान न केवल

राष्ट्र के स्तर पर है, बल्कि भाषिक विशिष्टताओं के स्तर पर भी है, जिसे आज भारतीय अँग्रेजी यानि 'इंडियन इंग्लिश' के नाम से जाना एवं माना जाता है।

संदर्भिका

Aggarwal, J. C. 1983. *Landmarks in the History of Modern IndianEducation*. Delhi: Vikas Publishing.

Bansal, R. K. 1969. *The Intelligibility of Indian English*. Monograph 4. Hyderabad: CIEFL.

Bansal, R. K. 1970. A phonetic analysis of English spoken by a group ofwell-educated speakers from Uttar- Pradesh. *Bulletin of the Central Institute of English, 8*, 1-11.

Bhatt, R. M. 1995. Prescriptivism, creativity, and world Englishes. *World Englishes, 14.2,* 247-59.

Bhatt, R. M. 1997. Code-switching, constraints, and optimal grammars. *Lingua, 102.4,* 223-251.

Bhatt, R. M. 2000. Optimal expressions in Indian English. *English Language and Linguistics,4*, 69-95.

CIEFL 1972. *The Sound System of Indian English*. Monograph 7. Hyderabad: CIEFL.

Dasgupta, P. 1993. *The Otherness of English: India's Aunty Tongue Syndrome*. New Delhi: Sage Publications.

Dhamija, P. V. 1976. A Phonological Descriptions of Rajasthani English. Unpublished M.Litt. dissertation, CIEFL, Hyderabad.

Gargesh, R. 2004. Indian English Phonology. In Schneider, E. W., K. Burridge, B. Kortmann and R. Mesthrie (eds.), *A Handbook of Varieties of English*. New York: Mouton de Gruyter. Pp. 992-1002.

Gopalkrishnan, G. S. 1960. Some observations on the South Indian pronunciation of English. *Teaching English, 6.2*, 62-67.

Harry, P.1962.A Study of Spoken Gujarati in its Relation to the Teaching of English to Gujarati Learners. Unpublished paper, School of Applied Linguistics, University ofEdinburgh.

Hosali, P. 1999. The English Language in India: Its Origins. In K. V. Tirumalesh (ed.), *Language Matters: Essays on Language, Literature, and Translation*. Delhi: Allied Publishers Limited. Pp. 1-15.

Hosali, P. 2000. *Butler English: Form and Function*. Delhi: B. R. Publishing Corporation.

Kachru, Braj B. 1983. *The Indianization of English: The English Language in India.* New Delhi: Oxford University Press.

Kachru, Braj B. 2005*Asian Englishes: Beyond the Cannon*. Hong Kong: Hong Kong University Press.

Kelkar, A. R. 1957. Marathi English: A study in foreign accent. *Word, 13.2*, 268-82.

Krishnaswami, N. & Archana, S, Burde 1998. *The Politics of Indians' English: Linguistic Colonialism and the Expanding English Empire*. Delhi: Oxford University Press.

Ray, B. 2012. A linguistic study of English spoken in Patna by the age group of 16-25 years*Journal of Advanced Linguistic Studies, 1*, 109-117.

Sahgal, A. and Agnihotri, R. K. 1988. Indian English phonology: A sociolinguistic perspective. *English World-Wide, 9,* 51-64.

Sanyal, J. 2006. *Indlish: The Book for Every English-speaking Indian*. New Delhi: Viva Books Private Limited.

Sethi, J.1976. English Spoken by Educated Punjabi Speakers in India: A PhonologicalStudy. Unpublished PhD thesis, Punjab University, Chandigarh.

Sailaja, P. 2009. *Indian English*. Edinburgh: Edinburgh University Press.

Tirumalesh, K. V. 1990. Indian English. In K. V. Tirumalesh (eds.), *Derrida's Heel of Achilles and Other Essays*. Delhi: Bahri Publications. Pp. 44-46.

Shrivastava, B. 2006. Google Book Search seeking partners in India, rediff.com.Online:http://www.rediff.com//money/2006/sep/20google.htm.

Valentine, T. M.2001.Indian English: The Reality Behind the Myths. In Anvita Abbi et al., (eds.), *Linguistic Structure and Language Dynamics in South Asia*. Delhi: Motilal Banarsidass. Pp. 223-40.

भाषा पर खतरे

- **शंभुनाथ**

नॉम चोम्स्की ने 2001 के अपने एक साक्षात्कार में एक महत्त्वपूर्ण बात कही है कि "अमेरिका उन थोड़े से मुल्कों में से एक है, जहाँ के लोग दूसरी भाषा सीखना जरूरी नहीं समझते। असल में संसार की ज्यादातर जगहों के लोग कई भाषाएँ जानते हुए बड़े होते हैं। मैं अभी हिंदुस्तान से आ रहा हूँ। अगर आप वहाँ किसी टैक्सी ड्राइवर से बात करें, तो हो सकता है, वह पाँच भाषाएँ जानता हो। यदि आप अपनी दादी से एक भाषा में बात करेंऔर गली में दूसरी भाषा बोलें, तो लोग इसी तरह कई भाषाएँ सीखते हुए बड़े होते हैं। अमरीकियों की तुलना में ऐसे लोग बड़े सुसंस्कृत हैं। इस मामले में अमेरिकी बड़े असंस्कृत हैं।" पाकिस्तान में लिए गए इस टेली साक्षात्कार में अमेरिका पर की गई टिप्पणी से ज्यादा महत्त्वपूर्ण भारत की बहुभाषिकता को एक उच्च साँस्कृतिक स्रोत के रूप में देखना जाना है।

परिचय

शंभुनाथ

लेखक हिंदी के वरिष्ठ आलोचक एवं चिंतक हैं। पूर्व में केंद्रीय हिंदी संस्थान, आगरा के निदेशक रह चुके हैं, संप्रति कलकत्ता विश्वविद्यालय में हिंदी के प्रोफेसर हैं। संपर्क : hindisahityakosh.bbp@gmail.com

भारत अपनी बहुत-सी भाषाओं की वजह से एक श्रेष्ठ और मिश्रणशील साँस्कृतिक देश रहा है और कई बार भाषा के आधार पर राजनीतिक विवाद की जगह भी। भारतीय भाषावैज्ञानिक देवीप्रसन्न पटनायक कहते हैं, "भाषा और राजनीति का गहरा संबंध है। भाषा चाहे व्यक्ति अथवा समूह की पहचान बने, संप्रेषण का माध्यम मानी जाए या फिर साँस्कृतिक आदान-प्रदान, आर्थिक सहयोग अथवा राज्यों के गठन का कारण बने, ये सभी चीजें राजनीतिक जोड़-तोड़ से नियंत्रित होती हैं। राजनीति चाहे व्यक्ति की हो, विभस्व की हो या समानता-असमानता की, भाषा महत्त्वपूर्ण भूमिका निभाती है।" उन्नीसवीं सदी से ही भारत में भाषा की राजनीति एक अहम भूमिका निभाती रही है, भले भाषिक बहुलता मुख्यतः साँस्कृतिक अनुभव की बहुलता हो और प्राचीन काल से इसके साथ विभिन्न रास्तों से जीवन जीने, बेहतर जीवन के रास्तों की खोज करने और संग्रह त्याग की स्वतंत्रता जुड़ी हो

उदयनारायण सिंह ने अपने जीवन में जो कई काम किए हैं, उनमें भारत की भाषिक बहुलता की रक्षा करना, उसे भाषावैज्ञानिक अध्ययन के विस्तृत खाते में लाना और विभिन्न भाषाओं के बीच सेतु-बंधन के काम सबसे ज्यादा महत्त्वपूर्ण हैं। वह कहते रहे हैं, 'सबार ओपरे मानुष सत्यं', क्योंकि आम लोग ही स्थान, काल और परिवेश के निर्माता हैं। इक्कीसवीं सदी की शुरुआत कुछ नई वैश्विक वास्तविकताओं के बीच हुई है, जिनके बीच भाषाएँ भी परिवर्तन के दौर से गुजर रही हैं। अब सिर्फ अमेरिकी ही दूसरी भाषा सीखना जरूरी नहीं समझते, ऐसा नहीं है। दुनिया के हर कोने में और भारत में सबसे ज्यादा लक्षित किया जा सकता है कि अँग्रेजी शिक्षा पा लेने के बाद अपनी मातृभाषा भूलते जाना गर्व की बात मानी जाने लगी है। यही वजह है, आज बहुत सी भाषाएँ सीखना, सामुदायिक अंतर्मिश्रण और अपनी-अपनी भाषा में साहित्यिक विकास मुश्किल चीजें होती जा रही हैं। यह सिर्फ भाषाओं का खतरे में होना नहीं है, यह रचनाकार (आथर) की मृत्यु नहीं है, यह एक व्यापक साँस्कृतिक मूर्च्छा है।

अपने लेख 'एजेंसी ऑफ लैंग्वेज' में उदयनारायण सिंह ने सवाल उठाया है कि 'हम किसके लिए लिखें?' कभी सवाल था, हम किसके लिए रचें? रचनाकार अब लेखक हो चुका है। शहर उसे लिख रहा है, क्योंकि अब सभी लेखक शहरी है। इतिहास में पहली बार ऐसा अवसर आया कि, दुनिया की आधी से ज्यादा आबादी शहर में है। आज कहा नही जाता कि भारत गाँवों में बसता है। इधर शहरों में तेजी से वृद्धि हुई है, संचार-क्रांति ने दीवारें और दूरियाँ मिटा दी हैं, पर क्या इतने भर से कहा जा सकता है कि हमारी दुनिया बदल गई है। बढ़ते शहर खुद में दुनिया के बदलने के निशान नहीं है। इसके अलावा बढ़ते शहरों के साथ अव्यवस्था बढ़ी है, नए प्रभुत्त्व जन्मे हैं और एक हास्यापद जड़विहीनता आई है। क्या यह सब कहीं प्रतिबिंबित हो रहा है?

भारत जब गुलाम था, उपनिवेशक चाहने के बावजूद उसकी नैतिक और बौद्धिक परंपराओं को मिटा नहीं पाए थे। जीवन के भिन्न शैलियों के साथ भारतीय भाषाओं की तरक्की की रफ्तार बनी हुई थी। वह विध्वंस आज संभव हो रहा है, जिसे वैश्वीकरण के जमाने में कई बार निर्माणात्मक विध्वंस कहा जाता है। यदि देखा जाए, तो यह विध्वंस इसलिए नहीं हो रहा है कि शहर बढ़ रहे हैं, भौतिक विकास हो रहा है। यह इसलिए घटित हो रहा है कियह संपूर्ण विकास विश्व व्यापार की छाया में तर्क, राष्ट्र की धारणा और लोकतांत्रिक उपलब्धियों को वस्तुतः उजाड़ देने वाला है। यह एहसास कराया जा रहा है कि भारतीय भाषाओं की अब कोई जरूरत नहीं रह गई है। जातीय चेतना निरर्थक है। हिंदी क्षेत्र में यदि ज्यादा अव्यवस्था और

तहस-नहस है, तो इसकी एक बड़ी वजह जातीय निर्माण में आम बुद्धिजीवियों, श्रमजीवियों और नौजवानों को लगाने में मिली राजनीतिक विफलता है।

आज अमेरिका का इतना प्रभाव विस्तार हो चुका है कि अमेरिकी समझदारी, सौंदर्यबोध और स्मार्टपन के बाहर जो कुछ है, वह इतिहास का कबाड़ा लगता है। बदले वक्त में यूरोपीय देशों का भी वही सच है, जो अमेरिका का सच है। बेवजह अमेरिकीनहीं सोचता कि उसे कोई दू सरी भाषा सीखने की जरूरत नहीं है, शेष दु निया उसकी भाषा का लोहा माने। दरअसल पश्चिम का सच सिकुड़ गया, जिस तरह पूर्व का सच टुकड़े-टुकड़े हो गया है। आज किसी के अँग्रेजी पढ़ने का यह अर्थ नहीं है कि उसका बंधुत्व आजादी और समानता में विश्वास है। अँग्रेजी पहले की तरह हमें हमारे देश, देश की साधारण जनता और उच्च परंपराओं से नहीं जोड़ती, वह सिर्फ जड़विहीन और खुदगर्ज बनाती है।

आज पश्चिम दिमागों में उन चीजों की कोई उपयोगिता नहीं है, जिनसे फायदा ना हो, भले वे ज़िंदगी की गुणवत्ता, अर्थवत्ता, और उदात्तता के लिए जरूरी हो। आज 'तर्क' की जगह 'मन' स्थापित है। हम नए दौर में अँग्रेजी की जिस संस्कृति से घुल-मिल रहे हैं, वह गहरे अर्थ में नव-औपनिवेशिक है। यह शिक्षा का माध्यम आर्थिक वृद्धि पर या कामकाज की भाषा नहीं है, बल्कि एक साँस्कृतिक सत्ता है। अँग्रेजी पढ़ने और अँग्रेजी में ज्ञान प्राप्त करने और अंतरराष्ट्रीय काम में उसके इश्तेमाल को कभी गलत नहीं कहा जा सकता है। सोचने की जरूरत है क्या अँग्रेजी का प्रयोग यहीं तक सीमित है? वह अब साधन नहीं, साध्य बन गई है। और भारतीय भाषाओं को बेदखल करते हुए पूरे जीवन पर छाती जा रही है। यह कोई वह अँग्रेजी भी नहीं है, जो कभी उच्च चिंतन और शैलीगत विविधता से भरी हुई थी। यह एक दकियानूस और खोखली अँग्रेजी हैऔर हमें दकियानूस बनाने और खोखला करने के लिए है। हम विज्ञान का आभास देने वाली फिल्मों और फैशन शो से लेकर अँग्रेजी साहित्य उत्सवों तथा अँग्रेजी में एक अजीब हॉच-पाच और गिरावट लक्षित कर सकते हैं।

नवजागरण के दौर में औपनिवेशिक आधुनिकता की तरह यह उत्तर-औपनिवेशिक आधुनिकता है, जो कई स्तरों पर तोड़-फोड़ मचा रही है। अँग्रेजी राज्य में भारतीय मानस का जो पश्चिमीकरण हो रहा था, उसे लेकर एक समय ना सिर्फ चिंता व्यक्त की जाती थी, बल्कि उससे जूझा भी जाता था। यह एक महत्त्वपूर्ण बात है कि उदयनारायण सिंह ने पश्चिमीकरण से हुई क्षति पर गहरी चिंता व्यक्त की है- "पश्चिमीकरण से पहली क्षति स्वतंत्र सोच की हुई, जो

हो सकता है, बहुतों के लिए आधुनिकता की पूर्व शर्त हो। यह एक आधुनिकता थी, जिसने परवर्ती पीढ़ियों को सामाजिक संगठनों के उपभोक्तावादी और पश्चिमी भौतिकतावादी मॉडलों की तरफ अधिकाधिक मोड़ा। इसकी वजह से आर्थिक और बौद्धिक गुलामी स्थायित्व पा गई।" इस गुलामी की वजह से जिस तरह उन्नीसवीं और बीसवीं सदी के अँग्रेजी राज्य में पश्चिमी सिद्धांत आ रहे थे, आज वैश्वीकरण के युग में भी उसी तरह आ रहे हैं?

हिंदी में इस मुद्दे पर सबसे गहरी चिंता रामचंद्र शुक्ल ने 1929 में व्यक्त की थी। जिस तरह बांग्ला में लगभग उसी समय कृष्णचंद्र भट्टाचार्य ने व्यक्त की थी। आचार्य शुक्ल ने कहा था, "नकल से किसी जाति के साहित्य का असली गौरव नहीं हो सकता। इससे उसकी अपनी संस्कृति, अपनी सभ्यता और अपनी उद्भावना का अभाव ही व्यंजित होता है। जिसकी नकल की जाती है, वह और भी उपेक्षा की दृष्टि से देखता है। यह नवीनता नहीं है, अपने स्वरूप का घोर अज्ञान है, अपनी शक्ति का घोर अविश्वास है, अपनी बुद्धि और उद्भावना का घोर आलस्य है, साहित्यिक गुलामी है।" उस युग के चिंतकों को एँग्लोफोबिया नहीं था, वे सिर्फ उस 'बुद्धि के आलस्य' और नकल से बाहर आने का आह्वाहन कर रहे थे, जिसकी भारतीय दिमाग आकृति है।

भारतीय चिंतन में पश्चिम एक साथ उपनिवेशवाद और बौद्धिक अध्यात्री दोनों था। यही वजह है कि राष्ट्रीय जागरण के दौर में कई भारतीय बुद्धिजीवियों ने पौर्वात्यवादी सोच और अंधानुकरण का विरोध किया, तो दूसरी तरफ अपना मन खुला रखकर यूरोपीय साहित्य से प्रेरणाएँ भी लीं। वे जिस तरह से भारतीय परंपरा की कई खामियों से परिचित थे और उनका अपने अतीत से द्वंद्वात्मक संबंध था, उनका यूरोप से भी द्वंद्वात्मक संबंध था। भारतीय अतीत में सब कुछ सारवान है, वह ऐसा नहीं सोचते थे, लेकिन भारत को सर्वथा पिछड़ा, आध्यात्मिक या असभ्य समझने की यूरोप केंद्रिक दृष्टि का भी वे विरोध करते थे। आज की स्थिति यह है कि अतीत को लेकर भयानक द्वंद्व है। वैश्वीकरण के दबाव में अमेरिका ही आलोक स्तंभ दिखता है। आज जरूरत इस बात की है कि अतीत के भेदभाव और कूपमंडूकता का विरोध करते हुए ज्ञान पर बढ़ते पश्चिमी वर्चस्व को खंडित किया जाए।

कहा जाता है कि यह साइबर जनतंत्र का युग है, जबकि साइबर जनतंत्र में जनतंत्र का आभास भर है। अंधानुकरण जब बढ़ जाता है, तब छल भी बढ़ जाता है। यह छल भाषा, उपभोक्ता सामान, राजनीति मानव संबंध आदि सभी स्थलों पर बढ़ता है पर भाषा साइबर छल का

सबसे ज्यादा शिकार होती है। आज मोबाइल सार्वभौम हुआ है, इंटरनेट का इश्तेमाल बढ़ता जा रहा है और सूचना राजमार्ग का जाल-सा बिछ गया है। व्यक्ति घर बैठे ही इंटरनेट पर 'सामाजिक' है, वह 'सोशल साइट' पर है। इससे छल आसान हुआ है, इसमें गति आई है। कहा जा सकता है, यह कलियुग नहीं छलयुग है।

साइबर जनतंत्र में भाषा नकली ही नहीं सतही और तात्कालिक हुई हैं। जातीय लिपियाँ मिटी हैं, इनकी जगह रोमन लिपि छा रही है। निश्चय ही हर आर्थिक साम्राज्य एक भाषा साथ लेकर आता है और वह भाषा छलनाओं से भरी होती है। फिर भी हर समाज में ऐसे लोग हैं, जो भाषा को छल, सत्ता और वर्चस्व होने के औज़ार की जगह ज्ञान और सह-अस्तित्व के माध्यम के रूप में देखते हैं। यह संभव है कि एक भाषा में दो दुनिया हो। मसलन, अँग्रेजी में दुनिया उनकी हो, जो इसे छल, सत्ता और वर्चस्व के औज़ार के रूप में देखते हों और एक दूसरी दुनिया उनकी हो जो, इसे ज्ञान सह-अस्तित्व और सामूहिक विकास के माध्यम के रूप में देखते हों और राष्ट्रीय भाषाओं से प्रेम रखते हों। हर साम्राज्य अपने राजनीतिक ताने-बाने के साथ अपना शब्द-भंडार, नारे-मुहावरे और तर्क लेकर आता है। आज के साइबर जनतंत्र में भी एक साम्राज्य छाया हुआ है, वह युक्त बाजार व्यवस्था का साम्राज्य है और छल भी, इसी के हैं। यह अनोखी बात है किआम लोग भी छल कर रहे हैं और वे छल के शिकार भी हैं।

साइबर जनतंत्र में जनमत निर्माण की क्षमता है, पर साइबर जनतंत्र खुद न कोई वास्तविक समाज है और न वास्तविक जनतंत्र। वह एक आभासी दुनिया है। वह मनुष्य के लिए संपर्क और संवाद का एक औज़ार हो सकता है, पर उसे ही सबकुछ मान लेना आत्मघात होगा। मनुष्य साइबर जनतंत्र में हमेशा नहीं रह सकता। ऐसे समाज में होने के लिए अपनी भाषा चाहिए। हम सब अपनी भाषा में जीते हैं, तब कुछ परंपराओं, कुछ मूल्यों और कुछ सुंदरताओं के बीच जीते हैं, जो एक संस्कृति में जीना है। आज संस्कृति पर भीतर और बाहर से इतने नकली आवरण चढ़ते जा रहे हैं, और खुद साइबर जनतंत्र इनसे इतना प्रभावित है कि इसमें क्षमता नहीं कि वह नकली आवरणों को हटा सके।

आज छल से भरी हुई बाजार अर्थव्यवस्था और इसका साइबर जनतंत्र समाज और हमारी भाषाओं पर बुरी तरह हावी है। वैश्वीकरण उन्हें पारदर्शी नहीं बना पाया है, कहीं स्वस्थ स्पर्धा नहीं है। हम सोच सकते हैं कि जब राष्ट्रीयता, लोकतंत्र, आधुनिकता, बुद्धिवाद ये सभी ही अंधे व्यापार के विषय हो गए हों, तब समाज में संस्कृति की दशा क्या होगी और स्वतंत्र सोच

की दशा क्या होगी। किसी देश की संस्कृति और मानवीय सोच में जब कृतियता, नाटकीयता, और आत्मप्रदर्शन बढ़ जाए, तो सोचना चाहिए कि वह बूढ़ी होती जा रही है। वैश्वीकरण और इसके साथ संचार-क्रांति के विभिन्न दौरों का असर मानवीय संबंधों, परिवार एवं मनोरंजनके साधनों और भाषाओं पर व्यापक रूप से है। अब प्रेम पत्र नहीं लिखे जाते, बने-बनाए एसएमएस किए जाते हैं या व्हाटसएप्प। फेसबुक बन जाता है फेसलुक। लोगों के बीच 'कनेक्शन' होता है, पर रिलेशन नहीं होता। भाषा की बुनियादी चीज है रिश्ता, रिश्तों की संवेदना। वह महज सूचनाओं का माध्यम नहीं है। भाषाओं को उजाड़ने, उनको बिगाड़ने या खो देने का क्या अर्थ है? इसमें संदेह नहीं कि राजनीतिक दबावों से पहले भी भाषाओं का संहार हो चुका है। यह भी सच है कि लगातार राख हो चुकी भाषा के मलबे से कोई जाति उस भाषा के साथ पुनः जी उठती है। पहले का उदाहरण पालि है और दूसरे का हिब्रू। भाषाओं के साथ दोनों तरह की घटनाएँ हैं। वे मिटती हैं, पिछड़ती हैं, पर वे पुनः नव-जीवन भी हासिल कर सकती हैं। भाषाओं की कोख से नए-नए राष्ट्र बने हैं और इसी कोख से राष्ट्रीय जागरण और पुनर्जागरण भी निकला है।

यूनेस्को ने 1993 को विलुप्त होती भाषाओं का वर्ष घोषित किया था। इस मुद्दे पर सम्मेलन हुए थे। इसलिए भाषावैज्ञानिक हलके में एक चिंता संकटग्रस्त भाषाओं को लेकर है। लक्षित किया जा सकता है कि इन्हें बचाने की और भाषिक-साँस्कृतिक विशिष्टता की रक्षा की चिंता ठीक उसी समय की जा रही है, जब वस्तुतः एक या दूसरे रास्ते से इन्हें मिटाया जा रहा है। आज हिंदी और दूसरी भारतीय भाषाओं पर ही नहीं एक तरह से दुनिया भर की भाषाओं पर अँग्रेजी, वैश्वीकरण और मुक्त बाजार व अर्थव्यवस्था का अनुक्रम बढ़ता जा रहा है। कहने के लिए साइबर जनतंत्र सभी भाषाओं के लिए खुला है, पर यह खुलापन एक ही चरागाह में शेर और गाय दोनों को स्वतंत्र छोड़ने की तरह है।

इक्कीसवीं सदी में संकटग्रस्त भाषाओं को लेकर जो चिंता है, वह कई बार किसी डूबते हुए टाइटेनिक को चुपचाप डूबते देखने की तरह है। इस संदर्भ में संयुक्त राष्ट्र ने2008 में 21 फरवरी को 'विश्व मातृभाषा दिवस' घोषित किया था। हालाँकि शायद ही महिला दिवस, वेलेंटाइन-डे, पर्यावरण दिवस की तरह इसे कहीं भी महत्त्व दिया जाता हो। बहुभाषिकता में ह्रास बहुसाँस्कृतिकता में भी ह्रास है। यह जीवन की बहुत सी मिठास, लोकज्ञान और स्थानीय संस्कृतियों का उजड़ना है।

अँग्रेजी का वर्चस्व एवं भारतीय भाषाएँ

यदि अँग्रेजी वर्चस्व के साथ भारतीय भाषाओं की स्थिति कमजोर होती गई, इससे आधुनिकीकरण में शिथिलता आएगी या तेजी आएगी? कोई यह कह सकता है कि भारतीय भाषाओं में अब सिर्फ पिछड़े भारत के लिए जगह है, विकास की एकमात्र भाषा है अँग्रेजी। वास्तविकता यह है कि आज भी भारत की एक बड़ी आबादी भारतीय भाषाओं में साँस लेती है और भारत एक विविधताओं से भरा देश है। ऐसे देश में आधुनिक विकास और आधुनिकीकरण की भी एकरेखीय धारणा नहीं हो सकता। कहा जा सकता है कि भारतीय भाषाओं को विकास में साथ लिए बिना इस देश के आधुनिकीकरण में वस्तुतः शिथिलता ही आएगी, चाहे शहर जितने बढ़ें। यदि हमें वैश्वीकरण और आधुनिकीकरण को बहिष्कारपरक नहीं बनाना हो, इन्हें समावेशी बनाना है, तो छोटी भाषाओं को भी विकसित होने का मौका देना होगा।

एक उत्तर-औपनिवेशिक मामला, भाषा, साहित्य और संस्कृति में अस्मिता की राजनीति का है। दरअसल अस्मिता की राजनीति एक हद तक सामुदायिक जागरूकता लाती है। पर यह अपने कट्टरवादी ढाँचे में पृथकतावाद को प्रोत्साहन देती है। भारत सदा से एक ऐसा देश है, जहाँ विशिष्टता और अखंडता में अंतर्विरोध नहीं रहा है। हमारे समय की एक विडंबना यह है कि टेक्नोलॉजी और अर्थव्यवस्था के स्तर पर विश्व जितना एकीकृत होता जा रहा है, सामाजिक स्तर पर कभी जाति, कभी जातीयता, कभी धर्म और कभी भाषा के स्तर पर हमारे देश में भिन्नता उतनी ही बढ़ती जा रही है। इस प्रक्रिया में जानबूझ कर कुछ निर्बुद्धिपरकताओं, संकीर्णताओं और दीवारों को बनाए रखने की कोशिश की जाती है। निश्चय ही बहुसाँस्कृतिकता का यह अर्थ नहीं है कि साँस्कृतिक आदान-प्रदान ना हो और निर्बुद्धिपरकताओं को सींचा जाए। कहना ना होगा कि बहुसाँस्कृतिकता के भीतर से अस्मिताई राजनीति बहुत से विकासों के मार्ग में रुकावट बन रही है।

कई छोटी भाषाओं के सामने एक बड़ी समस्या है, उनकी अपनी लिपि का नहीं होना। नागालैंड की सभी 16 भाषाएँ रोमन लिपि में लिखी जातीं हैं और वहाँ भी किसी भी भाषा को आधिकारिक भाषा का दर्जा नहीं मिला है, बल्कि अँग्रेजी ही नागालैंड की आधिकारिक भाषा है और वहाँ अँग्रेजी खूब चलती है। मिजोरम की भाषाएँ रोमन लिपि में लिखी जाती हैं। मणिपुरी लोग अब बांग्ला लिपि छोड़कर अपनी भाषा मैती लिपि अपना रहे हैं, उग्रपंथी उसी का व्यवहार करते हैं। बोडो लोग असम में अपनी अलग पहचान के लिए देवनागरी अपना रहे

हैं, हालाँकि कुछ बोडो उग्रपंथियों ने 80 के दशक में रोमन लिपि की माँग की थी। एक धारणा है कि छोटी भाषाएँ यदि राज्य भाषा की लिपि अपनाएँ तो यह निर्णय उनके आर्थिक-सामाजिक विकास में सहायक होगी। गारो भी अब बांग्ला लिपि की जगह रोमन लिपि में लिखी जा रही है। कभी खासी समुदाय भी बांग्ला लिपि का प्रयोग करता था, परंतु अब ऐसा नहीं है और यहाँ भी रोमन लिपि का प्रयोग होता है। प्रत्येक भाषा की अपनी लिपि होनी चाहिए, जो भाषा को सुदृढ़ अस्मिता प्रदान करती है।

एक चीज भाषाई बुनियादवाद है, लिंग्विस्टिक फंडामेंटलिज्म। भाषाई बुनियादवाद भाषाई अलगाववाद की ओर ले जाता है। यह किसी भाषा के जातीय विकास की ऐतिहासिक प्रक्रिया को अवरुद्ध करता है। हिंदी के मामले में एक समस्या कभी-कभी यह दिखती है कि इसमें भाषाई अलगाववाद के स्वर उठते हैं। हिंदी किसकी मातृभाषा है? कल तक जिन परिवारों में अवधी, राजस्थानी, ब्रज, भोजपुरी, छत्तीसगढ़ी या बुंदेली मातृभाषा थी, उनमें आज हिंदी मातृभाषा है? क्या कहीं देखा गया है कि कल तक हिंदी मातृभाषा थी, और आज फिर से अवधी, राजस्थानी, ब्रज एवं भोजपुरीआदि मातृभाषा हो रही है? हिंदी खड़ी बोली के संकट को भी समझना होगा, जब 'इंडेंजर्ड लैंग्वेजेज' पर विचार किया जाए। अँग्रेजी के सामने अनगिनत परिवारों में हिंदी खुद 'इंडेंजर्ड लैंग्वेजेज' होती जा रही है।

भारत की भाषिक विविधता : संरक्षण का पक्ष

भारत की भाषिक विविधता इसकी साँस्कृतिक समृद्धि का चिह्न है। इसलिए छोटी भाषाओं के जीवन, प्रचार और विकास के लिए गंभीरता से कुछ सार्थक करना चाहिए। कहना होगा कि सिर्फ फासीवादी सरकारें ही भाषाई विविधता की उपेक्षा कर सकती हैंऔर इसे विकास के मार्ग में बाधा के रूप में देख सकती हैं। इसके साथ जरूरी है कि भाषाई विविधता की रक्षा के साथ राष्ट्रीय भाषाओं के विकास के विभिन्न सोपानों को समझा जाए। देखना होगा कि भाषा कहाँ एक स्वतंत्र विकासशील रूप है और कहाँ पर मुट्ठी भर बुद्धिजीवियों के लूटने-खाने के लिए एक पृथकतावादी राजनीतिक मंच है।

निश्चय ही खतरे कई दिशाओं से हैं। अँग्रेजी नव-साम्राज्यवाद से है, बाजार-अर्थव्यवस्था द्वारा हाशियाकरण से है, घरेलू पृथकतावाद और आत्मसंकुचन से है। कोई भाषा अपने-आप नहीं मरती। ये जो छोटी-छोटी संकटग्रस्त भाषाएँ हैं, घरेलू ठसक और थमक लिए, उनका मिटना एक शोक-मिश्रित ऐतिहासिक न्याय कहा जाए या गंभीर अन्याय, इस पर बहस हो सकती है।

लक्षित किया जा सकता है कई बार उनका मिटना परंपराओं का खोना नहीं है। क्योंकि वे जिस जातीय दायरे में मिट रही होती हैं, उसी दायरे में उन मिट रही भाषाओं का शब्द-भंडार, लोक-संस्कृति और सौंदर्यबोध नए रूपाकारों में संरक्षित भी हो रहा होता है। हिंदी खड़ी बोली में आधुनिकताओं के बीच लोकजीवन और संस्कृतियाँ सुरक्षित हैंऔर सुरक्षित रहनी चाहिए। एक जीवित जातीयता अपने आस-पास किसी भाषा को मरते नहीं देख सकती, वह उसे अपनी आत्मा का अंग बना लेती है। इसलिए 'इंडेंजर्ड लैंग्वेजेज' को लेकर शोक की उतनी जरूरत नहीं है, जितनी जरूरत उसके नए जातीय रूपाकार में संरक्षण और विकास की है। हम देख सकते हैं कि इधर साहित्य में मौखिक परंपरा का महत्त्व बढ़ा है।

निष्कर्ष

इसमें संदेह नहीं कि भाषा पर संकट का संबंध जीवन पर संकट से है। जीवन पर संकट है, इसलिए भाषाएँ संकट में हैं। अमेरिका जैसा देश अपनी भाषा से बाहर कुछ सीखना नहीं चाहताऔर भारत अपनी भाषाएँ छोड़कर अमेरिका की भाषा सीखता है। दरअसल दोनों जगह ही संकट है और इसका संबंध दोनों जगहों के जीवन के संकट से है। निश्चय ही भाषाई विविधता को बचाने की समस्या साँस्कृतिक जीवन को बचाने की समस्या से जुड़ी है। भारत में उन्नीसवीं सदी से ही मैकाले के शिक्षा मंच पर आने के बाद भाषा एक राजनीतिक मुद्दा बनने लगी। जबकि भाषा को राजनीतिक विषय बनाना एक बर्बरता है। आज राजनीति से ज्यादा बर्बर राजनीतिक बाजार है। इसलिए भारत की भाषाएँ फिर राष्ट्रीय चिंता के विषय हैं। ये हमारी साँस्कृतिक स्वाधीनता के विषय हैं।

श्रमिक वर्ग विस्थापन और लोक भाषाएँ

- अली आर॰ फतेही

परिचय

'श्रमिक वर्ग' एक ऐसा पद है, जिसका उपयोग सामाजिक विज्ञानों और साधारण बातचीत में वैसे लोगों के वर्णन के लिए होता है, जो निम्न स्तरीय कार्यों (दक्षता, शिक्षा और निम्न आय द्वारा मापदंड पर) में लगे होते हैं और अक्सर इस अर्थ का विस्तार बेरोजगारी या औसत से नीचे आय वाले लोगों तक भी होता है। श्रमिक वर्ग मुख्यत: औद्योगीकृत अर्थव्यवस्थाओं और गैर-औद्योगीकृत अर्थव्यवस्थाओं वाले शहरी क्षेत्रों में पाए जाते हैं। सामाजिक वर्ग के वर्णन में कई तरह के शब्दों का उपयोग किया जाता है, मगर कामगार वर्ग को विभिन्न तरीकों से परिभाषित और प्रयुक्त किया जाता है। जब इसका प्रयोग गैर-अकादमिक रूप में होता है, तो यह आमतौर पर समाज के एक खंड को संदर्भित करने के लिए होता है, जो शारीरिक श्रम पर आश्रित है। यह शब्द आमतौर पर आर्थिक संसाधन, शिक्षा और सांस्कृतिक हितों तक पहुँच के मामले में उच्च वर्ग और मध्य वर्ग के हितों के साथ विषम होता है। कामगार वर्ग और मध्य वर्ग के बीच सीमा रेखा वहाँ और स्पष्ट हो जाती है, जहाँ एक आबादी प्राथमिक तौर पर जीवन-रक्षा की तुलना में जीवन-शैली पर ज्यादा पैसा खर्च करती है। समस्या यह है कि भेद की इस पद्धति पर निर्भर रहने से वैसे बहुत सारे लोग बाहर हो जायेंगे, जो अक्सर कामगार वर्ग के रूप में पहचाने जाते हैं। कार्ल मार्क्स ने कामगार वर्ग या श्रमिक वर्ग को वैसे व्यक्तियों के रूप में परिभाषित किया, जो मजदूरी के लिए अपनी श्रम-शक्ति बेचते हैं और उत्पादन के साधनों का स्वामित्व नहीं रखते। उन्होंने तर्क दिया कि वे एक समाज के लिए धन पैदा करने के लिए जिम्मेदार थे। उन्होंने कहा कि कामगार वर्ग शारीरिक रूप से पुलों, शिल्प फर्नीचर का निर्माण करता है, खाद्य उगाता हैं और बच्चों का लालन-पालन करता है, पर उनके अपने खेत या कारखाने नहीं होते। सर्वहारा वर्ग के उप-खंड भ्रमित सर्वहारा वर्ग (फटेहाल-सर्वहारा) का है, जो अत्यंत गरीब और बेरोजगार होता है, जैसे दिहाड़ी मजदूर और बेघर लोग। सामान्य तौर पर मार्क्सवादी दृष्टि में दिहाड़ी मजदूर और कल्याणकारी

परिचय

अली आर॰ फतेही

लेखक भाषा, साहित्य एवं संप्रेषण के विशेषज्ञ हैं। संप्रति अलीगढ़ मुस्लिम विश्वविद्यालय में भाषाविज्ञान विभाग में प्रोफेसर हैं।

संपर्क:fatihi.ar@gmail.com

राज्य पर निर्भर रहने वाले ही कामगार वर्ग या श्रमिक वर्ग हैं और जो उस जमा पूँजी के जरिए जीते हैं और श्रम का शोषण करते हैं, वे कामगार नहीं हैं। यह व्यापक विरोधाभास वर्ग-संघर्ष को परिभाषित करता है। एक निश्चित समय में विभिन्न समूह और व्यक्ति किसी भी एक पक्ष या दूसरे पक्ष की ओर हो सकते हैं। हितों का यह विरोधाभास, व्यक्ति के जीवन और समुदायों के भीतर उसकी पहचान कामगार वर्ग या श्रमिक वर्ग के एकजुट होकर शोषण व असमानता और लोगों के जीवन के अवसरों, काम की स्थितियों और राजनीतिक शक्ति निर्धारित करने में स्वामित्व की भूमिका को कम करने की क्षमता को प्रभावी तरीके से कमजोर कर सकती है।

भारतीय परिवेश एवं पलायन

1917 के आस-पास से जाहिरा तौर पर कई देशों ने कामगार वर्ग या श्रमिक वर्ग के हित में कदम उठाए। 1960 के बाद बड़े पैमाने पर सर्वहाराकरण और कॉमन्स के घेरे तीसरी दुनिया में उभरे, जिससे जीवन-यापन के सीमांत पर एक नया कामगार वर्ग पैदा हुआ। इसके अतिरिक्त, भारत जैसे देश धीरे-धीरे सामाजिक परिवर्तन के दौर से गुजर रहे हैं, जिससे शहरी कामकाजी वर्ग का आकार भी बढ़ रहा है।

भारत में गरीब मजदूरों या श्रमिक वर्ग के आंतरिक पलायन में वृद्धि हो रही है। अनौपचारिक क्षेत्र में गरीब आमतौर पर आकस्मिक मजदूरों के रूप में पलायन करते हैं। वर्ष 2001 की जनगणना अवधि के दौरान देश में ज्यादा आर्थिक लाभ वाले शहरों या दूसरे इलाकों में काम करने के लिए 14 करोड़ 40 लाख लोगों ने प्रवास किया। देश में 25 लाख प्रवासी मजदूर कृषि एवं बागवानी, ईंट-भट्टों, खदानों, निर्माण स्थलों तथा मत्स्य प्रसंस्करण में कार्यरत हैं (एनसीआरएल, 2001)। श्रमिक प्रवासियों की बड़ी संख्या शहरी अनौपचारिक उत्पादन, सेवा या परिवहन क्षेत्रों में भी काम करते हैं। साथ ही, वे आकस्मिक मजदूर, सिर पर बोझा ढोने वाले मजदूर, रिक्शा चालकों और फेरीवालों के रूप में कार्यरत हैं। काम की आकस्मिक प्रकृति के कारण आवास स्थान में तीव्र बदलाव से वे रोग-निवारक सेवा से वंचित होते हैं और शहर के अनौपचारिक कार्य व्यवस्था में उनकी कार्य दशा उन्हें पर्याप्त उपचारात्मक सेवा पाने से असमर्थ कर देती है।

प्रवासियों में जो अति दुर्बल हैं उनपर 'आंतरिक विस्थापित' लोगों के रूप में ध्यान देने की जरूरत है। भारत में आंतरिक विस्थापित लोगों की संख्या 6 लाख (आईडीएमसी, 2006) के करीब है। आंतरिक विस्थापन जातीय संघर्ष, सांप्रदायिक संघर्ष एवं राजनीतिक कारणों से

विकास परियोजनाओं और प्राकृतिक विनाश के कारण होता है। आंतरिक विस्थापित लोग सरकारी सामाजिक सुरक्षा पाने में असमर्थ होते हैं।

किसी प्रांत से उसी प्रांत में और किसी एक प्रांत से दूसरे प्रांत में पलायन करने वालों की संख्या पिछले एक दशक में 9 करोड़ 80 लाख तक जा पहुंची है। इसमें 6 करोड़ 10 लाख लोगों ने ग्रामीण से ग्रामीण इलाकों में और 3 करोड़ 60 लाख लोगों ने गाँवों से शहरों की ओर पलायन किया।

- पिछले एक दशक को आधार मानकर अगर इस बात की गणना करें कि किसी वासस्थान को छोड़कर कितने लोग दूसरी जगह रहने गए और कितने लोग उस वासस्थान में रहने के लिए आए तो महाराष्ट्र इस लिहाज से सबसे आगे दिखेगा। महाराष्ट्र में आने वालों की तादाद महाराष्ट्र से जाने वालों की तादाद से 20 लाख 30 हजार ज्यादा है। इसके बाद आता है दिल्ली (10 लाख 70 हजार), गुजरात(0.68 लाख) और हरियाणा (0.67 लाख) का नंबर।
- उत्तरप्रदेश से जाने वालों की तादाद वहाँ आने वालों की तादाद से 20 लाख 60 हजार ज्यादा है और बिहार से जाने वाली की तादाद बिहार आने वालों की तादाद से 10 लाख 70 हजार ज्यादा है।
- भारत में साल 1991 से 2001 के बीच 7 करोड़ 30 लाख ग्रामीणों ने पलायन किया। इसमें 5 करोड़ 30 लाख गाँव छोड़कर दूसरे गाँव में रहने के लिए गए और लगभग 2 करोड़ लोग शहरी इलाकों में गए। शहरों की तरफ जाने वालों में ज्यादातर काम की तलाश करने वाले थे।
- अगर पिछले निवास-स्थान को आधार मानें, तो साल 1991 से 2001 के बीच 30 करोड़ 90 हजार लोगों ने अपना निवास स्थान छोड़ा, जो देश की जनसंख्या का 30 फीसदी है।।
- तीन दशकों (1971-2001) के बीच शहरों से शहरों की तरफ पलायन में 13.6 फीसदी से बढकर 14.7 फीसदी हो गया है।
- साल 1991 से 2001 के बीच एक गाँव से दूसरे गाँव में पलायन करने वालों की संख्या कुल पलायन का 54.7 फीसदी है।

- भारत में अप्रवासी मजदूरों की कुल संख्या साल 1999-2000 में 10 करोड़ 27 हजार थी। मौसमी पलायन करने वालों की संख्या 2 करोड़ से ज्यादा हो सकती है।

पलायन की संख्या दिनोंदिन बढ़ रही हो, तो उसकी गिनती का हिसाब रखना बड़ा मुश्किल हो जाता है। हालत यह है कि भारत सरकार के जनगणना से संबंधित आंकड़े भी पलायन की ठीक-ठीक तस्वीर बयान नहीं कर पाते। कोई सरकारी एजेंसी इधर कृषि-संकट या फिर मौसमी पलायन को पहचानने और दर्ज करने के लिए कागज-कलम संभाल रही होती है। उधर लोग रोपाई-बुआई का समय जानकर या तो दोबारा अपनी जगह पर लौट आ चुके होते हैं या फिर कहीं और जाने की तैयारी में होते हैं। गन्ने की खेती या फिर ईंट भट्ठा उद्योग में रोजगार के लिए मजदूरों का सामूहिक पलायन अब एक सुनिश्चित बात है। अगर जीविका के संकट की दशा में कोई पलायन करता है या फिर मान लें कि मौसमी पलायन ही कर रहा है, तो इसका असर पलायन करने वाले परिवार के बच्चों की पढ़ाई पर पड़ता है, परिवार के व्यस्क सदस्य चुनाव के वक्त वोट डालने के अधिकार का प्रयोग नहीं कर पाते और जन्मस्थान पर हों या फिर उस जगह पर जहाँ रोजगार के लिए जाना पड़ाहो, गरीबी रेखा से नीचे रहने वाले परिवारों को जो सुविधाएं मिली हैं वे भी हासिल करने से ऐसे परिवार वंचित रहते हैं।

पलायन मौसमी तर्ज पर हो या फिर जीविका के संकट की स्थिति में सबसे गहरी चोट दलितों और आदिवासियों पर पड़ती है, जो गरीबों के बीच सबसे गरीब की श्रेणी में आते हैं और जिनके पास भौतिक या मानवीय संसाधन नाम मात्र के होते हैं। यह बात खास तौर से आंध्रप्रदेश, राजस्थान, गुजरात, मध्यप्रदेश, कर्नाटक और महाराष्ट्र के सर्वाधिक पिछड़े और सिंचाई के लिए मुख्यतः वर्षा पर आधारित जिलों पर लागू होती है। पलायन की स्थिति में महिला का खेतिहर मजदूर के रूप में और पुरुषों का असंगठित क्षेत्र में रोजदारी का कोई काम खोजना एक आम बात है।

अगर पलायन जीविका के परंपरागत स्रोत पर संकट आने के कारण हो रहा है, तो इससे असंगठित क्षेत्र में उद्योगों के पनपने को बढ़ावा मिलता है और शहरों में बड़ी बेतरतीबी से झुग्गी-बस्तियों का विस्तार होता है। छोटी और असंगठित क्षेत्र में पनपी फैक्ट्रियों के मालिक पलायन करके आए मजदूरों से खास लगाव रखते हैं, क्योंकि एक तो ऐसे मजदूर कम मेहनताने पर काम करने को तैयार रहते हैं, दूसरे छोटी-मोटी बातों को आधार बनाकर इनके काम से गैर-हाजिर रहने की भी संभावना कम होती है। ऐसे मजदूर ठेकेदार के कहने में होते हैं

और स्थानीय मजदूरों की तुलना में मोलभाव करने की इनकी ताकत भी कम होती है मजदूरों की यह कमजोरी और कम मेहनताना भले ही कुछ समय के लिए उद्योगों के फायदे में हो, लेकिन आगे चलकर देश की बढ़ोतरी की कथा में ऐसे मजदूरों की भागीदारी नहीं हो पाती, क्योंकि उनके पास खरीदने की ताकत कम होती है और इसलिए उपभोग की ताकत भी। जबकि बाजार बढ़ते हुए उपभोग से ही बढ़ता है। इसी कारण अकसर यह तर्क दिया जाता है कि गाँवों से शहरों की तरफ पलायन तभी समृद्धि की राह खोल सकता है, जब मजदूरों के लिए ज्यादा मेहनताना पाने का आकर्षण हो और दूसरी तरफ गाँवों से खदेड़ने वाली गरीबी हो।

साल 1991 से 2001 के बीच 7 करोड़ 30 लाख ग्रामीण अपने मूल वास-स्थान से कहीं और जाने के लिए विवश हुए। इसमें से अधिकतर(5 करोड़ 30 लाख) किसी अन्य गाँव में गए, जबकि एक तिहाई से भी कम यानी 2 करोड़ शहरों में पहुँचे। शहरों में पहुँचने वाले ज्यादातर रोजगार की तलाश में आए। मौसमी तौर पर पलायन करने वालों की संख्या लगभग 2 करोड़ है, लेकिन कुछ विशेषज्ञों का मानना है कि वास्तविक संख्या आधिकारिक आंकड़े से10 गुना ज्यादा हो सकती है। इससे अंदाज़ा होता है कि कामगार या श्रमिक पलायन का जीवन के हररंग पर असर पड़ता है। गाँव या शहर की जनसंख्या हो, पलायन करने वाले परिवार के बच्चों की शिक्षा, बच्चों का पालन पोषणया भाषा जीवन का हर क्षेत्र इससे प्रभावित होता है। भाषा के क्षेत्र पर भी इसका प्रभाव साफ-साफ दिखता है।

पलायन : समाजभाषावैज्ञानिक विश्लेषण

भाषावैज्ञानिकों ने इस विषय पर विशेष रूप से ध्यान दिया है। पिछले कुछ दशकों में यह प्रसंग समाजभाषावैज्ञानिक शोध का विषय बन चुका है। पलायन के कारण होने वाले भाषाई विभेद को भाषाविदों ने कई नाम दिए हैं, जैसे क्रियोल या पिजिन। यहाँ इस बात का स्पष्टीकरण जरूरी है कि क्रियोल भाषाएँ पलायन के कारण अपना अस्तित्व बना पाती हैं। इसके विपरीत पिजिन भाषाएँ पलायन के बाद की स्थिति होती हैं। पिजिन भाषाएँ विस्थापित समुदाय की दूसरी या तीसरी पीढ़ी की भाषा होती है। मानव-जीवन का इतिहास पलायन के इतिहास से भरा हुआ है, यही कारण है कि क्रियोल भाषाएँ भाषा इतिहास में महत्त्वपूर्ण स्थान रखती हैं। विस्थापित भाषाई समुदाय एक नई पृष्ठभूमि पर जबनई भाषा सीखता है, तो नए शब्द उसकी अपनी भाषा को प्रभावित करते हैं, जिससे भाषाई परिवर्तन शुरू हो जाता है। भाषा-परिवर्तन के कई कारण हो सकते हैं-

- आंतरिक कारण (प्रणालीगत परिवर्तन : Structural changes)
- बाह्य मंशा (संपर्क आधारित: Linguistic contact)
- अतिरिक्त भाषाई (सामाजिक राजनीतिक एवं आर्थिक: Socio-political and economic)

ऐसी स्थिति में श्रमिक प्रवास भी भाषा-परिवर्तन का मुख्य कारण बन जाता है। इसमें अपनी धरती अपनी भाषा को छोड़कर एक नई जमीन की तलाश भाषा-परिवर्तन का कारण बनती है। इस नई जमीन पर श्रमिक प्रवासी नए सामाजिक ताने-बाने बुनते हैं, जिसके अपने दूरगामी परिणाम होते हैं। इस पूरी स्थिति में श्रमिक प्रवासी प्रभावित समुदाय के रूप में उभरते हैं, जो अपने मूल समाज से कट कर गंतव्य समाज में अपनी जमीन तलाशते हैं। इस प्रयास में दोनों समाज का जनसांख्यिकीय वितरण परिवर्तित हो जाता है। मूल समाज में अगर जनसंख्या की कमी होती है, तो गंतव्य समाज में वृद्धि होती है। इस परिवर्तन के कारण भाषा पर भी असर पड़ता है। श्रमिक प्रवासी आम तौर से युवा और सक्रिय होते हैं। इस कारण वह एक ओर गंतव्य समाज की भाषा से प्रभावित होते हैं, तो दूसरी ओर गंतव्य समाज की भाषा को भी प्रभावित करते हैं। इस प्रकार एक नई भाषाई स्थिति बनती है, जिसके कारण नई भाषाएँ उभरती हैं। जिनमें से कुछ जन-भाषा का दर्जा हासिल कर लेती हैं। जन-भाषा में भाषाई नवीनता होती है, जो हमें पिजिन और क्रियोल में देखी जा सकती है। इस परिवर्तन से आम आदमी भी प्रभावित होता है। इस कारण जो भाषा में नवीनता आती है वह आकर्षक भी होती है। इस तरह की भाषा में नवीनता भाषिक रचनात्मकता से मिलती है। संज्ञा से क्रिया बनाने का चलन जैसा जन-भाषा में मिलता है, उस वैसा मानक भाषा में नहीं मिलता है, जैसे- जूता>जुतियाना, बात>बतियाना, लाठी>लठियाना एवं गाली > गलियाना आदि।

इन शब्दों से जन-भाषा की रचनात्मकता का पता चलता है। ऐसा होना स्वाभाविक है, क्योंकि जब श्रमिक प्रवासी अपने आप को एक नए संदर्भों में पाता है, तो उसकी भाषा में सरलीकरण और मिश्रण का होना स्वाभाविक होता है। इस प्रकार के भाषाई प्रयोग का आधार 'संपर्क' है। ऐसी संस्कृति में जो अंतर होता है, उसका आधार आर्थिक, शैक्षिक होता है, इससे प्रवासया विस्थापन का प्रभाव और अधिक हो जाता है। यूनेस्को का दुनिया की भाषाओं पर किया गया एक सर्वेक्षण चर्चित रहा। इसके अनुसार विश्व की अधिकांश भाषाएँ धीरे-धीरे अपना अस्तित्व खो रही हैं। उनके बोलने वाले लगातार कम हो रहे हैं। भाषाएँ वैश्वीकरण और बाजारवाद के दबाव से जुड़े विस्थापन के कारण संकट में हैं। दुनिया की ऐसी सैकड़ों भाषाओं में हिमालय

की लगभग सभी भाषाएँ शामिल हैं। गढ़वाली और कुमायूँनी भी इस सूची में है। यूनेस्को के अनुसार इनमें से कई भाषाएँ आने वाले पचास साल में पूरी तरह लुप्त हो जाएंगी। ज़ाहिर है इससे कई भाषा प्रेमियों और साहित्यकारों की भौंहें तन गई हैं। वे इस अप्रिय सत्य का विरोध कर रहे हैं और इस भविष्यवाणी को गलत बता रहे हैं। लेकिन हम कितना ही दुहाई क्यों न देते रहें, सत्य को नकारना भी मूर्खता होगी।

वस्तुतः किसी भी भाषा को तीन मुख्य कारक बचाते हैं-बाजार, शिक्षा और प्रशासन। यदि किसी समाज की अर्थव्यवस्था कमजोर होगी, तो उसका असर उसकी भाषा और संस्कृति पर पड़ता है। कमजोर आर्थिक संस्कृति वाली भाषाएँ मजबूत आर्थिक संस्कृति वाली भाषाओं के सामने अपने को हीन समझने लगती हैं और उनकी परंपराओं और लोक-व्यवहारों को अपनाने लगती हैं। दरअसल यही सबसे बड़ा कारण है, जिसने हिमालय की सभी भाषाओं को धीरे-धीरे हाशिए पर धकेलकर और आज की स्थिति तक पहुँचाया।

माना जाता है कि हिमालय की सभी भाषाएँ आठवीं-नौवीं सदी या उससे पहले से व्यवहार में हैं, तो फिर यह स्थिति कैसे और कब आई? इसकी पड़ताल करने के लिए हमें बहुत पीछे जाना होगा। दरअसल हिमालय की लोकभाषाओं पर आए वर्तमान संकट के कारण भारत में ब्रिटिश साम्राज्यवाद के आगमन में निहित है। यानी इस संकट की शुरुआत वास्तव में तभी शुरू हो गई थी, जब भारत में अँग्रेजी साम्राज्यवाद ने अपने पैर पसारने शुरू किए थे। उन्होंने दुनिया भर में संसाधनों के दोहन और लड़ाइयों के लिए सेना में लोगों को भर्ती करना शुरू किया, तब रोजगार के कारण अनेक क्षेत्रीय समाजों ने जगह-जगह पलायन शुरू किया और इनकी भाषाएँ एवं संस्कृतियाँ प्रभावित हुईं।

हिमालय क्षेत्र में भी जमीन मेहनत की अपेक्षा कम उत्पादन देती रही है, इसलिए लोगों का रुझान नौकरियों की ओर होने लगा। रानीखेत छावनी बनने पर हिमालय के हज़ारों लोग सेना में भरती हुए और पहाड़ से बाहर बसने लगे और धीरे-धीरे अपनी भाषाओं और संस्कृति से कटने लगे। स्वतंत्रता-प्राप्ति के बाद इसमें और भी तेजी आई। हिमालय की आबादी का एक बड़ा भाग अपनी रोजी-रोटी के लिए शहरों की ओर पलायन करने लगा और प्रवासी उत्तराखंडियों की पहली दूसरी पीढ़ी तक लोगों में अपनी भाषा-संस्कृति के प्रति मोह और सम्मान बना रहा, लेकिन तीसरी-चौथी पीढ़ियाँ अपनी भाषा से काफी हद तक कट गई और उनका अपनी भाषा के प्रति आग्रह कम होने लगा।

भाषा के बने रहने का दूसरा कारण उसका शिक्षा का माध्यम होना और तीसरा शासन-प्रशासन की कामकाजी भाषा होना है। लेकिन इन तीनों जगहों में से हमारी भाषाएँ दो जगहों पर बिल्कुल नहीं हैं और तीसरी जगह बाजार में कम होती जा रही है। आज यह संकट और गहरा गया है, जब वैश्वीकरण और करियरवाद के दबाव में लोकभाषाएँ अपनी आर्थिक, शैक्षिक या प्रशासनिक भूमिकाओं से और भी दूर हो गई हैं। लोकभाषाओं की चिंता इसलिए जरूरी है कि ये हमारी विरासत का एक भाग हैं और हमारी थाती हैं और इनमें भी कुछ सुंदर और श्रेष्ठ रचा जा रहा है, उसे सहेजकर रखा जाना चाहिए। मगर यह समस्या केवल हमारे साथ नहीं है। यूनेस्को ने दुनिया की इस सांस्कृतिक विविधता पर आए संकट को काफी पहले महसूस कर लिया था। इसलिए यूनेस्को महासभा ने नवंबर 1999 में दुनिया की उन भाषाओं के संरक्षण और संवर्धन की ओर दुनिया का ध्यान आकर्षित करने के लिए साल2000 से प्रति वर्ष 21 फरवरी को अंतरराष्ट्रीय मातृभाषा दिवस मनाने का निश्चय किया।

लेकिन अब प्रश्न उठता है कि क्या हम ऐसे में अपनी भाषाओं को बचा पाएंगें? यदि हम ईमानदारी से उत्तर दें, तो वह नहीं में होगा। क्योंकि जरूरत से ज्यादा देर हो चुकी है। हमने अपनी भाषाओं को बचाने के लिए समय रहते गंभीर कोशिशें नहीं की। लेकिन असली वजह उपर्युक्त परिस्थितियों और कारणों में निहित है। हम बाजार के निर्माता और नियामक नहीं है। इसलिए हमारे अपने ग्रामीण बाजारों से भी हमारी भाषाएँ गायब होती जा रहीहैं। ये शिक्षा का माध्यम और शासन की भाषा भी नहीं हो सकती, क्योंकि हमारी राजनीतिक इच्छाशक्ति अत्यंत कमजोर है।

इसके अलावा हिमालय में आज तक कोई ऐसा सशक्त सांस्कृतिक या भाषा आंदोलन भी नहीं हुआ, जो भाषा संस्कृति की ओर लोगों को खींचता। इसकी एक वजह यह थी कि हमारे रोजगार की आवश्यकताओं के संवाद दूसरी भाषाओं में हो रहे थे। इसलिए हम सात समुद्र पार वाली भाषाएँ और लहजे तो सीख जाते हैं, लेकिन अपनी मातृभाषा नहीं। तो फिर क्या हम अपनेभाषा के मोह को त्याग दें? इसका उत्तर है नहीं। हमें कोशिश करनी चाहिए कि हमारी भाषा में जो कुछ श्रेष्ठ है, उसे तब तक बचाए रखा जाए, जब तक वह बचाए रखा जा सकता है। आखिर हमारी भाषा भी दुनिया की किसी भी श्रेष्ठ और मौलिक भाषा की तरह मौलिक और श्रेष्ठ है।

85 वर्षीय अंडमानी महिला बोआ जो अंडमान में बोली जाने वाली दस भाषाओं में से एक 'बो' भाषा की अंतिम जानकार थीं। बोआ का जाना सिर्फ एक महिला का जाना नहीं था, उनके साथ-साथ मानव-सभ्यता की 65000 साल पुरानी संस्कृति का ज्ञान भी चला गया। भाषावैज्ञानिकों के पास इस भाषा से जुड़े तमाम अनुसंधान तो हैं, लेकिन उसे संवाद के स्तर पर लाने वाली अंतिम माध्यम अब हमारे बीच नहीं रहीं। एक अनुमान के अनुसार देश के 96 प्रतिशत लोग सिर्फ 04 प्रतिशत भाषाओं का इश्तेमाल करते हैं। बाकी के 96 प्रतिशत भाषाओं की आवाज दिल्ली तक पहुँच भी नहीं पाती। वरिष्ठ भाषाविद डीपी पटनायक के अनुसार 'हिंदी की तैंतीस विधाएँ हैं, जिनमें हिंदी चली है। पंडितों की भाषा मैथिली की वजह से अंगिका और बज्जिका का नुकसान हुआ है।'

भाषा एवं समय

शेक्सपियर को शेक्सपियर बनाने की बड़ी वजह उनकी भाषा का विस्तार भी था। छोटी-छोटी भाषाओं में बड़े-बड़े काम हुए हैं, लेकिन इसकी जानकारी कितने लोगों तक पहुँच पाई। एक अनुमान के अनुसार पूर्वोत्तर भारत की भाषा या बोलियों में लगभग दो सौ ऐसी किताबें लिखी गई हैं, जो ऐतिहासिक महत्त्व की हैं, लेकिन विश्व-साहित्य पर अध्ययन करने वाले दुनिया के दूसरे देशों के साहित्य पर घंटों बात कर सकते हैं, लेकिन उनसे अपने देश की अलग-अलग भाषाओं मसलन् गुजराती, मराठी, उड़िया, बांग्ला, असमिया या गारो में लिखी गई महत्त्वपूर्ण किताबों की जानकारी मुश्किल से मिलेगी।

हमें दूसरे देशों में नया क्या रचा जा रहा है, कौन सी नई किताबें आई हैं, इसकी जानकारी विस्तार से है, लेकिन हमारे अपने देश की भाषा बोलियों में क्या हो रहा है, इसकी जानकारी नहीं है। धीरे-धीरे हम अपनी भाषा के शब्द भी भूलने लगे हैं। वरिष्ठ गांधीवादी नारायण भाई देसाई कहते हैं, "वस्त्र से जुड़े सौ से अधिक शब्द इश्तेमाल न होने की वजह से लुप्त हो गए।"

इसी तरह हम अँग्रेजी की जद में होकर अपने कई शब्दों को भूल रहे हैं, चूँकि हमारा समाज रिश्तों को महत्त्व देने वाला समाज रहा है, रिश्तों को जीने वाला समाज रहा है। यहाँ माता-पिता से संबंधित बीस से अधिक रिश्ते ऐसे हैं, जिनके लिए अँग्रेजी में कोई उपयुक्त शब्द नहीं है। 'बो' की तरह एक-एक करके हमारी भाषाएँ खत्म हो रही हैं और इसकी जानकारी भी हम तक नहीं आती। 1961 की जनगणना में 1652 मातृभाषाओं की सूची बनी थी। जो 1971 में घटकर 109 रह गई। 1971 की जनगणना में जिन भाषाओं को बोलने वाले दस हजार से कम

लोग थे, सरकार ने उन्हें गिनना भी मुनासिब नहीं समझा और ऐसी सभी भाषा या बोलियों को 'अन्य' की एक श्रेणी में डाल दिया। फिर एक के बाद एक भाषा या बोलियां खत्म होती रहीं, लेकिन किसे परवाह है? भाषा दो तरह की है। पहली पंडित भाषा और दूसरी आम आदमी की भाषा। आम आदमी की भाषा का इतिहास है कि उसे पंडित भाषा ने हमेशा से दबाया है। अँग्रेजी भारत सहित दुनिया की कई भाषाओं में पंडित भाषा बनकर विराजमान है और वह कई-कई भाषा-बोलियों के लिए खतरा बनी है। आज के बच्चों के लिए एक वाक्य किसी एक भाषा में बोलना मुश्किल हो रहा है। वह गुजराती में अँग्रेजी मिलाते हैं, मराठी में हिंदी। यह मिलावट भाषा के लिहाज से शुभ संकेत नहीं है। जो समाज अपनी मिट्टी, जंगल, जमीन नहीं बचा पाएगा, वह अपनी भाषा कभी नहीं बचा पाएगा। अब आप तय कीजिए कि अपनी भाषा को बचाने के अभियान की शुरूआत कहाँ से करनी है?'

भाषा का महत्त्व एक व्यक्ति के जीवन में क्या होता है, इसकी एक मिशाल सोमानी कुरोसी हैं, जो बुडापेस्ट के पास के एक गाँव से अपनी भाषा, बोली, संस्कृति को ढूँढते हुए अपने पूर्वजों के गाँव भारत आए थे। कोलकाता और तिब्बत की उसने खाक छानी और यात्रा के दौरान ही उसकी मृत्यु दार्जिलिंग में हुई। एक दूसराउदाहरण 'द इंडिजेनस लेप्चा ट्राइबल एसोसिएशन' का है, जो लेप्चा भाषा की सरकारी उपेक्षा के बाद अपनी संस्कृति से कट रहे लेप्चा बच्चों को अपनी मातृभूमि और मातृभाषा से जोड़ने के लिए बनी। आज यह संगठन आपसी मदद से40 रात्रि स्कूल चला रहा है। 18 महीने के पाठ्यक्रम में लेप्चा बच्चों को यहाँ अपनी भाषा, पारंपरिक नृत्य, पारंपरिक वाद्य-यंत्र, लोक कथाएं और लोकगीत से परिचय कराया जाता है। इसके लिए प्रतिदिन दो घंटे का समय बच्चों को स्कूल से अलग देना होता है। एसोसिएशन के संयुक्त सचिव एनटी लेप्चा के अनुसार- "कलिमपोंग, दार्जिलिंग, मिरिक, सोनाडा के अलावा दिल्ली में भी उनके केंद्र चल रहे हैं।"

इस बात को अनुभव और अध्ययन से समझा गया है कि उन क्षेत्रों में भाषाई विविधता अधिक होगी, जहाँ जैविक विविधता होगी। जैसे नागालैंड में एक क्षेत्र के लोगों की भाषा दूसरे क्षेत्र में रहने वाले मुश्किल से समझ पाते हैं। आदिवासी समाज और हमारे गाँवों में बड़ी संख्या में ऐसी भाषा या बोलियां हैं, जिन्हें वे बोलते हैं, लेकिन उनके पास ना उसकी लिपि है, न उनके पास उस भाषा या बोली का नाम है। प्राकृतिक विविधता से, सांस्कृतिक विविधता का और सांस्कृतिक विविधता से भाषाई विविधता का गहरा रिश्ता है। यदि इस रिश्ते को आप समझते हैं, तो यह समझना आपके लिए आसान है कि भाषा और बोली का मामला सीधा-सीधा

जल, जंगल, जमीन से जुड़ता है। भाषाई विविधता को बनाए रखने के समर्थन में खड़े लोगों को जल, जंगल, जमीन की भी वकालत करनी होगी, क्योंकि हमने इस देश को यदि कंक्रीट का जंगल बना दिया, तो भाषाई विविधता नहीं बच पाएगी। अरुणाचल प्रदेश के दूर-दराज पहाड़ी इलाके में एक ऐसी जनजाति का बसेरा है, जिसकी स्थानीय भाषा के बारे में दुनिया को महज पाँच साल पहले पता चला। ऊँची पहाड़ियों पर चढ़ाई चढ़कर और बांस की नावों से नाले पार करके ही इस इलाके के गाँवों में पहुँचा जा सकता है। इन गाँवों के निवासियों की 'कोरो' भाषा की जानकारी, तब मिली जब भाषाविद कम लोकप्रिय बोलियों 'अका' और 'मिजी' पर शोध कर रहे थे। 'कोरो' बोलने वालों की संख्या 800 से 1000 है। इनमें से भी ज्यादातर लोगों की उम्र 20 साल से अधिक है। निश्चित तौर पर इससे साफ संकेत मिलते हैं कि युवा पीढ़ी यह भाषा नहीं बोल रही है। इसकी कोई लिपि नहीं है। 'कोरो' भाषा के लुप्तप्राय होने की पर्याप्त वजहें मौजूद हैं। अंडमान द्वीप समूह में ग्रेट अंडमानी लोगों की आबादी वर्ष 2005 में 43 थी और अब मामूली बढ़ोतरी के साथ यह संख्या लगभग 50 है। लेकिन जो लोग यह भाषा बोलते हैं, उनकी संख्या कम होकर महज पाँच रह गई है, बाकी लोग वहाँ हिंदी बोलते हैं। पुरानी चार भाषाओं (जेरू, खोरा, बो और सरे) का कोई भविष्य नहीं है। 'खोरा' भाषा में बात करने वाली आखिरी महिला बुजुर्ग 'बोरो' अब इस दुनिया में नहीं है। कश्मीर के सुदूरवर्ती गाँवों की दीवार या पुरानी मुस्लिम कब्र पर फारसी भाषा में स्मृति लेख लिखा गया है और भारत में केवल 10 लोग ही ऐसे हैं, जो इस लिपि को पढ़ सकते हैं और इससे भी कम ऐसे लोग होंगे, जो इस लिपि को लिख सकते हैं। शारदा आठवीं सदी की भाषा थी और करीब बीसवीं सदी के शुरुआती दौर तक कश्मीर में इसका इस्तेमाल किया जाता था। लेकिन अब इस भाषा का कोई नामोनिशान नहीं है। भाषाओं के विलुप्त होने की तस्वीर भयानक-सी दिखती है और इसे लेकर कई तरह के कयास लगाए जा सकते हैं। यूनेस्को के एटलस ऑफ वर्ल्ड लैंग्वेजेज इन डेंजर (2009) ने भारत को ऐसे देश के रूप में चिह्नित किया गया है, जहाँ लुप्त होने वाली भाषाओं की संख्या सबसे ज्यादा यानी 196 है। अरुणाचल प्रदेश इन्हीं जगहों में शामिल है, जहाँ स्थानीय भाषाएँ संकट के दौर से गुजर रही हैं भाषाविद इस पूरी प्रक्रिया को 'ब्लैक होल' के तौर पर देखते हैं, जहाँ कई जनजातियों और उनकी भाषा से जुड़ी जानकारियां भी कम ही हैं। 'लिविंग टंग इंस्टीट्यूट फॉर एनडेंजर्ड लैंग्वेजेज इन दि यूएसए' के शोध निदेशक और 'नैशनल जियोग्राफिक सोसायटी' के फेलो 'डेविड हैरिसन' का कहना है, 'भारत की कई भाषाएँ लिपिबद्ध होने का इंतजार कर रही हैं। यह कोई नहीं

जानता कि ऐसी कितनी भाषाएँ हैं। 'नैशनल जियोग्राफिक की एक 'इंड्यूरिंग वॉयसेज प्रोजेक्ट' टीम ने 'कोरो' भाषा की खोज की थी।

निष्कर्ष

कामगार वर्ग या श्रमिक वर्गया जनजातियों के मुताबिक 'अन्य भाषाएँ' मसलन् अँग्रेजी और हिंदी के साथ 'प्रतिष्ठा' का भाव जुड़ा होता है और इनके जरिए आर्थिक गतिविधियाँ संभव होती हैं। इसके अलावा जिन भाषाओं का दायरा बड़ा होता है, जाहिर है उन्हें बोलने वालों की तादाद ज्यादा होने के अलावा उन्हें अपनाने का दबाव भी ज्यादा होता है, ताकि बड़े समूह के साथ जुड़कर राजनीतिक फायदा उठाया जा सके। कुछ लोगों का मानना है कि मिश्रित और अंतरभाषी विवाह भी इसका एक महत्त्वपूर्ण कारक है, जहाँ पति की मातृभाषा पत्नी से अलग होती है। ऐसे में वे लोग तीसरी ही दुनिया में रहते हैं। नतीजतन उनके बच्चे ऐसी तीसरी भाषा या फिर हिंदी या अँग्रेजी बोलते हैं। भाषाओं की संख्या में भारी कमी के पीछे पहचान के संकट और दुनिया के नजरिए की कहानियाँ छिपी हुई हैं।

लुप्तप्राय भाषा राजी : वर्तमान की चुनौतियाँ

- कविता रस्तोगी

परिचय

राजी एक आदिम जनजाति है जिसे बनमानुस, बनरावत, जंगली, रावत आदि नामों से पुकारा जाता है। उत्तराखंड राज्य के पिथौरागढ़ एवं चम्पावत जिलों के सघन जंगलों में निवास करने वाली इस जनजाति के विषय में बाह्य जगत को सबसे पहले 1823 में कुमाऊँ के तत्कालीन कमिश्नर सी. डब्लू. ट्रेल ने जानकारी दी। छोटी–छोटी नौ बस्तियों (जिनमें 5 से लेकर 15 घर मिलते है) में रहने वाली इस जनजाति की सन् 2001 में कुल जनसंख्या 680 थी और 2011 जनगणना के अनुसार अब इनकी संख्या 732 हो गई। दस वर्षों में इनकी जनसंख्या में मात्र 7.65% प्रतिशत वृद्धि हुई है। वर्तमान में इस समुदाय की संमाज-आर्थिक स्थिति अत्यंत कमजोर है। जनसँख्या कम होने के कारण क्षेत्रीय नेताओं के लिए समुदाय कोई महत्त्व नहीं रखता है। अतः समुदाय के विकास के लिए किसी प्रकार के राजनीतिक प्रयास नहीं हो रहे हैं। समुदाय की मात्र दस बारह प्रतिशत जनसंख्या शिक्षित है, दो प्रतिशत लोग सरकारी नौकरी कर रहे है। लकड़ी काटना, मुर्गी पालन, खेती करना या कुमाऊ लोगों के घर और दूकान में काम करना आज इनके जीविकोपार्जन के प्रमुख साधन है।

परिचय

कविता रस्तोगी

लेखिका भाषाविज्ञान में हिंदी-लेखन की एक चर्चित नाम हैं और संप्रति लखनऊ विश्वविद्यालय में भाषाविज्ञान विभाग की प्रमुख एवं प्रोफेसर हैं। संपर्क:
krastogi1960@gmail.com

राजी भाषा

इस जनजाति की भाषा का नाम राजी / राऊती है। सरकारी फाइलों एवं आस-पास के लोग राजी नाम से ही भाषिक समुदाय एवं भाषा, दोनों को बुलाते है। यह जनजाति स्वयं को "भुल्ला" और भाषा शब्द को बोलने के लिए "बत्काओ" शब्द का प्रयोग करती है। भारत का प्रथम भाषा सर्वेक्षण करने वाले सर जार्ज ग्रियर्सन ने अपने कार्यों में इस भाषा के लिए 'जंगली' नाम का प्रयोग किया और भौगोलिक समानता के आधार पर इसे तिब्बती-चीनी परिवार की भाषा स्वीकार किया है। उनके इस मत का समर्थन प्रसिद्ध भाषाविद डॉ. सुनीति

कुमार चटर्जी ने भी किया। किंतु डॉ.शोभा राम शर्मा एवं डॉ. डी. डी.शर्मा सरीखे कतिपय विद्वानों ने इस भाषा को मुंडा परिवार से संबंधित बताया है। मैंने अपने पूर्व शोध कार्य में यह स्थापित करने का प्रयास किया है कि इस भाषा रूप के वर्तमान अभिलक्षण इस तथ्य के संकेतक है कि ये भाषा तिब्बती-चीनी परिवार के केंद्रीय हिमालयी उपवर्ग की भाषा है दीर्घ संपर्क के कारण जिसमे हिंदी और कुमाउनी भाषाओं केना केवल शब्द वरन व्याकरण संबंधी अनेक लक्षण भी मिलते है।

संप्रेषण अभिरचना

राजी समुदाय के स्वरूप पर यदि ध्यान दें तो ज्ञात होता है कि जहाँ एक तरह नई पीढ़ी भाषा को सीख रही है वहीं दूसरी तरफ भाषा की शब्दावली संकुचित हो रही है। इनकी भाषा में आगत शब्दों का बाहुल्य है तथा आज अनेक राजी शब्दों का स्थान हिंदी और कुमाउनी शब्दों ने ले लिया है, जैसे- पिता के भाई के लिए राजी भाषी "दुक्कइया" शब्द का प्रयोग करते थे परंतु आज वे "कक्का" बोलते है। समुदाय के सभी सदस्य द्विभाषी हैं जो एक ऐसे भाषा रूप का प्रयोग करते हैं जिसमें कुमाउनी एवं हिंदी के ना केवल शब्द वरन संपूर्ण वाक्य बोले जाते हैं। राजी माता-पिता भाषा के इसी रूप को आने वाली पीढ़ी को हस्तानान्तरित भी कर रहे हैं। इस तरह एक तरफ राजी भाषा बच्चों द्वारा सीखी जा रही है तो दूसरी तरफ इसके वक्ता भाषा के अत्यंत मिश्रित रूप का प्रयोग कर रहे हैं। प्रयोग क्षेत्र की दृष्टि से देखे तो कतिपय क्षेत्रों में इसका न के बराबर और कुछ क्षेत्रों में बिल्कुल प्रयोग नहीं होता है, जैसे शिक्षा एवं साक्षरता में राजी का कोई भी योगदान नहीं है जबकि घर एवं धार्मिक क्रिया-कलापों में इसके मिश्रित रूप का प्रयोग किया जाता है और बाज़ार तथा पड़ोसियों के साथ बातचीत समृद्ध समुदाय की भाषा कुमाउनी या हिंदी में होती है। भाषाविदों का मानना है की यह स्थिति भाषा के अनुरक्षण एवं विकास के लिए संकट की कही जा सकती है।

पुनरुद्धार कार्यक्रम : लेखन व्यवस्था का विकास

वर्ष 1998 में इस समुदाय एवं उसकी भाषा पर कार्य आरंभ करने के पश्चात् मुझे इसभाषा-भाषी समुदाय की वास्तविक स्थिति का ज्ञान हुआ जो इस तथ्य की स्पष्ट संकेतक थी कि राजी भाषा का अस्तित्व संकट में है जिसे बचाने के लिए व्यवस्थित प्रयास की आवश्यकता है। स्थिति का अवलोकन एवं मूल्यांकन करमैंने राजी भाषा के पुनरुद्धार का कार्यक्रम बनाया। इसका दस्तावेजीकरण कर भाषा के व्याकरण लेखन के बाद मैंने इस मौखिक भाषा को लिखित रूप देने की दिशा में कार्य आरंभ किया। वर्ष 2004 में लेखन व्यवस्था विकास के

प्रथम चरण में राजी वक्ताओं को जोड़ने के लिए हमने जौलजीबी में स्थित उनके आवासीय विद्यालय में एक निबंध प्रतियोगिता आयोजित की जिसका उद्देश्य यह भी जानना था कि राजी बच्चे देवनागरी एवं रोमन में से किस लिपि में लिखना पसंद करेंगे। देवनागरी के प्रति उनके रुझान को देख कर मैंने ब्लैक बोर्ड पर दो वाक्य हिंदी में लिख कर उनका राजी अनुवाद किया और उस अनुवाद को देवनागरी में लिखा जिसको देख कर निबंध में भाग लेने वाले सभी बच्चे अत्यंत प्रसन्न हुए। उसके पश्चात् उन्हें **'मेरा परिवार'** विषय पर दस पंक्तियाँ लिखने को कही गई। अंत में तीन बच्चों को पुरस्कार भी दिए गए। बच्चों ने बड़े उत्साह के साथ प्रतियोगिता में भाग लिया।

निबंध प्रतियोगिता : राजी आवासीय विद्यालय

राजी व्याकरण लेखन के समय इस भाषा की स्वन प्रकिया पर कार्य करते हुए भाषा की स्वनिम सूची बनाई गई थी। जिसने लेखिम की प्रथम सूची का निर्माण करने में सहायता की। लेखन व्यवस्था के इस प्रथम ड्राफ्ट पर वर्ष 2007-2009 के दौरान कई बार राजी समुदाय से चर्चा हुई। अंत में वर्ष 2010 में राजी वर्णमाला का प्रकाशन और वितरण किया गया।

समस्याएँ एवं चुनौतियाँ

मौखिक भाषा में सहज साक्षरता लाने के प्रयास भिन्न-भिन्न प्रकार के उलझावों को जन्म देते है-

- मनोवैज्ञानिक समस्याएँ
- साँस्कृतिक समस्याएँ
- राजनीतिक समस्याएँ
- तकनीकी समस्याएँ

कभी-कभी जनजातीय समाज इस कारण लेखन का चुनाव नहीं करता, क्योंकि उसे भय रहता है कि लेखन उनकी भाषा पर से उनका अधिकार समाप्त कर देगा। एक तरफ बाह्य दुनिया उन बातों को जान लेगी, जो वो उनके साथ बांटना नहीं चाहते हैं, तो दूसरी तरफ भाषा सबके लिए सुलभ हो जाएगी। राजी जनजाति के परिप्रेक्ष्य में विचार करें, तो ये के लोग स्वभावतः शर्मीले और बहुत कम बोलने वाले और कम मिलनसार है। लंबे समय तक कुमाऊ परिवारों के पड़ोसी होने पर भी प्रायः ये ना तो उनके विवाह आदि संस्कारों में जाते है और ना ही उन्हें निमंत्रित करते है। बाज़ार में भी कुछ निश्चित दुकानदारों से सामान खरीदना, निश्चित ढाबे पर ही चाय पीना और कुछ ही परिवारों के लिए लकड़ी काटना अथवा खेती करना पसंद करते है। इस मानसिकता वाले समुदाय को लेखन के लिए प्रेरित करना मेरे लिए एक चुनौती भरा कार्य था। जो लगातार समुदाय के लोगों से मिलते रहने, अर्पण नामक स्वयंसेवी संस्था के सदस्यों की मेहनत एवं मेरे साथ शोध सहायक के रूप में कार्यरत डॉ. सत्येन्द्र अवस्थी के अथक परिश्रम से संभव हुआ और धीरे-धीरे समुदाय हम पर विश्वास करने लगा।

इस समुदाय के साथ लंबा समय व्यतीत करने के कारण हम इस तथ्य से परिचित थे कि राजी भाषी अपनी भाषा के प्रति उदासीन मनोवृत्ति रखते है। वह जानते है कि उनकी मातृभाषा उन्हें रोटी, कपड़ा और मकान नहीं दे सकती है। यही नहीं शिक्षा एवं व्यवसाय के क्षेत्र में आगे आने के लिए उन्हें पड़ोसी भाषाओं का ही सहारा लेना पड़ेगा। अतः अपनी भाषा को लिखने का प्रश्न किसी राजी वक्ता के मन में शायद ही कभी उठा हो। अपनी भाषा उनके लिए महत्त्वपूर्ण नहीं है। वे इसे बोलने में शर्म महसूस करते है। लगभग 9 वर्षों तक लगातार उनके संपर्क में रहकर हम ने उनके मन में बैठी इस हीन भावना को दूर करने में सफलता प्राप्त की और समुदाय के अनेक नवयुवक, स्त्रियाँ एवं बच्चे हमारे कार्यक्रम से जुड़ गए।

यह सर्वविदित तथ्य है कि लिखे जाने पर शब्द जड़ीभूत हो एक निश्चित अर्थ के संकेतक हो जाते हैं। यह वही अर्थ होता है जो उस भाषा पर काम करने वाला शोधकर्ता समझता है। प्रश्न यह उठता है कि क्या शोधकर्ता उस शब्द की समस्त आर्थी छटाओं को पकड़ पाया है? जैसे राजी भाषा में 'सुन्दर स्त्री' के लिए आरंभ में सभी वक्ता "निक्को गरोङ" का प्रयोग कर रहे थे। अचानक एक दिन एक पुरुष सूचक ने "काफुल्लया गरोङ" कहा। ज्यादा पूछ-ताछ करने पर ज्ञात हुआ कि यह शब्द भिन्न आर्थी छटा से बंधा है।

हर समुदाय एकाधिक बस्तियों में रहता है जिनमें भाषागत थोड़ी बहुत भिन्नता अवश्य होती है। समस्या ये होती है कि किस बस्ती की भाषा को लेखन का आधार बनाया जाए। जिस गाँव के लोग जागरूक होते हैं, सहायता के लिए आगे आते हैं उस बस्ती के भाषा रूप का प्रतिनिधित्व लिखित भाषा में होना एक सामान्य बात है। इस स्थिति में अन्य गाँवों के भाषिक अभिलक्षणों की उपेक्षा की संभावना बनी रहती है। राजी लेखन व्यवस्था के विकास के समय इस बिंदु को ध्यान में रखते हुए सभीगाँवों के लोगों से बातचीत की गई। यही नहीं लेखन के प्रथम चरण में बनाई गई वर्णमाला की जांच में भी सबकी भागीदारी हो इसका विशेष ध्यान रखा गया।

लेखन विकास के साथ समुदाय मौखिक समाज से कट कर लिखित संस्कृति में समीकृत होने लगता है जिसकी अपनी अनेक समस्याएँ होती है। राजी भाषा में कुछ शब्द मुंडा परिवार, कतिपय चीनी परिवार के तथा अनेक आर्य परिवार के मिलते है। यही नहीं बहुत से शब्द अज्ञात व्युत्पत्ति के कहे जा सकते है। इन शब्दों के लेखन में अल्प प्रस्तुतीकरण की समस्या हो सकती है।

प्रायः एक बड़ी समस्या समुदाय के भीतर होने वाली असहमति की भी हो सकती है। राजी लिपि व्यवस्था विकास के दौरान भाषा के लिए प्रयुक्त होने वाले शब्द "बत्काओ" की पाँच वर्तनी लोगों ने बताई - /बत्कओ/ बत्काव/ बत्काऊ/ बत्कव/ समस्या यह उठी की इनमे से किसे स्वीकार किया जाए। ऐसी स्थिति होने पर सर्वमान्य सिद्धांत के आधार पर वर्तनी का चुनाव किया गया। इस प्रकार अनेक भाषिक एवं अभाषिक चुनौतियों का सामना कर उनके समाधान ढूँढने के उपरांत राजी के लिए निम्न लेखिम व्यवस्था तैयार की गई

राजी लेखिम व्यवस्था

Phoneme	p	p^h	t	t^h	T	T^h	k	k^h
Grapheme	प	फ	त	थ	ट	ठ	क	ख
Phoneme	b	b^h	d	d^h	D	D^h	g	g^h
Grapheme	ब	भ	द	ध	ड	ढ	ग	घ
Phoneme	c	c^h	j	j^h	s	ʃ	h	m
Grapheme	च	छ	ज	झ	स	श	ह	म
Phoneme	n	ŋ	l	r	R	w	y	
Grapheme	न	ङ	ल	र	ड़	व	य	
Phoneme	i	u	e	o	ɛ	ə	a	~
Grapheme	इ	उ	ए	ओ	ऐ	अ	आ	ँ

vowel	अ	आ	इ	उ	ए	ऐ	ओ
signs	-	ा	ि	ु	े	ै	ो

राजी भाषा के 30 व्यंजन एवं 7 स्वर ध्वनियों को उपरिवत देवनागरी में लिखा गया। इसके अतिरिक्त /ण/, / ङ/ एवं चन्द्र-बिंदु को भी स्वतंत्र लिपि चिह्न दिया गया। इस भाषा के मौखिक रूप में ह्रस्व और दीर्घ /ई/ ध्वनियाँ मिलती हैं किंतु इनमें व्यतिरेक नहीं प्राप्त होता और ये सहस्वनिमवत भी कार्य नहीं करती है। आरंभ में इनके लिए दो स्वतंत्र लिपि चिह्न रखे गए थे किंतु बाद में भाषिक समुदाय के लोगों ने सिर्फ एक एक ग्राफीम /इ/ और /उ/ रखने पर जोर दिया। / ङ/ ध्वनि /न/ की सहस्वनिम है जो सदैव शब्द के अंत में या आगत शब्दों को बोलने के लिए प्रयोग में लाइ जाती है जैसे- /दु धङ; पलङ /अनेक राजी वक्ता इसे लिखना चाहते थे अतः उनकी इच्छा का सम्मान करते हुए इसे अलग लिपि चिह्न दिया गया।

मूर्धन्य स्वनिम /ट, ठ, ड, ढ/ के अतिरिक्त /ड़/ का भी व्यवहार यह जनजाति करती है। ध्यान रहे कि ये पाँच स्वनिम आगत शब्दों में ही मिलते हैं। परवर्ती भाषिक सामग्री में मूर्धन्य स्वनिम /ड़/ से संबंधित यह तथ्य देखा गया कि (कई शब्दों में) वर्त्स्य/र/ के स्थान पर /ड़/ का प्रयोग वक्ता कर रहे हैं। यथा- /पाड़ी/~/पारी/ इस भाषा की स्वन्यात्मक संरचना में नासिक्यीकरण स्वनिम रूप में कार्यरत दृष्टिगत होता है किंतु संपूर्ण एकत्रित सामग्री में मात्र एक उदाहरण के अतिरिक्त कोई भी शब्द नहीं मिलता नासिक्यता जहाँ सार्थक भेद उत्पन्न करे, जैसे- /हा/ /हाँ/

राजी लोगों ने इसको लिखने की इच्छा जाहिर की अतः इसके लिए देवनागरी /ँ/ का प्रयोग किया गया। /न, म, ल, व/ स्वनिमों के सहस्वनिम भेद महाप्राणता युक्त न्ह, म्ह, ल्ह और व्ह का व्यवहार भी कुछ शब्दों में होता है जैसे- /नी~न्ही/= दो, /मन्छवा~ मन्छह्वा/= आदमी। इनको भिन्न लिपि चिह्न देने के स्थान पर सस्कृत /्/ चिह्न का प्रयोग किया गया, यथा- ल्, न् किंतु बाद में लिपि चिह्न का उपयोग अधिक ग्राह्य लगा जैसे / ल्ह / के स्थान पर /ल्ह/ का प्रयोग। आरंभ में यह निर्णय तकनीकी सुविधा को ध्यान में रख कर भी लिया गया था किंतु वर्ष 2010 से आज तकनीकी में बड़ा परिवर्तन आया है और इन्हें सरलता से लिखा जा सकता है अतः अब मैं / ल्ह / के स्थान पर /ल्ह/ लिखे जाने का समर्थन करती हूँ। राजी लेखिम व्यवस्था में देवनागरी में प्रयुक्त स्वर चिह्नों को भी प्रयोग में लाया गया। इस प्रकार अनेक चुनौतियों का सामना करते हुए राजी /राउती लिपि व्यवस्था का विकास हुआ। वर्ष 2010 में लेखिका ने एक राजी वर्णमाला तैयार कर समुदाय में प्रयोग के लिए वितरित की।

राजी वर्णमाला वितरण

स्पष्ट है कि अलिखित भाषाओं के लेखन का कार्यअत्यंतचुनौतीपूर्ण होता है जिसके लिए विषय की समझ के साथ-साथ सहनशीलता, लगन और परिश्रम की आवश्यकता होती है।

पत्रकारिता की भाषा

\- **राहुल देव**

ज्ञान और प्रयोग के विभिन्न क्षेत्रों की जरूरत के हिसाब से अलग अलग तरह की भाषा के अस्तित्व और आवश्यकता को सब स्वीकार करते हैं। किसी भी भाषाविद से या विचारवान व्यक्ति से पूछ लीजिए वह इससे सहमत होगा। लेकिन हमारी हिंदी पत्रकारिता के वरिष्ठ लोगों तक में वर्षों से यह वैचारिक चलन पनपता रहा है कि पत्रकारिता की भाषा चूँकि सरल, सहज, सुगम होनी चाहिए इसलिए उसे सड़क की या बाजारू, अर्धशिक्षित सी भाषा बनाने में कोई हर्ज नहीं अच्छाई ही है। यूँ हिंदी के रक्षकों ने ही उसे सहज, सरल बनाने के नाम पर आहत, अशक्त करने, अपाहिज बनाने का बीड़ा-सा उठाया हुआ है। सब इसमें शामिल नहीं पर काफी प्रभावशाली लोग, अखबार और समाचार चैनल जोर-शोर से इसमें लगे हुए हैं।

परिचय

राहुल देव
लेखक देश के जाने-माने पत्रकार हैं और भाषाई चिंताओं पर हमेशा मुखर रहे हैं। अनेक प्रतिष्ठित चैनलों एवं अखबारों से जुड़े रहे हैं। संप्रति दिल्ली में रहते हैं। संपर्क :
rahuldev@live.com

कुछ साल पहले प्रसिद्ध लेखक-चित्रकार प्रभु जोशी ने एक लेख शृंखला लिखी थी। हिंदी को मारने के अंतरराष्ट्रीय और राष्ट्रीय षडयंत्र और उनकी रणनीतियों पर ऐसा तीखा, मर्मस्पर्शी, अंतर्दृष्टिपूर्ण लेखन हिंदी में शायद अब तक नहीं हुआ था। उसमें पहली बार प्रभु जोशी ने हिंदी के कई बड़े अखबारों पर सीधे सीधे हिंदी की हत्या का आरोप लगाया था। यह भी कहा था कि वे जानबूझ कर अँग्रेजी के लिए नर्सरी तैयार कर रहे हैं।

मुझे हिंदी के प्रति ऐसे किसी सुनियोजित राष्ट्रीय या अंतरराष्ट्रीय षडयंत्र होने की बातों पर संदेह रहा है, भले ही यह मेरा भोलापन हो। लेकिन एक सच तो यह है ही कि धीरे धीरे, जाने या अनजाने हिंदी के समाचार चैनल, मनोरंजन चैनल और कई बड़े अखबार हिंदी को रोज कमजोर करने में लगे हुए हैं।

नई पत्रकारिता में एक बड़ा अंतर, जिसे पीढ़ियों का अंतर कह सकते हैं, यह आया है कि संपादकों, पत्रकारों की यह नई पीढ़ी अपनी यह भूमिका स्वीकार करने को तैयार नहीं है कि वह अपनी भाषा से अपने पाठकों, दर्शकों की भाषा का निर्माण और संस्कार करते हैं।

पत्रकारिता की लोक शिक्षक की भूमिका निर्विवाद है। यह भूमिका स्वयं ही एक जिम्मेदारी भी निश्चित कर देती है। यह जिम्मेदारी मीडिया की सामाजिक जिम्मेदारी से पूरी तरह जुड़ीहुई तो है पर उससे अलग है, अतिरिक्त है।

मीडिया बिना वित्त के नहीं चलता। चल नहीं सकता। वह वित्त निर्माण यानी लाभ करे यह भी जरूरी है। लेकिन वह एक व्यावसायिक गतिविधि, एक उद्योग होने के साथ साथ समाज का चित्त निर्माण भी करता है। इस चित्त में शामिल है लगभग वह सब कुछ जो नागरिकों, और बच्चों की भी, चेतना में जाता है, रहता है, सक्रिय रहता है या असक्रिय रह कर भी बीज की तरह पड़ जाता है भविष्य में कभी उग कर बड़े बन जाने वाले पौधे की तरह। इस चेतना में नागरिकों की राजनीतिक चेतना, सामाजिक चेतना, जागरूकता, जानकारी, पूर्वाग्रह, पसंद-नापसंद, आकांक्षाएँ, अभीप्साएँ, वासनाएँ, सामाजिक और निजी नैतिकता की परिवर्तनशील कसौटियाँ, आदर्श यानी रोल मॉडल, देश-विदेश के तमाम महत्त्वपूर्ण विषयों पर राय, विचार, उपभोग के रुझान, जीवन शैलियों की इच्छाएँ....सूची अनंत है।

इन सबके साथ मीडिया समाज की, अपने दर्शकों-पाठकों की भाषा और अभिव्यक्ति क्षमता का भी निर्माण करता है। जहाँ आपसी बातचीत की सामान्य, अनौपचारिक भाषा का निर्माण समाज और उसके विभिन्न वर्गों के सहज भाषा व्यवहार से, बाजार की बातचीत से होता है वहीं औपचारिक, उच्चस्तरीय, बौद्धिक, ज्ञान की परिष्कृत भाषा का निर्माण उसके साहित्य और जन माध्यमों यानी मीडिया से होता है। हर व्यक्ति और समाज को दोनों तरह की भाषा की जरूरत होती है- सामान्य लोकव्यवहार की अनौपचारिक हल्की-फुल्की भाषा और गंभीर, महत्त्वपूर्ण ज्ञान प्राप्ति, विचार, विमर्श और ज्ञान निर्माण जैसे उच्चतर कामों के लिए एक औपचारिक, परिष्कृत, संस्कृत भाषा की। दूसरी भाषा स्वाभाविक ही पहली की तुलना में कठिन और यत्नसाध्य होती है। अनौपचारिक भाषा अपने आप आ जाती है। औपचारिक, गंभीर कामों-विचारों-अभिव्यक्तियों वाली भाषा सीखनी पड़ती है, साधनी पड़ती है।

लेकिन पिछले कई सालों से नया चलन यह कहने, मानने और बरतने का चल गया है कि चूँकि मीडिया की भाषा को सहज, सरल, आम-फहम होना चाहिए इसलिए उसे अनिवार्यतः बाजार की, गली मोहल्लों में बोली जाने वाली हिंदी ही होना चाहिए। किसी भी गंभीर, औपचारिक, परिष्कृत और उच्चतर विमर्श में प्रयोग होने वाले शब्दों का प्रयोग करना हिंदी को कठिन, दुरूह और बोझिल बनाना है और चूँकि बाजार की हिंदी में अँग्रेजी शब्द भर गए

हैं, सामान्य सरल हिंदी शब्दों को बाहर धकेल कर फादर, मदर, सिस्टर, रूम, चेयर, टीचर, स्टूडेंट आदि सैकड़ों शब्द उस तथाकथित हिंदी के आम आदमी की जिन्दगी में आ गए हैं इसलिए मीडिया की हिंदी को भी आम फहम बनाने के लिए उसमें इन शब्दों का यथावत प्रयोग अनिवार्य हो गया है, वांछनीय हो गया है। तो समीकरण यह बनता है- सहज, सरल हिंदी यानी हिंग्लिश। 'हिंदी' हिंदी बनी रह कर सहज नहीं रह सकती। हिंग्लिश ही अब हिंदी है।

यह एक आश्चर्यजनक स्थापना है। दुनिया के दूसरे देशों के मीडिया और भाषा प्रयोग को तो छोडिए, अपने ही देश में अँग्रेजी अखबारों, चैनलों को देख लीजिए। क्या अँग्रेजी के पत्रकार, अखबार, पत्रिकाएँ, चैनल अपनी अँग्रेजी में वैसी ही हिंदी या दूसरी भाषाओं की मिलावट करते हैं जैसी हिंदी वाले करते हैं? क्या अँग्रेजी मीडिया की अँग्रेजी सड़क छाप अँग्रेजी है? क्या अँग्रेजी में कठिन, पारिभाषिक, जटिल शब्दों का प्रयोग नहीं होता? खूब होता है पर अँग्रेजीभाषी समाज में यह कभी बहस नहीं चलती कि अँग्रेजी मीडिया की अँग्रेजी कठिन है, उसे सरल बनाना चाहिए।

मैं अक्सर हिंदी के एँकरों, संवाददाताओं से सीधे पूछता हूं- क्या अँग्रेजी के एँकर, संवाददाता अपनी अँग्रेजी से वैसी छूट लेते हैं जैसी आप लेते हैं? नहीं न, तो क्या आपमें क्षमता कम है, बुद्धि कम है, क्या आपमें आत्मसम्मान कम है या भाषा-स्वाभिमान कम है, क्या भीतर कहीं हीनता महसूस करते हैं जिसे भरने के लिए अँग्रेजी के शब्द ठूंसते हैं, क्या आप उनसे हीन हैं जो ऐसा करते हैं? दूसरी बात उनके सामने रखता हूं- आप अपनी यह भूमिका या प्रभाव स्वीकार करें न करें लेकिन बच्चों, किशोरों, व्यस्कों की एक बहुत बड़ी संख्या आपको देख कर, सुन कर जाने और अनजाने दोनों तरीकों से भाषा सीखती है। शब्द सीखती है, उनका इश्तेमाल और अभिव्यक्ति सीखती है। अधिकांश दर्शकों के लिए एँकरों, संवाददाता की भाषा अनजाने में भाषा-मानक गढ़ने का काम करती है। वे जिन शब्दों, अभिव्यक्तियों, शैली का प्रयोग करते हैं वह लोगों के लिए मानक, स्वीकार्य और अनुकरणीय बन जाते हैं। यह प्रक्रिया अवचेतन और चेतन दोनों स्तरों पर घटती है।

टीवी की भाषा का सबसे सीधा, प्रत्यक्ष प्रभाव अगर देखना हो तो उन बच्चों की हिंदी में देखा जा सकता है जो नियमित हिंदी के कार्टून चैनल देखते हैं। बहुत से बच्चे इन चैनलों की नकली, किताबी लेकिन खासी खालिस हिंदी बोलने लगे हैं, उसके शब्दों, अभिव्यक्तियों और

अदा के साथ। जाहिर है वयस्कों पर टीवी का असर इतना सीधा नहीं होता, पर होता जरूर है। सामान्य लोग चैनलों में सुनाई देने वाली और अखबारों में दिखने वाली भाषा को अनजाने में ही अपनाने और बरतने लगते हैं। जब इन जगहों पर भी सड़क पर बोली जाने वाली भ्रष्ट, सस्ती, खिचड़ी, अनावश्यक अँग्रेजी-लदी भाषा सुनते-देखते हैं तो उनकी अपनी भ्रष्ट भाषा को वैधता, अनुमोदन और शक्ति मिलती है।

इस भाषा के हिमायती, मीडिया में अपसंस्कृति, अपराध, सनसनीखेज चीजों जैसी दूसरी आपत्तिजनक बातों की सफाई की तरह, यह पुरानी दलील देते हैं कि जो आम लोग बोलते हैं हम वही बोलते-लिखते हैं। यह मुर्गी और अंडे जैसा तर्क लग सकता है पर दरअसल है नहीं। यह आलसी, विचारहीन, भाषाहीन, गैरजिम्मेदार या केवल मालिक का हुक्म बजाने को तत्पर, मजबूर, कमजोर, रीढ़हीन लोगों का तर्क है जिसके लिए 'भाषा बहता नीर' की ढाल का भी सहारा लिया जाता है।

यह ऐसे लोगों का तर्क है जो या तो जानते नहीं या शुतुरमुर्गकी तरह देखना नहीं चाहते कि लगभग हर देश और भाषा की पत्रकारिता ने अपनी अपनी भाषा को अपने अभिनव, रचनात्मक प्रयोगों से समृद्ध किया है, उसे नए शब्द, नई अभिव्यक्तियाँ, शैलियाँ दी हैं। अपनी हिंदी के पुराने, अनगढ़ रूप को भी परिष्कृत, समृद्ध और आधुनिक समय की जरूरतों और विषयों के अनुरूप समर्थ बनाने का काम बहुत बड़ी मात्रा में बड़े संपादकों ने ही अपने अखबारों, पत्रिकाओं के जरिए किया था। आचार्य महावीर प्रसाद द्विवेदी, अम्बिका प्रसाद बाजपेई, माधव सप्रे, बाबूराव विष्णु पड़ारकर, गणेश शंकर विद्यार्थी आदि ने हिंदी को राष्ट्रपति, संसद जैसे शब्द दिए, अर्थशास्त्र, विज्ञान, दर्शन, समाजशास्त्र, अंतरराष्ट्रीय संबंधों जैसे नए विषयों में गंभीर लेखन योग्य बनाया।

कहा जाता है वह समय गया जब पुरानी पीढ़ी के लोग अखबार पढ़कर अपनी भाषा सँवारने, सुधारने और सीखने का काम करते थे। यह भी गलत है। आज भले ही नई पीढ़ी अखबार, पत्रिकाएँ कम पढ़ती है, और यह प्रवृत्ति बढती जा रही है, तब भी वह अपनी भाषा, नई अभिव्यक्तियाँ, भाषा प्रयोग के नए तौर-तरीके अधिकांशतः मीडिया से ही प्राप्त करती है भले ही मीडिया के उनके मंच अखबार न होकर इंटरनेट और मोबाइल फोन हों।

मंच बदलते रह सकते हैं, अब ईमेल, संदेश और समाचार हाथघड़ी पर पढ़ने का भी समय आ चुका है, पर एक बात कभी नहीं बदलेगी मनुष्य के जीवन में- वह है भाषा की केंद्रीयता,

भूमिका और महत्ता। और तकनीक इतनी लचीली और समर्थ होती है कि वह जटिल से जटिल भाषा की जरूरतों के अनुरूप ढल जाती है। आखिर दुनिया के सबसे आईटी-सक्षम, इंटरनेट-दक्ष और डिजिटलजीवी लोग- चीनी, जापानी, कोरियाई, रूसी, इजराइली- आधुनिक से आधुनिक तकनीकों, उत्पादों, कंप्यूटरों, मोबाइलों का प्रयोग अपनी अपनी भाषा और लिपि में ही करते हैं। उन भाषाओं में जो सबसे कठिन और जटिल कही जाती हैं। भाषा और तकनीक में कोई विरोध, कोई असामन्जस्य नहीं है।

इन सारी बातों के बावजूद हम पाते हैं कि हिंदी चैनलों और अखबारों में हिंग्लिश लगातार बढ़ती जा रही है। इसके कारण कई है। पहला तो इस आत्मलज्जित, स्वाभिमानहीन, घटिया समाज में अँग्रेजी का ऐसा ऐतिहासिक आतंक है कि आम हिंदी वाला अँग्रेजी और अँग्रेजी वालों के सामने हीन, दीन और दुर्बल महसूस करता है। इस आत्महीनता, दीनता की कमी वह अपनी हिंदी में अधिक से अधिक अँग्रेजी ठूंस कर करता है। यह बात और है कि इससे वह अँग्रेजीदां लोगों के बीच अपने को हास्यास्पद ही बनाता है। इस हीनता ग्रंथि से हिंदी के बड़े बड़े दिग्गज संपादक, पत्रकार, लेखक, शिक्षक भी ग्रस्त पाए जाते हैं। विश्वविद्यालय के हिंदी प्रोफेसर भी कक्षा के बाहर सामान्य बातचीत में यह ग्रंथि प्रदर्शित करते हैं, यह जताने की कोशिश में रहते हैं कि वे अँग्रेजी में भी निष्णात हैं। निन्यान्नबे प्रतिशत को तो दरअसल केवल हिंदी बोलने का अभ्यास ही नहीं रह गया है। यह इसलिए भी है कि घटिया हिंग्लिश बोलने पर कोई टोकता नहीं, उनको गलती और शर्म का अहसास नहीं कराता। नतीजा यह है कि हिंदी से अनुराग रखने वाले, उसकी रोटी खाने वाले लोग भी धीरे धीरे कुछ इस व्यापक स्वभाषा-संकोच, कुछ अपनी असावधानी और अचेत भाषा व्यवहार के कारण सहज ही हिंग्लिश भाषी हो गए हैं। उनके मुंह से आदतन यह अँग्रेजी-मिश्रित हिंदी ही निकलती है। एँकरिंग में, टीवी पर संवाद देते हुए या मंचों पर।

अच्छी हिंदी अब केवल हिंदी की साहित्यिक गोष्ठियों, पुस्तकों, अखबारों के संपादकीय पन्नों, साहित्यिक-बौद्धिक पत्रिकाओं में ही पाई जाती है। अच्छी, प्रांजल हिंदी सुनना अब एक दुर्लभ सुख है।

जीवन को आगे बढ़ाने, अच्छे अवसर, नौकरियाँ और इज़्ज़त पाने में अँग्रेजी की अनिवार्यता को पूरे भारत ने इस कदर आत्मसात कर लिया है कि अपनी भाषा बोझ लगने लगी है, शर्म और मजबूरी की वस्तु लगनी लगी है जिसे जितनी जल्दी उतार कर फेंका जा सके उतना

अच्छा है। लेकिन इस भाव का असर जितना हिंदी समाज पर पड़ा है उतना मराठी, बांग्ला, तमिल, मलयालम आदि पर नहीं। अँग्रेजी का आकर्षण, उस पर अधिकार और प्रयोग वहाँ भी है, शायद हमसे ज्यादा ही, पर इस कदर आत्मदैन्य, अपनी भाषा पर शर्म के साथ नहीं। इसके सामाजिक-साँस्कृतिक-राजनीतिक-आर्थिक कारणों के विश्लेषण का यहाँ समय नहीं है पर हिंदी पट्टी के साफ दिखने वाले सामाजिक-आर्थिक-शैक्षिक पिछड़ेपन को सीधे इस आत्मलज्जा से जोड़ा जा सकता है।

दुर्भाग्य से हमारी पत्रकारिता भी इसके प्रभाव में आ गई है। एक समय था जब यह पत्रकारिता भाषा सहित तमाम क्षेत्रों में समाज का नेतृत्व करती थी, आगे चलती थी और उसे समृद्ध करती थी। आज कम से कम भाषा और कथ्य में वह समाज का अनुसरण कर रही है। यह समाज के लिए भी घातक है, पत्रकारिता के लिए भी और भाषा के लिए भी। अगर एक जिम्मेदार, जनसरोकारी, सोद्देश्य, मूल्य-आधारित, मूल्य-वर्धी पत्रकारिता के हम हिमायती हैं, चाहते हैं कि अपनी तमाम समकालीन चुनौतियों का सामना करते हुए भी भी कुछ आदर्शों, सामाजिक अपेक्षाओं और अपने उच्चतर दायित्वों के प्रति जवाबदेह और प्रतिबद्ध बनी रहे तो विचार, ज्ञान, लोकतांत्रिकता आदि का संवर्धन करने के साथ साथ भाषा के लिए भी ऐसी ही निर्माणकारी भूमिका और उत्तरदायित्व को स्वीकार करना होगा।

एक तरह से हिंदी सहित सारी भारतीय भाषाओं को बचाने का काम पत्रकारिता से बेहतर शायद कोई नहीं कर सकता। क्योंकि भाषाओं को बचाने, बढ़ाने और उनके माध्यम से भारतीयता मात्र को बचाए रखने और बढ़ाने के लिए तमाम विरोधी राष्ट्रीय-अंतरराष्ट्रीय शक्तियों का मुकाबला करने के लिए जो शक्तिशाली जनमत चाहिए उसे पत्रकारिता यानी मीडिया ही तैयार कर सकता है। यह तब हो सकेगा जब मीडिया और हर स्तर पर उसमें कार्यरत लोग यह समझेंगे कि हमारी सारी भाषाओं पर बहुत गहरा, विराट, अस्तित्वमूलक संकट है। अगर उससे निपटा नहीं गया तो वह समूची भारतीय सभ्यता को लील सकता है। इस संकट की प्रकृति को समझ कर समाज, सरकार, न्यायपालिका, संसद-विधानसभाओं, संस्थाओं, शैक्षिक-साँस्कृतिक प्रतिष्ठान को सचेत, सक्रिय करने का काम मीडिया ही कर सकता है। पर यह तो वह तभी कर पाएगा जब खुद अपनी भाषा को बचा पाएगा, और उसके सही, सगर्व, सम्यक्, सामूहिक प्रयोग से उसे संवर्धित भी करेगा।

शैलीविज्ञान : भाषाविज्ञान की अनुप्रायोगिक विधा

- **कृष्ण कुमार गोस्वामी**

परिचय

भाषा और साहित्य के क्षेत्र में अंतरशास्त्रीय अध्ययन के रूप में शैलीविज्ञान का प्रादुर्भाव हुआ। इसमें भाषाविज्ञान और साहित्यिक आलोचना के शोध कार्य में कई दृष्टिकोण सामने आए, किंतु इनमें किसी एक दृष्टि से सार्थक और अपेक्षित मूल्यांकन तथा अध्ययन नहीं हो पाया। हाँ, यह अवश्य हुआ कि शैलीविज्ञान और उसकी अध्ययन प्रणाली के विकास से कई प्रश्न उभर कर आए। शैली क्या है? शैलीविज्ञान क्या है? शैलीविज्ञान का क्षेत्र क्या है? शैलीविज्ञान के भाषापरक और साहित्यिक संदर्भ में क्या संबंध है और उनमें अंतर क्या है? साहित्य के अध्ययन में शैलीविज्ञान की क्या उपादयेता है? भाषा के अध्ययन में शैलीविज्ञान की क्या भूमिका है? आदि ऐसे प्रश्न हैं, जिन पर विचार करने की आवश्यकता हैं।

परिचय

कृष्ण कुमार गोस्वामी
लेखक हिंदी संरचना एवं अनुवाद के विशेषज्ञ हैं। केंद्रीय हिंदी संस्थान से प्रोफेसर 'पद' से सेवानिवृत्ति के बाद सी-डैक नोयडा से जुड़े रहे हैं। संप्रति दिल्ली में रहते हैं। संपर्क :
kkgoswami1942@gmail.com

सैद्धांतिक और व्यावहारिक पक्ष

शैली और शैलीविज्ञान के स्वरूप को स्पष्ट करने के लिए उसके सैद्धांतिक और व्यावहारिक पक्षों का विवेचन किया जा रहा है। वास्तव में शैलीविज्ञान का भारतीय काव्यशास्त्रीय और पाश्चात्य साहित्यशास्त्रीय की परंपरा से निकट का संबंध है किंतु अमेरिकी नव्य समीक्षा, विभिन्न यूरोपीय समीक्षा पद्धतियों से विकसित होकर यह भाषाविज्ञान के अनुप्रयोग के विश्लेषण के रूप में प्रस्तुत हुआ है। यह साहित्य की आलोचनापरक समीक्षा का वह अध्ययन है, जिसके एक ओर शैली के साक्ष्य पर साहित्यिक कृति की संरचना और बुनावट का विवेचन होता है, तो दूसरी ओर कृति में निहित साहित्यिकता और सर्जनात्मकता का उद्घाटन होता है। मनुष्य सृजनशील प्राणी है। वह संदर्भों, स्थितियों और उद्देश्यों में विभिन्न प्रकार से भाषा का प्रयोग करता है, भाषा के ये प्रकार विविधता लिए हुए होते हैं, यह विविधता और विषमता काल-विशेष, स्थान-विशेष, समाज विशेष, व्यक्ति-विशेष, विधा-विशेष, और प्रयुक्ति-विशेष आदि के कारण पाई जाती है, काल-विशेष में भाषा के विकास-क्रम के विभिन्न

चरणों में भाषा के कई रूप मिलते हैं; जैसे- पुरानी हिंदी और आधुनिक हिंदी अथवा छायावाद, प्रगतिवाद, प्रयोगवाद आदि के हिंदी-रूप, स्थान-विशेष में विभिन्न क्षेत्रों के भाषा-प्रकार अर्थात् अवधी, भोजपुरी, खड़ी बोली आदि बोलियाँ देखी जा सकती हैं। समाज-विशेष में समाज के विभिन्न वर्गों और स्तरों- शिक्षित और अशिक्षित, उच्च वर्ग और निम्न वर्ग आदि की शैलियाँ दिखाई देती हैं। व्यक्ति-विशेष में गांधी, नेहरू, निराला, पंत, रामचंद्र शुक्ल आदि की विशिष्ट शैलियाँ मिलती हैं। विधा-विशेष में उपन्यास, नाटक, कहानी आदि में भाषा के अलग-अलग रूप मिल जाते हैं। प्रयुक्ति-विशेष में विशिष्ट कार्यक्षेत्रों और विषय-क्षेत्रों के भाषा-भेद अर्थात् कार्यालयीन, वाणिज्यिक, तकनीकी आदि शैलियाँ मिलती हैं। इस प्रकार मनुष्य की भाषा में जो विविधताएँ पाई जाती हैं उन्हें भाषा की शैलियाँ कहा जाता है। यद्यपि ये भाषा-भेद एक दूसरे से भिन्न हैं किंतु अलग-अलग उद्देश्यों, संदर्भों और स्थितियों में अभिव्यक्ति की अलग-अलग रीति होने के कारण ये शैली कहलाते हैं। शैली की अवधारणा, गत कई वर्षों से भाषाविज्ञान में साहित्य के इतर अंगों की अपेक्षा भाषाविषयक चिंतन को अधिक महत्त्व दिया गया है, इससे पहले साहित्य का अध्ययन व्यक्तिगत और आत्मनिष्ठ आधार पर होता था, अतः वस्तुनिष्ठ और वैज्ञानिक अध्ययन की आवश्यकता महसूस की गई। अब शैलीविषयक विवेचन में भाषा के सभी पहलुओं पर विचार किया गया जो वक्ता या लेखक की प्रकृति तथा उसके द्वारा प्रयुक्त आलंकारिक रूपों और वाक्यात्मक अभिरचनाओं की सूचना देते हैं। इस संदर्भ में शैली की विभिन्न परिभाषाएँ दी गई हैं, जो भारतीय साहित्यशास्त्र और पाश्चात्य काव्यशास्त्र पर आधारित है, अंतर है केवल विश्लेषण के स्तर में, चूँकि प्रत्येक युग की अपनी संभावनाएँ और विशेषताएँ होती हैं और उसमें भावबोध तथा दृष्टिकोण को समेट कर एक समग्र दृष्टिकोण देने का प्रयास होता है। फिर भी, शैली की कोई निश्चित परिभाषा अभी तक स्पष्ट नहीं हो पाई, इस समय शैली संबंधी अवधारणाएँ मुख्य रूप से छः मिलती हैं-

1. **शैली विचारों के आवरण के रूप में:** केंद्रीय विचार या अभिव्यक्ति के साथ एक अतिरिक्त तत्त्व जुड़ा हुआ है, जिसका प्रयोग विचार को प्रभावशाली ढंग से प्रकट करने के लिए किया जाता है? यही शैली है, किंतु शैली लिखने की कोई पद्धति मात्र नहीं है, वरन् वह तो कथ्य और अभिव्यक्ति, रूप और वस्तु का कलात्मक संबंध है। विचार के भीतर ही उसका सार्थक भाषिक प्रतीक निहित रहता है। भाषिक प्रतीक के बिना विचार निर्जीव है और शब्द के बिना अर्थ मृतप्राय है। जब कवि या लेखक अपने भाव, विचार

या अनुभूति को अभिव्यक्ति प्रदान करता है तो उसे शैली से पृथक करने का न तो कोई कारण होगा और न ही कोई साधन, सामान्य विचार के लिए सामान्य अभिव्यक्ति होगी और सूक्ष्म विचार विशिष्ट शैली से अभिव्यक्त होंगे, उदाहरण के लिए 'साढ़े पाँच बज गए' वाक्य में अभिधा के साथ-साथ व्यंजना भी है और इसी कारण यह कथ्य विशिष्ट हो सकता है। यदि विचार के साथ शैली को जोड़ते हैं, तो विचार ही विशिष्ट होगा न कि शैली। शैली तो कवि या साहित्यकार के मानस में रूपायित होती है और उसके भाव एवं विचार उसी में व्यक्त होते हैं, अतः शैली को विचार का आरोपित तत्त्व मानने का कोई आधार नहीं रह जाता।

2. **शैली व्यक्ति-वैशिष्ट्य के रूप में:** कवि का व्यक्तित्व ही उसकी शैली का उत्पादक होता है, इसी के आधार पर ब्यूफों ने 'शैली ही व्यक्ति है' की धारणा प्रस्तुत की और इसीलिए विद्वानों ने व्यक्ति-केंद्रिकता पर शैली का विवेचन किया है। वास्तव में लेखक एवं वक्ता की भाषा विशेष प्रयोजन, घटना, परिस्थिति, स्वभाव एवं प्रकृति, बौद्धिक स्तर, सामाजिक स्तर आदि पर काफी निर्भर रहती हैं, क्योंकि उसकी अनुभूति और अनुभव उसके वास्तविक जीवन से जुड़े होते हैं और यहीं से उसके व्यक्तित्व की झांकी मिल जाती है, पंत की भाषा में कोमलकांत पदावली और निराला की भाषा में ओजपूर्ण शब्दावली के जो दर्शन होते हैं, उनसे उनका व्यक्तित्व प्रतिबिंबित होता है, अपने व्यावहारिक जीवन, अनुभव, स्वभाव तथा ज्ञान के अनुसार कोई लेखक शुद्ध संस्कृत शब्दों के प्रयोग को अपनी भाषा में अधिक स्थान देता है, तो कोई तद्भव शब्दों को। इस प्रकार साहित्य में कवि या लेखक की विभिन्न विशिष्टताएँ अर्थात् उसके पुरुषत्व या नारीत्व, उसकी आयु, उसकी शिक्षा, उसके ज्ञान और अनुभव, सामाजिक या मानसिक स्तर, परंपरा एवं संस्कृति का बोध प्रत्यक्ष या परोक्ष रूप में होता है, शैली संबंधी यह धारणा एकांगी है, क्योंकि अभिव्यक्ति की वैयक्तिक विधियाँ विशेष वर्ग का निर्माण करती हैं, जिससे शैली के सामान्य स्वरूप अथवा व्यापक परिभाषा का निर्धारण नहीं किया जा सकता, वास्तव में यह एक प्रकार का चयन या विचलन है, जो कवि या लेखक के मानसिक रुझान से होता है, कवि अपने विचारों और भावों एवं अनुभूतियों के संप्रेषण के लिए ईमानदारी तथा यथार्थवादी दृष्टि से भाषा का इस प्रकार संयोजन और चयन करता है, जिससे उसमें साभिप्राय तथा ग्राह्य शब्दों का समावेष होता हैं और उसमें गत्यात्मकता एवं सक्रियता पैदा होती है, यदि वह मनमाने ढंग से भाषा का प्रयोग करता है तो वह शैली 'शैली' न रहकर एक 'ढर्रा' या तकिया कलाम बन जाएगी।

3. **शैली अलंकार के रूप में:** कुछ विद्वानों ने शैली को शोभाकारी धर्म के रूप में माना है, इस दृष्टि से शैली भाषा-व्यंजक और अभिधायक तत्त्वों के संयोजन से बनती है भाषा के उन अभिलक्षणों से शैली का जन्म होता है, जिनसे लोकोत्तर चमत्कार की सृष्टि होती है अर्थात् काव्यगत अलंकरण विशिष्ट भाषा द्वारा संभव है वास्तव में विभिन्न पद्धतियों या लहज़ों में पढ़ने से कविता एक रहती है और उसका यह ढंग उसका बाह्य सौंदर्य है, यह शैली का सीमित अर्थ है। शैली का सौंदर्य उसकी आंतरिक संरचना में निहित है सौंदर्यानुभूति में अलंकार अचल रूप से स्थित नहीं रहते, वे मात्र अपना ही वैचित्र्य प्रदर्शित करते रहते हैं, सौंदर्यानुभूति उत्पन्न करने कायदि प्रयास किया भी गया तो उसमें आंतरिक सौंदर्य नहीं मिलेगा वरन् वह अलंकरण मात्र ही होगा जैसा कि रीतिकालीन काव्य में मिलता है।

4. **शैली प्रतिमान से विचलन के रूप में:** कवि की सर्जनात्मक शक्ति भाषा की सर्जनात्मक शक्ति है और इसीलिए वह मानक का अतिक्रमण करती हुई चलती है, दूसरे शब्दों में, कवि को 'पोयटिक लाइसेंस' मिला होता है, जिससे वह भाषा के सामान्य नियमों का सहेतुक अतिक्रमण कर जाता है। यह विचलन या अतिक्रमण व्याकरण की दृष्टि से चाहे सही न हो, लेकिन ग्राह्यता अथवा स्वीकार्य की दृष्टि से अवश्य सही होता है, इसका संबंध व्याकरण से नहीं होता, बल्कि भाषा-भाषी समुदाय की भाषा-चेतना से होता है जो इसे समझता है और सहज रूप से स्वीकार करता है। 'कलियाँ खिलखिला रही हैं' और 'चाँद मुस्करा रहा है' वाक्यों में 'कली और चाँद' का मानवीकरण प्रयोग और 'रमा बहुत चहक रही है' वाक्य में 'रमा का पक्षीकरण-प्रयोग व्याकरण की दृष्टि से चाहे सही न हो, लेकिन संदर्भ में ग्राह्य है और प्रतिमान से विचलन है, इसी में अतिरिक्त अर्थ की प्राप्ति होगी, कलियों के खिलखिलाने से अभिप्राय उपवन का सौंदर्य है और चाँद के मुस्कराने में 'रात्रि का सौंदर्य' सामने आ जाता है, 'रमा के चहकने' से उसकी वाचालता व्यंजित होती है। इस प्रकार की सर्जनात्मकता उन सभी प्रयुक्तियों के लक्षणा रूप में प्रकट होती है जो अपने लचीली वृत्ति को धारण किए हुए है और इसका श्रेष्ठ रूप काव्य-भाषा में मिलता है। वास्तव में भाषाई विचलन संप्रेषण की सामान्य प्रक्रिया का विच्छेदन है, यह विषय के प्रकार, प्रस्तुतीकरण के उद्देश्य, पाठ के गुणों तथा लेखक के व्यक्तित्व से अभिप्रेरित होता है, यही कारण है कि कुछ विद्वानों ने भाषा के प्रतिमान से विचलन को शैली कहा है, क्योंकि सामान्य भाषा और काव्यभाषा में अंतर का मूल

कारण विचलन है, अतः शैली का अध्ययन मानक के रूप में न कर मानक से विचलन के रूप में करना समीचीन होगा, क्योंकि भाषिक रूप और संदर्भ के बीच जो संबंध होगा, वह विचलन द्वारा ही जाना जा सकेगा, इस विचलन को देश-काल विशेष, भाषा, बोली, कृति, उद्देश्य, सामाजिक स्थिति आदि के प्रसंग में देखने से रचना के सौंदर्य का सही दिग्दर्शन हो सकेगा। प्रसाद के 'मुधमय अभिशाप' में अभिशापके प्रिय लगने वाले परिणाम का आभास मिलता है, इसी प्रकार 'अनींद पथ' (केदारनाथ सिंह), 'चैड़ी हवाएँ' (शमशेर), 'तृषित गोद' (निराला) आदि रूपों में आने वाले विशेषण-विपर्यय और मानवीकरण विचलन के अंतर्गत आ जाते हैं, विचलन व्यक्तिपरक या परिस्थितिपरक होता है। कविता या रचना लिखते समय, टेलीफोन पर बात करते समय, घर में माता-पिता, भाई-बहन या पत्नी-बच्चे आदि से बात करते समय, कार्यालय में अधिकारी या अधीनस्थ से, बाहर मित्रों या अन्य परिचित एवं अपरिचित लोगों से बात करते समय भाषा में जो परिवर्तन होते रहते हैं, वे भाषाई मानकों से विचलन हैं, ये संरचनापरक चयन हैं, जो किसी विशेष परिस्थिति या व्यक्ति के साथ संयोजित होते रहते हैं।

5. **शैली चयन के रूप में:** इसमें भाषा को साहित्यकार के उपादान के रूप में माना गया है। साहित्यकार अपनी सृजन-प्रक्रिया में एक विशेष भाषा का चयन इस प्रकार करता है, जिस प्रकार मूर्तिकार एक पाषाण से व्यर्थ की चिप्पियाँ हटाकर मूर्ति का निर्माण करता है, जब कवि सृजन-प्रक्रिया से गुजर रहा होता है तो उसके सामने शब्द और संरचना-संबंधी कई विकल्प होते हैं, वह उनमें से श्रेष्ठ रूपों का चयन कर लेता है। सामान्य रूप से सामान्य अर्थ रखने वाले अनेक शब्दों से सर्वोपयुक्त शब्द का चुन लेना ही अच्छी शैली है। सर्वोपयुक्त शब्द वही है जो संकेतार्थ से अधिक अर्थ अर्थात् भावार्थ देने की क्षम्ता रखता हो, यह चयन सहेतुक होता है। वामन ने भी विशिष्ट पदर चना की, जो धारणा रखी थी, वह चयन का ही एक प्रकार थी। वास्तव में जब कभी हम शैली की बात करते हैं तो शब्द और वाक्य-विन्यास संबंधी चयन की धारणा हमारे मन में आ जाती है। चयन का यह भाव शैली का हेतु है, किंतु यह चयन गौण है क्योंकि यह साधनों का चयन है, अतः पूर्वनिर्धारित विषय-वस्तु को अथवा उससे संबद्ध विभिन्न अर्थों को सही अभिव्यक्ति देने वाले भाषिक साधनों का चयन ही शैली है, उदाहरण के लिए 'राजू भेड़िया है और 'शीला गाय है'- ये दोनों वाक्य अर्थ की दृष्टि से शैलीगत संरचनाएँ हैं, व्यवहारपरक (प्रैग्मेटिक) ज्ञान के आधार पर 'राजू' और शीला में क्रमशः 'भेड़िया ' और 'गाय' के

गुणों को समेटा गया है, ये दोनों संरचनाएँ सर्जनात्मक और संदर्भपरक अर्थ के साथ जुड़ी हुई हैं, जिनमें राजू 'क्रूरता' का प्रतीक और शीला 'शालीनता' की। राजू की क्रूरता और शीला की सुशीलता की गहन भावना जितनी इन शब्दों से जागृत होगी, उतनी 'क्रूर' या 'सुशील' शब्दों से व्यक्त नहीं हो पाएगी, अतः इस प्रकार का चयन हमें भाषाई संरचना और कोशगत अर्थ से आगे ले जाता है, इसी प्रकार किसी मूर्ख के लिए 'महाविद्वान' या 'बृहस्पति' शब्दों का प्रयोग होता है, जो 'मूर्ख' के नितांत विपरीतार्थक शब्द है। इस तरह साहित्यकार संदर्भ के अनुसार शब्दों का चयन करता है और व्याकरणिक तथा साहित्यिक दृष्टि से इस प्रकार की व्यवस्था करता है, जिससे भाषा का विशिष्ट रूप सामने उभर आता है। भारतीय काव्यशास्त्र में प्रतिभा के साथ-साथ व्युत्पत्ति और अभ्यास काव्य हेतुओं की संकल्पना रखी गई है, किंतु ये काव्य हेतु अनिवार्य नहीं हैं। कभी-कभी अनायास ही और बिना परिश्रम के शब्दों का सटीक चयन हो जाता है। 'बगीचा भौंरों से गूँज रहा है' वाक्य में 'बगीचा' अधिकरण को कर्ता के रूप में चुना गया है, क्योंकि वक्ता 'बगीचे' पर बल देना चाहता है और बगीचे के संपूर्ण वातावरण को गुंजायमान बनाना चाहता है जबकि 'बगीचे में भौंरे गूँज रहे हैं' व्याकरणिक दृष्टि से सही अर्थ होते हुए भी उसमें अतिरिक्त अर्थ नहीं मिलता। इस प्रकार चयन अनेक स्तरों पर होता है अर्थात् ध्वन्यात्मक, शब्दपरक, वाक्यपरक और यहाँ तक कि पूरी संरचना में चयन होता है, एक ही बात को एक ही परिस्थिति में विभिन्न रूपों में जो कहा जा सकता है, वे उस भाषा की संरचना और अभिरचना के अनुरूप होते हैं। यही शैली है।

6. **शैली वाक्योपरि भाषाई विशेषताओं के समुच्चय के रूप में**: वाक्य को अब तक भाषा की आधारभूत तथा अधिकतम इकाई माना जाता रहा है और इसी के आधार पर भाषा का अध्ययन होता रहा है किंतु यह शैली का ऐसा अभिलक्षण है जो वाक्य की सीमा को पार कर जाता है, यह वाक्योपरि संरचना है जिसमें दो या उससे अधिक वाक्यों का परस्पर संयोजन होता है, यह एक प्रकार का अंतःवाक्य है, जिसे जोड़ने से समूचे पाठ की अन्विति होती है और वह वाक्योपरि संरचना होती है। अंतःवाक्य के आधार पर प्रोक्ति (डिस्कोर्स) की संकल्पना उभर कर आई है। दैनिक व्यवहार की भाषा में वार्तालाप के दौरान वाक्यों का जो अनुक्रम अथवा उनका जो संयोजन होता है वही प्रोक्ति है। वास्तव में प्रोक्ति वाक्योपरि स्तर की एक ऐसी इकाई है, जिसके कथ्य में आंतरिक संसक्ति तथा वाक्यों में संदर्भपरक और तर्कपूर्ण अनुक्रम रहता है, इसमें 'संवाद' को ही

वाक्व्यवहार का केंद्र-बिंदु माना गया है और वाक्य को भाषा की अधिकतम इकाई के रूप में नकारा गया है, इसमें व्यवस्थित और तर्कपूर्ण संसक्ति होती है जो पाठ को लयपरक बनाती है, यह संसक्ति भाषा और अर्थ के परस्पर संयोजन पर आधारित होती है, वाक्यों के परस्पर संबंधों और उनके कार्य-व्यापारों की सूचना प्रोक्ति से मिलती है, जो शैली के अध्ययन में सहायक होती है, दूसरे शब्दों में, किसी पाठ की शैली (दूसरे अर्थ में प्रोक्ति) की व्याख्या करते हुए न केवल उसके वाक्य-संबंधों का विश्लेषण करना होगा वरन् पाठ के अन्य पहलुओं यानी उसके वाक्यों, उपवाक्यों, कोशीय रूपों, वाक्यात्मक अभिलक्षणों वक्ता-श्रोता के संबंधों की भी व्याख्या की जाएगी, यह अध्ययन अंतःवाक्यों के संबंधों पर ही आधारित है अन्य इकाइयों के अंतःसंबंध में ही चयन का सिद्धांत आता है और उसकी व्याख्या भी इसी संदर्भ में की जा सकती है।

शैली की इन छहों धारणाओं पर विचार करने पर आपने देखा होगा कि इनमें कोई तात्विक अंतर नहीं है, अंतर है तो इनके दृष्टिकोण में। हाँ, सृजन और संप्रेषण की प्रक्रिया के संदर्भ में देखा जाए तो शैली का निर्धारक तत्त्व चयन ही दिखाई देता है, क्योंकि चयन तथा उसकी व्यवस्था केवल कोशीय तथा व्याकरणिक न रहकर भाषा के विभिन्न स्तरों में होती है, अतः चयन-सिद्धांत की परिभाषा व्यापक करनी होगी, जिसके अंतर्गत साहित्यिक धारा का दबाव, विधा का दबाव तथा विषय-वस्तु का दबाव निहित रहेगा। साहित्यिक धारा की दृष्टि से भाषा के विभिन्न प्रयोग मिलते हैं, जैसे छायावादी काव्य में संस्कृतनिष्ठ शब्दावली का आधिक्य है तो प्रगतिवादी काव्य में देशज शब्दों का। विधा की दृष्टि से विभिन्न विधाओं में विभिन्न भाषा-प्रयोग आते हैं। कविता और गद्य-विधाओं में भाषा का चयन पृथक-पृथक मिलता है। प्रसाद के काव्यों और नाटकों में जहाँ संस्कृतनिष्ठ शब्दों का चयन है, उपन्यास में वहाँ चलती भाषा का प्रयोग अधिक है, विषय-वस्तु की दृष्टि से वैज्ञानिक साहित्य, वाणिज्यिक साहित्य, कार्यालयीन साहित्य और सौंदर्यमूलक साहित्य में भाषा का अलग-अलग चयन होता है। कभी-कभी व्यक्ति को अपनी प्रकृति या आदत भाषा में दिखाई दे जाती है, जैसे पीछे हमने शैली व्यक्ति-वैशिष्ट्य के रूप में कहा है, इसीलिए कभी-कभी लिंग की दृष्टि से - पुरुष की शैली में कठोरता, गंभीरता, पौरुष आदि के दर्शन अधिक होते हैं, जबकि नारी की शैली में कोमलता, माधुर्य, नारी-सुलभ सौंदर्य की झलक अधिक मिलती है। आयु की दृष्टि से यौवनकाल की रचनाओं में जितनी अधिक चंचलता, स्वच्छंदता एवं रोमांस अधिक दिखाई देगा, वृद्धावस्था की रचनाओं में उतनी अधिक गंभीरता, प्रौढ़ता, नैतिकता और परंपरा के

दर्शन होंगे, यहाँ यह भी उल्लेख करना उचित होगा कि कभी-कभी ये बातें विपरीत रूप में भी मिल जाती हैं, साहित्यकार के भाषिक चयन, भाषिक व्यवस्था, व्यक्तिपरक तथा परिस्थितिमूलक अतिक्रमण में शैली का संयोजन होता है, कवि अपनी अनुभूति को उसी रूप में अभिव्यक्त करने के लिए भाषा के निर्धारित रूपों का सप्रसंग, साभिप्राय एवं समुचित चयन करता है, भाषा को नए रूप में ढालता है, सँवारता है, नए शब्दों का निर्माण करता है, नई संरचना प्रदान करता है, नए परिवर्तन लाता है तथा उसे व्यापक आयाम में समेटता है, यही उसका अभिव्यंजना-व्यवहार है जो शैली कहलाता है। वस्तुतः शैली भाषा का वह विशिष्ट रूप है जिसमें अभिव्यंजना की ऐसी शक्ति निहित रहती है, जो कवि के सर्जनात्मक प्रयोग को रसानुकूल और प्रभावोत्पादक बनाती है तथा हमें कवि की अनुभूति, भाव और विचारों का बोध कराती है। इस प्रकार हम कह सकते हैं कि शैली वह है जिसमें कवि या वक्ता अपनी अनुभूति और अनुभव का सामान्यीकरण कर उन्हें दूसरोंतक संप्रेषित करना चाहता है। इसके लिए वह एक ऐसी विशिष्ट भाषा का प्रयोग करता है, जिसमें साभिप्राय चयन होता है और ध्वनि, व्याकरणिक गठन तथा अन्य वाक्य-रचना आदि की दृष्टि से भाषा के सर्वस्वीकृत मानक का अतिक्रमण करता है, इसी से पाठक का रसास्वादन होता है। शैलीविज्ञान, भारत में साहित्य का सृजन प्राचीनकाल से चला आ रहा है और साथ ही साहित्य के विवेचन और विश्लेषण की परंपरा भी प्रारंभ से चली आ रही है, साहित्य को समझने के लिए और उसकी व्याख्या के लिए भारतीय काव्यशास्त्र और पाश्चात्य साहित्यशास्त्र में कई संप्रदायों और सिद्धांतों का प्रादुर्भाव हुआ, आधुनिक काल में आलोचना के कई प्रतिमानों और पद्धतियों का विकास हुआ, इनमें रसवादी, मार्क्सवादी, मनोविश्लेषणवादी, समाजशास्त्रीय, मिथकीय, ऐतिहासिक आदि आलोचना की कई प्रणालियों उभर कर आईं, वास्तव में इन आलोचना-प्रणालियों में साहित्यिक कृतियों के बाह्य संबंधों की खोज की जाती रही है, इनमें पाठक या कवि की दृष्टि से अथवा समाज या संस्कृति के परिप्रेक्ष्य में काव्य का मूल्यांकन होता रहा है ये साहित्येतर उपादान हैं जो साहित्येतर मूल्यों का प्रतिपादन करते हैं, क्योंकि सामाजिक प्रक्रिया के बदलने से पाठक की संवेदनाओं, मान्यताओं और विचारों में परिवर्तन आ जाता है जिससे मूल्यों पर भी प्रभाव पड़ता है, इसी कारण आलोचना के निश्चित सिद्धांत अभी तक स्थापित नहीं हो पाए, साहित्य का मुख्य प्रकार्य उसकी साहित्यिकता या काव्यात्मकता है, साहित्य सौंदर्य और भाषा के बीच निहित रहता है, इसमें सौंदर्य आधेय है और भाषा आधार, इसका गुण काव्यात्मकता और सर्जनात्मकता है और उस गुण का प्रतिफलन शैली है इस दृष्टि से साहित्य की अनुभूतिजन्य संरचना है जिसके सर्जनात्मक और कलात्मक प्रयोगों का

अध्ययन शैलीविज्ञान करता है। साहित्य की संरचना, संघटना और प्रकार्य का अध्ययन करने से सौंदर्यबोध होता है, इसीलिए इसकी सैद्धांतिक मान्यताएँ भाषापरक मानी गई हैं। भाषापरक होने के कारण यह साहित्यिक कृति को स्वायत 'शाब्दिक कला' मानता है और उसका विषय होता है 'साहित्य या काव्य क्या कहता है' न कि 'कवि क्या कहता है' और न ही 'साहित्य की रचना करते समय कवि का प्रयोजन क्या था' या उस कृति से पाठक के मन पर क्या प्रभाव पड़ता है अथवा पड़ेगा, शैलीविज्ञान काव्य का विश्लेषण न तो कवि या पाठक की दृष्टि से करता है और न ही सामाजशास्त्रीय या दार्शनिक या मनोवैज्ञानिक पृष्ठभूमि में, वह तो काव्यात्माकता और सर्जनात्मकता का केंद्र-बिंदु भाषा को ही मानता है इस प्रकार शैलीविज्ञान आलोचना की वह भाषापरक प्रणाली है जो दर्शन के साथ-साथ विज्ञान भी है और इसमें सैद्धांतिक प्रतिमानों के साथ विश्लेषण की विधि-प्रविधि भी उपलब्ध है, साहित्य के विवेचन में वह जिन भाषावैज्ञानिक उपकरणों का उपयोग करता है, उन्हें वह अपने लक्ष्यों के संदर्भ में माँजता और सँवारता है, ताकि सर्जनात्मकता के बिंदु तक पहुँचा जा सके। आलोचना के दो आयाम माने गए हैं; (1) बहिरंग आलोचना और (2) अंतरंग आलोचना। बहिरंग आलोचना से तात्पर्य कवि या पाठक, सामाजिक या साँस्कृतिक मूल्यों का विवेचन करना है, यह आलोचना शैलीविज्ञान के क्षेत्र के बाहर है, ऐसा नहीं है कि शैलीविज्ञान मार्क्सवादी, समाजशास्त्री, रसवादी आदि आलोचना के महत्त्व को नकारता है, लेकिन उसका यह कहना है कि इससे कृति की आलोचना सही ढंग से नहीं हो पाती, क्योंकि इसकी पद्धति न तो वैज्ञानिक है और न ही इसका आधार ठोस है, अतः शैलीविज्ञान की मान्यता है कि साहित्यिक कृति को समझने के बाद ही बहिरंग आलोचना का कार्य प्रारंभ होता है। अंतरग आलोचना में साहित्यिक कृति को स्वायत्त इकाई मानकर उसकी आंतरिक संरचना का अध्ययन किया जाता है, इसमें ध्वनि-संयोजन, रूप-प्रक्रिया, शब्द-संस्कार, वाक्य-रचना, प्रोक्ति, भाव-भंगिमाएँ और मौन भाषा भी अध्ययन के क्षेत्र में आते हैं, यह आलोचना शैलीविज्ञान के कार्यक्षेत्र के अंतर्गत आती हैं, शैलीविज्ञान अपनी अंतरंग आलोचना में सर्जनात्मक धरातल पर कथ्य और अभिव्यक्ति की समन्वित इकाई को भाषिक प्रतीक मानता है। यदि रूपिम, शब्द, पद, वाक्य आदि भाषिक प्रतीक हैं तो यह भी माना जा सकता है कि समूची कृति भी भाषिक प्रतीक है, इसी मान्यता को स्वीकार करते हुए शैलीविज्ञान अभिव्यक्ति पक्ष के आधार पर कथ्य तक पहुँचने का प्रयास करता हैं। एक रूसी विद्वान श्क्लोवस्की ने काव्य के प्रतिपादन में इसकी तीन स्थितियों पर विचार करते हुए कहा है कि

कथ्य और अभिव्यक्ति की समन्वित इकाई के न तो दो स्तर हैं और न ही दो खंड, अपितु वे एक ही वस्तु के दो पक्ष है, तीन स्थितियाँ इस प्रकार हैं-

1. पहली स्थिति में अभिव्यक्ति कथ्य से अलग होती है और कथ्य की अपेक्षा अभिव्यक्ति पर अधिक बल दिया जाता है,
2. यहाँ पर कथ्य अभिव्यक्ति से अलग होकर सामने आता है;
3. काव्यकृति में कथ्य और अभिव्यक्ति अभिन्न रूप में प्रतिफलित होते हैं।

पहली स्थिति 'कला कला के लिए' सिद्धांत का प्रतिपादन करती है, जिसे शैलीविज्ञान स्वीकार नहीं करता, क्योंकि यह अधूरी और असंगत काव्यदृष्टि है दूसरी स्थिति बहिरंग आलोचना साहित्येतर आलोचना के क्षेत्र में आती है, जिसमें काव्यकृति में निहित संदेश या प्रतिपाद्य वस्तु की व्याख्या दर्शन, समाज, संस्कृति आदि साहित्येत्तर संदर्भों में की जाती है तीसरी स्थिति काव्यकृति को संतुलित और संगत दृष्टि से देखने का आग्रह करती है जो अंतरंग आलोचना के भीतर जाती है, इस प्रकार शैलीविज्ञान न तो केवल अभिव्यक्ति पक्ष पर बल देता है और न ही कथ्य पर बल्कि इन दोनों के अंतस्संबंधों पर बल देता है इसी आधार पर हम कह सकते हैं कि काव्यकृति का संसार बाह्य यथार्थ संसार से अलग होता है, लेकिन सर्जना एवं कल्पना के आधार पर अभिव्यक्ति और कथ्य दोनों में अन्विति होती है, इसमें यथार्थ को हू-ब-हू प्रतिबिंबित नहीं किया जाता वरन् उसका सर्जन किया जाता है, कवि की सर्जनात्मक शक्ति के कारण यह एक कला प्रतीक के रूप में रूपांतरित होती है, इसमें समाज, संस्कृति, मनोविज्ञान, दर्शन आदि को साहित्य के संदर्भ में जानना ही श्रेयस्कर है, 'काव्यकृति के भीतर का संसार उस जीवित संदर्भ को उपस्थित करता है, जिसके भीतर रहकर उसके पात्र क्रिया-कलाप करते हैं, अपनी परिस्थितियों से टकरा कर अपने व्यक्तित्व का उद्घाटन या विकास करते हैं और उस समय की धारा को व्याख्यायित करते हुए जीवन को एक ऐसे स्थान और काल के साथ बांधते हैं, जो स्थान और समय से एक ओर बंधा होने के कारण ठोस भी होता है और उससे मुक्त होकर समय और स्थान की सीमा का अतिक्रमण भी करता है, यही कारण है कि विभिन्न कालों और विभिन्न स्थानों पर जिस काव्यवस्तु का सर्जन होता है, उसे काल और स्थान की सीमाओं को तोड़कर पढ़ा और समझा जा सकता है, यह काव्यकृति के भीतर का ही संदर्भ है जो आज भी अंतर्निहित संसार को रूपायित करता है काव्यकृति के भीतर के इसी संदर्भ का विश्लेषण एवं अध्ययन शैलीविज्ञान करता है आलोचना के क्षेत्र में अब तक मार्क्सवादी, मनोविश्लेषणवादी, प्रभाववादी, नैतिकतावादी आदि जो भी

आलोचनाएँ होती रही हैं अथवा हो रही हैं, वे या तो सिद्धांत की ही व्याख्या करती रही हैं या व्यावहारिक विधियों के आधार पर होती रही हैं, शैलीविज्ञान का नामकरण, शैलीविज्ञान के नामकरण पर काफी चर्चा रही है। इसके लिए शैलीशास्त्र और रीतिविज्ञान भी नाम सुझाए गए हैं। 'फिजिक्स' और 'लिंग्विस्टिक्स' के लिए जिस प्रकार क्रमश: 'भौतिकी' और 'भाषिकी' शब्द मिलते हैं, उसी प्रकार स्टाइलिस्टिक के लिए भी 'शैलिकी' नाम रखने का भी प्रस्ताव है, ये नाम शैलीविज्ञान का पर्याय ही हैं, लेकिन 'शैलीविज्ञान' नाम 'भाषाविज्ञान' के तर्ज़ पर अधिक प्रचलित है, शैलीशास्त्र और शैलीविज्ञान के लिए अधिक विवाद नहीं है, विज्ञान की अपेक्षा शास्त्र व्यापक है और शैली का संबंध सौंदर्यशास्त्र से भी है, इसलिए 'इक्स' शास्त्र का वाचक है, किंतु शास्त्र में सिद्धांत की अपेक्षा अधिक रहती है जबकि विज्ञान में सिद्धांत के साथ-साथ विधि-प्रविधि और तकनीक पर भी बल दिया जाता है। इसके अतिरिक्त शैलीविज्ञान का विकास भी भाषाविज्ञान से हुआ है, अतः शैलीशास्त्र की अपेक्षा 'शैलीविज्ञान' नाम अधिक उपयुक्त जान पड़ता है। 'शैलीविज्ञान' और 'रीतिविज्ञान' के नामकरण पर काफी चर्चा रही है, विद्यानिवास मिश्र ने तो अपनी पुस्तक का नाम 'रीतिविज्ञान' रखा है। उन्होंने 'स्टाइल' शब्द के लिए शैली शब्द न मानकर 'रीति' शब्द को ही उपयुक्त माना है, उनके मतानुसार शैली का प्रयोग प्राचीन भारतीय वाङ्मय में साहित्येतर विधाओं के संदर्भ में हुआ है या किसी व्यक्ति की साहित्यिक अभिव्यक्ति की विशेषताओं को जतलाने के लिए आधुनिक समीक्षा साहित्य में हुआ हैं। इस दृष्टि से उपयुक्त भाषागत सर्जनात्मक वैशिष्ट्य के बोधन के लिए शैली का प्रयोग उतना संगत नहीं जान पड़ता, इसी प्रकार शैली की संकल्पना समय-समय पर बदलती रही है और आज शैलीविज्ञान में शैली की संकल्पना में जो परिवर्तन आया है वह तो रीति को ही अपने भीतर समेटे हुए है, आज के शैलीविज्ञान में भारतीय साहित्यशास्त्र के प्रायः सभी संप्रदाय, विशेषकर वक्रोक्ति, ध्वनि और रीति संप्रदाय तथा पाश्चात्य काव्यशास्त्र के मूल तत्त्व समाविष्ट हो गए हैं, इसके अतिरिक्त यह भी बताना असमीचीन न होगा कि शैली की संकल्पना में तो विकास होता रहा है, किंतु रीति तो रूढ़ ही रह गई। रीति की अपेक्षा वक्रोक्ति लिंग्वास्टाइलिस्टिक्स के अधिक निकट जा पड़ती है, क्योंकि इसमें कथ्य और अभिव्यक्ति, जो 'स्टाइलिस्टिक्स' के मुख्य अंग हैं लगभग समा जाते हैं। अतः 'रीतिविज्ञान' की अपेक्षा 'वक्रोक्तिविज्ञान' अधिक उपयुक्त दिखाई देता है, 'वक्रोक्ति' में भी वही अवधारणा नहीं आ पाती, जो आज की शैली की संकल्पना में निहित है। शैली (स्टाइल) की संकल्पना पर तो भारत और पश्चिम में बराबर चिंतन होता रहा है, पाश्चात्य विद्वानों ने स्टाइल के जो दो मूल तत्त्व 'मस्तिष्क' और 'आत्मा' बताए हैं, वे भारतीय

रीति और ध्वनि के पर्याय हैं। अतः वामन द्वारा प्रतिपादित 'पद रचना रीति' के अलावा ध्वनि को कहाँ छोड़ा जाए, जो स्टाइलिस्टिक्स का कथ्य पक्ष है, यह बात अवश्य है कि शैली और रीति प्रायः समानार्थक माने जाते रहे हैं, किंतु इनमें कुछ-न-कुछ अंतर अवश्य है। शैली का अर्थ स्वभाव माना गया है और आचार्य कुंतक ने इसे 'रीति का नियामक' आधार माना है। रीति में पूर्व-निश्चितता, पूर्व-निर्धारण एवं पूर्व-नियोजना होती है जो शैली में बहुत कम देखी जाती है, इन दोनों के लक्ष्य में भी भेद है, रीति का लक्ष्य साधारणतया संबंधित कार्य को पूर्ण वैध तथा शुद्ध रूप प्रदान करना होता है जबकि शैली का लक्ष्य उस कार्य में नवीनता, चमत्कार और विशिष्टता लाना होता है, रीति के लिए अध्ययन, अभ्यास तथा प्रयत्न वांछनीय है, शैली में सहजता और स्वाभाविकता की भी आवश्यकता है, यह भी आपत्ति उठाई जाती है कि शैली आत्मनिष्ठ होती है। यह सही है कि 'स्टाइलिस्टिक्स' में कवि की दृष्टि को मान्यता नहीं दी जाती, लेकिन रीति में भी तो पाठक या सामाजिक दृष्टि को प्रमुखता दी जाती है, जो 'स्टाइलिस्टिक्स' के क्षेत्र के बाहर है। आज स्टाइल या शैली के जितने वस्तुनिष्ठ एवं आत्मनिष्ठ रूप हैं या जितनी अर्थच्छायाएँ हैं, उन्हें शैलीविज्ञान अपने भीतर समेटे हुए चल रहा हैं। इस प्रकार आज शैली की संकल्पना रीति की अपेक्षा अधिक विस्तृत है, अतः 'शैलीविज्ञान' नाम अधिक उपयुक्त और उचित जान पड़ता है। शैलीविज्ञान का विकास, शैलीविज्ञान का आविर्भाव बीसवीं सदी में जेनेवा स्कूल के सुप्रसिद्ध भाषाविज्ञानी चार्ल्स बेली द्वारा हुआ। बेली को इसकी संकल्पना अपने गुरू सस्यूर के 'भाषा और वाक्' दो द्विचर शब्दों से प्राप्त हुई, भाषा सार्वजनिक एवं परंपरागत व्यापार है तथा समुदाय के लोगों में सामाजिक संपर्क स्थापित करने की एक पद्धति है, जो एक दूसरे की बात समझने-समझाने के लिए सहायक हो सकती है, वास्तव में यह एक सामाजिक वस्तु है, जो अपनी प्रकृति में समरूपी होने के साथ जीवंत एवं परिवर्तनशील भी होती है, 'वाक् एक व्यक्तिगत उच्चार है तथा इच्छा एवं बुद्धि की एक ऐसी क्रिया है जिसमें व्यक्तिगत उद्देश्यों की पूर्ति होती है। यह एक प्रकार का भाषिक व्यवहार है जो विविध रूपों में उद्घाटित एवं प्रतिफलित होता हैं, इस प्रकार 'भाषा' एक संहिता है और 'वाक्' एक रीति है, जिसमें संहिता का प्रयोग किसी वास्तविक परिस्थिति में होता है अथवा यह एक ऐसा ढंग है, जिसमें व्यक्ति विशेष-अपनी भाषा का प्रयोग सामान्य रूप में करता है। केवल वाक् में ही भाषा कार्यान्वित होती है जबकि वाक् भाषा की सामाजिक और सार्वजनिक व्यवस्था के बिना संभव नहीं है। सस्यूर ने वाक् को मूलाधार नहीं माना और न ही इसे प्रमुखता दी है, इसका वास्तविक अध्ययन उनके शिष्य चार्ल्स बेली ने किया है तथा वाक् को आधार मानकर बेली ने बताया कि वैयक्तिक भाषा में

भावनात्मकता निहित रहती है, जो विशिष्ट परिस्थितयों में सहजभाव से मनुष्य के उच्चारणोपयोगी अवयवों से निस्तृत है, वस्तुतः यह भावात्मकता भाषा में ऐसे मूल्य प्रस्तुत करती है जो शैली के मूल्य होते हैं, इन मूल्यों का अध्ययन शैलीविज्ञान करता है, इस प्रकार व्यवस्थित भाषा की अभिव्यक्तियों का अध्ययन उनमें निहित प्रभावकारी तत्त्वों के आधार पर करना अर्थात् भाषा के माध्यम से होने वाली संवेदनशीलता की अभिव्यक्ति का तथा संवेदनशीलता पर आधारित भाषा-व्यापार का अध्ययन करना शैलीविज्ञान का कार्य है, सस्यूर भाषा की साहित्यिक रस सिद्धि में अधिक रुचि नहीं रखते थे, उनका प्रमुख उद्देश्य भाषा के प्राकृतिक क्षेत्र अर्थात् बोली जानेवाली भाषा के भाषावैज्ञानिक अध्ययन से संबंधित है। लिखित भाषा या साहित्यिक भाषा एक विशिष्टीकरण है। बेली ने सस्यूर का समर्थन करते हुए कहा है कि भाषा जीवन का प्रकार्य है जो मानवीय भावों एवं अनुभूतियों से संपृक्त है तथा यही वास्तविक एवं जीवंत भाषा है, इसके अन्य रूप अमूर्त हैं और वे भाषा के विशिष्ट प्रयोग हैं, उनका प्रयोग किसी विशेष कारण से बाधित है, अतः उनका अध्ययन करना आवश्यक नहीं है। बेली ने शैलीविज्ञान को भाषा के अभिव्यंजनात्मक पक्ष तथा उसकी प्रक्रिया का अध्ययन माना है। उनकी यह धारणा भाषा की तर्कपरक एवं प्रभावोत्पादक विशेषताओं पर पूर्णतया आधारित है, भाषा का तर्कपरक पक्ष, विचारों की अभिव्यक्ति, तथ्यों का संप्रेषण आदि सभी अमूर्त हैं, भाषा के मानक का अतिक्रमण 'प्रभावी' क्षेत्र में आ जाता है, इस प्रभावी शब्द का विस्तार करते हुए बेली ने प्रभावोत्पादक और अभिव्यंजनात्मक विशेषताओं को भी इसमें लिया है, भाषा के समूचे अभिव्यंजनात्मक संसाधनों का वर्णन भाषाविज्ञान के अंतर्गत होता है, बेली ने साहित्यिक भाषा को इसलिए नहीं लिया, क्योंकि वे इसे एक ऐच्छिक एवं सायास वस्तु मानते थे, उनके मतानुसार साहित्यकार सदैव स्वेच्छा से और सचेत होकर अपने भाषात्मक प्रयोग का चयन करता है और उनका उद्देश्य भाषा के द्वारा सौंदर्यमूलक प्रभाव की सृष्टि करना है, जिसके कारण भाषा कृत्रिम हो जाती है और सर्वजन सुलभ नहीं हो पाती, जिस प्रकार चित्रकार रंगों के द्वारा और संगीतकार ध्वनियों के द्वारा सौंदर्य की सृष्टि करता है, उसी प्रकार साहित्यकार शब्दों के माध्यम से सौंदर्य लाने का प्रयास करता है, किंतु बेली के साहित्यिक भाषा को शैलीविज्ञान में सम्मिलित न करने से मत में कोई तर्क नहीं बैठता। वास्तव में भाषा एक सोद्देश्य व्यापार है और इसका प्रयोग किसी-न-किसी प्रयोजन के कारण होता है, अतः इसमें भावात्मकता, चाहे वह ऐच्छिक या सायास ही क्यों न हो, समान रूप से विद्यमान रहती है, शाब्दिक व्यवहार होने के कारण भाषा बिना किसी प्रेरणा के प्रस्फुटित नहीं होती और इस प्रेरणा में भी उद्देश्य निहित रहता है, अतः अपनी इच्छा की पूर्ति के लिए वक्ता

उसी के अनुसार भाषा का प्रयोग करता है, इस दृष्टि से कवि और सामान्य वक्ता में कोई अंतर नहीं रह जाता। सभी क्षेत्रों के लोग चाहे वे वकील हों या पत्रकार, किसी कंपनी के एजेंट हों या वक्ता आदि इस ढंग से बात करेंगे, जिससे अन्य लोग उनकी ओर आकर्षित हों और उनके उद्देश्यों की पूर्ति भी हो, अब प्रश्न उठता है कि कवि इससे अलग कैसे रह सकता है? साहित्यिक भाषा बोलचाल की भाषा से बिल्कुल अलग नहीं है, वरन् वह तो उसका एक निखरा हुआ रूप है, यह बात भी नहीं है कि बोलचाल की भाषा में सौंदर्यपरक प्रभाव नहीं होता, भाषा के प्रयोग में ही तो सौंदर्य है तथा हृदय में जैसी अनुभूति हो, उसे उसी रूप में व्यक्त करना ही कला है और कला सौंदर्यमय होती है, जिस वस्तु में अभिप्राय निहित रहता है, उसकी अभिव्यक्ति की पर्याप्तता में साहित्यिक प्रभाव दिखाई देता है और यद्यपि यह पूर्णतया सोद्देश्य होती है, किंतु फिर भी इसका सौंदर्य आकस्मिक होता है। विश्व-साहित्य का एक छोटा-सा अंश, जो सामान्यतः उत्कृष्टतम नहीं होता, पाठक में केवल शाब्दिक सौंदर्य की भावना लाने के लिए नहीं लिखा जाता, इस प्रकार सौंदर्यपरक प्रभाव की निष्पत्ति ही कवि का एक मात्र उद्देश्य नहीं होता, वरन् बौद्धिकता, चित्रात्मकता आदि कई तत्त्व होते हैं जो उसकी भाषा में सौंदर्य का सृजन करते हैं, अतः सामान्य भाषा में यदि प्रभावकारी विशेषताएँ लाई जा सकती हैं तो ऐसी विशेषताएँ साहित्यिक कृति में आ जाना कोई अनुचित बात नहीं है। इस प्रकार बेली द्वारा लगाई गई यह सीमा अनावश्यक-सी लगती है। बेली के कुछ शिष्यों ने भी उनके इस मत को स्वीकार नहीं किया, एक शिष्य मारसेल क्रेसाट ने बेली के मत का खंडन करते हुए कहा कि हमारे लिए साहित्य साधारणतया एक संप्रेषण है और अपनी कृति में लेखक सौंदर्य की जो सृष्टि करता है, उससे उसका अभिप्राय पाठक के ध्यान को पूरी तरह से आकर्षित करना है। यह बात सामान्य संप्रेषण से तो अधिक योजनाबद्ध एवं व्यवस्थित होती है किंतु यह अलग किश्म की नहीं होती, अतः शैलीविज्ञान के क्षेत्र में साहित्य भी उसी प्रकार उत्कृष्ट रूप में उभर सकता है, इस प्रकार क्रेसाट ने साहित्यिक भाषा के भाषावैज्ञानिक अध्ययन को पूरी मान्यता दी है और साहित्यकार की भाषा का विश्लेषण भी किया है, किंतु उनका यह अध्ययन कलाकृति के विशेषण के रूप में नहीं हुआ, अपितु यह अध्ययन साहित्यिक विश्लेषण के अधिक निकट जा पड़ा है शैलीविज्ञान और भाषाविज्ञान। अब आप प्रश्न करेंगे कि शैलीविज्ञान और भाषाविज्ञान में परस्पर संबंध क्या है। वस्तुतः भाषाविज्ञान भाषा तथा उसके प्रत्येक प्रकार्य एवं प्रयोग का अध्ययन और विश्लेषण करता है तो शैलीविज्ञान उसकी अनुप्रायोगिक विधा है। हम जानते हैं कि भाषाविज्ञान उसकी भाषा संहिता के उन संसाधनों का पता लगाता है जो वास्तविक संदेश का सृजन करने हेतु प्रयुक्त होते हैं

यह वाक्यों के भीतर परस्पर संबंधों की व्यवस्था के रूप में भाषा से जुड़ा हुआ है, ये संबंध विभिन्न ढंग से अभिव्यक्त होते हैं या उनका सृजन किया जाता है, व्याकरणिक दृष्टि से चाहे वे सही हों, लेकिन वक्ता उस ढंग से बोलना चाहेगा जिससे श्रोता उसके मंतव्य को समझ सके। भाषा के शाब्दिक व्यवहार होने के कारण वक्ता सदैव उसे किसी-न-किसी अभिप्राय से बोलेगा और वह एक ऐसी भाषा बोलेगा जो प्रभावशीलता और भावात्मकता से परिपूर्ण हो, वास्तव में भाषा सर्जनात्मक होती है और शैलीविज्ञान भाषा की सर्जनात्मक शक्ति पर बल देता है, भाषाविज्ञान मुख्य रूप से उस भाषा तक सीमित है जो नियमों की सुगठित एवं समाजपरक व्यवस्था है, समुदाय के लोगों में सामाजिक संपर्क स्थापित करने की एक पद्धति है, जो एक दूसरे की बात समझने के लिए सहायक हो सकती है, शैलीविज्ञान वाक्यों के संदर्भपरक यथार्थ वाक् के अतिरिक्त संसाधनों की ओर ले जाता है, सस्यूर की इस संकल्पना के आधार पर अमेरिकी विद्वान नोअम चाम्स्की ने भाषाई क्षमता और भाषाई व्यवहार की धारणा रखी, भाषाई क्षमता भाषा विषयक ज्ञान से संबद्ध है और भाषाई व्यवहार के भाषा वास्तविक प्रयोग से, उनके मतानुसार मनुष्य एक ऐसा सृजनशील प्राणी है जो स्थिति एवं संदर्भ के अनुसार नई उक्तियों का सृजन करता है जो पहले न कभी बोली गई हों और न ही सुनी गई हों लेकिन वे सदैव समझी गई हों, इसका कारण यह है कि वे संहिता (कोड) की अभिव्यक्ति के रूप में नई हैं और संदेश के रूप में जानी-पहचानी है, वास्तव में ये संदेश सामाजिक परंपराओं की व्यवस्था के अनुरूप व्यक्त होते हैं और शैलीविज्ञान भाषा के सामाजिक एवं सर्जनात्मक प्रकार्य का अध्ययन होने के कारण यह पता लगाता है कि संप्रेषण में कौन-सी भाषिक इकाइयाँ आएँगी और जिस रीति से संदेश सुव्यवस्थित होते हैं, उसमें विभिन्न परंपराओं के प्रभाव किस प्रकार स्वयं को स्पष्ट करते हैं, शैलीविज्ञान भाषा के बोधात्मक, अभिधात्मक और सौंदर्यपरक संसाधनों के प्रयोजनमूलक पक्षों का अध्ययन है। ब्रिटिश विद्वान हैलिडे ने सामाजिक दृष्टि से इन्हें क्रमशः उद्भावनापरक, अंतःव्यक्तिपरक और साहित्यिक कहा है, भाषा के ये प्रकार्य एक दूसरे से अलग नहीं हैं बल्कि एक दूसरे से जुड़े हुए हैं। भाषा का बोधात्मक पक्ष संदर्भ की अभिव्यक्त करता है, इसमें वक्ता अपनी चेतना, अपनी प्रतिक्रिया, संज्ञान और अपने अंतर में हुए अनुभवों को सामने लाता है और यहाँ तक कि बोलने और समझने के भाषाई व्यापारों को प्रकट करता है, दूसरा प्रकार्य संदर्भ की अभिव्यक्ति से भिन्न है इसमें वक्ता की वृत्ति और व्यक्तित्व का पता चलता है और उसमें तथा श्रोता के बीच जो संबंध हैं, वह ज्ञात हो जाता है। तीसरा प्रकार्य व्यक्ति की भाषापरक सर्जनात्मक से संबंधित हैं, यह भाषा के आंतरिक पक्ष से जुड़ा हुआ है, यह प्रकार्य स्थिति एवं संदर्भ के

अनुसार कार्य करता है। यह वाक्य के बीच के संबंधों की स्थापना तक सीमित नहीं है, जिसमें इसका अर्थ संदेश के रूप में अपने आप में और संदर्भ के अनुरूप मिलेगा, वास्तव में यहाँ वाक्यों की सीमा का अतिक्रमण भी हो जाता है। भाषा का यह प्रकार्य वक्ता का सौंदर्यपरक या सर्जनात्मक प्रयोग है और शैलीविज्ञान भाषा के अभिव्यंजनापरक, प्रभावपरक और सौंदर्यपरक पक्षों का अन्वेषण करने हेतु भाषाविज्ञान की सहायता करता है। भाषाविज्ञान का संबंध वक्ता की आम प्रेरणा से नहीं है कि वह अपनी भाषा के द्वारा और क्या प्राप्त करना चाहता है, यह स्थितिपरक संदर्भ से न तो संबंधित है और न ही वक्ता और श्रोता के बीच और उनके सामाजिक स्तर से या उनकी भूमिका से उसका संबंध है, लेकिन मानव तो सामाजिक प्राणी हैं, इसलिए उनकी भाषा में सामाजिक संरचना, सामाजिक व्यवहार और मानव संस्कृति का भी योगदान रहता है, जिसके लिए शैलीविज्ञान उपयोगी सिद्ध होता है, सामाजिक स्थितियों में अपनी बात को संप्रेषित करने के लिए वक्ता की भाषा में परिवर्तन होता रहता है, टेलीफोन पर बात करते हुए, कार्यालय में अपने अधिकारी या अधीनस्थ कर्मचारी के साथ बात करते हुए, कॉलेज में प्रिंसिपल या अन्य सहयोगी अध्यापकों तथा छात्रों के साथ बात करते हुए भाषा बदलती रहती है, यहाँ पर शैलीविज्ञान वक्ता और श्रोता के स्तर को, उनके संबंधों को, भाषाई कोड या संहिता को और संदेश के विषय को ध्यान में रखता है, जो उसके वाक्-व्यवहार के केंद्र-बिंदु हैं। इसी प्रकार भाषा के सौंदर्यपरक पक्ष अर्थात् साहित्य का अध्ययन करते हुए केवल भाषावैज्ञानिक दृष्टि अपनाई गई तो शैलीवैज्ञानिक केवल भाषा के व्याकरणिक रूपों और तत्त्वों का विश्लेषण कर पाएगा, किंतु साहित्य के मूल्य और गुणों की जानकारी नहीं दे पाएगा। इस बात से कोई इनकार नहीं करेगा कि प्रत्येक अभिव्यक्ति का अपना बाह्य और आंतरिक पहलू होता है। अतः अभिव्यक्ति के तथ्यों से अवगत होने के लिए भाषाविज्ञानी को भावों की जानकारी होना आवश्यक हैं। अभिव्यक्ति में भाव, विचार, संवेदनाएँ, सामाजिक स्तर आदि तत्त्व भी समाए होते हैं, अतः भाषा के भाषापरक पक्ष का अध्ययन करने के लिए शैलीविज्ञान ही समर्थ है, यदि भाषाविज्ञान की सहायता ली जाती है तो कृति के साथ अन्याय होगा, वस्तुतः शैलीविज्ञान में भाषा आधार के रूप में कार्य करती है तो उसका आधेय सौंदर्य या सर्जनात्मकता है, जबकि भाषाविज्ञान में भाषा अध्ययन का आधार होती ही हैं, साथ में आधेय भी होती है, भाषाविज्ञान भाषा की महत्तम इकाई वाक्य को मानता है जबकि शैलीविज्ञान वाक्य से ऊपर भी जाता है, भाषाविज्ञान भाषा के विश्लेषण तक ही सीमित है जबकि शैलीविज्ञान पूरी कृति को भी अपनी परिधि में समेट लेता है, इसीलिए आज प्रोक्ति विश्लेषण अर्थात् वाक्योपरि संरचना द्वारा यह सिद्ध किया जा चुका है कि

शैलीविज्ञान भाषा की सहज महत्तम इकाई वाक्य नहीं मानता बल्कि रचना, पैराग्राफ और चिंतन इकाई आदि की संरचनात्मक व्याख्या करने में अधिक सक्षम है, क्योंकि वह अंतर्वाक्य संयोजन की न तो उपेक्षा करता है और न ही इकाई की। किसी साहित्यिक पाठ का शैली वैज्ञानिक अध्ययन करते हुए न केवल उसके वाक्य-संबंधों का विश्लेषण करना होगा वरन् पाठ के अन्य पहलुओं यानी उसके वाक्यों, उपवाक्यों, कोशीय रूपों, व्याख्यात्मक अभिलक्षणों तथा वक्ता और श्रोता के संबंधों की भी व्याख्या करनी होगी, काव्य और भाषा के संबंधों को तीन संदर्भों में देखा जा सकता है:

1. काव्य भाषा है अर्थात् पूर्णतया भाषा के क्षेत्र में आता है, यह उसका एक अंग है। अतः काव्य की आलोचना भाषा के क्षेत्र में की जा सकती है।
2. काव्य भाषा नहीं अपितु कला है, अतः वह भाषाविज्ञान के क्षेत्र के बाहर है।
3. काव्य भाषा और कला के बीच आता है अर्थात् इसके कुछ पहलू, भाषाविज्ञान के अंतर्गत आते हैं और कुछ कला के भीतर।

इस प्रकार वह एक साथ दोनों भिन्न क्षेत्रों का एक अंग है। इन तीनों संबंधों पर चर्चा करते हुए एक विद्वान सोल स्पोर्टा काव्य को पहले संदर्भ में रखते हैं, उनके मतानुसार दोनों संबंधों में आलोचना करने के लिए भाषाविज्ञानियों को अपने दायित्व एवं कार्यक्षेत्र से बाहर जाना होगा, इसका कारण यह है कि भाषावैज्ञानिक विश्लेषण से जो तथ्य निकलते हैं, वे साहित्यिक अनुभूति के परिणामस्वरूप प्राप्त सहजोपलब्ध अर्थ से दिखाई देते हैं, इसी लिए भाषाविज्ञान को काव्य की भाषा का रूप मान लिया गया होगा, यहाँ यह ध्यान में रखना आवश्यक है कि भाषा के सभी रूप काव्य नहीं होते। वास्तव में स्पोर्टा के इस मत से यह झलकता है कि वे विश्लेषण की सीमा को ही काव्य की सीमा मान बैठे हैं, हमें यह भी देखना है कि काव्य भाषा का एक विशिष्ट रूप होते हुए भी अपनी स्वायत्त सत्ता रखता है, यदि हम भाषावैज्ञानिक विश्लेषण तक ही सीमित रहते हैं, तो हम काव्य की विभिन्न विशेषताओं का पता लगा सकेंगे और हमारा अध्ययन काव्यभाषा का अध्ययन नहीं होगा बल्कि वह शुद्ध भाषापरक अध्ययन रह जाएगा, अतः साहित्यिक अध्ययन में भाषावैज्ञानिक विश्लेषण के साथ-साथ साहित्यशास्त्रीय पहलुओं को भी लिया जाए तो साहित्य के सौंदर्यपरक तत्त्वों की खोज भी की जा सकेगी, रोमन याकोब्सन जैसे विद्वान ने भी भाषाविज्ञान के क्षेत्र की सीमाओं का विस्तार करते हुए कहा कि भाषाविज्ञान प्रत्येक प्रकार की भाषा संरचना का वैश्विक विज्ञान (ग्लोबल साइंस) है और काव्यशास्त्र को भाषाविज्ञान का अभिन्न अंग माना जा सकता है, याकोब्सन

की यह दृष्टि अतिवादी है। भाषाविज्ञान किसी साहित्यिक कृति के ध्वनि-विधान, लय, छंद, वाक्य-रचना आदि को समझने में यदि सहायक हो भी जाता है, लेकिन साहित्य के-पारगामी क्रिया होने के कारण इसमें जो व्यंजना सौंदर्यानुभूति निहित रहती है वह भाषाविज्ञान के द्वारा व्यक्त नहीं हो सकती और यहाँ काव्यशास्त्र उसकी सहायता के लिए आ पहुँचता है। भाषाविज्ञान भाषा का वर्णनात्मक ज्ञान कराता है, जबकि शैलीविज्ञान भाषा के सर्जनात्मक प्रयोग की जागरूकता पैदा करता है, इस सर्जनात्मक प्रयोग से संदर्भानुसार अर्थ-परिवर्तन हो जाता हैं और व्याकरणिक नियमों का अतिक्रमण होता है, शैलीविज्ञान ध्वनि, रूप, वाक्य एवं शब्द के स्तरों पर विशिष्टीकरण, विचलन और सर्जनात्मकता के संबंध में भाषाविज्ञान की सहायता करता है, इसमें शाब्दिक अर्थ की व्याख्या न करके अर्थगत विचलन की ओर ध्यान देना पड़ता है, 'चाँद मुस्करा रहा है', 'कलियाँ खिलखिला रही हैं', आदि वाक्यों को हम अर्थहीन या अनर्गल वाक्य इसलिए नहीं कह सकते, क्योंकि 'मुस्कराना' या 'खिलखिलाना' क्रियाएँ न केवल चयनपरक प्रतिबंधों का अतिक्रमण करती हैं वरन् वक्ता और श्रोता को इन क्रियाओं के अर्थ के एक अंश को रद्द करके नए अर्थ की ओर संश्लेषित होना पड़ता है, इसमें चाँद और कली का जो मानवीकरण हुआ है और उसमें जो अर्थ निहित है, उससे उसके प्रयोग के अभिप्राय या 'इन्टेंशन' का पता चलता है, भाषा के साहित्यिक प्रयोग से कलात्मक अभिव्यक्ति भाषा-प्रक्रिया के क्षेत्र में से बाहर नहीं रहेगी, यहाँ भाषाविज्ञान का कार्य केवल उस व्याकरण का निर्माण करना नहीं है जो भाषा में सुगठित एवं सुव्यवस्थित वाक्यों का सृजन करता है और उनकी व्याख्या करता है वरन् भाषा के अंतःसंबंधों की खोज करना भी है इनमें कोशीय अर्थों के साथ-साथ उनके बाहर भी जाना पड़ता है अर्थात् सामाजिक, लाक्षणिक और व्यंजनापरक अर्थ भी ढूँढने पड़ते हैं। उदाहरण के लिए 'शीला का बाप पत्थर है' वाक्य को शाब्दिक अर्थ की दृष्टि से नहीं देखा जा सकता, क्योंकि 'बाप' तो प्राणीवाचक और मानव है और 'पत्थर' तो अप्राणीवाचक और ठोस है, यहाँ इस वाक्यीय अर्थ से वह बाहर होकर संदर्भपरक अभिलक्षणों के आधार पर देखना होगा, अतः इस वाक्य में नया अर्थ निकालते हुए 'निष्ठुरता' या 'कठोरता' के अभिलक्षणों से जोड़ना होगा, क्योंकि ये शब्दों के केवल सहजात अभिलक्षण नहीं हैं वरन् तथ्यात्मक सूचना के लक्षण भी हैं यहाँ शैलीविज्ञान भाषाई क्षमता के साथ-साथ भाषाई व्यवहार के कार्य में भी सहायता करता है, भाषाविज्ञान से कलात्मक शैली की समस्याओं को नहीं सुलझाया जा सकता जो भाषा के विभिन्न प्रयोजनमूलक रूपों का एक अंतरंग अंग है भाषावैज्ञानिक विश्लेषण विभिन्न संरचनात्मक तत्त्वों और प्रक्रियाओं का निर्धारण करता है, शैलीविज्ञान वाक् के सामान्य शैलीगत

अभिलक्षणों की स्थापना करने में सहायता करता है, शैलीवैज्ञानिक विश्लेषण का कार्यक्षेत्र वाक् के ठोस व्यवहार की संरचना है और उसके विशिष्ट तत्त्वों के चयन एवं उनके प्रयोगीकरण की विशिष्ट रीति है, शैलीविज्ञान भाषाई साधनों के प्रयोजनमूलक इकाइयों का सही और वृहद ज्ञान दिलाने में सहायता करता है, अतः साहित्यिक कृति के शैलीवैज्ञानिक अध्ययन में केवल भाषा का अध्ययन नहीं आता वरन् उस कृति का अध्ययन भाषावैज्ञानिक विधि-प्रविधि को अपनाकर किया जाता है, जो उसे वस्तुनिष्ठ बनाता है, शैलीविज्ञान साहित्यिक कृति के सौंदर्य पक्ष को व्यक्त करने के लिए कृति की संरचना या संघटना का विश्लेषण करता है और इसीलिए इसे साहित्यिक विश्लेषण भी कहा जा सकता है। शैलीविज्ञान में साहित्यिक प्रयोजन के लिए भाषा संसाधनों के प्रयोग को गहराई से समझा जाता है, शैलीविज्ञान भाषा का अध्ययन करता है और इसलिए यह भाषाविज्ञान से अनिवार्यतः संबंधित है और यदि हम यह परिकल्पना करें कि इसमें कलात्मक भाषिक रचना की शैली का अध्ययन भी सम्मिलित है तो इसका निर्णय और सौंदर्यानुभूति के बारे में बताता है जबकि शैलीविज्ञान उस भाषा का विश्लेषण करता है, जिसमें साहित्य के मूल्य और साहित्य से हुई रसानुभूति समाहित होती है साहित्यिक आलोचना मूल्य-सापेक्ष है और शैलीविज्ञान मूल्य-निरपेक्ष, साहित्यिक आलोचना में कलात्मक मूल्यों को प्राथमिकता दी जाती है और भाषा को सौंदर्यपरक मूल्यांकन के लिए साक्ष्य के रूप में लाया जाता है जबकि शैलीविज्ञान में भाषा का आधार मानकर सौंदर्य को पकड़ा जाता है, इसमें कलात्मक मूल्यों को आनुशंगिक माना जाता है शैलीविज्ञान की प्रकृति वर्णनात्मक है, यह किसी भी शैली का अध्ययन और विश्लेषण करता हुआ उसकी विशिष्टताओं का निर्णय करता है, किंतु उसका मूल्यांकन नहीं करता, यही वैज्ञानिक विधि हैं, अतः इसकी दृष्टि से साहित्य की भाषा के समुचित विश्लेषण और स्पष्टीकरण से ही मूल्यांकन तथा समीक्षा के वास्तविक तत्त्वों की सही जानकारी हो सकती है। वास्तव में रामचंद्र शुक्ल की आलोचना पद्धति शैलीविज्ञान के अधिक निकट जा पड़ती, यदि वे लोकमंगल की भावना से साहित्यिक कृतियों की आलोचना न करते। प्रश्न उठता है कि शैलीविज्ञान में किन पक्षों को लिया जाए, जिससे वह साहित्य की सही जाँच-पड़ताल और परीक्षण कार्य में समर्थ हो सके। वस्तुतः साहित्य का सही परीक्षण भाषा के विश्लेषण के बिना नहीं हो सकता, साहित्यिक संरचना के लिए भाषा का होना अनिवार्य है, इसलिए साहित्यिक अन्वेषक को प्रत्येक भाषिक रूप के सौंदर्यपरक पहलुओं पर दृष्टि रखनी होती है, अतः यह आलोचना तभी प्रभावकारी सिद्ध होगी यदि उसमें कृति का स्पष्टीकरण, अलंकार, छंद, बिंब, काव्यकला आदि तत्त्वों की जानकारी के साथ-साथ साहित्यिक विश्लेषण के परिभाषिक तथा समुचित उपकरणों का सही

प्रयोग किया जाए और इस कार्य में भाषाविज्ञान ही सहायता कर सकता हैं, जहाँ भाषाविज्ञान किसी कृति के साहित्यिक मूल्यों को सुलझाने में असमर्थ हो जाता है, वहाँ साहित्यशास्त्र उसकी सहायता को जा पहुँचता है और जहाँ साहित्यशास्त्र भाषिक वैशिष्ट्य को नहीं पकड़ पाता वहाँ भाषाविज्ञान उसके साथ चल कर उसे उस वैशिष्ट्य की पूरी-पूरी जानकारी देता है, अतः जहाँ भाषावैज्ञानिक अध्ययन समाप्त होगा वहीं पर साहित्यिक आलोचना प्रारंभ होती है, भाषाविज्ञान का संबंध भाषा की संघटना या संरचना का पता लगाना है और साहित्यशास्त्र का संबंध कृति के सौंदर्य पक्ष का उद्घाटन करना है, इसलिए भाषाविज्ञान का दृष्टिकोण वस्तुपरक एवं यथार्थवादी है और वह साहित्यिक आलोचक को सैद्धांतिक अंतर्दृष्टि के साथ-साथ ठोस एवं व्यावहारिक पद्धति भी प्रदान करता है। साहित्यिक आलोचना भाषिक संरचना का मूल्यांकन इस प्रकार करती है, जिससे यह पता चलता है कि कला की वस्तु किस प्रकार बनी है और यह शाब्दिक कला अन्य कलाओं से विशिष्ट रूप से अलग क्यों है और इसे प्रमुख साहित्यिक अध्ययन में प्रमुख स्थान क्यों मिला है, किंतु कठिनाई यह है कि साहित्य के आंतरिक मूल्य का अध्ययन यह आत्मपरक रूप में करती है, जिससे साहित्य का वस्तुवादी विश्लेषण नहीं हो पाता, इसीलिए भाषाविज्ञान और साहित्यशास्त्र के समन्वित अध्ययन पर बल देते हुए रोमन याकोब्सन जैसे विद्वान ने एक स्थान पर कहा है कि हम सबको महसूस करना चाहिए कि भाषा की काव्य प्रक्रिया के प्रति उपेक्षा भाव रखने वाले भाषाविज्ञानी और भाषावैज्ञानिक समस्याओं से उदासीन एवं भाषावैज्ञानिक प्रणालियों से अपरिचित साहित्यशास्त्री दोनों ही अपने समय से बहुत पीछे हैं। यूरोपीय विद्वान स्टेंकविक्ज ने भी इन दोनों दृष्टियों के परस्पर सहयोग का जोरदार समर्थन करते हुए कहा कि यदि भाषाविज्ञानी और काव्य समीक्षक के सहयोग को फलप्रद बनाना है तो यह आवश्यक है कि भाषाविज्ञानी को काव्यरूपों तथा उसकी परंपरा से संबंधित सभी समस्याओं से भली-भाँति परिचित होना चाहिए तथा साहित्यिक आलोचक को भी आधुनिक भाषाविज्ञान द्वारा अपनाई जा रही नवीनतम पद्धति और इस क्षेत्र की उपलब्धियों का सही ज्ञान होना चाहिए। अतः इन दोनों दृष्टियों को आधार के रूप में लेकर शैलीविज्ञान साहित्य की उस संरचना, कोड या प्रकार्य का विश्लेषण करता है, जिसके भीतर साहित्य के मूल्य समाहित होते हैं, इस प्रकार शैलीविज्ञान का उद्भव भाषा और साहित्य के क्षेत्र में अंतरशास्त्रीय अध्ययन के रूप में हुआ है, इसमें शैली के साक्ष्य पर साहित्यिक कृति की संरचना और बुनावट के साथ-साथ कृति में निहित सर्जनात्मकता और साहित्यिकता का विवेचन और विश्लेषण होता है। वास्तव में विभिन्न संदर्भों, स्थितियों, प्रयोजनों और उद्देश्यों के अनुरूप भाषा के विभिन्न भेद दिखाई देते हैं। इन्हीं

विभिन्न भाषा-रूपों को शैली की संज्ञा दी गई है, शैली का विस्तृत विवेचन भारतीय और पाश्चात्य काव्यशास्त्र में हुआ है, किंतु आधुनिक आलोचना में नव्य समीक्षा और अन्य यूरोपीय समीक्षा पद्धतियों से इसका विशिष्ट रूप सामने आया है, शैली संबंधी कई अवधारणाओं से शैली का स्वरूप विकसित हुआ है, इसी शैली का अध्ययन भाषाविज्ञान के अनुप्रयोग के रूप में शैलीविज्ञान में होता है, शैलीविज्ञान भाषावैज्ञानिक सिद्धांतों, नियमों और प्रकार्यों के साथ-साथ साहित्यिक आलोचना के कलात्मक और सौंदर्यपरक पक्षों को भी अपने भीतर समेटता है, इसी लिए स्रोत-भाषा और लक्ष्य-भाषा दोनों के परिप्रेक्ष्य में शैलीविज्ञान अनुवाद के लिए उपादेय सिद्ध हो सकता है, क्योंकि अनुवाद प्रक्रिया में शैली पक्ष को समझना और स्रोत-भाषा के शैली भेदों को लक्ष्य भाषा में रूपांतरित करने में शैलीविज्ञान सहायक होता है।

जनसंचारी हिंदी

- ठाकुर दास

परिचय

जनसंचारी हिंदी से तात्पर्य है- विभिन्न संचार माध्यमों में प्रयुक्त हिंदी संचार माध्यमों के अंतर्गत मुद्रित एवं इलैक्ट्रानिक माध्यम आते हैं। मुद्रित माध्यम (प्रिंट मीडिया) के अंतर्गत समाचार-पत्र एवं पत्र-पत्रिकाएँ और इलैक्ट्रानिक माध्यम के अंतर्गत रेडियो तथा दूरदर्शन के विभिन्न चैनल आते हैं।

परिचय

ठाकुर दास

लेखक हिंदी संरचना के विशेषज्ञ हैं। केंद्रीय हिंदी संस्थान से प्रोफेसर 'पद' से सेवानिवृत्ति के बाद अनेक संस्थाओं से जुड़े रहे हैं। संप्रति दिल्ली में रहते हैं। संपर्क : dassthakur@yahoo.com

भाषा एक अमूर्त संकल्पना न होकर सामाजिक व्यवहार की वस्तु है। इसी से भाषा-भेद या भाषा-प्रकार झलकते हैं। विभिन्न संदर्भों तथा कार्यक्षेत्रों में प्रयोजनमूलक स्तर पर कई भाषा भेद-प्रभेद विकसित हो जाते हैं जैसे कार्यालय हिंदी, बैंकिंग हिंदी, तकनीकी हिंदी, सामासिक हिंदी आदि। प्रयोजन एवं प्रयोग के स्तर पर विभिन्न भाषा-रूपों को प्रयुक्ति की संज्ञा दी जाती है। किसी प्रयुक्ति विशेष का आधार उसकी तकनीकी और वैज्ञानिक शब्दावली तथा विशिष्ट व्याकरणिक प्रयोग होते हैं।

भाषा विश्लेषण

भाषा विश्लेषण में मुख्यतया दो दृष्टियाँ काम करती हैं- एक शुद्ध भाषावैज्ञानिक दृष्टि जो भाषा को समरूपा मानती है और दूसरी भाषा को प्रयोक्ता एवं सामाजिक संदर्भ के रूप में परिभाषित करती है। चूँकि भाषा के सामाजिक संदर्भ कभी समरूप नहीं होते, अत: भाषा विषमरूपा होने के लिए बाध्य होती है। पिछले चालीस-पचास वर्षों में भाषाविज्ञान की एक महत्त्वपूर्ण शाखा के रूप में विकसित, सांस्थानिक भाषाविज्ञान के अंतर्गत प्रयोक्ता के संदर्भ में भाषा प्रयोग पर भाषा विश्लेषकों का ध्यान गया है। सांस्थानिक भाषाविज्ञानियों में ब्रिटिश भाषाविज्ञानी हैलिडे, मैकिनतोश, स्ट्रीवंस आदि प्रमुख माने जाते हैं भाषा विश्लेषण की सांस्थानिक भाषाविज्ञानी दृष्टि भाषा भेद की संकल्पना को प्रयुक्ति के रूप में प्रस्तुत करती है इसके अनुसार किसी भी भाषा के प्रयोगगत संदर्भों में होने वाले भाषा व्यवहार में भेद पाए जाते हैं

विभिन्न संदर्भों में प्रयुक्त भाषा रूप भी अलग-अलग होते हैं। भारत में इस संबंध में कृष्ण कुमार गोस्वामी ने "प्रयोजनमूलक हिंदी', ठाकुर दास ने "कार्यालय हिंदी" एवं श्रीशचंद्र जैसवाल ने "बैंकिंग हिंदी" आदि प्रयुक्तियों के संदर्भ में काम किया है। किसी प्रयुक्ति का मुख्य आधार उसकी वैज्ञानिक तथा तकनीकी शब्दावली और व्याकरण होता है। साथ ही प्रयुक्ति की भाषा संरचना और अन्विति भी महत्त्वपूर्ण होती है। प्रयुक्ति को तीन आधारों पर वर्गीकृत किया जाता है– वार्ता क्षेत्र, वार्ता प्रकार और वार्ता शैली। वार्ता क्षेत्र के आधार पर किसी प्रयुक्ति को तकनीकी या गैर तकनीकी के रूप में विभाजित किया जाता है। वार्ता प्रकार के आधार पर किसी प्रयुक्ति को मौखिक या लिखित रूप में बाँटा जाता है। वार्ता शैली के आधार पर इसे औपचारिक, अनौपचारिक के रूप में विभाजित किया जाता है।

जनसंचारी हिंदी

जनसंचारी हिंदी एक विशिष्ट भाषा प्रयुक्ति है जो हिंदी की अन्य प्रयुक्तियों से काफी अलग है। जनसंचारी हिंदी एक सर्वसमावेशी प्रयुक्ति के रूप में उभरी है विभिन्न प्रयुक्तियाँ- तकनीकी हिंदी, कार्यालय हिंदी, वाणिज्यिक हिंदी, बैंकिंग हिंदी, सामाजिक हिंदी आदि इसके अंतर्गत सम्मिलित होती हैं।

		तकनीकी	लिखित	औपचारिक
पत्रकारिता की भाषा		+/-	+	+
रेडियो की भाषा	समाचारों की भाषा	+	-	+
	साक्षात्कार की भाषा	+/-	-	-
	रिपोर्ट की भाषा	+/-	-	+
दूरदर्शन की भाषा	समाचार की भाषा	+/	-	+
	साक्षात्कार की भाषा	+/	-	-
	रिपोर्ट की भाषा	+/	-	+

जनसंचारी हिंदी की उप प्रयुक्तियाँ इतनी व्यापक हैं कि इनका विश्लेषण एक स्वतंत्र शोध का विषय है। मोटे तौर पर यदि इस प्रयुक्ति का विश्लेषण किया जाए तो यह प्रयुक्ति इस प्रकार होगी।

तकनीकी+/-

लिखित+/-

औपचारिक+/-

स्वतंत्रता प्राप्ति के बाद हिंदी के प्रचार-प्रसार की दिशा में, विशेष रूप से विभिन्न संचार माध्यमों में काफी काम हुआ है। हिंदी के प्रचार-प्रसार में हिंदी फिल्मों तथा दूरदर्शन के विभिन्न चैनलों की विशिष्ट भूमिका रही है। एफ.एम. रेडियो चैनलों के माध्यम से भी हिंदी का प्रयोग काफी बढ़ा है जिनमें मानव जीवन के विभिन्न पक्षों को छूने वाले कई विषयों पर रोचक एवं मनोरंजक सामग्री मिलती है।

हिंदी सैकड़ों वर्षों से हिंदुस्तान में जनसंचार का माध्यम रही है। आधुनिक जनसंचार माध्यमों से पहले भी हिंदी भाषा प्राचीन और मध्यकालीन में प्रयोग में लाई जाती रही है। इतिहास साक्षी है कि हिंदी मध्यदेश के कई रजवाड़ों तथा देशी शासकों, सामंतों आदि की दरबारी भाषा रही है और मध्ययुगीन लोक व्यवहार में दूर-दूर तक समादृत रही है। उस युग के प्रशासकों, सौदागरों, साधुओं, कारीगरों, कृषकों, मजदूरों, सैनिकों, कवियों, व्यापारियों आदि के विचार-विनिमय, संप्रेषण की आधार-भाषा थी।

छापेखाने के आविष्कार ने एक प्रकार की सूचना क्रांति ला दी। लेखन का महत्त्व बढ़ने लगा। प्रिंट मीडिया का प्रसार-प्रभाव बढ़ने लगा। पत्र-पत्रिकाओं व पुस्तकों की बाढ सी आ गई। साहित्यकारों, भाषाविदों, मीडियाकर्मियों ने युगीन आवश्यकताओं के अनुरूप भाषा का संस्कार करना आरंभ कर दिया। हिंदी गद्य को बढ़ावा मिला और हिंदी का शब्द-भंडार विकसित होने लगा। मुद्रण-प्रौद्योगिकी की दृष्टि से लिपि-प्रतीकों में सुधार होने लगे और मशीन की जरूरतों के अनुरूप हिंदी भाषा का संस्कार किया जाने लगा। परिणामस्वरूप हिंदी का कई प्रयुक्तियों-उप प्रयुक्तियों का विकास होना आरंभ हुआ। खेल प्रयुक्ति के कुछ उदाहरण देखिए-

1. कराची की जीत का जोश दिल्ली की सडकों पर छलका।
2. भारत ने पाक की भिंची मुट्ठी से निकाला जीत का हीरा।
3. गांगुली ने गेंदबाजों को सराहा तो इंजमाम ने लताड़ा।
4. धवन के धमाल से भारत शिखर पर।
5. साउथ अफ्रीका की हेकड़ी हुई हवा।
6. टीम इंडिया ने वर्ल्ड कप में साउथ अफ्रीका के खिलाफ जीत का परचम लहराया।

इसी प्रकार वाणिज्यिक प्रयुक्ति के कुछ उदाहरण दृष्टव्य हैं-

1. फार्मा शेयरों में उछाल।
2. सोना लुढका, चांदी उछली।
3. सेंसेक्स औंधे मुँह लुढका।

मीडिया में प्रयुक्त प्रत्येक शब्द तीव्र गति से श्रोता या पाठक तक पहुँचकर उसे प्रभावित करने की भरपूर शक्ति समेटे रहते है। मीडिया की भाषा के संबंध में एक बार पं विद्यानिवास मिश्र ने एक बहुत अच्छी टिप्पणी की थी- अँग्रेजी की बघार के बिना हिंदी बडी गँवारू लगती है, मगर यह बधार यदि शब्दों तक सीमित रहती तो कोई बात न थी। कुछ हद तक हिंदी बाहर के शब्दों को पचाने की क्षमता रखती है परंतु अब अँग्रेजी के वाक्यविन्यास ने हिंदी को जकड़ रखा है। कुल मिलाकर हिंदी में अँग्रेजी का मुहावराअनुदित होकर आ रहा है।

हिंदी का प्रिंट मीडिया बहुत बडा है। प्रिंट़ मीडिया में विकसित तमाम नवीन प्रौद्योगिकी को हिंदी ने सफलतापूर्वक अंगीकार किया है। हिंदी में प्रकाशित पत्र-पत्रिकाओं की संख्या हजारों में है। हिंदी के भाषिक प्रतीक सूचना-संप्रेषण के पुराने ध्वन्यात्मक और ग्राफिक स्वरूप से आगे बढ़ते हुए नवीनतम सूचना प्रणालियों के अनुरूप अपने को ढाल रहे हैं।

किसी समय पूरे देश में 17 करोड़ हिंदी भाषा-भाषी थे, अब यूनेस्को के सर्वे के अनुसार हिंदी भाषियों की संख्या 85 करोड़ से भी अधिक हो गई है। मध्यदेश की देसी बयना आज देश की जनभाषा, संपर्क भाषा, राजभाषा तक ही सीमित नहीं है बल्कि दुनिया के लगभग 130 देशों में अपने पैर पसार चुकी है। हिंदी की पत्रकारिता ने भी एक लंबी छलांग लगाई है

पाश्चात्य जीवन शैली के अंधानुकरण ने हमारी वेशभूषा और खानपान से लेकर संस्कृति, संगीत, साहित्य आदि को इतना प्रभावित किया है कि उसका सकारात्मक और नकारात्मक प्रभाव हमें दिखाई देने लगा है। मीडिया में जिस शब्दावली का प्रयोग हो रहा है वे न किसी शब्दकोश के हैं और न ही किसी भाषा के। आधुनिक पत्रकारिता के क्षितिज पर बदलते हुए परिवेश में कुछ ऐसो धब्बे दिखाई देने लगे हैं जिनसे पत्रकारिता की मर्यादा का तो हनन होता ही है साथ ही भाषा का स्वरूप भी लुढकता दिखाई देता है। कुछ समाचार-पत्रों की भाषा यह सोचने पर मजबूर कर देती है कि क्या वास्तव में हम हिंदी का विकास कर रहे हैं या भाषा के स्तर पर सस्ता समझौता कर रहे हैं। कुछ नमूने देखिए-

1. चौथे **पे कमीशन** की रिपोर्ट के आधार पर अब **यू.जी.सी** ने उस **स्कीम** को पास कर दिया है जिससे सभी कालेजों और **यूनिवर्सिटियों** में **लैक्चरर्स** को **रीडर्स**, **रीडरों** को प्रोफेसर और प्रोफेसरों को प्रिंसिपलों का ग्रेड दिया जाएगा।
2. **पाइरेसी** के कारण **आईटी** को करोडों का घाटा।
3. **प्रेग्नेंट** कांग्रेसी **एम.एल.ए** पर भीड का हमला।
4. **ट्रेन टाइमिंग** में बदलाव।
5. मामला सिब्बल **वर्सेजआई.आई.टी फैकल्टी** का कभी था ही नहीं।
6. **टेरर** रोकना मेरी **टाप प्रायारिटी**।
7. सेकंड कट ऑफके **एडमिशन** का सोमवार को **लास्ट डे** है और **एक्सपर्ट्स** ने **स्टूडेंट्स** को यही सलाह दी है कि सीट **सिक्योर** कर लें क्योंकि **थर्ड लिस्ट** में ज्यादा मौके नहीं मिलेंगे।
8. राजधानी में **प्रापर्टी** की खरीद-फरोख्त के **कल्चर** की **एँट्री** होनेवाली है।
9. **एक्टिविस्ट** ने लगाया के **इलैक्ट्रीसिटी एक्ट** के उल्लंघन का आरोप।
10. **एनर्जी टैक्स** घटाकर सरकार सस्ती करे बिजली।
11. **फीमेल वर्ल्ड** के **मेल** डाक्टर।
12. **लाइट** जाने पर नौकर बन जाता था चोर।
13. वीआईपी **सिक्यूरिटी** से हटाए जाएँगे 900 कमांडो।
14. स्पाट फिक्सिंग विवाद में बैन किए गए क्रिकेटरों को **इनकम टैक्स डिपार्टमेंट** ने **क्लीन चिट** दी।
15. पाँच **आई ए एसअफसरों** का **ट्रांसफर**
16. लोदी कालोनी डिपो में **मेंगो फेस्टीवल सेलिब्रेट** किया गया। इस मौके पर डिपो के सभी **वेंडरों** के अलावा अखबार **सर्कुलेट करने** वाले लोग मौजूद थे।
17. फेयर में लास्ट डे सस्ती मिल सकती हैं बुक्स।
18. विदेशी मूल का व्यक्ति न बने **पीएम**।
19. **फाइनेंस मिनिस्टर** अरुण जेटली के पास बेहतरीन आम बजटपेश करने के मौका है।
20. **मिड, लार्ज कैप स्टाक्स** के **वैल्युएशन** का फासला कम हो गया है।
21. नए रेल **मिनिस्टर फंडिंग** के लिए कौन से **इनोवेटिव** रास्ते अपनाते हैं।

रविवार या इतवार के स्थान पर संडे, निजीकरण के स्थान पर प्राइवेटाइजेशन, आतंक के स्थान पर टेरर, विचार के स्थान पर आइडिया, वेतन आयोग के स्थान पर पे कमीशन, विश्वविद्यालय अनुदान आयोग के स्थान पर यूजीसी, योजना के स्थान पर स्कीम, बनाम के स्थान पर वर्सेज, विधायक के स्थान पर एमएलए, आम्र महोत्सव के स्थान पर मैंगो फेस्टीवल, मनाना के स्थान पर सेलिब्रेट करना, प्रवेश के स्थान पर एडमिशन, अंतिम/आखिरी दिन के स्थान पर लास्ट डे, बत्ती/बिजली के स्थान पर लाइट, सुरक्षा के स्थान पर सिक्युरिटी, गर्भवती के स्थान पर प्रेग्नेंट, प्रधान मंत्री के स्थान पर पीएम, वित्त मंत्री के स्थान पर फाइनेंस मिनिस्टर– इस प्रकार के हजारों अँग्रेजी शब्द प्रयोग करके हिंदी को हिंग्लिश या हिंग्रेजी बनाने पर क्यों तुले हैं?

प्रिंट मीडिया में अपने जौहर दिखाने के बाद हिंदी अब इलैक्ट्रानिक मीडिया में भी अपनी करिश्माई भूमिका निबाह रही है। उपग्रह संचार सेवा के माध्यम से हिंदी शब्द पूरे विश्व में गतिमान हैं। विदेशी सैटलाइट टेलिविजन, ई-मेल, ई-कामर्स, इंटरनेट आदि नवीन सूचना प्रौद्योगिकी का प्रयोग बढ़ा है। अधुनातन आफसेट प्रिंटिंग मशीनेंकंप्यूटर द्वारा संचालित एवं नियंत्रित हैं। यँात्रिकीकरण की तमाम नवीन प्रौद्योगिकी के अनुरूप हिंदी स्वयं को सफल सिद्ध कर रही है। वीडियो डिस्पले इकाइयों में हिंदी का प्रयोग किया जा रहा है। इलैक्ट्रानिक समाचार व्यवस्था के संदर्भ में भी हिंदी अपने को खरा साबित कर चुकी है। आज भारत में विदेशी टीवी चैनल भी कार्यक्रमों में हिंदी की बाध्यता को बखूबी समझ गए हैं। अधिकांश अँग्रेजी चैनल अब हिंदी विज्ञापनों की आवश्यकता से इंकार नहीं करते। वे अपने कार्यक्रमों का हिंदी में भाषांतरण करने का प्रयास करते नजर आते हैं। इन विदेशी कार्यक्रमों की हिंदी भारतीय कार्यक्रमों की हिंदी से कई दृष्टियों से अलग है, नई शैली, कोड-मिश्रण, कोड-अंतरण सब कुछ अलग है। इसमें कोई संदेह नहीं कि भाषांतरण की अपनी समस्याएँ हैं। भाषांतरण की तकनीक की गहराइयों में जाना यहाँ हमारा उद्देश्य नहीं है। वैसे बौद्धिक और शिक्षित वर्ग ऐसे कार्यक्रमों को काफी रुचि से देखता है।

कई विदेशी चैनलों के कार्यक्रमों का हिंदी भाषांतरण एक अनिवार्य स्थिति बन गई है। इन कार्यक्रमों की भाषा में हिंदी-अँग्रेजी के सम्मिश्रण के तरह-तरह के अनुपात देखने को मिलते हैं। कभी-कभी उर्दू के साथ-साथ क्षेत्रीय भाषाओं के शब्दों का प्रयोग भी देखने को मिलता है। कहीं-कहीं शब्दों की मौलिक सृजनात्मकता देखने को मिलती है। वास्तव में इन चैनलों पर प्रसारित होने वाले कार्यक्रमों की भाषा हिंदी न होकर हिंग्लिश है। मनोरंजन प्रधान सभी

कार्यक्रमों में मिश्रित भाषा का प्रयोग हो रहा है। डिस्कवरी चैनल पर प्रसारित कुछ कार्यक्रमों में प्रयुक्त हिंदी के नमूने देखने लायक हैं-

1. हर दिन इस प्यासी धरती कोचिढाते बादल .....
2. शेर ने उसकी मौत का वक्त थोडा आगे कर दिया वर्ना वैसे भी बुढापे की वजह से यूँ ही मर जानेवाला था.....
3. चने भून देनेवाली गर्मी में शेरनी को फिर से शिकार ढूँढना होगा......
4. दिन दूनी रात चौगुनी आबादी वाले....
5. चीता समूह के दोनों नरों को......

निष्कर्ष

भूमंडलीकरण की प्रक्रिया में संचार माध्यमों के वर्चस्व ने तीसरे विश्व की भाषा और संस्कृति को काफी प्रभावित किया है। इलैक्ट्रानिक संचार माध्यमों ले ऐसी भाषा की आकांक्षा रखी जाती है जिसमें भावों और विचारों को शक्तिशाली ढंग से वहन करने की क्षमता हो, जो श्रोताओं और दर्शकों के अंतर्मन में गहरे उतरकर कार्यक्रम की मूल संवेदना को उनतक पहुँचा सके, न केवल मनोरंजन करे बल्कि सूचनाओं को निर्बाध गति से प्रवाहित कर सके। इस कोशिश में भाषा और भाव की गरिमा को क्षति नहीं पहुँचनी चाहिए। भूमंडलीकरण की आँधी में भाषा की शक्ति का हरण नहीं होना चाहिए।

हिंदी भाषा और विज्ञापन का अंत:संबंध : बदलते परिप्रेक्ष्य

-दिनेश कुमार चौबे

परिचय

दिनेश कुमार चौबे
लेखक हिंदी साहित्य में प्रोफेसर हैं। संप्रति पूर्वोत्तर पर्वतीय विश्वविद्यालय, शिलांग के हिंदी विभाग के प्रमुख हैं।
संपर्क : **dkchaubey@live.com**

'अब ANXIETY का क्या काम YOGA से MIND बने COOL & CALM' यह विज्ञापन किस स्तर के हिंदी पाठकों के लिए है? यह प्रश्न भाषा के स्तर पर विचारणीय है। यहाँ अंग्रेजी का शब्द रोमन में और हिंदी के शब्दों के साथ वाक्य बनाकर संदेश के सम्प्रेषण का लक्ष्य कौन सा पाठक है। अंग्रेजी समाचार पत्र में प्रकाशित इससे संबंधित दूसरा वाक्य है 'सिर्फ चंद मिनटों में YOGA से बड़ा फायदा होगा'। यहाँ ध्यातव्य है कि YOGA नागरी लिपि में लिखने से क्या कम प्रभाव पड़ता। यह स्पष्ट है कि विज्ञापन हिंदी के पाठकों के लिए किए हैं किन्तु इसमें अंग्रेजी के शब्दों का प्रयोग और रोमन लिपि को प्रोत्साहित किया जाना चिंता का विषय है। पहले ठंडा ठंडा कूल-कूल या दिल मांगे मोर तो ठीक था वहाँ अंग्रेजी शब्द नागरी लिपि में लिखे जाते थे किन्तु अब अंग्रेजी शब्द रोमन में लिखकर इस तरह प्रयोग किए जा रहे हैं कि पूरी तरह अंग्रेजी न समझने वाले पाठक-श्रोता अब जंक की NO ENTRY जैसे विज्ञापन को सीधे-सीधे आत्मसात करने के लिए कष्ट उठाते नजर आयेंगे।

समाज में भाषा संप्रेषण का माध्यम ही नहीं होती बल्कि भाषा में उस समाज की जीवन शैली का मिश्रण होता है। हिंदी भाषा संरचना और शब्द प्रयोग के माध्यम से एक सहज और सरल संप्रेषण का माध्यम है। हिंदी में शब्द सामर्थ्य और ज्ञान-विज्ञान के हर अनुशासन पर अपनी बात कहने की ताकत है। मीडिया की बढ़ी ताकत ने उसे एक जिम्मेदारी भी दी है। सही भाषा के इस्तेमाल से नई पीढ़ी को भाषा के संस्कार मिलेंगें। बाजार के विस्तार के साथ ही सभी भाषा के अखबार भी बाजार में मौजूद हैं, समकालीन समाचार पत्र-पत्रिकाओं में हिंदी, अंग्रेजी तथा अन्य भाषाओं का समिश्रण देखने को मिलता है। जिससे भाषा की संरचना भी परिवर्तित हो ने लगी हैं। आज विज्ञापन का क्षेत्र समाचार पत्र-पत्रिकाओं के साथ ही बढ़ा है जिनके माध्यम से किसी भी उत्पाद का प्रचार प्रसार किया जाता है। बाजार के इस दौर में भाषा के साथ खिलवाड़ भी हो रहा है। हिंदी किसी जातीय अस्मिता की भाषा भले न हो यह इस

महादेश को संबोधित करनेवाली सबसे समर्थ भाषा है। इस सच्चाई को जानकर ही देश का मीडिया, बाजार और उसके उपादान अपने लक्ष्य बना रहे हैं।

विज्ञापन का इतिहास मानव सभ्यता के विकास के साथ जुड़ा हुआ है। आदिकाल से आज तक के वैज्ञानिक युग में मानव किसी न किसी रूप में कम या अधिक अपनी आवश्यकताओं के अनुसार विज्ञापन पर निर्भर करता है। सभ्यता के विकास के साथ-साथ संचार माध्यम बदलते रहे हैं और उन्हीं माध्यमों के सहारे विज्ञापनों का स्वरूप भी बदलता रहा है। ग्लोबल विज्ञापनी युग में यह आम बात हो गई है कि हम कहीं भी जाएं चारो ओर विज्ञापनों का प्रभाव महसूस किया जा सकता है। इसी प्रभाव को लेकर एफ एंगेल्स ने 'दि इमेजेज ऑफ पावर' में लिखा है कि "विज्ञापन की खूबी यह है कि वह भविष्य के सपनों को जगाता है और बार-बार पुनरावृति के द्वारा उन्हें सामाजिक विश्वास में बदल देता है।" भविष्य के सपनों को जगाने में विज्ञापन को आकर्षक बनाने के लिए सबसे अधिक ध्यान दृश्य और भाषा पर दिया जाता है और इसका प्रभाव किसी से छिपा नहीं है। यह प्रभाव खासकर भाषा का प्रभाव अब सिर्फ किसी उत्पाद तक सीमित नहीं रह गया है। किसी भी समूह के बीच बात-व्यवहार के दौरान विज्ञापनों की भाषा का प्रयोग, एक आम बात है।

भाषा चाहे व्यक्ति या समाज की पहचान बने या संप्रेषण के माध्यम के रूप में पहचानी जाए या सांस्कृतिक अथवा आर्थिक आदान-प्रदान का माध्यम बने, उसकी अपनी एक अलग पहचान बनती ही है। आज जब पूरी दुनिया के देश एक-दूसरे के करीब आ रहे हैं, अपने उत्पाद, संस्कृति आदि को एक-दूसरे से साझा कर रहे हैं तो जाहिर है कि आपसी समझ के लिए भाषा को ही माध्यम बनाएंगे और इस स्थिति में भाषा पर प्रभाव पड़ना लाजिमी है। मौजूदा संदर्भ में जब अंतरराष्ट्रीय बाजार और सहयोग अपने विकसित रूप में है नतीजन अनेक देशों पर अंतरराष्ट्रीय प्रभाव पड़ेगा। भारत एक बहुभाषी देश है, हिंदी यहाँ की सबसे बड़ी संपर्क भाषा के रूप में जानी जाती है और इसे व्यापार के लिए भी उपयुक्त समझा जाता है। नई सदी की उदारवादी अर्थव्यवस्था में जहाँ व्यापार मुख्य अवयव होता जा रहा है, लगभग भाषाई और सामाजिक संदर्भ गौण होते जा रहे हैं। फिर भी किसी उत्पाद के विज्ञापन के लिए भाषा ही मुख्य आधार तत्व होता है। विज्ञापनदाता, जिन्हें भाषा से सिर्फ व्यापारिक मतलब होता है इसके व्याकरण या समाज पर पड़ने वाले असर से नहीं; अपने उत्पाद की गुणवत्ता और अंतरराष्ट्रीयता बताने के लिए भाषा के प्रयोग करते हैं। विज्ञापन की चर्चा के साथ उत्पाद और इसकी भाषा भी चर्चित होती जाती है और 'बार- बार की पुनरावृति सामाजिक निष्ठा में

परिवर्तन हो जाती है'। इस तरह से भाषा में बदलाव होता रहता है और यह कब सामान्य वैचारिक संप्रेषण का हिस्सा बन जाता है हमें पता ही नहीं चल पाता। विज्ञापन या अंतरराष्ट्रीय व्यापार के संदर्भ में एक अच्छे उदाहरण के रूप में जापान को लिया जा सकता है जहाँ भाषा को लेकर काफी गंभीरता से नियम बनाए गए हैं। जापानी भाषा में मूल जापानी शब्दों को 'हीरागाना लिपि' में, विदेशी मूल के शब्दों को 'कातकाना' चीनी शब्दों (चित्राक्षर) को काँजी में तथा अंग्रेजी के शब्दों को रोमन में लिखते हैं। जापान में भाषा का यह मिला-जुला रूप राष्ट्रीय अस्मिता से जुड़ता है और व्यापार को अधिक गतिमान बनाता है।

मौजूदा लोक्तांत्रिक और पूंजीवादी व्यवस्था के कारण देखने में आता है कि देश के विकास का सीधा संबंध उसकी अर्थव्यवस्था और राजनीति से होता है और इसे मजबूत करने के लिए भाषा एवं संस्कृति, उत्पाद के बाद मुख्य अवयव हो गए हैं। यह दिख भी रहा है कि भाषा चाहे कोई भी हो अर्थव्यवस्था की मजबूती और भाषाई राजनीति का हिस्सा मात्र हो गयी है। भाषा, व्यापार के लिए संदेशवाहक बरसाती नदी की तरह तेज गति से कार्य करती है, और अन्य भाषाओं के मिलने से दूषित भी होती है, लेकिन ठहरे जल की तरह सड़ांध नहीं पैदा करती। यह भी स्पष्ट हो चुका है कि सबसे बड़ी संपर्क भाषा विकासशील देशों के विकास में सहायक सिद्ध होती है। वर्तमान हिंदी भी भले ही इसमें अन्य भाषाओं के शब्द मिले हैं आर्थिक विकास के लिहाज से काफी मजबूती से संदेशवाहक नदी की तरह बह रही है और इसमें व्यापार और विज्ञापन की भी भूमिका काफी महत्वपूर्ण है। जिस प्रकार हिंदी में अन्य भाषिक संदर्भ जुड़ रहे हैं उसी प्रकार हिंदी भी उनके साथ जुड़ रही है।

आजकल हिंदी विज्ञापन-जगत् पर छाई हुई। हिंदी, मीडिया के बल पर धीरे-धीरे समृद्ध होकर विश्वभाषा बनने जा रही है। आज टेलीविजन पर कई धारावाहिक मनोरंजनप्रधान हैं। टेलीविजन कम्पनियों में मनोरंजनप्रधान और सूचनाप्रधान कार्यक्रम दिखाने की होड़ मची हुई है तथा सभी व्यावसायिक कम्पनियां अपने उत्पादों का विज्ञापन हिंदी में देने को आतुर हैं। विश्व के सुप्रसिद्ध रेडियो स्टेशन बी बी सी, लन्दन, वायस ऑफ अमेरिका, रेडियो सिलोन, जर्मन रेडियो स्टेशन एवं विश्व के अन्य रेडियो स्टेशनों एफएम पर हिंदी में विज्ञापनों का निरन्तर प्रसारण किया जाता रहा है। 1990 के दशक में देश की अर्थव्यवस्था के स्तर पर परिवर्तन आने शुरू हुए। भारत ने उदारीकरण के माध्यम से भूमंडलीकरण की प्रक्रिया को अपनाना शुरू किया। हालाँकि उदारीकरण की उपलब्धियों के स्थायित्व को लेकर शंकाओं का दौर चलता रहा लेकिन इसमें संदेह नहीं कि इस प्रक्रिया से देश की अर्थव्यस्था में मजबूती दिखाई देने

लगी। भूमंडलीकरण-उदारीकरण के इस दौर का प्रभाव शहरों तक सीमित न रहकर गाँवों-कस्बों तक पड़ने लगा। इसके साथ-साथ मुद्रित और इलेक्ट्रॉनिक माध्यमों का प्रसार भी बढ़ने लगा। अब तो स्थिति यह हो चुकी है कि विज्ञापन दाताओं के लिए यह 'बाजार' के रूप में एक विशाल क्षेत्र है। विज्ञापनों के दम पर उत्पादक बाजार पर अपनी मजबूत पकड़ बना रहे हैं। इसके लिए उत्पादक शहरों के साथ-साथ गाँवों की ओर बढ़ने लगे, उन्हें गंभीरता से लेने लगे। ग्रामीण क्षेत्रों में अंग्रेजी संवाद की भाषा नहीं बन सकती इसलिए हिंदी एवं अन्य भारतीय भाषाओं को अपनाना जरूरी समझा जाने लगा। यही कारण है कि विज्ञापन जगत से संबंधित लोग अब विज्ञापन के असरदार संप्रेषण के लिए हिंदी सहित अन्य भारतीय भाषाओं के महत्व को समझते हुए इन्हें विज्ञापन की भाषा बना रहे हैं।

विज्ञापन के आधार या कैनवास के आधार पर भाषा बदल जाती है। समाचार पत्र प्रायः शिक्षित जनता में, विशेषतः मध्यम वर्ग की जनता में अधिक पढ़े जाते हैं, तो उनमें प्रायः साहित्यिक स्तरीय भाषा छपती है। पत्रिकाएँ मध्यवर्ग, उच्चवर्ग के लोगों में अधिक लोकप्रिय होती हैं। इसलिए उनमें मानक एवं साहित्यिक हिंदी का व्यवहार होता है। इसलिए भाषा शिक्षण में अथवा किसी भाषा का ज्ञान बढ़ाने के लिए पत्र-पत्रिकाओं की महत्वपूर्ण भूमिका होती है। इससे अलग तरह की भाषा पोस्टर, हैण्डबिल, होर्डिग आदि में प्रदर्शित विज्ञापनों में इस्तेमाल की जाती है। विज्ञापन में आकर्षक भड़कीली, सूचनात्मक, भाषा का उपयोग होता है ताकि विज्ञापित विषय, वस्तु पर पढ़ने वालों का ध्यान केंद्रित हो जाए। विज्ञापन का उद्देश्य किसी वस्तु, विषय, व्यक्ति का प्रचार करना और आम जनता को सूचना देना होता है। इसलिए विज्ञापन में साहित्यिक भाषा के बजाए आम मिलीजुली आकर्षक भाषा का प्रयोग होता है। ऐसी भाषा में अतिशयोक्ति और प्रदर्शन प्रियता होती है।

विज्ञापन लेखक की भावभूमि में प्रवेश करके विज्ञापन के मूल संदेश को लक्ष्य भाषा के पाठक वर्ग की मानसिकता के अनुरूप सरल-सरस एवं प्रभावशाली भाषा-शैली में सृजित करता है ताकि मूल विज्ञापन का उद्देश्य सृजनात्मक ढंग से संप्रेषित हो सके और वह लक्षित वर्ग के दिलों-दिमाग पर छा सके। किसी भी उत्पाद, वस्तु, सेवा अथवा सूचना संप्रेषणीय बनाने के लिए अर्थपूर्ण, भावानुवाद, लिप्यांतरण का प्रयोग किया जाता है ताकि वह विज्ञापन को आकर्षक रूप में प्रस्तुत कर सके और मूल विज्ञापन में निहित संदेश का पूरी तरह से संप्रेषण कर सके। हिंदी में विज्ञापन रचनात्मक एवं शैली प्रधान होते हैं, विज्ञापन की भाषा सुगम, सरल एवं पठनीय होती है, वाक्य छोटे एवं बोलचाल की भाषा में आमतौर पर प्रचलित होते हैं।

भाषा के पद तुकान्त, चुस्त, संक्षिप्त होते हैं। शब्दों के उच्चारण द्वारा नाटकीयता उभारी जाती है, इसके द्वारा थोड़े से शब्दों में श्रोता, पाठक तक अपना सन्देश पहुंचाया जाता है। विज्ञापनों में हिंदी का प्रयोग, हिंदी समाचार-पत्रों की स्थापना के समय से होने लगा था, अत: अब इनकी भाषा में स्थिरीकरण, शुद्धता एवं निखार आता गया है।

विज्ञापनों की हिंदी में प्राय: लोकप्रिय उपमाओं, अंलकारों, मुहावरों, कहावतों, तुकबन्दियों का पर्याप्त प्रयोग कर आकर्षक बनाया जाता है। विज्ञापनों की भाषा में संवादात्मकता, नाटकीयता आदि का प्रचुर मात्रा में प्रयोग होने लगा है। पद्यात्मक तुकान्त एवं लयात्मक भाषा से विज्ञापन आकर्षक लगते हैं। उपभोक्ता को तरह-तरह के प्रलोभनों द्वारा आकर्षित किया जाता है। हिंदी में प्राय: मौलिक लेखन के बजाय अंग्रेजी-विज्ञापन के अनुवाद का कार्य अधिक होता था, इसी लिए कई बार अटपटे विज्ञापन भी देखने को मिलते हैं, परन्तु अब आर्थिक दबाव के कारण हिंदी को ज्यादा-से-ज्यादा महत्व मिल रहा है। हिंदी में अंग्रेजी का मिश्रण कर घोला जा रहा है। भाषा के साथ खिलवाड़ किया जा रहा है। हिंदी भाषा को जहां तोड़ा-मरोड़ा जा रहा है, वहीं उसे संवारा भी जा रहा है। अब ये विज्ञापन हिंदी का पश्चिमी जगत् से परिचय करा रहे हैं। विज्ञापन की भाषा आकर्षक, प्रभावोत्पादक एवं जीवन्त होती है, इसलिए इससे उपभोक्ता आकृष्ट होता है। इसमें स्मरणयोग्य वाक्यांश, पद-बन्ध, सूत्र-निबद्ध वाक्य के कारण हिंदी का व्यापक प्रचार-प्रसार व विकास किया जा रहा है, इससे हिंदी की सम्प्रेषणीयता बढ़ती जा रही है।

मीडिया की दुनिया में इन दिनों भाषा का सवाल काफी गहरा हो गया है। मीडिया में जैसी भाषा का इस्तेमाल हो रहा है उसे लेकर शुद्धता के आग्रही लोगों में काफी हाहाकार व्याप्त है। चिंता हिंदी की है और उस हिंदी की जिसका हमारा समाज उपयोग करता है। बारबार ये बात कही जा रही है कि हिंदी में अंग्रेजी की मिलावट से हिंदी अपना रूप-रंग-रस और गंध खो रही है। किन्तु परिवर्तन एवं विकास के युग में यह सोच उपायुक्त नहीं कही जा सकती। हिंदी हमारी भाषा के नाते ही नहीं,अपनी उपयोगिता के नाते भी आज बाजार की सबसे प्रिय भाषा है। आप लाख अंग्रेजी के आतंक का विलाप करें। काम तो आपको हिंदी में ही करना है, ये मरजी आपकी कि आप अपनी स्क्रिप्ट देवनागरी में लिखें या रोमन में। यह हिंदी की ही ताकत है कि वह सोनिया गाँधी से लेकर कैटरीना कैफ सबसे हिंदी बुलवा ही लेती है। हिंदी आज मीडिया, राजनीति,मनोरंजन और विज्ञापन की प्रमुख भाषा है। हिंदुस्तान जैसे देश को एक भाषा से सहारे संबोधित करना हो तो वह हिंदी ही है। यह हिंदी का अहंकार नहीं उसकी सहजता और

ताकत है। मीडिया में जिस तरह की हिंदी का उपयोग हो रहा है उसे लेकर चिंताएँ बहुत जायज हैं किंतु विस्तार के दौर में ऐसी लापरवाहियाँ हर जगह देखी जाती हैं। समकालीन विज्ञापन रचना प्रक्रिया में प्रयास पूर्वक अपनी श्रेष्टता दिखाने अथवा युवाओं की रुचि के नाम पर हिंग्लिश का प्रयोग किया जा रहा है। जिसकी कई स्तरों पर आलोचना भी हो रही है। हिंग्लिश का उपयोग चलन में आने से एक नई किस्म की भाषा का विस्तार हो रहा है। किंतु आप देखें तो वह विषयगत ही ज्यादा है। लाइफ स्टाइल, फिल्म स्तरों की ज़िंदगी, को दिखाने के लिए विज्ञापनों में भाषा को प्रभावित किया जाता है। चिंता हिंदी समाज के स्वभाव पर भी होनी चाहिए कि वह अपनी भाषा के प्रति बहुत सम्मान भाव नहीं रखता, उसके साथ हो रहे खिलवाड़ पर उसे बहुत आपत्ति नहीं है।

हिंदी को लेकर किसी तरह का भावनात्मक आधार भी नहीं बनता, न वह अपना कोई ऐसा वृत्त बनाती है जिससे उसकी अपील बने। हिंदी की बोलियाँ इस मामले में ज्यादा समर्थ हैं क्योंकि उन्हें क्षेत्रीय अस्मिता एक आधार प्रदान करती है। हिंदी की सही मायने में अपनी कोई जमीन नहीं है। जिस तरह भोजपुरी, अवधी, छत्तीसगढ़ी, बुंदेली, बघेली, गढ़वाली, मैथिली, ब्रजभाषा जैसी तमाम बोलियों ने बनाई है। हिंदी अपने व्यापक विस्तार के बावजूद किसी तरह का भावनात्मक आधार नहीं बनाती। अतेव इसके साथ किसी भी तरह की छेड़छाड़ किसी का दिल नहीं दुखाती। मीडिया और मनोरंजन की पूरी दुनिया हिंदी के इसी विस्तारवाद का फायदा उठा रही है। देवनागरी लिपि की तुलना में रोमन लिपि को महत्व दे रहे हैं।

आज विज्ञापन बाजार हिंदी क्षेत्र को ही दृष्टि में रखकर विज्ञापन अभियानों को प्रारंभ करता है किंतु उसकी पूरी कार्यवाही देवनागरी के बजाए रोमन में होती है। जबकि अंत में फायनल प्रोडक्ट देवनागरी में ही तैयार होना है। यह खतरा एक संकेत है कि क्या कहीं देवनागरी के बजाए रोमन में ही तो हिंदी न लिखने लगी जाए। विज्ञापनों का अनुवाद करते समय अनुवादक शब्दानुवाद की युक्ति को व्यवहार में लाता है। उदाहरण के लिए, डायमंड जेवर के विज्ञापन 'A diamond is forever' का शब्दानुवाद 'हीरा है सदा के लिए' या फिर आई। टी। सी। लिमिटेड के विज्ञापन 'New Horizons New Hopes' का नई दिशाएँ, नई आशाएँ के रूप में शब्दानुवाद देखा जा सकता है।

कुछ प्रचलित विज्ञापन-

Made for each other - एक दूजे के लिए

Serving Customers with a Smile "ग्राहक की सेवा में मुस्कान के साथ" अनुवाद में हिंदी की प्रवृत्ति का ध्यान रखा जाना आवश्यक है। Live Life King Size "राजा के आकार का जीवन जियो" की जगह पर "जीवन जियो आन-बान शान से"। अटली-बटली डिलिसिअस अमूल। सीधी बात नो बकवास। ये है राइट च्वाइस बेबी अहा। हाजमा फिट सेहत सुपर हिट।

वर्तमान में भावानुवाद की स्थिति में जब विज्ञापनों का शब्दानुवाद सार्थक नहीं बनता तो ऐसे में मूल विज्ञापन में निहित भाव को ग्रहण करते हुए उसका अनुवाद किया जाता है। उदाहरण के लिए थम्स अप के विज्ञापन 'Taste the thunder' का अगर शब्दानुवाद किया जाए तो वह होगा 'बिजली का स्वाद चखो' लेकिन यह अनुवाद मूल विज्ञापन के मंतव्य को व्यक्त करने में असमर्थ कहा जा सकता है। इसलिए इस विज्ञापन का भावानुवाद 'तूफानी ठंडा' किया गया, जो बहुत प्रसिद्ध हुआ। Switch to Tata Indicom and Experience the Difference. "टाटा इंडिकॉम अपनाइए, अपनी ज़िंदगी में फर्क लाइए।" इसी तरह के विज्ञापनों में भाषा का स्वरूप परिवर्तित होता जा रहा है। Say Goodbye to Dandruff and Hello to Beautiful Hair का भावानुवाद "डैंड्रफ पे वार बालों से प्यार" । इन में शब्दों का प्रभाव पाठक पर गहरा नहीं होता।

विज्ञापन उपभोक्ता का ध्यान किसी वस्तु, विचार या सेवा की ओर आकर्षित करने का कार्य करता है। लेकिन विज्ञापन का स्वरूप व्यक्ति या परिस्थिति के अनुसार बदलता भी रहता है। एक गृहिणी के लिए विज्ञापन उसकी पारिवारिक खरीदारी के बारे में सूचना देने का माध्यम है, एक निर्माता या खुदरा व्यापारी के लिए विज्ञापन हजारों-लाखों ग्राहकों से एक साथ बातचीत करने का एक साधन है। एक समाज-सेवी संस्था के लिए विज्ञापन एक विचार को प्रोत्साहित करने का माध्यम है तो सरकार के लिए विज्ञापन उसके नीति-नियमों को सामान्य-जन तक पहुँचाने का माध्यम है। इन कारणों से विज्ञापन के स्वरूप एवं अवधारणा में निरंतर परिवर्तन परिलक्षित हो रहे हैं। यहाँ भाषा के परिवर्तन को रोकने-टोकने की कतई मंशा नहीं है, केवल संकेत करना अभीष्ट है कि विज्ञापन में संदेश को प्रभावशाली ढंग से संप्रेषित करने के लिए पाठक के स्तर, वर्ण-विषय भाषा के विविध स्तर-शब्दावली, पद-विन्यास के साथ अनुवाद में भाषा की प्रवृत्ति के अनुरूप सजगता एवं भाषा के अनुरूप लिपि का विशेष ध्यान रखा जाय। हिंदी के विज्ञापनों की बढ़ती माँग के परिप्रेक्ष्य में कुछ आवश्यक मानदंड निर्धारित करने के लिए चर्चा किए जाने का अवसर आ गया है ताकि इस भूमण्डलीकरण एवं बाजारवाद के युग

में भाषा एवं उसकी उपयोगिता दोनों बरकरार रह सके। हिंदी की यह लोकोक्ति सार्थक हो "साँप भी मर जाय और लाठी भी न टूटे।"

राजभाषा क्रियान्वयन में तकनीक की भूमिका

- दिलीप कुमार सिंह

परिचय

आज तकनीकी के दौर में विविध क्षेत्रों में प्रौद्योगिकी के प्रयोग से मानव जीवन बहुत आसान हो गया है। जिन कार्यों को करने के लिए हमारी पिछली पीढ़ी को बहुत संघर्ष करने पड़ते थे, आज हम वही कार्य चंद सेकेंडों में चुटकी बजते ही कर लेते हैं। जिस तरह से प्रौद्योगिकी के अनुप्रयोगों से हम सभी क्षेत्रों में लाभान्वित हो रहे हैं, उसी प्रकार भाषा के क्षेत्र में भी नित नवीन प्रौद्योगिकियाँ भी हमारे सामने आ रही हैं। इनकी मदद से कोई भी अपनी भाषा में तकनीकी माध्यमों के प्रयोग से तेजी से और सरलता से विभिन्न संचार माध्यमों पर कार्य कर सकता है। आज से दस वर्ष पहले लोगों को तकनीकी माध्यमों में अपनी भाषा में कार्य करने के लिए जिस बेचारगी का सामना करना पड़ता था, अब वह नहीं रही। समय के साथ राजभाषा हिंदी भी तकनीकी रूप से पर्याप्त सक्षम भाषा बनती जा रही है। आज कंप्यूटर पर हिंदी के बढ़ते प्रयोग से देश में सरकारी कार्यालयों में राजभाषा नीति के कार्यान्वयन में बड़ी मदद मिली है। आज लोग आसानी से बहुत कम प्रयासों में कंप्यूटर पर हिंदी का प्रयोग करने में सक्षम बन रहे हैं। आज कंप्यूटर पर हिंदी में काम न करने का कोई बहाना नहीं बचा है। कार्यालयों में हिंदी में काम करने के लिए तकनीकी स्तर पर कोई समस्या नहीं बची है। कार्यालयों में राजभाषा नीति के अनुपालन में वर्ष 2016-17 के वार्षिक कार्यक्रम के अनुसार 'क' क्षेत्र में संपूर्णकार्य हिंदी में, 'ख' क्षेत्र में 90 प्रतिशत कार्य और 'ग' क्षेत्र में 65 प्रतिशत कार्य हिंदी में किए जाने का लक्ष्य निर्धारित है। इसके साथ ही संपूर्णदेश में हिंदी में प्राप्त पत्रों का जवाब हिंदी में ही दिए जाने की अनिवार्यता है और हिंदी में प्रवीणता प्राप्त कर्मियों को भी अपना संपूर्णकार्य हिंदी में किए जाने की बाध्यता है। आज तकनीकी के प्रयोग से राजभाषा कार्यान्वयन की स्थिति में लगातार सुधार आता जा रहा है। आज पहले के मुक़ाबले सभी कार्यालयों में राजभाषा के क्षेत्र में तकनीकी का प्रयोग बढ़ता जा रहा है। इस बढ़ते प्रयोग के

परिचय

दिलीप कुमार सिंह

लेखक भाषा-प्रौद्योगिकी के शोधार्थी रहे हैं। फिलहाल भारत कोकिंग कोल लिमिटेड में सहायक प्रबंधक (राजभाषा) पद पर कार्य करते हुए विभागीय पत्रिकाओं का संपादन भी करते हैं। संपर्क : dilipsingh83@gmail.com

प्रभाव भी आज विभिन्न क्षेत्रों में देखने को मिल रहे हैं।

हिंदी टाइपिंग में तकनीकी का प्रभाव

किसी भी कार्यालय में टाइपिंग का कार्य सबसे अधिक होता है और राजभाषा नीति के समुचित कार्यान्वयन के लिए सभी को हिंदी टाइपिंग का ज्ञान होना आवश्यक है। हिंदी टाइपिंग में यूनिकोड तकनीकी के आ जाने के बाद हमारे देश में हिंदी व अन्य भारतीय भाषाओं में टाइपिंग के मामले में क्रांति सी आ गई है। पहले टाईप करने का कार्य केवल टाइपिस्ट का होता था, आज क्लर्क से लेकर महाप्रबंधक/निदेशक/महानिदेशक स्तर तक के अधिकारी भी यूनिकोड माध्यम से सहजता से टाइपिंग कर पा रहे हैं। परंपरागत प्रकार के फांट जिसपर टाइपिंग सीखने के बाद अभ्यास करना पड़ता था और स्पीड आने में महीनों लगते थे, अब फोनेटिक की बोर्ड की मदद से वही कार्य कुछ महीनों की जगह कुछ घंटों में हो जाता है। तकनीकी की मदद से आसानी से टाइपिंग सीखने की वजह से सभी स्तर के हिंदी में दक्ष कर्मचारी/अधिकारी हिंदी में लिखने में रूचि रखने लगे हैं। परंपरागत प्रकार के फांट में जो समस्याएं थीं, वह सब की सब यूनिकोड की मदद से दूर कर ली गई है। इसमें एक बार हिंदी में टाईप की गई सामग्री का सभी माध्यमों में प्रयोग किया जा सकता है। इस प्रकार यूनिकोड तकनीकी को अपनाने की वजह से बड़ी संख्या में लोगों को कंप्यूटर पर हिंदी में काम करने के लिए प्रवृत किया जा सका है। अब स्थिति यह है कि 15 वर्ष पहले तक जो लोग कंप्यूटर सीखने और हिंदी में काम करने से बचते थे, वही आगे बढ़कर स्वतः कंप्यूटर भी सीख रहे हैं और हिंदी में काम करना भी। आज के समय में तकनीकी इतनी विकसित हो चुकी है कि यदि लोगों को मात्र कंप्यूटर पर हिंदी में काम करने के संबंध में जागरूक भर कर दिया जाए तो वे शेष कार्य खुद से कर लेंगे। इससे सरकारी कार्यालयों में कंप्यूटर पर हिंदी में काम करनेसंबंधी अभियान को बहुत गति मिली है। इस अभियान में दुनिया भर की दिग्गज साफ्टवेयर कंपनियों का सहयोग भी मिल रहा है। वर्ष 2000 के बाद आने लगभग सभी ऑपरेटिंग सिस्टम यूनिकोड सपोर्ट दे रहे हैं। साथ ही बहुत से साफ्टवेयर भी अपनी लोकलाइजेशन नीति के अंतर्गत यूनिकोड में काम करने की सुविधा दे रहे हैं। आज देश में राजभाषा हिंदी में कार्यान्वयन इतना तेजी से बढ़ाने में हिंदी यूनिकोड की अहम योगदान है। देश भर में सभी स्तर के अधिकारी/कर्मचारी अपने कार्य के लिए किसी टाइपिस्ट पर आश्रित न रहकर खुद से अपना कार्य कर पा रहे है। यूनिकोड ने कंप्यूटर पर हिंदी को अँग्रेजी के समान ही सशक्त बना दिया है। भारतीय प्रौद्योगिकी संस्थान दिल्ली में कार्य करते हुए मेरे द्वारा किए गए एक

अध्ययन के दौरान यह पता चला कि शुरुआत में वर्ष 2008 तक जब वहाँ के सभी विभागों में टू टाइप फॉन्ट (कृतिदेव, अक्षर) का प्रयोग होता था, तो लोग हिंदी टाइपिंग सीखने से दूर भागते थे, लेकिन वहाँ पर विशेष प्रयासों से जब यूनिकोड के बारे में लोगों को जानकारी दी गई और उनके कंप्यूटर पर इसे सक्रिय कर दिया गया तो, वे इसके प्रयोग से बड़ी आसानी से कंप्यूटर पर हिंदी का प्रयोग करने लगे। वर्ष 2008 के पहले वहाँ पर औसत हिंदी पत्राचार का प्रतिशत 20-25 प्रतिशत रहता था, एक वर्ष के अंदर बढ़कर 35-40 प्रतिशत पहुँच गया। भारत कोकिंग कोल लिमिटेड में भी यूनिकोड के प्रयोग से वर्तमान में करीब 90 प्रतिशत तक हिंदी पत्राचार हो रहा है। इसे निम्नलिखित तालिका के माध्यम से भी देखा जा सकता है-

क्रम सं.	कार्यालय	यूनिकोड के प्रयोग से पहले की हिंदी पत्राचार कीस्थिति	यूनिकोड के प्रयोग के बाद की हिंदी पत्राचार कीस्थिति
1.	भारतीय प्रौद्योगिकी संस्थान दिल्ली	20-25 प्रतिशत	35-40 प्रतिशत
2.	भारतीय विमानपत्तन प्राधिकरण मुंबई	50-55 प्रतिशत	70-75 प्रतिशत
3.	भारत कोकिंग कोल लिमिटेड धनबाद	55-60 प्रतिशत	85-90 प्रतिशत
4.	कर्मचारी राज्य बीमा निगम कानपुर	60-65 प्रतिशत	95-98 प्रतिशत
5.	कोयला खान भविष्य निधि संगठन, धनबाद	50-55 प्रतिशत	85-90 प्रतिशत
6.	केंद्रीय औद्योगिक सुरक्षा बल, बीसीसीएल इकाई धनबाद	90-91 प्रतिशत	98-99 प्रतिशत
7.	खान सुरक्षा महानिदेशालय, धनबाद	55-60 प्रतिशत	80-85 प्रतिशत

(राजभाषा अधिकारियों द्वारा दिए गए आंकड़ों पर आधारित)

इसको निम्नलिखित ग्राफ के माध्यम से समझा जा सकता है-

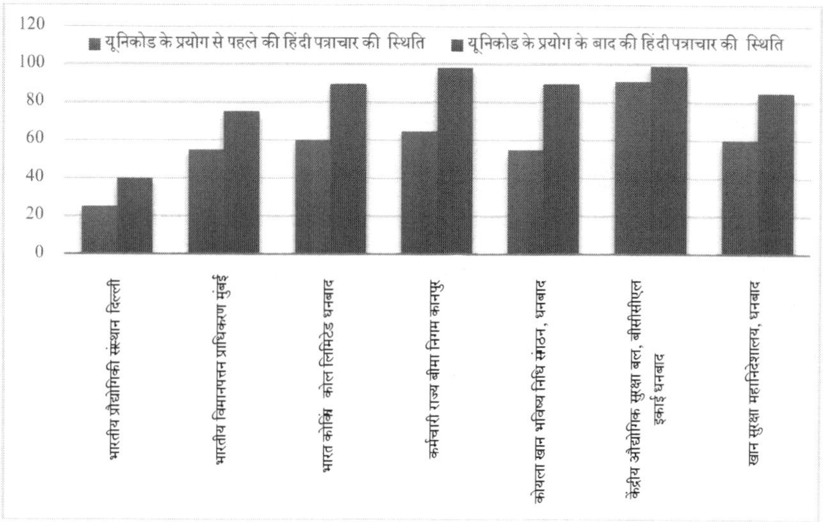

कार्यालय में अनुवाद पर तकनीकी का प्रभाव

अपने देश में अधिकांश कार्य आज भी अंग्रेजों द्वारा बनाई गई व्यवस्थाओं के आधार पर चलता है। अंग्रेजों ने अपने शासन की सुविधा के लिए सभी कार्यों के लिए प्रक्रियाओं का निर्माण अँग्रेजी में ही किया था। हम आज भी इन प्रक्रियाओं का अनुपालन करते हैं। इन प्रक्रियाओं का अनुपालन आज भी कार्यालयों में राजभाषा नीति के शत प्रतिशत अनुपालन में बहुत बाधक बना हुआ है। इन प्रक्रियाओं को जब तक हिंदी में नहीं कर लिया जाएगा तब तक पूरी तरह से राजभाषा नीति के अनुपालन में समस्याएँ आती रहेंगी। इस कार्य में हिंदी अनुवाद की बहुत महत्त्वपूर्ण भूमिका है। केंद्र सरकार के कार्यालयों में लागू राजभाषा नीति के अनुसार हमारे देश के एक बड़े हिस्से में शत-प्रतिशत कार्यालयीन कार्य हिंदी से ही करना अनिवार्य किया गया है। इसके अलावा कुछ प्रकार के दस्तावेजों को पूरे देश को द्विभाषी रूप में जारी करना अनिवार्य होता है। इन सब कार्यों को पूरी तरह से करने में बड़ी संख्या में कुशल और प्रशिक्षित अनुवादकों की आवश्यकता है। राजभाषा विभाग द्वारा बनाए गए नियमों के मुताबिक केंद्र सरकार के प्रत्येक कार्यालय में प्रत्येक 125 कार्मिकों पर एक हिंदी अनुवादक की भर्ती का नियम बनाया गया है। अव्वल तो यह लक्ष्य किसी कार्यालय में पूरा नहीं किया जाता है। दूसरा अगर पूरा कर भी लिया जाए, तो 125 कार्मिकों द्वारा किया गया अँग्रेजी का कार्य एक हिंदी अनुवादक नहीं कर सकता है। अतः राजभाषा नीति में इस बात पर बल दिया

गया कि मूल रूप से सारा कार्य हिंदी में ही किया जाए। अनुवादकों पर अधिक आश्रित न रहा जाय। इस वजह से अँग्रेजी में काम करने के अभ्यस्त अधिकारियों/कर्मचारियों को मशीन अनुवाद का विकल्प के तौर पर सहारा लेना पड़ता है। एक अनुमान के मुताबिक देश भर के अधिकांश कार्यालयों में तुरंत हिंदी करने के लिए गूगल ट्रांसलेशन सर्विस सबसे अधिक लोकप्रिय है। इसके बाद दूसरा स्थान सी-डैक द्वारा विकसित 'मंत्रा' मशीन अनुवाद प्रणाली का है। लोकसभा व राज्यसभा में सत्र के दौरान संदन की कार्यवाही को हिंदी मे करने के लिए कार्य की अधिकता की वजह से मशीन अनुवाद की सहायता लेना अनिवार्य हो जाता है। निश्चय ही मशीन अनुवाद की मदद से कार्यालयों में राजभाषा हिंदी में काम-काज बहुत तेजी से बढ़ा है। मशीन अनुवाद की सेवा का उपयोग शब्दकोश के विकल्प के तौर पर भी किया जा रहा है। तकनीकी की प्रयोग कर बड़े-बड़े दस्तावेजों की अनुवाद बहुत अल्प समय में किया जा रहा है। मशीन अनुवाद की मदद से राजभाषा अधिनियम, 1963 की धारा 3 (3) जैसे नियमों के अनुपालन में बड़ी मदद मिल रही है। इस अधिनियम के अंतर्गत कार्यालय में प्रयुक्त होने वाले 14 प्रकार के दस्तावेजों को अनिवार्य तौर पर द्विभाषी जारी करना होता है। इसमें मशीन अनुवाद की भूमिका बहुतमहत्त्वपूर्ण है।

हिंदी प्रशिक्षण में तकनीकी का प्रभाव

केंद्रीय सरकार के कार्यालयों में पूरे देश भर के कार्मिक कार्य करते हैं। इनमें एक बड़ी संख्या दक्षिण भारतीय, बंगाली, उड़िया और पूर्वोत्तर भारत के कर्मियों की होती है। इन राज्यों के कर्मियों की मातृभाषा आमतौर पर हिंदी नहीं होती है। इनमें से अधिकांश ने एक विषय के रूप में मैट्रिक स्तर तक हिंदी पढ़ी होती है और कुछ ऐसे भी होते हैं, जिन्होंने हिंदी कभी नहीं पढ़ी होती है। ऐसे कर्मियों को जब तक हिंदी में कार्य करने का प्रशिक्षण नहीं प्रदान किया जाएगा, तब तक कार्यालय में राजभाषा नीति के कार्यान्वयन में पूरी तरह से सफलता नहीं मिलेगी। संविधान की धारा 344 के अनुसार वर्ष 1955 में गठित किए गए राजभाषा आयोग की सिफारिशों पर जारी राष्ट्रपति महोदय के आदेश, 1960 में स्पष्ट किया गया है कि केंद्रीय सरकार के प्रत्येक कार्यालय में कार्यरत अधिकारी/कर्मचारी जिनको हिंदी में काम करने का ज्ञान नहीं है, को सेवाकालिक प्रशिक्षण लेना अनिवार्य कर दिया गया है। इस प्रशिक्षण मे पास होने पर एक वेतनवृद्धि के बराबर राशि मिलती है और अच्छे अंकों से पास होने पर कुछ नकद पुरस्कार भी मिलता है। प्रशिक्षण की व्यवस्था बड़े शहरों में ही होने की वजह से छोटे शहरों के कार्यालयों में कार्यरत अधिकारियो/कर्मचारियों प्रशिक्षण की कोई व्यवस्था नही हो

पायी थी। हालांकि इस समस्या को दूर करने के लिए पत्राचार पाठ्यक्रम की व्यवस्था की गई है, परंतु किसी प्रशिक्षक के अभाव में यह योजना कारगर सिद्ध नही हुई है। हिंदी प्रशिक्षण के लिए भारत सरकार के राजभाषा विभाग द्वारा एक ऑनलाईन पोर्टल विकसित किया गया है। प्रमुख भारतीय भाषाओं के माध्यम से हिंदी सीखाने के लिए एक प्लेटफार्म है। इसमें हिंदी के अक्षर ज्ञान/उच्चारण से लगकर पत्र लेखन तक का संपूर्ण अभ्यास कराया जाता है। इसमें एक सबसे बड़ी सुविधा यह है कि भारत की 14 भाषाओं- असमी, बोडो, बांग्ला, गुजराती, कन्नड़, कश्मीरी, मलयालम, मणिपुरी, मराठी, नेपाली, ओडिया, पंजाबी, तमिल और तेलुगू की मदद से हिंदी सीखी जा सकती है। इस पैकेज का नाम लीला (LILA-Learning Indian Language through Artificial Intelligence) है। इसकी मदद से बहुत से लोगों ने आसानी से हिंदी सीखा है। जैसे-जैसे देश में हिंदी में प्रशिक्षित अधिकारी/कर्मचारी बढ़ते जा रहे हैं, वैसे-वैसे राजभाषा में कार्य भी बढ़ता जा रहा है। आज पहले के मुकाबले सभी कार्यालयों में राजभाषा कार्यान्वयन की स्थिति मजबूत हुई है, तो इसका एक कारण यह भी है कि आज हिंदी में प्रशिक्षित अधिकारी व कर्मचारी बढ़ रहे हैं। विभिन्न तकनीकी माध्यमों से उपलब्ध प्रशिक्षण सामग्री की वजह से राजभाषा कार्यान्वयन को बढ़ाने में सहायता मिली है। भारत में केंद्रीय हिंदी प्रशिक्षण संस्थान द्वारा केंद्रीय सरकार के कर्मियों को हिंदी भाषा प्रशिक्षण प्रदान किया जाता है। प्रशिक्षण सफलतापूर्वक पूरा कर लेने के बाद संबंधित कर्मी को हिंदी का कार्यसाधक ज्ञान प्राप्त समझा जाता है। केंद्रीय हिंदी प्रशिक्षण संस्थान द्वारा31 दिसंबर, 2015 तक विभिन्न कार्यक्रमों में प्रशिक्षण प्राप्त कर्मियों की संख्या निम्नलिखित है-

क्रम संख्या	पाठ्यक्रम का नाम	प्रशिक्षित कर्मियों की संख्या
1.	हिंदी भाषा	15,82,583
2.	हिंदी शब्द संसाधन/टंकण	1,68,624
3.	हिंदी आशुलिपि	30,571
4.	हिंदी कार्यशालाएं	26,578
5.	अल्पकालिक प्रशिक्षण	4,980
	कुल	**18,13,406**

(इसमें आनलाइन और आफ़लाइन दोनों ही प्रशिक्षण के आंकड़े सम्मिलित हैं।)

हिंदी आशुलिपि में तकनीकी का प्रभाव

किसी भी कार्यालय में शीर्ष अधिकारियों के लिए आशुलिपि का महत्त्व बहुत अधिक है। आज कार्यालयों में कम होती श्रमशक्ति और कार्य के बढ़ते दबाव के चलते सभी शीर्ष

अधिकारियों को आशुलिपिक की सेवाएँ नहीं मिल पाती हैं। प्रत्येक कार्यालय में एक निश्चित अनुपात में हिंदी आशुलिपिकों की भर्ती अनिवार्य की गई। फिर भी प्रत्येक स्तर के अधिकारी को हिंदी आशुलिपिक की सेवाएं सुलभ नहीं हो पाती है। कुछ समय पहले तक कार्यालयों में आशुलिपिक अधिकारी का डिक्टेशन लेकर उसे हिंदी या अँग्रेजी में हाथ से लिखते थे या सीधे कंप्यूटर/टाईप मशीन पर बैठ कर पत्र का मसौदा तैयार कर प्रस्तुत करते थे। यह एक श्रमसाध्य और समय साध्य प्रक्रिया थी। ऐसे में इनके कार्य को आज तकनीकी के माध्यम से बहुत आसान कर लिया गया है। भाषाई क्षेत्र में तकनीकी की बढ़ती दखलंदाज़ी ने इस क्षेत्र को बहुत विकसित किया है। परंतु आज के दौर में तकनीकी के बढ़ते प्रभाव ने प्रायः आशुलिपिकों का कार्य समाप्त करने की प्रक्रिया की शुरूआत कर दी है। भाषा प्रौद्योगिकी की मदद के वाक से पाठ सॉफ्टवेयर और पाठ से वाक सॉफ्टवेयर विकसित किए जा चुके हैं। वाक से पाठ साफ्टवेयर में वर्तमान में गूगल वाइस टाइपिंग बहुत अच्छी तरह से कार्य कर रहा है। इसमें हाल ही में हिंदी में काम करने की सुविधा प्रदान कर दी गई है। इसके लिए किसी को किसी प्रकार के पूर्व प्रशिक्षण की आवश्यकता भी नहीं है। अब आशुलिपिकों के बजाय कंप्यूटर पर सीधे डिक्टेशन दिया जा सकता है और यह प्रक्रिया अपेक्षाकृत कम श्रमसाध्य और कम समय साध्य है। इस सॉफ्टवेयर की मदद से हिंदी टाईपिंग न जानने वाले अधिकारी/कर्मचारी भी कंप्यूटर पर हिंदी में लिखने की क्षमता से युक्त बन रहे हैं। इसके साथ ही हिंदी के पाठ से वाक सॉफ्टवेयर द्वारा किसी अन्य कार्य व्यस्त रहने पर भी हिंदी पत्रों का मजमून सुनकर समझा जा सकता है। आज के समय में वाक से पाठ सॉफ्टवेयर प्रयोग कर कार्यालय में अधिकारी व कर्मचारी बिना किसी पर आश्रित रहे कार्यालय आदेश/परिपत्र/पत्र/निविदा पत्र आदि तैयार करने में सक्षम हो पा रहे हैं। इसे हिंदी पत्रों को तैयार करने में बड़ी सहुलियत हो रही है और कार्यालयों मे राजभाषा हिंदी में पत्राचार भी बढ़ रहा है।

हिंदी शब्दकोश का इलेक्ट्रानिक संस्करण और इसका प्रभाव

अगर किसी भाषा में कुछ काम करना है, और हमारी पकड़ उस भाषा में ठीक नहीं है, तो उस स्थिति में शब्दकोश की भूमिका महत्त्वपूर्ण हो जाती है। जब अँग्रेजी में काम करने में प्रशिक्षित व्यक्ति हिंदी में काम करना शुरू करता है, उसे हिंदी में शब्दों की सटीक अभिव्यक्तियां नहीं मिल पाती हैं, और इस काम को आसान करता है शब्दकोश। पुस्तकाकार शब्दकोश को बार-बार देखना असुविधाजनक होता है। ई-बुक के रूप में उपलब्ध शब्दकोश का अवलोकन

काफी आसानी से किया जाता है और इसका डिजाइन प्रयोक्ता की आवश्यकतानुसार भी किया जा सकता है। ई-शब्दकोश के प्रयोग से हिंदी अनुवाद में तो आसानी हुई ही है साथ ही अँग्रेजी में काम करने के अभ्यस्त लोगों को भी हिंदी में लिखने में आसानी होती है। ई शब्दकोश के स्मार्टफोन और कंप्यूटर में इश्तेमाल से लोगों में हिंदी में लिखने संबंधी जागरूकता बढ़ी है। इसी बढ़ी हुई जागरूकता का सीधा असर कार्यालयों में हिंदी कामकाज पर भी पड़ा है।

आज कार्यालयों में राजभाषा हिंदी में अगर कार्य बढ़ता जा रहा है, हिंदी कार्यान्वयन की स्थिति मजबूत हो रही है, हिंदी क्रियान्वयन की रफ्तार बढ़ रही है, तो उसमें तकनीकी का बहुत बड़ा योगदान है। तकनीकी की मदद से आज हिंदी में काम करना बहुत आसान हो गया है। आज केंद्रीय सरकार के लगभग सभी कार्यालयों में प्रस्तुत होने वाले मैनुअल कार्य, संदर्भ व प्रक्रिया साहित्य हिंदी में उपलब्ध हो गए हैं। काफी कुछ पत्राचार हिंदी में हो रहे हैं। सभी कार्यालयों की वेबसाइटें हिंदी में उपलब्ध हो गई है। लोगों में हिंदी में काम करने की ललक अवश्य बढ़ी है। यद्यपि तकनीकी की मदद से काफी कुछ काम हिंदी में किया जाना संभव हो पाया है। तथापि तकनीकी की सभी संभावनाओं का प्रयोग हिंदी भाषा के लिए करने की स्थिति में हम अभी नही आ सके हैं। तमाम सॉफ्टवेयरों की लोकलाइजेशन नहीं हुआ है। अभी भी बहुत से सॉफ्टवेयरों का लोकलाइजेशन अभी करना बाकी है। तमाम सॉफ्टवेयर अँग्रेजी व कुछ अन्य भाषाओं के लिए तो बहुत अच्छा कार्य करते हैं, परंतु हिंदी व अन्य भारतीय भाषाओं में उतनी दक्षता से कार्य नहीं कर पाते हैं। देश भर में प्रायः सभी कार्यालयों में अपने आंतरिक काम-काज के लिए इंट्रानेट व अन्य प्रचालन सॉफ्टवेयर बनवाए जाते हैं, परंतु दुःखद यह है कि इनमें से अधिकांश अँग्रेजी को ही समर्थित करते है, जिससे न चाहते हुए भी तमाम लोगों को अँग्रेजी में काम करना पड़ता है। इससे कार्यालयों में कुछ काम मजबूरी के चलते भी अँग्रेजी में करने पड़ रहे हैं। फिर भी इसमें कोई संदेह नहीं है कि राजभाषा हिंदी आज कार्यालयों में जिस स्थिति में खड़ी है, उसमें तकनीकी का बहुत बड़ा योगदान है।

निष्कर्ष

जिस कंप्यूटर टेक्नोलॉजी ने आरंभ में राजभाषा के विकास और प्रचार व प्रसार में खलनायक की भूमिका निभाई थी, वही आज इसकी सबसे बड़ी पैरोकार बनकर उभरी है। भाषा की प्रगति तकनीकी रूप से न होती तो भारत सरकार की राजभाषा प्रचार-प्रसार अभियान इतनी गति से नहीं पकड़ सकता था। यद्यपि जितनी प्रगति आज हुई है, वह अभी भी अपर्याप्त है।

मुकम्मल प्रगति के लिए भारत सरकार को अपने शोध संस्थानों में भाषा-प्रौद्योगिकी को भारतीय भाषायें के लिए विकसित करने हेतु अनुसंधान पर जोर देना चाहिए। देश में कंप्यूटर साक्षरता की दर और बढ़ाने की आवश्यकता है, ताकि इजाद की तकनीकियों का मुकम्मल प्रयोग किया जा सके। वर्तमान मोदी सरकार जिस 'डिजिटल इंडिया' की संकल्पना लेकर चल रही है, उसे भाषा प्रौद्योगिकी को भारतीय भाषाओं के लिए विकसित किए बिना कारगर ढंग से लागू नहीं किया जा सकता है। भाषा-प्रौद्योगिकी के विकसित स्वरूप पर ही राजभाषा कार्यान्वयन को प्रभावी ढंग से करने में सफलता प्राप्त की जा सकती है। कार्यालयों में संपूर्ण कार्य हिंदी में करने के लिए आज जिस चीज की सर्वाधिक आवश्यकता है, वह है इच्छाशक्ति। तकनीकी रूप से सारे साधन उपलब्ध होने के बाद भी यदि हम शत प्रतिशत कार्य हिंदी में नहीं कर पा रहे हैं, तो इसमें पूरी तरह से हमारी इच्छाशक्ति ही दोषी है।

विदेशी भाषा के रूप में हिंदी-शिक्षण में भारतीय संस्कृति का महत्त्व

- शिव कुमार सिंह
- डिम्पल राजपूत

परिचय

किसी भी भाषा को 'सीखना' और जानना' दो अलग-अलग बाते हैं। 'सीखना' का तात्पर्य भाषा के प्रत्यक्ष रूप, व्याकरण को सीखना है, लेकिन 'जानना' भाषा के व्याकरण के साथ-साथ, भाषा के वास्तविक रूप और अलग-अलग संदर्भों में भाषा का सही प्रयोग सीखना है (वार्डहौघ और फुल्लर 2015, ब्राउन 2000)।

परिचय

शिव कुमार सिंह
लेखक मानविकी संकाय, लिस्बन विश्वविद्यालय में हिंदी और भारतीय संस्कृति के प्रोफ़ेसर हैं और विदेशी भाषा के रूप में हिंदी के पठन-पाठन से जुड़े हैं। संपर्क :shiv4singh@gmail.com

डिम्पल राजपूत
लेखिका ने लिस्बन विश्वविद्यालय से विदेशी भाषा-शिक्षण में डिप्लोमा किया है और हिंदी शिक्षण और लेखन से जुड़ी हैं । संपर्क :dimple.menia@gmail.com

इस आलेख का मुख्य उद्देश्य पुर्तगाल में एक विदेशी भाषा के रूप में हिंदी-शिक्षण की प्रकिया से संबंधित विभिन्न आयामों, खासकर साँस्कृतिक रूप के महत्त्व के ऊपर प्रकाश डालना है। किसी भी विदेशी भाषा का ज्ञान उसकी संस्कृति और उसके सामाजिक बिंदुओं को जाने और समझे बिना पूर्ण नहीं हो सकती, जैसे- यूरोप में महिलाओं के अभिवादन के लिए गाल से गाल मिलाने का प्रचलन है, लेकिन भारतीय या हिंदी (भारतीय) संस्कृति में ऐसा नहीं है। साथ ही यूरोप में 30-40 साल से बड़े व्यक्ति को भी उसके नाम से बुलाना खराब नहीं माना जाता, लेकिन भारत में ऐसा नहीं किया जाता और ऐसे संदर्भों में हमेशा कोई-न-कोई संबंध-सूचक शब्द का प्रयोग किया जाता है, भले ही उस व्यक्ति से आपका कोई पारिवारिक संबंध ना हो। अतः इन बातों का ज्ञान भी विदेशी भाषा के रूप में हिंदी के शिक्षण से जुड़ा है। इस तरह के बहुतेरे उदाहरण हैं, जो सीधे-सीधे विदेशी भाषा के भाषाविज्ञान से नहीं जुड़े हैं, लेकिन ये भी भाषा-शिक्षण के अंग हैं और होने भी चाहिए। निम्न बिंदुओंपर ध्यान आकर्षित किया जाना चाहिए-

1. पुर्तगाल में हिंदी को सीखने के मुख्य कारण और उद्देश्य;
2. हिंदी के पठन-पाठन के लिए उपयोग की जाने वाली पद्धतियाँ;

3. हिंदी-शिक्षण में भारतीय संस्कृति का महत्त्व;

इन सभी विषयों का उत्तर पाने के लिए, हम फकुल्दाद द लेत्रश (कला संकाय) में पढ़ने वाले हिंदी के छात्रों के गृहकार्य, परीक्षाएँ और कक्षा में किए गए उनके कार्यों का विश्लेषण करेंगे और इनके आधार पर ही इस आलेख के परिणाम और निष्कर्ष निकलेंगे।

विदेशी भाषा एवं व्याकरण

किसी भी प्राकृतिक भाषा का उद्देश्य सार्थक संवाद स्थापित करना होता है और संवाद स्थापित करने के तरीके सिर्फ भाषाविज्ञान के नियमों के पालन से ही नहीं सीखे जा सकते, वरन भाषा के इर्द-गिर्द उपस्थित साँस्कृतिक और सामाजिक नियमों को भी अपनाना पड़ता है। विदेशी भाषा के रूप में किसी भी भाषा को सीखने की प्रक्रिया में व्याकरण का ज्ञान बहुत जरूरी है, लेकिन सिर्फ व्याकरण ही संपूर्ण सीख नहीं हो सकती, क्योंकि किसी भी भाषा के जन्म के बहुत वर्षों बाद व्याकरण को लिखा जाता है, परिभाषित किया जाता है। अतः भाषा ही व्याकरण को नियंत्रित करती है, न कि व्याकरण भाषा को।

एक ही भाषा को मातृभाषा, दूसरी भाषा या विदेशी भाषा के रूप में पढ़ाया जा सकता है, लेकिन जैसा कि नाम खुद इंगित करता है; दोनों के सीखने और सिखाने के तरीके भिन्न-भिन्न होते हैं। सामान्यतः मातृभाषा और विदेशी भाषा के पठन-पाठन में मुख्य अंतर यह होता है कि मातृभाषा दिल से सीखी जाती है, जबकि दूसरी भाषा या विदेशी भाषा दिमाग से। अतः दोनों के शिक्षण के लिए अलग-अलग तरीकों को भी अपनाने की जरूरत है।

कई बार लोग विदेशी भाषा और दूसरी भाषा में अंतर नहीं कर पाते। पारंपरिक परिभाषा के अनुसार "जब कोई भी भाषा, जो ऐसी जगह पर सीखी जाए, जहाँ के ज्यादातर लोग वही भाषा बोलते हों, तो उसे दूसरी भाषा कहते हैं (बोट आदि 2005:7)।" जैसे यदि कोई 'भारतीय' पुर्तगाल में पुर्तगाली सीखता है, तो इसका अर्थ है कि वह दूसरी भाषा सीख रहा है, लेकिन कोई 'भारतीय' भारत में पुर्तगाली सीखता है, तो वह विदेशी भाषा का छात्र माना जाएगा, क्योंकि सीखी जाने वाली भाषा स्थानीय आम जनता के द्वारा नहीं बोली जाती है। बोट (2005:7) के अनुसार आम तौर पर विदेशी भाषा का पठन-पाठन कक्षा के अंदर ही होता है। जब भी किसी नई भाषा को कोई विद्यार्थी सीखता है, तो वह उस भाषा का भाषा-रूप या व्याकरण ही नहीं सीखता, बल्कि वह एक नई संस्कृति भी सीखता है। जैसा कि ब्राउन कहते हैं, "The acquisition of a second language, (…) is also the acquisition of a second culture." (Brown 2000:178).

ब्राउन के अनुसार भाषा का पठन-पाठन कई कारणों से प्रभावित हो सकता है, जैसे भाषा सीखने का संदर्भ। उनके अनुसार किसी भी भाषा का पठन-पाठन निम्न संदर्भों में हो सकता है-

1. दूसरी भाषा की संस्कृति में पठन-पाठन जैसे किसी भारतीय का पुर्तगाल में पुर्तगाली सीखना।
2. विद्यार्थी की अपनी संस्कृति में पठन-पाठन, जहाँ दूसरी भाषा संपर्क-भाषा की भूमिका निभाती हो, जैसे भारत में अँग्रेजी सीखना।
3. विदेशी भाषा का पठन-पाठन अपनी ही संस्कृति में जैसे किसी पुर्तगाली का पुर्तगाल में ही हिंदी सीखना।

हालाँकि इन तीन संदर्भों में एक संदर्भ और जोड़ा जा सकता है, जिसकी चर्चा ब्राउन ने नहीं किया है। एक ऐसी संस्कृति में विदेशी भाषा सीखना, जो न विद्यार्थी की संस्कृति हो, और न ही उस भाषा की। जैसे एक भारतीय जो पुर्तगाल में रह रहा हो और वहीं पर विदेशी भाषा के रूप में तुर्की भाषा सीख रहा हो।

एलिस (1994) भी इससे सहमत हैं कि संदर्भ निश्चित तौर पर भाषा के पठन-पाठन को प्रभावित करता है और वह दो और नए अलग संदर्भ इसमें जोड़ते हैं- शिक्षात्मक और प्राकृतिक। जैसा कि नाम खुद ही इंगित करते हैं, विश्वविद्यालय या फिर कक्षा के अंदर का पठन-पाठन शिक्षात्मक होता है, जबकि प्राकृतिक परिवेश में भाषा का पठन-पाठन सांस्थानिक परिवेश से बाहर, स्थानीय जनता के संपर्क में रहकर होता है।

हिंदी सीखने की प्रेरणा

किसी भी कार्य को संपादित करने के लिए एक प्रेरणा की आवश्यकता होती है और यदि बात एक विदेशी भाषा को सीखने और सिखाने की हो, तो इसका महत्त्व और भी बढ़ जाता है। विद्यार्थी के मन में किसी भी विदेशी भाषा को सीखने के पीछे प्रत्यक्ष या अप्रत्यक्ष रूप से कोई न कोई प्रेरणा अवश्य होती है। मौजूदा समय में विदेशी भाषाओं की शिक्षण-प्रक्रिया में 'प्रेरणा' विषय पर शोध हो रहे हैं और यह प्रशिक्षुओं की अध्ययन-प्रक्रिया में एक महत्त्वपूर्ण भूमिका अदा करता है। 'प्रेरणा' को भाषाविदों ने अपने तरीकों से परिभाषित किया है। 'पेन्नीयुअर (2008)' के अनुसार 'प्रेरणा' शब्द को परिभाषित करना थोड़ा दुष्कर है। इसे एक ऐसे प्रेरित प्रशिक्षु के रूप में देखना ज्यादा व्यावहारिक होगा, जो भाषा-अधिग्रहण के क्रिया-कलापों में भाग लेने को और समय के साथ अपना भाषाई ज्ञान आगे बढ़ाने को उत्सुक हो।" प्रेरणाएँ चार तरह की होती हैं-

1. **आँतरिक या स्वाभाविक प्रेरणा (पेन्नीयुअर 2008):-** वह प्रेरणा है, जिसमें विद्यार्थी खुद के अंतर्मन को संतुष्ट करने के लिए कोईभाषा सीखता है, जैसे- शौक के लिए हिंदी सीखना।

2. **बाह्य प्रेरणा (पेन्नीयुअर 2008):-** वह प्रेरणा, जिसमें विद्यार्थी किसी बाहरी उद्देश्य को प्राप्त करने के लिए कोई भाषा सीखता है, जैसे- किसी कंपनी में पदोन्नति के लिए किसी खास भाषा को सीखना।
3. **एकीकरण की प्रेरणा (गार्डनर 1985):-** वह प्रेरणा, जिसमें विद्यार्थी किसी खास समुदाय से खुद को पूरी तरह जोड़ने के लिए कोई भाषा सीखता है, जैसे कनाडा में हर जगह संपर्क के लिए अँग्रेजी का प्रयोग होता है, लेकिन वहाँ के केबेक क्षेत्र में स्थानीय लोगों से जुड़ने के लिए, गैर-केबेक निवासी फ्रांसीसी सीखते हैं या चेन्नई का उदाहरण लें, जहाँ एक राजस्थानी मातृभाषी स्थानीय समुदाय में घुलने-मिलने के लिए तमिल सीखता हो।
4. **व्यावसायिक प्रेरणा (गार्डनर 1985):-** वह प्रेरणा, जिसमें विद्यार्थी किसी खास विदेशी भाषा को सिर्फ नौकरी पाने के लिए सीखता है, जैसे भारत में बहुत से विद्यार्थी पुर्तगाली या स्पेनी भाषा बहुराष्ट्रीय कंपनियों में नौकरी पाने के लिए सीखते हैं।

किसी भी प्रकार की प्रेरणा विदेशी या दूसरी भाषा के सीखने की प्रक्रिया को तेज कर देती है। हालाँकि विद्यार्थी के पास भाषा को सीखने के कई कारण या फिर एक से ज्यादा प्रेरणाएँ हो सकती हैं। उदाहरण के तौर पर पुर्तगाल में बहुत सारे विद्यार्थी हिंदी सीखते हैं, क्योंकि हिंदी उनके पाठ्यक्रम का हिस्सा है, परंतु साथ ही साथ उनमें भारतीय संस्कृति या भारतीय समाज को जानने और समझने की इच्छा भी होती है। इस प्रकार से आंतरिक प्रेरणा एकीकरण या फिर व्यावसायिक प्रेरणा की ओर भी ले जा सकती है।

विदेशी भाषा के रूप में हिंदी सीखने के पीछे निम्नलिखित प्रेरणाएँ प्रमुख हो सकती हैं-

- भारत का विश्व बाजार में आर्थिक शक्ति के रूप में उदय,
- भारतीय भाषाओं एवं संस्कृतियों का आदान-प्रदान,
- योग और भारतीय दर्शन के प्रति आकर्षण,
- भारतीय शास्त्रीय कलाएँ (नृत्य, संगीत और गायन) और भारतीय फ़िल्में,
- अनुवाद सेवा और आयात-निर्यात

विदेशी भाषा के रूप में अन्य एशियाई भाषाएँ जैसे चीनी, जापानी, कोरियाई आदि की अपेक्षा हिंदी सीखनेवालों की संख्या कम होने का प्रमुख कारण व्यावसायिक प्रेरणा की मौजूदगी का न होना है। ऐसा नहीं है कि हिंदी के क्षेत्र में अवसर न के बराबर हैं, लेकिन अन्य एशियाई भाषाओं की तुलना में इस क्षेत्र में हिंदी की उपस्थिति बहुत पीछे है। हिंदी को विदेशी भाषा के रूप में सीखनेवालों की संख्या में ज्यादातर लोगों की प्रेरणा का रूप आँतरिक, बाह्य या एकीकरण है।

विदेशों में हिंदी-शिक्षण की अंगीकृत पद्धतियाँ

विदेशी भाषा के पठन-पाठन की प्रक्रिया बहुत पुरानी है, लेकिन अट्ठारहवीं सदी के बाद ही भाषाविदों ने इसमें अपनी ज्यादा रुचि दिखानी शुरू की। जब विदेशी भाषा के साहित्यिक लेखों में लोगों की रुचि उजागर हुई, तब विदेशी भाषा के पठन-पाठन की पहली पद्धति का जन्म हुआ, जिसे हम व्याकरण-अनुवाद पद्धति या फिर परंपरागत पद्धति के नाम से भी जानते हैं (नूनन 1999)। 1960 तक विदेशी भाषा का शिक्षण सिर्फ व्याकरण की पढ़ाई तक ही सीमित था। यह माना जाता था कि विद्यार्थियों को विदेशी भाषा सीखने के लिए, उसके व्याकरण और उसकी संरचना को जानना अथवा याद करना अति आवश्यक है, परंतु इसके बाद बहुत सारे भाषाविदों के प्रभाव से, खासतौर पर नोम चाम्स्की के आने से इस प्रणाली में बहुत बदलाव आया। विदेशी भाषा शिक्षण में सबसे बड़ा बदलाव अभिव्यक्तिशील पद्धति के आने से आया, जिसमें शिक्षक का उद्देश्य सिर्फ छात्र को भाषा की संरचना और व्याकरण सिखाना ही नहीं, बल्कि उसे उस भाषा में बोलचालमें पारंगतकरना था, जिससे कि वहज्यादा से ज्यादा इस भाषा में ही संपर्क स्थापित कर सके। वर्तमान समय में यूरोप में विदेशी छात्रों को यूरोपीय भाषाओं के शिक्षण के लिए अभिव्यक्तिशील पद्धति का उपयोग हो रहा है, जिसमें विदेशी भाषा के विद्यार्थी को भिन्न-भिन्न क्रियाकलापों के द्वारा परिस्थिति के अनुसार भाषा के ज्यादा से ज्यादा प्रयोग के लिए प्रेरित किया जाता है। हाईम्स के अनुसार "विदेशी भाषा सीखने की प्रक्रिया में विद्यार्थी को विदेशी भाषामें संपर्क करना और समय के साथ बेहतर संपर्क सामर्थ्य अर्जित करनासिखाया जाना चाहिए। विदेशी भाषाके अधिग्रहण में भाषाविज्ञान (स्वर विज्ञान, शब्द संरचना, वाक्य रचना) और समाज-भाष्यशास्त्र के ज्ञान निहित होते हैं"। हिंदी के लिए भी यह पद्धति उपयोगी साबित हो सकती है, लेकिन हिंदी की वर्णमाला और इसका उच्चारण यूरोपीय भाषाओं से बिल्कुल अलग है, तो शुरू में अभिव्यक्तिशील पद्धति के साथ परंपरागत पद्धति या दुहराऊ पद्धति का प्रयोग कारगर साबित हो सकता है। पहला साल बीतने के बाद अभिव्यक्तिशील पद्धति का व्यापक प्रयोग शुरू किया जा सकता है।

हालाँकि पुर्तगाली भी भारोपीय भाषाई परिवार का हिस्सा है, किंतु पुर्तगाली और हिंदी भाषा में काफी अंतर है। अँग्रेजी की तरहपुर्तगाली में भी क्रिया बीच में आती है और हिंदी के बहुत सारे अक्षर (व्यंजन) हैं, खासतौर पर मूर्धन्य वर्ग, जो पुर्तगाली में नहीं पाए जाते और दोनों भाषाओं की लिपियाँ भी अलग हैं। हिंदी देवनागरी में लिखी जाती है, जबकि पुर्तगाली भाषा को रोमन लिपि में लिखते हैं। ये मुख्य कारण हैं, जो विदेशी भाषा के रूप में हिंदी-शिक्षण को चुनौतीपूर्ण बना देते हैं। इसी वजह से शुरू में हम परंपरागत पद्धति और दुहराऊ पद्धति का इश्तेमाल करते हैं। हमारी कोशिश होती है कि पहले छात्रों को देवनागरी लिपि में अच्छे से पढ़नाऔर लिखना सिखाएँ और उसके साथ ही हिंदी भाषा का संरचना और व्याकरण। जब

छात्र भाषा का रूप समझ लेते हैं और उसकी संरचना से परिचित हो जाते हैं, तब अभिव्यक्तिशील पद्धति का ज्यादा प्रयोग शुरू करते हैंऔर धीरे-धीरे कक्षा में अलग-अलग कार्यकलापों और गतिविधियों के माध्यम से छात्रों को हिंदी में बातचीत करने के लिए प्रेरित करते हैं।

हिंदी के शिक्षण में हिंदी-संस्कृति का महत्त्व

किसी भी विदेशी भाषा के पठन-पाठन में समाजविज्ञान का बहुत महत्त्व है। यह उतना ही जरूरी है, जितना उस भाषा का व्याकरण। समाज भाष्य-विज्ञान भाषा की संस्कृति से जुड़ा है और जैसा कि नाम खुद ही इंगित करता है, समाज भाष्य-विज्ञान का अर्थ है, उस समाज से जुड़े संस्कृतिके नियमों को जानना, जहाँ वह भाषा बोली जाती है। किसी भी समाज के लोगों के सोचने का तरीका, उनकी परंपरा, परिधान, कला, त्योहार आदि उनकी संस्कृति का हिस्सा हैं। प्रत्येक समाज की एक अपनी संस्कृति होती है, हो सकता है कि वह दूसरी संस्कृति से मिलती हो या फिर एकदम अलग हो। हो सकता है कि जो प्रथा हमारी संस्कृति में गलत हो, वह दूसरी संस्कृति में सही हो जैसे अगर आप बहुत अच्छी पुर्तगाली या स्पेनी जानते हैं, लेकिन आप खाने के मेज़ पर खाने के बीच में 'डकार' लेना शुरू कर दें, तो आपका यह आचरण असभ्य समझा जाएगा, लेकिन भारत में खाने के बाद डकार लेना आम बात है।

हाइम्स उन भाषाविदों में से एक हैं, जिन्होंने विदेशी भाषा के शिक्षण में समाजविज्ञान के महत्त्व की चर्चा की। उनके अनुसारकिसी भी विदेशी भाषा-शिक्षण में सामाजिक तथ्यों को सीखना उतना ही जरूरी है, जितना उस भाषा का व्याकरण। समाजभाषाविज्ञान हमें समाज के रीति-रिवाजों की जानकारी देता है। जैसे- कहाँ क्या बोलना चाहिए, कहाँ नहीं बोलना चाहिए, किस तरह से अलग-अलग स्थितियों और संदर्भों में वार्तालाप की जाती हैआदि। QEC[28] (2001:148) के अनुसार विदेशी भाषा के पठन-पाठन में हमें समाज और संस्कृति से जुड़ी निम्नलिखित जानकारियों का जानना अति आवश्यक है-

- दैनिक जीवन
- जीवन शैली
- अंतर-वैयक्तिक आचरण
- सामाजिक, पारिवारिक मूल्य, विश्वास और व्यवहार
- शारीरिक भाव-भंगिमा
- लोकाचार / लोक व्यवहार विधान

---

[28]QECR (Quadro Europeu Comum de Referência para as Línguas)विदेशी भाषा के रूप में पुर्तगाली के शिक्षण की औपचारिक निर्देशावली है, जिसे अँग्रेजी में Common European Framework of Reference for Languages: Learning, teaching, assessment (CEFR) के नाम से जानते हैं।

- रीति-रिवाज और उनके तौर-तरीके

प्रत्येक भाषा किसी-न-किसी संस्कृति का हिस्सा होती हैऔर दोनों एक-दूसरेकी पूरक, अतः विदेशी भाषा के पठन-पाठन के दौरान भाषा और संस्कृति को अलग करना या अलग-अलग पढ़ाना न्यायोचित नहीं है। किसी भी विदेशी भाषा को सीखने की प्रक्रिया उसके साँस्कृतिक रूपों को सीखे बिना पूरी नहीं हो सकती है, जैसे भारत में हाँ या ना कहने के लिए सिर को आगे-पीछे, बीच में और दायें-बाएँ घुमाना। कहने का अर्थ है कि अगर कोई विदेशी बहुत अच्छी हिंदी जानता है, लेकिन सिर की अलग-अलग हरकतों को नहीं समझता, तो वो कभी 'हाँ' को 'ना' और कभी 'ना' को 'हाँ' समझ सकता है। अतः विदेशी भाषा की शिक्षण-प्रक्रिया ऐसी होनी चाहिए, जिसमें व्याकरण के रूप और भाषा का मानक और व्यावहारिक रूप दोनों मौजूद हों।

बहुधा विदेशी भाषा सीखने के क्रम में विद्यार्थी अनुवाद, ऑनलाइन शब्दकोशों और इंटरनेट पर मौजूद गलत संसाधनोंका सहारा ले लेता हैऔर स्थिति तब और भी मुश्किल हो जाती है, जब विद्यार्थी अपनी मातृभाषा के साहित्यिक या दार्शनिक लेखों का अनुवाद विदेशी भाषा में करने की कोशिश करता है। मौजूदा समय में जितने भी ऑनलाइन संसाधन मौजूद हैं उनमें से कोई भी एक भाषा से दूसरी भाषा में 'शब्द के भाव' का अनुवाद नहीं कर सकते। कई बार इन सेवाओं का इश्तेमाल कर विद्यार्थी ऐसे वाक्य बनाते हैं, जो व्याकरण की दृष्टि से तो ठीक होते हैं, लेकिन भाषा के प्रयोग में ऐसे वाक्यों का इश्तेमाल नहीं करते। उदाहरणार्थ-

- नए साल की बहुत-बहुत बधाई-***चुम्मी***। (पुर्तगाली या यूरोपीय संस्कृति में 'लड़के' लड़कियों के लिए या लड़कियाँ खुद भी मोबाइल या इंटरनेट के संदेश के अंतमें 'चुम्मी' शब्द का प्रयोग करते हैं, और कई बार यही भाव हिंदी के पुर्तगाली छात्र भी हिंदी भाषियों को भी लिख देते हैं जो निःसंदेह अनुवाद या मातृभाषा का प्रभाव है)।
- हमारी बैठक कल के लिए निर्धारित है-***आलिंगन***। (अनुवाद या मातृभाषा का प्रभाव)
- वह **देर** है।(अनुवाद या मातृभाषा का प्रभाव)
- जवाहरलाल नेहरू भारत का प्रधानमंत्री ***था***। (यह वाक्य विन्यास की दृष्टि से सही है, लेकिन हिंदी में यह वाक्य असभ्य होना समझा जाएगा।)
- मेरे ***पास*** हिंदी की कक्षा है। (अनुवाद या मातृभाषा का प्रभाव)

उपर्युक्त उदाहरणों से यह पता चलता है कि भले ही ये सारे वाक्य हिंदी व्याकरण के अनुसार सही हों, लेकिन हिंदी के उपयोग और व्यावहारिक रूप में ऐसी भाषा का इश्तेमाल नहीं किया जाता। अतः किसी भी विदेशी भाषा के पठन-पाठन में उस भाषा के वैज्ञानिक या व्याकरणिक रूपों के अलावा उसके साँस्कृतिक रूपों को भी पढ़ाया जाना चाहिए या ऐसे संसाधन तैयार किए जाने चाहिए, जिसके जरिए विदेशी भाषा के समग्र रूप को

सीखा या समझा जा सके। हालाँकि हिंदी को विदेशी भाषा के रूप में पढ़ाने के लिए ऐसे संसाधनों की बहुत कमी है। पाठ्य-सामग्री को रुचिकर, सरल बनाने के साथ-साथ इसमें भाषा के साँस्कृतिक रूपों को भी समाहित किए जाने चाहिए। हिंदी के लिए तो साँस्कृतिक रूपों पर विशेष ध्यान देना इसलिए भी जरूरी हो जाता है क्योंकि हिंदी (भारतीय) संस्कृति अन्य संस्कृतियों से बहुत अलग है।

निष्कर्ष

एक विदेशी भाषा के रूप में हिंदी के पठन-पाठन से संबंधित एक व्यावहारिक तरीके का आविर्भाव होना अभी भी बाकीहैऔर मौजूदा समय में जो भी साधन मौजूद हैं, वो लगभग हमेशा अँग्रेजी भाषा को ध्यान में रखकर बनाए जाते हैं।अगर पुर्तगाली और स्पेनी भाषा के बोलनेवालों की संख्या जोड़ दें, तो यह तकरीबन 60 करोड़के आस-पास है और इस जनसंख्या को हिंदी भाषा से जोड़ना बहुतज्यादा आसान होगा, यदि हम पुर्तगाली और स्पेनी भाषा को ध्यान में रखकर हिंदी-शिक्षण से संबंधित संसाधन तैयार करें

अभी भी भारत में भारतीय भाषाओं, खासकर विदेशी भाषा के रूप में हिंदी भाषा के पठन-पाठन और प्रचार-प्रसार के लिए के लिए लगभग सारी किताबें जो लिखी जा रही हैं, वे मुख्यतः हिंदी के व्याकरण पर ही ध्यान देती हैंऔर अँग्रेजी भाषी को ध्यान में रखकर बनाई जाती हैं। भारतीय भाषाविदों को अँग्रेजी के नशे से निकलते हुए अन्य विदेशी भाषाओं के क्षेत्र में भी तुलनात्मक अध्ययन पर जोर देना चाहिए, ताकि इस अनुसंधान का लाभ ऐसी सामग्री बनाने में लिया जा सके जो अँग्रेजी के अलावा चीनी, स्पेनी, पुर्तगाली, फ्रांसीसी आदि मातृभाषी भी हिंदी को आसानी से समझ पाएँ और सीख पाएँ। कई बार यूरोपीय विद्यार्थियों को हिंदी सीखना सिर्फ इसलिए छोड़ना पड़ता है, क्योंकि उनकी अँग्रेजी इतनी अच्छी नहीं होती कि वे अँग्रेजी केमाध्यम से हिंदी सीख पाएँ

हिंदी के प्रचार-प्रसार और पठन-पाठन से संबंधित संगोष्ठियाँ औरकार्यशालाएँ ज्यादा से ज्यादा आयोजित की जानी चाहिए और हिंदी के विभिन्न स्तरों के बारे में वृहद विचार-विमर्श करने के बाद एक विदेशी भाषा के रूप में हिंदी के पठन-पाठन के लिए एक व्यापक निर्देशावली तैयार की जाए, जिसकी तैयारी में यूरोप और विदेशों में मौजूद हिंदी के सभी शिक्षकों के अनुभवों का लाभ जरूर लिया जाना चाहिए, हिंदी से संबंधित संसाधनों की तैयारी में हिंदी (भारतीय) संस्कृति से संबंधित सूचनाओं का भी समावेश किया जाना चाहिए। जैसा कि ऊपर दिए गए कुछ उदाहरणों में दिखाया गया है कि भारतीय संस्कृति की समुचित जानकारी के अभाव के कारण बहुत बार विदेशी विद्यार्थी ऐसे वाक्य लिखते या बोलते है, जो कि बहुत बार हिंदी संस्कृति में वर्जित होते हैं या फिर इसके कारण ये छात्र कई बार हँसी के पात्र भी बन सकते हैं या गलत संदेश दे सकते हैं। अतः इन स्थितियों से

बचने के लिए उन्हें भारतीय संस्कृति की जानकारी देना नितांत आवश्यक है। जब बात पुर्तगाल में हिंदी शिक्षण की हो, जहाँ की संस्कृति, भारतीय संस्कृति से काफी अलग है, तो इस विषय का महत्त्व और बढ़ जाता है।

संदर्भिका

1. Almeida Filho, J.C.P. 1993. *Dimensões Comunicativas no Ensino de Línguas.* Campinas:Pontes Editores.
2. BROWN Douglas. 2000. *Principles of Language Learning and Teaching*, San Francisco State University, Hong Kong.
3. Bot, kees de. Lowie, Wander & Verspoor, Marjolijn. (2005). *Second Language Acquisition – An Advance Resource book. Routledge,* Milton Park Oxon. 2005.
4. Canale and Swain. 1980. *Theoretical bases of communicative approaches to the second language teaching and testing*; Oxford University Press, UK
5. ELLIS, Rod. 1997. *The Study of Second Language Acquisition*, Oxford University Press, UK
6. Gardner, R.C. 2005. *Social psychology and Second Language Learning: The Role of Attitudes and Motivation.* Edward Arnold. London (UK).
7. Nunan, David. 1999. *Second Language Teaching & Learning*, Heinle & Heinle Publishers Boston, Massachusetts.
8. UR, Penny. 1996. *A Course in Language Teaching*, Cambridge University Press, UK.
9. The Common European Framework For Languages http://www.coe.int/t/dg4/linguistic/Source/Framework_EN.pdf
10. The Association of Language Testers in Europe (ALTE)http://www.alte.org/
11. Wardhaugh, Ronald & Fuller, Janet. *An Introduction to Sociolinguistics.* Wiley Blackwell, UK

टीवी विज्ञापनों की भाषिक प्रयुक्ति

-गुर्रमकोंडा नीरजा

परिचय

भाषा एक सामाजिक यथार्थ है, जिसके अनेक रूप और विकल्पन पाए जाते हैं। ये विविध भाषिक विकल्पन प्रयोक्ता-सापेक्ष और प्रयोग-सापेक्ष होते हैं। इसमें भी संदर्भ के अनुसार ऐसे भाषा-रूप विकसित किए जाते हैं, जो किसी विशेष सीमित क्षेत्र में व्यवहृत होते हैं। जैसे-विमान तल में उड़ानों के आने-जाने से संबंधित घोषणाओं के लिए एक खास तरह की सीमित भाषा-व्यवहार अपेक्षित होता है अथवा मौसम संबंधी भविष्यवाणियों के लिए एक भिन्न प्रकार का भाषा-व्यवहार चाहिए होता है।

परिचय

गुर्रमकोंडा नीरजा
लेखिका दक्षिण भारत हिंदी प्रचार सभा, हैदराबाद में शिक्षिका हैं।

प्रयुक्ति

"भाषा के इस प्रकार के संदर्भगत प्रयोग को 'सीमित कोड' कहा जाता है। "जो अपने संदर्भ में सीमित और अपने रूप में विशिष्ट होता है, खरीदने-बेचने का कोड, शेयर बाजार का कोड, वैज्ञानिक पाठ का कोड, धार्मिक अनुष्ठान का कोड आदि। इसी सीमित कोड को हम 'प्रयुक्ति' कह सकते हैं।"[29] इस प्रयुक्ति के तीन आधार हैं- वार्ता क्षेत्र, वार्ता प्रकार और वार्ता शैली। 'वार्ता क्षेत्र' अर्थात् भाषा-व्यवहार का विषय क्षेत्र। दूसरे आयाम 'वार्ता प्रकार' के अनुसार प्रयुक्तियों को दो रूपों में बाँटा जा सकता है– मौखिक तथा लिखित। वार्ता प्रकार से संबद्ध भाषा विकल्पनों से शैलीय विभेद उत्पन्न होते हैं। तृतीय आयाम 'वार्ता शैली' वक्ता और श्रोता के संबंध से नियंत्रित होती है इससे रूढ़, औपचारिक, अनौपचारिक और अंतरंग जैसे भाषा विकल्पन उत्पन्न होते हैं ये तीनों आधार मिलकर किसी प्रयुक्ति के स्वरूप का निर्धारण करते हैं। उदाहरण के लिए व्यावसायिक लेखन, वैज्ञानिक लेखन, पत्रकारीय आदि लेखन के प्रयुक्तिगत भेद हैं इन्हें शैली से भिन्न निम्नलिखित प्रकार से पहचाना जा सकता है-

1. "प्रयुक्तिगत भेद औपचारिक-अनौपचारिक जैसे भेदों से मुक्त रहते हैं। जबकि शैली भेद के केंद्र में औपचारिक, प्रगाढ़, सामान्य जैसे भेद निर्णायक भूमिका निभाते हैं।
2. प्रयुक्ति 'क्षेत्र' शैली 'प्रकार' द्वारा नियंत्रित होता है
3. सभी प्रयुक्तियों में समान रूप से शैलीय भेद होता है

[29]दिलीप सिंह, 'हिंदी की प्रयुक्तियाँ', हिंदी भाषा चिंतन, पृ194.।

4. 'प्रयुक्ति' में 'शैली' की तरह प्रयोक्ता के व्यक्तित्व की झलक और रंजकता नहीं होती।
5. 'प्रयुक्ति' ध्वनि, व्याकरण, शब्दावली के स्तर पर विशिष्ट होती है, इसे इन्हीं विशिष्टताओं के आधार पर पहचाना भी जाता है।
6. प्रयुक्ति भाषा का सीमित कोड है, शैली व्यापक।
7. प्रयुक्ति की संकल्पना सार्वभौमिक है, पर भाषा में इसके रूप भिन्न हैं। शैलियों के बीच मिश्रण संभव है पर प्रयुक्ति-मिश्रण वर्जित है।"[30]

विज्ञापन

दिलीप सिंह (2009) की मान्यता है कि "प्रयोग के स्तर पर विषय परक या व्यवहार-क्षेत्र बाधित भाषा रूपों को प्रयुक्ति कहा जाता है। इस भाषा वैविध्य को विशिष्ट प्रयोजनों की भाषा (LSP)[31] कहा जा सकता है। विज्ञापनों की भाषा विशिष्ट प्रयुक्तिगत भाषा है, अर्थात् विशिष्ट कार्यक्षेत्र की भाषा। यह भाषा संक्षेपीकरण और तुकबंदी के आधार पर अपना एक विशिष्ट स्थान प्राप्त कर चुकी है।" विज्ञापन बाजार और व्यापार के क्षेत्र में निर्धारित लक्ष्यों को प्राप्त करने का महत्त्वपूर्ण और सशक्त साधन है। विज्ञापन बनाने के लिए रोचक, आकर्षक, चमत्कारपूर्ण और प्रभावशाली भाषा अपेक्षित है। व्यावसायिक क्षेत्र में विज्ञापन का प्रमुख उद्देश्य है- माँग उत्पन्न करना, माँग बनाए रखना और माँग की वृद्धि करना, लेकिन आज के परिप्रेक्ष्य में विज्ञापन के उद्देश्य बहुमुखी हैं। अतः विज्ञापन को विस्तृत आयाम देना अपेक्षित है। विज्ञापन के उद्देश्यों को निम्नलिखित रूप से सूचीबद्ध[32] किया जा सकता है-

1. उत्पादों की जानकारी देना
2. विक्रय वृद्धि
3. विश्वसनीयता जगाना
4. वितरण प्रणाली को सहज बनाना
5. छवि निर्माण
6. उत्पादक और उपभोक्ता के बीच सीधा संबंध साधना
7. व्यापार की ख्याति
8. मूल्यों में स्थिरता
9. प्रतिस्पर्धा की क्षमता
10. उचित मूल्य पर उत्तम वस्तु प्रदान करना।

---

[30]दिलीप सिंह (2009) 'हिंदी की प्रयुक्तियाँ', हिंदी भाषा चिंतन, पृ.194-195

[31]Language For Special Purposes : LSP

[32]दिलीप सिंह (1992) व्यावसायिक हिंदी, पृ. 74

व्यावहारिक धरातल पर विज्ञापन के माध्यमों का महत्त्वपूर्ण स्थान होता है, क्योंकि माध्यम के द्वारा ही उत्पादक उत्पादित वस्तु के रूप, गुण और मूल्य से संबंधित संदेश अपने ग्राहक तक पहुँचाता है। यदि गलत माध्यम का चुनाव किया जाएगा, तो विज्ञापन असफल होगा और उत्पाद की बिक्री पर भी इसका प्रभाव पड़ सकता है। मूल रूप से विज्ञापन के चर्चित माध्यम हैं– पत्र-पत्रिकाएँ, बाह्य माध्यम (पोस्टर, होर्डिंग और पैम्फलेट) तथा अन्य साधन (टीवी, रेडियो, सिनेमा, इंटरनेट)।

विज्ञापन कई प्रकार के हो सकते हैं। वर्गीकृत विज्ञापन और प्रायोजित विज्ञापन। इन रूपों का उपविभाजन भी किया गया है। वर्गीकृत विज्ञापन के अंतर्गत पुस्तक प्रकाशन, कंपनियों की भागीदारी, निविदा सूचना, कोर्ट नोटिस, क्रय-विक्रय संबंधी, शिक्षा संबंधी, मकान खरीददारी एवं किराए संबंधी, सार्वजनिक महत्त्व के विषय, नाम परिवर्तन, जन्म, विवाह और मृत्यु संबंधी आदि अनेकानेक विज्ञापन शामिल होते हैं जबकि प्रायोजित विज्ञापन मूलतः सरकारी, सहकारी संस्थानों, गैर-सरकारी संस्थानों, व्यावसायिक संगठनों अथवा स्वैच्छिक संस्थानोंके द्वारा दिया जाता है।[33]

यह पहले भी संकेत किया जा चुका है कि विज्ञापन की भाषा विशिष्ट प्रयुक्तिगत भाषा है। लीच (1966) ने अंग्रजी भाषा के विज्ञापनों का अध्ययन करके विज्ञापनों के लिए कुछ अनिवार्य गुणों की चर्चा की है जो इस प्रकार हैं- आकर्षक तत्त्व, श्रव्यता एवं सुपाठ्यता, स्मरणीयता और विक्रय की शक्ति।[34]

इसमें कोई संदेह नहीं कि आकर्षण विज्ञापन का अनिवार्य गुण है, लेकिन विज्ञापन का आकर्षक, प्रभावपूर्ण व सरस होना काफी नहीं है, इसके लिए भाषा के सरस, सहज, आकर्षक, तुकबंदी से युक्त होने के साथ-साथ उसमें 'पंच' होना अनिवार्य है, यथा-

- *बड़े बदलाव के लिए हर एक को छोटी शुरूआत करनी पड़ेगी... जागो रे... जागो रे... टाटा टी।* (इसमें suggestive verb form का प्रयोग किया गया है-शुरूआत करनी पड़ेगी। इसमें उद्बोधन का भी प्रयोग किया गया है- 'जागो रे... जागो रे...'। उत्पादक यह कहना चाह रहे हैं, कि जागते ही पी लो, सुबह उठते ही ले लो।)
- *जो चाहे हो जाय कोका कोला एन्जॉय- कोका कोला* (इसमें 'जो चाहे हो जाय'- Assertive Sentence का प्रयोग किया गया है। इसमें एक Interconnectivity है और इस Interconnectivity के लिए एक पंक्ति का प्रयोग किया गया है - कोका कोला एन्जॉय। इससे संप्रेषणीयता वैश्विक हो गई है।)

---

[33]श्रद्धा तिवारी, समसामयिक टीवी विज्ञापनों का प्रयुक्तिपरक वैशिष्ट्य (अप्रकाशित शोधप्रबंध), पृ49 .।
[34]दिलीप सिंह (1992) आकर्षक भाषा के संदर्भ में विज्ञापन की हिंदी, व्यावसायिक हिंदी, पृ.79।

- *कर लो दुनिया मुट्ठी में- रिलायंस* (यहाँ भी संप्रेषणीयता वैश्विक कोटि की है। दुनिया को मुट्ठी में करना, अपना वर्चस्व बनाना। यहाँ 'रिलायंस' दुनिया पर अपना राज कायम करना चाहता है। वह नं. 1 बनना चाहता है। यहाँ भी connectivity दृष्टव्य है। अत्यंत लोक प्रचलित मुहावरे का प्रयोग किया गया है)
- *एक आइडिया जो बदल दे आपकी दुनिया-* आइडिया (इसमें प्रयुक्त शब्द 'आइडिया' सामान्य शब्द है। यदि अर्थ के स्तर पर देखें, तो इसमें दो अर्थ ध्वनित होते हैं। एक यह कि विचार दुनिया को बदल देगा। दूसरा यह है कि 'आइडिया प्रोडक्ट' दुनिया को बदल देगा।)
- *छोटे मैच बड़े सपने – रिलायंस मोबाइल* (यहाँ देखें 'छोटे' और 'बड़े' का प्रयोग। 'छोटे' और 'बड़े' के बीच समतुल्यता (Equivalence) को स्थापित किया गया है।)
- *क्लियरसिल मुहाँसों को खोलती है, उन्हें साफ़ करती है, दूर करती है।* (यहाँ क्रिया प्रयोग को देखिए – खोलना, साफ़ करना, दूर करना। 'खोलना' क्रिया का प्रयोग विविध संदर्भों में किया जाता है। जैसे – ढक्कन खोलना, दरवाजा खोलना, अंतर्मन को खोलना। यहाँ मुहासों को खोलने की बात कही गई है। मुहाँसा जो कसा हुआ है, ठोस हो चुका है, उसे मुलायम करके, नरम करके अर्थात् एकदम से कोमल करके उसे खोलना। उसके बाद उसे दूर कर देना। इसमें खोलना प्राण क्रिया है।)
- *भला उसकी कमीज मेरी कमीज से सफेद कैसे* (रिन साबुन का मशहूर विज्ञापन। कमीज की सफेदी को तुलनात्मक स्तर पर प्रयोग किया गया है यह स्थापित करने के लिए कि सर्वोत्तम सफेदी रिन की सफेदी है। इसमें एक प्रतिक्रया भी निहित है कि तुरंत जाकर रिन खरीदिए और वह सफेदी पाइए, जिससे लोगों में इर्ष्या पैदा हो।)
- *ये प्यास है, बड़ी* (यहाँ प्यास का संबंध पेप्सी से जोड़ा गया है। 'प्यास' भाववाचक संज्ञा है। 'बड़ी' शब्द इसका विशेषण बनकर आया है। यहाँ यह अधिक का पर्याय न होकर साधारण प्यास की अपेक्षा पेप्सी की प्यास को द्योतित कर रहा है। प्यास का संबंध कुछ पाने की ललक से भी है। अतः कुछ ऊँचा चाहना, कुछ बड़ा पाने के लिए बेचैन होना भी इसके लक्षित अर्थ में निहित है।)
- *तूफानी ठंडा थम्स अप* (इस विज्ञापन का अँग्रेजी स्लोगन है – 'taste the thunder'। हिंदी में इसे तूफानी ठंडा कहा गया है। भाववाचक संज्ञा तूफ़ान से तूफानी विशेषण बनाया गया है।)
- *ठंडा मतलब कोका कोला* (इसमें यादृच्छिकता (Arbitrariness) है।)
- *कुछ मीठा हो जाए* (कैडबरी के विज्ञापन में 'मीठा' मिठाई के प्रतीक के रूप में प्रयुक्त हुआ है। इस विज्ञापन में कई साँस्कृतिक आयामों को जोड़ा गया है। चाहे छोटी-छोटी

खुशियाँ हो या पप्पू का पास होना या तीज-त्यौहार या महीने की पहली तारीख। 'कुछ मीठा हो जाए' में केवल एक शब्द अनेक व्यंजनाएँ प्रस्तुत कर देता है।)

टीवी विज्ञापनों की भाषा वैविध्यपूर्ण है। उत्पादक अपनी वस्तु की बिक्री हेतु आकर्षक विज्ञापनों का सहारा लेता है। दो भाषाओं को मिलाकर एक नया फिकरा गढ़ने की तकनीक-

- *हंग्री क्या* (डोमिनोज़ पिज्जा)
- *ये है 'youngistan' मेरी जान ... (पेप्सी)* (इसमें 'young' और 'Hindustan' को जोड़कर बनाया है – यह सूचित करने के लिए कि हिंदुस्तान के लाखों युवा दिलों की धड़कन बन गया है।)

प्रश्नवाचक प्रयोग

अपने उत्पाद का प्रचार करने तथा उसके गुणों को स्पष्ट करने के लिए प्रश्नवाचक वाक्यों का प्रयोग किया जाता है-

- *क्या आपके मसूड़ों में तकलीफ है! क्या आपके पेस्ट में नमक है?* – कॉलगेट एक्टिव साल्ट।
- *मेंलोडी इतनी चॉकलेटी क्यूँ है?* (प्रश्नवाचक वाक्य का प्रयोग करते हुए उत्पाद के गुण को सूचित करना)
- *हंग्री क्या?* (डोमिनोज़ पिज्जा)।
- *क्या आप क्लोज़ अप करते हैं?* (कभी-कभी विज्ञापन नई क्रियाएँ गढ़ लेता है।)

नकारत्मक स्वर में सकारात्मक प्रभाव

- *आपकी शान पड़ोसी की जले जान।* (ओनिडा टीवी)
- *दाग अच्छे हैं* (सर्फ़ एक्सल के इस विज्ञापन में 'दाग' शब्द 'मैल भरे धब्बे' वाले साधारण अर्थ को पीछा छोड़ दिया है। कहीं-न-कहीं यहाँ उन दागों की बात भी हो रही है, जो मन के मैल छुड़ाने में लग जाते हैं। इस अर्थ के आगे एक और ध्वनि भी है– इन दागों की क्या चिंता सर्फ़ एक्सल है ना! सामान्य शब्दों का भी नए ढंग से प्रयोग करके अर्थ-निष्पादन शक्ति को बढ़ाया गया है।)
- *मैं रिटायर नहीं होऊँगा अपने ख़्वाबों से* (आईसीआईसीआई बैंक के इस विज्ञापन में नकारात्मकता के साथ सकारात्मकता को दर्शाया गया है।)

समानांतरता

समानांतरता भाषा को आकर्षक एवं प्रभावशाली बनाती है, जैसे-

- *कैच का कोई मैच नहीं* (कैच मसाला)
- *कलर भी,केयर भी* (स्ट्रीक्स हेयर कलर)
- *जगाइए बालों में नया रंग, खूबसूरत कॉर्पस केसंग* (गार्नियर)
- *अब जहाँ आम बार गलेगा, अब वहाँ विम बार चलेगा* (विम बार)
- *असली आँवला डाबर आँवला* (डाबर आँवला)

प्रेरक प्रतिक्रिया

विज्ञापन का प्रमुख कार्य यह है कि विज्ञापित चीज को खरीदने के लिए प्रेरित करना, अतः इसकी भाषा में भी वह गुण होना चाहिए कि खरीदने की बेचैनी पैदा कर दे।

- जल्दी कीजिए, ऑफर सिर्फ सीमित समय तक।
- जल्दी घर ले आइए।
- अब आसान किश्तों पर।
- जो बीवी से करें प्यार, प्रेस्टीज को कैसे करें इनकार!

भाषा मिश्रण

- *व्हाईट हो तो टाइड हो* ('तो' का प्रयोग करते हुए इस बात पर बल देना कि सफेदी/व्हाईट चाहिए, तो टाइड को अपनाइए)
- *नो उल्लू बनाविंग* (आइडिया)
- ठंडा ठंडा cool-cool (नवरत्न तेल)
- *कभी कभी ब्रेक लो, किटकैट खाओ, न जाने अगला पल क्या ले आए – किटकैट ब्रेक बनता है।* हैव ए ब्रेक किटकैट ब्रेक!
- *डेंटिस्ट का सुझाया नं. 1 ब्रांड – कॉलगेट* ('नं. 1' का प्रयोग किया गया है।)
- बिना टेरस की बिल्डिंग।
- ए पहलवान, लड़कियों वाली फेयरनेस क्रीम लगा रे .... परसों लिपस्टिक लगाएगा .... फेयर एँड हैंडसम लगा: फेयर एँड हैंडसम वर्ल्ड्स नंबर 1 फेयरनेस क्रीम फॉर मेन
- ये दिल मांगे मोर।

- *आम की रसीली गोली/ एँजॉय वेरी स्लोली (पार्ले मैंगोबाइट)* (तुक और लय के साथ कोड-परिवर्तन का प्रयोग)

मदर डेरी का विज्ञापन देखिए, जो बहुत ही लोकप्रिय है। दूध की विशेषताएँ बताते हुए बच्चों को दूध पीने के लिए बहुत ही आकर्षक और मजेदार ढंग से प्रेरित करने वाला विज्ञापन। तुक और लय के लिए हिंदी अँग्रेजी का कोड-मिश्रण किया गया है–

- दूध दूध दूध

  पियो ग्लास फुल दूध
  दूध है मस्ती एवरी सीज़न
  पियो दूध फॉर हेल्दी रीज़न
  रहोगे सदा फिट एँड फाइन
  जिओगे साल नाइन्टी नाइन।

यह कहा जा सकता है कि टीवी विज्ञापनों में भाषा-विकास की कोड-मिश्रण और कोड-परिवर्तन जैसी अधुनातन प्रवृत्तियों का समावेश किया जा रहा है। वस्तुतः विज्ञापन विजुवल रूप को रस, गंध, स्पर्श और शब्दों से जोड़ता है। यह सर्वविदित तथ्य है कि विज्ञापन उत्पादक और उपभोक्ता के बीच सेतु का काम करता है। विज्ञापन जितना आकर्षक होगा, उपभोक्ता उतनी ही जल्दी उत्पादित वस्तु की ओर आकृष्ट होगा, अतः उत्पादक विज्ञापन में आकर्षक भाषा का प्रयोग करता है।

व्यावसायिक दुनिया में प्रतिस्पर्धा की होड़ रहती है। उत्पादक और विज्ञापक दोनों के लिए सबसे बड़ी चुनौती होती है बाजार में पहले से उपलब्ध ब्रांडेड वस्तुओं के बीच अपनी वस्तु को बेहतर साबित करना। 'सन डायरेक्ट डी॰ टी॰ एच॰' का विज्ञापन देखें-
दो आदमी छत पर खड़े हैं। एक आदमी 'सन डायरेक्ट' फिट करता हुआ।
दूसरा व्यक्ति: क्यों? नया डिश!
पहला व्यक्ति : हाँ।
दूसराव्यक्ति : मेरा भी 65 चैनल।
पहला व्यक्ति : अरे! ये तो मेरा ज्यादा है – 130
दूसरा व्यक्ति: जी, स्टार प्लस, कलर्स है!
पहला व्यक्ति : इससे भी ज्यादा है। NDTV, Imagine, सोनी और बिंदास भी। कितने में लिया?
दूसरा व्यक्ति: सिर्फ 2490
पहला व्यक्ति : शिट्! ये तेरा ज्यादा है। सिर्फ 499 ऑनली।
(आँखों के इशारे से मुस्कुराकर चला जाता है)

(संगीत)

नेपथ्य : सनडायरेक्ट डी.टी.एच. इंडिया का पहला एम.पी.ई.जी. और टेक्नोलॉजी सिर्फ 499 में 5 महीने का सबस्क्रिप्शन। याने सिर्फ 99/- हर महीना। 130 से ज्यादा चैनल।

इस विज्ञापन में विज्ञापक ने बहुत ही आसानी से सनडाइरेक्ट की तुलना अन्य दूसरे डिश टीवी से करके सनडाइरेक्ट को कम कीमत में ज्यादा मुनाफे वाला बताया है।

निष्कर्ष

विज्ञापन उपभोक्ता को आकर्षित करने के लिए ही लिखे जाते हैं और उनका चित्रांकन किया जाता है। अतः आकर्षक तथा सृजनात्मक भाषा का प्रयोग अनिवार्य है। इसके अतिरिक्त विज्ञापन उपभोक्ता संस्कृति का अभिन्न अंग है। अतः विज्ञापनों में लोक-तत्त्वों का भी समावेश किया जाता है। इन लोक-तत्त्वों का संबंध जन्म से लेकर मृत्यु तक के अनेक संस्कारों से हो सकता है, विभिन्न रीति-रिवाजों से हो सकता है। लोक-विश्वास, वेश-भूषा, खान-पान, खेलकूद, शकुन-अपशकुन, पूजा-पाठ, उत्सव, मेले-ठेले, त्यौहार आदि लोक जीवन के हिस्से हैं। यह कहा जा सकता है कि टीवी विज्ञापनों की भाषिक प्रयुक्ति उपभोक्ता के मनोविज्ञान पर केंद्रित हैतथा शब्दों और अभिव्यक्तियों का चयन और गठन का लक्ष्य दर्शक समुदाय के अनुरूप किया जाता है।

पूर्वोत्तर की भाषाएं और हिंदी

- गोपाल प्रधान

इस विषय पर बात शुरू करने से पहले यह तय करना जरूरी है कि किन भाषाओं को पूर्वोत्तर की भाषा माना जाए। क्योंकि कम से कम बांगला ऐसी भाषा है जो त्रिपुरा के अलावा असम के तीन जिलों में बोली जाने के बावजूद भाषाई दृष्टि से आर्यभाषाओं में गिनी जाती है। न सिर्फ़ इतना बल्कि मणिपुर की मुख्य भाषा मैतेई और त्रिपुरा की भाषाओं काकबरोक तथा त्रिपुरी की लिपि भी बांगला लिपि ही है। असमिया की लिपि भी कुछेक ध्वनिचिन्हों को छोड़कर बांगला से मिलती जुलती है। वस्तुत: पूर्वोत्तर भारत की भाषा सहित किसी भी समस्या पर बात करते हुए अनेक जटिलताओं का सामना करना पड़ता है और भाषा का प्रश्न ऐतिहासिक तथा सामाजिक परिवर्तनों से जुड़ जाता है।

परिचय

गोपाल प्रधान

लेखक हिंदी के चर्चित लेखक हैं और पूर्वोत्तर से जुड़े रहे हैं। संप्रति अंबेडकर विश्वविद्यालय, दिल्ली में हिंदी के एसोसिएट प्रोफेसर हैं। संपर्क: gopaljeepradhan@gmail.com

किसी भी समुदाय में उसकी अपनी भाषा से अलग अन्य भाषा के प्रसार में दो तीन कारक महत्वपूर्ण भूमिका निभाते हैं। औपनिवेशिक काल में हम इन्हें तीन स्तरों पर अलग अलग पहचान सकते हैं। एक तो शासकों की भाषा अंग्रेजी थी। उसकी मौजूदगी मेघालय और नागालैंड की राजकीय भाषा के रूप में अब तक बनी हुई है। इसके अलावा पूर्वोत्तर की अनेक भाषाओं की लिपि अब तक रोमन बनी हुई है। दूसरे स्तर पर कार्यालय में काम करनेवाले सरकारी कर्मचारियों की भाषा बांगला थी। उसकी स्थिति की चर्चा हम ऊपर कर चुके हैं। तीसरे स्तर पर जनसंपर्क की भाषा असमिया थी। उसके प्रभाव से नागालैंड में नागामीज का विकास हुआ। असम के भीतर चाय बागान के मजदूरों में सादरी या बागानिया का प्रचलन हुआ। किंतु ये भाषाएँ बोलचाल के स्तर पर ही रहीं और कहीं कहीं लोकप्रिय माध्यमों में भी उनका असर मिल जाता है। फिर भी इन्हें आधिकारिक भाषा की मान्यता किसी भी स्तर पर नहीं मिली।

स्वतंत्रता के बाद हिंदी राजभाषा तो बनी लेकिन दुर्भाग्य से अब भी वह भारतीय शासक समुदाय की पसंदीदा भाषा नहीं है। हिंदी का दूसरा सबसे बड़ा दुर्भाग्य यह है कि उसकीइस

स्थिति के बावजूद दक्षिण भारत और पूर्वोत्तर भारत के अनेक राज्य उसे केंद्र सरकार का प्रतिनिधि समझते हैं। भारत के राजनीतिक भूगोल में निम्नवर्गीय शक्तियों के उभार से ऐसी आशा बनी थी कि हिंदी को उसका वाजिब शासकीय दर्जा प्राप्त होगा लेकिन तभी अंतर्राष्ट्रीय शासक वर्ग की भाषा अंग्रेजी विश्व बाजार की भाषा बन गई और भारतीय शासक तंत्र ने अपनी स्वतंत्रता का दावा करने से सदा की तरह परहेज किया। हिंदी राष्ट्रभाषा तो नहीं ही बनी राजभाषा के रूप में उसका ऐसा संस्करण तैयार किया गया जिसे समझने की बजाय अंग्रेजी समझना अब भी आसान है। हरेक सरकारी कार्यालय और सार्वजनिक उपक्रम में हिंदी अधिकारियों की नियुक्ति के बावजूद हिंदी सरकारी कार्यालयों की भी भाषा नहीं बन सकी है।

सौभाग्य से सरकारी हिंदी के अलावा भी हिंदी के प्रसार के वैकल्पिक स्रोत खुले हुए हैं और यहाँ आकर हमें हिंदी शब्द के अर्थ को थोड़ा विस्तार देना होगा। इकबाल ने जिस अर्थ में हिंदी का प्रयोग किया है उसमें हिंदी का अर्थ भारतीय है। थोड़ी छूट लेते हुए हम हिंदी का अर्थ हिंदी भाषी जनता करना चाहते हैं। यह जनता भी पूर्वोत्तर भारत में रहते हुए भाषा के प्रयोग के मामले में समरूप स्थिति में नहीं है। इसका एक हिस्सा घरों में अपनी बोलियों का प्रयोग करते हुए कार्यस्थल पर स्थानीय भाषाओं का व्यवहार करता है। उसके कुछ समृद्ध तबकों ने अस्मिता की राजनीति में अपनी पहचान हिंदी भाषी के बतौर बनाना बेहतर समझा और इसी के इर्द गिर्द कुछ दक्षिणपंथी गोलबंदियाँ भी पूर्वोत्तर में उभरकर सामने आई हैं यह हिंदी का तीसरा बड़ा दुर्भाग्य है कि उसे राष्ट्रीय एकता का वाहक बनाने वाले लोग हिंदूवादी पवित्रता की श्रेष्ठता के पैरोकार हैं। वे इस क्षेत्र की जनता के आचार व्यवहार के प्रति हीन दृष्टि रखते हैं। फिर भी शासक वर्गों और हिंदू धर्म के ध्वजाधारियों की हद से बाहर एक तीसरी प्रक्रिया चल रही है जिससे आशा की कुछ किरणें नजर आ रही हैं।

हम सभी जानते हैं कि समूची दुनिया की तरह भारत भी कुछ जनांकिकीय परिवर्तनों से गुजर रहा है। जैसे विश्व स्तर पर पश्चिमी देशों में आबादी के ठहराव और गरीब मुल्कों में आबादी के न रुकने से कुछ युगांतरकारी बदलाव आ रहे हैं वैसे ही भारत में हिंदी भाषी क्षेत्रों में आबादी की बढ़ोत्तरी तथा शेष भारत में अपेक्षाकृत कम बढ़ोत्तरी के कारण और कुछ अन्य समाजार्थिक कारकों के चलते हिंदी भाषी प्रदेशों के लोग समूचे भारत में और उसी तरह पूर्वोत्तर में भी दूरस्थ अंचलों तक फैल गए हैं ये लोग स्थानीय जनसमुदाय की रोजमर्रा की जिंदगी में शामिल हो गए हैं इन्हीं के साथ हिंदी का मास मीडिया भी (आडियो, वीडियो, टी वी, फ़िल्म आदि) क्रमश: फैलता जा रहा है। व्यक्तिगत अनुभव से मैं जानता हूँ कि पूर्वोत्तर

भारत में कोई भी प्रदेश ऐसा नहीं रह गया है जहाँ के लोग हिंदी न समझते हों। हालांकि यह समझ अभी वाचिक भाषा तक ही सीमित है, लिखित शब्दाभिव्यक्ति तक नहीं पहुँच सकी है।

सवाल है कि क्या हम इस हिंदी को संपर्क भाषा मानें ? अवश्य ही कुछ शुद्धतावादी पूर्वाग्रह इसकी राह में बाधा बने हुए हैं लेकिन यदि हम इस धारणा को स्वीकार करें कि भाषा का निर्माण संस्थान अथवा सरकारें नहीं, आम लोग करते हैं तो यह देख सकते हैं कि अलग अलग तरह की हिंदी का निर्माण जारी है। क्षैतिज और उर्ध्वाधर विविधता से भरी हिंदी के इस व्यापक भूगोल को अभी स्वीकार भी नहीं किया गया है, सर्वेक्षण की तो बात ही जाने दें। हमें हमेशा इस बात को ध्यान में रखना चाहिए कि हिंदी संस्कृत नहीं है और उसका विकास एक बोली से हुआ है।

अब यहाँ आकर हम समन्वय की धारणा को भी प्रश्नांकित करना चाहते हैं। हिंदी के जिम्मे पूर्वोत्तर भारत के सांस्कृतिक समन्वय का दायित्व सौंपने का मूर्खतापूर्ण प्रस्ताव हिंदी प्रेमी लोग करते रहते हैं। यदि इसका रंचमात्र भी तात्पर्य पूर्वोत्तर की भाषाओं के संदर्भ में अंग्रेजी की भूमिका निभाने की महात्वाकांक्षा है तो मेरा विनम्र निवेदन है कि हिंदी को औपनिवेशिक नीतियों का वारिस न बनने दें। ऐसा करने से हिंदी का अपकार तो होगा ही पूर्वोत्तर की भाषाओं का भी भला नहीं होगा। पता नहीं क्यों कुछ सरकारी हलकों में यह धरणा बन गई है कि नागरी लिपि में लिखे जाने से पूर्वोत्तर की भाषाओं का राष्ट्र के साथ जुड़ाव गहरा होगा। इस सिलसिले में केवल इतना याद रखना चाहिए कि हिंदी भी कभी नागरी की बजाय कैथी में लिखी जाती थी। रवींद्रनाथ ठाकुर ने काशी हिंदू विश्वविद्यालय के स्थापना समारोह में भाषण देते हुए कहा था कि कली की एकता ही एकता नहीं होती खिले फूल की एकता भी एकता होती है। विविधता के प्रति सहज स्वीकार भाव ही पूर्वोत्तर की भाषाओं के संदर्भ में हिंदी को उसकी सही भूमिका में खड़ा कर सकता है।

क्या हिंदी को भी पूर्वोत्तर की भाषाओं में शामिल माना जाय ? इस प्रश्न की जगह मुझे अंग्रेजी में नेहू से प्रकाशित 'एंथालाजी आफ़ काटेम्पोरेरी पोएट्री फ्राम द नार्थ ईस्ट' से मिली है। इस संग्रह में हिंदी कवि तरुण भारतीय की कविताओं को भी शामिल किया गया है। पूर्वोत्तर भारत से ऐसी पहल का स्वागत किया जाना चाहिए। केंद्रीय हिंदी संस्थान की ओर से प्रकाशित प्रोफ़ेसर सी ए जिनी की किताब 'पूर्वांचल प्रदेश में हिंदी भाषा और साहित्य' गंभीरतापूर्वक पूर्वोत्तर भारत के हरेक राज्य में हिंदी के प्रचार प्रसार के प्रयासों और स्थानीय हिंदी लेखकों

का लेखा जोखा प्रस्तुत करती है।

इन पुस्तकों का उल्लेख मैं इसलिए कर रहा हूँ ताकि आपके समक्ष पूर्वोत्तर के बौद्धिकों की हिंदी के संदर्भ में उदारता का प्रमाण दे सकूँ। हिंदी के भी कुछ बौद्धिकों ने इस दिशा में सराहनीय प्रयास किए हैं। आम तौर पर हिंदी बौद्धिकों के मानसिक भूगोल से पूर्वोत्तर अनुपस्थित रहा है। भाषा के क्षेत्र में आदी भाषा का आर डी सिंह कृत अध्ययन वाणी प्रकाशन से छपा है। इसके अतिरिक्त राजेंद्र प्रसाद सिंह की पुस्तक 'भारत में नाग परिवार की भाषाएँ' राजकमल प्रकशन से कुछेक साल पहले ही छपी है। यह किताब इसलिए भी उल्लेखनीय है कि इसमें पूर्वोत्तर की भाषाओं को एक नए भाषा वैज्ञानिक परिवार के बतौर संबोधित किया गया है और असमिया के अतिरिक्त अन्य भाषाओं तथा उनके भाषाभाषियों का अध्ययन किया गया है। वस्तुत: भाषा का अध्ययन अन्य भाषाई संरचनाओं की उपस्थिति के प्रति व्यक्ति को उदार तो बनाता ही है उस भाषा के बोलने वालों के सांस्कृतिक जीवन और इतिहास की जानकारी भी देता है।

इस दृष्टिकोण से असमिया समाज और संस्कृति के संबंध में कुबेर नाथ राय के अध्ययन रोचक हैं क्योंकि उन्हें पूर्वोत्तर भारत के योगदान को समझने के लिए आर्य की बनिस्बत नव्य आर्य नामक कोटि का निर्माण करना पड़ा था। उन्होंने उत्तर भारतीय जीवन में समाए पूर्वोत्तर भारत को आचार व्यवहार के स्तर पर उद्घाटित किया है। पूर्वोत्तर से संबंधित उनके लेखों का एक सुसंपादित संग्रह छापा जाना चाहिए।

हिंदी में लिखे गए यात्रा वृतांत इस मामले में थोड़ा निराश करते हैं क्योंकि उनमें कोई भी ऐसा नहीं दिखाई पड़ा जिसमें इस क्षेत्र के जनजीवन की धड़कन सुनाई पड़े। वे सभी टूरिस्ट मानसिकता से लिखे गए हैं। उनमें लेखक की निगाह मनुष्य की ओर कम प्रकृति की ओर अधिक रहती है। साथ ही इन संस्मरणों का राजनीतिक रूप भी होता है। भारत के साथ पूर्वोत्तर की एकता को सिद्ध करने के लिए महाभारतकालीन संदर्भों पर ज्यादा जोर दिया जाता है। भारतीय स्वतंत्रता संग्राम में पूर्वोत्तर की भूमिका या पूर्वोत्तर के आधुनिक इतिहास पर न के बराबर काम हिंदी में हुए हैं। शायद इसके पीछे हिंदी बौद्धिकों की यह समझ हो कि यह क्षेत्र स्वतंत्रता संग्राम से कटा रहा था। सच्चाई यह नहीं है। असम ने 1857 के प्रथम स्वाधीनता संग्राम से लेकर 1942 तक लगातार हर कदम पर भारतीय जनता का साथ दिया। मणिपुर ने अंग्रेजों की सरपरस्ती में चल रहे राजा के शासन को भारत की आजादी से पहले ही उखाड़

फेंका। नागालैंड की रानी गिडालू के बारे में सभी जानते हैं। पूर्वोत्तर की लगभग सभी जनजातियों ने औपनिवेशिक सत्ता के विरुद्ध विद्रोह किया। इन विद्रोहों की लंबी शृंखला पर गंभीर काम औपनिवेशिक सत्ता की कारगुजारियों को बेनकब करने में मदद तो करेंगे ही इस क्षेत्र के आधुनिक इतिहास को भी समग्र आधुनिक भारतीय इतिहास के अंग के बतौर प्रस्तुत करेंगे।

यात्रा वृतांतों के मुकाबले पूर्वोत्तर पर लिखे गए हिंदी उपन्यास इस लिहाज से अधिक सार्थक प्रतीत होते हैं। देवेंद्र सत्यार्थी के 'ब्रह्मपुत्र' से शुरू करके श्रीप्रकाश मिश्र के उपन्यास 'रूपतिल्ली की कथा' तक इन उपन्यासों में मणिपुर, मिजोरम, मेघालय और असम की बेहतरीन छवियाँ पूरी सहानुभूति के साथ उकेरी गई हैं। इन उपन्यासों में पूर्वोत्तर के अधुनिक इतिहास, लोकजीवन, भाषा, संस्कृति आदि को लोककथाओं के साथ गूँथकर बहुत ही रोचक ढंग से पेश किया गया है। साहित्य की इस भूमिका को सेना और प्रशासन की भूमिका के बरक्स देखना चाहिए।

हिचकिचाहट भरे कुछ प्रारंभिक प्रयासों के बाद अब कुछ गंभीर पत्रिकाएँ भी हिंदी में सामने आई हैं जो जिम्मेदारी के साथ अपनी भूमिका निभा रही हैं और पूर्वोत्तर की भाषाओं तथा हिंदी के बीच सेतु का निर्माण कर रही हैं। इस दिशा में शिलांग से कुछ महीनों तक नियमित तौर पर प्रकाशित 'साहित्य वार्ता' का जिक्र उचित होगा। इस पत्रिका के हरेक अंक में पूर्वोत्तर के किसी एक भाषा के किसी प्रमुख साहित्यकार की अनूदित रचनाएँ प्रकाशित होती रही हैं।

एक और महत्वपूर्ण क्षेत्र लोककथाओं का है। मेघालय और मणिपुर की लोककथाओं पर एकाध किताबें हिंदी में उपलब्ध हैं। चूँकि पूर्वोत्तर की अधिकांश जनजातियों का इतिहास लिखित नहीं है इसलिए इनके जीवन दर्शन और विश्वदृष्टि को लोककथाओं में अभिव्यक्ति मिली है। इस दिशा में भरपूर काम की संभावना है।

इस लेख में प्रश्न अधिक उठाए गए, उत्तर कम दिए गए क्योंकि 'पूर्वोत्तर' को उत्तर पूर्व अर्थात् प्रश्न भी समझा जा सकता है। प्रोफ़ेसर लाल बहादुर वर्मा ने अपने उपन्यास 'उत्तर पूर्व' में इस दूसरे अर्थ को भी आजमाया है। कोशिश विषय की सीमाओं को स्पष्ट करने की रही क्योंकि कई बार यह काम भी शोध के लिए जरूरी होता है। इसी क्रम में कुछ ऐसे क्षेत्रों और संभावनाओं की ओर भी संकेत किया गया जिन्हें आजमाना चाहिए। पाँच वर्षों (2005-2010) के अपने पूर्वोत्तर प्रवास में मैंने इस क्षेत्र की कुछ विशेषताओं को सामने लाने की

कोशिश की। इसी क्रम में मेरी नजर बांगला और असमिया के दो प्रमुख कवियों काजी नजरुल इस्लाम और भूपेन हजारिका के ऐसे गीतों पर पड़ी जिनमें हिंदी का प्रचुर प्रयोग किया गया है। नजरुल इस्लाम के हिंदी गीतों का संग्रह बांगला में 'हिंदी गान ओ गीति' नाम से उपलब्ध है। इसका सुसंपादित प्रकाशन हिंदी में अवश्य होना चाहिए।

पूर्वोत्तर में हिंदी की स्वीकार्यता का सबूत एक युवा कवि है जो मिशिंग जनजाति का है और हिंदी में कविता लिखता है। लेखक का नाम ज्योतिष मिशिंग पाई है और उसकी कविता 'प्रश्न ?' पक्षधर में प्रकाशित हुई है। यह कविता हिंदी में प्रौढ़तर काव्य लेखन का सबूत है। अन्य विषयों पर भी हिंदी में पुस्तकें लिखी जा रही हैं ताकि उनकी पहुँच व्यापक हो सके। एक पुस्तक 'असमिया फ़िल्मों का सफ़रनामा' हिंदी में छपी है। ऐसे विषयों पर भी रोचक लेखन होना चाहिए।

पूर्वोत्तर का लोक-साहित्य

- वीरेंद्र परमार

भारत का पूर्वोत्तर क्षेत्र बांग्लादेश, भूटान, चीन, म्यांमार और तिब्बत- पाँच देशों की अंतरराष्ट्रीय सीमा पर अवस्थित है। असम, अरुणाचल प्रदेश, मणिपुर, मेघालय, मिजोरम, नागालैंड, त्रिपुरा और सिक्किम- इन आठ राज्यों का समूह पूर्वोत्तर भौगोलिक, पौराणिक, ऐतिहासिक एवं सामरिक दृष्टि से अत्यंत महत्त्वपूर्ण है। देश के कुल भौगोलिक क्षेत्र का7.9 प्रतिशत भाग पूर्वोत्तर क्षेत्र के आठ राज्यों में समाविष्ट है। कुल क्षेत्रफल का 52 प्रतिशत भूभाग वनाच्छादित है। इस क्षेत्र में 400 समुदायों के लोग रहते हैं और लगभग 220 भाषाएँ बोली जाती हैं। संस्कृति, भाषा, परंपरा, रहन-सहन, पर्व-त्योहार आदि की दृष्टि से यह क्षेत्र इतना वैविध्यपूर्ण है कि इस क्षेत्र को भारत की साँस्कृतिक प्रयोगशाला कहना अतिशयोक्तिपूर्ण नहीं होगा। इस क्षेत्र में आदिवासियों का घनत्व देश में सर्वाधिक है। सैकड़ों आदिवासी समूह और उनकी उपजातियाँ, असंख्य भाषाएँ और बोलियाँ, भिन्न-भिन्न प्रकार के रहन-सहन, खान-पान और परिधान, अपने-अपने ईश्वरीय प्रतीक, आध्यात्मिकता की अलग-अलग संकल्पनाएँ आदि के कारण यह क्षेत्र अपनी विशिष्ट पहचान रखता है। इस क्षेत्र में सर्वाधिक वन एवं वन्य प्राणी हैं। वनस्पतियों, पुष्पों तथा औषधीय पेड़-पौधों के आधिक्य के कारण यह क्षेत्र वनस्पति-विज्ञानियों एवं पुष्प-विज्ञानियों के लिए स्वर्ग कहलाता है। पर्वतमालाएँ, हरित घाटियाँ और सदाबहार वन इस क्षेत्र के नैसर्गिक सौंदर्य में अभिवृद्धि करते हैं। जैव-विविधता, साँस्कृतिक कौमार्य, सामूहिकता-बोध, प्रकृति प्रेमअपनी परंपरा के प्रति सम्मान भाव पूर्वोत्तर भारत की अद्वितीय विशेषताएँ हैं। अनेक उच्छृंखल नदियों, जल प्रपातों, झरनों और अन्य जल स्रोतों से अभिसिंचित पूर्वोत्तर की भूमि लोकसाहित्य की दृष्टि से भी अत्यंत उर्वर है। न्यूनतम आवश्यकताएँ, सरल और निश्छल जीवन तथा आत्मनिर्भर आर्थिकी के कारण लोगों के पास कल्पना की उड़ान भरने के लिए पर्याप्त समय होता है। खाली समय में उनके उर्वर मस्तिष्क से कहानियाँ, कविताएँ, लोकोक्तियाँ, मुहावरे, दंतकथाएँ आदि आकार ग्रहण करती हैं। यहाँ की वाचिक परंपरा में लोकगीतों, लोक-कथाओं, मिथकों, दंतकथाओं

परिचय

वीरेंद्र परमार

लेखक पूर्वोत्तर की लोक-संस्कृति पर विशेष दखल रखते हैं। संप्रति केन्द्रीय भूमि जल बोर्ड के राजभाषा विभाग में उपनिदेशक हैं।

संपर्क:bkscgwb@gmail.com

का भंडार है। क्षेत्र के मिथक देवी-देवताओं, भूत-प्रेतों, वन्य प्राणियों और विभिन्न वस्तुओं की उत्पत्ति से संबंधित है, लोकगीत लयात्मक होते हैं तथा इन गीतों में प्रयुक्त उदाहरण, प्रतीक आदि वन्य जीवन से संबंधित होते हैं। गीतों में प्रकृति का धूपछाही सौष्ठव और भोले-भाले आदिवासियों की छोटी -छोटी आकांक्षाएँ होती हैं। इस क्षेत्र के सभी आदिवासी समुदायों में अपने देशांतर-गमन, सृष्टि की उत्पत्ति के संबंध मेन कोई न कोई मिथक विद्यमान है। ये मिथक वैज्ञानिकता की कसौटी पर भले ही खरे न उतरें, परंतु आदिवासी लोगों की कल्पनात्मक और रचनाशीलता के प्रामाणिक दस्तावेज़ अवश्य है। प्रायः सभी मिथकों मेन वर्णित है कि सृष्टि के आरंभ में सर्वत्र जल ही जल था, बाद में पृथ्वी और तदोपरांत मानव की रचना हुई।

नृत्य मानव की प्राचीनतम भावाभिव्यक्ति है। पूर्वोत्तर के आदिवासी समूहों में नृत्य एक जीवन-शैली है, जीवन का अभिन्न अंग है। सभी समुदायों की नृत्य-शैलियों में पर्याप्त भिन्नता है। प्रायः सभी समुदायों में नृत्य की प्रस्तुतिसामूहिक होती है, क्योंकि यहाँ का समाज व्यष्टि को नहीं, बल्कि समष्टि को महत्त्व देता है। अवसरों के अनुरूप नृत्य के रूपों में भी परिवर्तन होता है। उदाहरणार्थ, युद्ध नृत्य के पद संचालन एवं त्योहार नृत्य या अन्त्येष्टिनृत्य के पद संचालन में पर्याप्त अंतर होता है। अंग संचालन के द्वारा नर्तक अपनी भावनाओं को प्रकट करते हैं। नृत्यों में मस्ती, यौवन, ऊर्जा और उत्तेजना के मिश्रित घटक होते हैं।

पूर्वोत्तर भारत में 220 से अधिक भाषाएँ हैं, जिनमें से अधिकांश लिपिविहीन हैं। लिपिहीनता के कारण इस क्षेत्र का अधिकांश लोक-साहित्य अभी तक मौखिक परंपरा में विद्यमान है जो एक पीढ़ी से दूसरी पीढ़ी को हस्तांतरित होता रहता है।

असम

असमिया असम की प्रमुख भाषा है। यहाँ बांग्ला और हिंदी भी बोली जाती है। इसके अतिरिक्त राज्य की अन्य भाषाएँ हैं- बोडो, कार्बी, मिसिंग, राभा आदि। असम की सभी भाषाओं में लोक-साहित्य की समृद्ध विरासत है। यहाँ नृत्य के दो प्रमुख रूप हैं-बिहु नृत्य और सत्रिय नृत्य। बिहु नृत्य बिहु त्योहार के समय प्रस्तुत किए जाते हैं। "बिहु असम का जातीय उत्सव है। असम में वर्ष में तीन बार बिहु पर्व मनाया जाता है। इसके नाम हैं- बैसाख बिहु, कार्तिक बिहु तथा माघ बिहु। इन्हें क्रमशः रंगाली, कंगाली और भोगाली बिहु के नाम से जाना जाता है" (डॉ. हरेराम पाठक)। सत्रिय नृत्य असम का शास्त्रीय नृत्य है। बिहु असम का सर्वाधिक लोकप्रिय नृत्य है और इसमे अबाल वृद्ध-वनिता सभी भाग लेते हैं। बिहु का त्योहार

बसंत ऋतु में मनाया जाता है। इसे रंगाली बिहु कहते हैं। बिहु नृत्य में ढ़ोल, पीपा आदि वाद्ययंत्रों का प्रयोग होता है और बिहु गीत गाए जाते हैं। बिहु गीतों का केंद्रीय विषय प्रेम होता है। इस नृत्य में नर्तकगण गोल चक्र बनाकर नाचते-गाते हैं। बिहु नृत्य-गीत में असम की साझी संस्कृति झलकती है। यह नृत्य लगभग एक माह तक चलता है। इस नृत्य में यौवन, उत्साह और भरपूर ऊर्जा होती है। यह असमिया संस्कृति की पहचान बन गई है। बिहु त्योहार के अवसर पर 'हूसरी' नृत्य भी प्रस्तुत किया जाता है। इस नृत्य में नर्तकगण घर-घर घूमते हैं और नृत्य-गीतों के द्वारा अपनी उत्सवधर्मी भावनाएँ प्रकट करते हैं। 'ढुलिया', 'भावरिया' भी प्रदेश के प्रमुख लोक नृत्य हैं। ढुलिया का आधार वाद्यन्त्र ढोलक है और इसे बजाने वाला ही इस विद्या का प्रमुख आकर्षण होता है। नृत्य तथा अभिनव इस विद्या के अभिन्न अंग हैं।

असमिया साहित्य, संस्कृति, समाज व आध्यात्मिक जीवन में युगांतकारी महापुरुष श्रीमत शंकर देव का अवदान अविस्मरणीय है। उन्होंने पूर्वोत्तर क्षेत्र में एक मौन अहिंसक क्रांति का सूत्रपात किया। उनके महान कार्यों ने इस क्षेत्र में सामाजिक साँस्कृतिक एकता की भावना को सुदृढ़ किया। उन्होंने रामायण और भगवद्गीता का असमिया भाषा में अनुवाद किया। पूर्वोत्तर क्षेत्र में वैष्णव धर्म के प्रसार के लिए आचार्य शंकर देव ने बरगीत, नृत्य-नाटिका (अंकिया नाट), भाओना आदि की रचना की। उन्होंने गाँवों में नामघर स्थापित कर पूर्वोत्तर क्षेत्र के निवासियों को भाईचारे, सामाजिक सद्भाव और एकता का संदेश दिया। असम में शास्त्रीय नृत्य के तीन रूप मिलते हैं – 1.भाओना, 2.मंदिर नृत्य और 3.ओजा पालि।

भाओना की रचना श्रीमंत शंकर देव ने की। भाओना नृत्य नाटिका (अंकिया नाट) है। इसका मुख्य उद्देश्य वैष्णव धर्म के संबंध में जन सामान्य को जानकारी देना है। इसका मंचन प्रायः नामघरों में होता है। इसका सूत्रधार एक साथ अनेक भूमिकाओं का निर्वाह करता है – वह श्लोकों का वाचन करता है, नृत्य करता है, पौराणिक आख्यानों की व्याख्या करता है एवं अंग-संचालन के माध्यम से वैष्णव धर्म से संबंधित घटनाओं को अभिव्यक्त करता है

नटुवा नृत्य के दो प्रकार हैं- पखाजिया और हाजोवालिया। हाजोवालिया नृत्य की प्रस्तुति महिलाओं द्वारा की जाती है। यह नृत्य तांडव और लास्य दोनों का मिश्रण है। 'ओजपालि' शब्द 'ओजा'और 'पालि' दो शब्दों के योग से बना है। 'ओजा'का अर्थ है निपुण तथा 'पालि'का अर्थ है 'सहायक अथवा साथी'। 'ओजापालि' नृत्य गायकों-नर्तकों द्वारा कोरस (वृंदगान) के रूप में प्रस्तुत किया जाता है। कोरस का नेतृत्व करने वाले को 'ओजा' तथा

उसके सहायक को पालि कहा जाता है। 'दाइना पालि' मुख्य सहायक को कहा जाता है। 'देवधानी' नृत्य को नृत्य से अधिक एक संस्कार माना जाता है। इसमें नर्तक सर्पाकार नृत्य करते हैं और 'बेहुला' गीत गाते हैं।

बोडो समुदाय की नृत्य-शैली प्रकृति के निकट है। 'बगरूबा' और 'बोरदोइसिकला' इस समुदाय के प्रमुख नृत्य हैं। इन नृत्यों में प्रकृति की विभिन्न मुद्राओं को रेखांकित किया जाता है। नर्तकगण प्रकृति से एकाकार होकर अपने अंग संचालन तथा विभिन्न मुद्राओं द्वारा प्रकृति के विभिन्न रूपों की झलक प्रदर्शित करते हैं। मिसिंग (मिरि) जनजाति का एक प्रमुख त्योहार है 'अलिलिगङ'। इस त्योहार के अवसर पर 'गुमराग' नृत्य प्रस्तुत किया जाता है। इस नृत्य में मिसिंग समुदाय के दैनिक जीवन की झलक मिलती है। यह नृत्य मिसिंग समाज का प्रकृति से सामीप्य दर्शाता है। इस समुदाय द्वारा फसल कटने के उपरांत 'पोरग' नृत्य (नित्तम-सुमनम) प्रस्तुत किया जाता है। इसमें ढोलक की धुन पर सभी ग्रामवासी उमंग के साथ नृत्य करते हैं।

असम की महिलाओं द्वारा प्रस्तुत किए जाने वाले लोकनाट्य भी प्रचलित हैं। इन लोकनाट्यों के माध्यम से महिलाएँ अपनी भावनाएं अभिव्यक्त करती हैं। लोकनाट्य की यह शैली असमिया महिलों की स्वतंत्र अस्मिता को रेखांकित करती है। "गीत, नृत्य और अभिनय के अपूर्व संयोजन से स्त्री लोकनाट्य में निखार आता है। यद्यपि ऐसे लोकनाट्यों में अर्द्ध विकसित लोकनाट्य के गुण विद्यमान रहते हैं, फिर भी यह स्वीकार किया जाएगा कि असम के ग्रामीण लोकजीवन में पल्लवित, लोकमानस की उर्वर भूमि में विकसित तथा लोकप्रियता के कारण ऐसे लोकनाट्य स्त्री समाज में सीमित होकर भी असमिया लोकनाट्य का एक महत्त्वपूर्ण अंग बना है। इस क्रम में 'पंचति' 'आपी-ओजा' 'नाम भाओना' 'हुदुक-नृत्य-नाट्य' 'कार्तिकेय नृत्य-नाट्य' प्रमुख हैं" (प्रो. भूपेंद्र राय चौधरी)।

'सोनोवाल कछारी' समुदाय द्वारा 'हैदङ' लोकगीत गाए जाते हैं। इसका गायन पुरुषों द्वारा किया जाता है। गीत के साथ-साथ रोचक ढंग से अंग-संचालन व नर्तन इसकी विशेषता है। इस नृत्य में 'आजापालि' के समान ही आंगिक चेष्टाएँ की जाती हैं। 'सग्रामिसवा' 'तिवा' आदिवासी समुदाय का प्रमुख त्योहार है। इस रंगारंग त्योहार में नृत्य प्रस्तुत किया जाता है। नृत्य यौवन, जोश, उत्तेजना और उमंग से परिपूर्ण होता है। 'पिसु' भी 'तिवा' समुदाय का प्रमुख त्योहार है। इस त्योहार के अवसर पर युवा लोग भरपूर मस्ती में नृत्य करते हैं। 'देवरी' समुदाय का नृत्य 'गिरा' और 'गिरासी' शिव-पार्वती से संबंधित है। आरंभ में इस उपासना

नृत्य की प्रस्तुति घर के आँगन में की जाती है, बाद में इसे मंदिर के प्रांगण में प्रस्तुत किया जाता है।

'कार्बी' समुदाय में अन्त्येष्टि से संबंधित नृत्य 'छोमङकन' अत्यंत लोकप्रिय है। इसकी प्रस्तुति किसी की मृत्यु के बाद ही की जाती है। कार्बी समुदाय में 'निमसो-केरुङ' तथा 'हच्छा-केकन' नृत्य भी लोकप्रिय है। 'गरई-दबरई-नाई' असम के आदिवासियों का युद्ध नृत्य है। इसके अतिरिक्त 'गन-दु अला-बन-नाई', 'नेंलई-गेला-नई', 'सन-गलाओ-बनाई' आदि भी असम के आदिवासी समुदायों के लोक नृत्य हैं। इनमें संगीत, नाटक, आख्यान सब कुछ का समावेश होता है। इन नृत्यों में इन समुदायों की लोक संस्कृति प्रतिबिंबित होती है।

श्रीमंत शंकर देव ने पूर्वोत्तर भारत में वैष्णव धर्म के प्रसार के लिए भक्ति गीतों की रचना की। ये गीत ब्रजावली अथवा ब्रजबूली में लिखे गए हैं जिन्हें 'बरगीत' कहा जाता है। बरगीत का तात्पर्य है 'बड़ा गीत' अथवा 'महान गीत'। ये गीत आध्यात्मिक रंग में रंगे हैं तथा असम के गाँव-गाँव में लोकप्रिय हैं।

असम का सभा समुदाय लोकगीतों की दृष्टि से बहुत समृद्ध है। इस समुदाय के गीतों में प्रकृति अपने यथार्थ रूपों में अभिव्यक्त हुई है। इस समुदाय के लोकगीतों का क्षितिज विस्तृत है। इनके लोकगीतों को निम्नलिखित श्रेणियों में वर्गीकृत किया जा सकता है-

(क) संस्कार गीत,
(ख) ऋतु संबंधी गीत,
(ग) प्रणय गीत,
(घ) मनोरंजन गीत,
(ङ) कृषि से संबंधित गीत,
(च) श्रम गीत और
(छ) उपासना, त्योहार तथा मेला संबंधी गीत।

मिरि समुदाय (मिसिङ) के लोकगीतों को 'ओई-नितोम' कहा जाता है। इस समुदाय के जीवन और संस्कृति का विकास ब्रह्मपुत्र एवं सुबनसिरी नदियों की उर्वर घाटी में हुआ है। इसलिए मिरि समुदाय के लोक-साहित्य में इन नदियों की चर्चा प्रमुखता से हुई है। ये नदियाँ इस समुदाय तथा इनके तटों पर बसे अन्य समुदायों के लिए जीवनदायिनी तो है ही, साथ- साथ इनके लोक-साहित्य को भी पल्लवित-पुष्पित करने में इन नदियों की महती भूमिका है।

निम्नलिखित प्रणय गीत में प्रेमी अपनी भावनाओं को अभिव्यक्त करते हुए कहता है कि मैं नदी के इस पार खड़ा हूँ और तुम उस पार। हम दोनों सियाङ नदी के दो किनारे पर वियोग दु ख से तड़प रहे हैं, मेरे हृदय में तुमको देखने की प्यास निरंतर बनी रहती है-

"नाक्केदोलङ केकोंदे
गोक्के दोलङ केकोंसे
सियाङ असि दु ङकोम्ना
काली दाकोम कापमा। "(श्री एन. सी. पेगू)

असम में प्रचलित लोक-कथाओं को साधु कथा भी कहा जाता है। असम के सभी समु दायों में लोक-कथा की समृद्ध विरासत है। यहाँ की लोक-कथाएँ अलौकिक घटनाओं से परिपूर्ण है। असम तंत्र-मंत्र, जादू-टोना और आध्यात्मिकता का केंद्र है। अतः यहाँ की कथा-कहानियों में तंत्र-मंत्र, जादू-टोना आदि का समावेश स्वाभाविक है। असम के कथा-संसार में राजा-रानी हैं, भूत-प्रेत हैं, डायन-योगिनी हैं, तंत्र-मंत्र के साधक हैं, असीम शक्तियों से युक्त योद्धा हैं, पशु-पक्षी हैं, माँ कामाख्या व नरकासु र संबंधी आख्यान है। यहाँ की लोकथाओं को मुख्यतः निम्नलिखित वर्गों में विभक्त किया जा सकता है-

1. पौराणिक लोक-कथाएँ
2. वन्य-जीवन संबंधी लोक-कथाएँ
3. अलौकिक लोक-कथाएँ
4. जीव-जंतुओं से संबंधित लोक-कथाएँ
5. उपदेशपरक लोक-कथाएँ

त्रिपुरा

'त्रिपुरा' नाम के संबंध में विद्वानों में मत-भिन्नता है। इसकी उत्पत्ति के संबंध में अनेक मिथक और आख्यान प्रचलित हैं। कहा जाता है कि राधाकिशोरपुर की देवी 'त्रिपुर सुंदरी' के नाम पर 'त्रिपुरा' का नामकरण हुआ। एक अन्य मत है कि 'तीन नगरों की भूमि' के कारण 'त्रिपुरा' नाम ख्यात हुआ। विद्वानों के एक वर्ग की मान्यता है कि मिथकीय सम्राट 'त्रिपुर' का राज्य होने के कारण इसे त्रिपुरा का अभिधान दिया गया। कुछ विद्वानों का अभिमत है कि दो जनजातीय शब्द 'तुई' और 'प्रा' के संयोग से यह नाम प्रकाश में आया जिसका शाब्दिक अर्थ है 'भूमि और जल का मिलन स्थल'।

त्रिपुरा का एक छोटा पर्वतीय प्रदेश है। लगभग 18 आदिवासी समूह त्रिपुरा के समाज को वैविध्यपूर्ण बनाते हैं जिनमें निम्नलिखित प्रमुख हैं- त्रिपुरी, रियङ, नोआतिया, जमातिया, चकमा, हलाम, मग, कुकी, गारो, लुशाई आदि। इस प्रदेश के पास उन्नत साँस्कृतिक विरासत, समृद्ध परंपरा, लोक उत्सव और लोकरंगों का अद्वितीय भंडार है। सरल जीवन और आत्मनिर्भर आर्थिकी के कारण यहाँ के आदिवासी समुदायों के पास नृत्य, गीत, कल्पना की उड़ान, कथा-कहानियों, गप्पशप आदि के लिए पर्याप्त समय होता है। परिणामस्वरूप बहुआयामी लोक-साहित्य का सृजन होता है। यहाँ के लोक-साहित्य में विषय-वैविध्य और जिज्ञासा भाव है। प्रत्येक प्राकृतिक घटना की व्याख्या त्रिपुरी लोक-साहित्य में विद्यमान है। यहाँ सभी वस्तुओं की उत्पत्ति के संबंध में मिथक उपलब्ध हैं देवी-देवता, भूत-प्रेत, दानव, मानव, वनस्पति, सूर्य, चंद्रमा, पशु-पक्षी, तारे आदि की उत्पत्ति के संबंध में विभिन्न समुदायों के मिथकों में भिन्नता है। उदाहरण के लिए कुछ समुदायों में सूर्य और चंद्रमा को भाईबहन माना जाता है पर कुछ समुदायों में पति-पत्नी माना जाता है। भूकंप, आकाशगंगा, आकाश, बादल, बिजली, पर्वत, पृथ्वी, झील के संबंध में वाचिक परंपरा में असंख्य भिक्षक मौजूद हैं जिनमें रोचकता के साथ-साथ कल्पनाशीलता भी है। इन मिथकों में ईश्वर, दानव, मानव, पक्षी, भूत-प्रेत, आदि नायक-नायिका होते हैं। एक त्रिपुरी मिथक के अनुसार पृथ्वी को एक कछुए (काईचिङ) ने धरण कर रखा है। कछुआ मानव मल खाता है। मानव मल का संग्रह करने का दायित्व 'खेबोक' (एक प्रकार का कीड़ा) को दिया गया है। कभी-कभी कार्याधिक्य के कारण 'खेबोक' थक जाता है। थकने के बाद वह मिथ्या कथन करता है और कह देता है कि पृथ्वी पर अब एक भी मानव नहीं है। पृथ्वी को धरण करने वाले कछुए को संदेह होता है और 'खेबोक' के कथन की सत्यता की जांच-परख करने के लिए कछुआ इधर-उधर हिलता-डुलता है, परिणामस्वरूप भूकंप होता है।

त्रिपुरा के हालम समुदाय की वाचिक परंपरा में भी भूकंप, इंद्रधनुष, सूर्यग्रहण, बिजली कड़कने, चंद्रमा, सूर्य, स्वर्ग, नरक आदि के संबंध में अनेक मिथक प्रचलित हैं इंद्रधनुष के संबंध में मिथक है कि यह किसी भीषण युद्ध के दौरान रक्त से सना हुआ धनुष है धनुष को जब प्यास लगती है तो यह झील और तालाब से जल पीने के लिए अंतरिक्ष में प्रकट होता है। इसके बाद झील या तालाब का जल उबल कर ओला बन जाता है। ईश्वर पापियों पर ओला वृष्टि करता है। इसलिए लोगों को सलाह दी जाती है कि वे सुरक्षित स्थानों पर शरण ले लें।

नृत्य आदिवासी समुदाय की जीवन-शैली का अभिन्न अंग है। त्रिपुर का समाज अच्छी फसल की कामना से भगवान 'गरिया' की पूजा करता है। चैत्र मास में सात दिनों तक गरिया पूजा का उत्सव आयोजित किया जाता है। त्रिपुरी लोग गरिया नृत्य के द्वारा अपने देवी-देवताओं को प्रसन्न करने का प्रयत्न करते हैं तथा अपने सुख-वैभव, धन-धान्य व आरोग्य लाभ हेतु प्रार्थना-उपासना करते हैं। इस नृत्य में बांस से निर्मित वाद्य यंत्रों का प्रयोग किया जाता है तथा महिला-पुरुष सभी इसमें सम्मिलित होते हैं। रियङ समुदाय का प्रमुख नृत्य है 'होजागिरी'। इस नृत्य की एक अनोखी विशेषता है कि इसमें हाथ अथवा शरीर के ऊपरी अंगों का संचालन नहीं होता है। कमर से लेकर पैरों तक के अंगों के संचालन द्वारा भावनाओं को संप्रेषित किया जाता है। चकमा समुदाय द्वारा चैत्र संक्रांति के समय 'बिजु नृत्य' प्रस्तुत किया जाता है। यह बांग्ला वर्ष का समापन और नए वर्ष का आरंभ है। नृत्य-गीत द्वारा चकमा समुदाय के लोग पुराने वर्ष को अलविदा कहते हैं तथा नए वर्ष का अभिनंदन करते हैं। अपने पारंपरिक परिधानों, अलंकारों और पुष्पादि से सुसज्जित होकर महिला-पुरुष सभी नाचते-गाते हैं और अपने हर्ष-उल्लास को अभिव्यक्त करते हैं। हलम समुदाय के लोग 'हई-हक' नृत्य करते हैं। यह कृषि से संबंधित नृत्य हैं। खेतों में बोआई हो जाने के उपरांत माता लक्ष्मी की अभ्यर्थना में यह नृत्य प्रस्तुत किया जाता है तथा धन-धान्यपूर्ण वैभवशाली भविष्य की कामना की जाती है।

अच्छी फसल होने के बाद प्रत्येक घर में वाङला उत्सव मनाया जाता है। आदिवासी समुदाय के प्रधान सभी घरों में जाकर कद्दू की बली देते हैं तथा पुजा-अर्चना करते हैं। इसके उपरांत महिलाएँ सामूहिक नृत्य प्रस्तुत करती हैं। त्रिपुरा की लुशाई बालिकाओं द्वारा अतिथियों के आगमन पर स्वागत नृत्य प्रस्तुत किया जाता है। लड़कियाँ रंग-बिरंगे वस्त्र और बालों में पुष्प धारण कर विशिष्ट अतिथि के सम्मुख नृत्य प्रस्तुत करती हैं।

त्रिपुरा के विभिन्न समुदायों की नृत्य-शैलियों में भी भिन्नता है। अधिकांश नृत्य त्योहार के समय प्रस्तुत किए जाते हैं। नृत्य में बांस से बने झांझ, खंब, बांस निर्मित बांसुरी, ढोलक आदि वादी यंत्रों का प्रयोग किया जाता है।

मौलिक लोक-कथाओं के लिए त्रिपुरा की भूमि अत्यंत उर्वर है। इन कहानियों में कल्पनाशीलता, मौलिकता और सृजनशीलता का मणिकांचन संयोग है। कुछ लोक-कथाएँ सुखांत और कुछ दुखांत अहीन इन लोक-कथाओं का संसार बहुत व्यापक है। दुखी लड़की

का पक्षी में रूपांतरण, नवविवाहित दंपत्ति की मृत्यु तथा उनका पक्षी के रूप में पुनर्जन्म, सफेद हाथी द्वारा एक राजकुमारी का अपहरण, दो अभागे मातृहीन राजकुमारों का सौतेली माँ द्वारा उत्पीड़न, सिंह और गीदड़ की कथा, दो जड़ पदार्थों की प्रेम लीला आदि कहानियाँ त्रिपुरा के समाज के मौलिक चिंतन का पुष्ट प्रमाण है।

पूर्वोत्तर के अन्य समुदायों की भाँति त्रिपुर समुदाय में भी लोकगीतों की उन्मत वाचिक परंपरा है। यहाँ के लोकगीतों में विषय विविधता और सरल-निश्छल जनता की भावाभिव्यक्ति है। ये गीत प्रदेश की संस्कृति के बहुआयामी पहलुओं का उद्घाटन करते हैं। प्रेम, विवाह, आर्थिक क्रियाकलाप, संस्कार, क्रीडा, प्राकृतिक घटनाएँ आदि इन लोकगीतों के विषय होते हैं। लोकगीतों में त्रिपुरा का साँस्कृतिक परिदृश्य प्रतिबिंबित होता है, स्थानीय भूगोल साँसे लेता है, देवी-देवताओं की भावनाएँ आकार ग्रहण करती हैं तथा वनस्पतियों के दिल धड़कते हैं। त्योहार गीत, मनोरंजन गीत, प्रेम गीत, श्रम गीत, संस्कार गीत आदि त्रिपुरी समाज की आशा-आकांक्षाएँ, जय-पराजय, हर्ष-विषाद की प्रतिध्वनि दृष्टिगोचर होती है।

त्रिपुरा में अनेक लोकोक्तियाँ एवं कहावतें प्रचलित हैं जिनमें सदियों के अनुभव, पूर्वजों की ज्ञान-राशि और शिक्षाप्रद विचार निहित हैं। कुछ कहावतें और लोकोक्तियाँ प्रस्तुत हैं-

- आसा दा ताइ फाइलेङची (आशा का कोई अंत नहीं)
- आ बाइ आना चाव (मछली को मछली खाती है)
- काङल सा अक्रा ता उङदी (निर्धन परिवार का ज्येष्ट पुत्र होना दुर्भाग्य की बात है)
- चेला काक कुरुङ कामी खाव (वाक्पटु व्यक्ति गाँव की एकता बनाए रखता है)
- सेले माइ कुरइ (आलसी व्यक्ति को चावल भी नहीं मिलता)
- स्वयं से झूठ मत बोलो
- दूसरों से असंभव कार्य की आशा मत करो
- लघुता में भी अपार संभावनाएँ
- बिना मांगे सलाह देना उचित नहीं।
- अपने पारिवारिक पृष्ठभूमि के संबंध में सेखी बघारना ठीक नहीं

मणिपुर

मणिपुर अपने शाब्दिक अर्थ के अनुरूप वास्तव में मणि की भूमि है इसे देवताओं की रंगशाला कहा जाता है। सदाबहार वन, पर्वत, झील, जलप्रपात आदि इसके नैसर्गिक सौंदर्य में चार चाँद लगा देते हैं। अतः इस प्रदेश को भारत का मणिकुटुम्ब कहना अतिशयोक्तिपूर्ण नहीं

है। यहाँ की लगभग दो-तिहाई भूमि वनाच्छादित है। प्रदेश के पास गौरवशाली अतीत, समृद्ध विरासत और स्वर्णिम संस्कृति है। मणिपुर की प्रमुख भाषा मैतेई है जिसे मणिपुरी भी कहा जाता है। मैतेई भाषा की अपनी लिपि है- मितेई-मएक। इसके अतिरिक्त राज्य में 29 बोलियाँ हैं जिनमें प्रमुख हैं- तङखुल, मार, पाइते, रोंगमे, वाइफे, थडोऊ (कुकी), तडिम आदि। इन सभी भाषाओं की वाचिक परंपरा में लोक-साहित्य का विशाल भंडार उपलब्ध है।

मणिपुर में जो आदिवासी समूह रहते हैं, उनमें ऐमोल, अनल, अंगामी, चिरु, चोथे, गंगते, मार, काबुई, काबुई, कचाँनगा, मरम, कोयंराउ, अन्य मिज़ो, कोम, लम्काङ, माओ, मरम, मरिङ, मोनसङ, मायोन, पाइते, पौमई, पुरुम, राल्ते, सेमा सिंते, तङखुल, थडौउ, तराव, वइफ़ी, जाऊ और अन्य कुंकी प्रमुख हैं। मणिपुर पर्व-त्योहारों एवं उत्सवों की भूमि है। कहा जाता है कि यहाँ बारह महीने में तेरह त्योहार मनाए जाते हैं। यहाँ की संस्कृति में अनेक पर्व त्योहारों, स्वर्णिम इतिहास, अद्भुत वास्तुशिल्प, मंत्रमुग्ध कर देने वाले संगीत-नृत्यों, विविधतापूर्ण रीति-रिवाजों का अनोखा संगम है। नृत्य-गीत मणिपुरी जीवन-शैली के अभिन्न अंग हैं। प्रदेश में अनेक प्रकार की नाट्य शैली प्रचलित है। लोक नाटक को फागीलीला, सुमङ्लीला आदि के नाम से संबोधित किया जाता है। फागीलीला हास्यनाटक है जिसमें सामाजिक विद्रूपताओं को रेखांकित किया जाता है। नाटक अथवा जात्रा यहाँ के सामाजिक जीवन से प्रेरणा ग्रहण करते हैं। महिला जात्रा, बाल जात्रा, इशेई लीला (संगीत जात्रा), इपोम (हास्यपरक लीला) आदि सुमङलीला की नाट्य-शैलियाँ यहाँ खूब लोकप्रिय हैं।

मणिपुर लोकगीतों को 'खुन्नुङ इशेई' अथवा 'खुतलङ इशेई' कहा जाता है। इन लोकगीतों में जीवन के सभी पहलू शामिल होते हैं। हर्ष-विषाद, आशा-आकांक्षा, प्रेम-घृणा आदि मानवीय भावनाओं को प्रकट करनेवाले इन लोकगीतों में अनेक शैलियाँ प्रचलित हैं। भिन्न-भिन्न आदिवासी समूहों की गायन शैली में भी पर्याप्त भिन्नता होती है। हल चलाते समय, फसल काटते समय अथवा अन्य उत्पादक कार्य करते हुए मणिपुरवासी अनेक प्रकार के श्रम गीतों का गायन करते हैं। श्रम गीतों को 'लौटरोल', 'फिसा इशेई', 'हिजिन हिराव' आदि नामों से संबोधित किया जाता है। मणिपुर में संस्कार गीतों, उपासना गीतों, त्योहार गीतों आदि की उन्नत परंपरा है। संस्कार गीतों को 'औगरी', 'खेमको', 'अहोङलोन' आदि नामों से जाना जाता है। अनेक मिथक गीत, ऋतु संबंधी गीत, वीर गाथात्मक गीत भी प्रचलित हैं। प्रणय गीतों की भी विविध शैलियाँ प्रचलित हैं।

मणिपुर अपने आध्यात्मिक गीतों के लिए प्रसिद्ध है। आध्यात्मिक गीतों में चैतन्य महाप्रभु के जीवन-दर्शन का उल्लेख होता है। 'मनोहर साई' राम करताल के साथ गाया जानेवाला कर्णमधुर संगीत है। 'लाई हराओबा' में द्विअर्थी शाडोन के द्वारा श्रोताओं का मनोरंजन किया जाता है। 'खुल्लोंङ इशेई' मैतेई समुदाय का श्रमगीत है। इस गीत का केंद्रीय विषय प्रेम होता है। इसे खेतों में काम करते समय गाया जाता है। 'लाई हराओबा इशेई' मणिपुर का उत्सव गीत है। पर्व-त्योहारों एवं आनंद के अन्य अवसरों पर यहाँ के निवासी उत्सव गीतों के द्वारा अपने उत्साह और हर्ष को अभिव्यक्त करते हैं। 'थाबल चोङबैशई' नृत्य के समय जिस गीत को प्रस्तुत किया जाता है उसे 'थाबल चोङबैशेई' कहा जाता है। धोब, नुपी पाला आदि गीतों में प्रदेशवासी अपनी आत्मा को उड़ेल देते हैं।

मणिपुर समाज में नृत्य भी एक प्रकार की उपासना और ईश्वर प्राप्ति का माध्यम है। यहाँ नृत्य को एक पवित्र कर्तव्य माना जाता है। इसे प्रस्तुत करने के लिए कुछ सुनिश्चित नियम हैं। जहाँ नृत्य की प्रस्तुति हो उस जगह को पवित्र होना चाहिए। किसी भी समय और कहीं भी नृत्य प्रस्तुत नहीं किया जाना चाहिए, ऐसा करना पाप माना जाता है। मणिपुरी समाज में धर्म के साथ नृत्य का गहरा जुड़ाव है। जीवन के विभिन्न संस्कारों, यथा-जन्म, विवाह, श्राद्ध आदि के अवसर पर नृत्य प्रस्तुत करने की परंपरा है।

'लाई हराओबा' सृष्टि की उत्पाती की अवधारणा पर आधारित लोक नृत्य है। इसमें 'उमङलाई' (वन के देवी-देवता) की उपासना की जाती है। 'डोल जात्रा' का त्योहार फाल्गुन मास में मनाया जाता है। इस अवसर पर पाँच दिनों तक 'थाबल चोङबा' नृत्य प्रस्तुत किया जाता है। इस नृत्य में महिला-पुरुष सभी भाग लेते हैं। नर्तक दल के सभी सदस्य एक-दूसरे के हाथ पकड़कर नृत्य करते हैं तथा घर-घर जाकर चंदा वसूलते हैं। 'नुपा पाला' नृत्य पुरुषों द्वारा समूहिक रूप से प्रस्तुत किया जाता है। 'तूनगन', 'हेङ', 'नागा तूना', 'गन लम' आदि आदिवासी समुदाय के नृत्य हैं। बांस नृत्य चूड़ाचाँदपुर के लुशाई समुदाय का लोकनृत्य है। यह बालिकाओं द्वारा प्रस्तुत किया जाता है। रंगबिरंगे पारंपरिक परिधानों में सुसज्जित बालिकाओं द्वारा प्रस्तुत बांस नृत्य चित्ताकर्षक व नियनाभिराम होते हैं।

मणिपुर में रासलीला भी बहुत लोकप्रिय है। चार प्रकार के रास मुखी हैं- महारास, कुंजारास, बसंत रास, और नित्य रास। 'दिबास रास' गोपियों द्वारा साड़ी पहनकर प्रस्तुत किया जाता है। 'उदुखोल' में भगवान श्रीकृष्ण की बाललीला को नृत्य और आध्यात्मिक संगीत द्वारा प्रदर्शित

किया जाता है। 'गौरलीला' आठ-दस वर्ष के बालकों द्वारा प्रस्तुत की जाती है। 'खंबा' और 'थोइबी नृत्य' लाईहराओबा के दौरान प्रस्तुत किया जाता है। इस नृत्य के द्वारा खंबा व थोइबी की प्रेम कथा का वर्णन किया जाता है।

लोकोक्तियाँ

- चावल का एक दाना बर्तन के पूरे चावल को खराब कर देता है। (एक मछली पूरे तालाब को गंदा कर देती है।)
- खाली तालाब में ज्यादा मछलियाँ होती हैं। (आशा से अधिक की प्राप्ति)
- बड़े काम में कम समय लगता है, छोटे काममें अधिक।
- क्या पीटने से बर्तन टूट जाते हैं? (सुधारने के लिए बच्चों को दंड दिया जाता है)
- बांस पर कौवा ही बैठता है। (अधिक ऊंचा उड़नेवाला पाताल पर गिरता है)

मिजोरम

मिज़ो आदिवासियों की भूमि मिजोरम एक छोटा पर्वतीय प्रदेश है। 'मिज़ो' का शाब्दिक अर्थ 'पर्वतवासी' है। 'मिज़ो' का शाब्दिक अर्थ 'पर्वतवासी' है। यह शब्द 'मि' और 'जो' के संयोग से बना है। 'मि' का अर्थ है 'लोग' तथा 'जो'का अर्थ है पर्वत।

मिजोरम में जो समुदाय निवास करते हैं, उनमें मुख्यतः राल्ते, पाइते, दुलियन, पोई, सुक्ते, पंखुप, जहाव, फलाई, मोलबेम, ताउते, लखेर, दलाङ, खुङलई आदि हैं। 'मिज़ो' इस प्रदेश की मुख्य भाषा है। यहाँ की अन्य भाषाएँ हैं- जाउ, लखेर, मार, पाइते, लाई, राल्ते आदि। मिजोरम के सभी समुदायों में लोक-साहित्य की उन्नत परंपरा है। अभी तक मिज़ो लोक-साहित्य का अधिकांश वाचिक परंपरा में ही विद्यमान है। लोकसंगीत की दृष्टि से मिजो समाज पूर्वोत्तर के अन्य समुदायों से विशिष्ट है। यहाँ का लोकगीत मात्र और गुणवत्ता की दृष्टि से विशाल और विविध आयामी है। प्रदेश में लगभग 100 प्रकार के लोकगीत हैं परंतु उन लोकगीतों को मोटे तौर पर दस वर्गों में विभक्त किया गया है-

- **बाव हला:** यह मिजोरम का युद्ध गीत है। जब कोई योद्धा अपने शत्रुओं पर विजय प्राप्त करता है तो बाव हला गाकर अपनी विजय का शंखनाद करता है। योद्धा इन गीतों के द्वारा अपने साहस और शौर्य का प्रदर्शन करता है तथा अपने लोगों को अवगत कराता है

कि मैंने दुश्मनों को पराजित कर दिया है। शत्रु को मारने वाला योद्धा ही बाव हला गाने का अधिकारी है। युद्धक दल के अन्य सदस्य नहीं।

- **ह्लादो:** यह शिकार गीत है। ह्लादो शिकारियों द्वारा शिकार में सफलता प्राप्त करने के उपरांत गाया जाता है। इसका गायन आखेट स्थल पर भी किया जा सकता है, घर आते समय मार्ग में भी और विजय के उपलक्ष्य में आयोजित उत्सव में भी।
- **थियम ह्ला और दवी ह्ला:** यह लोकगीत पुजारियों तथा जादू-टोना करने वाले व्यक्तियों द्वारा गाया जाता है। इसका गायन अनुष्ठान के अवसरों पर किया जाता है।
- **दर ह्ला:** दर ह्ला मिज़ो समाज के लोकप्रिय गीत हैं। संख्या की दृष्टि से भी इन गीतों की उपलब्धता अधिक है। इसका नामकरण एक वाद्यन्त्र के नाम पर किया गया है।
- **पुईपन ह्ला :** ये गीत आनंद और उत्सव के अवसरों पर गए जाते हैं। पुईपन ह्ला भी मिज़ो समाज में अत्यंत लोकप्रिय है।
- **लेङ्जम जई:** ये प्रणय गीत हैं। इसका कोई सुनिश्चित रूप नहीं है परंतु इन गीतों में प्रणय निवेदन, आत्मसमर्पण और आत्मदान की भावना होती है।
- **जनजातियों के नामों पर आधारित गीत:** मिज़ो समाज में वैसे गीतों की लंबी परंपरा है जिनका नामकरण किसी विशिष्ट आदिवासी समूह के नाम के आधार पर किया गया है।
- **गाँवों के नामों पर आधारित गीत:** मिजोरम में कुछ गीत ऐसे भी प्रचलित हैं जिनका नामकरण गाँवोंके नाम के आधार पर किया जाता है।
- **आवाज अथवा ध्वनि पर आधारित गीत:** मिज़ो समाज में कुछ गीत ऐसे भी विद्यमान हैं जिनका नामकरण आवाज या ध्वनि के आधार पर किया जाता है।
- **व्यक्ति के नाम पर आधारित गीत:** मिज़ो समाज में किसी विशिष्ट व्यक्ति के नाम पर आधारित गीतों की भी विशाल संख्या है। इस प्रकार के अधिकांश गीतों का नामकरण किसी रचयिता के नाम पर किया गया है, परंतु कुछ गीतों का नामकरण समुदाय की किसी सुंदर महिला अथवा किसी पराक्रमी पुरूष के नाम पर भी किया गया है।

मिजोरम के लोकगीतों के मुख्य विषय होते हैं- अतीत की गौरव-कथा, वीर गाथात्मक आख्यान या घटनाएँ, आखेट संबंध संबंधी अनुभव व घटनाएँ प्रेम, युद्ध संबंधी कथाएँ आदि।

मिजोरम में युद्ध नृत्य, त्योहार नृत्य, स्वागत नृत्य की उत्तम परंपरा है। 'चेरव' यहाँ का विशिष्ट रंगारंग नृत्य है। इसे 'बांस नृत्य' भी कहा जाता है। इस नृत्य में छह-छह लड़कियों के दो समूह होते हैं। सभी लड़कियाँ पारंपरिक परिधान धारण कर नृत्य करती हैं तथा गीत गाती हैं। यह मिजोरम की सर्वाधिक लोकप्रिय नृत्य शैली है। 'खुल्लम' आरंभिक दिनों में सामुदायिक उत्सव के दौरान किसी विशिष्ट अतिथि के आगमन पर किया जाता था। यह नृत्य भी अन्य नृत्यों की भाँति समूह में प्रस्तुत किया जाता है। 'चेई लम' नृत्य संध्या के समय चावल निर्मित मदिरा का सेवन करने के उपरांत किया जाता है। इस नृत्य में यौवन की उमंग और भरपूर मस्ती होती है। 'खल लाम' त्योहार नृत्य है जो लड़के-लड़कियों द्वारा रातभर चलता है। इस नृत्य में ऊर्जा, उत्साह और उत्तेजना सब कुछ होता है। 'जु' पार्टी में भी नृत्य गीत प्रस्तुत किए जाते हैं। 'जु' मिजोरम की चावल से निर्मित मदिरा है जिसका सेवन मिजोरम के उत्सवों में अनिवार्यतः किया जाता है।

दूसरे समाजों की भाँति मिजोरम में भी अनेक लोकनायक-लोकनायिकाओं की कहानियाँ प्रचलित हैं। मिजोरम की लोक-कथाओं का सबसे लोकप्रिय पत्र 'छुरबुरा' है जिसे 'छुरा' भी कहते हैं। कुछ लोग उसे अत्यंत बुद्धिमान मानते हैं तो कुछ उसे अत्यंत मूर्ख वह एक लोकप्रिय परंतु विरोधाभासी चरित्र है। उसके भाई का नाम 'नहाइया' है जिसे 'ना-आ' भी कहा जाता है। 'छुरा' अपने भाई से बहुत प्रेम करता था। दोनों के संबंध में अनेक कथाएँ प्रचलित हैं। दोनों के बीच घर तथा झूम खेत की अदला-बदली की कहानियाँ, छुरा की लंबी यात्रा की कहानियाँ, छुरा की मृत्यु की कहानियाँ आदि मिजोरम के घर-घर में प्रचलित है। कहा जा सकता है कि 'छुरा' मिज़ो समाज का एक अत्यंत प्रिय लोकनायक है और उसका भाई 'ना-आ' एक सरल-निश्छल चरित्र है। 'छुरा' कि मृत्यु के संबंध में अनेक विरोधाभाषी कथाएँ प्रचलित हैं। कुछ कहानियों में वर्णित है कि उनकी मृत्यु लंबी यात्रा के दौरान हुई जबकि कुछ कहानियों के अनुसार मृत्यु के समय वहग्राम प्रधान के रूप में काम कर रहा था।

'नहाइया' का एक किस्सा बहुत मशहूर है। एक बार उसने सोचा कि पता लगाया जाए कि कौन मित्र और कौन सच्चा हितैषी है। इसलिए वह झूम खेत के मार्ग में ऐसे लेट गया जैसे वह

मर चुका हो, परंतु किसी ने उस पर ध्यान नहीं दिया। 'ना-आ' मरे या जीवित रहे, दूसरों को क्या? अंततः उसका भाई 'छुरा' उसी मार्ग से आ रहा था। उसने 'ना-आ' को देखा और उसे मृत समझकर ज़ोर-ज़ोर से रोने लगा। उसने अपने भाई को पीठ पर लाद लिया। रास्ते में 'ना-आ' पीठ से उतरकर खड़ा हो गया और कहा कि मैं समझ गया हूँ कि मेरा भाई ही मेरा सच्चा हितैषी है और कोई नहीं। इसी प्रकार मिजोरम में गरीब और अनाथ 'लिएँडोवा और उसके भाई की कहानी' 'तुअलवुंगी और जालपाला' नमक दंपत्ति की कहानी बहुत प्रसिद्ध है।

मिजोरम में प्रचलित लोकथाओं में भावना की प्रबलता है। कुछ कहानियाँ अविश्वसनीय होते हुए भी लोगों का मार्गदर्शन करने की क्षमता रखती हैं। मानवीय और सामाजिक मूल्यों को स्थापित करने वाली भी अनेक कथाएँ प्रचलित हैं।

मिज़ो लोगों का विश्वास है कि उनकी उत्पत्ति पृथ्वी से हुई है। एक बहुत बड़ी गुफा (चिनलुङ) थी जिससे इनके पूर्वज की उत्पत्ति हुई। उस गुफा में एक-एक करके मानव प्रकट हुए लेकिन जब एक राल्ते दंपत्ति गुफा से बाहर आया तो इतनी तीव्र गर्जना की जिससे उस गुफा के संरक्षक (ईश्वर) भयभीत हो गए उन्हें लगा कि मनुष्य की जनसंख्या बहुत हो गई है। अतः उन्होंने पत्थर से गुफा द्वार बंद कर दिया। इसके उपरांत पृथ्वी मानव की उत्पत्ति का सिलसिला बंद हो गया। ऐसी मान्यता है कि मिजोरम में वह गुफा अभी भी विद्यमान है, परंतु कोई व्यक्ति वहाँ जाने का साहस नहीं करता।

लोकोक्तियाँ अथवा मुहावरे:

- बुरी आदतों एवं गलतियों को सुधारा जा सकता है, पर कुरूपता का कोई इलाज नहीं है।
- अच्छे पेड़ में अच्छा फल, बुरे पेड़ में बुरा। (बोए पेड़ बाबुल का, आम कहाँ से होए)\
- नाच न जाने, आँगन टेढ़ा।
- नया राजा, अत्याचारी राजा।
- कल करे सो आज कर।
- अपराधी बचे, निर्दोष फंसे।
- बड़ों के निर्देशों का विरोध मत करो।
- घर में प्रवेश करने से पहले आवाज दो।
- आपातकाल में जो मित्रों की सहायता नहीं करे उसे लहंगा पहन लेना चाहिए।

- मौसम और बच्चों के जन्म के समय की ठीक-ठीक भविष्यवाणी करना संभव नहीं है।
- इतना धीरे चलो जैसे बड़ा सर्प चलता है।
- बुरी पत्नी और बुरे बाड़ को बदल देना चाहिए।
- भोज में बड़ों के आरंभ करने से पहले खाना आरंभ मत करो।

मेघालय

मेघालय एक छोटा पर्वतीय प्रदेश है। यहाँ की अधिकांश भूमि पर्वत-घाटियों और वनों से आच्छादित है। यहाँ ख़ासी, जयंतिया, गारो तीन प्रमुख आदिवासी समूह रहते हैं। ख़ासी, जयंतिया, गारो और अँग्रेजी प्रदेश की प्रमुख भाषाएँ हैं। अँग्रेजी राज्य की राजभाषा है। प्रदेश की वाचिक परंपरा में नृत्य, गीत, मिथक, कहावत आदि की समृद्ध विरासत है। 'लाहो' नृत्य मेघालय की प्रमुख नृत्य शैली है। यह त्योहार नृत्य है। इसमें महिला-पुरुष सभी शामिल होते हैं। नर्तकगण अपने रंग-बिरंगे पारंपरिक परिधानों एवं आभूषणों से सुसज्जित हो पूरी मस्ती के साथ नृत्य करते हैं।

ख़ासी समुदाय के लिए नृत्य-गीत जीवन का अभिन्न अंग है। 'शाद नोङ' इस समुदाय का सर्वाधिक महत्त्वपूर्ण नृत्य है जो पाँच दिनों तक चलता है। इस समुदाय द्वारा बसंत ऋतु के समय एक नृत्योत्सव आयोजित किया जाता है जिसे 'शाद सुकमिनसियम' कहते हैं। यह धार्मिक से अधिक सामुदायिक उत्सव है। किसी तालाब, झरना अथवा अन्य जलश्रोतों के निकट यह आनंदोत्सव आयोजित किया जाता है। तीन दिनों तक चलने वाले इस उत्सव में रंग-बिरंगे पारंपरिक परिधानों एवं आभूणों से सुसज्जित होकर पूरी मस्ती और उमंग के साथ नृत्य प्रस्तुत किया जाता है। महिलाएँ मुकुट पहनकर नृत्य करती हैं। अविवाहित लड़कियाँ दल के बीच में धीरे-धीरे पद संचालित करते हुए नृत्य करती हैं। ख़ासी समुदाय का पुरुषों द्वारा प्रस्तुत किए जाने वाले नृत्य का नाम है 'का शाद लिम्मो'। इस नृत्य में नर्तकगण अपने हाथों में वृक्ष की डलियाँ लेकर जीवंतता के साथ नृत्य करते हैं। मेघालय के अन्य नृत्य हैं-दोरे राता, पोमेलों नृत्य आदि।

मेघालय के गारो समुदाय द्वारा अन्त्येष्टि के बाद 'मङोना या चुगना' नमक मृत्यु उत्सव का आयोजन किया जाता है। मृतक की स्मृति में कई दिनों तक यह उत्सव समारोहपूर्वक मनाया जाता है। संस्कार के अंतिम दिन मृतक की आत्मा की शांति के लिए सामुदायिक भोज किया जाता है और आमंत्रित अतिथियों और ग्रामवासियों को सूअर मांस, चावल का भोज दिया

जाता है। सभी लोग पूरी रात नाचते-गाते हैं। इस संस्कार में बांस से बने पारंपरिक वाद्य यंत्रों का प्रयोग किया जाता है।

'ग्रेङदीक बाअ' भी अन्त्येष्टि के उपरांत किया जाने वाला संस्कार नृत्य है। इसमें मृतक की आत्मा की शांति के लिए ग्रामवासी और आमंत्रित अतिथि चावल से बनी मदिरा पीकर पूरी रात नाचते-गाते हैं। नर्तकों द्वारा गाए जाने वाले गीत लयात्मक और अर्थपूर्ण होते हैं।

गारो समुदाय में वीर रसात्मक लोकोक्तियों की समृद्ध परंपरा है जो आत्म गौरव को जागृत करने वाले होते हैं। इस समाज में मुख्य रूप से तीन प्रकार के लोकगीत प्रचलित हैं-संस्कार गीत, त्योहार गीत अथवा उत्सव गीत और प्रणय गीत। इन लोकगीतों में नदियों, पहाड़ों, पेड़-पौधों, झूम खेती, देवी-देवताओं आदि का बार-बार उल्लेख मिलता है। प्रणय गीतों में समर्पण-भाव है, नारी होने की विवशता है, एक-दूसरे के लिए आत्मोत्सर्ग की भावना है तथा कुछ गीतों में तो पुरुष वर्चस्व की सीधी चुनौती है। ख़ासी और जयंतिया समुदाय अपनी सुख-समृद्धि की भावना से प्राकृतिक शक्तियों की पूजा-प्रार्थना करते हैं तथा पर्वत, झील, जलप्रपात, देवी-देवता आदि को प्रसन्न करने के लिए गीत गाते हैं। गीतों में विभिन्न प्रकार के परंपरागत वाद्ययंत्रों का भी प्रयोग किया जाता है।

मेघालय के जनजातीय समाज में लोक-कथाओं की समृद्ध परंपरा है। अधिकांश कहानियाँ विभिन्न वस्तुओं, जीव-जंतुओं, पशु-पक्षियों की उत्पत्ति, देशांतर गमन, प्रेम, वन्य-जीवन आदि से संबंधित हैं। अनेक कहानियाँ पूर्वजों के साहस और शौर्य तथा आखेट से संबंधित हैं। शिलांग चोटी की कहानी, पृथ्वी की उत्पत्ति की कहानी, बाग और बंदर की कथा, आलसी कछुए की कथा आदि मेघालय में बहुत लोकप्रिय है। पूर्वोत्तर के अन्य आदिवासी समुदायों की भाँति मेघालय के समाज में भी प्रायः सभी वस्तुओं, जीव-जंतुओं एवं पशु-पक्षियों की उत्पत्ति के संबंध में मिथक विद्यमान हैं। गारो मिथक के अनुसार सृष्टि के आरंभ में सर्वत्र केवल पानी ही पानी था, सूर्य और चंद्रमा का अस्तित्व नहीं था, सर्वत्र अंधकार व्याप्त था। उस समय 'तातरा राबुगा' ने संसार (सृष्टि) की उत्पत्ति की। इसी तरह विष, पर्वत, चट्टान, वनस्पतियों आदि की उत्पत्ति के संबंध में भी रोचक मिथक मौजूद हैं। अधिकांश मिथक वैज्ञानिक दृष्टि से भले ही प्रामाणिक नहीं है परंतु इनमें रचनाशीलता और कल्पनाशीलता की ऊँची उड़ान देखी जा सकती है।

सिक्किम

तिब्बत, नेपाल, भूटान की अंतरराष्ट्रीय सीमा पर अवस्थित सिक्किम एक लघु पर्वतीय प्रदेश है। यह सम्राटों, वीर योद्धाओं और कथा-कहानियों की भूमि के रूप में विख्यात है। पर्वतों से आच्छादित इस प्रदेश में वनस्पतियों एवं पुष्पों की असंख्य प्रजातियाँ विद्यमान हैं। सिक्किम की पुष्पित हवा सुगंध से सराबोर रहती है। जैव विविधता, पेड़-पौधों की असंख्य प्रजातियाँ एवं वन्य-जीवों के कारण इस प्रदेश को वनस्पतिविज्ञानियों-पुष्पविज्ञानियों का स्वर्ग कहा जाता है। राज्य में मुख्यतः लेपचा, भूटिया, नेपाली तथा लिम्बू समुदाय के लोग रहते हैं। नेपाली, भूटिया, लेपचा तथा लिम्बू यहाँ की प्रमुख भाषाएँ हैं, जिनमें से नेपाली को संविधान की अष्टम अनुसूची में शामिल किया गया है। सितंबर महीने में यहाँ दो दिवसीय 'कंचनदीजोड़ा' नृयोत्सव आयोजित किया जाता है। इस अवसर पर कंचनजंगा की पुजा-अर्चना की जाती है तथा कंचनदीजोड़ा नृत्य प्रस्तुत किया जाता है। 'लोस्सूङ' (नववर्ष) के अवसर पर सिक्किमवासी काली टोपी नृत्य प्रस्तुत कर अपना हर्ष प्रकट करते हैं। इस नृत्य के माध्यम से बुराई पर अच्छाई, पाप पर पुण्य, अंधकार पर प्रकाश तथा असत्य पर सत्य की विजय दिखाई जाती है। इस नृत्य की प्रस्तुति पुरुषों द्वारा की जाती है। नर्तकगण विभिन्न प्रकार के मुखौटे पहनकर बौद्ध धर्म से संबंधित कथाएँ सुनाते हैं। लिम्बू समुदाय के लोग धान की खेती करने के उपरांत ढ़ोल नृत्य द्वारा अपने हर्ष को अभिव्यक्त करते हैं। लेपचा समुदाय के लोग भी फसल कटने के बाद सामुदायिक नृत्य के द्वारा अपना उल्लास प्रकट करते हैं।

सिक्किम का लोक-नृत्य प्रदेश की लोक संस्कृति, लोकगीत, लोकजीवन एवं लोक वाद्ययंत्रों की मिश्रित प्रस्तुति है। सिक्किम वासी अपने उल्लास को उत्सव नृत्यों द्वारा अभिव्यक्त करते हैं। पुजारी द्वारा प्रस्तुत संस्कार नृत्य का उद्देश्य रोगग्रस्त व्यक्ति को आरोग्य-लाभ प्रदान करना है। प्रदेश के अधिकांश लोकनृत्य संस्कार अथवा उत्सव से संबंधित है। 'यगरङसिङ लङ' लिम्बू समुदाय का संस्कार नृत्य है। यह प्रत्येक वर्ष प्रायः दिसंबर माह में पूर्णिमा के दिन प्रस्तुत किया जाता है। लिम्बू जनजाति के लोग इस नृत्य के द्वारा विभिन्न देवी-देवताओं की उपासना करते हैं। देवी-देवताओं को नवान्न का भोग लगाया जाता है तथा मांस, मदिरा आदि वस्तुएँ अर्पित कर उनकी उपासना में नृत्य किए जाते हैं। इस नृत्योत्सव में पूरा समुदाय सम्मिलित होता है। यह नृत्य एक, तीन, सात अथवा नौ रातों तक चलता है। इसमें लिम्बू समुदाय की ऊर्जा, मस्ती और उत्साह दृष्टिगोचर होता है। 'साक्यो-रम-फात' लेपचा समुदाय का त्योहार है। इस त्योहार में सामूहिक नृत्य प्रस्तुत किया जाता है तथा धन-धान्य की कामना से सात अमर दंपत्तियों की उपासना की जाती है। लेपचा समुदाय के लोगों की धारणा है कि इन सात

दंपत्तियों की अनुकंपा से ही फसलों की रक्षा होती है। सिक्किम के लोकनृत्यों को मुख्य रूप से निम्नलिखित वर्गों में विभक्त किया जा सकता है-

- **संस्कार नृत्य :**खाइनजरी भजन,साक्यो-रम-फात,तेनदोङ ल्हो रम फात एवं यगरङसिङ लङ।
- **उत्सव नृत्य :** मरुनी नृत्य एवं कग्येद मुखौटा नृत्य
- **ऋतु संबंधी नृत्य :** संगिनी नाच,तमके उकमा,बरसिंघा नृत्य, कंकाल नृत्य, दंपू नृत्य भी सिक्किम के अत्यंत लोकप्रिय नृत्य हैं।

सिक्किम के विभिन्न समुदायों में लोकगीतों की समृद्ध विरासत है। यहाँ के लोकगीतों में कोमल कल्पनाएँ तथा निर्दोष मन की सरल भावनाएँ अभिव्यंजित हुई हैं। इन लोकगीतों में विभिन्न समुदायों की साँस्कृतिक चेतना की काव्यात्मक प्रस्तुति हुई है। लिम्बू समुदाय लोकगीतों के विषय-वैविध्य के कारण अपनी विशिष्ट पहचान रखता है।

नागालैंड

नागा समाज अनेक आदिवासी समूहों एवं उपजातियों में विभक्त है। नागालैंड की प्रमुख जनजातियाँ हैं- चाकेसाङ, अंगामी, जेलियाङ, आओ, सङतम, यिमचुङर, चाङ, सेमा, लोथा, खेमूङन, रेङमाँ, कोन्यक आदि। नागालैंड की संपूर्ण आबादी जनजातीय है। प्रत्येक समुदाय वेश-भूषा, भाषा-बोली, रीति-रिवाज और जीवन-शैली की दृष्टि से पृथक है लेकिन इतनी भिन्नता के बावजूद नागा समाज में परस्पर भाईचारा और एकता की सुदृढ़ भावना है तथा वे एक-दूसरे की जीवन-शैली का सम्मान करते हैं। नागालैंड में लगभग तीस भाषाएँ बोली जाती हैं। ये भाषाएँ एक-दूसरे से भिन्न हैं। एक गाँव की भाषा पड़ोसी गाँव के लिए अबूझ है। इन सभी भाषाओं की वाचिक्क परंपरा में असंख्य लोकगीत, लोक-कथाएँ, मिथक, कहावतें आदि उपलब्ध हैं।

नागालैंड के युवागृह को मोरङ के नाम से जाना जाता है। यहाँ अविवाहित युवक-युवतियाँ पारंपरिक नृत्य-गीत का प्रशिक्षण प्राप्त करते हैं और इस तरह नागा लोक-साहित्य मौखिक परंपरा में आगे बढ़ता है। कुछ लोकगीतों एवं लोक-कथाओं की तो ऐतिहासिक पृष्ठभूमि है परंतु अधिकांश लोकगीत-लोक-कथाएँ मिथकों पर आधारित हैं। भाषा की विभिन्नता के कारण नागालैंड वासियों ने अपनी एक संपर्क भाषा विकसित कर ली है जिसका नाम है

'नागामीज'। यह असमिया, नागा, बांग्ला, हिंदी और नेपाली का मिश्रण है। नागामीज की न कोई लिपि है न ही सुनिश्चित व्याकरणिक नियम।

प्रदेश में लोक नृत्यों व गीतों की समृद्ध परंपरा है। यहाँ के नृत्य-गीत उत्साह, ऊर्जा, मस्ती और यौवन से भरपूर होते हैं जो प्रदेश की जीवंत साँस्कृतिक चेतना को प्रतिबिंबित करते हैं। नृत्य प्रायः पुरुषों द्वारा ही प्रस्तुत किए जाते हैं। नृत्य की प्रस्तुति सामूहिक रूप में होती है। कोई भी नृत्य संगीत रहित नहीं है। संगीत नागा नृत्य का अभिन्न अंग है। पर्व-त्योहार, शादी-विवाह अथवा उत्साह के अन्य अवसरों पर नृत्य के माध्यम से नागा समुदाय अपने हर्ष को अभिव्यक्त करता है। झांझ, ढोलक, पेतु आदि पारंपरिक वाद्ययंत्रों के उपयोग से नृत्य का प्रभाव दुगुना हो जाता है। नागालैंड में मुर्गा नृत्य, झींगुर नृत्य, भालू नृत्य आदि खूब लोकप्रिय हैं। इन नृत्यों में पशु-पक्षियों जैसा हाव-भाव और अंग संचालन होता है। 'हेतातेउली' अथवा भालू नृत्य यहाँ का युद्ध नृत्य है जो योद्धाओं में उत्साह व पराक्रम का संचार करता है। नृत्य मानव के हर्ष प्रकट करने की आदिम शैली है। इसीलिए कहा जाता है कि नृत्य का उद्भव गीत से भी पहले हुआ। नागा समाज भी अपने हर्ष-विषाद को प्रकट करने के लिए नृत्य की अलग-अलग शैलियों का प्रयोग करता है। जब गाँव में किसी विशिष्ट अतिथि का आगमन होता है तो उसका मनोरंजन करने के लिए रात्रि में ग्राम प्रधान के आवास के सामने अथवा मुक्ताकाश में नर्तकगण नृत्य करते हैं। सभी समुदायों की अलग-अलग नृत्य शैलियाँ हैं। संगीत-नृत्य में नागा समाज की जीवन-शैली, रीति-रिवाज, धार्मिक विश्वास और साँस्कृतिक बोध प्रतिबिंबित होता है।

गीत-संगीत नागा समाज के लिए हवा-पानी और श्वास के समान हैं। वे हर्ष और विषाद दोनों स्थितियों में गाते हैं। वर्षा हो या धूप, बसंत हो या शरद, सुख हो या दुख वे सभी स्थितियों में गीतों के द्वारा अपनी भावनाएँ संप्रेषित करते हैं। वे समूह में भी गाते हैं और अकेले भी। समाज के अधिकांश लोकगीत अभी भी मौखिक परंपरा में ही विद्यमान हैं जो पुरानी पीढ़ी के पास सुरक्षित है। कहानियाँ सुनाना और गीत गुनगुनाना नागा समाज के लिए मनोरंजन और समय व्यतीत करने के साधन है। यहाँ उपलब्ध गीतों को मुख्यतः निम्नलिखित वर्गों में विभक्त कर सकते हैं-

1. राइ ला- युद्ध गीत (तङखुल नागा)
2. मेइसुमला – युवागृह में गाए जाने गीत
3. लुङशाव ला- फसल गीत

4. यर्रा ला- बसंत ऋतु केगीत
5. चापचत ला- मृत्यु गीत
6. नावखोत ला- लोरी गीत
7. मारन ला- गृह निर्माण संबंधी गीत
8. यङयिर्ला- शरद ऋतु की गीत

नागालैंड के लोकगीतों की केंद्रीय विषयवस्तु होती है-वीरता का प्रदर्शन, प्रेम, उपासना, धार्मिक विश्वास आदि। 'हेलिअमलेऊ' सर्वाधिक लोकप्रिय गीत है जो प्रेम की भावभूमि पर आधारित है। 'हेरिलेऊ' युद्धगीत है। 'हेरिलेऊ' समाज के के बुजुर्ग सदस्यों द्वारा गाए जाते हैं। इन गीतों के माध्यम से अतीत में हुए युद्धों एवं पूर्वपुरुषों की उपलब्धिपूर्ण शौर्यगाथाओं का बयान किया जाता है। इन गीतों का उद्देश्य पूर्वजों के पराक्रम की गौरव गाथा द्वारा नई पीढ़ी को प्रेरित करना एवं उनमें साहस का संचार करना है। 'नेऊलेउ' प्रदेश की एक विशिष्ट गीत शैली है। इसे आख्यान गीत भी कहा जाता है। इन गीतों में वर्षों पूर्व किसी व्यक्ति द्वारा जीवन के किसी भी क्षेत्र में किए गए उत्कृष्ट व उपलब्धिपूर्ण कार्यों का वर्णन होता है। इन गीतों में नागा समाज की रचनाशीलता झलकती है। 'हेकियालेऊ'नागा समाज की गाथा गीत है। इसके दो रूप हैं- पहला जिसे समाज में वरिष्ठ सदस्य गाते हैं और इनमें उनके यौवन काल की गौरव गाथा होती है। दूसरा, जिसे बुजुर्ग एवं युवा सभीगाते हैं। बुजुर्ग लोग इन गीतों के द्वारा अपने जीवन वृतांत से नई पीढ़ी को अवगत कराते हैं तथा इस प्रकार उनके आख्यान और अनुभव वाचिक परंपरा में भावी पीढ़ी को हस्तांतरित होते रहते हैं। युवागृह में पाए जाने वाले गीतों में प्रेम गीतों की संख्या सर्वाधिक है। नृत्यों और त्योहारों के दौरान लड़के-लड़कियों में प्रेम संबंध विकसित होते हैं और वे अपनी भावनाओं को प्रकट करने के लिए गीतों का सहारा लेते हैं। खेतों में काम करते समय नागा लोग गीत गाते हैं जो उनकी थकावट को दूर करने का काम करते हैं। लोरी गीतों में माँ की ममता होती है। मृत्यु गीतों की पंक्तियाँ दुख, पीड़ा और आसुओं में भींगी होती है। नागालैंड के सभी आदिवासी समुदायों के लोकगीतों को निम्नलिखित श्रेणियों में विभाजित किया जा सकता है-

1. संस्कार गीत
2. उपासना गीत
3. प्रणय गीत
4. लोरी गीत

5. युद्ध गीत
6. श्रम गीत
7. ऋतु संबंधी गीत और
8. गाथा गीत

युद्ध गीतों में किसी गाँ अथवा पूर्वजों की वीर गाथा वर्णित होती है। एक युद्ध गीत में उल्लेख है कि एक शक्तिशाली गाँव के बहादुर योद्धा दूसरे गाँव पर चढ़ाई करने गए परंतु उस गाँव में उनका प्रतिरोध करने वाला कोई नहीं था। सभी ग्रामवासी आत्मसमर्पण की मुद्रा में थे। उस गाँव के लोगों ने विजेता ग्रामवासियों को मांस और मदिरा का उपहार दिया।

नागा समाज में लोक-कथाओं और मिथकों की समृद्ध परंपरा है। प्रदेश के सभी समुदायों में अपने देशांतरगमन, पूर्व पुरुषों तथा ईश्वरीय प्रतीकों के संबंध में भिन्न-भिन्न मिथक प्रचलित हैं। वन एवं वन्य प्राणियों से संबंधित लोककथाओं और मिथकों का बाहुल्य है। पूर्वोत्तर में अन्य आदिवासी समूहों कीभाँति नागालैंड के मिथकों में भी सृष्टि, पेड़, पर्वत, जल, मानव, पशु-पंक्षी, जीव-जन्तु आदि की उत्पत्ति की कथा वर्णित है। यहाँ प्रेम कथाएँ भी पर्याप्त संख्या में उपलब्ध हैं। प्रेमकथाओं में नायक-नायिका एक-दूसरे के लिए आत्मोत्सर्ग करने को तैयार दिखते हैं। संसार के अन्य समाजों कीभाँति नागा समाज की लोक-कथाएँ भी किसी न किसी मानवीय व सामाजिक मूल्य को प्रतिष्ठित करने के लिए प्रयासरत दिखती है। यहाँ जड़ वस्तुओं का मानवीकरण कर उनके बीच परस्पर प्रेम का चित्रण किया गया है। आखेट संबंधी लोक-कथाएँ भी पर्याप्त संख्या में उपलब्ध हैं जिनमें पूर्वजों की अनुभवसिद्ध घटनाएँ होती हैं।

लोकोक्तियाँ

- बड़े गाँव के लोग घमंडी होते हैं।
- छोटे गाँव के लोग साहसी नहीं होते।
- नेतृत्व कुशल व्यक्ति अच्छे शिकारी कुत्ते के समान होते हैं।

अरुणाचल

संस्कृत मनुष्य में सामाजिकता का विकास करती है और समाज से अनुकूलन करने की क्षमता विकसित करती है। वह मानव की आदिम प्रवृत्तियों को नियंत्रित कर सामाजिक प्राणी बनाती है। "बच्चा जब जन्म लेता है तब न वह सामाजिक प्राणी होता है और न ही सामाजिक

विरोधी बल्कि उसमें केवल सामाजिक बनने के कुछ गुण विद्यमान रहते हैं। संस्कृति उसका संस्कार कर एक जैविकीय प्राणी से सामाजिक प्राणी में के रूप में परिवर्तित करती है" (वीरेंद्र परमार- कथाकार आचार्य शिवपूजन सहाय, 2010)। संस्कृति हमारे वैचारिक पक्ष से संबद्ध है। साहित्य, संगीत, कला, धर्म, प्रथा, लोकाचार, कर्मकांड, अनुष्ठान, सामाजिक-नैतिक मूल्य आदि संस्कृति के अंतर्गत आते हैं।

अरुणाचल प्रदेश आदिवासी संस्कृति का अक्षय कोश है। यहाँ के गाँवों और पर्वत घाटियों में लोक-साहित्य पल्लवित-पुष्पित होता है। अपनी परंपराओं, प्रथाओं, लोकाचारों एवं सामाजिक मूल्यों के प्रति अटूट आस्था रखनेवाले प्रदेशवासी पौराणिक आख्यानों, लोक-कथाओं, लोकगीतों के माध्यम से जीवन जीने की कला सीखते हैं। धर्म अरुणाचली लोक-साहित्य का प्राण-तत्त्व है। अतः यहाँ के लोक-साहित्य पर धर्म का व्यापक प्रभाव दृष्टिगोचर होता है। प्रकृति पूजन हो अथवा बौद्ध धर्मावलंबी - सभी एक सर्वोच्च सत्ता या ईश्वरीय प्रतीक के प्रति निष्ठा रखते हैं। भिन्न-भिन्न समुदायों में अलग-अलग नामों से उसे संबोधित किया जाता है। धर्म एवं धार्मिक मान्यताएँ पग-पग पर यहाँ के लोगों का पथ-प्रदर्शन करती हैं। प्रदेश के लोक-साहित्य का अधिकांश भाग धर्म से अनुप्राणित है अथवा धर्म से संबंधित है। लोकगीतों, लोक-कथाओं, मिथकों में अलौकिक शक्तियों, देवी-देवताओं तथा ईश्वरीय शक्तियों के प्रति श्रद्धा निवेदन है, आरोग्य व धन-धान्य की कामना है, प्राकृतिक आपदाओं में रक्षा हेतु भयाकांत मन की निश्छल पुकार है और अपने दैन्य का प्रकटीकरण है।

अरुणाचल के सभी समुदायों में प्रकारांत से प्रकृति पुजा का विधान है। पर्वत, नदियाँ, जंगल, झरने, तालाब, वर्षा, सूर्य, चंद्रमा, आँधी, तूफान आदि की पूजा-अर्चना की जाती है, गीत गाए जाते हैं तथा प्रकृतिक शक्तियों के बारे में आख्यान सुनाए जाते हैं। लगभग सभी प्राकृतिक शक्तियों, जीव-जंतुओं और देवी-देवताओंकी उत्पत्ति के संबंध में आख्यान या लोक-कथा उपलब्ध है। प्रदेश में प्रचलित उपासना गीतों, लोक-कथाओं, त्योहार गीतों में प्राकृतिक शक्तियों के प्रति आत्म निवेदन व समर्पण-भावना का प्रतिपादन हुआ है।

सृष्टिकर्ता के अतिरिक्त प्रदेशवासियों की देवी-देवताओं, भूत-प्रेतों के प्रति अखंड आस्था है। सभी आदिवासी समुदाय इन देवी-देवताओं तथा भूत-प्रेतों को दो वर्गों में विभक्त करते हैं- हितकारी और अनिष्टकारी। इनकी मान्यता है कि इन भूत-प्रेतों और देवी-देवताओं का मानव जीवन पर गहरा प्रभाव पड़ता है। सभी समुदाय इनकी आराधना करते हैं तथा नृत्य-गीतों के

द्वारा उन्हें संतुष्ट करने का प्रयत्न करते हैं दोन्यी-पोलो, आबो तानी, सेदी, सि-दोन्यी, बियु, रंग, बऊ रंग, जोका, हड-वङ, नर, ताइसिम, मुजेर, लिल्लो, लिजी, लिरम, दोजी, यापङ, मूरङ, सुबु आदि ईश्वरीय प्रतीकों, देवी-देवताओं तथा भूत-प्रेतों के नाम हैं जिनके संबंध में अरुणाचली समाज में अनेक आख्यान, संस्कार गीत, उपासना गीत और लोकथाएँ प्रचलित हैं। सभी आदिवासी समुदायों में गृह देवता, आकाश देव, ग्रामदेव, जल देव की परिकल्पना तथा उनके संबंध में आख्यान उपलब्ध हैं

रूढ़ियाँ अथवा लोकाचार किसी समूह के प्रथागत विश्वास हैं जिनके द्वारा समाज को अनुशासित किया जाता है। अरुणाचल के लोक-साहित्य में प्रचलित रूढ़ियों, प्रथाओं, अंधविश्वासों, तंत्र-मंत्र, जादू-टोना, चमत्कार आदि की अधिकता है।

अरुणाचली समाज में पुजारी की प्रभावशाली भूमिका होती है। पुजारी को विभिन्न समुदायों में पृथक-पृथक नामों से संबोधित किया जाता है। पुजारी आध्यात्मिक जगत और मानव जगत के बीच मध्यस्थ का कार्य करता है। वह सभी संस्कारों और त्योहारों को संपन्न करता है। कुछ संस्कार गीतों, उपासना गीतों और आख्यानों का कथन-वाचन तो केवल पुजारियों द्वारा ही किया जा सकता है, जनसाधारण के लिए इनका कथन-वाचन प्रतिबिंबित है।

अरुणाचली समाज में युवागृह का विशेष महत्त्व है। युवागृह सामाजिक-धार्मिक जीवन का केंद्रीय स्थल है। प्रदेश के सभी समुदायों में युवागृह की अवधारणा है, परंतु कुछ समुदायों में इनका अस्तित्व समाप्त हो चुका है। "युवागृहों में युवावर्ग के लोकजीवन, पौराणिक आख्यानों, लोकगीतों, लोक-कथाओं तथा युद्ध का प्रशिक्षण दिया जाता है। युवागृह आदिवासी समाज की साँस्कृतिक गरिमा और परंपरागत मूल्यों को सुरक्षित-संरक्षित करने वाली बहुद्देशीय सामाजिक संस्था है। अरुणाचली लोक-साहित्य की वाचिक परंपरा को अक्षुण्ण रखने में युवागृहों की महत्त्वपूर्ण भूमिका है' (वीरेंद्र परमार-अरुणाचल के आदिवासी और उनका लोकसाहित्य, 2009)।

अरुणाचल के लोक-साहित्य में जीवन से पलायन अथवा वैराग्य भाव नहीं है बल्कि जीवन जीने की कला विद्यमान है। सामुदायिकता की भावना, उत्सवधर्मिता और लोककल्याण की भावना अरुणाचली लोक-साहित्य की प्रमुख विशेषताएँ हैं। कुछ जनजातियों में तो मृत्यु को भी एक उत्सव के रूप में समारोह पूर्वक आयोजित किया जाता है। यहाँ के लोक-साहित्य में श्रोताओं या पाठकों को बांधे रखने की अपूर्व क्षमता है, क्योंकि उनमें रोचक घटनाओं,

चमत्कारी महापुरुषों एवं दैवीय अनुभूतियों का वर्णन होता है। अरुणाचली लोक-कथाओं में जानवर और मनुष्य आमने-सामने बातें करते हैं, एक-दूसरे के सुख-दुख में शामिल होते हैं तथा एक-दूसरे की सहायता करते हैं। पशु-पक्षियों, प्राकृतिक शक्तियों और भूत-प्रेतों का मानवीकरण कर इन लोक-कथाओं द्वारा ईमानदारी, नैतिकता, सच्चाई आदि मानवीय मूल्यों का संदेश दिया गया है। प्रदेश में प्रचलित लोकनृत्यों के द्वारा धार्मिक संदेश संप्रेषित किए जाते हैं। प्रदेश में प्रचलित लोकोक्तियों व मुहावरों के हजारों वर्षों के जीवनानुभवों से अर्जित ज्ञानराशि निहित रहती है।

पूर्वोत्तर के लोक-साहित्य की विशेषताएँ

- पूर्वोत्तर भारत की आर्थिकी कृषि पर निर्भर है। अतः अधिकांश पर्व-त्योहार कृषि से संबंधित हैं। बीज बोने, फसल काटने के उपरांत अनेक पर्व-त्योहार मनाए जाते हैं। नृत्य-गीत इन त्योहारों के अभिन्न अंग हैं। त्योहारों के अवसर पर इष्ट देवों को प्रसन्न करने के लिए समूहिक स्तर पर नृत्य-गीत प्रस्तुत किए जाते हैं। इसलिए इस अंचल में त्योहार से संबंधित गीतों, नृत्यों और आख्यानों की संख्या सर्वाधिक है।
- पूर्वोत्तर क्षेत्र के आदिवासी समूहों के बीच प्राचीनकाल से परस्पर लड़ाई-झगड़े होते रहते थे। कभी-कभी ये झगड़े युद्ध का रूप धरण कर लेते थे और अनेक मारे जाते थे। इसलिए इस क्षेत्र में लगभग सभी आदिवासी समूहों में युद्ध नृत्य और युद्धगीत की परंपरा विद्यमान है। ये युद्धनृत्य और युद्धगीत वीर रसात्मक होते हैं तथा लोगों में शौर्य व पराक्रम का संचार करते हैं। गीतों में अतीत में घटित युद्ध के उल्लेखों के साथ-साथ समुदाय के पूर्वज योद्धाओं के वीरतापूर्ण आख्यान भी होते हैं।
- पूर्वोत्तर का समाज उत्सवधर्मी है। इस क्षेत्र में अनेक आदिवासी समूहों में मृत्यु को भी उत्सव की भाँति समारोहपूर्वक मनाया जाता है। चावल निर्मित मदिरा पीकर सभी ग्रामवासी एवं अतिथि पूरी रात नृत्यकरते हैं और गीत गाकर मृतक की आत्मा की शांति के लिए प्रार्थना करते हैं। इसलिए इस क्षेत्र में मृत्यु गीत व मृत्यु संबंधी नृत्य की उन्नत परंपरा है।
- पूर्वोत्तर के लोक-साहित्य में पशु-पक्षियों, पेड़-पौधों, जीव-जंतुओं आदि का मानवीकरण किया गया है। यहाँ जड़ वस्तुएँ भी मनुष्य की तरह बातें करती हैं, प्रणय निवेदन करती है तथा एक-दूसरे के सुख दुख में सहभागी बनती हैं। पशु-पंक्षी भी परस्पर विचार-विनिमय

करते हैं तथा सुख-दुख में एक-दूसरे की सहायता करते हैं। पर्वत और वृक्ष भी मानव के सुख-दुख में हर्षित-रोमांचित होते हैं।

- इस अंचल के लोक-साहित्य में वन, पर्वत, देवी-देवता, भूत-प्रेत, जादू-टोना, तंत्र-मंत्र, नदी, तालाब, वृक्ष आदि से संबंधित आख्यानों, गीतों, कथाओं और पहेलियों का बाहुल्य है। दैवीय गुणों से युक्त वनस्पतियों, संवेदनशील भूत-प्रेतों और चमत्कारी नदियों-झरनों का उल्लेख इस क्षेत्र के लोक-साहित्य में बार-बार मिलता है। इसका कारण है इस अंचल में सर्वाधिक सघन वनों की उपलब्धता और औषधीय पेड़-पौधों का बाहुल्य।
- इस अंचल के प्रणयगीतों में प्रेम की पराकाष्ठा दृष्टिगोचर होती है। इनमें आत्मसमर्पण, आत्मोत्सर्ग एवं उद्दत प्रणय निवेदन है। प्रेमी-प्रेमिका एक-दूसरे के लिए जीने-मरने को तत्पर रहते हैं। प्रणय गीतों में प्रयुक्त उपमा और प्रतीक भी वनांचल से लिए गए हैं। जैसे, दो प्रेमी एक-दूसरे से वादा करते हैं कि मृत्यु के बाद हम उन दो पक्षियों अथवा दो वृक्षों की तरह पुनर्जन्म लेंगे जिन्हें अलग नहीं किया जा सकता है; अलग हो रहे दो प्रेमी कहते हैं कि जैसे गाय अपने बछड़े को दूर जाते देखती है वैसे हम देख रहे हैं।
- इस क्षेत्र की अधिकांश जनजातियों में मुखौटा नृत्य की परंपरा विद्यमान है। नरतकगण विभिन्न पशु-पक्षियों तथा देवी-देवताओं के मुखौटे पहनकर संपूर्णसमर्पण के साथ नृत्य करते हैं। इस नृत्य के द्वारा संदेशों को संप्रेषित किया जाता है। विशेषकर बौद्ध धर्मावलंबी समुदायों में मुखौटा नृत्य की उन्नत शैली विद्यमान है जिसके माध्यम से बौद्ध धर्म से संबंधित संदेशों का संप्रेषण किया जाता है।
- पूर्वोत्तर के कुछ जनजातीय समाज में पशु-पक्षियों के हाव-भाव के आधार पर नृत्य किए जाते हैं। नर्तकगण भालू, मुर्गा आदि पशु-पक्षियों की तरह अंग संचालन करते हैं तथा वैसी ही आकृति बनाकर अपना संदेश संप्रेषित करते हैं, मुर्गा नृत्य, भालू नृत्य, झींगुर नृत्य आदि नागालैंड में बहुत लोकप्रिय है।
- नृत्य पूर्वोत्तरी समाज के जीवन का अभिन्न अंग है। इसके द्वारा लोग अपने हर्ष-विषाद, उल्लास, उमंग आदि भावनाएँ प्रकट करते हैं। पूर्वोत्तर के अनेक समुदायों में नृत्य को उपासना माना गया है। विशेषकर मणिपुरी समाज में नृत्य ईश्वर को प्राप्त करने का पवित्र साधन है।

- इस क्षेत्र के उपलब्ध गीतों में वीरगाथात्मक आख्यान, देशांतरगमन संबंधी घटनाएँ, पूर्वजों की उपलब्धियाँ तथा आखेट संबंधी अनुभव वर्णित होते हैं। अधिकांश लोकगीत व लोक-कथाएँ मिथकों पर आधारित हैं। यहाँ उपलब्ध कहावतें एवं दंतकथाएँ पूर्वजों द्वारा अर्जित अनुभव तथा अतीत की घटनाओं पर आधारित हैं।
- मिथक की दृष्टि से यह क्षेत्र अत्यंत समृद्ध है। पूर्वोत्तर के सभी समुदायों में मिथकों की उन्नत परंपरा है। विभिन्न जनजातियों की मिथक संबंधी अवधारणाओं तथा लोकनायकों-लोकनायिकाओं की संकल्पनाओं में पर्याप्त भिन्नता है। संसार में विद्यमान सभी वस्तुओं की उत्पत्ति के संबंध में यहाँ मिथक विद्यमान है सृष्टि, जल, पशु-पंक्षी, पेड़-पौधे, पर्वत, नदी, भूकंप, आकाशगंगा, देवी-देवता, भूत-प्रेत की उत्पत्ति के संबंध में हजारों मिथक वाचिक परंपरा में विद्यमान हैं। इसी प्रकार सभी आदिवासी समुदायों में अपने देशांतरगमन, पूर्वजों तथा उनकी चमत्कारपूर्ण विशेषताओं से संबंधित मिथक उपलब्ध हैं। कुछ मिथकों में सूर्य और चंद्रमाँ को भाईबहन माना गया है जबकि कुछ में पति-पत्नी माना गया है। अनेक मिथकों में दर्शाया गया है कि पहले आकाश और पृथ्वी अलग-अलग नहीं, बल्कि एक साथ थे। बाद में वे अलग हुए। पूर्वोत्तर में प्रायः सभी समुदायों के मिथकों में एक तथ्य समान है कि सृष्टि के आरंभ में सर्वत्र जल ही जल था, बाद में धरती की रचना हुई तथा सबसे अंत में ईश्वर ने मानव की रचना की।

संदर्भिका

1. डॉ. वीरेंद्र परमार-अरुणाचल के आदिवासी और उनका लोक-साहित्य (2009)
2. श्री ताई न्योरी-हिस्ट्री एँड कल्चर ऑफ आदिज
3. शी जे. एन. चौधरी- अरुणाचल पेनोरेमा
4. डॉ. वेरियर एल्विन- मिथस ऑफ द नॉर्थ ईस्ट फ्रंटियर ऑफ इंडिया
5. श्री वीरेंद्र नाथ दत्ता- (संपादक) फोकस ऑन फोकलोर ऑफ नॉर्थ ईस्ट इंडिया
6. श्री रामनारायन उपाध्याय – समग्र लोक-साहित्य

कहानी, स्त्री और समय

- अभय नारायण सिंह

भाषा, स्त्री एवं समय का अंतर्संबंध सार्वभौम है, क्योंकि स्त्री न होती तो समाज निर्मित नहीं होता और समाज की अनुपस्थिति में भाषा की उपस्थिति हो नहीं सकती। अर्थात् समय के साथ भाषा एवं स्त्री दोनों की उपस्थिति इस संसार में एक ही बार हुई होगी। वर्तमान तो इस यथार्थ का साक्ष्य प्रस्तुत करता है और भविष्य की परिकल्पना इससे इतर की नहीं जा सकती। निःसन्देह भाषा, स्त्री एवं समय हमारे अपने भूत, वर्तमान एवं भविष्य की उपस्थिति के साक्षात्कार है। तीनों का अंतर्संबंध तात्कालिक नहीं है, बल्कि इनकी संवेदना इनके निरंतरता में है। भाषा समय के बारे में कुछ बताने एवं किसी खास समय में स्त्री की दशा, सोच, प्रवृति एवं उपलब्धि बताने काएक माध्यम भी है। भाषा के माध्यम से ही रचनाकार स्त्री की सामाजिक, राजनीतिक, मनोवैज्ञानिक एवं आर्थिक स्थितियों को आम के समक्ष प्रस्तुत करता है। कहानियों के माध्यम से भी कहानीकारों ने उक्त दौर की स्त्रियों के विभिन्न पक्षों को उभारने का प्रयास किया है।

परिचय

अभय नारायण सिंह

लेखक गया कालेज, बिहार में हिंदी के प्राध्यापक हैं और हिंदी और मैथिली में लेखन करते हैं। संपर्क:

abhaynarayan59@gmail.com

कहानियों की बुनावट भी समय से प्रेरित होती है। आंचलिक कथाएँ एवं कहानियाँ समय से सर्वाधिक प्रभावित होती हैं। दूसरी ओर यह भी संभव है कि समय ही कहानीकारों को अपनी कहानियों को किसी खास साँचे में बुनने के लिए प्रेरित करता है। इन तथ्यों पर ध्यान देना अपेक्षित है, क्योंकि कहानियों में काल्पनिकता से कहीं अधिक वास्तविकता होती है। काल्पनिक कहानियाँ टिकाऊ नहीं हो सकती। मसलन, कालजयी कहानियाँ स्वभावतः संवेदनशील यथार्थ होती हैं। किसी भी कहानी की वास्तविकता समय से इतर नहीं हो सकती है, क्योंकि कथा का रेशा-रेशा अपनी कथा कहता है और फिर प्रत्येक रेशे के माध्यम से वह मात्र एक ही संपूर्ण बिंब के रूप में स्पष्ट होता है। कहानियों में एक जगह से दूसरी जगह की यात्रा के स्थान पर पाठक को एक ही बिंदु के चारों ओर नाचते हुए समस्त वस्तुस्थिति का समग्र दर्शन होता है।

कहानी, समय एवं स्त्री के संवाद को मुख्यधाराके सिद्धांतों के तहत समझना प्रयाप्त नहीं होगा, क्योंकि इससे संबंधित मुद्दे गहन विश्लेषण की माँग करते हैं, जो सदैव संदेहों में घिरे होते हैं। अतः वैज्ञानिकता से इतर जाकर हमें उन प्रश्नों को ढूँढना होगा, जो समय के अनुसार बनते हैं और सटीक उत्तर के लिए सदैव आकांक्षित रहते हैं। समग्र एवं अंतरानुशासनिक अध्यन के लिए निम्नलिखित प्रश्नों का उत्तर खोजना हमारी नैतिक जिम्मेदारी है-

(क) किस समय कौन-सी कहानी स्त्री के लिए बनती और बनाई जाती है?
(ख) किस समय कौन-सी कहानी स्त्री के लिए स्त्री द्वारा बनती और बनाई जाती है?
(ग) कोई कहानी किसी खास समय में स्त्री के लिए ही क्यों बनाई जाती है?
(घ) क्या किसी खास परिस्थिति ही स्त्री से संदर्भित कहानियाँ यथार्थनिष्ठ होती हैं?
(ङ) क्या स्त्री जनित कहानियाँ स्वतः बनती हैं या फिर विशेष परिस्थिति की उपज?
(च) क्या स्त्री जनित कहानियाँ सदैव सार्वभौमिक होती हैं यामुख्यतया आंचलिक?
(छ) अधिकांश स्त्री जनित कहानियाँ कहाँ प्रासंगिक होती हैं?
(ज) क्या स्त्री प्रधान कहानियाँ अधिक रोचक होती हैं?
(झ) क्या स्त्री प्रधान कहानियों की रचना सिर्फ स्त्री ही कर सकती हैं?
(ञ) कहानियाँ स्त्री प्रधान कब, कैसे, क्यों, कहाँ और किसके द्वारा बनाई जाती हैं?
(ट) क्या पुरुष की अनुपस्थिति में कहानियाँ स्त्री प्रधान हो सकती हैं?
(ठ) क्या कहानियाँ स्त्री या पुरुष की प्रधानता से परे सिर्फ संस्कृतिनिष्टहोती हैं?
(ड) क्या स्त्री प्रधान कहानियों के लिए विशिष्ट भाषा-प्रयोग की आवश्यकता होती है?
(ढ) क्या धारदार एवं जोशीले भाषा से स्त्री को मुक्ति दिलाई जा सकती है?

इन प्रश्नों का सार्थक उत्तर न तो सिर्फ मुख्य धारा सिद्धांत के तहत दिया जा सकता है (सिंह, 2012) और न ही अतिवादियों के माध्यम से। नतीजतन, दोनों से पार जाने की आवश्यकता है।

समय, संस्कृति एवं स्त्री

देश के जिन पिछड़े समाजों के ताने-बाने में मध्ययुगीन मूल्य और संस्थाएं अभी तक जड़ जमाए हुए हैं, वहाँ पूँजी की निरंकुश संस्कृति को अपना सामाजिक आधार मजबूत बनाने में और अधिक अनुकूल जमीन मिल रही है। जाहिर है कि दमन-उत्पीड़न की इस संस्कृति के सबसे आसान शिकार वही बन रहे हैं, जो पहले से ही दमित-उत्पीड़ित हैं, यानी मेहनतकश तबके के लोग, स्त्री, दलित और भाषाई-धार्मिक अल्पसंख्यक समुदाय। यह दमन अधिक

व्यवस्थित और उग्र इसलिए भी है कि विश्व ऐतिहासिक स्तर पर प्रतिरोध की धारा बिखराव और अंतर्द्वंद्व की शिकार है। समाजवादी क्रांतियों के प्रथम संस्करण के पराजय के बादपूँजी और श्रम के बीच विश्व ऐतिहासिक महासमर के दूसरे चक्र की शुरुआत अभी गति नहीं पकड़ सकी है। स्त्री-प्रतिरोध और संघर्ष चेतना की पड़ताल हमें समय-समाज के इसी परिप्रेक्ष्य में करनी होगी, क्योंकि स्त्री-उत्पीड़न का प्रश्न परिवेश-निरपेक्ष या इतिहास-निरपेक्ष प्रश्न नहीं है। कलाकार का वास्तविक विश्व दृष्टिकोण, जिसमें उसकी प्रतिभा का मूल निहित होता है, उन छवियों के सिवा और कहीं नहीं मिल सकता, जिनकी वह रचना करता है। जिस तरह एक वैज्ञानिक कार्य-कारण संबंधों का एक प्रयोग-सम्मत विधान तैयार करता है, वैसे ही जब मानव-संबंधों की पहचान विवेकसम्मत तर्क-पद्धति के अनुसार की जाती है, तो वह वैज्ञानिक जीवन-दृष्टि के रूप में जानी जाती है।

मैथिली कहानियाँ, समय और स्त्री

स्वतंत्रता से पूर्व तक मैथिली कहानियों का जो सिलसिला आ रहा था, उनमें स्वतंत्रता पश्चात् अभूतपूर्व बदलाव आया। मैथिली कहानियों के माध्यम से उस समय के स्त्रियों की दशा को चित्रित किया गया, जिनमें मिथिला की माटी के मानुषों के जीवन के सत्य को दर्शाया गया। मिथिलांचल में बसे जहाँ एक ओर निम्न मध्यवर्ग का शोषित समाज है, वहीं दूसरी ओर इसी परिवेश में कुछ उच्च मध्यवर्गीय तबका भी है, जो अपनी वैभव के कारण निम्न मध्यवर्ग के शोषक बने हुए हैं। मैथिली में कुछ कहानियाँ ऐसी भी हैं जो स्पष्ट तौर पर दर्शाती हैं कि आखिर अर्थाभाव में मिथिलांचल की निरीह जनता जीने के लिए किस प्रकार निम्न स्तर तक जाती है तथा कुछ संपन्न लोग अपनी मामूली स्वार्थ सिद्धि के लिए मानवता को त्याग कर हैवानियत में जीवन-जगत के सारे संबंधों, सारे नियमों को भूल कर कैसे क्षण में जीने लग जाते हैं। वहीं दूसरी ओर अनेक रचनाएँ हैं, जो उस समय की स्त्रियों के मर्मांतक पीड़ा को दर्शाती हैं। उस समय की कथा 'ननद-भौजाई' की नायिका पदुमा के चरित्र को देखा जाए, तो वह दो रूपयों की प्राप्ति हेतु अंधेरी रात में बंगट को खोजना, 'वैष्णव' के कमलपुर वाली के आकर्षक विधवा यौवन का श्रीमंत बाबू के द्वारा भोग करना, 'एकटा चंपाकली एकटा विषधर' में दशरथ झा के डीह शशिबाबू की शनि दृष्टि तथा दशरथ झा की पत्नी रामगंजवाली का अपनी पुत्री चंपा को नाना की उम्र से भी कम उम्र वाले शशि बाबू के हाथों ब्याहने की आतुरता, इस शोषित समाज का हृदय विदारक चित्रण है।

मैथिली की अधिकांश कहानियाँ नारी पर केंद्रित हैं। 'ननद-भौजाई' कहानी में ननद और भौजाई दोनों विधवा हैं। जीवन-यापन के लिए इनके पास देह के सिवा आमदनी का कोई अन्य स्रोत नहीं है। पदुमा के गाँव में ही हाई स्कूल, थाना, पोस्ट-ऑफिस, अस्पताल और हाट-बाजार है। अतः दो विधवा ब्राह्मणी का जीवन-निर्वाह कोई कठिन नहीं। 'फूलपरास वाली' का नायक दरिद्र ब्राह्मण-पुत्र झा रिक्शा चलाकर जीवन-यापन करता है और देशी शराब के नशे में धुत्त रहता है। उसके साथ सिनेमा जाने से जब उसकी पत्नी इनकार करती है, तो वह चीखता है, 'मेरी बात टालोगी !' इन तीन शब्दों में ही ब्राह्मणवादी अहंकार की दीर्घ परंपरा तथा पुरुषवादी मनोवृत्ति के मिथ्या दंभ का परिचय प्राप्त होता है। मिथिलांचल में स्त्रियों की स्थिति हमेशा से पालित-पोषित की ही रही है। नारी के साथ सभी संबंधों में प्रतिपालक पुरुष ही रहें हैं, जो इन्हें अन्न-वस्त्र सुरक्षा देकर इनके तन-मन व स्वाभिमान पर राज करते रहे हैं। निष्ठा, सुरक्षा, प्रतिपालन के इस अघोषित आवरण के तले कितने अघोषित अनाचार को मान्यता मिली हुई है, इसका चित्रण मिथिलांचल की कहानियों में ईमानदारी के साथ दर्शाया गया है।

नारी-जीवन के जितने रूप मैथिली कहानियों में हैं, उतने किसी भी अन्य भारतीय भाषाओं में दुर्लभहैं। मिथिलांचल की वर्ण-व्यवस्था में विधवा की भी एक विचित्र किश्म की जाति है, जो न तो जीने के लिए स्वतंत्र है और न ही मरने के लिए। जबतक स्त्री सधवा रहती है, तब तक पति उसका शासक रहता है, ज्योंही वह विधवा होती है, पूरा परिवार ही नहीं, पूरा समाज उसका शासक हो जाता है। अगर वह चरित्र से अपने यौवन का प्रसाद बाँटने वाली नहीं है, तो परिवार से लेकर समाज तक उसे वेश्या घोषित कर देता है। उम्र ढलने के बाद वह डायन कही जाने लगती है। 'सहस्त्र मेनका' में निर्मला जैसी असहाय विधवा को पूरे गाँव के लोगों ने जाति बाहर कर दुश्चरित्रा और वेश्या घोषित कर दिया। निर्मला निर्धन है, इसलिए समाज उसे कलंकिनी कहता है और 'कादंबरी' उपकथा की कादंबरी संपत्तिशलिनी है, तो समाज उसे डायन कहता है। 'पात' की पतिया विधवा होने के बाद वृक्ष से गिरे सूखे पत्ते की तरह लुढ़कती रहती है और जो पाता है, वही उसका दुरुपयोग कर लेता है और वह यह सब सहने को विवश है। एक अन्य कहानी की 'बहिनदाय' अपनी भौजाईयों द्वारा तिरस्कृत होती है और समाज उन्हें सुलभ आहार समझ लेता है। दमयन्ती हरण की दमयंती और उसकी विधवा माँ दोनों ने शरीर को ही जीवन रक्षा की पूँजी मान ली है पर समाज इनके जीवन को भी भली-भाँति नहीं चलने देता। वयोवृद्ध कांग्रेसी नेता रामबाबू दमयंती के घर रात को भोजन-शयन क्यों करते हैं और मंदिर के पीछे दमयंती के साथ कौन पुरुष था- ये प्रश्न समाज को निरर्थक लगते हैं, सार्थक

लगता है सिर्फ इन दो असहाय स्त्रियों को लांछित नजर से देखना। 'हरिद्वारवास' की विधवा 'सुरमा सगुन बिचारै ना' की विधवा, 'अंधकार की विधवा', 'मलाहंक टोल : एक चित्र की विधवा' ये सारी विधवाएँ यौवन काल में ही जीवन में जिन मजबूरियों को झेल रही हैं, उसका विश्लेषण सूक्ष्मता से किया गया है। किसी को जीवन-रक्षा के साधन की पूर्ति हेतु अपने शरीर को समर्पित करना पड़ता है। कहानियों में विधवाओं के माध्यम से मिथिला के नारी परिदृश्य का ऐसा आँकड़ा प्रस्तुत किया है, जिसने समाज और सामाजिक आचार-संहिता के तार-तार अलग कर दिए हैं।

इन कहानियों में केवल विधवाओं का नहीं, बल्कि पूरे स्त्री-चरित्र का एक विस्मयकारी संसार प्रस्तुत किया। 'सती धनुकाइन की सती, 'समुद्र' की दमामयी, 'कोपड़' की चमेला, 'खरीद बिक्री' की शरणार्थिनी, 'माहुर' की शकुन, 'ललका पाग' की तिरु, 'पनडुब्बी' की कादम, 'कमलमुखी कनियां की कमलमुखीविधवा नहीं हैं, परंतु इनका जीवन कितना क्लेश्कर है यह अनुमान करना असंभव है। सतीत्व बचाने, सतीत्व का प्रमाण देने, बेरोजगार पति होने के कारण जीवन की रागात्मकता से विलग रहने, कुल की मर्यादा की रक्षा में खुद को मिटा देने, अनाहूत अपराध के दंड को मौन रहकर शिरोधार्य करने, परंपरा के निर्वाह में अपने अस्तित्व को भूल जाने का कौशल, जिस मिथिला की स्त्रियाँ अपने पूरे जीवन में सीखती रही हैं। बहुत सी कहानियाँ उसी मिथिला क्षेत्र को आधार मानकर गढ़ी गई हैं। 'परम प्रिय निरमोही बलम' और 'किछू अलिखित पत्र'ये दो कहानियाँ मिथिलता पवित्रता और समर्पण को ऐसे प्रस्तुत करती हैं कि पाठकों की समस्त संवेदना जागृत हो उठती है और सहानुभूति का अंबार लग जाता है। स्त्रियों के नाना प्रकार के रूपों के चित्रण के साथ-साथ इन कहानियों में पुरुष मनोवृत्ति का भी भलीभाँति विश्लेषण किया गया है। बेटी, बहन और पत्नी के अलावा दूसरी स्त्रियों को कामांध नजर से देखने वाले पुरुष समाज कुछ नीति रक्षक हैं 'कोपड़' की चमेला की विधवा माँ जब उसकी शादी नहीं करवा पाई, समाज कुछ भी मदद नहीं कर पाया, किंतु जब उसने स्वयं किसी कमाऊ सदपुरुष को अपना देवता बना लिया, तो समाज के नीति-रक्षक उस पर पंचायत करने बैठ गए। 'सती धनुकाइन' की सती गाँव की बेटी है फिर भी अपने शील की रक्षा हेतु वह काँपती रहती है, जब गाँव के युवक रात भर उसका दरवाजा पीटते हैं। इन कहानियों में पुरुष के चरित्र के दोहरेपन के दूसरे पक्ष को भी उजागर किया गया है इस प्रसंग में 'वैष्णव' के विधुर श्रीमान बाबू उल्लेखनीय हैं, जो वैष्णव हैं पर कसाई के हाथों वृद्ध गाय को नि:संकोच बेच देते हैं। मिथिला का ग्रामीण संस्कार स्त्री-पुरुष संबंध में बहुत रूढ़ है। देश के

अन्य भागों की रूढ़ियों की अपेक्षा यहाँ की रूढ़िता अतिवादी हैं। माता-पिता द्वारा आयोजित विवाह, विधवा-विवाह करने की अनुमति स्त्री को एक व्यक्ति या मनुष्य न समझकर उसे एक वस्तु समझना, यह भी उसका ऊपरी लक्षण है। आंतरिक रूप से ग्रामीण संस्कार अतिवादी होने के कारण यह भूमि दमन और शोषण की भूमि बन गई। अभी भी मिथिला में बाल-विवाह और पुरुष का बहु-विवाह प्रचलित है। और उस विवाह से उत्पन्न व्यक्तिगत ग्लानि से मुक्त होकर जीना, उसके लिए सहज और सामान्य नहीं है।

इन रचनाओं में समकालीन समाज की कुरूपता और इन्हीं कुरीतियों का विरोध प्रदर्शित किया गया है। वस्तुत: मैथिली कहानियाँ अपनी शाश्वतता प्रमाणित करती हुई विमर्श की नई व्याख्या को आमंत्रित करती हैं। आज विश्व साहित्य में नारी-लेखन और नारी-जीवन पर जितनी भी बातें हो रही हैं, उनका सारा संकेत इन समस्त कथा-लेखनों में लगभग पाँच दशक पूर्व ही दे दिया गया था। स्त्री-विमर्श की चर्चा आज मैथिली साहित्य में भी है। 'वैष्णव' और 'सुरमा सगुन बिचारै ना' कथा का विशेष उल्लेख इस संबंध में किया जा सकता है। ये कहानियाँ पुरुष वर्चस्व को सीधे चुनौती देती हैं। इन समस्त रचनाओं में सड़ी-गली मान्यताओं और रूढ़ियों का विरोध किया गया है। छुआ-छूत, बाल-विवाह, बहु-विवाह, विधवाओं पर अत्याचार का विरोध, गरीबी से पीड़ित महिलाओं के शरीर का शोषण और समाज के संपन्न जनों द्वारा गरीबों का शोषण, इन सबके चित्रण से इनकी रचनाएँ भरी पड़ी हैं।

कहानी, स्त्री और संवेदना

अधिकांश कहानियाँ प्रथम दृष्टि में काव्यात्मक संवेदना के आधार पर बुनी गई प्रतीत होती हैं, लेकिन सत्य यह है कि उन कथाओं में कथा की संवेदना अपने बल पर कविता की सीमा तक पहुँच गई है। किसी कहानी का एक संपूर्ण बिंब में जीवित रहना और फिर उसका 'मिथ' में बदल जाना प्राय: कहानी की शक्ति के आकर्षण का अंतिम बिंदु होता है और इस बिंदु पर अनेक मैथिली कहानियां खरी-उतरी नजर आती हैं। एक तरफ समकालीन स्थिति और दूसरी तरफ आधुनिक जीवन सत्य, इन दोनों के मध्य विराजमान तनाव आधुनिक जीवन का संकट है और इस संकट का आत्मीयतापूर्ण और मानवोचित राग से युक्त प्रस्तुति की ओर ये कथाएँ साहित्यकार के ध्यान को आकर्षित करते हैं। वे अपनी मैथिली कहानियों में विशुद्ध रूप से मैथिल है, यह एक महत्त्वपूर्ण तथ्य है।

निष्कर्ष

साहित्य में स्त्री-विमर्श को विभिन्न तरीके से परखने की जरूरत है, क्योंकि हर दौर का विमर्श एक समान नहीं हो सकता है। सच है कि वर्तमान में स्त्री कि स्थिति बदली है। आज स्त्री स्वयं बेहतर स्थिति एवं भागीदारी की माँगकर रही है, जिसके लिए वे खुद धारदार भाषा का प्रयोग कर रही हैं। भारतीय परिप्रेक्ष्य में स्त्री-स्वर को गंभीरता से लिया जा रहा है। आंशिक संतोष की बात है कि महिला कथाकार तात्कालिक प्रसंगों के माध्यम से स्त्री कि नई छवियों को उभारने में सक्षम हो रही हैं।

संस्कृति-समरसता और भारतीय साहित्य – कन्नड़ के विशेष संदर्भ में

- बी॰के॰ललिताम्बा

मैं कुछ वर्ष पूर्व बिहार के पटना गई थी। महिला होने और भारत में जन्म लेने के कारण सहज ही साड़ी का आकर्षण मुझे भी था। वैसे मैंने यह भी देखा और अनुभव किया है कि हमारे विदेशी बंधु जब यहाँ आते हैं, तो वे अपनी जरूरत के अन्य कपड़े आदि खरीदने के साथ हीएक 'विशिष्ट' को सँजोने के लिए साड़ी भी खरीदकर साथ ले जाते हैं।

परिचय

बी॰के॰ललिताम्बा

लेखिका हिंदी की वरिष्ठ शिक्षिका हैं और अनुवाद की विशेषज्ञ हैं। संप्रति बंगलुरु में रहकर साहित्य एवं अनुवाद से जुड़ी हैं।

बिहार में मधुबनी चित्रकारी वाली साड़ियों का अपना नाम है। जब खरीदने की उत्सुकता से मैं आगे बढ़ी तो देखा, नब्बे प्रतिशत से अधिक साड़ियों पर मछली का प्रतीक चित्रित था। मेरा लालन-पालन शाकाहारी सात्विक कहे वाले भोजन के बीच हुआ था, तो मेरे मन को वह मछली वाली कला असहाय लगी। हमारे अवचेतन में निहित ज्ञान से प्राकृतिक पदार्थों की जानकारी होती है, प्राकृतिक जीवों से हमारा परिचय होता है और जीवन की विविधता का दर्शन भी। इस संदर्भ में मछली आहार पद्धति में न आकर भी की व्यक्ति और समाज का प्रिय बनती है, आहार ही नहीं, उनके शादी-ब्याह में, तीज-त्यौहार में और अभिव्यक्ति की कलाओं में भागीदारी जता सकती है। पारिभाषिक शब्दों में इसे 'संस्कृति' का अंग कहते हैं। आगे पता चला कि इन पूर्वी राज्यों में कइयों के घर-परिवार में, लड़की को ब्याहता कर पति के घर भेजते समय उसके आजीवन सुहाग की मंगलकामना कर एक नई सुंदर थाली में, दो सुंदर मछलियों को सजाकर उसे देकर विदा करने की परंपरा है। 1970 का दशक था। डिग्री की छात्राओं को अश्क जी द्वारा रचित नाटक 'अंजो दीदी' पाठ्यक्रम में था। उसमें छोले-चाट का उल्लेख आता है। तब भी हो सकता है यहाँ के उत्तर भारतीय परिवारों में यह नाश्ते का अंग रहा हो। सामान्य नागरिक के लिए वह नया शब्द था। उत्तर भारतवासियों की शादी में दूल्हा घोड़े पर चढ़ आता है। बारात में पुरुष और महिलाएं एक साथ नाचते-गाते हैं, उनकी शादियाँ आधी रात में होती हैं। दक्षिण भारत की कुछ भिन्न परंपरा है। यहाँ की भिन्न जीवन शैली है। हो सकता है यहाँ के आचार-विचार में कुछ साम्य भी

हो। सभी जीवनानंद की विभिन्न रीतियाँ हैं, यहाँ जन 'संस्कृति' शब्द को समझने और विश्लेषित करने की कोशिश चली है, उपर्युक्त ये सब संस्कृति के अंग बनते हैं

डी॰वी॰ गुण्डप्पा कर्नाटक और देश के ख्यात नाम संस्कृति चिंतकों में से थे, जो यह कहते हैं, "संस्कृति खाली विद्या नहीं, वह विद्या कुसुम का पराग है।" ('पराग एक ऐसी चीज है, जिसे भौंरा ले जाकर जगह-जगह बाँटता है, उससे उस साम्य जाति का विकास होता है।') वह साहित्य विमर्श और लोकानुभवी विवेक के दांपत्य से जन्मता कोई एक तृप्ति देने वाला शील सौभाग्य, जीवन के नाना विषयों का, नाना हथेलियों का, नानातत्त्वोंका, नाना धर्मों के मौल्य तारतम्य ज्ञान से निकला समन्वय स्वारस्य है। यही नय-विनय सम्मान है।" डी॰वी॰जी॰ के नाम से ही प्रसिद्ध वे 'संस्कृति' को कई तरह से विश्लेषित करने की कोशिश करते हैं। इस प्रकार का विश्लेषण समाजविज्ञान का अंग होकर भी साहित्य का अंग बनता है

भाषा दो व्यक्तियों के परस्पर संवाद, स्नेह और सामाजिक व्यवहार का वाहक बनती है, तो व्यवहार समाज को सुभद्र बनाने के लिए रूपायित भी होती है, ये सामाजिक व्यवहार हमारी जीवन-शैली,खान-पान, वेश-भूषा, जन्म से मृत्यु तक के सहयोगी संबंध 'संस्कृति' के अंग बनते हैं। इस कारण-

'संस्कृति विवेक या वास्तु विज्ञान नहीं'.....
'बुद्धिमत्ता या चतुराई भी नहीं'......
'संगीत आदि ललित कलाओं से प्रेम भी संस्कृति नहीं'.....

'एक अच्छा वक्तव्य या अपने भाषण में कई कविताएं और कहावतों का उल्लेख करने से भी कोई सुसंस्कृत नहीं बनता। 'संस्कार' अथवा 'संस्करण' से सम्यक् कारण 'सम्यक् कृति' संस्कृति होती है। अर्थात् अच्छा बनाना, अच्छे के लिए उसको शुद्ध-साफ करना, उत्तम बनाना।' डी॰वी॰जी॰ इन शब्दों की आगे बढ़कर व्याख्या देते हुए कहते हैं, 'अच्छा' यानि कोई चीज या घटना जैसी होनी चाहिए, उसे वैसा करना यानि जो हिट है, उसका औचित्य है, वही साधुता है। 'अच्छाई' अच्छे को समझने उसके दर्शन करने का प्रयत्न, उस हित का संधान ही संस्कृति है' अर्थात् संस्कृति के साथ 'अप' का उपसर्ग नहीं होता, संस्कृति एक विशुद्धात्मा मनुष्य समाज की परिभाषा है। मनुष्य जीवन का इतिहास इसी संस्कृति के शोध में बीता है। सभी समाजों का, सभी धर्मों का, सभी आचार्य-पैगम्बरों की साधना इसी दिशा में आगे बढ़ी है।

'भाषा' की बात चली थी। हमारे कई भाषा चिंतकों ने 'भाषा' को मनुष्य की अनूठी खोज और उपलब्धि माना है। देहभाषा या सांकेतिक भाषा भी मनुष्य को आपस में जोड़ने की दिशा में निरंतर प्रयत्नशील रही है। बावजूद इसके ध्वनियों का वैज्ञानिक संयोजन, उनमें अर्थ-संचय, उसका सामाजिक प्रसार आदि ये कुछ ऐसे तत्त्व हैं, जिसने मनुष्य को जोड़ा है, उसकी हर कृति को संचारित किया, मनुष्य को मनुष्य के साथ पिरोने की हर संभव कोशिश की। मनुष्य ने जीवन की विविधता को देखा उसके साथ परिचित हुआ, उसके साथ अपने को ढाला,फिर भी मनुष्य-मनुष्य से दूर होता जा रहा है। इस दूरी को इस रास्ते से हटाने के लिए साहित्य की रचना हुई। 'सहितथ्य भार्वन साहित्य:' हित की भावना साहित्य को जन्म देती है। 'वादों' का स्वागत करती है। उससे तत्त्व-बोध की आशा को जगाती है। तब भी एक व्याघ्र से कृष्ण की हत्या होती है, विष मिश्रित आहार देकर बुद्ध देव को मार दिया जाता है, महाभारत का युद्ध होता है, रामायण भी युद्ध से दूर नहीं होता..... आधुनिक युग दो विश्वयुद्धों का सामना कर चुका है। धर्म-देश-भूमि-भाषा यह सब विवादों का कारण बनता है। इन्हीं कारणों को आगे रखकर मेथ्यू अर्नाल्ड नामक कवि 'कल्चर एण्ड अनर्की' अर्थात् 'संस्कृति और अराजकता' नामक लेख में अँग्रेजी समाज को अपने अनुभव के आधार पर प्राप्य तीन वर्गों की मनोबुद्धि का विश्लेषण करते हैं-खूब धनी अनागरिक (असभ्य),धन के लिए ही जीते नीरस जन, और ज़िंदगी भर हर तरह का संकट झेलते कंगाल। मेथ्यू अर्नाल्ड इन तीनों वर्गों में संस्कृति के 'शून्य' को अंकित करते हैं। आज मेथ्यू अर्नाल्ड के युग से हम काफी आगे बढ़ चुके हैं। हमारी पुरातन संस्कृति ने 'लोको भिन्न रुचि:'को स्वीकार किया था,फिर भी आज तक पूरे विश्व में 'नागर' एवं 'आदिवासी' का भेद जिंदा है। दक्षिण अफ्रीका की 'जुलू जनजाति' आज तक नागर समाज की मुख्य धारा में नहीं आ पाई है। उनके नृत्य-गीत-सांस्कृतिक आचरण, उनका अधनंगापन, अभी तक समाज की मुख्य धारा का अंग नहीं बन सके हैं। अपने ही देश में हजारों जन-जातियाँ हैं, हजारों बन्य जातियाँ हैं, उनकी भाषा और संस्कृति की अपनी सुगंध है। राज्य सरकारों के प्रयत्न से उनके संस्कृति केंद्र, जैसे मध्य-प्रदेश में आदिवासी लोककला अकादमी, कर्नाटक में जनपद अकादमी की रचना हुई है, तब भी समाज की मुख्य धारा इन लोगों से और इनकी संस्कृति से अपरिचित ही रही है। परिणामस्वरूप अपरिचय-सुरक्षा और दूरी, दूरी अर्थात् सिर्फ दूरी है। एक समय था, जबकि विदेशी अंग्रेज़ इनसे डरते थे, उन्हें क्रिमिनल्स यानि अपराधी की संज्ञा से संबोधित किया गया।

भारत ने इतिहास काल से आज तक कई विदेशियों के आगमन का इतिहास रचा है। विदेशियों

के यहाँ आकर बसने के साथ उनकी संस्कृति का प्रभाव-ग्रहण तथा परिणाम को अपनाया है। भारतीय जीवन न कभी एकमुखी रहा, न रहेगा। कविवर रामधारी सिंह दिनकर ने अपने 'संस्कृति के चार अध्याय में इसी विविधता में एकता' के दर्शन किए थे। कर्नाटक साहित्य अकादमी ने 90 के दशक में और कर्नाटक सरकार ने साहित्य अकादमी के अलावा कई और उनकी भाषाओं से संबंधित अकादमियों की स्थापना कर, उनके ग्रंथों के प्रकाशन का अवसर प्रदान कर एक नूतन प्रयोग का साहस किया है, जिससे समाज को एक सूत्र में बांधने की दिशा सुगम होने के आसार नजर आए हैं। कर्नाटक साहित्य अकादमी में 90 के दशक में बरगुरु रामचंद्रप्पा अध्यक्ष थे, उन्हीं के शब्दों में 'उप संस्कृतियों' पर ग्रंथों का निर्माण करवाया था। 'उप संस्कृति' उन्हीं का रचा गया शब्द था, जिसका प्राय: यह अर्थ रहा होगा कि संबंधित संस्कृति की जनसंख्या कम होने और उनके अपने समुदाय की विशिष्ट जीवन शैलियों का प्रतिनिधित्व 'एक पर्यायवाची संस्कृति' की पहचान। 'उप संस्कृति' शब्द की चर्चा करते हुए सी॰एन॰ रामचंद्रन कहते हैं, कि 'देखा जाए तो संस्कृति नामक शब्द की परिकल्पना का इतिहास ही कुतूहल जनक है। अँग्रेजी के 'कल्चर' शब्द का संवादी होकर कन्नड़ में रची गई यह परिकल्पना उपनिवेशवाद की देन है। उपनिवेशवादी कालखंड से पूर्व, मेरी जानकारी में 'संस्कृति' शब्द कन्नड़ या संस्कृत में इस अर्थ में नहीं था। संस्कृति कुछ दिन पहले तक प्रमुख रूप से आध्यात्मिक और कला की भूमि पर इश्तेमाल होता था।' उपसंस्कृति की चर्चा इस संदर्भ में इसलिए आवश्यक है कि बरगुरु रामचंद्रप्पा इस संस्कृति की मूल शक्ति को 'भूमि तत्त्व' के साथ जोड़ते हैं। भूमि-तत्त्व यानी बंजर (अनुपजाऊ) भूमि को जोतने में लगाना, यानि उप-संस्कृति से जुड़े समूह'निसर्ग-प्रकृति के साथ लड़ते ही उसी के साथ समझौता करते हुए जीवन की विशिष्ट शैली को रूपित करते गए, यही संस्कृति बनी। मनुष्य का अनुभव, आचरण, विश्वास, कला, व्यवसाय सभी इसके साथ जुड़ गए। यह एक विनिर्दिष्ट प्रक्रिया बन गई। इसे हमें समझना चाहिए कि श्रम ही संस्कृति की मूल जड़ है।' इन उप-शक्तियों पर रचे ग्रंथों में उनकी ऐतिहासिक पृष्ठभूमि, आचार-विचार, विश्वास, हास्य, आदि सभी का निवारण है। इसका महत्त्व इस तरह की अपरिचय दूरी बनाना है, परिचय एवं अपनत्व प्रदान करता है।

'व्यारि' कर्नाटक का एक विशिष्ट जन समुदाय है। उनकी अपनी एक विशिष्ट भाषा है। आजकल उस भाषा में कुछ-कुछ साहित्य-रचना भी होने लगी हैऔर चूंकि उस साहित्य के ग्राहक ब्यारि समुदाय के लोग ही होते हैं तो समाज की मुख्य धारा से जोड़ने के प्रयत्न में उनके साहित्य का कन्नड़ एवं भारतीय भाषाओं में अनुवाद और कन्नड़ के श्रेष्ठ साहित्य का ब्यारि में

अनुवाद कार्य किया जा रहा है। तुलु, कोंकणी आदि भाषाओं की अकादमियाँ भी इसी दिशा में कार्यरत हैं। गौरतलब है कि ये विभिन्न उपसंस्कृतियों से परिभाषित नहीं होती। कुछ ब्यारि कन्नड़ के श्रेष्ठ लेखक भी हैं। भाषा एक ऐसी चीज होती है, जो समुदायों को पास लाती है। सारा अबूबकर और बोलुवर मोहम्मद कुभ इस तरह के लेखक हैं, जो विशेष रूप से अपनी साहित्य-रचना के माध्यम से समाज में समरसता की स्थापना में लगे हैं। बोलुवर की कहानियों की पातुम्मा की यह संज्ञा अपनी तरफ से नहीं दी है। दक्षिण कन्नड़ के समाज की 'पातुम्मा' धार्मिक पहचान से परे एक सामाजिक व्यक्तित्व हैं। इस अधेड़ उम्र की विधवा पातुम्मा की चावल की रोटियाँ वहाँ मिलिट्री रेंस्तराँ में बिकती हैं। बिक्री से जमा पैसों को घर में रखने की उसे इसलिए हिम्मत नहीं, क्योंकि उसे अपने सहायक मुसलमान लड़के की नीयत पर विश्वास नहीं। पातुम्मा का विश्वास टाउन के उस शेट्टी (हिंदू) जौहरी पर है, जिसे वह बेबर का अभिभावक मानती है। जौहरी भी निर्लिप्त-निरासक्त बेबर के अनुरोध पर उसको वैसे अपने पास रखने को तैयार। बेक मकान बनाना चाहती है, जौहरी के बेटे को अपराध भाव साल रहा है कि उस अबोध को बाबरी मस्जिद वाले समूह में बनारस तक ले जाया गया था। दीवार का वह टुकड़ा कुएं में फेंककर उसे राहत-सा लगता है। इधर पातुम्मा अपने मकान के शिलान्यास में दीवार के उस टुकड़े का अंश भाग मिलाना चाहती है। उसका मन उस जौहरी के प्रति निर्भाव जौहरी की छाती की धड़कन है। यह है समाज, यह है समरसता। जिसका चित्रण एक ब्यारि लेखक अपनी कलम से रचता है।

हिंदी -गुजराती का अंतर्संबंध

- ओमप्रकाश शुक्ल

परिचय

‘गुजरात’ शब्द का संबंध ‘गुर्जर’ से है, जो एक जाति विशेष को संबोधित करता है। ‘गुजरात’ की व्युत्पत्ति को लेकर विद्वानों में मतभेद है। प्रसिद्ध चीनी यात्री ह्वेनसांग (641 ई.) और अल्बरूनी (1030 ई०) ने ‘गुर्जरत्रा’ शब्द का उल्लेख किया है। श्री नरसिंहराव दिवेटिया के अनुसार ‘गुज्जर’ शब्द में अरबी प्रत्यय ‘आत’ जुड़ने पर ‘गुजरात’ बना है। हिंदी और गुजराती दोनों एक ही परिवार की भाषा होने के साथ-साथ दोनों का विकास भी शौरसेनी अपभ्रंश से हुआ है। इसी कारण दोनों में बहुत-सी समानताएँ हैं। इस तरह हिंदी -गुजराती भगिनी भाषाएँ हुईं। दोनों भाषाओं के विकास में संस्कृत, अरबी, फारसी, तुर्की एवं अँग्रेजी आदि भाषाओं का महत्त्वपूर्ण योगदान है। इस प्रकार हिंदी -गुजराती शब्दावली बहुत कुछ समान स्रोतीय हैं। किन्हीं दो भाषाओं के शब्द-समूहों पर परस्पर जितना अधिक प्रभाव पड़ता है, उतना अधिक वे भाषाएँ करीब आती हैं।

परिचय

ओमप्रकाश शुक्ल
लेखक हिंदी के शिक्षक हैं और संप्रति गुजरात आर्ट्स एण्ड कॉमर्स कॉलेज,एलिसब्रिज, अहमदाबाद में कार्यरत हैं। संपर्क : ohshukla@yahoo.in

गुजरात एवं हिंदी

गुजरात में हिंदी लेखन वर्षों से होता रहा है। मीराबाई, संत कवि दयाराम, स्वामी विवेकानंद, महात्मा गांधी आदि महान विभूतियों ने हिंदी के महत्त्व को समझते हुए अपनी बात हिंदी में कही। इस तरह वर्षों से गुजरात में हिंदी में लेखन एवं उसका प्रचार-प्रसार होता रहा है; राज्य की द्वितीय भाषा के रूप में भी हिंदी सम्मानित हुई है। रोजी-रोटी एवं व्यापार-धंधा आदि के लिए हिंदी भाषी एवं अहिंदी भाषी लोग यहाँ आते रहे, कुछ लोग यहीं बस गये और आने-जाने का सिलसिला चलता रहा है। ये लोग भले ही खाली हाथ यहाँ आये हों, किंतु अपने साथ भाषा, बोली-ठिठोली, संस्कार, तीज-त्योहार, खान-पान, पहनावा, आचार-विचार, रूढ़ि, विश्वास, मान्यता और न जाने क्या-क्या लेकर आये; स्वाभाविक है इन सब चीज़ों का गुजराती जन-जीवन पर प्रत्यक्ष-परोक्ष प्रभाव पड़ा। इसी तरह वर्षों गुजरात में रहने या यहीं बस

जाने से हिंदी भाषियों का जनजीवन यहाँ की भाषा, सभ्यता और संस्कृति से प्रभावित होना स्वाभाविक था। इसके पहले हिंदी-गुजराती जनता पर मुस्लिम आक्रांताओं और शासकों का प्रभाव पड़ चुका था। हाँ, यह प्रभाव हिंदी क्षेत्रों पर विशेष पड़ा था। भाषा, संस्कृति और सभ्यता सतत विकासशील और परिवर्तनशील होती है। हिंदी -गुजराती की विभिन्न संस्थाओं, लेखन, हिंदी -गुजराती फिल्में एवं धारावाहिक, विज्ञापन, समाचार आदि माध्यमों से इन दोनों भाषाओं का प्रचार-प्रसार हुआ।

हिंदी और गुजराती परस्पर एक-दूसरे से सहज रूप से प्रभावित हैं। यहाँ व्याकरणिक-व्यतिरेकी आधार पर हिंदी -गुजराती के परस्पर प्रभाव को लक्षित करना उद्देश्य नहीं है, किंतु बोलचाल या व्यवहार में जो प्रभाव लक्षित होता है, उसे सहज रूप से समझने का विनम्र प्रयास है। हिंदी -गुजराती की शब्दावली अधिकांशतः समान स्रोतीय होने के बावजूद व्युत्पत्ति, अर्थ, उच्चारण और प्रयोग की दृष्टि से कहीं पर समान तो कहीं भिन्न हैं। हिंदी में 'यात्रा' यानी प्रवास, गुजराती में इसे 'मुसाफरी' कहते हैं, किंतु गुजराती में 'यात्रा' का अर्थ 'तीर्थ-यात्रा' है। किसी रेलवे स्टेशन या बस स्टेशन पर हिंदी में दी जाने जाने वाली सूचनाएँ 'यात्रियों से अनुरोध है..... आपकी यात्रा मंगलमय हो' को गुजरातीभाषी 'प्रवास' या 'मुसाफरी' के अर्थ में ही समझते हैं, किंतु व्यवहार में 'तीर्थयात्रा' ही रहता है। यह कुछ वैसा ही है, जैसाकि 'वृक्षारोपण' यानी वृक्ष + आरोपण। यह जानते हुए भी कि कलम किया गया पौधा नहीं रोपते, 'वृक्षारोपण' शब्द का प्रयोग करते हैं।

संस्कृत, मराठी और गुजराती में तीन लिंग हैं- पुल्लिंग, स्त्रीलिंग और नपुंसकलिंग। जबकि हिंदी में प्रथम दो ही लिंग हैं। हिंदी में आवाज, जनवरी, शतरंज आदि शब्द स्त्रीलिंग हैं, जबकि गुजराती में ये शब्द उच्चारण में सामान्य परिवर्तन के साथ पुल्लिंग में प्रयुक्त होते हैं हिंदी के अफीम, रूई आदि शब्द गुजराती में नपुंसकलिंग के रूप में प्रयुक्त होते हैं। इसी प्रकार हिंदी में कमल, मंगलसूत्र, रीछ आदि शब्द पुल्लिंग हैं, जबकि गुजराती में नपुंसकलिंग। हिंदी के बहुत से शब्द गुजराती में नपुंसकलिंग के रूप में प्रयुक्त होते हैं, इसकी अपेक्षा हिंदी के स्त्रीलिंग शब्द बहुत कम ही गुजराती के पुल्लिंग या नपुंसकलिंग में परिवर्तित होते हैं।

हिंदी एवं गुजराती : अंत:संबंध

हिंदी -गुजराती में ऐसे कई शब्द हैं, जो परस्पर 'ज' के स्थान पर 'झ' या 'झ' के स्थान पर 'ज' के रूप में प्रयुक्त होते हैं; आज़ादी>आझादी, ज़ख्म >झखम; समझ >समज, साँझ

>सांजा इसी तरह हिंदी 'न' के स्थान पर 'ण' और 'ब' के स्थान पर 'व' का प्रयोग गुजराती में होता है- चना >चणा, माखन >माखण, रानी >राणी; बाघ >वाघ, बात >वात, बानगी >वानगी। हिंदी 'ल' के स्थान पर गुजराती में 'ळ' शब्द का प्रयोग होता है, किंतु कई ऐसे शब्द हैं, जिनमें यह परिवर्तन करने पर मूल अर्थ बदल जाता है- कमल >कमळ, नारियल >नारियेळ; जाल का जाळ होने पर अर्थ-परिवर्तन नहीं होता, परंतु गाल का गाळ (गाली) होने पर अर्थ बदल जाता है। प्रायः मात्राओं में परिवर्तन से अर्थ बदल जाते हैं, जैसे कल-काल,चिर-चीर, कुल-कूल आदि। हिंदी-गुजराती के कई शब्दों के उच्चारण में इन्हीं मात्राओं के कारण अंतर है, परंतु अर्थ में कोई अंतर नहीं है, जैसे- मेहमान >महेमान, शहर >शहेर, शैतान >शेतान, मौत >मोत, हिन्दू >हिन्दु। हिंदी में अनुस्वार और अनुनासिक का भेद है, जैसे- साँस, बाँस, दाँत; पंख, संतान, सुंदर आदि गुजराती में चन्द्रबिन्दु यानीअनुनासिक का ही प्रयोग होता है। जैसे- कांदा, वांस, दांत आदि। गुजरात में रहने वाले हिंदी प्रेमी स्थानीय प्रभाव के कारण चांद, आंसू, दांत आदि लिखते-बोलते हैं। गुजरात में हिंदी में भी 'यूनिवर्सिटी' को 'युनिवर्सिटी' या 'हिन्दू' के स्थान पर 'हिन्दु' आदि लिखा-बोला जाना इसी का परिणाम है।

हिंदी के कई शब्द, जिनकी व्युत्पत्ति संस्कृत, अरबी-फारसी आदि भाषाओं से हुई है अथवा जो शब्द अनूदित हैं,किंतु ये शब्द गुजराती में भी प्रयुक्त होते हैं और धीरे-धीरे बोलचाल के शब्द बन गए हैं। ऐसे कई शब्द हिंदी से अथवा हिंदी के प्रभाव से (वाया हिंदी) गुजराती में आए हैं। संस्कृत में 'ज्या' और प्राकृत में 'जिआ' स्त्रीवाचक शब्द हैं, जिसका अर्थ माँ या दादी होता है। उत्तर भारत के गाँवों विशेषकर अवध क्षेत्र में 'दादी', 'अजिया', 'जिआ', 'आजी' आदि शब्द आज भी प्रचलन में हैं। 'जीजी' शब्द का प्रयोग बड़ी बहन के लिए या कहीं-कहीं माँ के लिए प्रयुक्त होता है। यह स्त्रीवाचक शब्द पुरुषवाचक शब्द के रूप में जीजी के पति के लिए में 'जीजा' बन जाता है। गुजरात में बहन छोटी हो या बड़ी सामान्यतः 'बहन-बहनोई' के लिए 'बेन-बनेवी' कहने का चलन है। अब पिछले कुछ दशकों से 'बहनोई' के लिए 'जीजाजी' ('जी' सम्मानसूचक) शब्द का प्रयोग होते-होते चलन में आ रहा है। इसी तरह गुजराती गरबा गुजरात के बाहर भी अपनी पहचान बना रहा है। गुजरात में छोटी लड़कियाँ (कन्याएँ) बड़ी लड़कियाँ और सुहागिन औरतें क्रमशः गौरी व्रत, जया-पार्वती और वट सावित्री व्रत करती हैं। स्थानिक प्रभाव एवं संसर्ग के कारण कई ग़ैर-गुजराती लड़कियाँ-औरतें भी इन व्रतों का आयोजन करने लगी हैं। इसी तरह बाहरी प्रभाव एवं संसर्ग के कारण

गुजरात की सुहागिनऔरतें (विशेषतः नई पीढ़ी की) करवा चौथ का व्रत रखती हैं। वास्तव में एक भाषा दूसरी भाषा परअर्थ, उच्चारण या प्रयोग के संदर्भ में ही अपना प्रभाव नहीं छोड़ती, बल्कि वहाँ की संस्कृति, सभ्यता और समाज पर भी अपना प्रभाव छोड़ती है ।

हिंदी में अनूदित या पारिभाषिक कई शब्द गुजराती में ज्यों के त्यों प्रयुक्त होते हैं। 'ऑल इंडिया रेडियो' के लिए 'आकाशवाणी' शब्द हिंदी का भले अपना हो, किंतु अन्य भाषाओं की तरह गुजराती में भी प्रयुक्त होता है। इसी प्रकार दूरदर्शन, मालगाड़ी, तार, मत-पेटी, मंत्रिमंडल, गोपनीय, आदि कई शब्द गुजराती में घुलमिल गए हैं। कई शब्दों की व्युत्पत्ति अज्ञात है, किंतु हिंदी-गुजराती में समान रूप से प्रचलित हैं। कहीं-कहीं हिंदी या आंचलिक प्रभाव भी झलकता है, जैसे- कबड्डी, खादी, घपला, घोटाला आदि। अंतर्देशीय संसर्ग एवं प्रभाव के कारण कई भाषाओं के शब्द गुजराती में आ गए हैं। ये शब्द प्रायः हिंदी-गुजराती में एक ही तरह से बोले जाते हैं। डोसा (ढोसा), सांभर, पापड़, छोले, भांगड़ा, उपन्यास, रसगुल्ला आदि ऐसे ही शब्द हैं। इसी तरह विदेशी या भारतीय भाषाओं के कई शब्द हिंदी में आए और रच-बस गए; रोजमर्रा के शब्द हो गए। ऐसे शब्द गुजराती में हिंदी के प्रभाव से आए,जैसे- कुलफी(कुल्फी), जलेबी, डेरा, भरपूर, मुन्ना, मंगेतर, लुंगी, समोसा, संतरा, लीक आदि। वास्तव में कई कारणों से भाषाएँ परस्पर प्रभावित होती है और यह सतत चलती प्रक्रिया है। गुजरात में रहनेवाला हिंदी भाषी 'ऊब' की जगह 'कंटाला' शब्द का प्रयोग धड़ल्ले से करता है। गुजराती के 'गरबा', 'राजकारण' और 'खमण' आदि शब्द हिंदी में प्रचलित हो चले हैं।

ध्वनि-परिवर्तन एवं उच्चारण में बदलाव के कारण कालांतर में अर्थ-परिवर्तन भी होता है। कई बार कम पढ़े-लिखे हिंदी भाषी आंचलिक प्रभाव से अमरूद, लखनऊ, पतीली, दिल्ली आदि शब्दों का उच्चारण सही रूप में नहीं करते हैं। हिंदी के कई शब्द गुजराती में सामान्य ध्वनि परिवर्तन के साथ बोले जाते हैं तथा साहित्य में प्रयुक्त होते हैं, जैसे- मक्खीचूस (हि) >मखखीचूस (गु), कचौरी >कचोरी, डेरा >डेरो, ठुमका >ठुमको, कुम्हार >कुंभार, कचूमर >कचुंबर आदि। हिंदी-गुजराती के कई शब्दों में उच्चारणगत असमानता एवं उनमें लिंगभेद भी है, किंतु अर्थ समान हैं, जैसे- 'ज्ञान', 'जिज्ञासा' आदि। हिंदी -गुजराती के कई शब्द ध्वनि में सामान्य अंतर वाले हैं,किंतु अर्थ में अंतर नहीं है। ऐसे शब्दों का प्रयोग करते समय कई बार प्रयोक्ता को यह पता ही नहीं चलता कि वह शब्दों का उच्चारण गुजराती में कर रहा है या हिंदी में। स्थानिक याआंचलिक दबाव-प्रभाव के कारण ऐसा होता है। उदाहरण के तौर पर गुजरात में रहनेवाला हिंदी भाषी अषाढ़, आजकाल, अवाज शहेर, आझादी, महेल, पथ्थर,

महेमान, नीडर, नोकर, बहेन, रीछ आदि बोलने में उच्चारण दोष ध्वनिगत परिवर्तन को नहीं समझ पाता और धीरे-धीरे ये शब्द व्यवहार में आ जाते हैं।

कभी-कभी भाषा की सही जानकारी न होने से अथवा शब्द का सही अर्थ न ज्ञात होने से समस्या होती है। हिंदी -गुजराती के कई शब्द समानस्रोतीय एवं समान उच्चारण ध्वनिवाले हैं, किंतु अर्थ के स्तर पर भिन्न हैं। वर्षों से गुजरात में रहनेवाले हिंदी भाषी या हिंदी बोलने वाले जाने-अनजाने सहज ही 'अनुसंधान', 'उपाधि', 'घंटी', 'मठा', 'मेला' आदि शब्दों का प्रयोग अपने लक्षित अर्थ में करते हैं, जबकि उसका अर्थ कुछ अलग हो सकता है, जैसे- 'उपाधि' शब्द को लें- हिंदी में 'उपाधि' का अर्थ पदवी या सम्मान है, जबकि गुजराती में 'उपाधि' का अर्थ संकट या दुःख है।इसी तरह- कातर (हि) = दुःखी >कातर(गु) = कैंची, घंटी(हि) = पूजा के समय बजाई जानेवाली घंटी >घंटी(गु) = अनाज पीसने की चक्की,घड़ियाल(हि) = मगर >घड़ीयाल(गु) घड़ी, वार(हि) = प्रहार >वार(गु) = देर।

हिंदी और गुजराती में उच्चारण एवं लेखन में असमानता एक विशिष्ट पहलू है। हालाँकि इसके कारण अर्थगत अतंर नहीं आता,किंतु गुजरात में रहनेवाले हिंदी भाषी (विशेषतः नई पीढ़ी जो यहाँ जन्मी और पढ़ाई की) भी कुछ वैसा ही उच्चारण करते हैं, जैसा गुजराती भाषी। इसे भाषाई समीपता या संसर्ग का परिणाम कहा जा सकता है। गुजराती में 'ड़', 'ढ़', 'ज़', आदि को क्रमशः 'ड','ढ','ज' या 'झ' के रूप में लिखा-पढ़ा जाता है।

इसके अलावा टेलीविज़न धारावाहिक 'तारक मेहता का उल्टा चश्मा', 'मणिबेन डोट कोम', 'गुलाल', 'कृष्नाबेन खाखरावाला' आदि के माध्यम से गुजराती भाषा, साहित्य और संस्कृति का गौरव बढ़ा है, हिंदी भाषी क्षेत्रों में भी 'तारक मेहता का उल्टा चश्मा' लोकप्रिय हुआ है। आधुनिक पत्रकारिता में अनुवाद का महत्त्व ही नहीं बढ़ा, बल्कि उसमें त्वरिता भी आई है। हिंदी अखबारों एवं समाचार एजेंसियों से अँग्रेजी-हिंदी-गुजराती में खबरें अतिशीघ्र अनूदित करने में कई शब्द दूसरी भाषा में प्रविष्ट हो जाते हैं। अनुवाद में गुजराती में "दूर ना डूंगर रणियामणा होय छे" के लिए हिंदी में "दूर के ढोल सुहावने होते हैं" कह सकते हैं, किंतु "न नौ मन तेल जलेगा, न राधा नाचेगी" का विदेशी भाषाओं में अनुवाद करना कठिन हो सकता है। इसी प्रकार अनूदित कविता में नाद-सौंदर्य को ज्यों का त्यों नहीं रखा जा सकता। कविता में शब्द-चयन, बिंब, प्रतीक, मिथक, अलंकार, निहितार्थ-व्यंग्य, संदर्भ, मुहावरे, कहावतों, भाषाशैली आदि का पूरा ध्यान रखना होता है। भाषा प्रयोक्ता सापेक्ष होती है, बिंब, प्रतीक

आदि समाज, संस्कृति एवं परिवेशके सापेक्ष होते हैं। इन्हीं मुद्दों के आधार पर काव्यानुवाद की चर्चा करना इस लेख का उद्देश्य है। गुजराती गज़लकार मनोज खंडेरिया का एक शेर दृष्टव्य है-

પકડો કલમને કોઈ પળે એમપણબને (पकडो कलमने कोई पणे एम पण बने)

આ હાથ આખે આખો બળે, એમ પણબને. (आ हाथ आखे आखो बणे एम पण बने ।)

यहाँ पर "આ હાથ આખે આખો બળે" (यह हाथ पूरे का पूरा जले) का संदर्भ एकाधिक हो सकताहै, किंतु कवि को रासलीला रचाते कृष्ण और गोपियों का वह दृश्य अभिप्रेत है, जिसे देखकर सभी अपनी सुध-बुध खो देते हैं। ऱोशनी के लिए मशाल थामे खड़ा मशालची भी कृष्ण की लीला और माधुर्य से मोहित होकर भान खो बैठता है। उसे पता ही नहीं चलता कि मशाल के साथ-साथ उसका हाथ भी जलने लगा है।

नागार्जुन की कविता में रंग : समाजभाषिक विश्लेषण

- ऋषभ देव शर्मा

परिचय

ऋषभ देव शर्मा

लेखक दक्षिण हिंदी प्रचार सभा, हैदराबाद में हिंदी भाषा-साहित्य के प्रोफेसर रहे हैं। फिलहाल स्वतंत्र लेखन एवं शिक्षण से जुड़े हैं। संपर्क : rishabhadeosharma@yahoo.com

धिन धिन धा धमक धमक
मेघ बजे
दामिनि यह गई दमक
मेघ बजे
दादुर का कंठ खुला मेघ बजे
धरती का हृदय धुला मेघ बजे
पंक बना हरिचंदन मेघ बजे
हल का है अभिनंदन मेघ बजे
धिन धिन धा धमक धमक मेघ बजे। (मेघ बजे / नागार्जुन, 1964)

समाजभाषाविज्ञान भाषा को सामाजिक प्रतीकों की ऐसी व्यवस्था के रूप में देखता है, जिसमें निहित समाज और संस्कृति केतत्त्व उसके प्रयोक्ता की अपनी पहचान का निर्धारण करते हैं। भाषा का सर्वाधिक सर्जनात्मक और संश्लिष्ट प्रयोग साहित्य में मिलता है, इसलिए भाषा व्यवहार के इस रूप के विश्लेषण द्वारा कृति और कृतिकार के संबंध में सर्वाधिक वस्तुनिष्ठ निष्कर्ष प्राप्त किए जा सकते हैं।

सामाजिक-साँस्कृतिक सच्चाइयों की रोशनी में साहित्य भाषा को देखने के कई कोण समाजभाषाविज्ञान ने चिह्नित किए हैं जैसे- नाते रिश्ते के शब्द, सर्वनाम प्रयोग, संबोधन प्रयोग, शिष्ट और विनम्र अभिव्यक्तियाँ, आशीष देने, कोसने, विरोध प्रकट करने, सहमत या असहमत होने, गरियाने की और अश्लील माने जाने वाली शब्दावली और अभिव्यक्तियाँ। इसी प्रकार का एक कोण रंग-शब्दों के प्रयोग का भी है। हम जानते हैं कि अलग-अलग समाजों में अलग-अलग रंग अलग-अलग प्रतीकवत्ता वहन करते हैं। जैसे हिंदी में लाल के साथ प्रेम, हरे के साथ समृद्धि तथा पीले के साथ शुभ के सामाजिक अर्थ गुंथे हुए हैं। इतना ही नहीं, रंग-शब्द हमारी लोक-संस्कृति और जीवन-दृष्टि का भी परिचय देते हैं। यहाँ हम हिंदी के रंग-शब्दों की इसी समाज-साँस्कृतिक संबद्धता को नागार्जुन की कविता के संदर्भ में समझने की कोशिश करेंगे। इसके लिए विश्लेषण के सात आधार अपनाए गए हैं –

1. रंग शब्दों का प्रत्यक्ष प्रयोग
2. उपमान-उपमेय के रूप में रंग शब्दों का प्रयोग
3. अप्रत्यक्ष ढंग से रंगाभास

4. प्रतीकात्मक ढंग से रंगाक्षेप
5. प्राकृतिक चित्रों में रंगों का प्रकटीकरण
6. मुहावरे के रूप में रंग-शब्द प्रयोग और
7. चित्रात्मकता के लिए रंग संदर्भ।

कवि की जीवनदृष्टि, जीवनशक्ति और जीवनासक्ति उसके काव्य में विविध रूपों में प्रतिफलित होती है। विविध रंगों का चयन और संयोजन भी कवि के व्यक्तित्व और मानसिकता का ही रूपांतरण और प्रतिफलन होता है। नागार्जुन की कविता भी इसका अपवाद नहीं है। रंग-प्रयोग की दृष्टि से नागार्जुन की कविताओं का अध्ययन करते समय सबसे अधिक ध्यान खींचने वाला तथ्य यह है कि नागार्जुन ने काले और सफदे रंग केशाश्वत विरोध को पुनः पुनः चित्रित किया है। अंधकार और प्रकाश का यह द्वंद्व असत् और सत् का द्वंद्व है अन्याय और न्याय का द्वंद्व है, मृत्यु और जीवन का द्वंद्व है। इस द्वंद्व को नागार्जुन ने मनुष्य जाति की विरासत के रूप में प्राप्त किया है तथा इसकी अभिव्यक्ति की परंपरा को भी मिथक के रूप में ग्रहण किया है। वे जब घोषणा करते हैं –

संबद्ध हूँ, जी हाँ, संबद्ध हूँ-
सचर-अचर सृष्टि से .....
निष्ठा-अनिष्ठा से, आस्था-अनास्था से, संकल्प-विकल्प से
जीवन से, मृत्यु से, नाश-निर्माण से, शाप-वरदान से ...
उत्थान से, पतन से, प्रकाश से, तिमिर से ....।

तो रंग-रस-गंध-स्पर्श-शब्द आदि के प्रति अपनी संबद्धता के बहाने अस्तित्व के अनिवार्य द्वंद्व में अपनी उपस्थिति को प्रमाणित कर रहे होते हैं। वे जानते हैं कि 'मौत की काली डोर-सी' तथा'जीवन की दूधिया जिद-सी' बातें रचनाकार का साथ नहीं छोड़ती हैं और इसीलिए उसके समक्ष अपनी प्रतिबद्धता के चयन का वह क्षण उपस्थित होता है जब वह स्वयं से पूछता है- 'स्तुति करूँ रात की, जिक्र न करूँ दिन का? क्या करूँ मैं इनका?'। शब्द आते हैं, कवि का घेराव `करते हैं और अँधेरे में गुम हो जाते हैं। पर मृत्यु के इस अंधेरे को चीरती हुई रूप और जीवन की आसक्ति ज्योति की अंतिम विजय के प्रति कवि की आस्था को प्रमाणित करती है –

कर गई चाक
तिमिर का सीना
जोत की फाँक
यह तुम थीं।

जोत की फाँक का मणिमय दिया लोक और शास्त्र की समस्त सीमाओं को लाँघता हुआ अनायास भीतर-बाहर सर्वत्र उजियारा कर देता है और प्रकाश से नहा उठते हैं 'अमल धवल गिरि'। यहाँ भी 'श्यामल नील सलिल' की अंधेरी पृष्ठभूमि में कवि प्रकाश के प्रतीक 'हंसों को तिरते' देखता है, तो प्रकारांतर से श्याम और श्वेत के शाश्वत संघर्ष में श्वेत अर्थात् सत् की विजय दिखा रहा होता है। भादों की अमावस के सघन अंधियारे को जीतने के लिए अगणित स्वयंप्रकाशी जुगनू मानो शक्ति प्रदर्शन के दंगल में उतरे हुए हैं। ये संगठित सर्वहारा ज्योति कीट जंगल में जान भर रहे हैं। लोकचेतना संपन्न कवि को वे जंगल में नीले प्रकाश के अक्षत छींटते हुए प्रतीत होते हैं मानो वर्षा-मंगल कर रहे हों। उनका चमकना, बुझ जाना और फिर-फिर चमकना उनके आत्म प्रकाशमय और अविनाशी ब्रह्मस्वरूप होने का सूचक है –

जुगनू हैं ये स्वयं प्रकाशी
पल-पल भास्वर पल-पल नाशी
कैसा अद्भुत योगदान है
इनका भी वर्षा-मंगल में
इनकी विजय सुनिश्चित ही है
तिमिर तीर्थ वाले दंगल में
इन्हें न तुम 'बेचारे' कहना
अजी यही तो ज्योति कीट हैं
जान भर रहे हैं जंगल में।

काले-सफेद का यह द्वंद्व अनवरत चल रहा है। कभी सफेद चमक उठता है तो कभी काला घिरने लगता है - 'लो, वह चमक रहा है/ सुनहले सफदे बालों के गुच्छे/ लो, वह ओझल हुआ/ घिर आया कोहरा/ छा गया कोहरा''। सूरज और कोहरे की आँख-मिचैनी में लंबी अनिश्चितता का दौर भी आता है। हो सकता है प्रातः काल ही पूर्व में सूर्य के दर्शन हो जाएँ, और यह भी हो सकता है कि इतनी लंबी प्रतीक्षा करनी पड़ जाए कि कोहरे में सूर्य दिखाई ही न दे। वह डूबते-डूबते भी दीख सकता है। पर द्वंद्व यहीं समाप्त नहीं हो जाता। रात में उजले पाख और अंधेरे पाख, चाँदनी और तमिस्रा का द्वंद्व है। उजले पाख के बीतने तक तमिस्रा परित्यक्त राजधानी के खंडहरों वाले उदास झुरमुटों में प्रतीक्षारत रहती है। 'क्षीर उदधि में शेषनाग की शैया पर' शयन करते हुए विष्णु भी इसी श्वेत-श्याम के संघर्ष की गाथा के पात्र हैं। कवि नागार्जुन ने इस संघर्ष को सर्वत्र व्याप्त देखा है, पहचाना है और रूपायित किया है।

काले और सफेद की सत्ता केवल पारस्परिक प्रतिद्वंद्विता में ही नहीं है, उनका अपना अलग-अलग अस्तित्व भी है। नागार्जुन ने अपनी कविताओं में उन्हें मात्र सापेक्षता में ही नहीं, स्वायत्तता में भी चित्रित किया है।

स्थितियों, भावों और दृश्यों का अंकन करते हुए कवि ने प्रकृति के अनुरूप आवश्यकतानुसार काले रंग का प्रयोग किया है। तरेसठ वर्षीय लालू अपनी साठ वर्षीया पत्नी की चिता में सती होने के लिए जबरन कूद गया तो 'लालू की काया बुरी तरह झुलस गई थी।' दावानल दग्ध वनांचल और पेड़ों की झुलसी पत्तियों के रंग मिश्रण में यह 'झुलसना' काले रंग का सांकेतिक प्रयोग है, तो दूसरी ओर 'ऋतु संधि' में आषाढ़ के आकाश के संदर्भ में काले रंग का प्रकट प्रयोग दृष्टव्य है-

सघन काली घन घटा से
हो रहा आच्छन्न यह आकाश।

ये काली घटाएँ यदि तुलसी के राम तक के प्रियाहीन मन को डरपाती रही हैं, या रामगिरि पर देशनिकाला भोग रहे यक्ष को विचलित करती रही हैं तो यह कैसे संभव है कि नागार्जुन का मन इस मौसम में न मचले-

आज उमड़ी घन घटा को देख
मन यही करता कि मैं भी, प्रियतम
उसका करूँ आह्वाहन
कालिदास समान।

कालीघटा के ये ऋतुरंग जहाँ एक ओर कवि के मन में उमंग भरते हैं वहीं उसे शासन-प्रशासन की काली करतूतों और आपातकालीन आपराधिक कृत्यों जैसे अध्यादेशों की भी याद दिलाते हैं। काले रंग की समांतरित पुनरावृत्ति से कवि कालिमा के उस अहसास को और गहरा करता है। ऋतु परिवर्तन की उल्लासमय काली घटाओं की विरोधी समांतरता में व्यवस्था परिवर्तन की परिस्थितियाँ अधिक सघन हो उठती हैं –

काले-काले ऋतु-रंग
काली-काली घन-घटा
काले-काले गिरि-शृंग
काली-काली छवि-घटा
काले-काले परिवेश
काली-काली करतूत ....।

'खिचड़ी बालों' वाले दुखरन मास्टर की 'साँवली सूरत में इस श्यामवर्ण की एक भिन्न ही छटा है जो उसके जुझारू व्यक्तित्व को मूर्तित करती है। 'मंत्र कविता' में 'बूढ़े की आँख' के साथ 'छोकरी का काजल' अपने अटपटेपन के बावजूद असंगति से उपजने वाली विडंबना की उलटबांसी को सही रंग प्रदान करता है। जोड़ा मंदिर का सरजुग राउत 'पतली मूँछों वाला साँवरा ग्रामीण युवक' ऐसा लगता है मानो गोपाल कों के वंश में एक और श्याम हो गया हो।

साँवरा है तो काला कंबल भी कहीं न कहीं होगा ही, न सही सरजुग राउत के पास, मेल ट्रेन की प्रतीक्षा में बैठी नौकरानी के पास ही सही। पूछा जा सकता है कि सूरदास के जमाने से नागार्जुन तक, ब्रज से मिथिला तक, इस कंबल का रंग बदला क्यों नहीं! यही तो प्रमाण है कि रंग परंपरा से चले आते हैं और उनका उसी रूप में इस्तेमाल करने वाला कवि परंपरा की शक्ति को पहचानता है, उसके प्रति सजग होता है। काले रंग का चरमोत्कर्ष तो परंपरा के अनुसार महाकाली के स्वरूप में मूर्तिमान होता है, फिर भला नागार्जुन विडंबनाओं को व्यक्त करने के लिए, लोकमन में पैठी हुई इस काल मूर्ति का प्रयोग कैसे न करते! उन्होंने लोकतंत्र के नाम पर तानाशाही की प्रतिष्ठा के प्रतिकार के लिए काले रंग के मारण मंत्र का जादू आजमाया-'ओं काली काली काली महाकाली महाकाली, ओं मार मार मार, वार न जाए खाली' और 'अकाली, काली, कंकाली, महाकाली, विकाली, सकाली' के अद्भुत अश्रुतपूर्व मंत्र को भी दुहराकर काले रंग की शक्ति को प्रकट किया।

कोई वस्तु जब वर्णक्रम के सारे रंगों को सोख लेती है, किसी भी रंग को परावर्तित नहीं करती, तो वह काले रंग की दीखती है। इसके विपरीत वह वस्तु जो सारे रंगों कोपरावर्तित कर देती है, रंगों का शोषण नहीं करती, सफेद दीखती है। कुछ भी लिए बिना, सब कुछ लौटा देना उजास, चमक और कौंध को जन्म देता है। नागार्जुन 'जोत' की उसी 'फाँक' को 'कचनार' की छरहरी टहनी के पोर-पोर में गसे टूसे के रूप में देखते हैं। श्वेत के लिए उनका सबसे प्रिय शब्द 'दूधिया' है। उन्हें ड्राइवर पिता की बड़ी-बड़ी आँखों में 'दूधिया वात्सल्य' छलकता दिखाई देता है। उनकी तो निगाहें तक दूधिया हैं, तभी तो –

खुब गए
दूधिया निगाहों में
फटी बिवाइयों वाले खुरदुरे पैर।

लाड़ले नेवले मोतिया की गर्मा-गर्म खीर की भाप भी दूधिया है- स्वाद में भी और रंग में भी। चैरंगी की हवा खाने निकले व्हाइट कालर वर्ग पर कवि दूध का वार करता है- 'दूध सा धुला साफ लिबास है तुम्हारा। दूध, पानी और चाँदी अलग-अलग परिस्थिति में सफेद रंग को व्यक्त करने वाले वस्तुगत सादृश्य हैं। गंगा की बाढ़ को दृश्यांकित करने के लिए कवि ने इन्हें एक साथ पिरोया है –

नीम, सहजन, आँवला, अमरूद
हो रहे आकंठ जल में मग्न
रह न पाए स्तंभ पुल के नग्न
दूधिया पानी बना उनका रजत परिधान।

'चाँदी-सी चमकती मछलियाँ', 'शोणित धवल भोजपत्रों से छाई हुई कुटी', 'रजत-रचित मणि-खचित कलामय पानपात्र', देवदार की हरियाली को ढकते हुए 'दूधिया झाग', नीम की दो टहनियों से सीखचों के पार झाँकती शिशिर की 'धूप', 'हिमशुभ्र पठार'तथा नाशपाती की ताम्रवर्णी पत्तियों वाली टहनियों के चाँदी के फूलों से इस तरह ढक जाने कि 'लगता ही नहीं कि यह वही पेड़ है' जैसे अनेक स्थलों पर नागार्जुन के श्वेत वर्ण के प्रयोग का विविधायामी वैभव दर्शनीय है। बर्फ पड़ने पर तो इस रंग की दिव्यता सब दिशाओं को ढाँप लेती है-

बरफ पड़ी है
सर्वश्वेत पार्वती प्रकृति निस्तब्ध खड़ी ....
दप-दप उजली साँप-सरीखी सरल और बंकिम भंगी में -
चली गई हैं दूर-दूर तक ....
सूनी-सूनी सड़कें ....
बरस रहे हैं आसमान से धुनी रुई के फाहे।
या कि विमानों में भर-भर कर यक्ष और किन्नर बरसाते
- कास कुसुम अविराम।

हिमवर्षा में गौरी का यह साक्षात्कार और अभिषेक संस्कृति, पुरावृत्त और लोक को अपने मानस में रचा-पचा चुके कलाकार के लिए ही सभंव है और उसकी अभिव्यक्ति रंगों के अनुकूल सादृश्य योजना से ही संभव हुई है यहाँ रंग-चयन अनुभूति और अभिव्यक्ति का वह योजक तत्त्व है जो कवि के मानसिक प्रत्यक्षीकरण को ग्रहीता का चाक्षुष प्रत्यक्षीकरण बनाता है - निस्संदेह इसकी विलोम प्रक्रिया भी संभव है, अर्थात् रंग मानसिक को चाक्षुष और चाक्षुष को मानसिक बिंब में रूपांतरित करने वाली शक्ति है। कवि नागार्जुन को इस शक्ति की पहचान, पकड़ और सिद्धि हासिल है। तभी तो रंगवाचक शब्द का प्रयोग किए बिना भी वे चाँदनी की विविध भंगिमाओं को रूपायित करने में समर्थ हैं-

आँगन में, दूबों पर गिर पड़ी -
अ़ब मगर किस कदर सँभल रही चाँदनी
पिछवाड़े बोतल के टुकड़ों
पर नाच रही, कूद रही, उछल रही चाँदनी
वो देखो, सामने
पीपल के पत्तों पर फिसल रही चाँदनी।

काले और सफेद रंगों के बाद नागार्जुन के काव्य में लाल रंग के इश्तेमाल के कुछ उदाहरण देखें-

- देखेंगे आज जी भर कर,उगते सूरज का अरुण-अरुण पूर्ण बिंब।

- घोर निर्जन में परिस्थिति ने दिया है डाल!,याद आता तुम्हारा सिंदूर तिलकित भाल।
- ताजा गोश्त का लाल टुकड़ा।
- यह सुर्ख मुर्ग ठीक वक्त पे बाँग दे रहा है न?
- शोणित धवल भोज पत्रों से।
- शतदल लाल कमल वेणी में।
- लोहित चंदन की त्रिपटी पर।
- मदिरारुण आँखों वाले उन, उन्मद किन्नर किन्नरियों की, मृदुल मनोरम अंगुलियों कोवंशी पर फिरते देखा है।
- लाल-लाल गोला सूरज का।
- दिनांत का आरक्त भास्कर।
- आँखों में उतराई लाली।

इसी प्रकार पीले रंग की विविध छटाएँ दृष्टव्य हैं –

- दमक रहे हैं,बालों के गुच्छे,सुनहले-सफेद।
- चंदन का पीला टीका।
- मानसरोवर के उन स्वर्णिम, कमलों पर गिरते देखा है।
- अगल-बगल स्वर्णाभ शिखर थे।
- पकी सुनहली फसलों की मुसकान।
- सोनिया समंदर, बिछा दे मैदान में सोना ही सोना ......।
- निर्लज्ज देवता गण, ले लेना तुम उसका भी पीतांबर, अनमोल रेशमी पीतांबर!
- फर्श पर ठोककर सुनहला लौह दंड।
- हावी हुआ स्वर्णमृग कंथों पर शेर के।

और अब हरे रंग की विविध छवियों के क्रम में जहाँ कवि ने –

- शैवालों की हरी दरी पर, प्रणय कलह छिड़ते देखा है।

वहीं हरे रंग को खतरे में पड़े हुए भी देखा है -

सामने सरपट पड़ा मैदान

है न हरियाली किसी भी ओर
तृण लता तरु हीन
नग्न प्रांतर देख
उठ रहा सिर में बड़ा ही दर्द
हरा, धुंधला या कि नीला
आ रहा चश्मा न कोई काम।

इसीलिए कवि उलटबाँसी गढ़ने को विवश होता है-

होने न पाए हरा यह चमन
प्रभु तुम कर दो वमन।

नीलकंठ, नीलिमा के नीलम वेणुवन, गहरे निविड़ अरण्य की अतल झील, इंद्रनील की माला, ऊपर औंधा आकाश निविड़-नील! तथा नीचे श्याम सलिल वारुणी सृष्टि - जैसे स्थलों पर नील रंग का सृजनात्मक प्रयोग प्राप्त होता है तो कुछ स्थलों पर कत्थाई रंग भी मिलता है जैसे - धूलि-धूसर तुम्हारे ये गात, कत्थई दाँतों की भोली मुस्कान, मटमैली ओढ़नी, भूरी काली संदली मिट्टी। एक स्थान पर 'बादल भिगो गए रातो रात' में छत का रंग सलेटी है तो दूसरा आयाम 'गुलाबी जाड़े' का है।

अनेक अवसरों पर विविध रंगों का एक साथ संयोजन करके नागार्जुन ने सुंदर चित्र रचना की है, जैसे 'तेरी खोपड़ी के अंदर' का रिक्शेवाला-

गले में रुद्राक्ष की लंबी माला
लटक रही थी
जोगिया कलरवाले कुरते पर ....
दाहिने कान से
लाल फूल अटका पड़ा था,
चमक रहा था भाल पर
चंदन का पीला तिलक .....।

इसी प्रकार रानी की पालकी का चित्र-

आओ जी चाँदी के पथ पर
आओ जी कंचन के रथ पर।

या 'नन्हे-नन्हे फूल' में सफेद और लाल का संयोजन-

उजले उजले फूल

हरसिंगार के फूल।

अथवा दुल्हन की नौकरानी का रूपचित्र-

सिक्कों की माला और पत्तीदार बाजूबंद पहने
दुल्हन की अर्द्धवयस्क नौकरानी
लाल किनारी की पीली साड़ी में,
बिल्कुल मांगुर मछली सी है उसकी देह की कांति।

अंत में, काले और श्वेत के संघर्षी द्वंद्व की भाँति ही नील और गौर वर्ण का सहयोगी युग्म संस्कृत और हिंदी साहित्य में अनेकशः प्रयुक्त हुआ है, चाहे प्रसंग राम और सीता का हो, या कृष्ण और राधा का, या फिर नील परिधान में बिजली के फूल-सा श्रद्धा का बिंब हो। कवि नागार्जुन ने परंपरा से प्राप्त इस वर्णन-संयोजन का एकाधिक स्थलों पर प्रयोग किया है। 'दामिनी यह गई दमक, मेघ बजे' में दामिनी और मेघ मूलतः गौर और नील वर्णक्रम के प्रतिनिधि हैं। मैथिली कविता 'एक फाँक आँख, एक फाँक नाक' में-

'रेशमी नीला पर्दा सहज ही संयत किए था
बिजली के प्रकाश को भीतर ही भीतर, छातीभर, कंठभर।

इन तमाम रंगों के वैभव और आभा का स्रोत स्वयं कवि का अपना मानस है, जिसकी साक्षी 'मेरी भी आभा है इसमें' शीर्षक कविता में विद्यमान है –

नए गगन में नया सूर्य जो चमक रहा है
यह विश्व भूखंड आज जो दमक रहा है
मेरी भी आभा है इसमें
भीनी भीनी खुशबू वाले
रंग-बिरंगे
यह जो इतने फूल खिले हैं
कल इनको मेरे प्राणों ने नहलाया था
कल इनको मेरे सपनों ने सहलाया था
पकी सुनहली फसलों से जो
अब की यह खलिहान भर गया
मेरी रग-रग के शोणित की बूँदें इसमें मुसकाती हैं...।

भाषा-प्रौद्योगिकी एवं भाषा-प्रकार्यों के अधुनातन हिंदी-संदर्भ

- कविता वाचक्नवी

परिचय

पृथ्वी पर इस समय बोली जाने वाली भाषाओं की संख्या लगभग 7 हजार है। इनमें से आधी भाषाओं का इस सदी के अंत तक समाप्त हो जाना संभावित है। भाषाओं के नष्ट होने की इस प्रक्रिया को साधारणतः वैश्वीकरण, भूमंडलीकरण के साथ जोड़ कर देखा जाता है, बल्कि विनष्टि की इस प्रक्रिया का लगभग सारा आरोप ही इस पर ही है।

परिचय

कविता वाचक्नवी

लेखिका भाषा-प्रौद्योगिकी से संबद्ध रही हैं और संप्रति केम्ब्रिज विश्वविद्यालय, ब्रिटेन में सलाहकार एवं परीक्षक हैं। संपर्क: kavita.vachaknavee@gmail.com

भाषा और वैश्वीकरण

सभ्यता, समाज और संस्कृति पर वैश्वीकरण के नकारात्मक प्रभावों की चर्चा बड़े ज़ोर-शोर से और मुख्य संहारक के रूप में होती है यद्यपि वैश्वीकरण का सकारात्मक पक्ष यह भी है कि वह खुले बाजार और स्पर्धा में अपनी गुणवत्ता, नियोजन, मुक्त-स्रोत संसाधनों के खुले प्रयोग, शक्ति, सामर्थ्य बचाए रखने की तत्परता से जुटे होने के अवसर देता है। भाषा के संदर्भ में आज इस बाजार द्वारा विकसित संसाधनों द्वारा किसी पिछड़े से पिछड़े स्थान पर 5 से 50 लोगों तक में बोली जाने वाली भाषा तक को सहेजा जा सकता है और डिज़िटल टेक्नॉलॉजी के द्वारा वह भाषा विश्व-ध्वनि बन सकती है और वैश्विक समुदाय तक पहुँच सकती है।

अमेरिकन एसोसिएशन फॉर द एडवांसमेंट ऑफ साईन्स (AAAS) के वार्षिक अधिवेशन के अवसर पर अभी गत दिनों भाषाओं के अंतिम प्रयोक्ता तक पहुँचने के अभियान में जुटे हैरीसन बताते हैं कि उन्होंने ऐसे 8 भाषा समुदायों के अंतिम प्रयोक्ताओं तक पहुँच कर उन भाषाओं के डिज़िटल ऑडियो शब्दकोशों का निर्माण किया है। इन उच्चरित शब्दकोशों में इन 8 भाषा/बोलियों के 32 हजार से अधिक लुप्तप्राय शब्दों को उनके अंतिम इने-गिने प्रयोक्ताओं की अपनी आवाज़ में सुरक्षित किया गया है और कुछ तो ऐसे हैं कि उस भाषा-समुदाय का एकमात्र प्रयोक्ता बचा था, जिसने अपनी आवाज़ में इस शब्दकोश के निर्माण में साथ दिया।

भाषाओं और इन माध्यमों से किसी सभ्यता/ संस्कृति को सुरक्षित कर लेने की इस प्रक्रिया द्वारा आवश्यक नहीं है कि प्रत्येक मरणासन्न भाषा/बोली बच ही जाएगी, किंतु इतना अवश्य है कि यह प्रक्रिया किसी भाषा-समुदाय के पास सुरक्षित ज्ञान को नष्ट होने देने की स्थिति को चुनौती अवश्य देगी और कुछ सीमा तक टाल भी देगी। अभियान में जुटे वैज्ञानिकों ने टालने अथवा रोकने की प्रक्रिया के लिए अपनाए गए तरीकों व संसाधनों का खुलासा करते हुए बताया कि वे भाषा-समुदायों को इलेक्ट्रॉनिक माध्यमों का प्रयोग व सोशल नेटवर्किंग साईट्स पर परस्पर संवाद करने की युक्तियाँ अपनाने के लिए अधिकाधिक प्रेरित करते हैं। पारस्परिक संवादों की दृष्टि से प्रयोग की गई भाषा स्वतः ही कोशों के निर्माण का कारक बन जाती है।

यूनेस्को द्वारा जारी विलुप्त हो रही भाषाओं की सूची में भारत की भाषाओं और बोलियों का स्थान सबसे ऊपर है, क्योंकि भारत की 197 भाषा/बोलियाँ इस सूची में हैं। रही हिंदी के प्रयोक्ताओं की बात, तो भारत में हिंदी को प्रथम भाषा के रूप में प्रयोग करने वालों का प्रतिशत लगभग 43% है और द्वितीय भाषा के रूप में प्रयोग करने वालों का 27%। इसमें उर्दू बोलने वालों का 5% प्रतिशत और भी जोड़ा जा सकता है। यद्यपि ऐसे आँकड़े भारत में निकालना बहुभाषिकता और आकलन की कोई सटीक प्रक्रिया न होने के कारण बहुत कठिन है। विश्व में सर्वाधिक बोली जाने वाली भाषाओं के आकलन से हिंदी का दूसरा ही चित्र उभरता है। 1999 के आकलन के अनुसार बोली जाने वाली भाषा के रूप में हिंदी का विश्व में दूसरा स्थान था, जबकि 2011 के आँकड़ों के अनुसार मन्दारिन व अँग्रेज़ी (तथा कई आँकड़ों में स्पैनिश भी) के पश्चात् हिंदी तीसरे अथवा चौथे स्थान पर है।जो भी हो, सभी जानते हैं कि अपने संख्याबल के कारण हिंदी का बाज़ार विश्व के बड़े बाज़ारों में एक है। यही कारण है कि राष्ट्रपति ओबामा के शपथ ग्रहण के पश्चात् दिए गए अभिभाषण को अमेरिकी दूतावास हिंदी में अनुदित करता है और जनसंपर्क विभाग के लैटरपैड पर भी उस अनुदित वक्तव्य को प्रकाशित किया जाता है। व्यावसायिकता में मची होड़ व संख्याबल की माँग के कारण हिंदी का ऐसा परिदृश्य दीखता है कि देशी-विदेशी कंपनियाँ उपभोक्ताओं को लुभाने के लिए मानो उनकी भाषा के प्रति प्रेम प्रदर्शित करने में लगी हैं। जो कम से कम यह तो सिद्ध करता ही है कि वैश्विक धरातल पर व्यावसायिक हिंदी का आधार ठोस व गतिमूलक है। हिंदी का यह नवीन व्यावसायिक रूप उस परंपरागत हिंदी से इन अर्थों में थोड़ा भिन्न है कि अपने प्रकार्यों व नवीनतम संदर्भों के अनुरूप हिंदी ने स्वयं को सक्षम करने के साथ-साथ थोड़ा बदला भी है। उसका संरचनात्मक ढाँचा वैविध्यपूर्ण और लचीला तो है, किंतु अभी नवीनतम व्यावसायिक

अवधारणाओं के अनुरूप उसे अपने को बाज़ार में बचाए व टिकाए रखने के क्रम में बड़ी यात्रा तय करनी है।बाजार में टिके रहने की अनिवार्यताओं के साथ जोड़कर व्यावहारिक धरातल पर अन्य भाषा-समुदायों की स्थितियों के साथ रखकर तुलनात्मक वस्तुस्थिति से भी अवगत होना अनिवार्य है।

विश्व की शीर्ष 5 भाषाओं में स्थान बना चुकी भाषा वर्तमान संदर्भों में संसाधनों के उपयोग व उन पर अपनी उपस्थिति की दृष्टि से तुलनात्मक स्तर पर विश्व की दूसरी भाषाओं से कितनी पीछे है। आधुनिक संसाधनों के प्रयोक्ताओं की दृष्टि से शीर्ष 10 भाषाओं में उसका स्थान कहीं नहीं है, जबकि पुर्तगाली जैसी भाषा के प्रयोक्ताओं ने स्वयं को चौथे स्थान पर स्थापित कर लिया है। इस स्थापित करने को आप इस लेख के प्रारंभ के साथ जोड़ कर देखेंगे तो स्थिति बड़ी भयावह दिखाई देती है और वैश्विक धरातल पर हिंदी भाषा के समृद्ध व सुदृढ़ होने के तर्क / प्रमाण एकाएक धराशायी हो जाएँगे।

विश्व के ग्राम बनते जाने के इस कालखंड में ठीक यहाँ से ही वैश्विक धरातल पर हिंदी के अध्ययन-अध्यापन की अधुनातन प्रविधियों और उनकी अपरिहार्यता का पक्ष जुड़ता है। अन्यभाषा के रूप में हिंदी का अध्ययन करने के लिए आने वाले विद्यार्थी का लक्ष्य व प्रयोजन जितने अर्थों में बदलता जाएगा, उतने अर्थों में भाषा-शिक्षण की नवीनतम तकनीकों व संसाधनों की माँग भी बदलती चली जाती है। कुछ समय पूर्व तक अन्यभाषा के रूप में इसका अध्ययन करने आने वाले विद्यार्थी के कार्यक्षेत्र अध्यापक, अनुवादक आदि बनने तक के लक्ष्यों तक सीमित थे। किंतु आज इस आधुनिक परिदृश्य व आवश्यकताओं के समय एक ही भौगोलिक व संवैधानिक क्षेत्र में विविध भाषा-समुदायों की उपस्थिति व उनसे जुड़े अनेकानेक घटनाक्रमों के चलते विविध देशों में अन्य-भाषा-समुदायों से जुड़ी भाषाई आवश्यकताओं व संबंधित अध्ययन-क्षेत्रों का विस्तार हुआ है और 'वस्तु' के रूप में भाषा के अध्ययन की माँग का भी। अन्यभाषा के अध्येता के लिए बिना सामाजिक दबाव के भाषा-अध्ययन का सूत्र इन अर्थों में वहाँ प्रासंगिक नहीं रहता कि वैश्वीकरण में संकुचित हुए विश्वग्राम की व्यावसायिक, संवैधानिक, सामाजिक व संरक्षण संबंधी अपरिहार्यताएँ उक्त तथ्य पर भारी पड़ती हैं। ये ही उसके भाषाशिक्षण की विधि व इलेक्ट्रॉनिक मीडिया की अपरिहार्यता का भी निर्धारण करती हैं।

जहाँ सामाजिक वैश्विक स्थितियाँ अन्यभाषा के रूप में हिंदी के अध्ययन के पक्ष के रूप में विकसित हुई हैं, वहीं इसका एक पक्ष यह भी है कि बाज़ार के हित के लिए भाषाओं की संख्या जितनी कम हो उतना बेहतर रहता है। और भाषाओं का कम होना ही नहीं, अपितु एक ही भाषा में भी शब्दों के कम से कम विकल्प और पर्यायवाची उसके हित में होते हैं। इसी का परिणाम है कि बाजार की शक्तियों के प्रभाव में भाषा के अनेकानेक शब्द विलुप्त होते चले जा रहे हैं, आधुनिक समाज का शब्द-भण्डार कम होता चला जा रहा है। दूसरी ओर, नए संसाधनों व कार्य-क्षेत्रों से जुड़े नए शब्द शब्दावली में आ रहे हैं। कह सकते हैं कि व्यावसायिकता भाषा के सामाजिक व साँस्कृतिक पक्ष को संकुचित कर रही है। भाषाओं की विलुप्ति का संकट इसी का परिणाम है। ऐसे में सबसे कारगर (या भले कुछ ही कारगर) युक्ति के रूप में इन आधुनिक संसाधनों को बाजार व संसाधनों से जुड़ी शब्दावली से इतर अन्य क्षेत्रों की भाषा व प्रयुक्तियों को बचाने के काम में प्रयोग करना ही संभवत: इस क्षरण-प्रक्रिया की तोड़ है। भले ही यह कोई विश्वसनीय वैज्ञानिक निष्कर्ष नहीं माना जाता होगा, किंतु डिज़िटल संसाधनों, संचार माध्यमों, इलेक्ट्रॉनिक मीडिया व इन सब के द्वारा भाषा व लिपियों के अधिकाधिक पक्षों का बहुतायत संयोजन व प्रयोग एक बड़ी आशा जगाता है; अन्यथा बढ़ते बाजार व 'मल्टीनैशनल्स' के बावजूद वे क्या कारण हो सकते हैं कि विभिन्न विश्वविद्यालयों में हिंदी के अध्ययन की सुविधा को समाप्त अथवा कम किया जा रहा है और बढ़ते बाजार व संसाधनों के बावजूद छात्र कम हो रहे हैं; जबकि विज्ञापन की भाषा का सिद्धांत ही है कि वह मूलतः बाजार की स्थानीयता व उपभोक्ताओं की संस्कृति व प्राथमिकताओं को वरीयता देती है ! उत्पादन व प्रबंधन की प्रणाली में स्थानीय शब्दावली का प्रयोग विभिन्न औद्योगिक प्रयुक्तियों को समृद्ध करने का सामर्थ्य भी रखता है।

कुल मिलाकर कह सकते हैं कि हिंदी का परिदृश्य इन दो ध्रुवों के बीच बसे बाजार की निर्भरता व अपेक्षाओं की अनुकूलता के साथ ही विकसित करना होगा। इस अनुकूलन के लिए कंप्यूटर की तकनीकों को साधने व उस पर समृद्ध होकर अपना ग्लोबल रूप विकसित करने की स्थितियों की माँग दर्शाता है। भाषा-प्रौद्योगिकी का यह अस्त्र सामाजिक व साँस्कृतिक भाषा-रूपों को बचाए रखने की युक्ति हो सकता है। रोजगार की अपार संभावनाओं वाले इस क्षेत्र में हिंदी के लिए अभी लंबा मार्ग तय करना शेष है। यह भी सच है कि हिंदी ने कंप्यूटर अनुप्रयोगों की समस्त बाधाओं को मूलतः पार कर लिया है। समस्त तकनीकी प्रकल्प कैसे व कब संभव हुए, उनके उल्लेख को एक ओर करते हुए यदि आज का

आकलन करें, तो कंप्यूटर पर हिंदी के अनुप्रयोग से जुड़ी लगभग समस्त बाधाएँ निरस्त हो चुकी हैं। कंप्यूटर निर्माण से जुड़ी विदेशी कंपनियों तक ने अब इस संसाधन को हिंदी व भारतीय भाषाओं में कार्य करने में सहज, बोधगम्य व बिना किसी अतिरिक्त मूल्य के तैयार हैं। ऐसे-ऐसे उच्च तकनीक वाले समुन्नत सॉफ़्टवेयर जैसे- यूनिकोड, मशीनी अनुवाद, ओपन टू टाईप फ़ॉन्ट्स, ग्राफिक यूज़र इंटरफ़ेस, ओ सी आर, प्रेडिक्टिव टेक्स्ट इनपुट, ऑफिस सूट, टेक्स्ट-टू-स्पीच, सर्च इंजन, ट्रांसलेटड सर्च, लिप्यंतरण, स्पेल चेकर, ब्राउजर व ऑपरेटिंग सिस्टम में भाषा-चयन की सुविधा, सोशल नेट्रवर्किंग तक में भाषा चयन की सुविधा आदि नि:शुल्क संभव हो गए हैं, कि बस कहीं भी कभी भी हाथ में स्मार्टफ़ोन, लैपटॉप या कंप्यूटर आए और एक बच्चा भी तत्परता से झट हिंदी में काम कर सकता है। किंतु खेद का विषय है कि समस्त संसाधनों से युक्त, हिंदी-समाज के प्रयोक्ता ही अभी अपने नेट के क्रिया-कलापों में हिंदी के प्रयोग से अचकचाते हैं। संसाधन की दृष्टि से भाषाई कम्प्यूटिंग को संभव व प्रचारित करने की मुख्य दो चुनौतियाँ थीं। पहली यह कि तकनीक सरल, सुबोध, सुग्राह्य और सुलभ हो (जितने अधिक प्रयोक्ता होते, उतना ही यहअधिक संभव होता) तथा दूसरी यह कि अधिकाधिक लोग (अपितु समूचा भाषा-समाज) उस तकनीक का प्रयोग सुनिश्चित करें। किसी भी प्रौद्योगिकी के बने रहने की अनिवार्यता उसके विस्तार में निहित रहती है।

हिंदी समाज के लिए कंप्यूटर के संसार में शब्दकोश, समांतर कोश, अनुवाद की सुविधा, पारिभाषिक शब्दावलियाँ, लिप्यंतरण की सुविधा, यूनीकोड (इनस्क्रिप्ट/ फोनेटिक/ रेमिंगटन, ऑनलाईन/ऑफलाइन), यूनीकोड से पूर्व के लगभग प्रत्येक फॉण्ट के लिए (और उर्दू>देवनागरी>उर्दू अथवा बर्मी>देवनागरी>बर्मी आदि जैसे भी) फॉण्ट परिवर्तक (कन्वर्टर), ब्लॉग संकलक (एग्रेगेटर), दृष्टिबाधितों के लिए देवनागरी में तकनीकी सुविधाएँ (यूनिकोड से ब्रेल>यूनीकोड रूपांतरण), हिंदी के लगभग सभी समाचार-पत्र, हिंदी की लगभग सभी बड़ी पत्र-पत्रिकाएँ, चर्चा समूह/ डिस्कशन-फोरम, हिंदी में विकीपीडिया, साहित्य का अद्भुत संग्रह (महात्मा गाँधी अ.हि.वि.वि. द्वारा अकूत साहित्य तथा कविताकोश द्वारा अमीर खुसरो से अद्यतन लगभग 60 हजार कविताओं का संचयन, व्यक्तिगत प्रयासों व नेट पत्रिकाओं का इनसे अतिरिक्त), ट्रांसलेटड सर्च व ट्रांसलिट्रेटेड सर्च सुविधा, वाचान्तर, वर्तनी शुद्धिकरण यंत्र, ऑनलाइन पुस्तकालय, लगभग 30 हजार स्वतंत्र निशुल्क ब्लॉग (जिनमें विज्ञान, साहित्य, गणित, मनोविज्ञान, अर्थशास्त्र, साहित्य, भौतिकी, इतिहास, खगोलशास्त्र से लेकर बच्चों के विषय, पाककला व कामशास्त्र तक पर धड़ल्ले से खूब लिखा जा रहाहै),

मुहावराकोश तथाअत्यंतदुर्लभ पुस्तकों की पूरी की पूरी स्कैन प्रतियाँ नए प्रकाशनों की जानकारी, देश विदेश में इंटरनेट के माध्यम से हिंदी पुस्तकों की खरीद की व्यवस्था, हिंदी में विज्ञापन जैसी अनेक सुविधाएँ सरलता से उपलब्ध हैं। ... और आश्चर्य की बात यह भी है कि लगभग ये सभी निःशुल्क हैं। गूगल की नेट और मोबाईल पर 'स्पीच टू टेक्स्ट' की सुविधा सहित सब मुक्तस्रोत उपलब्ध है। प्रयोक्ता, क्षेत्र और परिवेश के अनुसार भाषाप्रयोग में भिन्नता के नए रोचक तथ्य संकलित करने हों तो किसी सोशल नेट्वर्किंग साईट (यथा फेसबुक आदि) पर हो रहे भाषा प्रयोगों पर दृष्टि दौड़ाई जा सकती है। द्विभाषिकता, बहुभाषिकता, कोड-मिश्रण, कोड-परिवर्तन, पिजिन, क्रियोल, भाषाद्वैत जैसी प्रक्रियाओं के उदाहरण दीखने लग सकते हैं। और तो और, बड़े-बड़े संस्थागत प्रयासों को धत्ता बताते हुए इन मुक्त संसाधनों के प्रयोग द्वारा कुछ लोगों ने अन्यभाषा-शिक्षण के क्षेत्र में अपने एकल बल पर ऐसे कीर्तिमान व उपलब्धियाँ अर्जित कर ली हैं कि उन पर चर्चा करने व उदाहरण देने के लिए अलग से एक बैठक की आवश्यकता होगी।

निष्कर्ष

व्यवसाय व बाजार की शक्तियों को टक्कर देने की दृष्टि से इतना भर पर्याप्त नहीं है। यह यात्रा, कुल यात्रा के एक पक्ष का छठा-आठवाँ भाग है। तकनीकी दृष्टि से हिंदी को कंप्यूटर की चुनौती व प्रयोक्ता-सापेक्ष होने की यात्रा में बहुत आगे जाना अभी शेष है। तभी बाजारवाद से उपजी संहारक शक्ति को बाजार ही के अस्त्र से परास्त करने का अस्त्र हाथ आएगा। उसके पश्चात् आवश्यकता होगी उस अस्त्र को प्रयोग करने के कौशल, साहस व भावना की। 'वस्तु' भाषा के रूप में ही सही, क्या आप-हम हिंदी को इस अभियान में विजेता बनाने का उपक्रम नहीं करेंगे?

संदर्भिका

- http://www.gelbukh.com/clbook/Computational-Linguistics.htm
- http://www.internetworldstats.com/stats7.htm
- http://www.nationsonline.org/oneworld/most_spoken_languages.htm
- http://www.nationsonline.org/oneworld/most_spoken_languages.htm
- http://www.unesco.org/culture/languages-atlas/en/atlasmap.html)

पुनरुक्ति क्रिया एवं अनुवाद

- **अनिल ठाकुर**

परिचय

पुनरुक्ति शब्द-रूप दक्षिण एशियाई भाषाओं में एक महत्त्वपूर्ण व्याकरणिक प्रक्रिया है। लगभग हर तरह के शब्दों में ऐसे शब्द-रूप का प्रयोग देखने को मिलता है। हालाँकि कुछ तरह के शब्दों के साथ इसका प्रयोग अधिक एवं कुछ अन्य के साथ कम होता है। जैसे सार्वनामिक शब्दों के पुनरुक्ति रूप बहुत कम देखने को मिलते हैं, जैसे- 'अपना-अपना सही है' परंतु 'तुम-तुम सही नहीं है।' वहीं क्रिया एवं संज्ञा शब्दों के पुनरुक्ति रूप सहज देखे जा सकते हैं। क्रिया एवं संज्ञा में से भी क्रियाका पुनरुक्ति रूप तेजी बनते हुए देखे जा सकते हैं। जबकि सभी तरह के संज्ञा शब्दों के साथ ऐसा नहीं है। इसलिए 'घर-घर' एवं 'बच्चा-बच्चा' आदि संज्ञा के पुनरुक्ति रूप आसानी से बनते हैं, जबकि 'मकान-मकान', 'लोग-लोग' एवं 'खाना-खाना' आदि संज्ञा शब्दों के पुनरुक्ति रूप स्वाभाविक नहीं लगते हैं। इसके अलावा पुनरुक्ति शब्द-रूपों के अन्य गुणों में भी शब्दों के भेद के स्तर पर कई अंतर देखे जाते हैं। संख्यात्मक शब्दों जैसे- एक, दो, तीन आदि के पुनरुक्ति शब्द सामान्यतः एक निश्चित अर्थ में प्रयोग होते हैं, जबकि क्रिया के पुनरुक्ति रूप कई रूपों एवं कई अर्थों में प्रयोग होते हैं। इन पुनरुक्ति-क्रिया शब्दों के विभिन्य अर्थों का निर्धारण शब्दों के व्याकरणिक रूप, उसके वर्गिक स्वभाव एवं वाक्य में प्रयुक्त कुछ अन्य शब्दों के रूप गुण-स्वभाव एवं वाक्य-प्रकार आदि के आधार पर होता है। हिंदी व्याकरण एवं भाषावैज्ञानिक साहित्य में भाषा के इस व्याकरणिक प्रक्रिया पर बहुत सारे कार्य उपलब्ध हैं (गुरु 1925, शर्मा 1958, अब्बी 1992, आदि)। शोध-साहित्य में इस बिंदु पर भी विचार किया गया है कि पुनरुक्ति-रूप शब्दों का व्याकरण नियम के अंतर्गत अध्ययन किया जा सकता है या नहीं, और यदि हाँ तो कि रूप में? सामान्य विचार यह है कि पुनरुक्ति शब्द व्याकरण-नियम के अनुरूप होते हैं और उनका नियम-आधारित विश्लेषण संभव है। हालाँकि कुछेक पुनरुक्ति शब्द-रूप जो स्थिर/बद्ध (fixed/idiomatic expressions) होते हैं, उन्हें कोशगत अध्ययन के अंतर्गत ही रखा जा सकता है। जो पुनरुक्ति

परिचय

अनिल ठाकुर
लेखक भाषाविज्ञान के विशेषज्ञ हैं, संप्रति बनारस हिन्दू विश्वविद्यालय के भाषाविज्ञान विभाग में असिटेंट प्रोफेसर हैं। संपर्क : mi_anil@yahoo.com

शब्द-रूप व्याकरण पर आधारित हैं, उनके संरचनात्मक एवं अर्थगत विश्लेषण से नियम-आधारित स्वरूप की व्याख्या की जा सकती है।

वर्तमान समय, खासकर विगत दो-तीन दशको में भाषा के विभिन्य पहलुओं का गहन अध्ययन एक विशेष अनुप्रयोग 'प्राकृतिक भाषा संसाधन' (NLP) के संदर्भ में हुआ है और चूँकि मशीनी अनुवाद 'प्राकृतिक भाषा संसाधन' का एक अत्यंत जटिल अनुप्रयोग है, इसलिए इन पहलुओं का मशीनी अनुवाद की दृष्टि से अध्ययन की कोशिश भी हो रही है (सिन्हा एवं ठाकुर 2005)। इस दृष्टिकोण से कुछ नए पहलू भी सामने आते हैं, जो पुनरुक्ति शब्द के विश्लेषण एवं निर्धारण में कठिनाइयाँ उत्पन्न करते हैं, जैसे- कुछ स्थितियों में पुनरुक्ति शब्द-रूप के दिखने वाले शब्द अनुक्रम वास्तव में पुनरुक्ति शब्द-रूप नहीं भी हो सकते हैं, जैसे- (वह) बच्चा बच्चा से प्यार करता है। हिंदी में कर्ता (वह) गौण रह सकता है और इस स्थिति में 'बच्चा-बच्चा' एक पुनरुक्ति-रूपी शब्द है जबकि यदि (वह) के रूप में गौण कर्ता या कर्ता की संकल्पना न की जाए, तो 'बच्चा' 'बच्चा' वाक्य के दो भिन्न शब्द हैं, इसमें पहला कर्ता तथा दूसरा कर्म है।

इस लेख का मुख्य उद्देश्य हिंदी में क्रिया के पुनरुक्ति रूप की संरचनात्मक एवं अर्थगत विश्लेषण कर उनका वर्गीकरण करना एवं इसके आधार पर अँग्रेजी अनुवाद-रूप निर्धारण करने में उनकी भूमिका पर चर्चा करना है। वैसे तो क्रिया वर्गीकरण शीर्षक पर कुछ महत्त्वपूर्ण कार्य हुए हैं और 'प्राकृतिक भाषा संसाधन' के अनुप्रयुक्त पक्ष में जिनकी उपयोगिता भी देखी जा रही है (लेविन 1992, आदि), लेकिन उसपर और अधिक शोध की आवश्यकता है, जिससे उसको आधार बनाकर अन्य भाषाओं में भी इसे प्रयोग किया जा सके। वर्तमान लेख के लिए क्रिया का सामान्य वर्गीकरण किया गया है, जिसे 'आंग्लभारती' मशीनी अनुवाद प्रणाली के लिए विकास में उपयोग किया गया है। अगले खंड मेंहिंदी क्रिया के पुनरुक्ति शब्द-रूप के कुछ आधारभूत तथ्य और उनके वर्गीकरण के आधारों का उदाहरणों के साथ चर्चा की गई है। इसके बाद क्रिया-पुनरुक्ति के वर्गीकरण के आधार पर विभिन्न प्रकार का निर्धारण किया गया है और उदाहरणों के साथ उनकी व्याख्या की गई है। आगे हिंदी में पुनरुक्ति क्रिया-रूपों, उनके विभिन्न प्रकारों के अँग्रेजी अनुवाद-रूप निर्धारण के लिए नियमोंके दिशा-निर्देश दिए गए हैं। इसके बाद लेख के मुख्य बिंदुओं का सारांश एवं शीर्षक-संबंधी कुछ प्रश्नों की चर्चा की गई है।

हिंदी में पुनरुक्ति क्रिया-रूप

हिंदी क्रिया के मुख्यतः दो पुनरुक्ति रूप देखने को मिलते हैं:

(ii) क्रिया क्रिया कर (VVकर)

(iii) क्रिया-ते क्रिया-ते (V-ते V-ते)

इस लेख में इन्हीं दोनों रूपों पर नियम निर्धारण के कुछ प्रयास किए गए हैं। ये हिंदी क्रिया पुनरुक्ति-रूप विभिन्न क्रिया-विशेषण के अर्थ में प्रयोग किए जाते हैं और उनके प्रयोग संबंधी पहलुओं पर हिंदी में शोध भी हुए हैं। अब्बी (1992) ने हिंदी क्रिया पुनरुक्ति शब्द-रूपों के मुख्य पाँच प्रकार निर्धारित किए हैं:

(i) समक्षणिकता (simultaneity),

(ii) अशीघ्रता (non-precipitation),

(iii) सतत-आवधिक(continuation-duration),

(iv) पौन-पुण्य (iteration),

(v) अनुक्रमता (sequentiality)।

इन नामों से ही प्रतीत हो रहा है कि इस वर्गीकरण का आधार मुख्य रूप से क्रिया के पुनरुक्ति शब्द-रूप के क्रिया-विशेषण के अर्थ में काल-पक्ष को बनाया गया है। यह वर्गीकरण सैद्धांतिक-रूप से व्यवस्थित दिखने पर भी क्रिया के पुनरुक्ति-रूपों के सही-सही कार्य निर्धारण उपयोगी नहीं है। इसमें पुनरुक्ति क्रिया-रूपों के क्रिया-विशेषणात्मक कार्यों का तो निर्धारण हो जाता है, लेकिन क्रिया-विशेषण के प्रकारों का सही आँकलन नहीं हो पाता है। इसलिए इस वर्गीकरण का इस लेख के विषय के विवरण एवं उद्देश्य में सफल प्रयोग नहीं हो सकता है। खासकर, हिंदी पुनरुक्ति क्रिया-रूपों के अँग्रेजी अनुवाद-रूप प्राप्त करने के उद्देश्य से अन्य प्रकार के वर्गीकरण, जो क्रिया-रूपों के पदबंधात्मक गुणों पर आधारित है; कहीं अधिक कारगर सिद्ध होते हैं। आंग्लभारती मशीनी अनुवाद में प्रयोग के लिए हिंदी क्रिया के पुनरुक्ति-रूपों का इसी तरह का वर्गीकरण प्रस्तावित किया गया था (सिन्हा एवं ठाकुर 2005)। इसमें हिंदी क्रिया के पुनरुक्ति-रूपों को पाँच क्रिया-विशेषणात्मक प्रकारों में बाँटा गया है:

(i) कालसूचक (temporal),

(ii) रीति (manner),

(iii) कारण (reason),

(iv) विभेद (contrast),

(v) माध्यम (means)।

इसमें क्रिया के अर्थगत वर्गीकरण को आधार मानकर, पुनरुक्ति क्रिया-रूपों के अर्थगत प्रकार का निर्धारण किया जाता है और इसके आधार पर पुनरुक्ति क्रिया-रूपों का वर्गीकरण किया जा सकता है। क्रिया के वर्गीकरण (verb class) के कुछ नमूने इस प्रकार हैं:

(i) संप्रेषणात्मक उद्बोध क्रिया (com_expression verbs): रोना, हँसना, आदि
(ii) संप्रेषणात्मक क्रिया (communicative verbs): बोलना, कहना, आदि
(iii) गति क्रिया (motion verbs): जाना, घूमना, आदि
(iv) प्रतिफलात्मक क्रिया (resultive verbs): होना (become), बढ़ना, आदि
(v) ऐच्छिक क्रिया (voluntary verbs): पढ़ना, आदि
(vi) प्रतिफलात्मक-मानसिक क्रिया (resultive-psychco verbs):थकना आदि

क्रिया के इस वर्गीकरण के आधार पर हिंदी के पुनरुक्ति क्रिया-रूपों के कार्य-प्रकारों का निर्धारण किया जा सकता है, जिसकी चर्चा अगले खंड में की गई है।

क्रिया-पुनरुक्ति : प्रकार निर्धारण

अभी तक के विवरण से ज्ञात होता है, क्रिया के पुनरुक्ति-रूपों के प्रकारों का निर्धारण क्रिया के सटीक वर्गीकरण पर मुख्य रूप से निर्भर करता है। इसके लिए वाक्य की मुख्य क्रिया एवं पुनरुक्ति-क्रिया,जो वाक्य में एक क्रिया-विशेषणात्मक उपवाक्य के रूप में आता है; दोनों के ही क्रिया-वर्ग के विश्लेषण की आवश्यकता है। इस खंड में हिंदी के क्रिया-पुनरुक्ति के प्रकारों की चर्चा उदाहरणों के साथ की गई है, जिससे यह स्पष्ट होता है कि किस प्रकार क्रिया-वर्ग की सूचना का प्रकार निर्धारण में कितना महत्त्व है।

1. कालसूचक (temporal)

कालसूचक क्रिया-विशेषण कार्य में क्रिया-पुनरुक्ति के मुख्यतः क्रिया-ते रूप का प्रयोग होता है। जैसे-

(क) वह दौड़ते-दौड़ते गिर गया।

He fell down while running.

(ख) हमारे देखते-देखते वह बड़ा हुआ है।

(I) He has grown up while we observed.

(II) He has grown up before oureyes.

(ग) उसके पहुँचते-पहुँचते गाड़ी चल पड़ी।

The train started the moment/while he reached.

इन वाक्यों में पुनरुक्ति-क्रिया कालसूचक अव्यय के कार्य में प्रयुक्त हुई है और इसके अँग्रेजी में अनुवाद-रूप 'while' से बनता है। कुछ अन्य वाक्यों में 'after' या अन्य शब्द भी प्रयोग हो सकते हैं। वाक्य (ख) में अँग्रेजी का (ii) वाक्य अधिक सहज है, लेकिन इसे वर्तमान में मशीनी अनुवाद से प्राप्त करना एक मुश्किल लक्ष्य है। वाक्य (ग) में भी देखा जाय, तो हिंदी वाक्य का पूर्ण अर्थ अँग्रेजी अनुवाद में नहीं आ पाया है, लेकिन प्राप्त वाक्य काफी हद तक सही है।

2. रीति (Manner)

रीति सूचक क्रिया-विशेषण के रूप में प्रयुक्त क्रिया-पुनरुक्ति पद अपने दोनों मुख्य रूप क्रिया-क्रिया-कर एवं क्रिया-ते में आते हैं, जैसे-

(क) वह रुक-रुक कर बोला।

i.He spoke haltingly.'

ii.He spoke slowly.

(ख) वह हँस-हँस कर बोला।

He spoke smilingly.

(ग) वह हँसते-हँसते बोला।

He spoke smilingly.

इन सभी वाक्यों में क्रिया-पुनरुक्ति रीतिसूचक अव्यय के कार्य में प्रयुक्त है, जिसका अँग्रेजी अनुवाद-रूप उस क्रिया के क्रिया-विशेषणात्मक रूप से ही किया जा सकता है।

3. कारण (Reason)

कारण बोधक क्रिया-विशेषण के अर्थ में भी हिंदी के क्रिया-पुनरुक्ति के दोनों मुख्य रूप क्रिया-क्रिया-कर एवं क्रिया-ते प्रयुक्त होते हैं। इन वाक्यों में वाक्य के मुख्य क्रिया या विधेय के वर्ग का महत्त्वपूर्ण योगदान निम्न वाक्यों में देखा जा सकता है-

(क) चलते-चलते पैरों में छले पड़ गए।

Bristles came out because of(excessive) walking.

(ख) कुछ ही दिनों में सभी खा-खा कर मोटे हो गए।

Ina few days, all became fat because of (excessive)eating.

इन हिंदी वाक्यों मेंक्रिया-पुनरुक्ति के कारण बोधक क्रिया-विशेषण प्रयोग हुए हैं, जिनके अँग्रेजी अनुवाद-रूप 'becauseof' या 'dueto' से बनाया जा सकता है। हालाँकि पुनरुक्ति-क्रिया के अपने अर्थ में कुछ अलग आयाम जुड़ जाते हैं, जिनको अँग्रेजी में 'excessive' से व्यक्त किया जा सकता है।

4. विभेद (Contrast)

विभेद बोधक क्रिया-विशेषण के अर्थ में प्रयुक्त हिंदी केपुनरुक्ति-क्रिया केवल क्रिया-ते रूप में आते हैं। निम्न वाक्यों को देखने से ज्ञात होता है कि वाक्य की मुख्य क्रिया एवं क्रिया-पुनरुक्ति में प्रयुक्त क्रिया के अर्थों में विभेद (contrast) का संबंध है।

(क) वह हारते-हारते जीत गया।

He won (it) while almost losing.

(ख) वह रोते-रोते हँसने लगा।

He started laughing while crying till theend.

(ग) वह डूबते-डूबते बचा।

He escaped while almost drowning.

इन वाक्यों में क्रिया-पुनरुक्ति के अँग्रेजी के अनुवाद-रूप को पुनरुक्ति क्रिया के अर्थ में 'almost' लगा कर प्राप्त किया जा सकता है। हालाँकि कुछ वाक्यों में कुछ अन्य प्रक्रिया की भी आवश्यकता पड़ सकती है।

5. माध्यम (Means)

माध्यम क्रिया-विशेषण के अर्थ में हिंदी की पुनरुक्ति-क्रिया दोनों ही रूपों क्रिया-क्रिया-कर एवं क्रिया-ते क्रिया-ते प्रयुक्त होते हैं। निम्न वाक्यों में एवं ऊपर (3) में दिए गए वाक्यों में मामूली अंतर देखा जा सकता है। लेकिन दोनों के अँग्रेजी अनुवाद-रूपों में अंतर हो जाता है और

इसलिए इनमें विभेद करना आवश्यक है। यह निम्न वाक्यों के अँग्रेजी रूपों से ज्ञात होता है।

(क) अभ्यास करते-करते यह संभव हो जाता है।

This becomes possible by practicing (constantly).

(ख) देखते-देखते /देख-देख कर सब समझ में आ जाता है।

Everything is understood by observing (constantly).

हिंदी क्रिया-पुनरुक्ति के अँग्रेजी अनुवाद-रूप पुनरुक्ति क्रिया के क्रियार्थक संज्ञा रूप के साथ 'by' लगाकर प्राप्त किया जाता है।

अनुवाद-रूप नियम (mapping rules)

अब क्रिया-वर्ग सूचना के आधार परहिंदी के पुनरुक्ति क्रिया-रूपों के कार्य-प्रकार निर्धारण के कुछ नियम प्रस्तावित किए गए हैं-

नियम-1 यदि पुनरुक्ति क्रिया का -ते रूप आया है और मुख्य क्रिया गति वर्ग का और पुनरुक्ति क्रिया गति या कोई अन्य वर्ग का है, तो-

<क्रिया-ते><क्रिया-ते>=> while <verb>+ing

नियम-2 यदि पुनरुक्ति-क्रिया का वर्ग संप्रेषणात्मक-उद्बोध क्रिया (com_expression verbs) है, मुख्य क्रिया संप्रेषणात्मकक्रिया है और पुनरुक्ति क्रिया का 'कर' रूप आया है, तो- <क्रिया><क्रिया> => by <verb>+ing

नियम-3 यदि पुनरुक्ति क्रिया का -ते रूप आया है और मुख्य क्रिया प्रतिफलात्मक-मानसिक क्रिया (resultive-psychverbs) तो-

<क्रिया-ते><क्रिया-ते>=>because of<verb>+ing

नियम-4 यदि मुख्य किया एवं पुनरुक्ति क्रिया एक दूसरे के विपरीत अर्थ के हैं, तो-

<क्रिया-ते>><क्रिया-ते>=>while almost<verb>ing

नियम-5 यदि पुनरुक्ति क्रिया का -ते रूप या क्रिया-कर रूप आया है और मुख्य क्रिया कुछ निश्चित वर्ग (प्रतिफलात्मक क्रिया 'resultive verbs') का है, तो -

<क्रिया-ते><क्रिया-ते>=>by<verb>+ing

ये नियम दिशा-निर्देश के रूप में दिए गए हैं और इसके आधार पर अन्य नियम बनाए जा सकते हैं।

निष्कर्ष

प्रस्तुत लेख में हिंदी के एक महत्त्वपूर्ण क्रिया-रूप 'पुनरुक्ति-रूप' का हिंदी-अँग्रेजी मशीनी अनुवाद के संदर्भ में नियम-आधारित विवेचन किया गया है। लेख में इस बात पर बल दिया गया है कि क्रिया का सटीक वर्गीकरण उसके पुनरुक्ति रूपों के कार्य-प्रकार निर्धारण में अत्यंत महत्त्वपूर्ण योगदान देता है। सभी प्रकार के वाक्यों के विश्लेषण के बाद ही सटीक नियम प्रस्तावित किए जा सकते हैं और इसलिए एक बहुत बड़े कार्पस की आवश्यकता होती है। इस तरह के नियम मुख्यतः नियम-आधारित मशीनी अनुवाद प्रणाली या हाइब्रिड (hybrid) प्रणाली के लिए उपयोगी सिद्ध हुए हैं। खासकर, उन वाक्यों के अनुवाद में, जिनके सहज अनुवाद बहुत ही मुश्किल होते हैं। ये नियम बहुत हद तक एक मान्य अनुवाद देने में सक्षम होते हैं।

संदर्भिका

Abbi,A. 1992. Reduplication in South Asian Languages: An Areal, Typological and Historical Study. Allied Publishers, New Delhi.

गुरु, कामता प्रसाद 1925. हिंदी व्याकरण. नागरी प्रचारणी सभा, वाराणसी।

Levin, B. 1993. English Verb Classes and Alternations: A Preliminary Investigation.ChicagoUniversityPress.

Pau Friedrich. 1979. The Symbol and its Relative Non-Arbitrariness. In Language Context and the Imagination, selected by A.S. Dil, Stanford University Press, Stanford.

Sinha, R. M. K. 2004. An Engineering Perspective of Machine Translation: Angla Bharti - II and Anu Bharti - II Architecture. In Proceedings ofInternational Symposium on Machine Translation NLP and TSS, The McGraw-Hill Companies, New Delhi: 10-17.

Sinha, R. M. K. and Anil Thakur 2005. Dealing with Replicative Words inHindi for

Machine Translation to English, 10th Machine Translation summit (MT Summit X), Phuket, Thailand.157-164.

Sharma, A. 1958. A Basic Grammar of Modern Hindi. Central Hindi Directorate,Government of India

हिंदी एवं संस्कृत टैगिंग के कुछ संदर्भ

- अर्चना देवी

परिचय

भारत एक बहुभाषिक देश है और यहाँ कि विभिन्न भाषाएँ समाज एवं देश की भाषिक समृद्धि की प्रतीक हैं। अनुवाद इनके संबंधों का पुल है। इसी महत्ता के कारण अनुवाद को एक सामाजिक एवं साँस्कृतिक समन्वय का सेतु कहा जाता है। रीतारानी पालीवाल ने कहा है कि "समाज और अनुवाद का संबंध नया नहीं है। इस संबंध की जड़ें मानव समाज में काफी पुरानी है। अनुवाद ने विश्वभर में ज्ञान-विज्ञान की चेतना से मानवीय ज्ञानात्मक और भावात्मक चेतना को बदला है। अनुवाद से मिलने वाले ज्ञान ने मनुष्य के समाजशास्त्र को एक देश की सीमा से निकाल कर दूसरे देश तक पहुँचाया है। मनुष्य का इतिहास इस बात का साक्षी है कि अनुवाद कर्म ने सामाजिक चेतना के बदलाव, संघर्ष और टकराहट को प्रबल और सजग प्रक्रिया के रूप में जीवंत रखने में एक महत्त्वपूर्ण भूमिका को निबाहा है।" निश्चित रूप से भारतीय भाषाओं में रचे जा रहे साहित्य का अनुवाद के माध्यम से परस्पर आदान-प्रदान हो रहा है। जब हम कुछ संभावनाओं को तलाशने की कोशिश करते हैं, तो आज के युग में प्रौद्योगिकी एक सार्थक उपाय नज़र आती है। मशीनी अनुवाद रूपी प्रौद्योगिकी के इश्तेमाल से इस दिशा में प्रौद्योगिकी एक महत्त्वपूर्ण भूमिका निभा सकती है।

परिचय

अर्चना देवी

लेखिका ने भाषाविज्ञान विषय में इग्नू की शोधार्थी रहीं हैं और संप्रति दिल्ली में रहकर अनुवाद से जुड़ी हैं। संपर्क : archanaignouphd@gmail.com

यहाँ एक शोध के माध्यम से इसको परखा जा सकता है, मुंशी प्रेमचंद द्वारा रचित कहानी 'कफ़न' के संस्कृत अनुवाद में कई ऐसे शब्द हैं, जिनका संस्कृत में सटीक पर्याय न मिलने के कारण कई नए शब्द गढ़ने पड़े। जैसे 'कफ़न' शब्द के लिए संस्कृत में 'शवाच्छादन' शब्द का निर्माण किया गया है। इस मूल पाठ तथा अनुदित पाठका प्रयोग मशीनी अनुवाद के क्षेत्र में सहायक उपांग 'कॉर्पस निर्माण' के लिए किया गया है। कॉर्पस-निर्माण की अलग-अलग पद्धतियाँ होती हैं। कॉर्पस भाषा-कंप्यूटिंग का मुख्य आधार होता है जो मशीन-ग्राह्य पाठ होता है। बाद में इसके व्याकरणिक कोटियों की स्वचालित पहचान की जाती है, टैगिंग कहा

जाता है। इसके लिए विभिन्न व्याकरणिक कोटियों के आधार पर टैग-सेट बनाया जाता है, जिससे भाषा की कोडिंग होती है। देश में बीआईएस[35] टैगसेट भारतीय भाषाओं के लिए एक राष्ट्रीय मानक टैगसेट है, जिसे एक परियोजना[36] के तहत 2011 में तैयार किया गया था। संचार और सूचना प्रौद्योगिकी, मंत्रालय ने 1991 में भारतीय भाषाओं के तकनीकी विकास के लिए 'भारतीय भाषाओं के लिए प्रौद्योगिकी विकास (TDIL)' नाम से एक कार्यक्रम प्रारंभ किया था, जिसका उद्देश्य सूचना संसाधन के लिए उपकरण और तकनीक का विकास एवं बाधा रहित मानव-मशीन संप्रेषण की सुविधा प्रदान करना है। इसी कार्यक्रम द्वारा आईएलसीआई परियोजना 2010 में शुरू की गई थी, जो अभी तक चल रही है। बीआईएस टैगसेट इसी परियोजना के फलस्वरूप 2011 में डिज़ाइन किया गया। यह शब्द-भेद हेतु टैगिंग करने का एक महत्त्वपूर्ण टैगसेट है और कॉर्पस विश्लेषण का एक माध्यम भी। प्रस्तुत शोध-पत्र में विश्लेषणात्मक का पद्धति प्रयोग करते हुए प्रयोगात्मक पद्धति से डाटा-विश्लेषण किया गया हैं। हिंदी तथा संस्कृत की व्याकरणिक टैगिंग पर ध्यान केंद्रित करते हुए मानव एनोटेटर को होने वाली शंकाओं का समाधान करने का प्रयास किया गया है। डाटा-विश्लेषण के पश्चात् ही इन टैगसेटों की सीमाओं तथा टैगिंग के दौरान आने वाली समस्याओं को ज्ञात किया जा सका है। यही इस शोध-पत्र का मूल उद्देश्य है। अंत में इन समस्याओं के निराकरण हेतु कुछ उपयुक्त सुझाव प्रतिपादित किए गए हैं। यदि भविष्य में टैगसेट में संशोधन करते समय इनको ध्यान में रखा जाए, तो भाषा-कम्प्यूटिंग में आने वाली समस्याओं से बचते हुए सुव्यवस्थित कॉर्पस का विकास किया जा सकता है।

यह सर्व विदित है कि वर्तमान युग कंप्यूटर का है। मानव-जीवन के प्रत्येक क्षेत्र में कंप्यूटर का हस्तक्षेप निरंतर बढ़ता जा रहा है। इस हस्तक्षेप से कार्यों में द्रुत गति के साथ-साथ सरलता भी आई है। यह भी सत्य है कि 'भाषा' मानव-जीवन का अभिन्न अंग है। मानवीय भाषा का वैज्ञानिक अध्ययन करने वाला विषय भाषाविज्ञान है और इस विषय में प्रतिपादित नियम का कंप्यूटर अनुप्रयोग 'कंप्यूटर भाषाविज्ञान' कहलाता है। इस विषय में 'प्राकृतिक भाषा संसाधन' के माध्यम से अनेक उपकरणों एवं अनुप्रयोगों का निर्माण किया जाता है। दूसरे शब्दों में 'प्राकृतिक भाषा संसाधन' कंप्यूटर विज्ञान और भाषाविज्ञान का अत्यंत महत्त्वपूर्ण

---

[35]BIS : Bureau of Indian Standards

[36]Indian Languages Corpora Initiative (ILCI)

क्षेत्र है, जो कंप्यूटर एवं मानव के मध्य परस्पर संवाद से संबंधित है अर्थात् यह कंप्यूटर तथा मानव के मध्य परस्पर संवाद का माध्यम है जिसका संबंध कृत्रिम बुद्धि से भी है।

"प्राकृतिक भाषा संसाधन की शुरूआत 1950 में एलन टुरिंग (Alan Turing) के सुप्रसिद्ध लेख "Computing Machinery and Intelligence" से मानी जाती है। 'प्राकृतिक भाषा संसाधन' कंप्यूटर भाषाविज्ञान का एक भाग है, जो भाषाविज्ञान की प्रत्येक इकाईयों को संसाधित कर विभिन्न प्रकार के उपकरणों का निर्माण करता है तथा ऐसी पृष्ठभूमि तैयार करता है, जिससे कंप्यूटर तथा मानव के मध्य संप्रेषण संभव हो सके। मानव मस्तिष्क में भाषाई ज्ञान का संकलन होता है तथा स्मृति के आधार पर मानव अपना भाषिक व्यवहार करता है। कंप्यूटर के संदर्भ में भी यही प्रक्रिया होती है अर्थात् 'प्राकृतिक भाषा संसाधन' द्वारा ही कंप्यूटर भाषाई कार्य करता है।

कॉर्पस किसी भी पाठ का इलेक्ट्रॉनिक रूप है। यह लिखित या वाचिक दोनों रूपों में तैयार किया जाता है। कॉर्पस का अध्ययन करने वाला भाषाविज्ञान 'कॉर्पस भाषाविज्ञान' कहा जाता है। कॉर्पस एक साधन है जो मानव-भाषा की प्रोग्रामिंग में सहायक सिद्ध होता है। प्राकृतिक भाषा संसाधन के उपकरणों के विकास में इसका प्रयोग किया जाता है। कॉर्पस एक प्रकार का डाटाबेस भी होता है।

व्याकरणिक टैगिंग को शब्द-भेद टैगिंग कहते हैं,जो शब्दों के रूपात्मक और वाक्यात्मक गुणों के अनुसार उनकी कोटियों की ओर संकेत करता है। इसके अंतर्गत "संज्ञा, सर्वनाम, क्रिया, विशेषण, क्रिया-विशेषण, परसर्ग, संयोजक और विस्मयादिबोधक आदि कोटियाँ आती हैं। शब्द-भेद टैगिंग का प्रयोग शब्द, पदबंध, वाक्य और पाठ आदि स्तरों पर होता है।

हिंदी-संस्कृत अनुवाद : समस्याएँ एवं चुनौतियाँ:- अनुवाद का कार्य स्वयं में एक जटिल प्रक्रिया है। 'कफ़न' कहानी का अनुवाद करते समय हिंदी के कुछ शब्दों का अनुवाद करना अत्यंत कठिन रहा। कारण यह है कि मुंशी प्रेमचंद की भाषा में देशज शब्दों का ज्यादा प्रयोग हुआ है, जिससे ऐसे शब्दों के अनुवाद में अत्यंत कठिनाई हुई। कहानी का शीर्षक है 'कफ़न'। कफ़न शब्द का कोई सटीक पर्याय न प्राप्त होने से 'शवाच्छादन' को 'कफ़न' के अर्थ मे प्रयोग किया गया है। इसी तरह 'अलाव' शब्द का संस्कृत पर्याय 'अग्नि' है, परंतु हिंदी के संदर्भ में अलाव की प्रयुक्ति का संदर्भ आग से बिल्कुल भिन्न है। संस्कृत में 'शुष्कार्द्रकं' हिंदी सोंठ का पर्याय है, परंतु हिंदी भाषा के लिए यह सर्वथा भिन्न है, क्योंकि सोंठ का प्रयोग एक अलग

संदर्भ में होता है। 'सूखा साग'शब्द के लिए भी 'शुष्कशाकं' शब्द का प्रयोग किया गया है। वास्तव में सूखा साग से अर्थ सब्जी पकाने की एक विधि से है, जिसमें साग के अंदर का रस सूखा दिया जाता है। परंतु शुष्कशाक कहने से इसका अर्थ साग की सूखी हुई पत्तियों से है इसी प्रकार चटनी (तोषितचवर्णं), रायता (दधिमिश्रित शाकं), रसेदार तरकारी (रसयुक्त व्यंजनम्), हरामखोर (पातक!), दवा-दारू (औषधि), आदि कई शब्द हैं, जिनका सटीक अनुवाद करना दुरूहपूर्ण रहा है इसके अतिरिक्त गेय वाक्य का अनुवाद भी अत्यंत चुनौतीपूर्ण रहा है- "ठगिनी क्यों नैना झमकावै! ठगिनी।" (प्रवंचके, कथं नृत्यति! कपटिनी। इस प्रकार अनुवाद के दौरान कई शब्दों एवं वाक्यों का अनुवाद करना अत्यंत मुश्किल रहा विशेष रूप से देशज एवं आंचलिक शब्द कई शब्द तो संस्कृत शब्दकोश में मौजूद ही नहीं है यहाँ बीआईएस टैगिंग के दौरान अनुभूत समस्याएँ और चुनौतियाँको समझाया जा रहा है-

हिंदी का क्रिया वैविध्य

- जाड़ों\N_NN की\PSP रात\N_NN ***थी \V_VM***, \RD_PUNC
- इसलिए\CC_CCS उन्हें\PR_PRP कहीं\DM_DMIमजदूरी\N_NN नहीं\RP_NEG **मिलती\V_VM *थी\V_VAUX***। \RD_PUNC
- झोंपड़े\N_NN के\PSP द्वार\N_NN पर\PSP बाप\N_NN और\CC_CCD बेटा\N_NN दोनों\QT_QTO एक\QT_QTC बुझे\V_VM हुए\V_VAUX अलाव\N_NN के\PSP सामने\N_NST चुपचाप\RB बैठे\V_VM हुए\V_VAUX हैं\V_VAUX और\CC_CCD अंदर\N_NST बेटे\N_NN की\PSP जवान\JJ बीबी\N_NN बुधिया\N_NNP प्रसव\N_NN -\RD_PUNC वेदना\N_NN से\PSP पछाड़\N_NN ***खा\V_VM रही\V_VAUX थी\V_VAUX***। \RD_PUNC

सूरजभान सिंह के अनुसार'थी' सहायक क्रिया का एक रूप है, क्योंकि यह काल की सूचना दे रहा है।[37] परंतु उपर्युक्त उदाहरण में 'थी' का प्रयोग तीन प्रकार्य के रूप में हुआ है। प्रथम वाक्य में 'थी' मुख्य क्रिया का कार्य कर रहा है। द्वितीय वाक्य में 'थी' मुख्य क्रिया के साथ आया है तथा तृतीय वाक्य में यह मुख्य क्रिया के बाद द्वितीय सहायक क्रिया के रूप में आया है और निरंतरता पक्ष के साथ प्रयुक्त हुआ है। अतः टैगिंग के दौरान मशीन के संदर्भ में 'थी' की मैपिंग में विभिन्नता से संदिग्धता उत्पन्न हो सकती है।

[37]सिंह, सूरजभानअँग्रे .(2010) .जी186-185 .पृ .*हिंदी अनुवाद व्याकरण-*

परसर्ग वैविध्य

क्रिया ही नहीं अपितु परसर्ग भी अवयव समुदाय में आ सकते हैं। जिसको सटीक टैग करना चुनौतीपूर्ण कार्य है। जैसे-

- घर\N_NN***में\PSP***मिट्टी\N_NN ***के\PSP***दो\QT_QTC -\RD_PUNC चार\QT_QTC बर्तन\N_NN ***के\PSP***सिवा\CC_CCS कोई\DM_DMI सम्पत्ति\N_NN नहीं\RP_NEG। \RD_PUNC
- किसानों\N_NN ***का\PSP***गाँव\N_NN था\V_VM, \RD_PUNC मेहनती\JJ आदमी\N_NN ***के\PSP लिए\PSP***पचास\QT_QTC काम\N_NN थे\V_VM। \RD_PUNC

उपर्युक्त उदाहरण में हम यह पाते हैं कि परसर्ग वैविध्यता स्वयं में एक चुनौती है कहीं इसकी एक शब्द के रूप में आवृत्ति हुई है, तो कहीं पर दो शब्द एक साथ परसर्ग के रूप में आए हैं। ऐसे में मशीन से परसर्ग को ज्ञात करना अत्यंत मुश्किल कार्य है।

नकारात्मक शब्दों के प्रयोग में विविधता

टैगसेट के अनुसार 'न' तथा 'नहीं' नकारात्मक शब्द हैं, परंतु कभी-कभी संदर्भानुसार 'न' शब्द एक अव्यय की तरह कार्य करता है-

- '\RD_PUNC तो\CC_CCS तुम्हीं\PR_PRP जाकर\V_VM देखो\V_VM ***न\RP_RPD***?\RD_PUNC '\RD_PUNC
- जिसका\PR_PRL कभी\DM_DMI मुँह\N_NN ***नहीं\RP_NEG***देखा\V_VM, \RD_PUNC आज\N_NN उसका\PR_PRP उघड़ा\V_VM हुआ\V_VAUX बदन\N_NN देखूँ\V_VM !\RD_PUNC उसे\PR_PRP तन\N_NN की\PSP सुध\N_NN भी\RP_RPD तो\RP_RPD ***न\RP_NEG*** होगी\V_VM?\RD_PUNC मुझे\PR_PRP देख\V_VM लेगी\V_VAUX तो\RP_RPD खुलकर\V_VM हाथ\N_NN -\RD_PUNC पाँव\N_NN भी\RP_RPD***न\RP_NEG***पटक\V_VM सकेगी\V_VAUX। \RD_PUNC '\RD_PUNC

उपर्युक्त उदाहरणों के प्रथम वाक्य में 'न' शब्द का अर्थ नकारात्मक नहीं है, जबकि दूसरे वाक्य में यह नकारात्मक अर्थ में प्रयुक्त हुआ है।

अव्यय शब्द 'भर' के प्रयोग विशेष के आधार पर शब्द-कोटियों में विविधता

अव्यय शब्द 'भर' का प्रयोग जब किसी शब्द के बाद स्वतंत्र रूप से होता है, तब उसकी शब्द कोटि व्यतिक्रम अव्यय होती है, परंतु जब यह किसी संज्ञा के साथ संयुक्त होता है तब वह संज्ञा या उस मुख्य शब्द की कोटि को ग्रहण कर लेता है, जैसे-

- '\RD_PUNC तू\PR_PRP बड़ा\RP_INTF बेदर्द\JJ है\V_VAUX बे\RP_INJ !\RD_PUNC साल\N_NN -\RD_PUNC ***भर\RP_RPD***जिसके\PR_PRL साथ\N_NN सुख\N_NN -\RD_PUNC चैन\N_NN से\PSP रहा\V_VM, \RD_PUNC उसी\PR_PRP के\PSP साथ\PSP इतनी\RP_INTF बेवफाई\N_NN !\RD_PUNC '\RD_PUNC
- आज\N_NST जो\DM_DMR भोजन\N_NN मिला\V_VM वह\PR_PRP कभी\DM_DMI ***उम्रभर\N_NN***न\RP_NEG मिला\V_VM था\V_VAUX। \RD_PUNC
- बाज़ार\N_NN में\PSP पहुँचकर\V_VM घीसू\N_NNP बोला\V_VM -\RD_PUNC लकड़ी\N_NN तो\RP_RPD उसे\PR_PRP जलाने\V_VM -\RD_PUNC ***भर\RP_RPD***को\PSP मिल\V_VM गई\V_VAUX है\V_VAUX, \RD_PUNC क्यों\PR_PRQ माधव\N_NNP !\RD_PUNC

समानपदीय समुच्चयबोधक का प्रयोग वैविध्य

'और' शब्द दो उप-वाक्यों या वाक्यों को जोड़ता है, परंतु कभी-कभी संदर्भानुसार इसका प्रयोग परिमाण के अर्थ में भी होता है। अतः टैगिंग के दौरान आने वाली समस्याओं में से यह भी एक मुख्य समस्या है, यथा-

- जब\CC_CCS से\PSP यह\DM_DMD औरत\N_NN आई\V_VM थी\V_VAUX, \RD_PUNC उसने\PR_PRP इस\DM_DMD खानदान\N_NN में\PSP व्यवस्था\N_NN की\PSP नींव\N_NN डाली\V_VM थी\V_VAUX ***और\CC_CCD***इस\DM_DMD दोनों\QT_QTO बे-गैरतों\N_NN का\PSP दोजख\N_NN भरती\V_VM रहती\N_NN थी\V_VAUX। \RD_PUNC
- जब\CC_CCS से\PSP वह\PR_PRP आई\V_VM, \RD_PUNC यह\DM_DMD दोनों\QT_QTO ***और\QT_QTF*** भी\RP_RPD आरामतलब\RB हो\V_VM गये\V_VAUX थे\V_VAUX। \RD_PUNC

उपर्युक्त उदाहरण के प्रथम वाक्य में 'और' एक समुच्चयबोधक है, जबकि दूसरे वाक्य में 'परिमाणक' है।

'वाला' तथा 'वाली' के संदर्भ में विविधता

- माधव\N_NNP की\PSP ***घरवाली\N_NN*** रात\N_NN को\PSP गुजर\V_VM गई\V_VAUX। \RD_PUNC
- अब\N_NST कोई\DM_DMI एक\QT_QTC रोटी\N_NN ***देने\N_NN वाला\RP_RPD*** भी\RP_RPD न\RP_NEG रहा\V_VM मालिक\N_NN !\RD_PUNC तबाह\V_VM हो\V_VAUX गये\V_VAUX। \RD_PUNC
- रह\V_VM -\RD_PUNC रहकर\V_VM उसके\PR_PRP मुँह\N_NN से\PSP ऐसी\RB दिल\N_NN हिला\N_NN देने\V_VM ***वाली\RP_RPD*** आवाज़\N_NN निकलती\V_VM थी\V_VAUX, \RD_PUNC कि\CC_CCS दोनों\QT_QTO कलेजा\N_NN थाम\V_VM लेते\V_VAUX थे\V_VAUX। \RD_PUNC

'वाला/वाली' जब किसी शब्द के बाद स्वतंत्र रूप से आता है तब उसे टैगसेट के अनुसार व्यतिक्रम अव्यय में रखा जाता है। जब यह किसी शब्द के साथ संयुक्त होता है, तब मुख्य शब्द की कोटि को प्राप्त कर लेता है। उपर्युक्त उदाहरणों में 'वाली' का प्रयोग जब 'घर' शब्द के साथ संयुक्त रूप में हुआ तो 'वाली' घर शब्द की व्याकरणिक कोटि को प्राप्त कर लेता है, परंतु जब स्वतंत्र रूप से आता है तो व्यतिक्रम अव्यय की कोटि प्राप्त करता है। जैसे दूसरे और तीसरे वाक्यों में।

वाक्य स्तर पर 'तो' की टैगिंग के संदर्भ में संदिग्धता

'तो' शब्द का वाक्य स्तर पर प्रयोग अक्सर संदिग्ध होता है। मानव इसको आसानी से समझ सकता है, परंतु मशीन के लिए यह एक चुनौती है, जैसे-

- जिसका\PR_PRL कभी\DM_DMI मुँह\N_NN नहीं\RP_NEG देखा\V_VM, \RD_PUNC आज\N_NST उसका\PR_PRP उघड़ा\V_VM हुआ\V_VAUX बदन\N_NN देखूँ\V_VM !\RD_PUNC उसे\PR_PRP तन\N_NN की\PSP सुध\N_NN भी\RP_RPD ***तो\RP_RPD***न\RP_NEG होगी\V_VM?\RD_PUNC मुझे\PR_PRP देख\V_VM लेगी\V_VAUX तो\RP_RPD खुलकर\V_VM हाथ\N_NN -\RD_PUNC पाँव\N_NN भी\RP_RPD न\RP_NEG पटक\V_VM सकेगी\V_VAUX। \RD_PUNC '\RD_PUNC
- भगवान\N_NNP दें\V_VM***तो\CC_CCS*** !\RD_PUNC जो\PR_PRL लोग\N_NN अभी\N_NST एक\QT_QTC पैसा\N_NN नहीं\RP_NEG दे\V_VM रहे\V_VAUX हैं\V_VAUX, \RD_PUNC वे\PR_PRP ही\RP_RPD कल\N_NN बुलाकर\V_VM रूपये\N_NN देंगे\V_VM। \RD_PUNC

दोनों वाक्यों में 'तो' के प्रयोग में भिन्नता है। पहले वाक्य में यह व्यतिक्रम अव्यय है, परंतु दूसरे में आश्रित समुच्चयबोधक है

संस्कृत कॉर्पस की टैगिंग की चुनौतियाँ:- बीआईएस द्वारा 'कफ़न' कहानी के संस्कृतानुवाद की टैगिंग की गई है। थोड़े संशोधनों के साथ इस टैगसेट ही संस्कृत में प्रयोग किया जा सकता है। संस्कृत भाषा की अपनी सरलताएँ एवं जटिलताएँ हैं। बीआईएस टैगिंग प्रणाली के माध्यम से टैग किए गए डाटा के कुछ उदाहरण नीचे दिए जा रहे हैं-

- पर्णकुटिरात्\N_NN वहिः\N_NST पितापुत्रौ\N_NN निर्वापितस्य\JJ अग्नेः\N_NN अग्रतः\N_NST तूष्णीम्\JJ भूत्वा\V_VM_VNG उपविष्टौ\V_VM_VNF आस्ताम्\V_VAUX, \RD_PUNC अन्ते\N_NST युवतिपुत्रवधुः\N_NN बुधिया\N_NNP प्रसववेदनया\N_NN उग्रपीडिता\N_NN अतिसंतप्ता\V_VM_VNF आसीत्\V_VAUX। \RD_PUNC
- अंतरालान्तरे\RP_INTF तस्याः\PR_PRP कण्ठतः\N_NN हृदयविदारकाः\JJ शब्दाः\N_NN निसृतवन्तः\V_VM_VF, \RD_PUNC यान्\PR_PRL आकर्ण्य\V_VM_VNG तौ\PR_PRP भयात्\N_NN हृदये\N_NN प्रकम्पमनौ\V_VM_VNF अभवताम्\V_VAUX। \RD_PUNC
- सा\PR_PRP एका\QT_QTC शीतरात्रिः\N_NN आसीत्\V_VM_VF, \RD_PUNC नीरवतायाँ\JJ प्रकृतिः\N_NN अपि\RP_RPD, \RD_PUNC सम्पूर्णं\QT_QTF ग्रामं\N_NN तमोलीनम्\JJ आसीत्\V_VM_VF। \RD_PUNC
- घीसूः\N_NNP अकथयत्\V_VM_VF –\RD_PUNC मन्ये\V_VM_VF, \RD_PUNC इयम्\PR_PRP न\RP_NEG जीविष्यति\V_VM_VF। \RD_PUNC

संस्कृत के क्रिया पदों की टैगिंग हिंदी क्रिया पदों की तुलना में आसान है। किंतुकतिपय संरचनाएँ चुनौतियाँ प्रस्तुत करती हैं जैसे- **'स्म'** एक अव्यय है। परंतु यह वर्तमान काल की क्रिया के साथ आकर क्रियापद को भूतकाल में परिवर्तित कर देता है-

- माधवः\N_NNP एतावान्\DM_DMD अलसः\JJ आसीत्\V_VAUX, \RD_PUNC यदि\CC_CCS सः\PR_PRP अर्धहोरां\N_NN यावत्\CC_CCS कार्यं\N_NN करोति\V_VM_VF तदा\CC_CCS होरां\N_NN तावत्\CC_CCS धूमपानं\N_NN करोति\V_VM_VF ***स्म\V_VAUX***। \RD_PUNC
- प्रतिदिनम्\N_NN उपार्जनस्य\N_NN आशामात्रे\N_NN न\RP_NEG कृते\V_VM_VINF अपि\RP_RPD जनाः\N_NN एतौ\PR_PRP कस्मिंश्चित्\DM_DMQ भावेन\N_NN किञ्चिद्\QT_QTF ऋणं\N_NN ददति\V_VM_VF ***स्म\V_VAUX।*** \RD_PUNC

- यस्मात्\DM_DMR कालात्\N_NN सा\DM_DMD स्त्री\N_NN अस्मिन्\DM_DMD परिवारे\N_NN आगता\V_VM_VF, \RD_PUNC तदन्तरम्\RP_RPD एव\RP_RPD इयम्\PR_PRP अस्मिन्\DM_DMD परिवारे\N_NN सुव्यववस्थाम्\JJ आनयत्\V_VM_VF च\CC_CCD आभ्यां\PR_PRP निष्कर्मणाभ्यां\JJ भोजनव्यवस्थां\N_NN करोति\V_VM_VF ***स्म\V_VAUX***। \RD_PUNC

उपर्युक्त उदाहरणों में 'स्म' वर्तमान काल की क्रियाओं के बाद आने से उनके अर्थ को भूत काल में परिवर्तित कर देता है। साथ-ही-साथ सहायक क्रिया का कार्य कर रहा है।

संस्कृत में एक अर्थ की अभिव्यक्ति के कई तरीके हैं। इस कारण से भी कभी-कभी जटिलताओं का सामना करना पड़ता है, जैसे-

- यदि\CC_CCS क:\PR_PRQअपि\RP_RPD किंचित्\DM_DMQ ***कार्यार्थम्\N_NN***आहूयति\V_VM_VF तत:\CC_CCSतौ\PR_PRP निर्ब्याजेन\N_NN द्विगुणं\QT_QTO पारिश्रमिकं\N_NN याचेते\V_VM_VF। \RD_PUNC
- यदि\CC_CCS क:\PR_PRQअपि\RP_RPD किंचित्\DM_DMQ ***कार्याय\N_NN***आहूयति\V_VM_VF तत:\CC_CCSतौ\PR_PRP निर्ब्याजेन\N_NN द्विगुणं\QT_QTO पारिश्रमिकं\N_NN याचेते\V_VM_VF। \RD_PUNC

निष्कर्ष

प्रस्तुत शोध-पत्र में हिंदी तथा संस्कृत के व्याकरणिक टैगिंग पर ध्यान केंद्रित करते हुए मानव एनोटेटर को होने वाली शंकाओं का समाधान करने का प्रयास किया गया है। बीआईएस टैगसेट के माध्यम से वाक्य-स्तर पर शब्दों की व्याकरणिक सूचनाओं को व्यक्त किया जाता है। बीआईएस टैगसेट एक ऐसा टैगसेट है, जो व्याकरणिक कोटियों को व्यक्त करने में अधिकाधिक समर्थ है, जिससे संदिग्धता को हल करने में काफी हद तक सफलता मिलती है। यही कारण है कि आज सरकारी तथा गैर-सरकारी सभी संस्थानों में भाषा विषयक जितने भी तकनीकी कार्य हो रहें हैं, ज़्यादातर इसी टैगसेट का प्रयोग किया जा रहा है। यहहिंदी तथा संस्कृत भाषा की लगभग सभी कोटियों को समाहित करने में काफी हद तक सफल है। आईएलसीआई परियोजना के तहत बीआईएस एनोटेशन टूल के माध्यम से भारतीय भाषाओं के कॉर्पस बनाने हेतु परियोजना चलाई जा रही है। वैसे तो प्रत्येक टैगसेट का अपना-अपना महत्त्व है। बीआईएस टैगसेट स्पष्टत: व्याकरणिक कोटियों को व्यक्त करता है। इस शोध-पत्र में बीआईएस हिंदी तथा संस्कृत टैगसेटों के द्वारा समानान्तरकॉर्पस का विश्लेषण किया गया है।

अंततः शोध-पत्र में इस टैगसेट से टैग किए गए डाटा के मैपिंग के माध्यम से इनकी कमियों को बताते हुए इन्हें दूर करने के उपाय सुझाए गए हैं। इन सुझावों पर अमल कर, इसे और भी सक्षम बनाया जा सकता है।

संदर्भिका

Apte, Vaman Shivram. (2002). *The Student's Sanskrit-English Dictionary.* Jawahar Nagar, Delhi:Neg Publishers.

Chandrashekar, R. (2007). *Part-of-Speech Tagging For Sanskrit.* PhD Thesis submitted to JNU, New Delhi.

Devi, Archana. (2010*). Corpus Annotation (with special reference to Hindi Nominals and Adjectives)*-(unplublished)M.Phil.Dissertationsubmitted to MGAHV, Wardha, Maharashtra.

Gopal, Madhav., Mishra, Diwakar. & Singh, Devi Priyanka. (2010*).Evaluating Tagsets for Snanskrit.* Fourth Sanskrit Computational Linguistics Simposium, Springer, Verlag Berlin Heidelberg.P-151, 152&157.

Gopal, Madhav., & Jha, G.N. (20th Dec, 2013).*POS Tagging for Sanskrit.* A workshop at Sanatan Dharma College, Lahore, Ambala Cantt.

Gopal, Madhav., & Jha, G.N. (May 2012). *Developing Sanskrit Corpora based on the National Standard: Issues and Challenges,* Linguistics & Sanskrit Centre, JNU, New Delhi.

Hardie, A. (August 2003). *The Computational Analysis of Morphosyntactic Categoriesin Urdu*. PhD Thesis submitted to Lancaster University.

Jha. G. N., Nainwani. Pinkey., Banejee. Esha., & Kaushik, Shiv. (Nov 2011). *Issues in annotating less resourced language- the case of Hindi from Indian Languages Corpora Initiative (ILCI).* JNU, New Delhi. (http://hnk.ffzg.hr/bibl/ltc2011/book/papers/MuPLRL-3.pdf)E-paper, accessed on 02/07/14, 7.21 PM.

Jurafsky, Daniel. & H. Martin James. (2009).*Speech and Language Processing* (2nd Impression). South Asia: Dorling Kindersley (India).

Palivaal, Ritaraani. (2003).*Anuvaad Kee Samajik Bhumika*. New Delhi: HindiBook Centre.Page no-84.

Tandan, Puranachand. (1998). *Anuvaad Sadhana*. Delhi: Abhivyakti Prakashan.

Tiwari, Bholanath. (2005). *Anuvaad Vigyaan*. New Delhi: Kitaab Ghar Prakashan.

Trask, R.L. (1993).*A Dictionary of Grammatical Terms in Linguistics*. New York: Oxfort University Press.

Trask, R.L. (1997). *A Student's Dictionary of Language and Lingistics*. New York: Oxfort University Press.

हिंदी में नामवाची एवं मिश्र क्रिया के कुछ संदर्भ

- करुणानिधि

परिचय

इक्कीसवीं सदी सूचना-प्रौद्योगिकी की गति और प्रस्तरण (Deployment) को व्यापकता के साथ प्रस्तुत कर रहै है। यह स्थिति रोजमर्रा के जीवन में इसके विभिन्न उपक्रमों के बढ़ते प्रयोग के कारण है, जिसके फलस्वरूप बढ़ती उत्पादकता और प्रतिस्पर्धा ने जीवन की गुणवत्ता को और अधिक बेहतर बनाया है। ऐसे में नई-नई प्रौद्योगिकी का आगमन होना स्वाभाविक है। बहुभाषी कंप्यूटिंग का क्षेत्र भी इससे अछूता नहीं है। भाषिक भूमंडलीकरण के दौर में मानकीकरण और स्थानिकीकरण की संकल्पना को फलीभूत करने हेतु 'प्राकृतिक भाषा संसाधन' के क्षेत्र में भी शोध के विविध आयाम खुले हैं। ऐसे में हिंदी का व्यापक प्रसार और इसके विविध प्रयोगों में भी अनवरत विकास होता चला जा रहा है।

परिचय

करुणानिधि

लेखिका ने भाषा-प्रौद्योगिकी विषय में हिंदी विश्वविद्यालय, वर्धा से पी-एच०डी० किया हैं और संप्रति इंग्लैंड में रहतीं हैं और स्वतंत्र लेखन एवं हिंदी-शिक्षण से जुड़ी हैं। संपर्क : **karunanidhi155@gmail.com**

हिंदी शब्दवर्गों में संज्ञा शब्द का क्षेत्र अत्यंत विकसित है। इनके विश्लेषण हेतु वैयाकरणों द्वारा इनके भेद, व्याकरणिक कोटियों, संज्ञा-निर्माण और प्रयोग (अग्निहोत्री, दीमशित्स, काचरु) आदि के आधार पर व्यापक व्याख्या प्रस्तुत की गई है। वाक्य में संज्ञा, कर्ता, कर्म, पूरक और क्रिया-विशेषण के स्थान पर आकर विभिन्न प्रकार्य करती है, जैसे-

पुस्तक बहुत अच्छी है। (कर्ता)
बच्चों ने अध्यापक को पुस्तक दी। (कर्म)
वह अध्यापक की पुस्तक है। (पूरक)
उसने अपनी चिट्ठी पुस्तक में छिपाई है। (क्रिया विशेषण)

कभी-कभी संज्ञेतर शब्दवर्ग भी संज्ञा का प्रकार्य करते हैं, जैसे-'वे बूढ़े हैं', 'बूढ़े आ रहे हैं' या बूढ़ों को पानी दो आदि।

वाक्य में क्रिया का स्थान निर्धारित है, जबकि संज्ञा वाक्य में किसी भी स्थान पर प्रयुक्त होने की क्षमता रखती है| अन्य शब्दवर्ग की तुलना में संज्ञा के प्रयुक्तिक्षेत्र का विस्तार इसके प्रकार्यगत सीमा से और अधिक व्यापक बनता है| इन्हीं बातों को ध्यान में रखते हुए यह शोध-पत्र संज्ञा क्षेत्र से एक चरण ऊपर की व्याख्या प्रस्तुत करता है, जो नामवाची से जुड़ा है, साथ ही यहाँ मिश्र क्रिया के संदर्भ में इसकी विभिन्न प्रयुक्तियों पर भी प्रकाश डाला गया है।

हिंदी नामवाची : संकल्पना

'नामवाची' शब्द वैयाकरणों के मध्य एक गंभीर चर्चा का विषय रहा है। इसके प्रकार्य और प्रयोजन की दृष्टि से इसे अनेक नामों से अभिहित किया गया है। हिंदी के संज्ञा शब्द के समान प्रकार्य करनेवाले शब्द को भारतीय और पाश्चात्य वैयाकरणों ने अलग-अलग नाम से अभिहित करते हुए व्याख्यायित किया है। संस्कृत व्याकरण में 'प्रातिपदिक' शब्द की संकल्पना है, जिसके अंतर्गत संज्ञा, सर्वनाम और विशेषण आते हैं। बदरीनाथ कपूर ने इसे 'नामपद', दीमशित्स ने 'नामिक' शब्द प्रयुक्त कर इसमें संज्ञा, सर्वनाम और विशेषण तीनों की सत्ता स्वीकार की है। ओमकार नाथ कौल ने नामवाची शब्द को 'Nominal head' के रूप में अभिहित किया है। पाश्चात्य वैयाकरणों में एम. ए. के. हैलिडे ने इसे 'Nominal Group' के रूप में स्वीकार किया है। नामवाची की परिभाषा दो दृष्टियों से दी जा सकती है। पहले इसकी निर्माण-प्रकिया की दृष्टि से और दूसरे इसके प्रकार्य की दृष्टि से। नामवाची की संकल्पना को जानने के पूर्व संज्ञा और नामवाची के बीच अंतर को समझना आवश्यक है। इससे नामवाची की अवधारणा स्वत: स्पष्ट हो जाती है। यहाँ इनके अंतर को तीन दृष्टियों से प्रस्तुत किया गया है-

- संज्ञा शब्दों के एक व्याकरणिक वर्ग का सूचक पद है, जो व्यक्ति, स्थान या वस्तु का नाम हो सकता है, जबकि शब्द का कोई भी वर्ग, जो संज्ञा का प्रकार्य करे, नामवाची है।
- रूपप्रक्रियात्मक दृष्टि से संज्ञा में लिंग, वचन, पुरूष और कारक से रूपांतरण होता है, जबकि रूपप्रक्रियात्मक दृष्टि से नामवाची में रूपसाधक और व्युत्पादक दोनों प्रक्रियाओं का समावेश होता है। रूपसाधक दृष्टि से ये संज्ञा की तरह रूपांतरित होती है और व्युत्पादक दृष्टि से इनका निर्माण नामिकीकरण प्रक्रिया के अंतर्गत संज्ञा एवं संज्ञेतर शब्दों से होता है, जैसे- अच्छा <>अच्छाई, चलाना <>चालक, मानव <>मानवता।
- प्रकार्य की दृष्टि से संज्ञा, वाक्य के उद्देश्य, क्रिया के कर्म, क्रिया के पूरक, संज्ञा के विशेषण (सामासिक शब्द), मिश्र क्रिया के प्रथम घटक के रूप में और क्रिया-विशेषण

के रूप में कार्य करती हैं, जबकि नामवाची वाक्य के उद्देश्य, क्रिया के प्रत्यक्ष व गौण कर्म एवं संज्ञा पूरक के रूप में कार्य करते हैं।

उपर्युक्त संदर्भ में नामिकीकरण का भी प्रसंग उल्लिखित है, जो नामवाची के निर्माण की एक प्रक्रिया है। प्रक्रिया की दृष्टि से 'परिवर्तन' नामक पारिभाषिक शब्दावली का संदर्भ भी समानांतर प्रयुक्त होता है। इसलिए यहाँ इनके अंतर को भी स्पष्ट किया जा रहा है-

- बिना वर्तनी और उच्चारण में परिवर्तन हुए एक शब्दवर्ग से दूसरे शब्द वर्ग में बदलाव 'परिवर्तन' है, जैसे- क्रिया से संज्ञा, संज्ञा से विशेषण, संज्ञा से सर्वनाम आदि, जबकि किसी शब्दवर्ग से संज्ञा शब्दवर्ग में वर्तनी और उच्चारण के साथ परिवर्तन (शब्द निर्माण प्रक्रिया) एवं वर्तनी और उच्चारण में बिना परिवर्तन नामिकीकरण है।
- 'परिवर्तन' प्रक्रिया में शब्दवर्ग का निर्धारण वाक्य स्तर पर होता है अर्थात् पदरूप में, जबकि नामिकीकरण प्रक्रिया में शब्दवर्ग का निर्धारण शब्द और वाक्य दोनों स्तरों पर होता है। शब्द स्तर पर व्युत्पन्न संज्ञा के रूप में और वाक्यस्तर पर कर्ता, कर्म आदि के रूप में।
- वाक्य में प्रयोग की दृष्टि से 'परिवर्तन' नामिकीकरण की एक तकनीक है, जबकि नामिकीकरण 'समनामता' की एक तकनीक है।

उपर्युक्त अंतर से स्पष्ट है कि नामवाची को प्रक्रिया और प्रकार्य की दृष्टि से ही समझना अधिक उपयुक्त है।

नामवाची : परिभाषा

प्रक्रिया की दृष्टि से-

इसके अंतर्गत कहा जा सकता है कि नामवाची वे शब्द होते हैं, जिनका निर्माण अन्य शब्दवर्गों या संज्ञेतर शब्दों से होता है, जैसे-

चतुर से चतुराई मोटा से मोटापा, कठोर से कठोरता (विशेषण से संज्ञा)

चलना से चाल, पढ़ना से पढ़ाई, लिखना से लिखावट (क्रिया से संज्ञा)

अपना से अपनत्व (सर्वनाम से संज्ञा)

समीप से सामीप्य, दूर से दूरी(अव्यय से संज्ञा)

भाषाविज्ञान परिभाषा कोश (1998:167) के अनुसार ऐसे शब्द, जिनका निर्माण

नामिकीकरण प्रक्रिया के अंतर्गत संज्ञेतर शब्दों से होता है, वे नामवाची हैं जैसे- अच्छा से अच्छाई, चलाना से चालक आदि।

यमुना काचरू (2006:43) का मानना है कि किसी वाक्य में संज्ञा शब्द निर्धारक, विशेषण और परसर्ग के साथ आता है एवं वाक्य के उद्देश्य, क्रिया और परसर्ग के कर्म, क्रिया के पूरक, सामासिक शब्दों में संज्ञा के विशेषक और मिश्र क्रिया के एक घटक के रूप में कार्य करता है। इस संदर्भ में कहा जा सकता है कि वाक्य में प्रयुक्त होनेवाले वे शब्द जो संज्ञा का प्रकार्य करते हैं, नामवाची हैं। चाहे वह मूल संज्ञा शब्द हो, व्युत्पन्न संज्ञा या संज्ञा से इतर शब्द हो। परंतु वाक्य में प्रयुक्त होनेवाले सभी मूल, व्युत्पन्न और संज्ञेतर शब्दों को नामवाची नहीं कहा जा सकता। नामवाची की परिभाषा में वही शब्द परिगणित होते हैं, जो वाक्य में उद्देश्य, क्रिया के पूरक और करण व संप्रदान कारक के साथ-साथ क्रिया के कर्म (प्रत्यक्ष एवं गौण) के रूप में व्यवहृत होते हैं अर्थात् इनके स्थान पर आनेवाले शब्द नामवाची कहलाएंगे। यहाँ यह प्रश्न उठ सकता है कि अन्य स्थान पर संज्ञा का प्रकार्य करनेवाले शब्द नामवाची क्यों नहीं हैं। कारण यह है कि अन्य स्थान पर आनेवाले शब्द संज्ञा और क्रिया के विस्तार का हेतु बनकर विशेषण और क्रिया-विशेषणके रूप में प्रयुक्त होते हैं, जो वैकल्पिक घटक की श्रेणी में आते हैं। यहाँ नामवाची को संज्ञा की संकल्पना से इतर बताया जा रहा है। इससे यह स्पष्ट है कि नामवाची व संज्ञा की विशेषता एक दूसरे से भिन्न है। मेरे अनुसार 'नामवाची' नाम अधिक समीचीन है क्योंकि इससे इसकी स्वतंत्र सत्ता स्थापित हो पाती है। नामपद कहने से इसका वर्चस्व वाक्य तक ही व्याप्त दिखता है और व्याकरण में इस शब्द को संज्ञा के लिए प्रयुक्त किया गया है। नामिक शब्द किसी व्यक्ति, वस्तु या स्थान के नाम को इंगित करता प्रतीत होता है। अत: नामवाची शब्द से संज्ञा से पृथकता के साथ-साथ इसके रूपात्मक और वाक्यात्मक मूल्य का भी पता चलता है। इसे और अधिक सूक्ष्मता से समझने के लिए इसके पीछे शीर्ष, पदबंध जैसे शब्द भी प्रयुक्त किए जा सकते हैं। इस प्रकार कहा जा सकता है कि ''नामवाची एक व्याकरणिक इकाई है जो रूपात्मक स्तर पर नामिकीकरण प्रक्रिया द्वारा संज्ञा या संज्ञेतर शब्दों से निर्मित होती है और वाक्यविन्यासात्मक स्तर पर मूल संज्ञा, व्युत्पन्न संज्ञा और संज्ञेतर शब्दों के रूप में संज्ञा का प्रकार्य करती है।''

नामवाची के लक्षण

वाक्य में नामवाची की स्थिति को समझने के लिए अनिवार्य और वैकल्पिक घटक के आधारपर विश्लेषण किया जा सकता है। उद्देश्य जो वाक्य का अनिवार्य घटक है और विधेय,

जिसमें अनिवार्य और वैकल्पिक दोनों घटक आते हैं।

1. **उद्देश्य:-** यह वाक्य का अनिवार्य घटक है। सामान्यत: इसका रूप कर्ता कारक है, परंतुमात्र कर्ता कारक ही उद्देश्य के अंग कहे जा सकते हैं, कहना गलत होगा। बदरीनाथ कपूर ने कर्ता कारक और उद्देश्य की संकल्पना को एक नहीं माना है। हिंदी में कर्ता का अर्थ है 'ने' या शून्य विभक्ति के साथ वाक्य में प्रयुक्त होना। परंतु इसके अभाव में उद्देश्य की अनुपस्थिति दर्ज नहीं की जा सकती क्योंकि दोनों की अपनी स्वतंत्र सत्ता है। हिंदी की विशिष्ट प्रकृति के कारण उद्देश्य की पहचान सरल नहीं हो पाती। परंतु इन विशेषताओं के संदर्भ में ही कर्ता और उद्देश्य के अंतर को समझा जा सकता है। पहली विशेषता यह कि हिंदी मुक्तशब्द क्रम संरचनात्मक भाषा है। यहाँ कर्ता की स्थिति वाक्य में आरंभ, मध्य और अंत कहीं भी हो सकती है। दूसरी यह कि वाक्य में उद्देश्य की प्रस्तुति अन्य कारक चिह्न के साथ भी होती हैं, जैसे- सीता को बुखार है। तीसरी यह कि बिना कारक चिह्न के यह कर्मवाच्य आदि के रूप में प्रयुक्त होकर उद्देश्य का कार्य करती है। 'वहाँ कई भाषाएँ बोली जाती हैं', 'मनुष्य से गलती हो जाती है। '

1.1 अनिवार्य घटक:- वाक्य के अनिवार्य घटक के रूप में नामवाची की प्रयुक्ति कर्ता कारक, व्युत्पन्न संज्ञा (कृदंतीय संज्ञा, भाववाचक संज्ञा), क्रियार्थक संज्ञा और मिश्र क्रिया के रूप में होती है।

1.सरकार ने अच्छी व्यवस्था बनाई। (ने परसर्ग)

2. सरकार व्यवस्था चलाती है। (शून्य परसर्ग)

3. उसकी कमाई बहुत ज्यादा है। (कृदंतीय संज्ञा)

4. अंदाजा लगाना आसान नहीं है। (क्रियार्थक संज्ञा)

5. कविता का विश्लेषण हो रहा है। (मिश्र क्रिया के घटक के रूप में)

उपर्युक्त वाक्य 1 में 'ने' कारक चिह्न और वाक्य 2 में 'Ø' कारक चिह्न कर्ता और उद्देश्य का द्योतक है। वाक्य 3 में कर्ता कारक चिह्न का अभाव है परंतु 'कमाई' उद्देश्य की पूर्ति कर रहा है। वाक्य 4 में 'अंदाजा लगाना' और वाक्य 5 में 'विश्लेषण' उद्देश्य की पूर्ति कर रहा है।

कभी-कभी दो भिन्न शब्द उद्देश्य के अनिवार्य घटक के रूप में फलित होते हैं, जैसे- प्रधानमंत्री मनमोहन सिंह दिल्ली गए।

इस वाक्य में दो नामवाची पद हैं- 'प्रधानमंत्री' और 'मनमोहन सिंह', जो क्रमश: जातिवाचक

और व्यक्तिवाचक संज्ञा हैं। दोनों उद्देश्य अनिवार्य घटक के रूप में उपांग बनकर परस्पर समानाधिकरण (Appositional) संबंध स्थापित कर रहे हैं।

2. विधेय:- बदरीनाथ कपूर (2008:17) के मतानुसार विधेय का प्रमुख घटक क्रियापद ही है। परंतु इसके अलावा नामपद, क्रिया-विशेषण , निपात, विस्मयादि बोधक, संबोधन की भी सत्ता होती है। इनमें सबसे अधिक चुनौतीपूर्ण स्थिति नामपद की होती है। वाक्य में इसके प्रयोग का क्षेत्र विस्तृत होता है इसलिए पहचान प्रक्रिया भी जटिल होती है। विधेय में नामपद का प्रयोग तीन स्तरों पर होता है- कारक, पूरक और क्रिया-विशेषण। जैसा कि ऊपर निर्दिष्ट है कि नामपद संज्ञा के लिए प्रयुक्तशब्द है और यह विषय नामवाची के संदर्भ में है। अत: यहाँ नामवाची की दृष्टि से विधेय में इसकी स्थिति समझी जाएगी।

2.1 अनिवार्य घटक:- विधेय भाग के अनिवार्य घटक के रूप में नामवाची की प्रयुक्ति प्रत्यक्ष कर्म और पूरक के रूप में होती है।

6. मैंने रोटी बनाई। (प्रत्यक्ष कर्म)
7. सीता अध्यापिका है। (पूरक)

कर्ता के अलावा शेष कारक विधेय का अंग होते हैं, यह कहना भी गलत होगा क्योंकि जिस तरह हर बार कर्ता कारक उद्देश्य नहीं हो सकता, उसी प्रकार अन्य कारक विधेय का अंग हो संभव नहीं। यद्यपि अधिकांशत: कर्म और संप्रदान कारक नामवाची रूप में विधेय का हिस्सा होते हैं तथापि यह स्थिति सदैव नहीं होती। जैसे-

8. कानून को समझाना मुश्किल है।
9. मनुष्य से गलती हो जाती है।
10. मरीज के लिए दवा लाओ।

उपर्युक्त तीनों वाक्य में रेखांकित पद उद्देश्य है।

2.2 वैकल्पिक घटक :- वैकल्पिक घटक के रूप में नामवाची की प्रयुक्ति अप्रत्यक्ष कर्म और संप्रदान कारक के रूप में होती है। यद्यपि अधिकरण और अपादान कारक को भी वाक्य में वैकल्पिक घटक के रूप में स्वीकार किया गया है।

11. मैंने गाय को रोटी खिलाई। (अप्रत्यक्ष कर्म)
12. गाय के लिए रोटी लाओ। (गौण कर्म या संप्रदान)

इस प्रकार इस शोध में नामवाची की पहचान के लिए अनिवार्य घटक के रूप में उद्देश्य, प्रत्यक्ष कर्म और पूरक को लिया गया है एवं वैकल्पिक घटक के रूप में अप्रत्यक्ष कर्म व संप्रदान कारक को लिया गया है।

नामवाची के विभिन्न प्रयोग

स्पष्ट है कि नामवाची का संबंध प्रक्रिया और प्रकार्य दोनों से हैअर्थात् यह रूपवाक्यीय दृष्टि से भी व्याख्यायित होती है। रूपवाक्यीय स्तर पर नामवाची मू. सं. (मूल संज्ञा), व्यु.सं. (व्युत्पन्न संज्ञा) और संज्ञेतर शब्द, समनामी शब्द, मि.क्रि. (मिश्र क्रिया) और परिवर्तन (conversion) के रूप में प्रयुक्त होते हैं, जो निम्नलिखित आरेख द्वारा प्रस्तुत है –

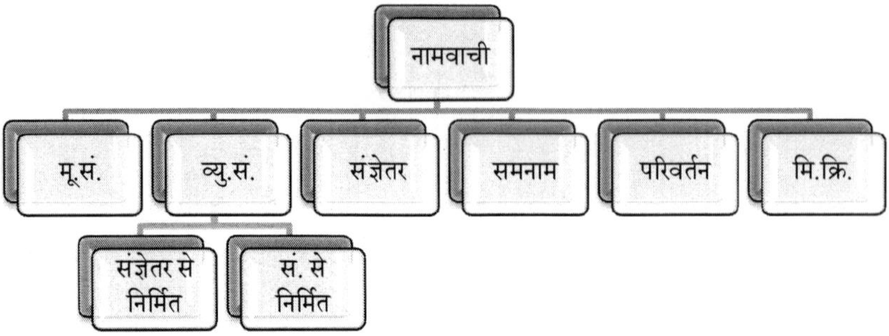

मूल संज्ञाः- इसके अंतर्गत व्यक्तिवाचक, जातिवाचक और अव्युत्पन्न भाववाचक संज्ञाएँ आती हैं, जो वाक्य में नामवाची का प्रकार्य करती हैं।

13.क. राम दिल्ली जाता है।

13.ख. दशरथ के राम वनवास के लिए गए।

वाक्य 13.क. में 'राम' और 'दिल्ली' दोनों व्यक्तिवाचक संज्ञाएँ हैं, परंतु वाक्य का उद्देश्य होने के कारण 'राम' कर्ता के रूप में नामवाची है। 'दिल्ली' शब्द क्रिया-विशेषण होने के कारण नामवाची नहीं है। वाक्य 13.ख.में 'दशरथ' और 'राम' दोनों व्यक्तिवाचक संज्ञाएँ हैं। परंतु शीर्ष होने के कारण केवल 'राम' शब्द नामवाची है, 'दशरथ' शब्द 'राम' के विशेषक के रूप में प्रयुक्त हो रहा है।

14.क. किशोरीदास प्रोफेसर बन गए।

14.ख. प्रोफेसर किशोरीदास अच्छे हैं।

वाक्य 14.क. में 'किशोरीदास' और 'प्रोफेसर' दोनों क्रमश: व्यक्तिवाचक और जातिवाचक संज्ञा हैएवं कर्ता और पूरक के रूप में नामवाची के रूप में प्रयुक्तहो रहे हैं, जबकि वाक्य 14.ख.में 'प्रोफेसर' मूल संज्ञा होते हुए भी विशेषण का प्रकार्य कर रहा है

15.क.गुस्सा व्यक्ति को दुखी बनाता है

15.ख.वह अपने भाग्य पर गुस्सा हुआ।

वाक्य 15.क. में 'गुस्सा' और 'व्यक्ति' क्रमश: भाववाचक और जातिवाचक संज्ञाएँ हैं और नामवाची भी। परंतु वाक्य 15.ख. में 'गुस्सा' मिश्र क्रिया के प्रथम घटक के रूप में कार्य कर रहा है।

व्युत्पन्न संज्ञाः- ऐसी संज्ञाओं का निर्माण दो प्रकार से होता है- संज्ञेतर शब्दोंसे और संज्ञा से। पहले के अंतर्गत क्रियार्थक संज्ञा, कृदंतीय संज्ञा, व्युत्पन्न भाववाचक संज्ञाएँ आती हैं, जबकि दूसरे के अंतर्गत भाववाचक संज्ञाएँ आती हैं संज्ञेतर शब्दों से निर्मित-

क्रियार्थक संज्ञा-

16. क.बात करना जरूरी है।

16. ख.उसका जाना एक युग का जाना है।

कृदंतीय संज्ञा-

17. क. आज उसकी पढ़ाई काम आ गई।

17. ख. आज मां ने कहानी सुनाईहै

व्युत्पन्न भाववाचक संज्ञा-

18. क. उसकी बातों में बहुत मिठास है।

18. ख. गर्मी में बारिश हो रही है।

वाक्य 16.क. में रेखांकित शब्द 'बात करना' मूलत: मिश्र क्रिया संरचना है, लेकिन प्रकार्यत: क्रियार्थक संज्ञा है। इसलिए यह नामवाची है। वाक्य 16.ख. में 'जाना' शब्द की प्रयुक्ति दो बार हुई है। रेखांकित शब्द 'जाना' तुमर्थ नामिक (infinitve nominal) के रूप में वाक्य का

उद्देश्य होने के कारण नामवाची है जबकि दूसरा शब्द 'जाना' तुमर्थ रूप में क्रिया का प्रकार्य कर रहा है। वाक्य 17.क. में 'पढ़ाई' शब्द कृदंतीय संज्ञा के रूप में नामवाची है जबकि वाक्य 17.ख. में 'सुनाई' शब्द कृदंतीय संज्ञा के रूप में भी क्रिया का प्रकार्य कर रहा है। वाक्य 18.क. और 18.ख. में रेखांकित शब्द 'मिठास' और 'गर्मी' व्युत्पन्न संज्ञाएँ हैं, लेकिन 'मिठास' शब्द संज्ञा पूरक के रूप में नामवाची है और 'गर्मी' शब्द क्रिया-विशेषण है, नामवाची नहीं। संज्ञा से निर्मित-

जातिवाचक संज्ञा-

19. क. उसका लड़कपन देखते बनता था।

19. ख. उसने अपने लड़कपन में कई कारनामे किए हैं।

वाक्य 19.क. और 19.ख. में रेखांकित शब्द व्युत्पन्न संज्ञा हैं, परंतु केवल वाक्य 19.क. में यह उद्देश्य के कारण नामवाची है। वाक्य 7.ख. में यह विधेय का अंग बनकर क्रिया-विशेषणके रूप में प्रयुक्त होने के कारण नामवाची नहीं है।

संज्ञेतर शब्दः- इसके अंतर्गत वे शब्द आते हैं, जो न तो मूल संज्ञा हैं और न ही व्युत्पन्न संज्ञा, फिर भी नामवाची का प्रकार्य कर रहे हैं।

सर्वनाम

20.क. वह सुंदर है

20.ख. वह पेड़ सुंदर है।

क्रिया-विशेषण

21.क. सुबह हो गई

21.ख. वह कल सुबह आएगा।

विशेषण

22 .क. बूढ़े आ रहे हैं।

22.ख. बूढ़े लोग आ रहे हैं।

वाक्य 20.क. में 'वह' शब्द मूलत: सर्वनाम होकर कर्ता का प्रकार्य कर रहा है और नामवाची के रूप में प्रयुक्त हो रहा है जबकि वाक्य 20.ख. में 'वह' शब्द सर्वनाम होकर भी 'पेड़' संज्ञा

शब्द के विशेषण के रूप में प्रयुक्त हुआ है। यहाँ 'पेड़' शब्द नामवाची है। वाक्य 21.क. में रेखांकित शब्द 'सुबह' नामवाची है। वहीं वाक्य 21.ख. में यह शब्द क्रिया-विशेषण का प्रकार्य कर रहा है। यहाँ 'वह' शब्द नामवाची है। वाक्य 22.क. में 'बूढ़े' शब्द नामवाची है जबकि वाक्य 22.ख. में यही शब्द 'लोग' शब्द के विशेषण के रूप में प्रयुक्त हो रहा है। यहाँ शब्द 'बूढ़े' नामवाची है।

समनामता:- यह शब्द की वह स्थिति है, जिसमें दो भिन्न वर्ग के शब्द समरूप और समलेख होते हैं एवं विषम अर्थ रखते हैं। नामवाची के संदर्भ में यह स्थिति सामान्यत: संज्ञा और क्रिया, संज्ञा और सर्वनाम, संज्ञा और परसर्ग के बीच पाई जाती है।
संज्ञा और क्रिया
23.क. खाई बहुत गहरी है।
23.ख. उसने दो रोटियाँ खाई हैं।

संज्ञा और सर्वनाम
24.क. आप ने दिल्ली में सरकार बनाई।
24.ख.वह सारा काम अपने आप करता है।

संज्ञा और परसर्ग
25.क. मोर के पर बहुत सुंदर है।
25.ख. वह पेड़ पर बैठा है।

उपर्युक्त वाक्यों में सभी रेखांकित शब्द समनामी हैं। वाक्य 23.क. में 'खाई' शब्द नामवाची है जबकि वाक्य 23.ख, में 'खा' क्रिया का भूतकालिक रूप है। वाक्य 24.क. में 'आप' शब्द नामवाची है जबकि वाक्य 24.ख. में यह सर्वनाम का प्रकार्य कर रहा है। वाक्य 25.क. में'पर' शब्द नामवाची है जबकि वाक्य 25.ख. में परसर्ग है।

मिश्र क्रिया:- साधारणत: संरचनात्मक दृष्टि से मिश्र क्रिया संरचना क्रिया पदबंध के एक घटक और विधेय के अंग के रूप में और आर्थी दृष्टि से क्रिया के कर्म के रूप में प्रकार्य करती है, परंतु जब यह नामवाची के रूप में प्रकार्य करती है तो ये कर्म पूरक, क्रियार्थक संज्ञा और वाक्य के उद्देश्य के रूप में प्रस्तुत होती है।
कर्म पूरक के रूप में-

26.क. मैं अपना घर साफ करना चाहता हूं।

क्रियार्थक संज्ञा के रूप में-

26.ख. ऐसी बाजारू भाषा बोलना सही नहीं है। ।

वाक्य के उद्देश्य के रूप में-

26.ग. कविता का विश्लेषण हो रहा है।

उपर्युक्त वाक्यों मे सभी रेखांकित शब्द मूलत: मिश्र क्रिया संरचना हैं, लेकिन प्रकार्यत: ये सभीवाक्य के उद्देश्य हैं। इसलिए ये शब्द नामवाची हैं।

परिवर्तन:- यह शब्द की वह स्थिति है, जिसमें एक वर्ग के शब्द समरूप, समलेख और समअर्थी होते हैं, परंतु वाक्य में भिन्न वर्ग को सूचित करते हैं। नामवाची के संदर्भ में यह स्थिति सामान्यत: संज्ञा और क्रिया-विशेषण , संज्ञा और क्रिया, संज्ञा और सर्वनाम, संज्ञा और परसर्ग के बीच पाई जाती है।

संज्ञा और क्रिया-विशेषण

27.क. सुबह हो गई।

27.ख. वह सुबह आया।।

संज्ञा और क्रियार्थक संज्ञा

28.क. पढ़ना भविष्य के लिए जरूरी है।

28.ख. मोहन को पढ़ना है।

28.ग. तुम जरूर पढ़ना।।

उपर्युक्त वाक्य 27.क. और 27.ख. में रेखांकित 'सुबह' शब्द समानार्थी हैं, लेकिन पहले वाक्य में यह नामवाची के रूप में प्रयुक्त हो रहा है जबकि दूसरे वाक्य में क्रिया-विशेषण के रूप में। वाक्य 28.क., 28.ख. और 28.ग. में रेखांकित 'पढ़ना' शब्द समानार्थी हैं, लेकिन पहले वाक्य में यह नामवाची के रूप में है वहीं दूसरे एवं तीसरे वाक्यमें क्रमश: क्रिया के तुमर्थ रूप और आज्ञार्थक रूप में प्रयुक्त हो रहे हैं।

नामवाची एवं मिश्र क्रिया

शब्द के नामवाची होने की विभिन्न शर्तों में से एक शर्त यह भी है कि वह क्रिया के कर्म के

रूप में प्रकार्य करती है। यह भी स्पष्ट है कि क्रिया के कर्म के स्थान पर संज्ञा शब्द (मूल एवं भाववाचक) ही आते हैं, जो लिंग, वचन और पुरूष से रूपांतरित होने की क्षमता रखते हैं, जैसे-

29.क. इसके किनारे रहने वालों में घातक बीमारियाँ बढ़ रही हैं। (जनसत्ता, 1 नवंबर 2012)

29.ख....सुनामी ने जिस कदर भयानक और दुखद स्मृतियाँ छोड़ी हैं (जनसत्ता, 2 नवंबर 2012)

उपर्युक्त वाक्यों में 'स्मृतियाँ' और 'बीमारियाँ' शब्द सकर्मक क्रिया 'बढ़ना' और 'छोड़ना' के कर्म के रूप में प्रकार्य कर रहे हैं। परंतु ऐसी संरचनाओं से प्राय मिश्र क्रिया संरचना का भी भ्रम होता है, जो नामवाची शब्दों की पहचान में बाधा उत्पन्न करते हैं। इसलिए यह आवश्यक हो जाता है कि मिश्र क्रिया की पहचान संबंधी नियमों को भी यहाँ शामिल किया जाए मिश्र क्रिया संरचनाएँ कभी-कभी नकारात्मक चिह्न के साथ और कभी-कभी नकारात्मक चिह्न के बिना प्रयुक्त होती हैं। इन नियमों को निम्नलिखित रूप में प्रस्तुत किया जा रहा है-

नकारात्मक चिह्न रहित

ANN (शुरू)+ VRZ (हो) + AUX1 (चुकी)

ANN (कुछ) + VRZ (किया) + AUX1 (जाना) + AUX2 (है)

ANN(तैयार) + VRZ (कर) + AUX1 (दिया) + AUX2 (गया) +AUX3 (था)

नकारात्मक चिह्न सहित

ANN + NEG +AUX1 (तैयार नहीं है)

ANN + NEG + VRZ +AUX1 + AUX2 (इंतजाम नहीं कर पाई है)

ANN + NEG + VRZ + AUX1 (कदम नहीं उठाए गए)

ANN + VRZ+ AUX1 + CNJ + NEG (सफल हो पाएगा या नहीं)

नामवाची के संदर्भ में मिश्र क्रिया के विभिन्न प्रयोग भी दृष्टिगत हैं -

विशेषण रूप में प्रयुक्ति

30.क. ...खत्म करने का विरोध किया है (नवभारत टाइम्स, 1 नवंबर 2012)

30.ख. ...शुरू हो चुकीं यह बैठकें (प्रभात खबर, 5 नवंबर 2012)

क्रियार्थक संज्ञा के रूप में प्रयुक्ति

31.क. ...अंदाजा लगाना आसान नहीं है (जनसत्ता, 2 नवंबर 2012)

31.ख. ...उम्मीद करना कुछ ज्यादा ही होगा (नवभारत टाइम्स, 1 नवंबर 2012)

उद्देश्य के रूप में

32.क. ...जिससे संकेत मिला कि....(प्रभात खबर, 5 नवंबर 2012)

32.ख. ...की यह शिकायत रही है कि... (नवभारत टाइम्स, 1 नवंबर 2012)

क्रिया पूरक के रूप में

33.क. ...व्यवस्था बनानी चाहिए थी| (नवभारत टाइम्स, 1 नवंबर 2012)

33.ख. ... सरकारों को खुद चिंतित होना चाहिए (जनसत्ता, 1 नवंबर 2012)

मुहावरों के रूप में-

34.क. रोमानी ने एक दूसरे पर जम कर निशाना साधा| (प्रभात ख़बर, 5 नवंबर 2012)

34.ख. ...उतार-चढ़ाव पर नजर रखी जाए। (जनसत्ता, 2 नवंबर 2012)

नामवाची व मिश्र क्रिया: संदिग्धता एवं समाधन

मालूम होना, इंतजार करना आदि। यहाँ मालूम, इंतजार जैसे अमूर्त संज्ञा शब्द क्रियामूल के रूप में मुख्य क्रिया का प्रकार्य कर रहे हैं, परंतु यहाँ संदिग्धता क्रिया के कर्म के भ्रम को लेकर है। अधिकांशत: ऐसी संरचना से क्रिया के कर्म का भ्रम होता है।

समाधान- इसके अंतर्गत आई संदिग्धता को इस प्रकार हल किया जा सकता कि 'करना', 'होना' के पूर्व आनेवाली संज्ञाएँ अमूर्त हैं और इनके बहुवचन रूप नहीं बन सकते।

परसर्ग और क्रिया- यह स्थिति संबंधवाचक 'की' और 'कर' क्रिया के पूर्णकालिक स्त्रीलिंग रूप में पाई गई है।

35.क. उसने शिकायत की है।

35.ख. उसने शिकायत की।

35.ग. उसने मोहन की बात की।

35.घ. यह मोहन की किताब है।

35.ङ. राष्ट्रपति का कार्यभार सौंपने की घोषणा की। (जनसत्ता 7 जुलाई 2013)

समाधान -

नियम-1

अगर ANN + 'की' है तो 'की' = VMAIN होगा।

नियम-2
अगर 'की' + DNC है तो 'की' = VMAIN होगा। वरना PSP<>REL होगा।

प्रत्यय स्तरीय-
-ता (आवश्यकता, मालूम होता और जाता) आदि।
36.क. वह राम की माता है।
36.ख. ऐसा मालूम होता है कि.....
36.ग. वह बस से जाता है। ....
36.घ. यह उसकी मानवता है।
36.ङ. उसे दवा की आवश्यकता है।

उपर्युक्त वाक्य 36.ख. व 36.ग. में प्रयुक्त 'मालूम होता' एवं 'जाता' शब्द क्रिया और 36.घ.और 36.ङ. में प्रयुक्त 'मानवता' और 'आवश्यकता' व्युत्पन्न संज्ञा शब्द हैं, जिनकी वाक्य में स्थिति पदक्रम की दृष्टि से सहायक क्रिया के पहले है। परंतु वाक्य 36.क. में प्रयुक्त 'माता' स्वतंत्र शब्द है। अन्य प्रयुक्त शब्दों में संदिग्धता –ता प्रत्यय को लेकर है, जो रूपसाधक और व्युत्पादक प्रत्यय के रूप में प्रयुक्त होकर भ्रांतियाँ उत्पन्न कर रहा है कि यह क्रिया का नित्यपरक पक्षसूचक है या भाववाचक संज्ञासूचक। इस संदिग्धता का समाधान इसके पूर्व लगे 'की' चिह्न द्वारा किया जा सकता है। कारण यह कि यदि –ता प्रत्यय भाववाचक संज्ञा प्रत्यय के रूप में प्रयुक्त हो, तो इसके पूर्व लगा 'की' चिह्न स्त्रीलिंग प्रवृत्ति का होगा।

समाधान : अगर वाक्य के सरल क्रियारूप में सहायक क्रिया से पहले –ता प्रत्यय से जुड़ा शब्द प्रयुक्त हो और उसके ठीक पहले 'की' की प्रयुक्ति हो तो वह शब्द क्रियावर्ग का नहीं होगा बल्कि अन्य वर्ग का होगा और यदि न हो तो क्रियावर्ग का होगा। यद्यपि शब्दक्रम में परिवर्तन से इनकी संदिग्धता कुछ हद तक हल की जा सकती है। कारण यह कि हिंदी में क्रिया का स्थान अंत में आता है। अन्यत्र आने पर प्रकार्य की दृष्टि से इसकी कोटि परिवर्तित हो जाएगी।

निष्कर्ष

नामवाची की संकल्पना अपने-आप में बहुत बड़ी है। हिंदी व्याकरण में प्रायः इसका अभाव मिलता है। वाक्यात्मक स्तर पर इसका अध्ययन-विश्लेषण इसलिए भी महत्त्वपूर्ण है क्योंकि प्रकार्य की दृष्टि से कोई भी शब्द नामवाची के रूप में प्रयुक्त होने की क्षमता रख सकता है और अनेक व्याकरणिक संदर्भों को उजागर भी करताहै| अतः आवश्यक है की हिंदी भाषा के इस क्षेत्र में हो रहे शोध और उपलब्ध सामग्रियों के आधार पर व्याकरण के नए प्रारूप निरुपित किए जाए, जिससे हिंदी का व्यापक प्रसार और इसके विविध प्रयोगों में भी अनवरत विकास होता चला जाए |

संदर्भिका

कपूर, बदरीनाथ. (2008). वाक्य संरचना और विश्लेषण : नए प्रतिमान; दिल्ली :राधाकृष्ण प्रकाशन।

केलॉग, सैमुएल हेनरी. (2007). हिंदी व्याकरण (मूल), डॉ, श्री राम शर्मा(अनु.); इलाहाबाद : हिंदी साहित्य सम्मेलन।

गुरु, कामता प्रसाद . (2008). हिंदी व्याकरण; इलाहाबाद : विधु पब्लिकेशन्स।

दीमशित्स, जाल्मन. (1983). हिंदी व्याकरण; मास्को : रादुगा प्रकाशन।

वाजपेयी, किशोरीदास. (पंचम संस्करण). हिंदी शब्दानुशासन; वाराणसी : नागरी प्रचारणी सभा।

श्रीवास्तव, रवीन्द्रनाथ. (2008). हिंदी के संदर्भ में : सैद्धांतिक एवं अनुप्रयुक्तभाषाविज्ञान;दिल्ली : साहित्य सहकार।

श्रीवास्तव, रवीन्द्रनाथ. (2010). हिंदी भाषा : संरचना के विविध आयाम; दिल्ली : राधाकृष्ण प्रकाशन।

सिंह, सूरजभान. (2000). हिंदी का वाक्यात्मक व्याकरण; दिल्ली : साहित्य सहकार।

सिंह, सूरजभान. (2003). अँग्रेजी-हिंदी अनुवाद व्याकरण; दिल्ली: प्रभात प्रकाशन।

Agnihotri, Ramakant. (2006). Hindi : An Essential Grammar; London : Routledge.

Bharati, Akshar. Chaitanya, Vineet. Sanghal, Rajeev; (1994). Natural Language Processing : A Paninian Perspective; New Delhi : Prentice Hall.

Bhatt, D.N.S. (1979). The Referents of Noun Phrases; Pune : Deccan College, Post Graduate and Research Institute.

Breunis, Andries Anne. (1990). The Nominal Sentence in Sanskrit and Middle Indo-Aryan; Boston : Brill Academic Publishers.

Kachru, Yamuna. (1996). An Introduction to Hindi Syntax; Urbana : University of Illinois.

Kachru, Yamuna. (1980). Aspects of Hindi Grammar; New Delhi: Manohar.

Kachru, Yamuna. (2006). Hindi; Amsterdam : John Benjamins Publishing Company.

Kellogg, S.H. (1972). A Grammar of the Hindi Language; Delhi : Munshiram Manoharlal.

Subbarao, K.V. (1984). Complementation in Hindi Syntax; New Delhi : Academic Publications.

Verma, Manindra K. (1971). The Structure of the Noun Phrase in English and Hindi; Patna : Motilal Banarsidas.

Chandra, Subhash. (2010). 'Automatic Nominal Morphological Recognizer and Analyzer for Sanskrit : Method and Implementation'. Language in India, Vol.10. 8-19. URL : http://www.languageinindia.com/ feb2010/automaticnominalsubhash.pdf.

Chierchia, Gennaro. (1982). 'Nominalization and Montague Grammar: A Semantics without Types for Natural Languages'. Linguistics and Philosophy, Springer. Vol. 5, No. 3. 303-354. URL : http://www.jstor.org/stable/25001099. Accessed :14/11/2013 03:29.

Finin, Timothy Wilking. (1980). 'The Semantic Interpretation of Nominal Compound', AAAI 80 Proceedings. Urbana : Coordinated Science Laboratory. 310-312.

Jha, Girish Nath. Chandra, Subhash. (2011) 'Computer Processing of Sanskrit Nominal Inflections : Methods and Implementation', Cambridge : Cambridge Scholars Publishing.

Kachru, Yamuna. (1989). ''Nominal complement constructions in Hindi'. Bhasa Shiksan aur Bhasa Vijnan, 119-130. Agra : Central Institute of Hindi.

हिंदी पाठ का भाव-विश्लेषण

- प्रितेंद्र कुमार मालाकार

परिचय

भाव-विश्लेषण (Sentiment Analysis), प्राकृतिक भाषा संसाधन के अंतर्गत एक ऐसी प्रक्रिया है, जिसमें किसी व्यक्ति, वक्ता या उपयोगकर्ता के द्वारा किसी विशेष विषय या उत्पाद के प्रति व्यक्त राय या प्रतिक्रिया[38] का विश्लेषण करके सकारात्मक, नकारात्मक या निष्पक्ष के रूप में वर्गीकृत किया जाता है। इसका प्रयोग प्रमुखत: व्यावसायिक संस्थानों द्वारा उत्पाद-विश्लेषण एवं निर्णय सहायक प्रणाली के रूप में किया जाता है |

परिचय

प्रितेंद्र कुमार मालाकार
लेखक ने भाषा-प्रौद्योगिकी विषय में हिंदी विश्वविद्यालय, वर्धा से पी-एच॰डी॰ कर रहे हैं। संपर्क : pritmalakar@gmail.com

भाव-विश्लेषण की आवश्यकता

तकनीकी विकास के युग में सोशल नेटवर्किंग साइट्स एवं ब्लॉग्स विचारों की अभिव्यक्ति के लोकप्रिय माध्यम हैं, जिसके द्वारा कोई व्यक्ति किसी विषय के बारे में अपनी प्रतिक्रिया को स्वतंत्र एवं सार्वजनिक रूप से व्यक्त कर सकता है। वर्तमान में इन माध्यमों के द्वारा सार्वजनिक रूप से दी गई प्रतिक्रियाओं की संख्या में वृद्धि हुई है। इन्ही प्रतिक्रियाओं में व्यक्तियों के उस विषय या उत्पाद के प्रति सकारात्मक या नकारात्मक भाव छिपे होते हैं। ये सूचना किसी संस्था, शासन या व्यक्ति के लिए अत्यंत महत्त्वपूर्ण होते हैं।

विश्व में सर्वाधिक बोली जाने वाली भाषाओं में हिंदी भाषा का चौथा स्थान है। हिंदी भाषा के लिए यूनिकोड मानक परिभाषित होने के पश्चात् हिंदी वेबसाईट्स एवं ब्लॉगस की संख्या में तीव्र गति से वृद्धि हुई है, जिसमें सूचनाएँ हिंदी भाषा में उपलब्ध हैं, इन सूचनाओं के उचित विश्लेषण की आवश्यकता है, जिससे यह किसी संस्था, व्यक्ति या शोधकर्ता के लिए महत्त्वपूर्ण व उपयोगी सिद्ध हो सके |

---

[38]केवल उन्ही प्रतिक्रियाओं को सम्मिलित किया जाएगा जो कि अंकीय पाठ (Digital text) के रूप उपलब्ध होंगे |

स्रोत-सामग्री के रूप में भाव-विश्लेषण हेतु सामग्री (Data) ब्लॉग, सोशल नेटवर्किंग साइट्स, डिस्कशन फोरम आदि से संकलित की जा सकती है।

संबंधित शोध कार्य:- हिंदी के भाव-विश्लेषण संबंधी शोधकार्य अन्य भाषाओं (विशेषकर अँग्रेजी) की अपेक्षाकृत कम हुए हैं। कुछ शोध-कार्य जिनमें अक्षत बक्लीवाल, पीयूष अरोरा (IIIT, हैदराबाद) के द्वारा Hindi Subjective Lexicon (HSL) का निर्माण किया गया है, जिसमें भावयुक्त शब्दों से मिलते जुलते सभी समानार्थी (Synonyms) तथा विपरीतार्थक (antonyms) शब्दों को संकलित किया गया है तथा हिंदी वर्डनेट (Wordnet) की पद्धति का प्रयोग किया गया है। आगे आदित्य जोशी, बालामुरली तथा पुष्पक भट्टाचार्य (IIT, Bombay) के द्वारा हिंदी भाषा के भाव-विश्लेषण हेतु Hindi-Senti WordNet (H-SWN) की प्रविधि प्रस्तुत की गई है, जिसमें समस्त भावयुक्त पदों (Sentiment-bearingPhrases) का लेक्सिकल कार्पस बनाया गया है एवं पदों को तीन वर्ग (सकारात्मक, नकारात्मक व निष्पक्ष) में विभक्त करके एक निश्चित मान दिया जाता है।

प्रस्तुत शोधकार्य हिंदी पाठ के भाव-विश्लेषण पर केंद्रित है, जिनमें कई प्रकार की समस्याएँ हैं, जिसमें से प्रमुख समस्या वाक्य या पाठ में से मुहावरेदार अभिव्यक्तियों (Idiomatic Expressions) को चिह्नित कर उनका भाव- वर्गीकरण करने की है, जिससे उनका प्रयोग भाव-विश्लेषण में किया जा सके। हिंदी के सीमित शोध संसाधन होने के कारण संसाधन निर्माण भी एक प्रमुख समस्या है।

शोध परिकल्पना:- वक्ता द्वारा प्रयुक्त मुहावरेदार अभिव्यक्तियों में शाब्दिक अर्थ विशेष महत्त्व का नही होता, किंतु विषय के दृष्टिकोण से उसका भावार्थ भिन्न होता है, इस भावार्थ में संबंधित विषय के प्रति वक्ता के भाव समाहित होते हैं, जो सकारात्मक या नकारात्मक होते हैं। चूँकि मुहावरा एक वाक्यांश होता है, इसलिए मुहावरेदार अभिव्यक्तियों का प्रयोग स्वतंत्र रूप से नही किया जा सकता है। इनका प्रयोग केवल वाक्य के साथ किया जाता है अत: इनका प्रयोग वक्ता किसी विषय के प्रति अपने भाव को और अधिक पुष्ट करने के लिए करता है, जैसे-

दोहरे मापदंड वाले दलों (भाजपा-कांग्रेस) को अब समझना होगा। केजरीवाल ने ***चौके छक्के मार*** दिए तो परेशानी हो जाएगी।

इन्ही प्रतिक्रियाओं में प्रयुक्त मुहावरेदार अभिव्यक्तियों (Idiomatic Expressions) के भाव-विश्लेषण करने से निश्चित रूप से भाव-विश्लेषण प्रक्रिया की शुद्धताएवं गुणवत्ता बढ़ सकती है

शोध उद्देश्य:-

1. हिंदी के भाव-विश्लेषण हेतु नवीन प्रणाली या टूल्स विकसित करना।
2. हिंदी के भाव-विश्लेषण की गुणवत्ता में वृद्धि करना।
3. भाव-विश्लेषण हेतु एक उचित एवं प्रभावी उपागम कीखोज करना।
4. हिंदी शिक्षण हेतु संसाधन निर्माण में।

कार्यक्षेत्र एवं सीमाएँ:- प्रस्तुत शोधकार्य का अनुप्रयोग व्यावसायिक, सामाजिक, राजनीतिक, निर्णय सहायक प्रणाली एवं शोध के क्षेत्र में किया जा सकता है। यह शोधकार्य केवल हिंदी पाठ (देवनागरी लिपि) के भाव-विश्लेषण पर आधारित है। प्रस्तुत शोध में भाव-विश्लेषण हेतु हिंदी पाठ का संकलन मुख्यत सामाजिक एवं राजनीतिक प्रोक्ति में से किया जाएगा। यह शोध कार्य मुहावरेदार अभिव्यक्ति के विशेष संदर्भ में होने के कारण सीमित है।

शोध प्रविधि:- प्रस्तावित शोध कार्य में विश्लेषणात्मक शोध प्रविधि का प्रयोग किया जाता है। हिंदी पाठ के भाव-विश्लेषण हेतु संकरित उपागम (Hybrid Approach) का प्रयोग सकता है, जिसके अंतर्गत नियमाधारित एवं सांख्यिकीय आधारित विधि का प्रयोग किया जाता है। प्रस्तुत शोध प्रविधि के अंतर्गत हिंदी पाठ का विभिन्न ध्रुवण स्तर (Polarity level) पर वर्गीकरण करने के पश्चात् वर्गीकृत भावयुक्त पदों (Classified Sentimental Phrases) का अधिक सूक्ष्मता एवं गहनता से विश्लेषण किया जा सकता है। शोध प्रणाली के विकास हेतु पाठ में से भावयुक्त पदों (Sentimental Phrases) एवं मुहावरेदार अभिव्यक्तियों (Sentiment-bearing idioms[39]) को अलग किया जाएगा एवं संग्रहित करने के लिए डाटाबेस का निर्माण किया जाएगा। प्रस्तुत शोधकार्य हेतु कलन-विधि (Algorithm) का निर्माण किया जाएगा, जो शोध-प्रणाली के विकास का अनिवार्य चरण होगा |

संभावित निष्कर्ष:- उपर्युक्त शोध कार्य में हिंदी पाठ का गहन स्तर पर भाव-विश्लेषण किया जाएगा एवं पाठ या वाक्य में उपस्थित भावयुक्त पदों, विशेषणों के साथ-साथ मुहावरेदार

---

[39]ऐसे मुहावरेदार अभिव्यक्तियाँ जिनमें सकारात्मक या नकारात्मक भाव समाहित होते हैं |

अभिव्यक्तियों के भावार्थ निकालकर शोधकार्य में प्रयोग किया जाएगा जिससे की भाव-विश्लेषण प्रणाली की शुद्धता एवं गुणवत्ता मेंवृद्धि होगी |

संदर्भिका

1. Arora, Piyush.(2013). Sentiment Analysis for Hindi Language (MS Thesis). IIIT Hyderabad.
2. Joshi, A., A. R.Balamuraliand Pushpak Bhattacharya. (2010).A Fall-back Strategy for Sentiment Analysis in Hindi: a Case Study. Proceedings of ICON: 8th International Conference on Natural Language Processing, Macmillan Publishers, India.
3. Liu, Bing. (2012). Sentiment Analysis and Opinion Mining (Introduction and Survey).Morgan & Claypool Publishers.
4. PangB., andLillian Lee.(2008).Opinion Mining and Sentiment Analysis. Foundations and Trends in Information Retrieval 2(1-2): 1–135.
5. पाण्डेय, पृथ्वीनाथ. मानक सामान्य हिंदी. अरिहंत पब्लिकेशन्स(ई), प्रा. लि., मेरठ.
6. पाँचजन्य, जुलाई 13, 2014. "कम्प्यूटर पर आईटी ने खोले भारतीय भाषाओं के रास्ते". पृष्ठ संख्या 30-31.

वेबसाईट लिंक:

1. http://en.wikipedia.org/wiki/Sentiment_analysis
2. http://en.wikipedia.org/wiki/List of languages by number of native speakers#More than 100 million native speakers.
3. http://www.epaper.bhaskar.com.
4. http://ltrc.iiit.ac.in/proceedings/ICON-2010.

समाचार-पत्र:

1. सिंह, जसदीप. (24 दिसंबर 2012).ट्विटर. दैनिक भास्कर, नागपुर संस्करण, पृ.सं. 4

अरिमर्दन - आपकी दृष्टि में भारतीय भाषाई अध्ययन की विरासत में कौन-कौन तत्त्व महत्त्वपूर्ण थे?

प्रो. उदयनारायण सिंह - भारत के भाषाई अध्ययन की विरासत बहुत पुरानी है, इसको प्राचीन भाषाविज्ञान कहा जा सकता है, जिसकी शुरुआत संस्कृत भाषा के अध्ययन और शोध-कार्य के साथ हुई थी, तब सबसे बड़ा विषय यह था कि भाषा के वैविध्य, लचीलेपन और अन्य बदलावों को कैसे रोका जाए और एक मानक रूप दिया जाए, ऐसा मानक रूप जो भाषा के बदलते-बिगड़ते स्वरूप के बावजूद उसको इस रूप से वर्षों तक बनाए रखे, ताकि वह शास्त्र और गहन अध्ययन-अध्यापन की भाषा बनी रहे। इस चुनौती को संस्कृत भाषा-शास्त्रियों ने इस रूप में लिया कि उनकी पूरी योजना सूत्रबद्धता पर केंद्रित हो गई ताकि कम शब्दों एवं कम सूत्रों में संस्कृत के व्याकरण को बाँधकर रख सकें और इसके अध्ययन-अध्यापन में कोई समस्या न आए। इसलिए भाषा की एकरूपता पर भाषाविदों ने विशेष ध्यान दिया, ताकि न्याय, वैशेषिक, मीमांसा, विज्ञान, ज्योतिष या साहित्य में अफ़गानिस्तान से लेकर नेपाल तक और दक्षिण के श्रीलंका से लेकर हिमालय तक के सभी लोग आपस में शास्त्र-सम्मत चर्चा कर सकें। इसके बाद आधुनिक भाषाविज्ञान का अध्ययन-अध्यापन भारत में शुरू हुआ, जो कि 1916 के बाद की देन है। इसमें आकर बहुत कुछ बदल गया। इसके बाद हमारी आधुनिक भाषाओं के अध्ययन की शुरुआत हुई, जो प्राकृत की नदी से बहते हुए अपभ्रंश के माध्यम से आकर इधर अलग-अलग भाषा या बोलियों में विभाजित हो गई हैं। इनके लिए भी आज मानक रूप बनाने आवश्यकता है। दूसरी तरफ आधुनिक भाषाविज्ञान के संदर्भ में जब मानववैज्ञानिक दृष्टि से हम भाषाओं को देखते हैं, तो भाषाओं की यही विभिन्नताएँ महत्त्वपूर्ण सूचक के रूप में सामने आती हैं। इसलिए आज की चुनौती है कि अलग-अलग बोलियों एवं इनके रूपों को कैसे विश्लेषित किया जाए। इस प्रकार विरासत को देखें, तो उसमें भाषाई अध्ययन में शास्त्रार्थ, अध्ययन-अध्यापन और ज्ञान-विज्ञान को आगे बढ़ाने के लिए संस्कृत भाषा को किस तरह से मानक रूप में बांधने की मूल चिंता थी। आज यही चिंता विभिन्न बोलियों एवं और इनके विभेदन को लेकर है।

अरिमर्दन- भारत एक लोकतांत्रिक देश है और बहुभाषिकता इसकी मूल पूँजी है। ऐसे में

राष्ट्रवाद की अवधारणा और उसमें राष्ट्रभाषा की भूमिका को आप कैसे देखते हैं?

प्रो. उदयनारायण सिंह- यह तो बहुत कठिन सवाल है। पहले यह तय करना पड़ेगा कि राष्ट्रभाषा एक हो या अनेक। यदि किसी एक राष्ट्रभाषा की कल्पना हम करते हैं, तो भारत को उन देशों के समकक्ष रखने का प्रयास करतें हैं, जो आकार में छोटे हैं, जहाँ की जनसंख्या एवं विविधता कम है, जहाँ अलग-अलग संस्कृतियों के लिए कोई जगह ही नहीं है। सिर्फ ऐसी स्थिति में ही एक राष्ट्र के लिए एक राष्ट्रभाषा की आवश्यकता हो सकती है, ताकि वे आपस में लोगों को एक प्रतीक से बाँध सके। अब भारतीय बहुभाषिकता में भाषा, धर्म, संस्कृति और शास्त्र तथा इसकी मान्यताओं में पर्याप्त विविधता है। इसके साथ कई आधुनिक विचारधाराएँ भी एक साथ कार्यरत हैं। वैसे भी भारत की प्रसिद्धि ही इसमें है कि एक ही तरह की चिंता एवं भावना को कितने अलग-अलग तरीके से वर्णन किया जा सकता है। यहाँ की बहस इसीलिए आगे बढ़ती गई कि हमने अलग-अलग तरीके से सोचना सीखा है और कभी तर्क को छिपाया नहीं है, बल्कि प्रोत्साहित किया है। कभी हमने किसी सवाल पूछने वाले को मना नहीं किया है। इस प्रकार भारत में बहुभाषा, बहुसंस्कृति, बहुधर्म की ओर से हर तरह से विविधता की चर्चा होती रही है। ऐसी स्थिति में एक विविधता वाले राष्ट्र की तुलना सामान्य देशों से नहीं की जा सकती। इस प्रकार भारत में एक राष्ट्रभाषा हो, यह सोचना बहुत कठिन काम है, क्योंकि प्रादेशिक स्तर पर बहुत सारे लोग ऐसे होंगे ही, जिन्हें राष्ट्रीय स्तर पर कार्यरत राजभाषा का सम्यक ज्ञान न हो। इसके साथ कुछ ऐसे लोग भी होंगे, जिनको प्रादेशिक सत्र की राजभाषा का भी ज्ञान हो और राष्ट्रीय स्तर की राजभाषा का भी ज्ञान न हो। कुछ ऐसे लोग भी होंगे, जिनको दोनों तरह की राजभाषाओं का ज्ञान न हो, जो केवल कामकाज के लिए अपनी भाषा का प्रयोग करते हैं और हो सकता है एक साथ चार-पाँच बोलियाँ बोल लेते हों, लेकिन फिर भी राजभाषाओं के ज्ञान से दूर हों। अब राष्ट्र तो सबका राष्ट्र है। कोई यह नहीं कह सकता है कि जो राजभाषा में काम कर सकता है, केवल उसी के लिए राष्ट्र बना है। राजभाषा चाहे प्रादेशिक स्तर या राष्ट्रीय स्तर की हो, वह केवल एक सुविधा के लिए है, जो सरकारी कामकाज में एकता और मानकता की दृष्टि से स्वीकारी गई हैं, ताकि कानून और उसकी व्याख्या में मत-भिन्नता न हो। ऐसा देखा गया है कि भारत जैसे बहुभाषिक देशों में अनेक भाषाएँ राष्ट्रभाषा के रूप में उभर कर आती हैं। यह स्थिति अफ्रीकी देशों एवं अमेरिका में है। यूरोप में कई ऐसे देश हैं, जहाँ एकाधिक भाषाएँ राष्ट्रभाषा के रूप में कार्य कर रही हैं। इस प्रकार कई राष्ट्रभाषाओं की माँग स्वाभाविक ही है। भारत के संबंध में राष्ट्रवाद अपनी जगह है

और राष्ट्र के संचालन की चुनौती अलग है। इसके साथ राष्ट्रभाषा एवं राजभाषाओं के चयन और उसके निर्माण एवं प्रयोग की प्रक्रिया अलग है। ये तीन अलग-अलग मुद्दे हैं। चूँकि भारत एक राष्ट्र है, इसका हम विभाजन नहीं चाहते हैं, इसलिए भारत की एक राष्ट्रभाषा हो, यह एक पुराना तर्क है। आज के वैश्विक अनुभवों के आधार इस तर्क को अमान्य कर देना चाहिए। नए सिरे से सोचना चाहिए कि अगर हम एक ऐसे राष्ट्र का निर्माण करना चाहते हैं, जिसके लिए लोगों के मन में राष्ट्रवाद की भावना भी हो और जिसमें कई भाषाएँ एक साथ राष्ट्रभाषा के रूप में काम कर रही हों, तो उसका निर्माण हम कैसे करें? यह दूसरी चुनौती है, जिसमें हम गुजराती, तमिल, बांग्ला, मराठी एवं पंजाबी को हिंदी या अँग्रेजी के बराबर का दर्जा कैसे दिलाया जा सकता है, इनकी उन्नति कैसे संभव है ये सब भाषाविज्ञानियों एवं समाजशास्त्रियों के लिए चुनौती है और इसको स्वीकार किया जाना चाहिए।

अरिमर्दन-भारत में भाषाविज्ञान के अब तक के विकास को आप कैसे देखते हैं?

प्रो.उदयनारायण सिंह- भारत में भाषाविज्ञान अलग-अलग क्षेत्रों में से कुछ में काफी अच्छा काम विद्वानों ने किया है, जैसे वर्णनात्मक भाषाविज्ञान में व्याकरण के क्षेत्र में भाषा के वर्णन के स्तर पर काफी अच्छा काम हुआ है। इसके बावजूद अनेक भाषाएँ हैं, जिनका वर्णन करना अभी बाकी है। इसमें यह संभव है कि उस वर्णन की जो प्रक्रिया है, उसमें एक-दूसरे के साथ कुछ तत्त्वगत पार्थक्य हो, क्योंकि भाषाविज्ञान में इतने सिद्धान्त हैं कि प्रत्येक के आधार पर किए गए विश्लेषणों में विभेद या मतभेद संभव है, लेकिन यह भी सही है कि काम हुआ है। दूसरी तरफ समाजभाषाविज्ञान में भी काफी काम हुआ है, लेकिन बहुत काम अभी करना बाकी है। वास्तव में समाजभाषावैज्ञानिक विश्लेषणों में अब हमे किसी भाषा की संदर्भगत गुणात्मक एवं मात्रात्मक विश्लेषण करने की आवश्यकता है, इसी क्षेत्र में हम अभी तक पिछड़े हुए हैं। अभी तक के समाजभाषावैज्ञानिक विश्लेषणों में समाज और भाषा के बीच में क्या संबंध रहे हैं? वर्गगत, जातिगत, अर्थगत, लैंगिक आधारों पर बदलते रिश्ते हमारे समाज में देखे गए हैं। इन क्षेत्रों में भी विस्तृत काम करना अभी बाकी है। इधर कंप्यूटेशनल भाषाविज्ञान में हमने काफी प्रगति की है, उसी के साथ-साथ कोशविज्ञान में भी हमने काफी काम किया है। इधर मनोविज्ञान एवं भाषा-भूगोल जैसे क्षेत्रों में हमारा काम बहुत कम रहा है। इसी तरह भाषा के विभिन्न पक्षों जैसे- खेल, बाजार, व्यापार आदि से जोड़कर काम करने की आवश्यकता है। यह काम केवल भाषाविद ही करें यह आवश्यक नहीं है। इस काम को संस्कृति, मानवविज्ञान, समाजविज्ञान के लोग भी कर सकते हैं। इधर ध्वनिविज्ञान पर भी बहुत काम नहीं हुआ है, जो

कुछ हुआ भी है, औच्चारिक पक्ष पर ही केंद्रित रहा है और ध्वनिक और श्रवण पक्ष पर काम नहीं हुआ है। इसके साथ लिपि और इसके ऐतिहासिक विश्लेषण पर भी हमने काफी काम किया है, लेकिन लिपि के विकास के रूप में और लिपि का आधुनिकीकरण एवं मानकीकरण के साथ इसको यूनिकोड से जोड़ने का कार्य किया है। सुलेखन (calligraphy) पर हमारे यहाँ बहुत काम नहीं हुआ है। टैरेटोग्राफी पर तो कुछ काम हुआ ही नहीं है। कुल मिलाकर कहा जा सकता है कि हमने बहुत कुछ काम किया है, लेकिन जिस तरह से एक वृहद भाषाविज्ञान का विकास भारत में होना चाहिए था, उस तरह से नहीं हुआ है।

अरिमर्दन- एक अनुशासन के रूप में भाषा और साहित्य के अंतर्संबंध को आप कैसे देखते हैं?

प्रो. उदयनारायण सिंह- भाषा और साहित्य का अंतर्संबंध इतना जटिल एवं परस्पर निर्भर है कि जब कोई साहित्य का अध्यापक भाषाविज्ञान की और कोई भाषाशास्त्री साहित्य की उपेक्षा करता है,तो आश्चर्य लगता है कि किस तरह से दोनों को हम एक-दूसरे से दूर रख सकते हैं। मुझे लगता है कि इन दोनों में काफी गहरा संबंध है जैसे समय के साथ साहित्य की भाषा में जो बदलाव आ रहे हैं, उनका विश्लेषण एवं अध्ययन करना भाषाशास्त्री का काम है और वहीं एक साहित्यकार का काम है कि अपनी रचनात्मक विविधता एवं भाषाई प्रयोगों से भाषा को समृद्ध करे। किसी साहित्यकार की रचनात्मकता भाषाई नियमों का अतिक्रमण करती है, इसी अतिक्रमण को भाषाविद को पुन: नियमबद्ध करना होता है। इस तरह यह बहुत रोचक संबंध होता है और एक-दूसरे पर आधारित भी।

अरिमर्दन- भारतीय भाषाओं के अंतर्वस्तु को अँग्रेजी की तुलना में किस रूप में रेखांकित किया जा सकता है ?

प्रो. उदयनारायण सिंह-अंतर्वस्तु के निर्माण में अँग्रेजी अग्रणी रही है, इसके विभिन्न प्रयोग-क्षेत्रों के आधार पर भी बहुत काम हुआ है, हालाँकि इसमें भारत जैसे देशों में भी किया गया काम शामिल है, जहाँ अँग्रेजी कोई मूल भाषा नहीं है। यहाँ अँग्रेजी एक महत्त्वपूर्ण भाषा है, लेकिन मूल नहीं। अब सवाल यह उठता है कि इतना विकास अपनी भाषाओं में क्यों नहीं हो पाता है। इसका जवाब देना बहुत कठिन है, क्योंकि बहुत सारे व्यक्ति ऐसे हैं, जो अँग्रेजी लेखन में ही सिद्धस्त हैं, लेकिन उनमें इतना आत्मविश्वास नहीं है कि वे भारतीय भाषाओं या अपनी मातृभाषाओं में भी उसी तरह के पाठ का निर्माण कर सकें। इस लिए वे इसका प्रयास भी नहीं

करते। इस प्रकार बहुत लोग हैं, जो आसान रास्ता चुनते हैं। इसका एक कारण यह भी है कि चूंकि अँग्रेजी में अंतर्वस्तु के निर्माण का काम इतनाहो गया है, कि आगे उस पर काम करना आसान होता है, जबकि हमारी भाषाओं में किसी जटिल प्रयोग-क्षेत्र पर काम करने के लिए शुरू से काम करना पड़ता है, कोई आधार पहले से उपलब्ध नहीं होता है। इसमें पारिभाषिक शब्दों का अभाव है। भाषा की अपनी संरचना में चिकित्सा, अभियांत्रिकी, तकनीक, वाणिज्य एवं बाजार आदि प्रयोग-क्षेत्रों के शब्दों के निर्माण में कठिनाई आती है और उसी से लोग बचना चाहते हैं। बहुत लोग इसमें रुचि नहीं लेते। अँग्रेजी की तुलना में भारतीय भाषाओं में निहित अंतर्वस्तु की मात्रा एवं स्तर का काम होने का यह एकबहुत बड़ा कारण है।

अरिमर्दन- भारत की सत्ता-संरचना में भाषा और बोली के आंतरिक संबंधों को कैसे व्याख्यायित किया जाना चाहिए ?

प्रो. उदयनारायण सिंह- भाषा और बोली केसंबंधों में जो अस्पष्टता है, यह प्रवृत्ति सिर्फ भारत की नहीं, बल्कि वैश्विक है। इसको निर्धारित करना एक कठिन काम है। कभी-कभी यह भी देखा गया है कि एक ही भाषा दो अलग-अलग नामों से पहचानी जाती हैं। इसका उदाहरण जर्मन और डच हैं जो अलग-अलग रूपों में विख्यात हैं, जबकि इनमें कोई विशेष अंतर नहीं है। इसके साथ एक ही भाषा के कई ऐसे रूप (उपभाषाएँ) भी हैं, जिनमें बहुत अंतर होने की बावजूद वे एक भाषा के रूप में विख्यात है। जैसे चिटगांव में बोली जाने वाली बांग्ला, सिलहेट की बांग्ला, ढाका की बांग्ला और मानक बांग्ला में बहुत अंतर है, इसके बावजूद इन सबको बांग्ला के नाम से ही जाना जाता है। ऐसे में हमारे पास कोई सर्वमान्य मानक नहीं है, जिससे इनको निर्धारित किया जा सके। हिंदी की जो 49 उपभाषाएँ या बोलियाँ हैं, इनके आपसी संबंधों की जो नजदीकी या दूरी है, उनमें पर्याप्त विविधता है, जिसको निर्धारित करने की अलग-अलग प्रविधि हो सकती है। एक भाषा से दूसरी भाषा, एक बोली से दूसरी बोली को स्पष्ट करने के कई तरीके हो सकते हैं। हर भाषा के लिए हमको तय करना पड़ेगा कि किस भाषिक रूप को हम उपभाषा या बोली कहेंगे और कौन-सा भाषिक रूप अब हिंदी से निकलकर अलग एक भाषा के रूप में अपने आप को प्रतिष्ठित कर चुकी है, जैसे-राजस्थानी और भोजपूरी। इस प्रकार भाषा और बोली के संदर्भ में हर भाषा के लिए के कोई नियम लागू कर देना कठिन काम है।

अरिमर्दन- उत्तर-आधुनिक साहित्यिक प्रवृत्तियों के संदर्भ में कथ्य एवं शिल्प के मध्य भाषा

के महत्त्व को आप कैसे देखते हैं ?

प्रो. उदयनारायण सिंह- उत्तर-आधुनिकता को परखने के लिए भाषा एवं साहित्यिक संदर्भों को हम दो रूप में देख सकते हैं। इसके साथ हमें यह भी देखना होगा कि उत्तर-आधुनिकता की पश्चिमी बहस से समानांतर हमारी उत्तर-आधुनिक प्रवृत्तियों में अंतर है। पश्चिम में आज अतिरेकी घोषणाओं का फैशन चल पड़ा है, जैसे विचारों के अंत की घोषणा आदि, जबकि हमारे यहाँ इसी समय साहित्य में उन सार्वभौमिक प्रवृत्तियों को समझने का प्रयास हो रहा है, जो अपने स्वरूप में मुखर हैं। इनको समझना आवश्यक एवं ग्रहण करना हमारे लिए रोचक है, कैसे हम अपने सीमित शब्दावली के साथ असीमित रचनात्मकता की ओर बढ़ रहे हैं और इससे सीमित प्रयोग-क्षेत्रों का विस्तार हम कैसे कर पा रहे हैं। उत्तर-आधुनिकता अभी संक्रमण काल में है, जो भारतीय साहित्य के लिए एक बड़ी चुनौती है। यह भी देखा गया है कि जब शहरी साहित्यकार एक ही तरह के प्रयोगों, रूपकों और विशेषणों का प्रयोग करते-करते थक गए हैं, तब अचानक किसी गाँव के संदर्भ से आकर किसी छोटे शहर या कस्बे को प्रकट करने के क्रम में नई कहानियाँ, नए तरह की प्रस्तावना, नए तरह के मुहावरों की व्याप्ति भाषाओं में हुई है, जिससे उस साहित्य में व्यापक परिवर्तन भी आया है। अब उत्तर-आधुनिक संदर्भों में अपने परिवेश एवं विरासत में इसको समझने का प्रयास हो रहा है। इस प्रकार उत्तर-आधुनिकता को समझने के पश्चिमी दृष्टिकोण के विपरीत हमारी अपनी दृष्टि है, जो पश्चिमी मान्यताओं के विपरीत है, इसे उत्तर-आधुनिकता की मूल बहस में शामिल करना चाहिए

अरिमर्दन- 'भारतीय भाषाओं का नया सर्वेक्षण' (NLSI) की आपकी योजना सफल तैयारी के बावजूद आगे क्यों नहीं बढ़ पाई?

प्रो. उदयनारायण सिंह-यह एक लंबी कहानी है, जिसमें से अनेक पक्ष सामने नहीं आने चाहिए, फिर भी संक्षेप में कहा जा सकता है कि देश में जो दो बार भाषाई सर्वेक्षण के प्रस्ताव सामने आए, उनमें पहली बार 1950-52 में लिङ्ग्विस्टिक सोसाइटी ऑफ इंडिया के ओर से हमारे अग्रज एवं गुरुजन एस एम. कत्रे, शिवकुमार सेन एवं सुनीति कुमार चटर्जी आदि ने प्रस्तावित किया था, इस पर 1954 में भारत सरकार के सामने बहस हुई थी कि ग्रियर्सन द्वारा किए गए भाषाई सर्वेक्षण को पचास साल हो गए हैं, इस बीच एक विश्वयुद्ध भी हो चुका है बहुत बड़ा परिवर्तन आ गया है, जिनको नए सिरे से समझने के लिए भारतीय भाषा सर्वेक्षण किया जाए। इस पर 1956-57 तक के तत्कालीन कांग्रेस सरकार की आंतरिक बहसों के

साक्ष्य यह बताते हैं, कि सरकार का मानना था कि यदि देश में भाषाई सर्वेक्षण हुए, तो इसके टुकड़े-टुकड़े हो जाएंगें, ऐसा सुझाव गोविंद पल्लभ पंत से नेहरू जी को दिया था परिणाम स्वरूप वह सर्वेक्षण नहीं हो सका। इसको यदि आज के संदर्भ में देखें तो यह बहुत ही निराशाजनक कदम था। जिसमें सरकार की अपनी कमजोरी छिपी है। जिस देश को हासिल करने के लिए हम 100 सालों तक लड़े, हजारों लोगों का बलिदान हुआ, वहीं आप आँख मूँदकर कुछ द्वितीयक स्रोतों के आधार पर सामाजिक-आर्थिक योजनाएँ बना रहे हैं, यह जाने बिना कि हमारी कितनी भाषाएँ हैं, कितनी संस्कृतियाँ हैं, उनकी अपनी चुनौतियाँ क्या हैं, संभावनाएं एवं सीमाएँ क्या हैं। तब तक उपलब्ध ग्रियर्सन का भाषा-सर्वेक्षण महत्त्वपूर्ण था, लेकिन परिस्थितियों की तत्कालीन व्याख्या करने में पूरी तरह समर्थ नहीं। अब 1954 तक के भाषावैज्ञानिक विकास एवं पारिस्थितिकीय परिवर्तन को निरूपित करने में 50 साल पुराने काम को कैसे आधार बनाया जा सकता है? जैसे अश्वथामा को दूध के बजाय कुछ और खिलाकर कहा गया कि यही दूध है और इसको आप मान लो। यही स्थिति आज हमारी भी है। इसके बाद विचार हुआ कि बोली-भाषा की बात छोड़कर हमें केवल मातृभाषाओं की गणना करनी चाहिए और 1961 की जनगणना के माध्यम से संसद में 1652 मातृभाषाओं के होने की घोषणा हुई। अब सवाल यह था कि 1961 से 50 साल और ग्रियर्सन के सर्वेक्षण से 100 साल बीत जाने के बाद मैंने नए सर्वेक्षण का प्रस्ताव रखा था। जो सरकार एक समय यह सोचती थी कि भाषाओं के सर्वेक्षण के बाद देश के टुकड़े-टुकड़े हो जाएंगे और राज्य पुनर्गठन आयोग के माध्यम से राज्यों की संख्या कम करने पर आमदा थी, उसी ने आज इतने सारे प्रदेश बनाए हैं। जिसमें भाषाई विवादों से अधिक दूसरे ही कारण हैं। ऐसे में जब मैंने "भारतीय भाषाओं का नया सर्वेक्षण" का प्रस्ताव रखा, तो तत्कालीन मानव संसाधन विकास मंत्री ने 13 बार संसद में घोषणा की थी, यह कार्य आगे बढ़ाया जाएगा, योजना आयोग ने भी इस प्रस्ताव अभूतपूर्व बताते हुए इसकी अनुमति दे दी थी। लेकिन इसी बीच रजिस्ट्रार जनरल और गृह मंत्रालय की ओर से विरोध शुरू हुआ और मुझे स्पष्टीकरण के लिए बुलाया गया। तत्कालीन गृहमंत्री शिवराज पाटिल जी को जब यह समझाया गया कि यह सर्वेक्षण क्यों आवश्यक है, तो उनकी टिप्पणी थी कि 'अब तक क्यों नहीं हुआ है?' स्पष्ट है कि उन्हीं के मंत्रालय में पड़े पुराने फैसलों के बारे में उनको नहीं पता था और इस तरह यह प्रयास भी वहीं रुक गया, जो तत्कालीन सरकार की कमजोरी का ही परिणाम था। जिस दल ने स्वतंत्रता-प्राप्ति से लेकर इतने दिनों तक देश पर शासन किया है, नीतियाँ बनाई हैं, वही इस बात से डर गई की सर्वेक्षण के परिणामों के बाद देश की एकता को खतरा होगा, और अंधी बनकर पुराने आँकड़ों

के आधार पर देश की योजनाएँ चलाती रही। पुराने आंकड़ों के आधार पर बनाए गई योजनाओं को लेकर कई बार उसे उच्चतम न्यायालय की डांट भी सुनने को मिली है। यह सिर्फ भाषावैज्ञानिकों का ही अपमान नहीं था, बल्कि यह देश का भी अपमान था। इसके बाद आज कई सर्वेक्षण अलग रूपों में देखने को मिल रहे हैं, और वे अलग-अलग तरह से आलोचना भी करते हैं, लेकिन मुझे लगता है कि "भारतीय भाषाओं का नया सर्वेक्षण" की प्रस्तावित प्रक्रिया इन सबसे अलग थी, जिसमें देश के सैकड़ों भाषाविदों की भी भूमिका थी। मैं समझता हूँ कि आज भी यह काम महत्त्वपूर्ण है और होगा भी। अंतर यह होगा कि हम और हमारी पीढ़ी उसमें नहीं होगी। किसी सरकार को तो इतिहास की भूलों को सुधारने की जिद होगी।

अरिमर्दन- देश में एक तरफ तो लोक-भाषाओं के संरक्षण एवं विकास की बात हो रही है, तो दूसरी तरफ बिना किसी ठोस मानक के भाषाओं के शास्त्रीयता के दर्जे की होड़ है, इसको आप कैसे देखते हैं?

प्रो. उदयनारायण सिंह-इस होड़ के शुरुआती दिनों से मैं इसके साथ जुड़ा हुआ हूँ जब पहली बार भाषा के शास्त्रीयता के निर्धारण की दो सदस्यी समिति बनीं थी, तो उसका मैं एक सदस्य था, दूसरे सदस्य डा बी. एच. कृष्णमूर्ति थे, जो दुर्भाग्य से अब जीवित नहीं हैं। इसके बाद इस समिति में 4-5 और लोगों का नाम जुड़ा। इस प्रकार जो समझ में आया वह यह कि यह मामला भाषाविज्ञान से अधिक राजनीति का है, इसीलिए हमने शास्त्रीयता के निर्धारण की शर्तों में 2000 साल पुरानी भाषा का होने की शर्त रखी थी, जिसको राजनीतिक उद्देश्य पूरा करने के लिए कैबिनेट नोट के माध्यम से घटा कर 1000 साल कर दिया गया। सबसे पहले तमिल को रखने की बात सामने आई थी, तो हमने अपने प्रत्यावेदन में संस्कृत के बारे में भी लिखा था, लेकिन सबसे पहले तमिल को घोषित किया गया। विचारणीय यह था कि तब अनेक तमिल के विद्वान इस बात पर सहमत थे कि शास्त्रीयत की शर्तों में यदि संस्कृत नहीं आती है, तो तमिल का आना उचित नहीं है। बहरहाल तब तो नहीं, लेकिन बाद में संस्कृत को भी शास्त्रीयता का दर्जा दिया गया, जो हास्यास्पद ही था। उस समय हमने इस बात पर भी विचार किया था कि शास्त्रीयता के निर्धारण में सब पर एक साथ विचार करना चाहिए, जैसे बौद्ध एवं जैन के दर्शन और उसकी भाषाओं को छोड़कर दूसरी भाषाओं को इस सूची में शामिल करना, उचित नहीं होगा। उस समय कुछ लोगों का यह भी सुझाव था कि हर भाषा का एक शास्त्रीय एवं आधुनिक रूप है, ऐसे में हमें पुराने रूपों के संरक्षण पर ध्यान दिया जाना

चाहिए। लेकिन जब एक बार इस प्रक्रिया ने राजनीतिक रूप पकड़ा, तो इसे जनांदोलन के आवरण में कन्नड़ को इसमें शामिल करने माँग बढ़ी, जिसके लिए हजारो लोग तत्कालीन भारतीय भाषा संस्थान, मैसूर में मेरे कार्यालय के सामने धरना देते थे और माँग करते थे कि जब तमिल शास्त्रीय है, तो कन्नड़ क्यों नहीं। अब चूँकि इसकी शुरुआत ही गलत तरीके से की गई तो उसी आधार पर कन्नड़, तेलुगु, मलयालम और अब उड़िया इस सूची में शामिल है, जो तत्कालीन सरकार की अदूरदर्शी नीति एवं तुष्टीकरण के कारण हुआहै। आगे इसकी माँग कहाँ जाकर रुकेगी यह कहना भी मुश्किल है।

अरिमर्दन- देश में भाषाविज्ञान के विकास के लिए किन क्षेत्रों पर ध्यान दिया जाना चाहिए ?

प्रो. उदयनारायण सिंह-जैसाकि मैंने पहले ही बताया है कि भाषाविज्ञान के कितने क्षेत्र हो सकते हैं, जिन पर काम नहीं हुआ है और उस पर काम होना चाहिए। इसको दूसरे अनुशासनों से जोड़कर गंभीर रूप से शोध एवं अध्ययन-अध्यापन होना चाहिए। इसमें समस्या यह है कि सरकारें उतनी संवेदनशील नहीं हैं, जितनी होनी चाहिए। भाषाई अध्ययन की सबसे बड़ी संस्था आज सरकार की उपेक्षा की शिकार है, जहाँ कभी 150 से अधिक शोधकर्ता हुआ करते थे, आज यह महज 6 शोधकर्ताओं पर आश्रित है। इतना बड़ा संस्थान जहाँ पुस्तकालय, स्टूडियो, कंप्यूटर प्रयोगशालाएँ आदि समृद्ध हैं, वह आज खाली-खाली लगता है, जबकि पुराने समय की तुलना में आज भाषाई अध्ययन चुनौतियाँ एवं आवश्यकताएँ अधिक हैं। इसके साथ भाषा के लिए कार्यरत अन्य सभी संस्थाओं में आमूल-चूल परिवर्तन की संभावना है। इसमें सरकार, विश्वविद्यालय अनुदान आयोग जैसी संस्थाओं को अपना सक्रिय योगदान निभाना चाहिए, ताकि भाषाएँ राष्ट्र-निर्माण में काम आएँ और उनमें आंतरिक विभाजन दूर हो।

अरिमर्दन- साहित्यकार एवं भाषाविद दोनों में से एक को चुनना हो तो आप किसे चुनेंगे?

प्रो. उदयनारायण सिंह- एक अच्छा पति, एक अच्छा बाप भी बन सकता है, एक अच्छा भाई भी बन सकता है। यह इस पर निर्भर करता है कि वह अपनी सभी भूमिकाओं का निर्वहन कितनी ईमानदारी से करता है। एक आदमी सफल प्रशासक भी हो सकता है, अच्छा गीतकार भी हो सकता है, अच्छा साहित्यकार भी हो सकता है। एक ही व्यक्ति में अनेक गुण हो सकते हैं। इसलिए मेरे लिए इस चयन का सवाल ही नहीं हैं।

उदयनारायण सिंह : अकादमिक योगदान

1.Literary Contribution:

As a litterateur, Singh is known to be a major poet, playwright, essayist and editor in Maithili and Bangla; Also writes in English and Hindi. Total Number of Books published: 52

Books Authored:	23
Books Edited:	21
Books Translated:	08

Udaya Narayana has published 7 collections of poems and 11 plays as well as 5 books of literary essays, besides translating 7 books – with special reference to translation of Tagore's complete works on Children's literature from Bangla into Maithili for Sahitya Akademi.

In addition, Singh has authored over 180 research papers in Literary Theory, Sociology of Language and Linguistics, and edited about 18 books.

Awarded Mithila Vibhuti Sanman 2007 and the Keertinarayan Mishra Award (Chetana Samiti) for his play 'No entry: Maa Pravisha', 2009; by the Chief Minister of Bihar on 31st October, 2009 (premiered in Patna on 21st February, 2011). Also awarded the Prof S.K.Chatterji Lectureship 2015 by the Asiatic Society, Kolkata, and an Adjunct Professorship by the Mangalore University.

Awarded the 2014-Kalaignar Porkizhi Award by BAPASI, Chennai – the organizers of Chennai Book Fair (Book-Sellers & Publishers' Association of South India) for my contribution to Maithili language and literature under "Other Indian Languages and Literature" category. Recently, Mailorang awarded the Jyotirishwar Sanman for 2015 for life-time contribution to Maithili theatre.

Books – Authored (23)

[POETRY] 1966. Kavayo Vadanti. Calcutta : Mithila Darshan. 56 pp. ('Thus say the Poets': A collection of Poems in Maithili) (Hindi translation, 1982. Calcutta: Mithila Darshan. 78 pp.)
[PLAY] 1971a. Naayakak naam jiivan. Calcutta : Akhil Bharatiya Mithila Sangh. 112 pp. ('The hero is life' : A play in Maithili).

[POETRY] 1971b. Amrtasya putraah. Calcutta : Loka Sahitya Parishad. 56 pp. (`The sons of the Immortal' : A collection of poems in Maithili).
[PLAY] 1974a. Ek chal raajaa. Calcutta: Maithili Rangamancha. 72 pp. (`There was a king': Maithili play)
[PLAY] 1974b. NaaTakak lel. Calcutta: Mithila Darshan. iv+76 pp. (`For a play' : A play in Maithili).
[PLAY] 1976. Pratyaavartan. Calcut¬ta: Mithila Darshan. 59 pp. (`The return': A play in Maithili).
[PLAY] 1977a. Aandolan Calcut¬ta: Mithila Darshan. 45 pp. (`The movement' : A play in Maithili).
[PLAY] 1977b. Raamliilaa. Calcutta: Mithila Darshan. 48 pp. (`The Ramlila' : A play in Maithili).
[PLAY] 1978. Janak aa anya ekaankii. Calcutta: Mithila Darshan. 58 pp. (`Janak and other one-act plays': collection of one-act plays in Maithili).
[POETRY] 1981. AnuttaraN. Calcutta : Mithila Darshan. 44 pp. (`The failure': Poems in Maithili).
[ESSAYS] 1983. Diglossia in Bangladesh and language planning. (Jointly Maniruzzaman). Calcutta : Gyan Bharati. 214 pp. [English]
[ESSAYS] 1987. A Bibliography of Bengali Linguistics. Mysore : CIIL. xii+316 pp. [English]
[PLAY] 1988. Priyamvadaa. (A play in Maithili). Vaidehi (Patna), April . 281-304.
[ESSAYS] 1992. Language Development and Planning: A Pluralistic Para¬digm. Shimla: IIAS and New Delhi: Munshiram Manoharlal. x+116 pp.[English]
[POETRY] 1997. Asru O Parihas (A collection of Bengali poems). Kolkata: Pritonia.
[POETRY] 2002. Khaam-Kheyaali (A collection of rhymes in Bengali). Kolkata: Ebang Mushaera.
[POETRY] 2005. Madhyampurush Ekvachan. (A collection of poems in Maithili). Delhi: Vani Prakashan.
[ESSAYS] 2006. India Writes: A Story of Multilingual and Pluricultural Society. New Delhi: National Book Trust. 154 pp. Frankfurt Book Fair, Guest of Honor Publication. [English]
[PLAY] 2008. No Entry: Maa Pravisha (Full-length play), E-published in www.videha.com and later by Delhi: Shruti Publications.
[ESSAYS] 2010a. Translation as Growth. Pearson/Longman. [English]
[ESSAYS] 2010b. Bhashar Sahitya: Sahityer Bhasha. Kolkata: Anushtup. [Essays in Bengali]
[POETRY] 2011. Esecho eso raat. [A collection of Bengali poems]. Kolkata: Sahaj Path.
[FICTION] 2012. Bhut-Chaturdashi (A collection of Ghost-Stories in Bengali). Karigar, Kolkata

[ESSAYS] 2016. Kibhabe porbo Sanskritike: Bishay Rabindranath. Calcutta: Prativas. [Bengali]

Books – Edited (21)

[ESSAYS] 1987a. Kabitaar bhaaSaa. (Jointly ed., with Anjan Sen) 148 pp. Calcutta: Gaangeya Patra. [Bengali]

[ESSAYS] 1987b. Upanyaaser Saahityatattva. (Jointly ed. with Anjan Sen) Calcutta: Raktakarabi. [Bengali]

[ESSAYS] 1987c. Perspectives in Language Planning. (Jointly ed., with R.N.Srivastava) 186 pp. Calcutta : Mithila Darshan. 2nd edn with introductory essay. Calcutta: Mithila Darshan. [English]

[ESSAYS] 1990. Mith, Saahitya Sanskriti (edited with Anjan Sen). Calcutta: Granthalaya. (in Bengali).

[ESSAYS] 1997. Suniti Kumar Chatterji A Centenary Tribute. (Jointly ed., with Shivarama Padikkal), 218 pp. New Delhi: Sahitya Akademi.

[ESSAYS] 2000. [Ed.] Papers in Applied Linguistics I:Festschrift in Honour of Professor O.N.Koul. Mysore: Central Institute of Indian Languages. [English]

[ESSAYS] 2001a. [Ed.] Papers in Applied Linguistics II: Saptati Felicitation Volume for Professor D.P.Pattanayak. Mysore: Central Institute of Indian Languages. [English]

[ESSAYS] 2001b. [Ed.] Culturation: Essays in Honour of Jawaharlal Handoo. Mysore: Central Institute of Indian Languages. [English]

[ESSAYS] 2002c. [Ed. With N.H.Itagi & S.K.Singh] Linguistic Landscaping in India (with particular reference to the New States: Proceedings of a Seminar). Mysore: Central Institute of Indian Languages. Pp xii+255. [English]

[ESSAYS] 2004. [Ed. With N.H.Itagi & S.K.Singh] Language, Society and Culture (ZICR: Visitations to ZIth Century Realities: Part Proceedings of a Seminar). Mysore: Central Institute of Indian Languages. Pp xii+209. [English]

[ESSAYS] 2010b. [Ed. Jtly with Anjan Sen] Upanyaser sahityatattva. Kolkata: Sahitya Sansad. [Bengali]

[ESSAYS] 2011a. [Ed. & Comp. with Leslie Farrell & Ram Giri]. English Language Education in South Asia: From Policy to Pedagogy. Cambridge University Press. [English]

[LEXICON] 2011c. [Ed. & Comp. with Suchita Singh & Chandan Hazra]. Longman-CIIL Basic English-English-Bengali Dictionary. New Delhi: Pearson Education. [English & Bengali]

[LEXICON] 2011d. [Ed. & Comp. with B.R.Pal & S.K.Singh]. Longman-CIIL Basic English-English-Hindi Dictionary. New Delhi: Pearson Education. [English & Hindi]

[ESSAYS] 2011e. [Ed. With Navdeep Suri] Rabindranath Tagore 1861-1941: A Commemorative Volume. Ministry of External Affairs, Govt of India. [English]

[LEXICON] 2012a. [Ed. & Comp. with Pradhan Gurudatt & S.S.Yadurajan]. Longman-CIIL Basic English-English-Kannada Dictionary. New Delhi: Pearson Education. [English & Kannada]

[LEXICON] 2012b. [Ed. & Comp. with Basanta Panda & B.N.Patnaik]. Longman-CIIL Basic English-English-Oriya Dictionary. New Delhi: Pearson Education. [English & Oriya]

[LEXICON] 2012c. [Ed. & Comp. with V.S.Nair & Sadashivan]. Longman-CIIL Basic English-English-Malayalam Dictionary. New Delhi: Pearson Education. [English & Malayalam]

[LEXICON] 2012d [Ed. & Comp. with Sam Mohanlal, L.Ramamoorthy & Vimala]. Longman-CIIL Basic English-English-Tamil Dictionary. New Delhi: Pearson Education. [English & Tamil]

[ESSAYS] 2012e. Kabitaar bhaaSaa. (Jointly ed., with Anjan Sen) 148 pp. Calcutta: Bangiya Sahitya Samsad. [Bengali]

[ESSAYS] 2015. Thai version of 2011-edited vol. Rabindranath Tagore 1861-1941: A Commemorative Volume, from India Perspectives 24.2., eds Tanishtha Danslip & Makut Onrudee; Bangkok: Bharat Book House/Butterfly Publishing Ltd.

[POETRY] 2016. Vachana: Translation of 2500 Vachana Poems from Medieval Kannada into Maithili. Bangalore: Basava Samithili.

Books – Translated (8)

[ESSAYS] 1983b. Iishvarcandra Vidyaasaagar. (Translated from English into Maithili, from Hiranmay Banerji). New Delhi : Sahitya Akademi. Makers of Indian Literature Series. 95 pp.

[ESSAYS] 2003. [Tr.] Maithili Sahityer Itihas. (Translated from Jayakanta Mishra's Maithilii Saahityak Itihaas). New Delhi: Sahitya Akademi.

[POETRY] 2006. Second Person Singular [Translated from Maithili]. New Delhi: Katha.

[POETRY] 1998. [Ed. & Tr.] AnukRiti: A translation of Contemporary Maithili Poems into [POETRY] Bengali. New Delhi: Sahitya Akademi. 75 pp.

[POETRY] 2008. Munnilai Orumai (Tamil translation of Madhyampurush Ekvachan by Si.Mani). Trichy: Adaiyalam.

[POETRY] 2009. Zwite Person Zingular (German translation of Madhyampurush Ekvachan by Katya Vermouth). Heidelberg: Draupadi Verlag.

[POETRY] 2013a. Dhvase Jay Shanti Stup (Translated from Maithili into Bangla; Keertinarayan Mishra's poems); Kolkata: Sahitya Akademi.

[POETRY & TEXT] 2013b. The Other Gitanjali. Andorra: AnimaViva multilingüe SL, Escaldes – Engordany, Principat d'Andorra [www.animaviva-publisher.com]. ISBN 978-99920-68-26-7; E-Book: ISBN 978-99920-68-24-3

4.Latest Publications:

Singh's latest book-length publications include Translation as Growth: Towards a theory of Language Development (2010; Longman-Pearson), Sahityer Bhasha: Bhashar Sahitya (2010; Anushtup, Kolkata), and Esecho Eso Rat (2011; Sahaj Path, Kolkata), besides an edited volume with Lesley Farrell & Ram Ashish Giri, titled English Language Education in South Asia: From Policy to Perspectives (2011; Cambridge University Press, Foundation Books Series), besides a series of six bilingual dictionaries from English into Indian languages – Hindi, Oriya, Tamil, Malayalam, Kannada and Bengali, published by Longman-NTM-CIIL jointly in 2012. The recent books include a collection of ghost stories written for children in Bangla – Bhut Chaturdashi (2012; Karigar, Kolkata) and a collection of essays in language, society and culture titled Beyond Language: Towards Silence (Forthcoming, 2016) and a translated anthology of poems from Maithili into Bengali, titled Dhvase Jay Shanti-Stup (2013; Sahitya Akademi, Kolkata) as well as an anthology of essays: Kibhabe porbo Sanskritike: Bishay Rabindranath (2016; Prativas, Calcutta).

2.Selected Research Papers/Communications

- 1974. MaharSi, aacaarya aaor bhaaSaa. Agnipatra, 2: 23-29. (In Maithili).
- 1975a. NaaTakak svaruup nirNay aa Maithilii naaTak. Maithilii Rangamancha 1, August. 1 : 37-45. (In Maithili).
- 1975b. Prabodh Bechardas Pandit. In H.S. Gill, ed. Parole and Langue. Pakhaa Sanjam (Occasional Papers in Anthropological Linguistics), 8 : xiv-xxiv.
- 1976a. Negation in Bengali and the order of constituents. IL, 37.4 : 295-303.
- 1976b. Diglossia in Bengali : A study of attitudes. Papers in Analysis 1: 94-99.
- 1976c. Baanglaa upanyaaser shariir : Sunil Gangopaadhyaay. (Jointly with A.K. De) Gaangeya Patra, 2 : 31-45. (in Bengali)
- 1976d. Samaalocanaar naamtaa o aupanyaasik Satinaath BhaaduRii. Gaangeya Patra, 3 : 12-29. (In Bengali).
- 1976e. Kavitaa kii zaruurat. Puurvagraha, 17 : 55-57. Nov-Dec. (in Hindi).
- 1977a. Bankimcandra : Garalgaachaa o saagarmanthan. Gaangeya Patra, 4 : 38-50. (in Bengali)
- 1977b. Saatve dashak kii banglaa kavitaa. Oraang UT¬aang, Oct 2-3, : 4-21. A translation of 20 Bengali poems of 10 Bengali poets. (In Hindi)

- 1977c.Reflexivization in Bengali. IJDL, 6.1 : 8-23.
- 1978a. Some aspects of interrogation in Bengali, Assamese and Oriya. (Jointly with S.K. Bandyopadhyay). Papers in Linguistic Analysis, 2 : 19-34.
- 1978b. Vyaktigata Vidyaasaagar. Gaangeya Patra, 5: 36-49.(In Bengali).
- 1978c. Saahityatattva o aalgaa cintaabhaavanaa/I. PahaRtali, 5 : 1-12. (in Bengali).
- 1979a. Saahityatattva o aalgaa cintaabhaavanaa/2. PahaRtali, 6 : 114-120. (In Bengali).
- 1979b. Caryaa-vaakya-vyavacched viSayak prastaav : 1/Kriyaapada. Gaangeya Patra, 7 : 54-66. (In Bengali).
- 1979c.Agreement rules, language universals and Maithili. SALA (University of Illinois), 1: 107-114.
- 1980a. Relative clause formation in Maithili. Nepalese Linguis¬tics, 1 : 27-39.
- 1980b.Comments on `On rule ordering in Bengali phonology'. IL, 41.2 : 91-101.
- 1980c.Bole : An unresolved problem in Bengali syntax. IL, 41.3-4 : 188-195.
- 1980d. Verb agreement hierarchy and falsifiability. Papers in Linguistic Analysis, 3 : 45-56.
- 1980e. Scriptal choice and spelling reform : An essay in language and planning. Journal of the M.S. University of Baroda, Social Science Number, 29.2 : 173-186. A modified version reprinted E. Annamalai, Bjorn Jernudd and Joan Rubin, eds. Language Planning: Proceedings of an Institute. Mysore: CIIL. 405-417.
- 1981a. Comments on Begum Jahan Ara's paper. IL, 42.1-4 : 31-33.
- 1981b. A phonological analysis of Ladakhi numerals. In S.K. Chatterji Commemoration Volume. Burdwan : University of Burdwan. 203-215.
- 1982a. Flirting as an asymmetric speech act in Bengali. IJDL, 11.2 : 226-235.
- 1982b. Script and identity : Two language situations. IJL, 9.1 : 14-23.
- 1982c. Saahitye parivartan (In Bengali. Translated from Lothar Lutze's `Literary change'). Gaangeya Patra, 8 : 49-69.
- 1983a. Subjecthood hierarchy in Maithili. IL, 44.1-4 : 75-81.
- 1983b. Review of seven grammars of tribal languages of India. IJL, 10:60-76.
- 1983c. Grammatical categories and grammatical relations : Why Can't we have best of both the worlds ? In K.K. Sharma et al, eds. VvaakaraNa : Siddhaanta aor vyavahaara. Agra: Kendriya Hindi Sansthan. 85-108.
- 1983d. Dictionary-representation of polar verbs on the basis of combinability with vectors in Maithili. In Suresh Kumar, ed. KoshanirmaaNa : Siddhaanta aor paramparaa. Agra : Kendriya Hindi Sansthan. 67-86.
- 1983e. Noam Chomsky : Sanjananii vyaakaraNe viplav. BhaaSaa, 2.2 : 33-48. May-October. (in Bengali)
- 1983f. Classification of polar verbs in Maithili. Journal of Asian Studies (Tokyo), 44.1-4 : 75-81.
- 1984. Bole. Laal nakSatra, 8.23 : 36-40. (In Bengali).
- 1985a. Notes on vowel harmony in Bengali, Oriya and Assamese. (Jointly with Sujata Chatterjee). ISDL Working Papers in Linguistics, 1.3 : 83-88.

- 1985b. Of line, site, fact, weight and relations. In D.P. Pattanayak and Yamuna Kachru, eds. Relational Grammar. Mysore : CIIL. 89-111.
- 1985c. Some observations on teaching of Linguistics in Indian Universities: The other side of the story. ISDL Working Papers in Linguistics, 1.2: 89-98.
- 1985d. Damayantii ko upadesha. Samakaaliina Bhaaratiiya Saahitya, 6.21: 111-112. (July-September no.).
- 1986a. The Maithili language movement in North Bihar : Successes and Failures. In E. Annamalai, Bjorn Jernudd and Joan Rubin, eds. Language Planning : Proceedings of an Institute. Mysore: CIIL. 186-201.
- 1986b. Diglossia in Bengali and language planning problems. In A.Fishman et al, eds. The Fergusonian Impact. Vol. 2. International Journal of the Sociology of Language. Berlin: Mouton. -449.
- 1986c. Polar verbs in selected South Asian languages and their combinability. (Jointly with K.V. Subbarao and S.K. Bandyopadh¬yay). In Bh. Krishnamurti, Colin P. Masica and Anjani Kumar Sinha, eds. South Asian Languages : Structure, Convergence and Diglossia. Delhi : Motilal Banarsidass. 244-269.
- 1986d. Using pragmatics and surface structure in language teach¬ing and learning: Evidence from Bengali and Maithili. In U.S. Bahri, ed. Papers in Language and Linguistics, New Delhi: Bahri Publications. 201-208.
- 1987a. Kabitaar bhaaSaatattva o aajker Baanglaa Kabitaa. In Anjan Sen & U.N. Singh, eds. Kabitaar bhaaSaa. 77-97. (In Bengali).
- 1987b. Uttar-aadhunikataa: Baangla Kabitaar Praakritaayan. Lal Nakshatra, 11.23:164-180. (In Bengali).
- 1987c. Bhuumikaa (`Introduction') to Upanyaaser Saahityatattva. Calcutta: Raktakarabi. 1-8. (In Bengali).
- 1987c. `Introduction' to CALTS Working Papers, 1, eds. by P. R. Dadegaonkar & G. Umamaheswara Rao. Hyderabad: University of Hyderabad. 5-22.
- 1987d. Advanced Institute in Language Planning: A report. IL 48: 148-50.
- 1988a. How to honour someone in Maithili? International Journal of Sociology of Language, 75: 87-107.
- 1988b. On some issues in Indian multilingualism. In U.N. Singh & R.N. Srivastava, eds. Perspectives in Language Planning. Calcutta: Mithila Darshan. 153-66.
- 1990a. On Language development : the Indian perspective. In Bahner, Joachim Schildt & Dieter Viehweger, eds. Proceedings of the 14th International Congress of Linguists. Berlin: Akademie Verlag. 1460-71.
- 1990b. Introduction. In Bjorn H. Jernudd's Problems in Language. i-viii. New Delhi: Bahri Publications.
- 1990c. Is translation amenable to theorization? (Jointly with S.K. Pattanayak). CALTS Working Papers 2: 4-45. (P. Dasgupta & N. Krupanandam, eds.).

- 1990d. Suniti Kumar Chatterji: A tribute. Indian Linguistics, 50:3-5.
- 1990e. 'Dynamics of textuality and configuration of space.' International Journal of Translation, 2.2. June-Dec no. 25-48.
- 1991. A survey report on the translated literature in Maithili. In Ayyappa Paniker, ed. Making of Indian Literature: A Consoli¬dated Report of Workshops on Literary Translation 1986-88. New Delhi: Sahitya Akademi. 303-6.
- 1992a. Bahubacanik bhasha-parikalpana: Suniti Kumar Chattopadhyay¬ swapna theke kathor satyer jami. Jijnasa 11.3:302-317 (in Bengali)
- 1992b. Bhashar janala theke: sahityake. And Uttar-aadhunikataa. In Birendra Chakrabarty, ed. Bangla Kabitar Prakritayan. Calcutta: Granthalay. 1-29. (In Bengali).
- 1992c/93. On aesthetics of neologism and neotaxis, or when do we create as we translate. In Papers in Comparative Literature, 2: Aesthetics of Translation, ed. by Amiya Dev, 21-35. Calcutta: Jadavpur University.
- 1993a. Bankim and Bengali prose. In Bankimchandra Chatterjee: Essays in Perspectives, ed. by Bhabatosh Chatterji, 351-58.
- 1993b. Towards a historiography of Maithili language development. PJDS 2.2:205-26.
- 1993c. Towards an indigeneous post-modernism: The Bengali poetic scene today. Indian Literature, 158: 156-161.
- 1993d. Surye o dhvanipate. In Amitabha Gupta: Antaranga Dhvani, ed. by Jahar Sen-Majumdar, 30-40. Calcutta: Pushpita Prakashani. (In Bengali).
- 1993e.The melting stone: From criticism to creativity. Indian Literature 152: 111-119.
- 1993f. Some aspects of Hindi-Maithili divide : Evidence from syntax. Bulletin of the Deccan College Research Institute:PROFESSOR S.M. KATRE FELICITATION VOLUME, 51-52: 391-7.
- 1993g. Anuvaader raajniiti o bhaashaatattva. Bhaashaa 6.1:63-73. (in Bengali)
- 1993h. A survey report of the translated literature in Maithili. In Making of Indian Literature, ed. by Ayappa Panikker, 303-5. New Delhi: Sahitya Akademi.
- 1993i. The problems of transculturation; or, does it make sense when one translates cultural texts? (jointly with D. Gunasekaran) CALTS Working Papers, Vol. 3 (1991; issued 1993), eds. by P. Dasgupta & S. Padikkal.
- 1993j. Anuvadak, Anukathak, Anusarak o bhashatattva. Amritalok 67: 9-18. (in Bengali)
- 1993k. Kichu vacan, kichu apan. Pravaasii 2: 35-36. .(Translation of Vachana poetry from Kannada into Maithili).
- 1993l-94. Biography. Poiesis: A Journal of Poetry Circle of Bombay, 2.3-3.1:44-46.
- 1994a. Praying for the pigeon. Indian Literature, 163. 1 (Jan): 84-96.
- 1994b. Foreword. In The Otherness of English: India's Auntie Syndrome, by P. Dasgupta (General Editors: U.N.Singh & P. Dasgupta: Series on `Language & Development' or LAD/1). New Delhi: Sage.13-43.
- 1994c. Translation as a way of growing. Meta: Canadian Journal of Translation. 39.2: 94-99.

- 1994d. Kichu vacan: Kichu apan. Pravasi 2: 35-36. (in Maithili)
- 1994e. (With M.Radhika) Translation of jokes: Problems of specialized translations. Critical Practice [Summer, June no] 1.2: 56-95.
- 1994f. Raaj-kathaa. Mithila Darshan, Kolkata; 12-13.
- 1995a. Standard language in education: The moltening effect. In Imtiaz Hasnain (ed.) Standardization and Modernization: Dynamics of Language Planning. 290-307; Delhi: Bahri Publications (1995)
- 1995b. Comments on `The Eighth Schedule as a device of language engineering. In Gupta, R.S., Anvita Abbi & K.S. Aggarwal (eds.) Language and the State: Perspectives on the Eighth Schedule. 42-48; New Delhi: Creative
- 1995c. (With Suchita Singh). Transcreation of Texts. In K. Narayan Chandran, ed. Literary Translation. 324-48. Hyderabad: Centre for Distance Education.
- 1995d. Negotiating Neologism and Neotaxis in Literary Translation. In K. Narayan Chandran, ed. Literary Translation. 175-218. Hyder¬abad: Centre for Distance Education.
- 1995e. Interlingual translation and paraphrasing. In N. Krupanan¬dam, ed. Intertranslatability and India as a Translation Area. 46-68. Hyderabad: Centre for Distance Education.
- 1995f. (With Shailendra Kumar Singh). Theories of Comprehension and interpretation. In Vijay Kumar Malhotra (ed) Scientific and Technical Translation. 74-90. Hyderabad: Centre for Distance Education.
- 1995g. Banglaa Saahitya-I. EHD-05: Aadhunika Bhaaratiiya Saahitya: NavajaagaraNa aora raaSTriiya Aandolana, New Delhi: IGNOU. 5-28.
- 1995h. Banglaa Saahitya-II. EHD-05: Aadhunika Bhaaratiiya Saahitya: NavajaagaraNa aora raaSTriiya Aandolana, New Delhi: IGNOU. 29-71.
- 1996a. Bahuvaacanik bhaashaa yojanaa. Gaveshana 31: 63-84. (in Hindi)
- 1996b. (with R.S. Sastry) Diglossia, repertoire and random choice: A Study of negotiation in language choice. CALTS Working Papers, 3:112-7.
- 1996c. Foreword. In Explorations in Indian Sociolinguistics, Rajendra Singh, Jayant Lele & P. Dasgupta (eds). (LAD/2) New Delhi: Sage.
- 1996d. Reading of literary texts in translation. PJDS, 6.1:39-62.
- 1996e. Poetic vision and the elluding purity. In Tanushree Bhat¬tacharya, ed. The Uttar-aadhunikataa. Ohio. 28-39.
- 1996f. [Jointly with Mahendra Kumar Pandey] Conjectures on trans¬lation. In Perspectives on Language in Society: Papers in Memory of R.N. Srivastava, eds. by S.K.Verma & Dilip Singh. Perspectives on Language in Society/edited by Shivendra K. Verma & Dilip Singh. Delhi, Kalinga, 1996, 2 volumes, 573 p., tables, graphs, ISBN 81-85163-53-7.
- 1996g. tinata kavita: Samarthapad, to, ek jor. Karnaamruta, 16.63:3-5 (July-Sept).
- 1996h. Code-Switching in Lahanda Speech Community: A Socio-Linguistic Survey by K.K. Goswami. IJDL 25.2:152-154.
- 1996i. `Verbum Sapienti, To Damayanti' and other poems. Indian Literature, 172:44-48.

- 1997a. Sociolinguistics thus far and further. Journal of Social Science & Humanities, Indian Institute of Advanced Study, Shimla. October.
- 1997b. Poetry of Anjan Sen. Ed. by K. Ayappa Paniker & Tr. by Desamangalam Ramakrishnan (DERA), Keraalaa Kavithaa 97, 1 (Jan): 84-96.
- 1997c. Pioneer's Peril: A review of `Brhat Maithili Sabdakosa' by Jayakanta Mishra. Summerhill: IIAS Review 19. Shimla.
- 1997d. Moonnu lokangalile rappakalukal. Ed. by K. Ayappa Paniker & Tr. by Desamangalam Ramakrishnan. Keraalaa Kavithaa 97, 1 (Jan): 77-84.
- 1998a. Language of literature and fine arts. In U.N. Singh & S. Padikkal, eds. Suniti Kumar Chatterji: An End-centenary Tribute. New Delhi: Sahitya Akademi.
- 1988b. On what usually does not go into grammar. In B.B. Rajpurohit, ed. What Should Go into Grammar ? Mysore:CIIL.
- 1998c.(Jointly with Suchita Singh) The possible and the impossible in Bengali Word Formation : Some Problems in Nominalization. In B. Vijayanarayana & C. Ramarao, eds.Word Formation in Indian Languages,, Osmania University, Hyderabad. 77-98.
- 1998c. Tin Bisse Din Ratri: Of Days and Nights in the Three Worlds. In Tutun Mukherjee, ed. Translation: From Periphery to Centerstage. New Delhi: Prestige Books. 78-193.
- 1998d. 'Introduction' to Mahendra Verma, ed. Sociolinguistics, Language and Society. New Delhi: Sage. LAD Series, eds by Udaya Narayana Singh & Probal Dasgupta. Pp 13-27.
- 1999a. Saussure ebang bhaaSaa-varNanaa. Saahitya Patrikaa, 40: 41-52.
- 1999b. Subjecthood hierarchy in Maithili. In Yogendra Yadav, ed. Readings in Maithili Language, Literature, and Culture. Kathmandu: Royal Nepal Academy 26-40.
- 1999a. Besura o betaala. Gaangeya Patra 14: 140-144. Jibananda Das special number.
- 1999b. 'Stagioni'. In Voci: Incontro Romano Con Cinque Scrittori. India, Anno, 19-22. (by Giulia Gatti, in Italian).
- 1999c. BhaaSaa, BhaaSii, BhaaSikii. Bahuvacan, I: 421-432. 1.1. (Oct-Dec).
- 1999d. `You' and other poems. Indian Literature, 189: 125-129. (Contemporary Indian Poetry; Jan-Feb no.)
- 1999e. Guccha kabitaa. Janapada-prayaasa, 2.1: 3-8. (25th Baishaakh no.).
- 2000a. Sociolinguistics thus far and further. In R.S. Gupta, ed. Directions in Indian Sociolinguistics. Shimla: Indian Institute of Advanced Study. 27-40.
- 2000b. Thoughts on transcreation of texts. In R.E. Asher & Roy Harris, eds.Linguisticoliteracy. Delhi: Pilgrim Books. 462-487.
- 2000c. Nirbaacita Maithilii kabitaa. Janapada-prayaasa, 2.4: 1-38.
- 2000d. BhaaSaa, BhaaSii, BhaaSikii. Bahuvacan II: 2.1. (Jan-March).
- 2000e. BhaaSaa, BhaaSii, BhaaSikii. Bahuvacan III: 305-317. 2.2. (April-June).
- 2005f. NirNay. DakSinii, 12. (in Bengali)
- 2005f. Palaatak. Janapad Prayaas, 12. (in Bengali)
- 2005g. Aatmakathan. Ed by Kedar Kanan. (in Maithili)

- 2001a. Multisciptality in South Asia and language development. International Journal of the Sociology of Language 150 In Stephane Grivelet ed. Special volume on Diagraphia: Writing Systems and Society. Berlin: Mouton de Gruyter. 61-74.
- 2001b. (With S.K.Singh) Perceived subjective value of mother-tongue and its preservation in a bilingual speech community in India. In: New Delhi: Bahri Publications. 166-89.
- 2002a. Linguistic landscaping: An Overview. In Udaya Narayana Singh, N.H. Itagi & S.K. Singh, eds. Linguistic Landscaping in India. Mysore: CIIL 7-19.
- 2002b [2051]. Hamar patik lel. Pallav, 2.1.18-19. (in Maithili).
- 2003. Life after death: Patterns of Language loss in South Asia. In Jennifer Lindsay & Tan Ying Ying, eds. Babel or Behemoth: Language Trends in Asia. Singapore: Asia Research Institute. 57-76.
- 2004a. Undertranslation, overtranslation and loss of meaning. Translation Today, 1.1: 57-91.
- 2004b. Agency of Language. In Udaya Narayana Singh, N.H. Itagi & S.K. Singh, eds. Language, Society and Culture. Mysore: CIIL 6-22.
- 2004c. (with Suchita Singh) The possible and the impossible in Bengali word formation: Some problems in nominalization. In The Yearbook of South Asian Languages and Linguistics (ed. By Rajendra Singh) Berlin: Mouton de Gruyter. 37-53.
- 2005a. 'Kiye nai basai chii duu ghaRii?', 'Aankhi', 'MadhyampuruS ekvacan' In Gangesh Gunjan, ed. Maithilii Kavitaa Sancayan. New Delhi: National Book Trust. 142-48.
- 2005b. 'Conspiracy' Kritya, 1.4. (September issue, ed by Rati Saxena; www.kritya.in).
- 2007a. Tin bisshe din raatrir path. Austrik, Vol 5:34-41. (in Bengali).
- 2007b. 'Poems by Udaya Narayana Singh'; 'The Poetics of Othering - Interview with Udaya Narayana Singh by Rizio Raj Yohannan'. In Poetry International Web – India. http://india.poetryinternationalweb.org/piw_cms/cms/cms_module/index.php?obj_id=9331
- 2007c. Crises of Maithili Literatteurs. Muse India, 12, March-April.
- 2007d. Translation of Dhumketu's 'The Chathi Parmesri' [from Maithili]. Muse India, 12, March-April.
- 2007e. Translation of Rajmohan Jha's 'Dinner'. [from Maithili] Muse India, 12, March-April.
- 2007f. Translation of Ramanand Renu's 'The Thorn'. [from Maithili] Muse India, 12, March-April.
- 2007g. Translation of Nachiketa's 'Priyamvadaa'. [from Maithili] Muse India, 12, March-April.
- 2007h. Translation of Poems by Aravind Thakur, Chandranath Mishra 'Amar', Kedar Kanan, Nachiketa, Rajkamal Choudhary, Yatri. [from Maithili] Muse India, 12, March-April.
- 2007i. Bhaarat kaa nayaa bhaaSaa-sarvekSaN. GaveSaNaa 87: 124-45. (in Hindi)
- 2008a. Vilaap aor utsav ke vesh me anuvaad. GaveSanaa, 88: Agra: Kendriya Hindi Sansthan.
- 2008b. Deshakaala 14: [July-September issue; Special focus – Bengali Post-modern poetry] (in Kannada)
- 2009a. Rough notes. In Imtiaz Hasnain & Sreesh Chandra Choudhury, eds. Problematizing Language Studies: Ramakant Festschrift. Delhi:

- 2009b. Status of lesser-known languages of India. In Anju Saxena & lars Borin, eds. Lesser-Known Languages in South Asia : Status and Policies, Case Studies and Applications of Information Technology. Mouton de Gruyter.
- 2009c. The Sense of Danger: An Overview of Endangered Languages of India. In Kamalini Sengupta, eds. Endangered Languages of India. 39-56. New Delhi: INTACH.
- 2010a. Bhasha-Carcay Madhyabitter Natun Ketan Jaapan-citra, 88: Kolkata: Calcutta Book Fair special number, February. 211-20.
- 2010b. Lekha-karma. Bangladesher hriday hate: ChayanaT [Feb 21 Special issue, ed by Sanjida Khatun]; Dhaka (in Bengali)
- 2010c. Bhasha-samrakshan o bhasha-parikalpana [Post-Edit]. Paribartan, 22nd Feb no: Kolkata.
- 2010d. Shaili-Shikhar-Sandhane. Baiyer Desh, Oct-Dec issue; 76-80.
- 2010e. Epilogue. In Leslie Farrell & Ram Giri (eds). English Language Education in South Asia: From Policy to Pedagogy. Cambridge University Press.
- 2011a. Review of Paresh Majumdar & Abhijit Majumdar. In Boiyer Desh, ABP, Kolkata.
- 2011b. 'Bhumika' in Prabandha Sangraha: Kamalkumar Majumdar. Kolkata: Charchapada.
- 2011c. Crisis of Civilization as the Poet Saw. In Kumkum Bhattacharya et al, eds. Tagore Commemoration Volume, Kolkata: Granthan Vibhaga, Visva-Bharati.
- 2011d. Man at The Centre Of Universe- Tagore's Ideas On Complete Education. India Perspectives, 24.1. MEA, New Delhi.
- 2011e. Bhashar Madhye Bhashatita. In Amiya Chakraborty & Sudhir Chakraborty eds. Tagore Memorial Volume. Kolkata: Institute of Development Studies, University of Calcutta.
- 2011f. 'আত্মভে·ালাবসন্তরেউন্মযেচতি্রতাি'E-published in www.parabas.com in July, 2011
- 2011g. 'Timira abagunthane' a tribute to Tagore on 22nd Shravana number of Pratidin
- 2011h. 'Rabindranath Tagore: Ideas on Art', Kala Bhavana, Visva-Bharati Exhibition of Tagore Paintings Brochure, pp 9-13, released by the President of India on 29th November 2011.
- 2011i. 'Tagore as Painter: Discovering New Limits of Language' In R.Sivakumar ed. Rabindra Chitravali: Paintings of Rabindranath Tagore, pp xvi-xvii published by Pratikshan and Visva-Bharati.
- 2012a. 'Epilogue'. In English Language Education in South Asia: From Politics to Pedagogy. Eds with Lesley Farrell & Ram Ashish Giri. New Delhi: Cambridge University Press, Foundation Books Series. 258-72.
- 2012b. 'U-Topos & Tagore: Inaugural Talk' in Konrad Meisig, ed. Utopias from Asia: An International and Inter-disciplinary Symposium in Santiniketan on the occasion of the 150th Birthdy Anniversary of Rabindranath Tagore (An Asian Impact Activity In Memorium of Momoyo Okura). Weisbaden: Harrassowitz Verlag. Xvii-xxvi.
- 2012c. 'The post-colonial and the post-modern, Or the rise of Bilingual writers and writings in India', In Shivaram Padikkal & Tarique Khan, eds. Vaagartha: Festschrift for Padmakar Dadegaonkar; Centre for Applied Linguistics & Translation Studies, University of Hyderabad.

118-139.

- 2013a. Tagore redrawing the Boundaries: In other words, Crossing the limits of language. In Sanjukta Dasgupta & Chinmoy Guha, eds. Tagore: At Home in the World, New Delhi: Sage. 3-12.
- 2013b. 'Mukhabandha,' In Somdatta Mandal & Soma Mukhopadhyay eds. Bharatiya Ingreji Kabita, Kolkata: Abhijan Publishers. 11-13.
- 2013c. 'Bhasha nay, bhabi beshi jaruri'. In Rabibaroyari, Kolkata: Ei Samay, Times of India publication; 116.
- 2013d. 'Tagore redrawing the boundaries.' In B.R.Ananthan & M.G. Hegde, eds. Rethinking Tagore. Belagavi: Prasaranga, Rani Channamma University. 9-20.
- 2013e. 'Letters from Flora Hogman Archive.' Rabindra Viksha 53: 21-35. (7th Pausa, 1419b).
- 2013f. 'Translation, Transcreation and Tagore'. In Nilanjana Bhattacharya et al, eds. Proceedings of the National Seminar on Rabindranath Tagore and Translation (Keynote address); February 10-12, 2012; DRS Seminar, Department of English & Other Modern European Languages, Visva-Bharati, Santiniketan
- 2013g. 'Many Rabindranaths: Tagore for All Seasons'. In Maroona Murmu et al, eds. Proceedings of the National Seminar on Many Rabindranath Across Time and Space (Keynote address). Organized by the Department of History, Jadavpur University, Kolkata; March 2011.
- 2013h. 'Kulturgebiet on the lines of Sprachbund: দবিত্তোরনবিে, মলিাবমেলিবিে.'In Swami Sarvabhutananda et al, eds. Proceedings of the Plenary Talk given at the International Seminar on Cultural Unity of India; Feb 16-19, 2013; Kolkata: Ramakrishna Mission Institute of Culture.
- 2013i. 'Biography as language: A Form, an expression, a mirage or a camouflage?' Lead Article in E-zine: MuseIndia, 49, May-June; www.museindia.com/featurecontent.asp?issid=49&id=4168
- 2013j. 'Another India: Voices from the Periphery'. In Atul Thakur, ed. India Since 1947: Looking Back at a Modern Nation. New Delhi: Niyogi Books. 159-70.
- 2014a. 'America in the psyche of Bangla authors: Opening up of the Space by Tagore'. Comparative American Studies, 12.1–2: 33-49, June 2014. Leeds, UK: Maney Publishing. [Based on Plenary lecture, The International Forum for US Studies Conference on 'The Presence of "America" in India: Where and How does "America" Appear and What are the Effects?'. University of Illinois, Urbana-Champaign, USA; 5-7 April, 2012. 2012].
- 2014b. 'Translating Reality.' Samik Bandyopadhyay, ed. Ek Sutrer Sandhaney / A Common Concern; American Ashramik Sangha; Kolkata: Thema.
- 2014c. Education and What It Does to Us. The Visva-Bharati Quarterly, 23.1: 31-38.
- 2014d. রখোকথাবলে: কাল্পাগাথারডসিন'Rekha kotha bale: Kalpagathar Disney' in Disney-r Magic Duniya, ed. By Ladly Mukhopadhyay, [Published on the margins of the 4th International Children's Film fEstival, 2014 at Kolkata] Kolkata: Shishu-Kishor Academy, Government of West Bengal, Pp 25-28.
- 2014e. দ্বাদশশতকরেনারীবাদীকবতিা'Dwadash shataker naribadi kabita'. Alap-parba, Sharadiya 1421 bangabda, Vol3, NO 1, pp 145-8

- 2015a. The linguistic landscape of Bangla as Swamiji was engaged in constructing. In Swami Vivekananda's Ideas and Our Times: A Retrospect on His 150th Birth Anniversar , edited by Sandipan Sen, Swarup Roy, Brahmachari Subrata, Jatishankar Chattopadhyay & Swami Shastrajnananda. Belur Math: Ramakrishna Mission Vidyamandira. 289-308.
- 2015b. नया शतक नयी दिशा – भारतीय भाषाओँ के शिक्षण की समस्याएं और संभावनाएंIn Bhasha Prakaryon ke adhunatan sandarbh aur Hindi, edited by Sreesh Jaiswal. New Delhi: Hindi Book Centre. [Based on Keynote Address; Lope de Rueda Auditorium, Facultad de Filosofía y Letras, Universidad de Valladolid & MEA, Govt of India, Spain; 14-16 March 2012].
- 2015c. শরণে, শ্রমণে, বচনে'Sharane, sramane, Bachane'. Forward in Nabaneeta Dev Sen, Shatek Bachan, Kolkata: Karigar. 7-15.
- 2015d. বেলপাকলেBel pakle. Tagbag, Utsab Issue, 1422 bangabda, 13-15.
- 2015e. বিদ্যারণ্যওপথেরসন্ধানBidyaranya o pather sandhan. Kathak, Vol 8.2; Bishesh Utsab sankhya, pp 8-9.
- 2015f. ব্যস্ত-সমস্তরাত্তিরেরজোড়াপ্যাঁচা'Byasta-samasta rattirer jora pyancha' in Comedy-r Sera Juti: Laurel ar Hardy, ed. By Ladly Mukhopadhyay, [Published on the margins of the 5th International Children's Film Festival, 2014 at Kolkata] Kolkata: Shishu-Kishor Academy, Government of West Bengal, Pp 19-24.
- 2015g. 'Foreword' in Tagore and Me: English Translation of Selected Poems of Rabindranath Tagore, by Debidas Ray. Gurgaon: Partridge Books, a Penguin-Random House Co. Pp xv-xvii.
- 2015h. Mysteries and Miseries of the Indian Poetic Tradition. Artland, Vol. XXIV, No. 7-9 [July-September]
- 2016a. রিচার্ডহগার্টের'সাক্ষরতারসদুপযোগ' (১৯৫৭) ওসংস্কৃতি-শাস্ত্রেরগোড়ারকথা. ('Richard Hoggart-er 'saksharatar sadupayog' or 'Uses of Literacy' (197) o Sanskriti-shastrer gorar kotha')) In Parikatha, May 'Boi-Pora' Issue.
- 2016b. Indian Litterateurs at Crossroads. In India Now and Transitions, edited by Atul Thakur. New Delhi: Niyogi Books.
- 2016c. 'Tagore's Views on Dharma-Artha-Kaarya: The Concept of activating Socio-Economic Reforms for a Just Living,' In an anthology, edited by Sebak Jana. New Delhi.
- 2016d. 'Translating and Writing as Othering.' In Neeta Gupta, ed. Translating Bharat, Yatra Books, New Delhi.
- 2016e. 'Antar o Bahirer Bishwakhani'; 'অন্তরওবাহিরেরবিশ্বখানি'. সুপ্রভাতSuprabhat Daily (Chittagong, Bangladesh).
- 2016f. 'Matribhasha.' Ebang Mushayera, 22.3-4: 11-20.
- 2016g. (With Oindrilla Maity Surai). 'Defining the Unpopular.' Visva-Bharati Quarterly.